最新
建築設備設計マニュアル
空気調和編

社団法人 建築設備技術者協会 編著

井上書院

はじめに

　本書は，建築設備設計に携わる初級者を主な対象として，設備設計に関わる基礎的事項から実際的な内容までを包含するテキストである。建築設備設計に長年携わってきた先鋭の設備設計技術者を執筆陣に据え，先輩に聞きたいのだけれど今さら聞けない，または聞く人がいないという人が本書を頼りにして設計できることを目標として執筆していただいたものである。

　同類の図書はいくつかあるが，この本は実務設計を主体とした内容であるために，とても平易にかつ具体的に書かれているのが特徴である。執筆者のノウハウが詰まった文章を手に取られて実感していただき，ぜひ手元に携えて長くご愛用いただきたい。

　また，本編に加えて，トピックスとして，近年話題となっている情報の掲載に努めた。

　本書の出版には多くの時間が費やされた。執筆委員，編集委員，査読委員には，提出された原稿の見直しを何回もしていただいた。長期間にわたる編集作業のために多大なるご心配，ご迷惑をおかけしたが，このたび何とか発行にこぎつけることができた。この場を借りて深謝申し上げたい。

　また，本書の作成を引き受けていただき，発行にご協力いただいた井上書院の皆様にも感謝申し上げたい。

2012年8月

編集委員長　小瀬　博之

最新 建築設備設計マニュアル 空気調和編──編集委員会

委員長　小瀬　博之（東洋大学）
委　員　阿部　　洋（新日本空調）
　　　　佐藤　悌治（YS環境建築センター）
　　　　佐藤　正章（鹿島建設）
　　　　清水　昭浩（高砂熱学工業）
　　　　高瀬　知章（三菱地所設計）

執筆者 (50音順)

　　　　石福　　昭（元 早稲田大学）　　　　　　　　　　　　　　　　　　（1章）
　　　　伊東　民雄（高砂熱学工業）　　　　　　　　　　　　　　　　　　（6章）
　　　　内山　憲一（東洋熱工業）　　　　　　　　　　　　　　　　　　　（12章）
　　　　大谷　光幸（三建設備工業）　　　　　　　　　　　　　　　　　　（15章）
　　　　大野　貴志（三建設備工業）　　　　　　　　　　　　　　　　　　（15章）
　　　　佐々木邦治（三菱地所設計）　　　　　　　　　　　　　　　　（トピックス）
　　　　佐々木教道（日建設計）　　　　　　　　　　　　　　　　　　　　（4章）
　　　　佐藤　孝輔（日建設計）　　　　　　　　　　　　　　　　　　（トピックス）
　　　　佐藤　信孝（日本設計）　　　　　　　　　　　　　　　　　　　　（3章）
　　　　清水　昭浩（前掲）　　　　　　　　　　　　　　　　　　　　　　（7章）
　　　　清水　　満（元 オーク・エルシー・イー）　　　　　　　　　（2章1.1, 1.2）
　　　　白土　弘貴（日建設計）　　　　　　　　　　　　　　　　　　　　（5章）
　　　　高瀬　知章（前掲）　　　　　　　　　　　　　　　　　　　（トピックス）
　　　　竹内　信弘（新日本空調）　　　　　　　　　　　　　　　　　　　（11章）
　　　　千葉　孝男（元 新日本空調）　　　　　　　　　　　　　　　　　（10章）
　　　　永森　俊博（大林組）　　　　　　　　　　　　　　　　　　　（2章2.1）
　　　　沼倉　正樹（ダイダン）　　　　　　　　　　　　　　　　　　（8章, 9章）
　　　　長谷川　巖（ビルディング・パフォーマンス・コンサルティング）（トピックス）
　　　　堀　　俊博（三菱地所設計）　　　　　　　　　　　　　　　（トピックス）
　　　　松元　忠雄（元 アズビル）　　　　　　　　　　　　　　　　　　（14章）
　　　　宮崎　友昭（大林組）　　　　　　　　　　　　　　　　　　　（2章2.2）
　　　　椋田　達也（元 東洋熱工業）　　　　　　　　　　　　　　　　　（13章）

目次

1章 地球環境問題と建築 ——— 13
1 地球環境と建築設備の設計 ——— 13
2 地球環境問題 ——— 13
- 2.1 地球環境問題の原点「人口爆発」——— 13
- 2.2 地域環境から地球環境へ ——— 14
- 2.3 共通なテーマ「持続可能な発展」——— 14
3 地球温暖化 ——— 14
- 3.1 「温室効果ガス」の急速な増加 ——— 14
- 3.2 IPCCによる地球温暖化の予測 ——— 15
- 3.3 地球温暖化防止の国際的な動向 ——— 15
4 一過型社会から循環型社会へ ——— 15
- 4.1 一過型社会の現状 ——— 15
- 4.2 循環型社会への取り組み ——— 16
- 4.3 建設産業における循環型社会形成の取り組み ——— 16
5 建築物の総合的環境性能評価 ——— 17
- 5.1 LCAによる環境性能評価 ——— 17
- 5.2 建物の総合環境評価ツール ——— 17
- 5.3 わが国のCASBEE ——— 17

2章 ライフサイクル設計 ——— 19
1 LC設計と改修計画 ——— 19
- 1.1 ライフサイクルを考慮した設計 ——— 19
  - 1.1.1 建築設備のライフサイクル ——— 19
  - 1.1.2 リニューアル工事 ——— 20
  - 1.1.3 ライフサイクルコスト ——— 21
- 1.2 建築設備の長寿命化 ——— 21
  - 1.2.1 長寿命化の必要性 ——— 21
  - 1.2.2 保全の必要性 ——— 23
  - 1.2.3 腐食の防止 ——— 23
  - 1.2.4 設備診断 ——— 24
  - 1.2.5 年次計画 ——— 24
  - 1.2.6 道連れ工事の極小化と更新の容易さ ——— 25
  - 1.2.7 保全に関する用語の説明 ——— 25
2 ライフサイクルエンジニアリング ——— 26
- 2.1 運用段階を考慮した設計 ——— 26
  - 2.1.1 運用段階の保守管理・修繕・更新・可変性を容易にする設計的な配慮 ——— 26
  - 2.1.2 省エネルギーシステムの適切な運用のための要点 ——— 26
- 2.2 性能保証,検収・検証 ——— 26
  - 2.2.1 コミッショニングの概念 ——— 26
  - 2.2.2 設計段階での対応の要点 ——— 27
  - 2.2.3 今後の重要性 ——— 27

3章 空調設計の進め方 ——— 29
1 建築設計と空調設計の協調 ——— 29
- 1.1 建築設計と空調設計の作業の流れ ——— 29
  - 1.1.1 企画段階 ——— 29
  - 1.1.2 基本計画段階 ——— 29
  - 1.1.3 基本設計段階 ——— 29
  - 1.1.4 実施設計段階 ——— 29
- 1.2 建築設計との協調による空調負荷削減 ——— 30
  - 1.2.1 立地計画 ——— 30
  - 1.2.2 建物形状と方位 ——— 30
  - 1.2.3 外皮計画 ——— 30
  - 1.2.4 自然エネルギーの利用 ——— 32
2 空調システム計画 ——— 33
- 2.1 空調ゾーニングの考え方 ——— 33
- 2.2 空調システム選定上の留意点 ——— 34
- 2.3 空調設備の省エネルギーの要点 ——— 35
- 2.4 省エネルギー基準（PAL/CEC）——— 38
- 2.5 改正省エネ基準（一次エネルギー基準）——— 38
- 2.6 建築物省エネルギー性能表示制度 ——— 39
- 2.7 都市の低炭素化の促進に関する法律 ——— 40

4章 空調方式とその適用 ——— 41
1 空調方式の分類 ——— 41
- 1.1 熱源方式における各方式の特徴 ——— 41
  - 1.1.1 全空気方式の特徴 ——— 41
  - 1.1.2 空気—水方式 ——— 42
  - 1.1.3 水方式 ——— 42
- 1.2 熱源分散方式における特徴 ——— 42
2 定風量単一ダクト方式 ——— 42
3 変風量単一ダクト方式（VAV方式）——— 43
- 3.1 VAV方式の特徴 ——— 43
- 3.2 VAVユニットの構造と特徴 ——— 44
  - 3.2.1 電子制御絞り型VAV ——— 44
  - 3.2.2 電子制御バイパス型VAV ——— 44
4 再熱コイル方式 ——— 44
- 4.1 定風量＋再熱コイル方式の特徴 ——— 45
- 4.2 変風量＋再熱コイル方式の特徴 ——— 45
5 二重ダクト方式 ——— 45
6 床吹出し方式 ——— 46

7 ファンコイルユニット方式 —— 47
  7.1 ファンコイルユニット —— 47
  7.2 ファンコイルユニット方式の適用 —— 47
  7.3 ファンコイルユニット方式の制御 —— 48
8 パッケージユニット方式 —— 48
  8.1 空冷式（空気熱源） —— 49
    8.1.1 一体型 —— 49
    8.1.2 1対1型 —— 49
    8.1.3 マルチ型（冷暖切替型） —— 49
    8.1.4 マルチ型（冷暖同時型） —— 49
  8.2 水冷式（水熱源） —— 49
    8.2.1 一体型 —— 49
    8.2.2 マルチ型（冷暖切替型） —— 49
    8.2.3 マルチ型（冷暖同時型） —— 49
9 各建物への適用指針 —— 51
  9.1 事務所ビル —— 51
  9.2 劇場，映画館 —— 51
  9.3 病院 —— 51
  9.4 ホテル，旅館 —— 51
  9.5 デパートおよびショッピングセンター —— 52
  9.6 研究所 —— 53
  9.7 図書館，美術館，博物館 —— 53
  9.8 スポーツ施設 —— 53
  9.9 生産施設 —— 53
  9.10 データセンター —— 53
  9.11 放送局 —— 54
  9.12 学校 —— 54
  9.13 共同住宅，個人住宅 —— 54

5章 熱源方式とその適用 —— 57

1 熱源システム計画 —— 57
  1.1 エネルギーと冷温熱源の組合せ —— 57
  1.2 熱源方式選定上の要点 —— 58
    1.2.1 機器の検討 —— 58
    1.2.2 エネルギーの検討 —— 59
    1.2.3 熱源方式の経済性の検討 —— 59
    1.2.4 熱源方式の環境評価の検討 —— 59
    1.2.5 熱源の高効率化 —— 60
2 冷熱源方式 —— 62
  2.1 冷熱源方式の種類と特徴 —— 62
  2.2 空冷式と水冷式 —— 62
  2.3 冷凍機の種類 —— 62
    2.3.1 往復動冷凍機方式 —— 62
    2.3.2 スクリュー冷凍機 —— 64
    2.3.3 遠心冷凍機方式 —— 64
    2.3.4 吸収冷凍機方式 —— 64
    2.3.5 組合せ方式による冷熱源方式 —— 65
  2.4 ヒートポンプ（水熱源，空気熱源）方式 —— 65
3 温熱源方式 —— 66
  3.1 温熱源方式の種類と特徴 —— 66
  3.2 ボイラの種類 —— 66
4 蓄熱空調システム —— 66
  4.1 負荷平準化の必要性 —— 66
  4.2 蓄熱空調システムの種類，特徴と方式選定の指針 —— 67

6章 空気線図 —— 69

1 空気線図の基礎 —— 69
  1.1 大気と空気 —— 69
  1.2 湿り空気の性質 —— 69
    1.2.1 湿り空気の湿度表示 —— 69
    1.2.2 絶対湿度 —— 69
    1.2.3 水蒸気分圧と飽和水蒸気圧 —— 70
    1.2.4 相対湿度 —— 70
    1.2.5 比較湿度（飽和度） —— 71
    1.2.6 露点温度 —— 71
    1.2.7 湿球温度 —— 71
    1.2.8 断熱飽和温度 —— 72
    1.2.9 比エンタルピー —— 72
    1.2.10 比容積 —— 73
    1.2.11 標準空気 —— 73
2 空気線図 —— 73
  2.1 空気線図の構成 —— 73
    2.1.1 概要 —— 73
    2.1.2 顕熱比 —— 75
    2.1.3 熱水分比 —— 75
  2.2 空気の単位操作と空気線図 —— 76
    2.2.1 加熱 —— 76
    2.2.2 冷却 —— 77
    2.2.3 加湿 —— 79
    2.2.4 減湿 —— 83
    2.2.5 混合 —— 84
    2.2.6 状態変化と空気線図 —— 85
  2.3 空調プロセスの空気線図上の表示 —— 85
    2.3.1 冷房 —— 85
    2.3.2 暖房 —— 88

7章 熱負荷計算 —— 91

1 概要 —— 91
  1.1 熱負荷計算の目的および計算方法 —— 91
    1.1.1 熱負荷計算の目的 —— 91
    1.1.2 熱負荷計算手法 —— 91
  1.2 熱負荷の構成要素 —— 91
    1.2.1 室内負荷 —— 92
    1.2.2 空調機負荷 —— 92

1.2.3　熱源負荷 ———————— 92	**8章　空調機の設計** ———————— 121
2　計算条件 ———————— 93	**1　エアハンドリングユニット** ———————— 121
2.1　室内条件 ———————— 93	1.1　設計手順 ———————— 121
2.2　外界温湿度条件 ———————— 93	1.2　設計要領 ———————— 121
2.3　地中温度 ———————— 93	1.2.1　形　式 ———————— 121
3　室内負荷—冷房 ———————— 93	1.2.2　構　成 ———————— 122
3.1　ガラス窓負荷 ———————— 93	1.2.3　容　量 ———————— 122
3.1.1　透過日射負荷 ———————— 93	1.2.4　選定法 ———————— 122
3.1.2　貫流熱負荷 ———————— 98	1.2.5　チェック ———————— 122
3.2　構造体負荷 ———————— 98	**2　パッケージ空調機** ———————— 125
3.3　内部間仕切負荷 ———————— 102	2.1　選定手順 ———————— 125
3.4　すきま風負荷 ———————— 103	2.2　選定要領 ———————— 125
3.5　室内発熱負荷 ———————— 104	2.2.1　形　式 ———————— 125
3.5.1　照明負荷 ———————— 104	2.2.2　容　量 ———————— 125
3.5.2　人体発熱負荷 ———————— 104	2.2.3　選定法 ———————— 125
3.5.3　器具発熱負荷 ———————— 104	2.2.4　チェック ———————— 125
4　室内負荷—暖房 ———————— 109	**3　ファンコイルユニット** ———————— 130
4.1　ガラス窓負荷 ———————— 109	3.1　選定手順 ———————— 130
4.1.1　透過日射負荷 ———————— 109	3.2　選定要領 ———————— 130
4.1.2　貫流熱負荷 ———————— 109	3.2.1　形　式 ———————— 130
4.2　構造体負荷 ———————— 109	3.2.2　容　量 ———————— 130
4.2.1　外壁，屋根 ———————— 109	3.2.3　選定法 ———————— 131
4.2.2　土間床，地下壁 ———————— 109	3.2.4　チェック ———————— 132
4.3　内部間仕切負荷 ———————— 110	**4　冷却・加熱コイル** ———————— 133
4.4　すきま風負荷 ———————— 110	4.1　設計手順 ———————— 133
4.5　室内発熱負荷 ———————— 110	4.2　設計要領 ———————— 133
4.6　方位蓄熱負荷 ———————— 110	4.2.1　形　式 ———————— 133
5　空調機負荷 ———————— 113	4.2.2　選定法 ———————— 133
5.1　空調機負荷 ———————— 113	**5　加湿器** ———————— 138
5.2　外気負荷 ———————— 113	5.1　設計手順 ———————— 138
5.3　ダクト材通過熱負荷 ———————— 114	5.2　設計要領 ———————— 138
5.4　送風機負荷 ———————— 114	5.2.1　形　式 ———————— 138
5.5　再熱負荷など ———————— 114	5.2.2　容　量 ———————— 139
6　熱源負荷 ———————— 114	5.2.3　選定法 ———————— 140
6.1　熱源負荷 ———————— 114	5.2.4　チェック ———————— 140
6.1.1　熱源負荷 ———————— 114	5.2.5　その他 ———————— 140
6.1.2　空調ゾーニングと熱源負荷 ———————— 114	**6　エアフィルタ** ———————— 140
6.2　配管材通過熱負荷 ———————— 115	6.1　設計手順 ———————— 140
6.3　ポンプ負荷 ———————— 115	6.2　設計要領 ———————— 140
6.4　装置蓄熱負荷 ———————— 115	6.2.1　形　式 ———————— 140
6.5　建築用途別の冷暖房負荷概算値 ———————— 115	6.2.2　選定法 ———————— 141
6.5.1　事務所 ———————— 115	6.3　フィルタ効率の計算法 ———————— 142
6.5.2　その他の建物 ———————— 117	6.3.1　フィルタ効率と粉じん濃度の計算法 ———————— 142
7　パソコンを用いた空調負荷	6.3.2　計算資料 ———————— 143
シミュレーションツール ———————— 117	**7　放熱器類** ———————— 144
7.1　シミュレーションツールの概要と	7.1　設計手順 ———————— 144
利用法 ———————— 117	7.2　選定容量 ———————— 144
7.2　負荷計算シミュレーションツール ———————— 117	7.2.1　コンベクタ，ベースボードヒータ ———————— 144
7.3　気流・温熱シミュレーションツール ———————— 119	

7.2.2　パネルラジエータ ── 145

9章　送風系の設計 ── 147
1　設計手順 ── 147
2　吹出し口および吸込み口 ── 147
- 2.1　吹出し口，吸込み口の種類 ── 147
  - 2.1.1　吹出し口，吸込み口の種類の決定 ── 147
  - 2.1.2　配置計画 ── 147
- 2.2　吹出し口の選定要領 ── 149
  - 2.2.1　アネモ型吹出し口の選定 ── 149
  - 2.2.2　ユニバーサル型吹出し口の選定 ── 150
  - 2.2.3　吹出し口取付けボックス ── 151
- 2.3　吸込み口の選定要領 ── 152

3　ダクトの設計 ── 153
- 3.1　送風機の算出 ── 153
- 3.2　ダクト寸法の決定と抵抗計算 ── 153
  - 3.2.1　ダクト寸法の決定法 ── 153
  - 3.2.2　高速ダクト ── 155
  - 3.2.3　等速法によるダクト設計 ── 156
  - 3.2.4　グラスウールダクト ── 156
- 3.3　ダクトの抵抗 ── 157
  - 3.3.1　直管ダクトの摩擦抵抗 ── 157
  - 3.3.2　ダクトの局部抵抗 ── 158
  - 3.3.3　概略計算法 ── 158
  - 3.3.4　ダクトの局部抵抗係数 ── 159
- 3.4　ダクト系の空気漏れ量 ── 170

4　ダンパ ── 171
- 4.1　ダンパの種類と取付け位置 ── 171
- 4.2　防火ダンパの設置場所と使用区分 ── 172
- 4.3　防火ダンパの法規制 ── 173

5　変風量ユニット（VAV），定風量ユニット（CAV） ── 175
- 5.1　選定手順 ── 175
- 5.2　選定要領 ── 175
  - 5.2.1　VAVユニット ── 175
  - 5.2.2　CAVユニット ── 176

6　送風機の選定 ── 177
- 6.1　選定手順 ── 177
- 6.2　選定要領 ── 177
- 6.3　参考事項 ── 180
  - 6.3.1　多翼送風機の番手と選定 ── 180
  - 6.3.2　送風機の相似則 ── 181
  - 6.3.3　風量の調節 ── 182

10章　配管系の設計 ── 183
1　配管設計の基礎 ── 183
- 1.1　配管系の設計手順 ── 183
- 1.2　ベルヌーイの定理と圧力の単位 ── 184
- 1.3　管内流れの摩擦抵抗 ── 185
- 1.4　局部抵抗とその相当長さ ── 188

2　冷温水配管の設計 ── 190
- 2.1　冷温水配管の流量線図 ── 190
- 2.2　冷温水配管法の分類 ── 192
- 2.3　単位摩擦損失と推奨水速 ── 194
- 2.4　膨張水槽 ── 197
- 2.5　冷温水用自動制御弁の口径決定 ── 198
- 2.6　冷温水配管の腐食 ── 199

3　ポンプの選定 ── 201
- 3.1　配管系の全抵抗 ── 201
- 3.2　ポンプの所要揚程 ── 202
- 3.3　ポンプの選定 ── 205
  - 3.3.1　ポンプの種類 ── 205
  - 3.3.2　ポンプの所要動力 ── 205
  - 3.3.3　ポンプの選定 ── 206
  - 3.3.4　ポンプの特性曲線 ── 206

4　蒸気配管の設計 ── 208
- 4.1　配管方式 ── 208
  - 4.1.1　蒸気の加熱能力 ── 208
  - 4.1.2　蒸気管と還水管 ── 208
  - 4.1.3　複管真空還水式蒸気配管 ── 209
- 4.2　蒸気配管流量線図と還水管容量表 ── 209
- 4.3　配管管径の決定 ── 209
  - 4.3.1　蒸気管と還水管 ── 209
  - 4.3.2　相当管長さと1m当たり圧力損失 ── 212
  - 4.3.3　管径の決定法 ── 212
- 4.4　管の伸縮と伸縮継手 ── 213
- 4.5　蒸気配管の付属品 ── 214
  - 4.5.1　蒸気トラップ ── 214
  - 4.5.2　減圧弁 ── 216
  - 4.5.3　蒸気用自動制御弁 ── 216

5　冷媒配管 ── 218
- 5.1　蒸気圧縮式冷凍サイクル ── 218
- 5.2　冷媒配管系の許容圧力降下 ── 219
- 5.3　冷媒配管径の設計 ── 219

11章　熱源容量の決定 ── 223
1　熱源負荷の要素 ── 223
2　熱源負荷の計算 ── 225
- 2.1　空調スペース負荷 ── 225
- 2.2　外気負荷 ── 225
- 2.3　ダクト系の熱取得（熱損失）── 226
- 2.4　ファン動力負荷 ── 226
- 2.5　空調機負荷 ── 226
- 2.6　配管系の熱取得（熱損失）── 227
- 2.7　ポンプ動力負荷 ── 227

- 2.8 熱源負荷 —— 227
- 2.9 その他の要素 —— 228
- 2.10 冷却塔容量の選定 —— 228
- 3 蓄熱方式の計画 —— 229
  - 3.1 蓄熱の目的 —— 229
  - 3.2 蓄熱の方法と検討 —— 229
    - 3.2.1 構 成 —— 229
    - 3.2.2 蓄熱の条件と方法の種類 —— 229
    - 3.2.3 蓄熱システムの検討 —— 229
  - 3.3 水蓄熱方式 —— 230
    - 3.3.1 水蓄熱の種類 —— 230
    - 3.3.2 水蓄熱槽容量の算定 —— 231
    - 3.3.3 配管系と自動制御 —— 233
    - 3.3.4 蓄熱槽の補助設備 —— 238
  - 3.4 氷蓄熱方式 —— 240
    - 3.4.1 氷蓄熱方式の種類と特徴 —— 240
    - 3.4.2 氷蓄熱容量の決定 —— 240
- 4 熱源装置の選定 —— 241
  - 4.1 熱源機器 —— 243
    - 4.1.1 冷凍機 —— 243
    - 4.1.2 冷却塔 —— 245
    - 4.1.3 ボイラ —— 247
    - 4.1.4 ヒートポンプ方式 —— 249
    - 4.1.5 ビルマルチ方式 —— 251
    - 4.1.6 熱回収方式 —— 252
  - 4.2 台数分割 —— 254
    - 4.2.1 機器の容量制御性 —— 254
    - 4.2.2 保守対策 —— 254
    - 4.2.3 設備費 —— 254
    - 4.2.4 運転費 —— 254
    - 4.2.5 危険分散 —— 254
    - 4.2.6 直列接続と並列接続 —— 255

12章 換気・排煙設備 —— 257

- 1 換気設備 —— 257
  - 1.1 概 要 —— 257
  - 1.2 設計の進め方 —— 257
  - 1.3 設計条件 —— 257
    - 1.3.1 室内条件 —— 257
    - 1.3.2 外気条件 —— 258
    - 1.3.3 室内圧 —— 258
  - 1.4 換気方式 —— 258
    - 1.4.1 自然換気 —— 258
    - 1.4.2 機械換気 —— 259
  - 1.5 換気量の決め方 —— 260
    - 1.5.1 換気回数による計算 —— 260
    - 1.5.2 許容値による計算 —— 260
    - 1.5.3 法規制による計算 —— 261
  - 1.6 吹出し口, 吸込み口 —— 263
    - 1.6.1 グリル型 —— 263
    - 1.6.2 フード —— 263
  - 1.7 換気計画 —— 266
    - 1.7.1 外気取入れ口・排気口 —— 266
    - 1.7.2 送風機 —— 266
    - 1.7.3 ダクト —— 266
    - 1.7.4 燃焼機器のある室 —— 266
    - 1.7.5 厨 房 —— 267
    - 1.7.6 便 所 —— 267
    - 1.7.7 浴 室 —— 267
- 2 排煙設備 —— 268
  - 2.1 概 論 —— 268
  - 2.2 排煙設備の防煙区画, 排煙系統設定上の留意事項 —— 268
  - 2.3 自然排煙方式 —— 268
  - 2.4 機械排煙方式 —— 270
    - 2.4.1 防煙区画の排煙風量 —— 270
    - 2.4.2 排煙機の風量 —— 270
    - 2.4.3 排煙ダクトの排煙風量 —— 270
    - 2.4.4 排煙口 —— 270
    - 2.4.5 排煙ダクト計画 —— 272
    - 2.4.6 排煙機 —— 272
  - 2.5 加圧防排煙方式 —— 272
  - 2.6 消防法による排煙設備 —— 273

13章 防音・防振・耐震設計 —— 275

- 1 防 音 —— 275
  - 1.1 概 説 —— 275
  - 1.2 基礎事項 —— 275
    - 1.2.1 音の周波数 —— 275
    - 1.2.2 音の強さ, 大きさ —— 275
    - 1.2.3 音のレベル —— 275
    - 1.2.4 音の合成, 分解 —— 275
    - 1.2.5 暗騒音 —— 276
    - 1.2.6 周波数分析 —— 276
    - 1.2.7 騒音の測定 —— 276
    - 1.2.8 騒音の評価 —— 277
  - 1.3 騒音の伝搬, 防音対策 —— 278
  - 1.4 ダクト系の消音設計 —— 278
    - 1.4.1 設計の進め方 —— 278
    - 1.4.2 消音計画の留意事項 —— 278
  - 1.5 許容騒音 —— 279
  - 1.6 各種機器の発生騒音 —— 280
    - 1.6.1 送風機の発生騒音 —— 280
    - 1.6.2 ダクト内部の発生騒音 —— 281
    - 1.6.3 吹出し口類の発生騒音 —— 282
  - 1.7 ダクト系の騒音減衰 —— 284

1.7.1　直管ダクトによる減衰 ───── 284
　1.7.2　エルボによる減衰 ───── 284
　1.7.3　分岐による減衰 ───── 285
　1.7.4　端末反射による減衰 ───── 285
1.8　室内での騒音減衰 ───── 286
1.9　消音器 ───── 287
　1.9.1　消音器の種類 ───── 287
　1.9.2　内張りダクト ───── 287
　1.9.3　セル型およびスプリット型消音器 ───── 287
　1.9.4　波型消音器 ───── 288
　1.9.5　内張りエルボ（消音エルボ） ───── 288
　1.9.6　マフラ型消音器 ───── 288
　1.9.7　消音ボックス ───── 288
1.10　消音器に関する留意事項 ───── 290
　1.10.1　消音器の使用上の留意事項 ───── 290
　1.10.2　消音エルボの連続使用 ───── 290
　1.10.3　吸音材の飛散防止 ───── 291
1.11　消音計算法 ───── 291

2　防振 ───── 292
2.1　概　説 ───── 292
2.2　設計計画の進め方 ───── 293
　2.2.1　振動の許容値 ───── 293
　2.2.2　設置上の留意点 ───── 293
　2.2.3　適用範囲 ───── 293
2.3　機器の防振設計 ───── 293
　2.3.1　防振理論 ───── 293
　2.3.2　防振材の選定 ───── 297
　2.3.3　柔構造の床に設置される機器 ───── 301
2.4　配管の防振設計 ───── 302
　2.4.1　振動の原因 ───── 302
　2.4.2　防振対策 ───── 302
　2.4.3　防振材の選定 ───── 303
2.5　ダクトの防振設計 ───── 303
　2.5.1　振動の原因 ───── 303
　2.5.2　防振対策 ───── 303
　2.5.3　防振材の選定 ───── 303

3　耐震 ───── 303
3.1　概　説 ───── 303
3.2　設計計画の進め方 ───── 304
　3.2.1　適用範囲 ───── 305
　3.2.2　地震力 ───── 306
3.3　機器の耐震設計 ───── 307
　3.3.1　アンカーボルト ───── 307
　3.3.2　防振機器の耐震ストッパー ───── 312
　3.3.3　頂部支持材 ───── 313
　3.3.4　機器の基礎 ───── 314
3.4　配管，ダクトの耐震設計 ───── 315
　3.4.1　耐震支持の種類 ───── 315
　3.4.2　耐震支持の適用範囲 ───── 315
　3.4.3　耐震支持部材の選定 ───── 316

14章　自動制御と中央監視 ───── 319

1　自動制御の基礎 ───── 319
1.1　自動制御の基本概念 ───── 319
1.2　制御動作による分類 ───── 319
1.3　制御機器 ───── 321

2　空調設備の計装と制御 ───── 323
2.1　計装図の見方 ───── 323
2.2　定風量空調機 ───── 323
2.3　変風量空調機 ───── 326

3　熱源設備の計装と制御 ───── 328
3.1　密閉式一次ポンプ方式 ───── 328
3.2　密閉式二次ポンプ方式 ───── 329
3.3　水蓄熱方式 ───── 330
3.4　冷却塔 ───── 331
3.5　地域熱源受入れ建物の計装 ───── 332

4　中央監視装置 ───── 333
4.1　中央監視装置の導入目的 ───── 333
4.2　監視管理機能の分類 ───── 334
4.3　システム構成例 ───── 334
4.4　中央監視装置の計画設計手順 ───── 336

15章　年間エネルギー消費量と経常費 ───── 339

1　年間エネルギー消費と経常費計算の概要 ───── 339
1.1　計算体系 ───── 339
1.2　省エネルギー計算と省エネルギー計算書 ───── 339
1.3　経常費計算 ───── 341

2　PAL計算 ───── 341
2.1　拡張デグリーデー法によるPAL計算手順 ───── 341
2.2　PAL計算例 ───── 344
　2.2.1　室内周囲空間の方位別ゾーニング ───── 344
　2.2.2　ゾーン別PAL計算 ───── 346
　2.2.3　期間熱負荷，年間熱負荷およびPAL ───── 347

3　CEC計算 ───── 350
3.1　CEC/AC計算 ───── 350
　3.1.1　CEC/AC計算方法 ───── 350
　3.1.2　CEC/AC計算手順 ───── 350
3.2　CEC/V計算 ───── 352
3.3　その他のCEC計算 ───── 355

4　経常費計算 ───── 355
4.1　固定費の計算例 ───── 355
　4.1.1　減価償却費 ───── 355
　4.1.2　金　利 ───── 355
　4.1.3　諸保険料 ───── 355

	4.1.4 租税公課	355
	4.1.5 占有空間固定費	355
	4.1.6 付帯設備固定費	356
4.2	変動費の計算例	356
	4.2.1 計算条件	356
	4.2.2 電力費	356
	4.2.3 燃料費	356
	4.2.4 上下水道費	356
	4.2.5 管理人件費	356
	4.2.6 維持修理費	358
参考1	ゾーニングの方法	358
参考2	PAL計算における非空調部分の取扱い	360
参考3	電力料金フラットレートの算定例	361

トピックス

大規模・高層ビルに対するビル用マルチの適用	363
過大装置容量選定がもたらす諸問題	364
大温度差送水	365
空調のエネルギー計量と課金	367
地域熱供給を受ける場合の留意点	369
ESCO事業	370
PFI事業	372
ビル用マルチ空調機の加湿に関する留意点	374

索 引 —— 375

1章 地球環境問題と建築

1 地球環境と建築設備の設計

この100年間, 世界人口は3倍に, そのエネルギー消費は10倍に達した。これからのいっさいの人類活動は, 地球環境に対する配慮なしには許されないだろう。21世紀は, 環境の世紀とよばれている。

建築設備も, そのライフサイクルを通しての地球環境に対する配慮なしには, いっさいの設計は許されないだろう。

日本建築学会は, 2000年6月, 関連の諸協会とともに「地球環境・建築憲章」を制定した。この憲章で, 日本建築学会は, 持続可能な循環型社会の実現に向け, 関連の諸協会と連携して取り組むとし, その取り組みの課題として, 次の5項目を提起した。

1. 建築は世代を超えて使い続けられる価値ある社会資産となるように, 企画・計画・設計・建設・運用・維持される。(長寿命)
2. 建築は自然環境と調和し, 多様な生物との共存をはかりながら, 良好な社会環境の構成要素として形成される。(自然共生)
3. 建築の生涯のエネルギー消費は最小限に留められ, 自然エネルギーや未利用エネルギーは最大限に活用される。(省エネルギー)
4. 建築は可能な限り環境負荷の小さい, また再利用・再生が可能な資源・材料に基づいて構成され, 建築の生涯の資源消費は最小限に留められる。(省資源・循環)
5. 建築は多様な地域の風土・歴史を尊重しつつ新しい文化として創造され, 良好な成育環境として次世代に継承される。(継承性)

この5項目の課題は, 建築行為のすべてを対象としているが, 建築のサブシステムとしての建築設備の設計においても, その価値判断の基本的な指針となるだろう。

2 地球環境問題

2.1 地球環境問題の原点「人口爆発」

46億年前に出現した地球に, 生命が誕生したのは38億年前といわれる。図1.1に示すように, この地球上に原人として人類が登場したのは100万年前だった。この人類が4万年前, 狩猟や調理に道具を用いるようになった。その当時の地球人口は400万人と推定されている。

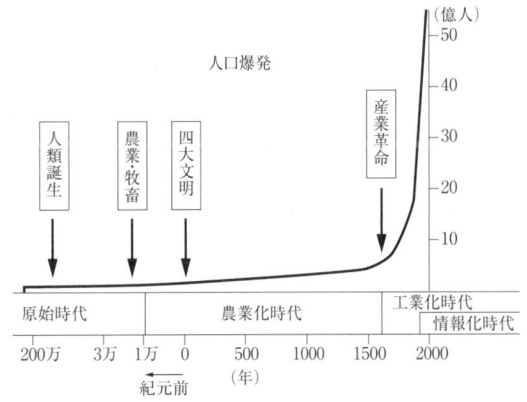

図1.1 地球人口の推移[1]

紀元前1万年, 定住農業が開始される。農業革命である。この農業革命により, 社会は発展し村落や都市が出現する。この発展により, 約400万人で変化のなかった地球人口が紀元前2000年には2700万人に, 西暦が始まる段階では1億人, 10世紀には3億5000万人にまで増加した。中世では, 地球人口に大きな変化はなかったが, その後, 地球人口がふたたび増加を開始するのは15世紀のルネサンス時代からである。産業革命の始まる18世紀以降, 地球人口の増加はさらに急速で, 19世紀初頭には10億人に達した。そして, 20世紀の終わりには, ついに60億人を突破した。これは人口爆発とよばれ, 地球環境問題の原点とされている。

2.2 地域環境から地球環境へ

18世紀の産業革命以降,最近まで,地球上のエネルギーと資源は無尽蔵で,自然の浄化力は無限であると考えられていた。しかし,20世紀後半の驚異的な産業活動の増大は,その大量な大気汚染物質・水質汚染物質・産業廃棄物などにより,周辺の自然浄化力を破壊し,生態系や周辺住民に被害をもたらした。これが地域的産業公害である。

1980年代から,これらの地域的産業公害は,地球規模の環境破壊・資源危機に拡大し,地球環境問題として認識されるようになってきた。これらの問題は,もはや一国の枠内や国家を中心とした従来の対策では解決が困難な問題となってきたのである。

これらの問題は,深刻化すれば地球全体の生態系に破局的な影響を与える。これらの問題の多くは,すでに兆候として現われてはいるが,本格的に顕在化するのは次世代である。したがって,これらの問題を解決するには,世界的な協力と現世代による早急な取り組みが不可欠なのである。

2.3 共通なテーマ「持続可能な発展」

1972年,ストックホルムで開催された「国連人間環境会議」で,地球規模での環境問題が初めて国際的に討論された。その10周年を記念して,1982年,ナイロビで開催された「UNEP管理理事会」では,その宣言に「持続可能な社会経済の発展」が提唱され。1984年には,国連により「環境と開発に関する世界委員会」(通称ブルントラント委員会)が発足した。この委員会は,1987年,その最終報告書「われら共有の未来」を発表したが,そのキーワードが「持続可能な発展」だった。

同報告書では「持続可能な発展」を「将来世代のニーズを満たす能力を損なうことなく,現世代のニーズを満たす発展」と定義している。

ストックホルムでの会議から20年後,1992年6月,リオデジャネイロで「持続可能な発展」をテーマとする「国連環境開発会議」(UNCED,地球サミット)が開催された。この会議では,経済発展を持続させ,環境破壊から地球を守るための国際条約や国際的な取り決めが採択された。いま,この「持続可能な発展」は,地球環境問題に対する世界共通のテーマとなっている。

3 地球温暖化

3.1 「温室効果ガス」の急速な増加

地球表面近くの温度は,全地球を平均すると約15℃で,生命の生存に適している。地球表面がこのような温度に保たれているのは,太陽からの日射と,地球が宇宙空間に放射する熱放射との平衡によるもので,この平衡には大気の存在が重要な役割を果たしている。もし地球に大気が存在しなければ,この平衡温度は平均 -18℃となる。したがって,大気の存在により,地球表面は33℃温度が上昇している。この現象を大気の温室効果という。この温室効果は大気中の微量ガスによるもので,このガスを温室効果ガスという。

大気中の温室効果ガスは,水蒸気・二酸化炭素・メタン・亜酸化窒素・フロン・オゾンなどで,雲にも温室効果がある。これらの温室効果ガスには,人為起源によるものと,自然起源によるものがあり,このうち,人為起源による温室効果ガスの大気中の濃度が,人類活動の拡大に伴い急速に増加している。

南極やグリーンランドのボーリングから得られた氷床コアの空気泡の成分分析によると,二酸化炭素は産業革命以前,275 ppmv 前後でほぼ一定であった。しかし,1992年には,356 ppmv に達し,現在は年に 1.5 ppmv の割合で増加している。二酸化炭素と同様に,その他の温室効果ガスも急速に増加している。メタン・亜酸化窒素・フロン・などの大気中の濃度はこの二酸化炭素より低濃度ではあるが,1分子当たりの赤外線吸収量が大きいので,合計すると地球温暖化への影響は二酸化炭素に匹敵する。

3.2 IPCCによる地球温暖化の予測

地球温暖化については，19世紀末から，研究者により指摘されていた。しかし，温室効果ガスと気温上昇の関係は複雑である。それは，温室効果ガスの増加により宇宙空間への熱放射が妨げられる直接効果と，気温上昇に伴う気候変動のフィードバックによる間接効果が複合効果として現われるからである。

1988年11月「国際環境計画」（UNEP）と「世界気象機関」（WMO）によって「気候変動に関する政府間パネル」（IPCC）が設置された。それ以後，IPCCが中心となって，地球温暖化に関する問題が精力的に研究されている。

1995年末に発表されたIPCCの第2次報告では，温室効果ガスの増加が現状のまま継続すれば，今後100年間に地球の平均気温は1.0～3.5℃上昇し，平均海面も15～95cm上昇するものと予測していた。

2007年に発表された第4次報告によると，地球の平均気温の上昇率は，1906から2005年までの10年間当たりの0.074℃に対し，1956年から2005年までの10年間当たりでは0.13℃で，その上昇率はほぼ2倍に達し，その予測を裏づけている。

3.3 地球温暖化防止の国際的な動向

1992年にリオデジャネイロで開催された「UNCED（国連環境開発会議，通称：地球サミット）」で，大気中の温室効果ガスの濃度を安定化させ地球温暖化を防止することを目的とした「気候変動枠組み条約」が成立した。

その「第1回締約国会議」（COP1）が1995年3月にベルリンで開催，また，COP3が1997年12月に京都で開催され，京都議定書が定められた。具体的には，先進国は2008～2012年の温室効果ガスの総排出量を全体で1990年と比較して少なくとも5％削減することが目標として設定され，これに対し，EUでは8％削減，日本では6％削減などの国別の目標が定められた。

しかし，京都議定書では途上国に排出義務が課せられないことや，アメリカが経済的な影響などを理由として議定書からの離脱を2001年に表明するなど，発展途上国・EU・EU以外の先進国という立場の異なる各国の意見対立が平行線をたどっている。

また，2012年までの京都議定書第一次約束期間が終了するにあたって，COP17（2011年）では，日本はカナダ・ロシアとともに，2013年以降の第二次約束期間に参加しないことを表明している。しかし，地球温暖化への国際的な取り組みの重要性は各国とも強く認識しており，2020年以降にスタートさせる新たな国際的な枠組みを2015年までに決めることが合意された。

なお，日本がCOP15（2009年）で示した「2020年までに25％削減する」という高い目標設定は，国内的には「原子力への高い依存度」と国際的には「すべての主要排出国が参加する公平で実効性のある枠組みの構築と野心的な目標の合意」を前提にしており，その前提が崩れてきた2011年以降，再検討が必要となっている。このように，2012年時点では，国内・国外ともに将来動向が明確でない状況となっているが，日本がエネルギー政策の転換点を迎えたこと，今後とも更なる省エネルギーとCO_2削減の政策の推進がますます重要になることには変わりがない。

4 一過型社会から循環型社会へ

4.1 一過型社会の現状

現在の市場経済社会は，大量生産・大量消費・大量廃棄という一過型の社会経済システムにより，その急速な発展を成し遂げた。しかし，この一過型社会は，大量の資源消費と環境負荷の増大をもたらし，今日の地球環境問題の最大要因となっている。

平成22年版環境白書によると，図1.2に示すように，循環利用率は循環型社会元年といわれる2000（平成12）年の10％に対し，2006（平成18）年には12.5％と，約2.5％上昇した。とはいえ，

これは総物質投入量18.2億トンに対し2.3億トンで、その12.6%に過ぎない。一方、資源生産性は、26万円/トンに対し、35万円/トンに上昇している。

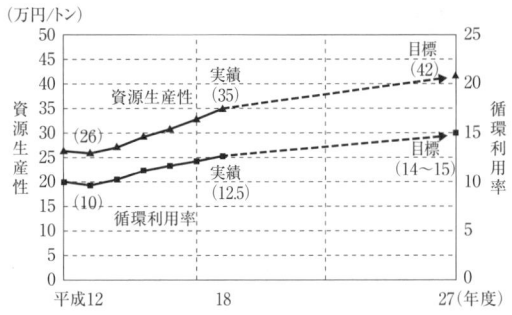

図1.2　資源生産性および循環利用率の推移[2]

4.2　循環型社会への取り組み

持続可能な開発を実現するためには、この大量生産・大量消費・大量廃棄による一過性の物質の流れからの脱却が必要である。そして、健全な自然の物質循環を回復させ、持続可能な循環型社会を形成することが緊急な課題である。

循環型社会を形成するには、再生利用の促進と環境への排出抑制により、環境負荷を低減し、自然の物質循環を回復させなければならない。そのために、資源採取・生産・流通・廃棄など物質の流れの全段階における取り組みが必要となる。

わが国では、この目的を達成するために、2000（平成12）年6月に「循環型社会形成推進基本法」が公布された。同法では、「循環型社会」を「廃棄物などの発生抑制、循環資源の循環的な利用、廃棄物の適正な処分の確保により天然資源の消費を抑制し、環境への負荷ができるかぎり低減される社会」としている。

同法に関連して、「廃棄物処理法」（2000年6月改正）、「再生資源利用促進法」（2000年6月公布）、「建設工事資材再資源化法」（2000年5月公布）、「容器包装リサイクル法」（1995（平成7）年6月公布）、「家電リサイクル法」（1998（平成10）年6月公布）などが改正・公布された。

4.3　建設産業における循環型社会形成の取り組み

図1.3に示すように建設廃棄物は産業廃棄物排出量の約2割近くを占めている。また、不法投棄量の約8割は建設廃棄物だといわれている。建築物解体による廃棄物は、1960年以降に急増した建築物が、いま更新期を迎え、その発生量はさらに増加することが予想される。

建築廃棄物の排出量のうち、「建設工事資材再資源化法」（建設リサイクル法）で、一定規模以上の工事について、その再資源化が義務づけられているコンクリート塊、アスファルト・コンクリート塊、建設発生木材が占める割合は8割で、その再資源化が必要である。

図1.4に示すように、コンクリート塊、アスフ

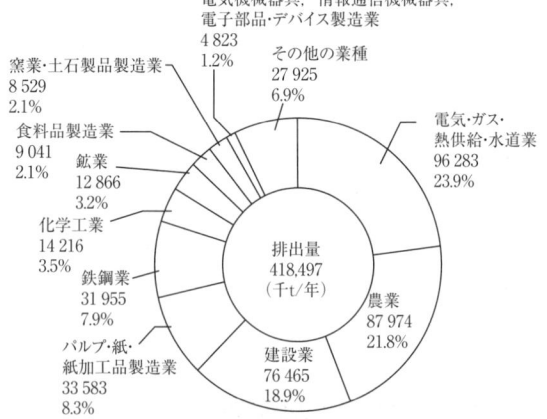

図1.3　産業廃棄物の業種別排出量[2]

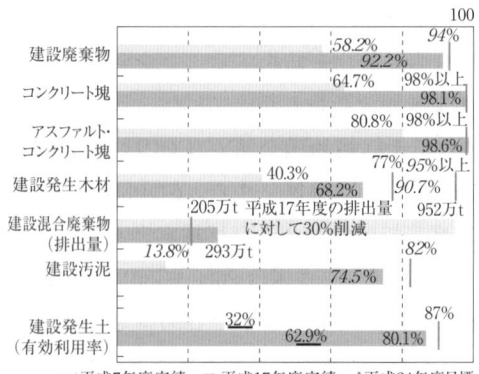

図1.4　建設廃棄物の品目別再資源化などの状況[2]

ァルト・コンクリート塊の再資源化率はおおきく伸び，2010年目標の95％を達成している。建設発生木材は95％目標に向け順調に推移している。

5 建築物の総合的環境性能評価

5.1 LCAによる環境性能評価

建築物の計画に始まり廃棄に至るその生涯は，長期にわたり，また多様な技術の総合によって完成される。そのため，その環境影響評価も長期的，多元的なものとなる。このような環境影響の評価手法にライフサイクルアセスメント（LCA）がある。

LCAは，1969年，アメリカ中西部研究所（MRI）での研究がその先駆けとされている。MRIはコカコーラ社の委託で，飲料容器に関するLCAのプロトタイプといわれる研究を行った。その後，「アメリカ環境保護庁」（EPA），「スイス連邦内務省環境局」（BUWAL）などでLCA手法の研究・開発が進められた。

1979年には，LCA関係者の国際ネットワークの拠点として，学会・大学・研究所・コンサルタントなどによる「環境毒物化学協会」（SETAC）が設立された。その後，1990年，SETACが主催するLCAシンポジウムで，現在のLCAの概念・枠組み・手法などが提案された。

「国際標準化機構」（ISO）は，環境性能・環境管理の標準化の準備を進め，1993年，「207技術委員会」（TC207）を設置し，環境管理規格ISO 14000シリーズの研究を開始した。このシリーズのISO 14040がLCA規格である。

このLCA規格を和訳したものが，わが国のJIS Q 14040：1997で，ここでは，LCAを「製品の原材料の採取から，使用および処分に至る生涯を通しての環境側面および潜在的影響を調査するもの」としている。

5.2 建物の総合環境評価ツール

建築の総合環境評価ツールが各国で提案されている。その代表的なものは，BREEAM（イギリス1990年），BEPAC（カナダ1993年），LEED（アメリカ1996年），GBTool（国際的取り組み1998年），NABERS（オーストラリア2001年），CASBEE（日本2002年）などである。

これらのツールには，いずれも，広範囲な評価項目と明確な評価基準により，総合環境性能評価ツールとして利用することができる。これらのツールは，国際的な標準化も必要とされているが，その評価は各国の自然，社会，文化などに根ざした問題であり，その標準化は容易ではない。

5.3 わが国のCASBEE

わが国から提案されたCASBEEは，国土交通省の主導により開発された評価システムで，開発作業は，2001年に産・官・学のメンバーにより結成された「日本サステナブル・ビルディング・コンソーシアム」（JSBC）によって進められた。

CASBEEの利用目的は，次の4項目である。
① 設計者のための環境配慮設計の活用
② 建築物の資産評価に利用可能な環境ラベリングへの活用
③ ESCO事業やストック改修への利用を視野に入れた環境性能診断・改修設計への活用
④ 建築行政への活用

また，CASBEEの特色は，建物の環境性能効率（BEE Building Environmental Efficiency）の定義である。境界内の建物の環境品質・性能（Q），環境外の建物の環境負荷（L）から，BEEを次のように定義している。

$$(BEE) = (Q)/(L)$$

このBEEによる性能評価は，ユニークな手法として，海外でも高く評価された。

引用文献
(1) 建築設備技術者協会編：建築・環境キーワード事典，p.6, オーム社, 2002
(2) 環境省：環境・循環型社会・生物多様性白書 平成22年版, p.218, p.221, p.228, 2009

2章 ライフサイクル設計

1 LC設計と改修計画

1.1 ライフサイクルを考慮した設計

1.1.1 建築設備のライフサイクル

建築設備システム（以下，「設備システム」と略称）はいかに保守管理を徹底しても物理的劣化は避けられず，経年とともにその機能・性能が低下していく。たとえば，冷凍機や空調機器，ポンプ・配管類の物理的劣化は室内温湿度環境の維持に支障を来たし，それが許容限界を超えるに至って耐用年限を迎えることになる。

図2.1に設備システムにおける機能・性能の経年変化を概念的に示す。

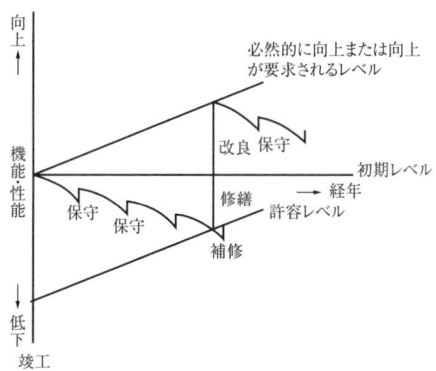

図2.1 設備システムのライフサイクル[1]

設備システムの機能・性能の初期レベルは，一般的に要求レベルを上回っている。これは設計時点で多少の安全率や余裕を見込むためである。ところが，経年とともに機能・性能レベルが低下し，保守管理によって幾度かのレベル回復を繰り返しながら徐々にそのレベルを低下させていく。

一方，国際化や情報化などの社会環境の変化は設備システムに新たな機能・性能の要求をもたらしている。たとえば，

・国際化：24時間空調，個別空調，身障者対応など
・情報化：内部熱負荷，室内環境の見直しなど
・地球環境問題：温室効果ガスの排出削減（省エネルギーなど），特定フロン対策など

このように，機能・性能の要求ないしは許容レベルも社会環境とともに変化している。社会環境などの変化に伴って発生する設備システムの劣化を社会的劣化と称している。

設備システムは，経年とともにこれらの物理的劣化および社会的劣化が進行し，劣化の程度に応じて室内温熱環境や保健衛生環境の維持などに各種の障害をもたらす。そして，それが許容限界を超えるに至って耐用年限を迎えることになる。

建築構造体の耐用年限は，設備システムのそれにくらべてはるかに長い。したがって，建築構造体が耐用年限を迎えるまで建物を使用するとすれば，その間に設備システムは複数回にわたって機能・性能レベルの向上を目指した改良工事を必要とすることになる。

すなわち，設備システムのライフサイクルは以下の①〜⑤となり，建物としてのライフサイクル中に①〜⑤のプロセスを複数回繰り返す必要がある。

① 物理的・社会的な劣化外力を受けながら，経年とともに劣化が進行し，機能・性能レベルを低下させる。
② 低下した機能・性能レベルを初期レベルまで回復するための維持保全を繰り返しながら徐々に機能・性能レベルを低下させる。
③ 機能・性能レベルが許容レベルに近づき，機能障害が顕在化する。
④ 機能障害が許容限度を超え，設備システムの耐用年限を超える。
⑤ 旧設備システムを廃棄処分し，新設備システム導入により機能・性能レベルを要求レベルにまで高める改良保全を行う。

設備システムのライフサイクルにおける保全行為を図2.2に示す。

維持保全は日常的に設備システムの機能・性能

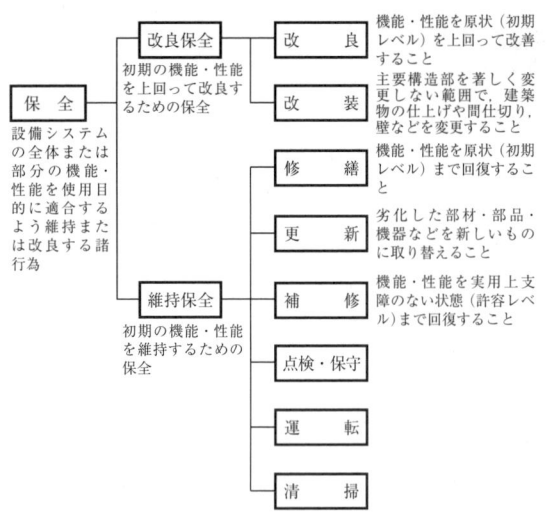

図2.2 保全行為の分類[2]

レベルを維持・回復するための行為であり，機能・性能の初期レベルを維持するための保全である。一方，改良保全は機能・性能レベルを初期レベル以上に向上することを目的とした保全である。

設備システムは，これらの日常的および非日常的な保全行為によって，機能・性能の維持・回復・向上を繰り返しながら，システムや機器・材料の更新をもってその生涯を終えることになる。

設備システムのライフサイクルにおいては，その機能・性能レベルを維持・回復・向上させるための維持保全や改良保全が必ず必要となる。設備システムのライフサイクルを考慮した設計は，これらの保全行為について，その回数や難易度，さらには残存価値などに対する配慮などがポイントといえる。すなわち，

① 保全の回数を減らす：長寿命化，保全要素の少ない設備システム（メンテナンスフリーシステムなど），保全モニタリングシステムの導入など

② 保全の容易さ：シンプルな設備システム，バックアップシステム，設備機器・部品の互換性，メンテナンススペースの確保，更新スペースの確保，工事対象スペースの極小化（床上配管など），取扱い資格者の不要な設備システム，保全モニタリングシステムなど

③ 残存価値を極小化して更新：延命策（冷却水の水質保全，開放回路系配管への気水分離装置の導入，現場ライニングによる配管更正法など）の導入，道連れ工事の極小化（構造躯体・仕上げと設備の分離，床上配管方式など）

1.1.2 リニューアル工事

保全行為のうち，工事を伴う「改良」「改装」「修繕」「更新」や「補修」などを一般的にリニューアルと称している。リニューアル工事の多くは建物を使用しながら進めなければならない。すなわち，既存の設備システムが有している各種機能を活かしながら，新・旧機能を共存させつつ順次機能を旧⇒新に切り替えていかねばならない。これらの機能切替えに際して考慮しなければならない諸条件を表2.1に示す。

これらの各種条件のなかで絶対的といえるのは物理的制約であり，設備システムのライフサイクルを考慮して建築設計に反映させるべきポイントである。たとえば，以下の諸点があげられる。

① 階高のゆとり
② 構造荷重のゆとり
③ 機器類の搬出入口，ルートの確保

表2.1 リニューアルにおけるおもな制約[3]

制約	概要
物理的制約	① 構造耐力 ② スペース（面積・階高） ③ 搬出入口および搬出入ルート
環境的制約	① 景観・眺望 ② 騒音・振動・ほこり・濁り水 ③ 空気環境・光環境
時間的制約	① 既存設備システムの余命 ② 諸官庁申請手続き ③ 工期 ④ テナント退去・移転
工事制約	① 機能停止：停電，断水，空調，換気の停止，防災機能の停止，使用スペースの制限，エレベータの使用制限など ② 工事迷惑：騒音・振動・ほこり・濁り水など ③ 安全確保：動線・区画など
経済的制約	① 工事費 ② 運転費 ③ テナント料金改定
維持管理制約	① 管理資格 ② 管理点検 ③ 保守・点検アクセス

④ 設備機械室のスペースのゆとり（更新・増設スペースなど）
⑤ 設備シャフトのスペースのゆとり（更新・予備配管など）
⑥ 建築と設備の分離（ISS（Interstitial Space）など）
⑦ 床上配管方式（ポンプアップドレン方式など）
⑧ 重要システム・機器の二重化

　また，設備システムは多くの部品，材料や機器などで構成されており，それらの耐用年限も一様ではない。したがって，設備システムのリニューアルに際しては，少なからず残存価値を犠牲にせざるを得ない。時間的制約における「既存設備システムの余命」は，この犠牲にすべき残存価値をできるだけ極小化するために考慮すべき事項を意味する。更新のための工事費や工事範囲が比較的大きい配管系などに対して必要な延命策を導入することにより，更新寿命を可能な限り近づけ，結果として犠牲にする残存価値を極小化させる効果がある。設備システムのライフサイクル的配慮としては，配管系の劣化モニタリングシステム，薬液投入口や現場ライニングによる配管更正法適用のための接続口の設置などがあげられる。

1.1.3　ライフサイクルコスト

　建物の「企画」⇒「計画」⇒「設計」⇒「施工」⇒「運用」⇒「改良」⇒……⇒「廃棄」に至る生涯で必要とする費用をライフサイクルコスト（Life Cycle Cost：LCC）という。一般的に企画・設計段階で提示される予算は建設費であるため，建設費にのみ注目した設計が行われる傾向が強い。LCCは建設費に加えて，保全費・修繕費・更新費・運用費や一般管理費などで構成され，LCCに占める建設費の割合は15〜25%程度に過ぎない。また，それぞれの建物用途に応じて室内環境を維持するなどの目的で電気やガスなどのエネルギーが消費される。建物用途別のエネルギー消費原単位の例を図2.3に示す。

　建築主の継続的な満足度を得るためには，設備システムの維持管理を中心とするLCCに注目した設計が必要となる。すなわち，

① 保全費・修繕費・更新費の最小化：メンテナビリティの向上（維持保全の容易さ，更新の容易さ），道連れ工事の最小化（構造躯体・仕上げと設備の分離など），長寿命化など
② 運用費の最小化：省エネルギー化など
③ 一般管理費の最小化：管理資格不要な設備システム，運転制御・監視・記録・管理の自動化，省力化など

1.2　建築設備の長寿命化
1.2.1　長寿命化の必要性

　わが国における建築分野の潮流は，経済の高度

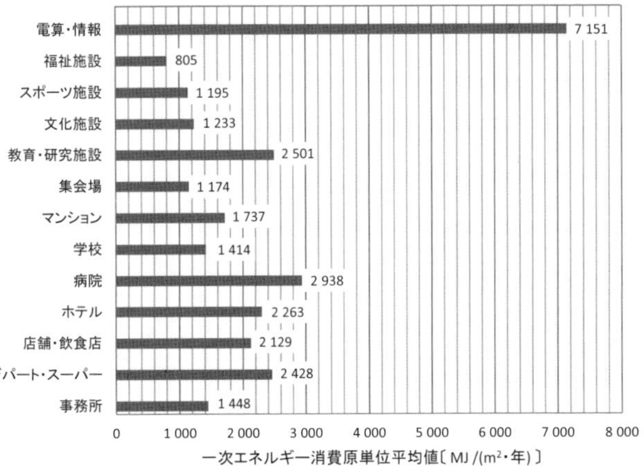

建物用途	有効サンプル数〔件〕	原単位平均値〔MJ/(m²・年)〕
事務所	390	1 448
デパート・スーパー	32	2 428
店舗・飲食店	42	2 129
ホテル	54	2 263
病院	55	2 938
学校	24	1 414
マンション	5	1 737
集会場	13	1 174
教育・研究施設	23	2 501
文化施設	35	1 233
スポーツ施設	12	1 195
福祉施設	11	805
電算・情報	19	7 151

図2.3　建築用途別エネルギー消費原単位[4]
（加重平均値（＝一次エネルギー消費量合計値／延べ床面積合計値）

成長期のスクラップアンドビルドから，最近は良質な建築をストックする建物の長寿命化へと大きな変革を遂げようとしている。この変革の背景には経済的な視点に加えて，エネルギー起源のCO_2（メタンガスなどを加えて温室効果ガスと総称）などの排出を主要因とする地球温暖化などの環境問題が大きな要因となっている。

これらの環境問題対策には地球環境負荷削減が必要不可欠であり，以下の諸項目が主要なキーワードとして取り上げられている[5]。
① 省エネルギー化
② 長寿命化
③ エコマテリアル
④ 適正処理

長寿命化は地球環境負荷を削減するために必要なキーワードの1つであり，結果としてLCCにおける修繕費・更新費および保全費用の低減をもたらすため，省エネルギー化と同様に経済性の確保と地球環境負荷削減の両立を図ることができる。

長寿命化を考慮すべき部位は，その寿命到来に伴って発生する修繕や更新などの建物使用者や所有者などへの影響程度に大きくかかわる。すなわち，
① 工事規模の大小（工事内容・範囲・工事費・工期など）
② 工事に伴う影響の大小（工事迷惑の内容・範囲・期間や頻度など）
③ 道連れ要素の大小（建築構造・仕上げ・他設備など）
④ 予防保全の難易
⑤ 社会的な劣化外力の大小（テナントの入退去や模様替えなど）

「大小」や「難易」は相対的な評価であるが，概して①〜⑤については『大』および『難』と評価される場合が長寿命化を考慮すべき部位といえる。

設備システムでは，配管系および主要機器の主要構造部位が長寿命化の対象といえる。

配管系および主要機器の主要構造部位の耐用年数を表2.2に示す。

設備システムの長寿命化は，計画・設計段階に

表2.2 配管系および主要機器の主要構造部の耐用年数[6]

機器・主要部品	耐用年数	法定耐用年数	機器・主要部品	耐用年数	法定耐用年数
遠心冷凍機		22kW以上13年 その他15年	鋼製ボイラ		15
羽根車	20		ボイラ本体	15	
熱交換器	15		煙管	8〜10	
電動機	15				
	15		鋳製ボイラ		15
吸収冷凍機		22kW以上13年 その他15年	ボイラ本体	25	
（直だき二重効用吸収冷温水機）			バーナ	10	
熱交換器	15		ポンプ（床置き型）		15
高温発生器	7〜10		本体	15	
低温発生器	7〜15		羽根車	5〜10	
バーナ	5〜7		電動機	15	
空調機		22kW以上13年 その他15年	ポンプ（水中）	揚水　排水	15
冷温水コイル	15		本体	10　5	
ケーシング・露受け皿	10〜15		羽根車	5　3	
送風機	10〜20		電動機	10　3	
電動機	15				
ファンコイルユニット		15	送風機		15
冷温水コイル	15		ケーシング	20	
ケーシング羽根車	15		羽根車	15	
露受け皿	10		軸受け	5	
設備配管（衛生）		15	設備配管（空調）		15
給水管	20〜30		冷温水管	20〜30	
給湯管	20〜30		冷却水管	20〜30	
排水管	30		蒸気管	30	
消火管	50	8	還水管	20	

おける機器や配管材料などの仕様選定のみにかかるのではなく，施工上・維持管理上の諸条件にも関連する。表2.3に，配管系を対象とした耐久性向上（長寿命化）のうち施工上および維持管理上の諸条件を示す。

1.2.2 保全の必要性

建築および設備システムは長期間にわたって物理的・社会的な劣化外力にさらされながら，建築物としての安全性や機能性，快適性などを確保していかなければならない。特に，設備システムについては常時稼働しており，また防災設備のように非常時にその機能発揮が求められるものもあり，保全の必要性は特に大きい。

保全の必要性は，長期間にわたる良好な社会資本の蓄積と優良な個人・法人などの資産を維持・向上することである。すなわち，以下の諸点に集約できる。

① 安全性・衛生性の確保
② 機能性・快適性の確保と向上
③ 資産価値の保持・向上
④ 投資効率の確保

予防保全は日常や定期的に行われる点検などによって建築や設備システムの機能・性能をつねに把握し，劣化の有無や兆候を可能な限り確認また

は予測し，事故発生が予想される前に適切な措置を講じる保全の方法である。事故を未然に防止する効果はもとより，事後保全（事故発生後に対応する保全方法）にくらべて設備システムの物理的寿命を40～100%程度延長することが可能との報告もある。

1.2.3 腐食の防止

設備システムの物理的な劣化現象には「減耗」「損耗」「損傷」や「腐食」などがある。

「腐食」には細菌の繁殖や害虫などの食害が原因となるものと，酸化現象によるさびや電気化学的な金属腐食などがあるが，設備システムの分野では，そのほとんどが後者の現象である。

配管系の腐食防止には計画・設計上の諸条件を勘案することはもとより，表2.3に示すように，脱気装置の導入や定期的な水質管理，配管洗浄（物理的洗浄・薬液洗浄など）などを行って腐食環境の緩和を行うなどの措置が必要である。配管系の腐食は，設備システムはもとより建物の機能・性能に及ぼす影響が非常に大きく，腐食防止のため各種措置の実施とともに，モニタリングピースを配管系中に設置して定期的に腐食の進行状況を監視したり，他の手段を講じての「劣化診断」を併用することなどの対策が望ましい。

表2.3 耐久性保持対策のための諸条件[7]

部位 \ 段階	施工上の条件	維持管理上の条件
材料（おもに管材）	1) 地中埋設管の防食塗覆材の選定と確実な施工の実施 2) 埋設管の電気防食の必要性の検討 3) 異種金属接続に対する絶縁継手の選定と使用 4) 建物との絶縁，すなわち配管の建屋引込み部分，配管のつりや支持部分で躯体との絶縁を行う。 5) その他マクロセル形成防止のための絶縁施工の検討 6) 迷走電流に対するチェックと対策（電事線路周辺地を） 7) モニタリングピースの組込み（保全業務上のためにあらかじめ施工時に観察用ピースを組み込み，管の劣化状況を早期に把握し，適切な処置を講じる） 8) 配管系の脱気装置と空気抜き管（弁）の取付け 9) 配管清掃用設備の設置（掃除口・排水管・ストレーナ・薬注口など）	1) ある一定の頻度で定期的に水質の観察を行う。これらの継続した分析記録は腐食事故発生時の原因追求と対策立案の重要な資料となる。 2) 管内清掃の実施 　給　水　系：定期的なタンク類の清掃を含め作業後の完全な清浄を行うこと 　排　水　系：グリースやスライムが管壁に付着し，流れを阻害するので，ワイヤクリーナ・高圧ジェット噴射など物理的な清掃手段を採用する。 　冷却水系：冷却水系は水が濃縮されるために水による種々の障害が起こる。腐食による鉄さび，スケール・スライムによる配管は熱交換器に対して，流量阻害・伝熱阻害・二次腐食がある。清掃法としては機械的清掃法と薬品投入法がある。 3) 水質処理の実施：冷却水系に対してはブロー管理と薬品処理，冷温水系および蒸気系については薬品処理による水質管理が行われているが，定期的に実施し分析を行うことが大切である。特に薬品処理については，系の特性などを十分考慮して行わないとかえって腐食を早めることになりかねない。詳しくは各項を参考されたい。

1.2.4 設備診断

診断とは,「一定の目的のために,建築物(建築および設備システムなど)の全部または一部を対象に,現状を調査し,その程度を定性的・定量的に評価・判定して将来の影響(機能障害など)を予測するとともに,必要な対策を立案する」ことをいう[8]。

一定の目的には主として以下のものがある。

① 物理的劣化対応(物理的劣化診断)
② 現行法規への適合など安全性・保健衛生性の確保(安全診断)
③ 室内環境改善(居住環境診断)
④ OA化など,業務環境改善(業務環境診断)
⑤ メンテナンスのための保守環境改善(保守環境診断)
⑥ 省エネルギーや省力化など,経済性の改善(省エネルギー診断)
⑦ 耐震性能改善(耐震診断)

設備診断の基本フローを図2.4に示す。

設備診断は,実施内容に応じて以下のようにレベル分けがなされている。

① 一次レベル:目視などの五感による調査や管理データの分析調査などを通して診断するレベルである。二次・三次レベルにくらべて簡易なレベルであり,主として定性的な診断が中心となる。配管系では,漏水履歴分析,水質目視や外観目視による診断が該当する。

② 二次レベル:設備システムの運転状態で,計測機器を用いて各種データを収集・分析し,またサンプリング分析などを行って定量評価するレベルである。配管系では,配管を切り取って診断する「破壊法」診断と,超音波やX線,内視鏡などを用いる「非破壊法」診断がある。

③ 三次レベル:メーカーの工場に持ち込んで行う分解などによる診断や,分析専門業者に依頼する診断レベルである。主として機器類が対象となる。

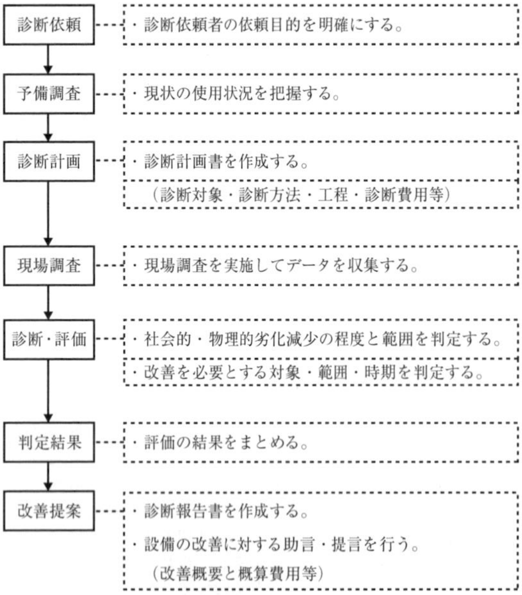

これらの各種診断作業を通して,診断部位の劣化強度(重症,中症・軽症・正常)を明らかにするとともに改善策とそれを実施するための範囲や時期が決定される。

1.2.5 年次計画

設備システムは多くの機器・材料・部品などによって構成されている。これらの耐用年限は一様ではない。また,建物の機能を活かしながらの工事では必然的に長期間の工期を必要とする。

工事の年次分割の要素を表2.4に示す。

既存設備の余命と工事時期とにアンバランスが生じる場合があり,特に工事時期を迎える前に余命が尽きるようなことが予想される場合には,可能な延命策を講じる必要がある。配管系では水質管理や洗浄などの回数を増やしたり,監視の頻度を高めたり,漏水に備えての対策部品等を手配す

図2.4 設備診断の基本フロー[9]

診断依頼	・診断依頼者の依頼目的を明確にする。
予備調査	・現状の使用状況を把握する。
診断計画	・診断計画書を作成する。(診断対象・診断方法・工程・診断費用等)
現場調査	・現場調査を実施してデータを収集する。
診断・評価	・社会的・物理的劣化減少の程度と範囲を判定する。 ・改善を必要とする対象・範囲・時期を判定する。
判定結果	・評価の結果をまとめる。
改善提案	・診断報告書を作成する。 ・設備の改善に対する助言・提言を行う。(改善概要と概算費用等)

表2.4 工事の年次分割の要素[10]

使用者側の要素	1) 同一動線区域 2) 同一部署 3) 同一用途(テナント) 4) 階別
設備上の要素	1) 防災上の同一警戒区域 2) 同一ゾーン(空調・配管・配線) 3) 既存設備の余命・延命策の可否 4) 更新機能と既存機能の関連
工事上の要素	1) 床下配管など上下階との関連 2) 使用者と工事関係者の区分 3) 仮設機材の転用 4) 工事区域の集中(安全などの管理面)

るなどして漏水対策を図るとともに，場合によっては現場ライニングによる配管更正法を適用するなどの延命策を講じる必要がある。

1.2.6 道連れ工事の極小化と更新の容易さ

配管系は設備機械室や設備シャフト，床下，天井内など，建物の平面・断面を通して広範囲に施設されている。配管更新に際して，構造躯体や仕上げ材，他の設備機器・管路などを撤去するなどの道連れ工事を伴うケースが多い。余命を残しての更新は残存価値の喪失であり，これらの道連れ工事の極小化が望まれる。具体的には，建築と設備の分離，設備スペースの余裕や構造荷重の余裕を見込むことなどが有効である。

また，設備機器については「更新の容易さ」として，以下のような配慮が求められる。

① 分解・組立てや搬出入の容易さ：機器を小容量に分解でき，かつ現場での組立てが容易に可能であること
② 作業スペースが確保されており，搬出入のための設備を用意：更新のためのスペース（搬出入ルート，工事関連スペースなど）やフック，荷物用エレベータなどの確保
③ 工事の容易さ：建築と設備の分離，ユニット化，モジュール化など

1.2.7 保全に関する用語の説明

保全に関する用語のJIS定義を，表2.5に示す。

表中の"アイテム"とは「システム・サブシステム・機器・装置・構成品・部品・素子・要素などの総称またはいずれかを指す」と定義されている。

予防保全は時間計画保全と状態監視保全に分類される。状態監視保全と予知保全は，ほぼ同義語である。設備システムのような複雑なシステムでは，故障は偶発的に発生する場合が多く，時間計画保全によって故障を予防するよりも，状態監視によって対応するほうが望ましい。

表2.5 保全の分類に関する用語のJIS定義[11]

予防保全	アイテムの使用中での故障を未然に防止し，アイテムの使用可能状態に維持するために計画的に行う保全。 備考　予防保全には，次に示す事柄を含む。 　　1) 故障の兆候または欠点を発見すための試験・検査の実施 　　2) 注油・清掃・調整などの実施 　　3) 欠点をもつアイテムの取替え修理 　　4) 定期交換品目の取替えなどの作業	（信）
	設備をつねに正常・良好な状態に維持するため，計画的に点検・整備，調整・給油・清掃を行い，設備の異常発生を未然に防ぎ，しかも経済的に引き合うようにする設備保全方式。	（設）
時間計画保全	予定の時間計画（スケジュール）に基づく予防保全の総称	（信）
定期保全	予定の時間間隔で行う予防保全	（信）
経時保全	アイテムが予定の累積動作時間に達したときに行う予防保全	（信）
状態監視保全	状態監視に基づく予防保全	（信）
状態監視	アイテムの使用および使用中の動作状態の確認，劣化傾向の検出，故障や欠点の位置の確認，故障に至る経過の記録および追跡などの目的で，ある時点における動作値およびその傾向を監視すること。監視は，連続的・間接的または定期的に点検・試験・計測・警報などの手段もしくは装置によって行う。	（信）
予知保全	設備に異常な状態が現れていないかを検出・測定または監視して，劣化の程度が使用限界にきた時点で，分解・検査・部品交換・修理する設備保全方法。	（設）
日常点検	設備の正常な運転を維持するために，設備運転部門が日常に行う設備点検。	（設）
事後保全	故障が起こった後でアイテムを運用可能状態に回復するために行う保全。 備考　管理上，予防保全を行わないことに決めたアイテムの故障に対する処置を通常事後保全といい，予防保全を行うアイテムの故障に対する処置を緊急保全とよび区別することがある。	（信）
オーバホール	個々の設備の性能回復を目的として，総合的に分解検査し，整備・修理すること。	（設）
保全改良	設備の故障対象として，その原因を調査・解析して故障を未然に防ぐように設備を改造したり，設計にまでさかのぼって是正処置を取り，設備の体質改善を図る設備保全方法。	（設）
設備更新	現在使用している機器が，劣化や陳腐化し，他の設備と取り替えること。	（設）

注　（信）は信頼性用語の定義，（設）は設備管理用語の定義

2 ライフサイクルエンジニアリング

2.1 運用段階を考慮した設計

建物は，長期にわたり必要な機能を発揮しつつ利用・運用される。併せて時代の変遷による多種多様な要求への対応も必要となってくる。

このような将来に向けた対応にどの程度ライフサイクルを考慮した設計とするべきかは，いちがいに定められているものではなく，発注者と目標・確認を十分に行い当面の諸条件（予算，効率性，機能など）を勘案し，考慮すべき項目を決定することが必要である。

以下に運用段階で考慮すべき事項および省エネルギーシステムの適切な運用に向けた要点を記す。

2.1.1 運用段階の保守管理・修繕・更新・可変性を容易にする設計的な配慮

(1) 保守管理

保守管理の容易性に関する項目として，①清掃を容易にするための納まりや部材の選定，②保守管理を考慮した機器配置と機器構造，③構成部品の互換性，④保守運転性・管理の容易さ，⑤点検スペース，⑥点検通路の確保，⑦機器の分割，⑧停電時のバックアップ，⑨集中・分散制御の検討などがある。

(2) 修繕・更新

修繕・更新の容易性に関する項目として，①機器の搬出入路の確保，②ユニット化・プレハブ配管施工の検討，③ビル最適化・フォルト検知の診断システムの検討，④更新時の道連れ工事の防止（軽減）などがある。

(3) 将来の可変性

可変の容易性に関する項目として，①機器容量の余裕，②機器などの設置場所の余裕，③互換性，④管理点数の余裕，⑤空間スペース（平面・階高）の余裕などがある。

2.1.2 省エネルギーシステムの適切な運用のための要点

設備を運用する「人」は大きく2つのケースが考えられる。専門業者（管理者）による運用と執務者による運用がある。

これらそれぞれの運用者が長期にわたり適切な運用を実践できる「省エネルギーシステム運用マニュアル」を設計者として用意し，十分な伝達を行う必要がある。

① どのような運用条件（外気負荷・運用時間・設定温度等）であるのか。
② どのようなシステムであるか。
③ どのように運転（手動・自動）する計画であるのか。
④ 中央監視システム等による省エネ監視と運用方法の説明
⑤ 省エネルギー効果（エネルギー使用量）の予測値を準備することが有効である。月別・用途別・機器ごとのエネルギー使用予測値を準備し，この予測値と実績値から機器・システム系ごとの運用実態を把握して適切な省エネルギー管理の実践に向けたサポートとする。

2.2 性能保証，検収・検証

2.2.1 コミッショニングの概念

地球温暖化防止にかかわる国際的条約遵守や建物所有者の経営環境変化（資産価値の評価・向上）などから，良質な建物ストックと保全意識向上が求められ，ライフサイクルでの建物性能評価が必要不可欠とされている。

コミッショニングは，性能検証ともよばれ，「環境・エネルギーならびに使いやすさの観点から使用者の求める対象システムの要求性能を取りまとめ，設計・施工・受渡しの過程を通して，その性能実現のための性能検証関連者の判断・行為に対する助言・査閲・確認を行い，必要かつ十分な文書化を行い，機能性能試験を実施して，受け渡されるシステムの適正な運転保守が可能な状態であることを検証すること」と定義されている。[12] これは，建物設備に対する発注者の性能要求に関して，建物ライフサイクル全般（計画・設計，施工，運用の各段階）にわたり，専門家の目で性能検証

を行い，その記録を残し，不具合改善などに活用するプロセスといえる。

具体的には，建物の省エネルギー化，長寿命化，保全コストミニマムなどであり，同時に，オフィスの快適性，工場などでの生産性，さらに，建物資産価値向上を図るものである。

2.2.2 設計段階での対応の要点

コミッショニングは，設計の妥当性にかかわる性能検証（デザインコミッショニング），竣工引渡し時の建設性能検証（狭義のコミッショニング），運用時における運転性能検証（診断，リコミッショニング）の3段階に分け検討される。表2.6に，日本の実情を考慮しつくられた，各段階における建築設備の性能検証基本指針作成例を示す。

なお，これらコミッショニングプロセスで留意すべきことは，あらかじめ文書化された性能検証項目がスケジュールに基づき実行されること，性能検証業務の実施者が第三者であること，運転管理者はプロジェクトの極力初期の段階から参加すべきこと，および特定シーズンばかりでなく四季にわたる性能検証が必要であることなどである。

実務上，設計段階での対応が竣工後の多くのプロセスに影響を与えるため，特に，計測計画，評価項目と基準値設定，運用情報収集とビル管理システム活用などを十分検討する必要がある。

(1) 計測計画

計測の目的は制御上必要なセンサーを設置し，制御の最適化を図るとともに，システム構成要素の性能把握とサブシステム・全体システムの評価を継続的に行うことであり，設備システムを適正に運用管理するための計測システムと計測計画が不可欠である。

(2) 評価項目と基準値設定

計測システムを考えるうえで，目的，対象となるシステム評価項目と定義，および基準値などを検討する必要がある。ここでは，空調システムのおもな評価指標と定義式を示す（表2.7）。

(3) 運用情報収集とビル管理システム活用

コミッショニングのための情報として，中央監

表2.6 建築設備の性能検証基本指針例 [13]

設計性能検証（デザインコミッショニング）	① 要求性能の確認と文書化 ② 設計組織の監査 ③ 性能保証のための，設計手法の妥当性の検証 ④ 設計各段階における性能保証プロセスの妥当性の監査 ⑤ 要求性能を満たすための設計内容に不具合がある場合の指摘と発注者への助言 ⑥ 生涯性能保持の観点から保守性能に不具合がある場合の指摘と発注者への助言 ⑦ 機器の性能保証期限と建設性能検証期間との整合性の調整 ⑧ 発注者の維持管理計画・体制に対応する自動化計画の有無の点検 ⑨ 設計図書の完備確認 ⑩ その他性能保証上問題となる設計プロセスの不具合事項の指摘・助言
建設性能検証（検収，狭義のコミッショニング）	① 検収準備工程 ② 施工検収工程 ③ 引渡し検収工程 ④ 再検収工程
運転性能検証（診断，リコミッショニング）	① 設計性能の確認 ② 発注者の要求事項の確認 ③ マクロ性能の年次推移の調査と評価 ④ 必要に応じてPOE（事後居住性評価）調査の実施 ⑤ ミクロ調査 ⑥ シミュレーションによる検証 ⑦ 改修項目の提案と性能復帰の定量化

視装置で得られるオンラインデータのほか，日常点検時の目視データなどを含め，運用情報収集プロセスを考慮することが重要である。

同時に，運転データ収集や解析ツールとして，ビル・エネルギー管理システム（BEMS）の活用が実務上欠かせない。たとえば，グラフ化機能を活用し，わかりやすく整理された各種検証画面（時系列グラフや頻度分布図）を活用することで，制御システムの検証（例，熱源台数制御の良否），ピーク時や軽負荷時の熱源機器運転状況判定（例，性能評価等）など，制御内容の確認やシステム性能評価等がはじめて容易となる。

2.2.3 今後の重要性

省エネルギーなどによる地球温暖化防止が必要とされる今日，建築設備，特に，空調設備に対するコミッショニングの必要性はきわめて高い。また，良質な建物のストック，建物の現在価値向上，

表2.7　空調システムのおもな評価指標と定義式 [14]

評価項目	内容	定義式
熱源機器単体 COP	機器単体の成績係数	熱源機 COP（二次エネルギー基準）＝熱源機製造熱量／投入エネルギー量 [*a] ＊a 電動冷凍機：消費電力量（kWh）× 3.6（MJ/kWh） ＊a 吸収冷凍機：消費蒸気（温水）量（MJ）
熱源機器単体 COP	機器単体の成績係数	熱源機 COP（一次エネルギー基準）＝熱源機製造熱量／投入エネルギー量 [*b] ＊b 直だき冷温水機（ボイラ）：消費ガス（油）量（$m^3 \cdot N$ あるいは kl）× 一次エネルギー換算値
熱源システム冷房 COP	熱源システムの成績係数	熱源システム冷房 COP（二次エネルギー基準）＝熱源機製造熱量／(消費電力量 [*c] ＋消費蒸気（温水）量 [*d]) ＊c 電動冷凍機＋冷水ポンプ＋冷却水ポンプ＋冷却塔ファン：消費電力量（kWh）× 3.6（MJ/kWh） ＊d 吸収冷凍機：消費蒸気（温水）量（MJ）
熱源システム冷房 COP	熱源システムの成績係数	熱源システム冷房 COP（一次エネルギー基準）＝熱源機製造熱量／(消費電力量 [*e] ＋消費ガス（油）量 [*f]) ＊e 冷水ポンプ＋冷却水ポンプ＋冷却塔ファン：消費電力量（kWh）× 一次エネルギー換算値 ＊f 消費ガス（油）量（$m^3 \cdot N$ あるいは kl）× 一次エネルギー換算値
搬送効率 WTF	循環熱媒の搬送効率	ポンプ WTF ＝搬送熱量／(消費電力量（kWh）× 3.6（MJ/kWh）)
搬送効率 ATFa	空調風量の搬送効率	空調機 ATFa（熱媒基準）＝処理顕熱量／(消費電力量（kWh）× 3.6（MJ/kWh）)
搬送効率 ATFw	空調風量の搬送効率	空調機 ATFw（熱媒基準）＝処理全熱量／(消費電力量（kWh）× 3.6（MJ/kWh）)
CGS 運転全効率	補機含まない総合効率	$\eta^* = \{$ (有効発電量（kWh）－CGS 補機動力（kWh）)× 3.6 ＋有効利用熱量（MJ）$\}$／(燃料消費量（$m^3 \cdot N$ あるいは kl）×燃料の発熱量（MJ/$m^3 \cdot N$ あるいは kl）)
CGU 運転全効率	補機含む総合効率	η ＝(有効発電量（kWh）× 3.6 ＋回収熱量（MJ）)／(燃料消費量（$m^3 \cdot N$ あるいは kl）×燃料の発熱量（MJ/$m^3 \cdot N$ あるいは kl）)

資産価値評価などの建物にかかわる経済的評価が求められ，さらに，ESCO 事業，PFI 事業などの性能保証を基礎とする事業が増加するとともに，建築設備設計にとって，コミッショニング機能は重要な設計条件となると予想される。

一方，設計者ばかりでなく，発注者・ビル管理者・施工者などの建築関係者が，ライフサイクルにわたるコミッショニングに対する理解と契約内容の明確化，性能測定方法や評価手法を含めた関連技術習得や開発，さらに，これらを支える教育環境や新たな職能体制（性能検証責任者など）整備に努力することが必要とされる。

引用文献
(1) 空気調和・衛生工学会編：最近のリニューアル計画と実施例, p.15, 空気調和・衛生工学会近畿支部, 1997
(2) 同上書, p.16
(3) 同上書, p.24
(4) 日本ビルエネルギー総合管理技術協会：「建築物エネルギー消費量調査報告［第 36 報］調査期間（平成 24 年 4 月〜平成 25 年 3 月）ダイジェスト版」, p.6, 日本ビルエネルギー総合管理技術協会, 2014.4
(5) 空気調和・衛生工学会編：空気調和・衛生設備の環境負荷削減対策マニュアル, 空気調和・衛生工学会, 2001
(6) 空気調和・衛生工学会編：空気調和・衛生工学便覧 第 12 版　第 8 編　p.154, 空気調和・衛生工学会, 1995
(7) 空気調和・衛生工学会編：空気調和・衛生工学便覧 第 13 版　第 8 編　p.203, 空気調和・衛生工学会, 2001
(8) 建築・設備維持保全推進協会, 日本建築設備・昇降機センター：建築設備診断技術者　－ビルディングドクター（建築設備）－講習テキスト　p.143, 建築・設備維持保全推進協会, 1999
(9) 同上書, p.132
(10) 空気調和・衛生工学会編：最近のリニューアル計画と実施例　p.25, 空気調和・衛生工学会, 1997
(11) 空気調和・衛生工学会編：空気調和・衛生工学便覧 第 13 版　第 10 編　p.500, 空気調和・衛生工学会, 2001
(12) 空気調和・衛生工学会コミッショニング委員会：建築設備の性能検証過程指針 付属書-10 用語の解説, 空気調和・衛生工学会, 2004
(13) 柳原隆司：空気調和・衛生工学, p49, 表 16：本学会における建築設備の性能検証（コミッショニング）基本指針案, 空気調和・衛生工学会, 2001
(14) 小笠原昌宏ほか：BEMS を活用した運用実績評価の普及に向けて（その 3）空調システム性能評価指標の定義と計測計量ポイント, 空気調和・衛生工学会大会学術講演論文集, 2006

3章 空調設計の進め方

1 建築設計と空調設計の協調

1.1 建築設計と空調設計の作業の流れ

建築設計は、企画・基本計画・基本設計・実施設計という段階を経て、徐々に設計内容が具体化していく。計画建物の規模や開発手法により、設計期間や各段階の検討期間に長短が生じるが、各段階の計画目標をみきわめ、目的にあった作業を進めることが大切である。特に空調設計は、建物の配置計画や開口部のレイアウト、外壁の断熱性能などに大きく依存するとともに空調ゾーニングや機械室の配置計画はプランニングの骨格にかかわる事項であり、企画・基本段階で、建築設計と協調して計画に反映させる必要がある。そのためには、企画段階から建築設計者と十分なコミュニケーションを図り計画コンセプトを共有することが大切である。

1.1.1 企画段階

この段階は、発注者の意向に沿いもろもろの計画条件を整理したうえで、用途・規模・採算性などのフィージビリティスタディにより設計の基本方針を検討する段階である。設備設計者は特に敷地周辺の環境条件、気象条件、インフラ条件を把握しておくことが重要である。

プランニングスタディにおいては、ボリューム計画（規模・用途構成、建物高さ、法規チェックなどの検討）、導線計画（人・車および者の流れの検討）、平面計画といった建築計画の基礎的骨格を検討する。この段階の設備技術者の役割は、設備システムと建築計画の基本的な整合を図ることが主であるが、地球環境問題が顕在化してきた現状において、建築設計における環境配慮は計画上の必須条件となっており、設備技術者が主体的にサステナブルデザインなどの構築にかかわっていくことが求められる。このようにプロジェクトの企画段階においては、建築・構造・設備などの各専門分野の技術者が知識を集約し、協調して業務を遂行することが望まれる。

1.1.2 基本計画段階

企画段階で検討された設計方針を具体的なプランニングや設備計画に展開する段階である。そのためには、機能性、経済性、維持管理性、環境性など総合的な視点からシステム計画を絞り込む必要がある。たとえば、環境に配慮したグリーンビルディングを設計テーマとする場合、省エネルギーシステムの比較検討、自然エネルギーの利用の可否、長寿命化を考慮した機器配置計画や機材の選定など $LCCO_2$ からの視点も加え、具体的な設備方式を設定する。

1.1.3 基本設計段階

基本設計段階は、建築平面図および断面図などがほぼ固まり、これに伴い設備システムの決定、概略負荷計算による主要機器容量の設定、ダクト計画、配管計画が行われる。この段階における主要な作業は、これらの設備システムと建築計画の整合を図ることにある。熱源機器・空調機器の配置計画と機械室スペースの決定、煙突の配置計画、給排気シャフト・ガラリの配置、搬出入口と導線の計画など設備要素の基本的な配置計画が決定される。特にダクト計画、配管計画では構造計画との整合性が必要であり、はりの配置、はり成寸法、はり貫通などに関し十分な打合せが必要である。

また、基本設計概算を算出し、事業予算との整合を図ることもこの段階の確認事項である。

建築の規模・設計手法・スケジュールによっては基本計画および基本設計を明確に区分せず、一体で扱うケースもある。

1.1.4 実施設計段階

基本設計により定められた個々の設備システムをもとに工事発注に必要な実施設計図、仕様書、計算書を作成する。この時点では、建築の実施図面に基づき、最終の熱負荷計算が行われる。また、

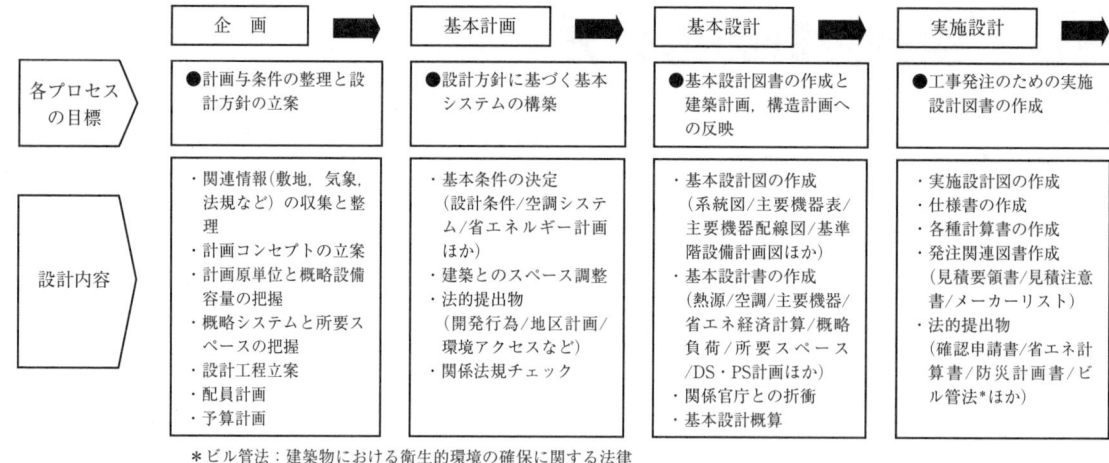

図 3.1　設計の流れ

諸官庁等の申請業務および設計積算業務がある。

以上，企画から実施設計に至る大きな設計の流れを述べてきたが，図 3.1 はその流れと内容を示したものである。

1.2　建築設計との協調による空調負荷削減

空調エネルギーを抑制するためには，まず建築物そのもののつくり方の工夫により，熱負荷を低減し，空調や換気に係るエネルギー消費量を削減することが重要である。

建物全体の熱負荷のうち，約 20％を占める外皮負荷を抑制するには，非空調室を日射の当たる東西側に配置し，窓部にひさし，ベランダ，ルーバー，ブラインドなどを設置して，日射の侵入を防ぐなど，建築計画的な配慮が必要である。このような建築計画に依存する省エネ手法は，建築寿命が続く限り有効であり，最も重要な対策である。

ここでは，建築設計との協調による負荷削減手法と自然エネルギーの利用について解説する。

1.2.1　立地計画

立地（敷地，外構）の工夫による熱負荷の軽減手法として下記の項目をあげることができる。

① 日射による熱負荷を低減するため，日当たり面に落葉高木を配するなどの工夫や路面からの照り返しを防ぐための植樹，芝生，池などの配置上の工夫をする。

② 冬期の常風向面に常緑高木を配して建物への風当たりを和らげるなどのほか，出入口などの開口部に直接外気が吹き込まないような植樹や配置計画をする。

③ 建物の地中化を図り外部からの熱負荷を抑制する。

1.2.2　建物形状と方位

建物の形状と配置の計画にあたっては，下記に示す熱負荷特性を把握しておくことが必要である。

① 延べ床面積を一定として，矩形平面の縦横比を変えた場合，縦横比の大きい建物ほど，年間熱負荷が大きいといえる。

② 建物のふれ角と年間熱負荷の関係は，図 3.2 に示すように南北軸に長手のほうが，東西軸が長手の場合より年間負荷が大きいといえる。

③ コアの配置計画と年間熱負荷の関係は，図 3.3 に示すように，外周部が窓などの開口となるセンターコアタイプは，サイドコアタイプにくらべ，年間熱負荷が大きくなる。また，東面・西面に開口がある場合は年間熱負荷が大なる傾向がある。

1.2.3　外皮計画

外皮計画における留意点を以下に上げる。

(1)　外壁・屋根の断熱

暖房ピーク負荷および冷房ピーク負荷の低減に

条件　地域：東京　基準階床面積 1 000m²
空調面積65%　窓面積率30%　階高　3.7m
ガラスK=4.25　外壁K=1.0　屋根K=0.8

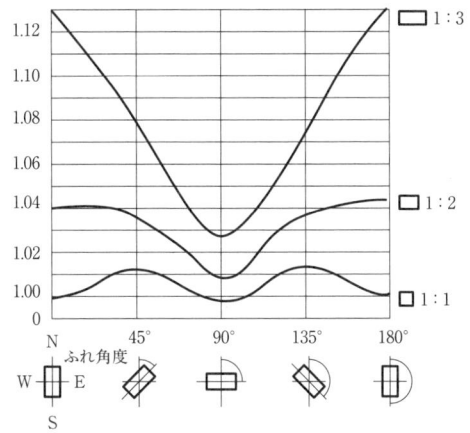

図 3.2　ふれ角度と年間熱負荷の関係 (1)

種類＼方位	方位別年間熱負荷 (MJ/(㎡・年)) N (S)	NE (SW)	E (W)	SE (NW)	平均熱負荷 (W/m²)
センターコア	600.0	615.9	603.8	613.4	137% 169
ダブルコア	437.9	449.2	445.8	444.6	100% 123
サイドコア	444.6	452.1	441.6	449.2	102%
サイドコア	449.2	463.0	459.6	461.3	126

条件
地域　東京
基準階床面積　2 400m²
階高　3.7m
窓面積比　60%
照明　30W/m²
すきま風　1回/h
人員　7m²/人
温湿度　冷房　26℃，50%
　　　　暖房　22℃，50%
空調面積比　65%
取入れ外気　4.5m³/m²·h
辺長比　1：15
断熱　フォームポリスチレン 25mm

図 3.3　コアの配置計画と年間熱負荷 (2)

効果的である。ただし，年間熱負荷に関しては，温暖地域などの場合，断熱により冷房負荷が増大することがあるので注意を要する。断熱は結露防止にも有効であり，建物の外部に面する部分に関しては，落ちのないように計画すべきである。

(2)　窓・開口部の負荷抑制

建物の冷暖房負荷は，窓部の仕様により大きく影響を受けるので，建築設計者と十分打合せを行い，遮蔽性能の高いガラスやブラインドなど，省エネに配慮した仕様とすることが重要である。また，窓部の仕様は居室外周部の快適性に影響することも念頭に置くべきである。

図 3.4 は，窓面積比とガラスの性能を変化させたときの外皮負荷の割合を示したグラフである。内部発熱の見方にもよるが，外皮負荷の割合は，建物全体の熱負荷の 10％から 25％程度であり，この負荷のほとんどは，窓などの開口部からの熱負荷と見てよい。

○計算条件
・用途物件：事務所（東京）
・床面積：3 000 m²/ フロア，階高：4 100 mm，天井高 2 700 mm
・年間熱負荷：PAL 計算による
・平均内部発熱密度：事務所空調室（37.4kJ/(h·m²)）この値は常時（365 日 24h）定常的に発熱しているとみなした場合の値である。（IBEC「建築物の省エネルギー規準と計算の手引き」参照）

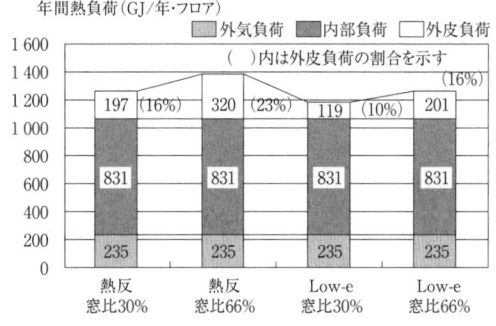

図 3.4　熱負荷に占める外皮負荷の割合
（筆者の試算による）

建物外周部において建築的手法と設備的手法を組み合わせて外乱の影響を可能な限り減少させ，インテリアに近い温熱環境とすることをペリメータレス化という。ＯＡ機器などが室内に多く設置されるとインテリア系統は年間冷房負荷傾向となり，中間期や冬期などペリメータゾーンが暖房を必要とする時期には，冷暖房が同時発生し混合損失が起こりうる。このような混合損失を避ける意味においてもペリメータレス化は有効な手段となる。以下にこのペリメータレス化の手法に関して解説する。

エアバリア方式は，窓面に設置した小型送風機

などによりエアバリアを形成することにより，窓近傍での熱影響を低減し，ペリメータレス化を図るシステムである。

窓部のガラスを二重化し，二枚のガラスの間に室内排気を貫流させることにより，エアバリアよりもさらに確実な室内熱負荷の低減とペリメータゾーンの快適性を目指すのがエアフローウインド方式である

外壁をガラスにより完全に覆って二重化し，熱的緩衝帯を設けたものがダブルスキン方式である。夏期はダブルスキン内のルーバーなどにより日射熱を遮り，通風により排熱する。また冬期は通風口を閉止してダブルスキンを断熱層として室内からの熱損失を防ぐ仕組みである。これらのペリメータレスシステムは建築的な負荷低減手法に設備システムを組み合わせたものであり，このような複合システムは基本計画・設計段階で建築設計と協調することで実現できるものである。

1.2.4 自然エネルギーの利用

熱負荷抑制のための建築的工夫とともに，自然エネルギーの積極的活用を図るべきである。化石エネルギーを使用しない自然エネルギーの利用は環境負荷を抑制し，サステナブル建築を実現する重要な計画手法の一つであり，積極的に検討すべきである。

図3.5は窓部に自然エネルギーの調整機能を組み込んだ外壁の断面図である。窓の中間部にライトシェルフ（光棚）を設け，直達光を天井方向に反射させ，部屋の奥まで自然光を導入するとともに，ひさしと同じように日射遮蔽効果を狙った仕組みである。また窓台部には，自然換気用の開口を設けている。

図3.6は建物内共用部に，平面および断面的通風経路を確保し自然換気を積極的に導入した建築

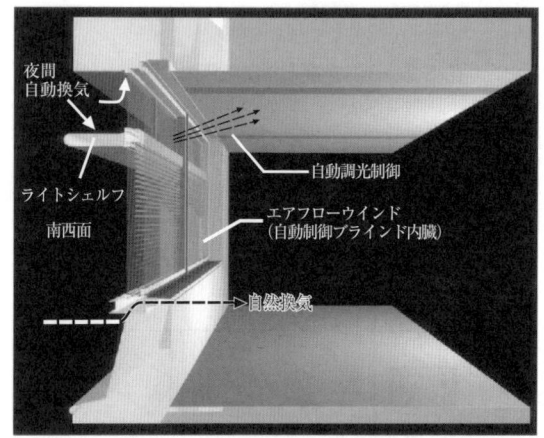

図3.5 自然エネルギーの調整機能を組み込んだ窓部断面図
（都内某本社ビルの事例）

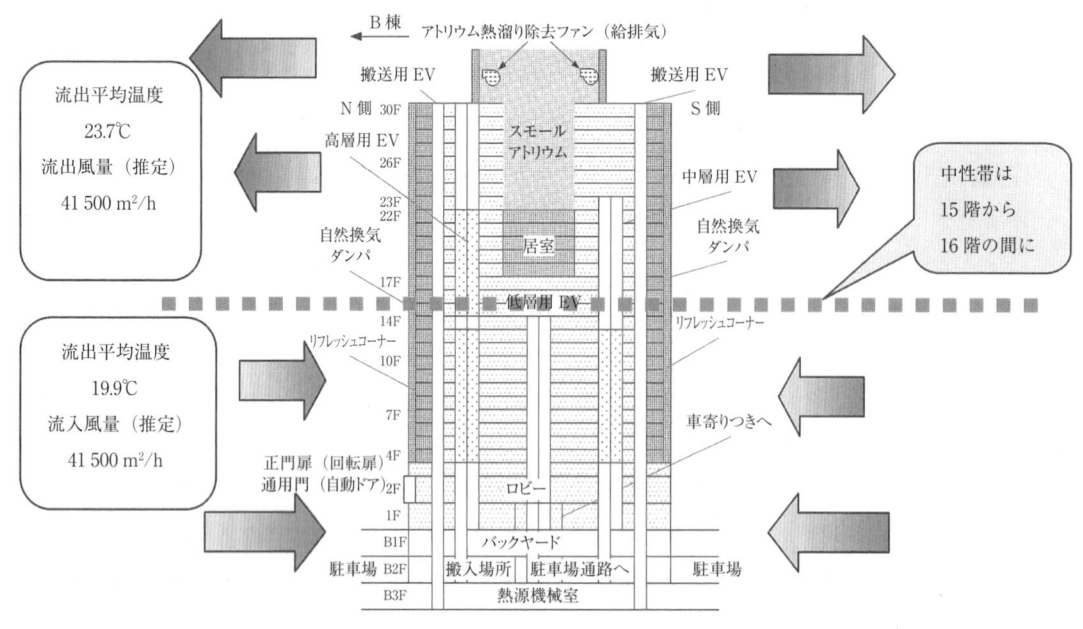

図3.6 自然換気システムの実測例（都内某テナントビルの事例）

事例である。開口面を対向させる，あるいは上下させることにより，開口部間の圧力差を確保し，通風を促す。この事例では，竣工後の実測値で中間期の自然換気により，棟全体の冷房エネルギー消費の約2%を削減することができた。

自然通風や自然採光は建築計画の初期段階からプランニングに反映させるとともに，設備設計者はこれらの自然エネルギー利用に適合した設備システムを設計する必要がある。

2 空調システム計画

2.1 空調ゾーニングの考え方

熱負荷抑制のための外皮計画や自然エネルギーの利用計画とともに，空調システムの決定は最も重要な設計行為の一つである。

空調システムの計画にあたっては，まず空調ゾーニングを決定することから始める。空調制御を行う単位を適切に計画し，ゾーニング計画を立案することにより無駄なエネルギー消費を回避することができる。ゾーニングを決定する要素として，用途，使用時間，室内温湿度条件，外気の影響を受けやすい室，将来のフレキシビリティといった項目がある。図3.7にゾーニングの分け方の一例を示すが，熱負荷の違いから最上階ゾーン，地階ゾーン，1階ゾーンに分かれる。また，用途別，使用時間別，特殊空調温度別といった条件を付け加えるならば，各階ゾーン，コンピュータ室ゾーン，食堂ゾーンといったゾーンに分割される。

また，基準階において，外壁や窓近傍のゾーンは，日射や気温変動など外気気象の影響を受けやすく，負荷特性は季節や時間，方位により著しく変化する。空調システムを計画する場合，このように外乱の影響を受ける建物外周部は，ペリメータゾーンとして空調システムを分けて計画することが多い。

ペリメータゾーンは，通常建物モジュールとの関係から3m前後の範囲を設定している場合が多いが，「省エネルギー法」に基づく年間熱負荷係数（PAL）の計算においては，外壁の中心線から5m以内の屋内部分をペリメータゾーンとしている。また外壁の断熱性能を高め，窓は日射遮蔽性能の高い低放射ペアガラスやエアフローウインドを用いて外乱の影響を抑制した場合（ペリメータレス化）は熱負荷が小さくなり特にペリメータ

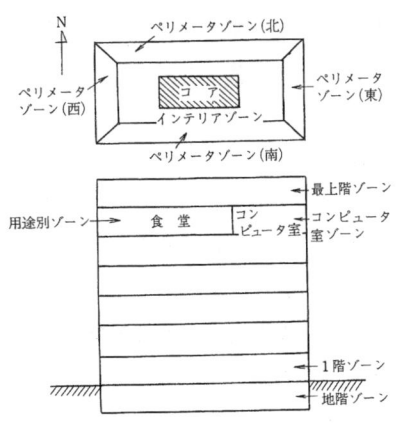

図3.7 ゾーニングの分け方

表3.1

(a) 方位別ゾーンの負荷の性質		
外部ゾーン	東側	朝8時の冷房負荷が最大で午後は小になる。
	西側	朝の冷房負荷は小さいが，午後4時の負荷が最大となる。冬の北西風のあるときは，暖房負荷は北側に次いで大きい。
	南側	夏の冷房負荷は大きくないが，中間期（4月，10月）の正午の冷房負荷は夏の東西面と同程度になる。
	北側	冷房負荷は小さいが，日射がなく冬の風当たりが強いので，暖房負荷は他のゾーンにくらべて大きくなる。
内部ゾーン		暖房負荷は少なく，冬でも午前中の予熱負荷を除けば電灯，人員のための冷房負荷のみとなる。ただし，最上階の内部ゾーンは終日，暖房負荷を生ずる。
(b) 使用別ゾーンの分け方		
事務所建築		一般事務室は，各階ごとに分けることもある（各階ユニット）。これ以外は大会議室（または講堂），食堂，重役室，宿直室などを，おのおの別系統とする。特に電子計算機室はパッケージユニットを用いて独立系統とする。
公会堂，劇場		観客席（オーディトリウム），入口ホール，会議室，管理室，楽屋などを，おのおの別系統とする。
病院		診療室，手術室，新生児室，検査室，病院，管理諸室などを，おのおの別系統とする。

ゾーンの設定をせず,外壁近くまでインテリア系統によって処理する場合もある。

図3.7に示すような外周をガラスで覆われたセンターコアビルの場合,窓側の部分をペリメータゾーンとし,東西南北の4つのゾーンに分け,さらに内部ゾーンを分割するのが一般的である。各ゾーンの負荷特性は,表3.1に示すとおりである。

これらのゾーニング計画に基づき,空調機の配置,台数,制御方式などを設定するとともに,熱源の中央化または分散化といった具体的なシステム計画に進むことになる。

2.2 空調システム選定上の留意点

従来,空調システムの分類を行う場合,中央熱源方式の場合は,二次側空調以降のシステムバリエーションとして全空気方式,空気・水方式,水方式などに分類してきた。また,パッケージ空調方式は,これらの中央熱源方式とは区別して個別熱源方式として分類整理されている。個別熱源方式では,冷媒を熱媒体としたパッケージ型空調システムが多様化し,ビル用マルチシステム,冷媒自然循環システム,水熱源ヒートポンプユニット方式,さらには,中央熱源方式の空調機に直膨型の熱回収ユニットを組み込んだハイブリッド型の空調システムなども登場してきた。

このように多様化した空調システムのなかから目的にあった適切なシステムを選択するには,しっかりとした条件分析と明快な設計コンセプトをもつことが大切である。

では,中央熱源方式や個別熱源方式はどのような視点から決定されるのであろうか。小規模ビル(おおむね10 000 m^2 以下)では,スペースの利用効率を高めるため,機械室のいらない空冷ヒートポンプ方式やファンコイル方式などの個別分散型空調方式を選択する場合が多い。分散型システムは室の使い勝手が小割で個別運転に適したシステムであるが,分散化した機器を天井内などに設置する場合が多くメンテナンスに関する配慮が必要である。これに対し,中央熱源方式は比較的大規模の建築に適用される。本方式の選択目的としては,熱源機器を大型化して高効率化することと,多様なエネルギー源を複合化して信頼性の高いシステムを構築することである。また,中央熱源化することにより,分散型空調方式では計画が難しい排熱回収方式や大規模蓄熱システムなどの採用が容易となる。

近年の地球規模の環境問題に端を発するエネルギーや資源の使用抑制,また建築物の長寿命化にかかわる命題など,社会的なニーズもますます多様化している。このような背景のなかで,空調システムを計画するには,単に経済性や快適性だけでなく,多様な評価軸から総合的な判断が求められるようになっている。

以下にオフィスビルを対象とした空調システム選定上の留意点を示す。

(1) 省エネルギーや環境負荷抑制に配慮したシステム

地球温暖化の主因となっているエネルギー起源CO_2の排出を抑制するためにも,まず省エネルギーを目指した設計とすべきである。前述した建物の負荷抑制,自然エネルギーの利用などのほかに設備システムの効率化として,外気冷房,全熱交換器,変水量,変風量,大温度差送水送風システム,水加湿による冷却効果利用などの工夫が必要である。また運用上,設定空調条件を緩和するゼロエネルギーバンド設定や,コイルバイパスダンパなどによる冷却除湿再熱などのエネルギー多消費運転の回避なども検討すべきである。また,このような省エネルギー対策とともに建築計画と整合した設備システムの適切な寿命設定と維持管理・更新計画により,製造から運用,廃棄にいたる建築物のライフサイクルを通して,資源・エネルギー消費を抑制する視点も重要である。

(2) 年間冷房可能なシステム

近年のOA化の進展は,内部発熱密度の増大と年間を通じての冷房運転の必要性をもたらした。従来,熱源システムにおいて冷暖房の季節切替え式で対応可能であったものが,中間期は外気冷房

を導入するなどのほか，内部発熱の大きさによっては，年間冷房が可能な4パイプ方式の選択も視野に入れる必要がある。また，冬期冷房時の加湿能力の設定に関しては，空気線図と装置能力をよく検討して決定する必要がある。

(3) 部分負荷運転への対応

近年のオフィス建築では，OA化の急速な進展により，冷房装置容量が大きくなる傾向にある。しかし年間の運転状況をみると，熱源および空調機とも部分負荷運転が過半を占めていることがわかる。図3.8は，熱源の運転状況，図3.9は冷水ポンプの稼働状況を示しているが，本例の場合，各棟とも，最大負荷の10～20%程度の部分負荷での時間数が6～7割を占めている。こうしたエネルギー消費特性からみても，熱源および搬送系の容量分割においては部分負荷運転への配慮が不可欠である。

(4) 機器の集約化によるレンタブル比の大きなシステム

近年のテナントビルでは，大規模でまとまったオフィス空間のニーズが高まっている。空調機の

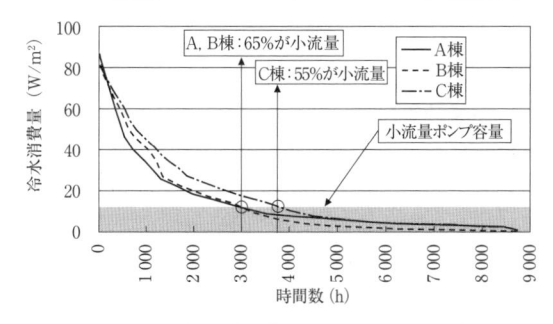

図3.8 熱源冷水の消費量と運転時間数との関係
(都内某ビルの運転実績より)

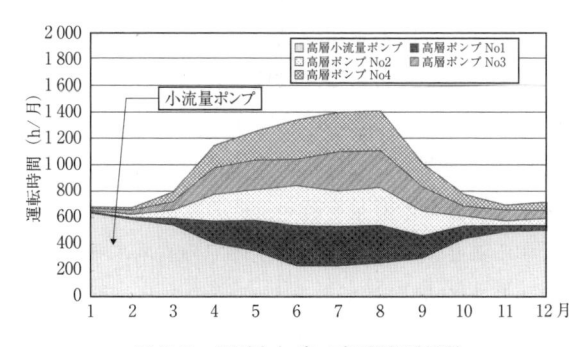

図3.9 月別冷水ポンプの運転時間数
(都内某ビルの運転実績より)

ゾーニングは小型分散化の方向にあるが，オフィスの大規模化が進むことによりレンタブル比を上げるため，空調機を集約設置するケースなども見受けられる。この際，空調機の機器選定については，騒音の問題，ベルトレスモータの容量限界，部分負荷への対応などに十分な注意を要する。また，空調機の集約化とは逆に，空調機を完全分散化して天井内に収納し，内装材のリニューアルとともに空調機を更新するという思想で設計する大規模ビルのケースもある。

(5) 内部発熱の増大・偏在に対応可能なフレキシブルなシステム

一般にテナントオフィスビルの室内発熱密度はコンセント電源容量$50～60VA/m^2$に稼働率$0.6～0.7$を考慮して設計している。しかし，実際のテナント設計においては，基準の処理能力の大きさよりも負荷の偏在化にいかに対応するかが課題となる。この空調増強に関しては，いくつかの方式が考えられるが，冷水を利用したファンコイルユニットや増設空調機をテナントオフィス内に設置する方式は，テナントに各種の漏水対策を強いる必要性が生じる。各階での室外機スペースの確保や，冷却塔や配管の先行投資の有無，課金方法など，テナント工事も視野に入れた計画の取りまとめが必要といえる。

2.3 空調設備の省エネルギーの要点

建築物の生涯にわたる$LCCO_2$のうち，運用段階のCO_2排出量は，設備機器のエネルギー消費に起因しており，排出総量の約7割を占めている。図3.10は各種用途ビルにおける平均的な運用時のエネルギー消費の内訳を示したものであるが，空調にかかわるエネルギー消費が約半分を占めており，この部分の省エネルギー対策の重要性を認識しなければならない。ここでは，空調設備にかかわる省エネルギー計画の要点をあげる。

(1) 熱源設備にかかわる項目

・熱源機器の選定においては，エネルギー消費効率の優れた冷凍機・ヒートポンプ・冷温水発生

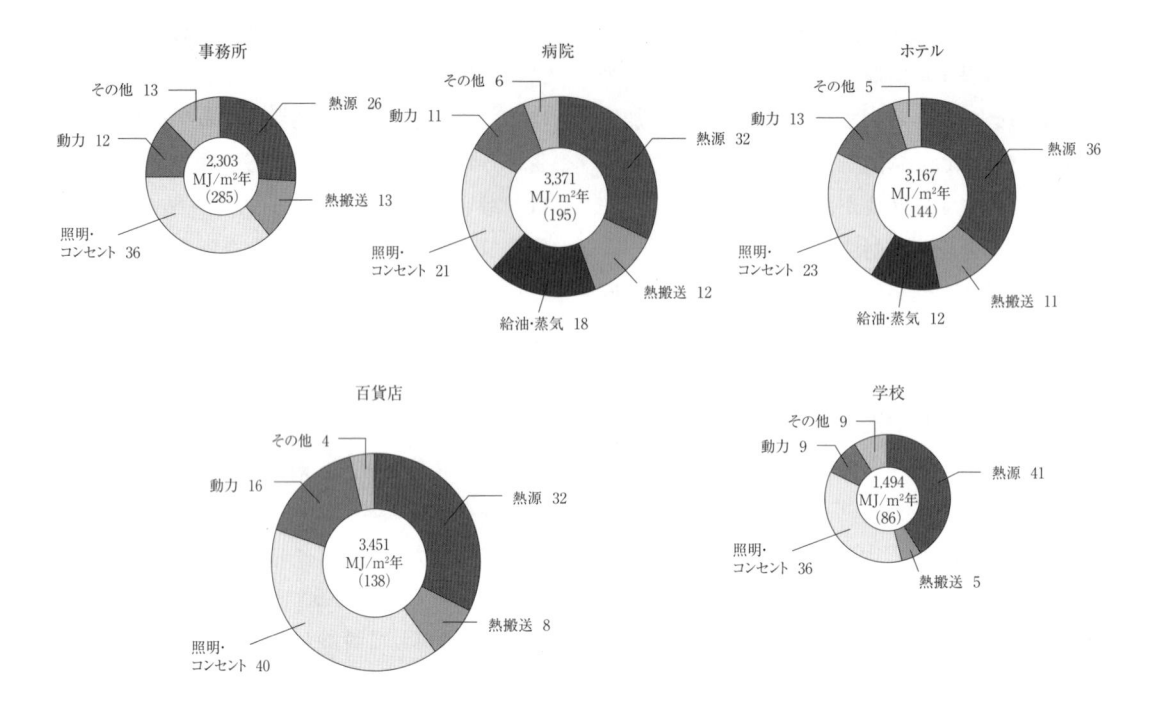

図3.10 各種建築物における一次エネルギー消費量と内訳
省エネルギーセンターホームページより（http://www.eccj.or.jp/audit/buil_promo/）

注）エネルギー消費原単位および用途別消費先比率：
(財)省エネルギーセンターが平成9年度から17年度にわたって実施した「ビルの省エネルギー診断サービス」で得られたデータ，および平成13年度に第2種エネルギー管理指定工場相当のビルを対象に実施した「省エネルギー実態調査」のアンケートの回答データをまとめ，ビルの用途別に「エネルギー消費原単位」を整理したもので，（ ）内はデータの件数を示す。

機などを選定する。また部分負荷特性を考慮した適切な熱源分割により機器の高効率運転が可能な設計とする。
・常用発電機や燃料電池などによるコージェネレーションシステムあるいは蓄熱方式や未利用エネルギーを活用したシステムなどエネルギー消費効率の優れたシステムを構築する。
・冷温熱の搬送方式では，ポンプの台数制御・インバータ制御などの変流量方式および大温度差送水方式などの搬送効率の優れたシステムを構築する。

(2) 空調設備の二次側設備にかかわる項目
・空調設備の二次側設備において変風量方式・大温度差送風方式，全熱交換器，外気冷房・最小外気量制御などのエネルギー消費効率の優れた空調システムを構築する。
・床吹出し方式・デスプレースメント空調方式などの居住域空調システム，あるいは什器・家具組込み空調などのパーソナル空調方式を採用する。

(3) 機械換気設備
・局所換気方式やダクトレス換気方式により搬送効率の優れた換気システムを構築する。
・温度センサーまたは一酸化炭素センサーによる換気量制御システムを採用する。

(4) 最適運用のための計量と管理システム
建築物のライフサイクルエネルギーのうち，大きな割合を占める運用段階におけるエネルギーを削減していくためには，設備システムの省エネルギー化とともに，そのエネルギー消費量の把握と適切な管理が重要である。各設備システムのエネルギー消費量の計量を行い，その結果を統計・分析することにより，建築物全体でのエネルギーの使われ方を把握して改善していくことが可能となる。このようなビルエネルギー管理システム（Building Energy Management System）の

表3.2 省エネルギー計画チェックリスト(空調設備の設計・施工・保守管理にかかわる項目)[3]

項目	要素	設計	施工	保守管理
全体計画	○適切なゾーニングによるロスの防止 ・空調、非空調のゾーニング ・換気の有無、量等によるゾーニング ・空調時間によるゾーニング	○		
	○システム機器の高効率運転指向	○		○
	○室内条件の程度によるゾーニング温湿度,照明密度,空気浄化程度,人員密度,使用機器	○		
	○負荷特性によるゾーニング ・ピーク時刻,負荷レベル等の把握	○		
	○建物の圧力バランス ・正・負圧の把握			○
	○エネルギー源 ・地域性・負荷特性から,使用エネルギーを検討する	○		
室内環境計画	○設定温度,設定湿度 ・条件の緩和 ・温感指標(ex. ET)の導入 ・始業,終業時,夜間の条件緩和 ・外気条件に追随した設定 ・許容変動幅の設定	○		○
	○外気導入量 ・必要最小量の導入 ・外気冷房の可能性	○		○
	○照明密度 ・要求照度の把握	○		
	○冷暖房期間,空調時間 ・必要性の再検討			○
	○気流(温度)分布 ・吹出し方法,位置,レターン位置	○		
システム・機器計画	○混合ロス(エネルギーロス)のない計画・運用 ・ペリメーター,インテリアゾーンの設定 ・放射方式(冷却,加熱) ・吹出し形式	○		○
	○負荷特性に合致した計画 ・冷房または暖房の取り止め ・熱回収方式	○		
	○リミットデザイン指向 ・気象条件(負荷計算用),機器,システム安全率) ・同時使用率			○
熱源システム	○熱源機器の高効率運転 ・部分負荷への対応 ・台数分割 ・蓄熱槽利用 ・ボイラ停止時のドラフト防止 ・冷水温度,冷却水温度の設定	○		○
	○排熱,廃熱回収熱源の利用 ・熱源の把握 　一般排気,変圧器,電動機,照明,燃焼ガス,温排水	○		
	○ヒートリカバリーシステム	○		○
	○ヒートポンプ利用	○		○
	○全熱(顕熱)交換器	○		○
	○廃熱ボイラー	○		○
	○自然エネルギー熱源利用 ・外気冷房・ナイトパージ ・太陽熱利用 ・河川水利用	○		○
	○蓄熱方式採用によりピークカット,熱回収機器高効率運転 ・水蓄熱,氷蓄熱 ・潜熱利用 ・密閉式,複槽式,温度成層式 ・システム,機器への蓄熱	○		
	○コージェネレーションシステム	○		
搬送および負荷側システム	○搬送ロスの防止 ・搬送経路の断熱 ・エアリーク防止 ・局部抵抗の減らす	○	○	○
	○室内負荷の低減 ・トロッファ・水冷照明器具 ・混合ロスの防止 ・ペリメータ負荷をレターン側で回収する天井レターン,窓際レターン	○	○	○
	○動力の軽減 ・変風量方式(VAV) ・変流量方式(VWV) ・利用温度差の拡大 ・ブースターファン,ポンプの採用 ・低負荷(ベース負荷)専用ファン,ポンプの設置 ・ダクト長さを短く(直線化) ・エネルギー源搬送(ex. ガスクリーンヒータ) ・水搬送システムは原則として密閉回路 ・流速(風速)低減 ・パイプ,ダクト保温性向上			
換気システム	○換気搬送動力の低減 ・過剰換気の回避 ・不要時の換気停止 ・低負荷時の換気量制御 ・局所給排気の採用 ・空調による大量換気の代替(変電室・機械室) ・自然換気の利用 ・空気清浄機の採用 ・大容量ファンの台数分割	○	○	○
	○換気負荷の低減 ・予冷,予熱時の外気取入れ停止 ・外気量制御(人員数,CO_2検知) ・外気冷房の採用 ・ナイトパージの採用 ・全熱交換器の採用 ・排気の機械室,駐車場への利用 ・排気の冷却塔の冷却用空気としての利用 ・最大負荷時に換気量を低減する	○		○
制御システム	○室内環境制御 ・温湿度設定制御(外気条件対応型) ・外気量制御	○		○
	○機器運転制御 ・最適起動停止 ・台数制御 ・流量(風量)制御 ・予測運転制御 ・デマンド制御 ・プリベンティブメンテナンス ・ピークカット制御	○		○
自然エネルギーの利用	○太陽熱の利用	○		
	○地熱の利用	○		
	○風の利用	○		
	○土(温度,井水)の利用	○		
排,廃エネルギーの利用	○換気からの熱回収	○		
	○廃棄物からの熱回収	○		
	○排水からの熱回収	○		
管理	○室内環境管理	○		○
	○機器運転管理	○		○
	○エネルギー消費量管理	○		○
	○防災管理	○		○
	○プリベンティブメンテナンス	○		○
	○ファシリティマネジメント	○		○

(出典)建築設備エネルギー計画(井上書院)をもとに作成

導入により，省エネルギーだけでなく，施設・設備の長寿命化も可能となる。

表3.2に省エネルギーにかかわる計画要素に関するチェックリストを示す。

2.4 省エネルギー基準（PAL/CEC）

1979年6月に「エネルギーの使用の合理化に関する法律（省エネ法）」が制定され，住宅の断熱基準と事務所の年間熱負荷係数（PAL：Perimeter Annual Load），および空調エネルギー消費係数（CEC/AC：Coefficient of Energy Consumption for Air Conditioning）の基準が定められた。その後，1993年3月の改正までに「物販店舗」「ホテル」「学校」「病院」も対象用途として追加され，PAL，CEC/ACの基準が強化されるとともに，換気（CEC/V），照明（CEC/L），給湯（CEC/HW），昇降機（CEC/EV）のエネルギー消費係数が新たに定められた。同時に「エネルギー等の使用の合理化及び再生資源の利用に関する事業活動の促進に関する臨時措置法（通称：省エネ・リサイクル支援法）」も制定され，「建築主の判断基準」よりもさらに厳しい「建築主の努力指針」が示された。さらに，1998年6月に閣議決定された地球温暖化対策推進大綱に従い，1999年3月には現行基準に比較してエネルギー消費量がおおむね10%低減されるよう，基準が強化されるとともに「飲食店舗」も加えられ，合計6用途が対象となった。そして2006年4月からは，延べ面積2 000 m² 以上のすべての建築物について，その「新築，増改築」「外壁などの大規模な修繕や模様替え」「空調設備などの設置や大規模改修」の行為を行う場合には事前に届出なければならないことになった。さらに，2008年の改正では，事業者単位でのエネルギー管理を義務づけ，コンビニなどにも拡大し省エネ対策が強化，拡充された。また，2010年4月からは，一定の中小規模の建築物（床面積の合計が300 m² 以上）について，新築・増改築時における省エネ措置の届出および維持保全の状況の報告が義務づけられた。

PALの計算においては，外壁の中心線から5 m以内の屋内部分をペリメータゾーンとして，建物外皮を通じて流出入する年間熱負荷をこのゾーンの面積で割った指標により建物外周部分の熱性能を判断するものとしている。計算式は下記のとおりである。

PAL(MJ/(m²・年)) ＝ 屋内周囲空間の年間熱負荷（MJ/年）/屋内周囲空間の面積（m²）

CEC/ACは，空気調和設備にかかるエネルギーの効率的利用を示す判断基準値であり，下記の式で表わされる。

CEC/AC ＝ 年間空調エネルギー消費量（MJ/年）/年間仮想空調負荷（MJ/年）

2.5 改正省エネ基準（一次エネルギー基準）

2013年1月，従来のPAL/CECによる省エネ基準は「一次エネルギー消費量基準」に改正され，2014年4月より施行されるとともに，新たな外皮基準PAL＊（パルスター）についても同時に施行された。また2012年12月に，「都市の低炭素化の促進に関する法律」および「低炭素建築物認定基準」が策定・施行された。

改正省エネ法施行前後の違いを表3.3に示す。改正後は一次エネルギー消費量により省エネルギー性能を判断するが，旧基準のPALについては，PAL＊（パルスター）として継承されている。また5 000 m² 以下の建築物については，ポイント法に替わる簡易評価手法として「モデル建物法」

表3.3　改正前後の省エネ基準比較（国土交通省HP「省エネルギー基準改正の概要」2015.4）

		改正前（平成11年基準）	改正後（平成25年基準）
指標	外皮	PAL	PAL＊（パルスター）
	設備	CEC	一次エネルギー消費量（通常計算法／主要室入力法）
簡易評価法 (5 000 m² 以下)	外皮	ポイント法	モデル建物法（PAL＊）
	設備	簡易なポイント法（2 000 m² 以下）	モデル建物法（一次エネルギー消費量）

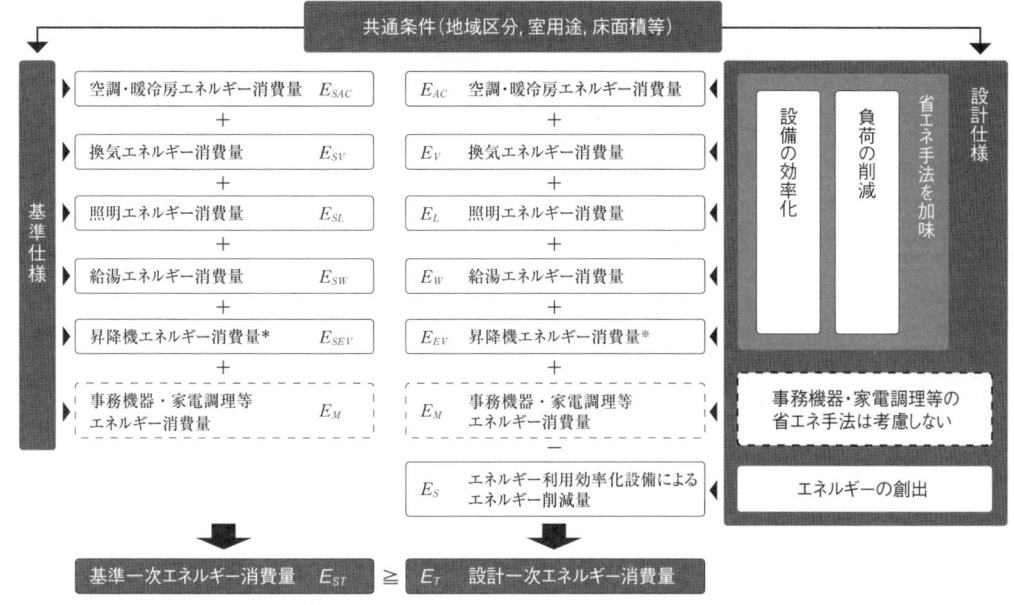

図 3.11 一次エネルギー消費量基準の考え方（国土交通省住宅局「住宅・建築物省エネルギー基準の解説－平成 25 年改正のポイント－」2013.10）

が導入された。

図 3.11 に一次エネルギー消費量基準の考え方を示す。

地域区分や室用途，床面積などの共通条件のもと，実際の設計による建築物の仕様で計算した設計一次エネルギー消費量が，基準仕様（平成 11 年基準相当）で計算した基準一次エネルギー消費量以下になることが求められる。新基準（平成 25 年基準）は，5 つの設備（空調，換気，照明，給湯，昇降機）のエネルギー消費性能を一つの統合された指標（一次エネルギー消費量）で評価することを求めている。図に示すように，各設備の設計一次エネルギー消費量の合計から「エネルギー利用効率化設備（太陽光発電，コージェネレーション設備）」による効果を差し引いた建物全体の設計一次エネルギー消費量により省エネ性能を評価する。

新たな外皮基準（PAL＊）は，旧 PAL の考え方を踏襲しつつ，計算条件など（地域区分，建材の物性値，内部発熱や稼働時間等の室使用条件）を一次エネルギー消費量計算の条件と統一するとともに，計算が簡略化されている。

一次エネルギー消費量の計算については，国立研究開発法人建築研究所のホームページで公開されている「一次エネルギー消費量算定用 WEB プログラム」を利用し，基準適否の判断を行うが，「通常の計算法」のほかに入力を簡略化した「主要室入力法」や 5 000 m^2 以下の建物に適用できる「モデル建物法」が用意されている。

また（一財）建築環境・省エネルギー機構からは，BEST（Building Energy Simulation Tool）という建築物総合シミュレーションツールが提供されており，「平成 25 年省エネ基準対応ツール」により，建築物の一次エネルギー消費量と PAL＊を精度よく算定できる。

2.6　建築物省エネルギー性能表示制度

前述の改正省エネ法の施行を受け，国土交通省は非住宅建築物を対象とした「非住宅建築物に係る省エネルギー性能の表示のための評価ガイドライン（2013 年）」を示し，これに基づき，（一社）住宅性能評価・表示協会が，省エネルギー性能の評価および表示を行うために必要となる共通のルール，考え方についての指針を定めた。建築

表3.4 BEI（Building Energy Index）の表示方法（住宅性能評価・表示協会指針）

BEIの値	星の数
BEI ≤ 0.5	☆☆☆☆☆
0.5 < BEI ≤ 0.7	☆☆☆☆
0.7 < BEI ≤ 0.9	☆☆☆
0.9 < BEI ≤ 1.0	☆☆
1.0 < BEI ≤ 1.1	☆

* BEIの値は小数点第3位以下を切り上げし，小数点第2位までの表示とする
* BEIが1.0を超える場合，新築での星の表示は行わない

表3.5 評価手法に応じた評価指標（住宅性能評価・表示協会指針）

用いる評価手法	適用範囲等	手法に応じた指標
通常の計算法（標準入力法）	すべての建築物	一次エネルギー消費量およびBEI
主要室入力法	すべての建築物	
BEST	すべての建築物	BEI_B
モデル建物法	5 000 m² 以下の建築物で個別分散空調採用の場合	BEI_m
既存建築物評価法	すべての既存建築物	BEI_{me}
平成11年基準からの読替え法	旧ポイント法は適用対象外	BEI_{ERR}

物省エネルギー性能表示制度をBELS（Building Energy-efficiency Labeling System）といい，評価指標をBEI（Building Energy Index）という。

BEIは，表3.4，表3.5に示したとおり，設計一次エネルギー消費量を基準一次エネルギー消費量で割った値を性能に応じて区分し，わかりやすく星の数で表示するものである。BEIは一次エネルギー消費量が算出されない評価手法を用いる場合の指標となる。

2.7 都市の低炭素化の促進に関する法律

2012年12月「都市の低炭素化の促進に関する法律（略称：エコまち法）」が施行された。本法律は，都市域において，低炭素化を促進するための環境整備を目的としており，①低炭素まちづくり計画の策定（市町村）と②低炭素建築物の認定制度からなる。

低炭素建築物の認定基準は，評価対象建築物が改正省エネ基準（前述）を超える性能（一次エネルギー消費量がおおむね10%以上）があると所管行政庁が認定した場合，低炭素化に資する設備等の設置のために増加する床面積について，一定の容積率緩和が適用されるというものである。定量評価項目として，①PAL＊の基準を満足，②基準一次エネルギー消費量の0.9掛けの性能が求められている。併せて，選択的項目（BEMS導入，節水対策，躯体対策，ヒートアイランド対策等）として8つの措置のうち，2項目以上を講

じていることが認定条件となっている。

以上，一連の省エネ法改正の経緯とその概要を示したが。2015年7月「建築物のエネルギー消費性能の向上に関する法律（略称：建築物省エネ法）」が公布された。本法は，2020年までにすべての新築住宅・建築物について段階的に省エネ基準への適合を義務化することを趣旨としており，従来の省エネ法が届出義務であったものから，一歩踏み込んだ内容となっており，今後とも注視していく必要がある。

引用文献
(1) 横山浩一・牧英二・石野久彌：建築における省エネルギー手法の効果分析，日本建築学会大会梗概集，1976
(2) 建築環境・省エネルギー機構：住宅・建築省エネルギーハンドブック，2001
(3) 河本・石関・梅主：建築設備の省エネルギー計画，井上書院
(4) 平林啓介・石野久彌：BECS/CEC/ACプログラムによるオフィスビルの省エネルギー性能に関する研究，図3，4，日本建築学会大会梗概集，1999
(5) 国土交通省HP「省エネルギー基準改正の概要」2015.4
(6) 国土交通省住宅生産課「非住宅建築物に係る省エネルギー性能の表示のための評価ガイドライン（2013）」2013.10
(7) 住宅性能評価・表示協会「建築物省エネルギー性能表示制度のための第三者機関による評価業務実施指針」2014.4

4章 空調方式とその適用

1 空調方式の分類[(1)]

　空調方式の分類を表4.1に示す。ここでは熱源の中央方式，分散方式という大きな分類を行い，熱源の中央方式について，中項目をそれぞれ全空気方式，空気－水方式，水方式に分類した。細項目については，全空気方式で定風量単一ダクト方式，再熱コイル方式，変風量単一ダクト方式，二重ダクト方式の4方式とし，空気－水方式についてはファンコイルユニット方式（ダクト併用），ファンコンベクタ方式（ダクト併用），コンベクタ方式（ダクト併用），水方式についてはファンコイルユニット方式，ファンコンベクタ方式，コンベクタ方式に分類した。

　また，熱源分散方式についてはパッケージユニットの方式を空冷ヒートポンプ（または冷房専用）パッケージユニット方式，同マルチユニット方式（通称ビル用マルチユニット方式），水熱源ヒートポンプ（水冷）パッケージユニット方式，同マルチユニット方式という形に分類した。

　熱源中央方式は空調設備の黎明期からある空調の基本となる方式で，一般的に熱源として冷凍機，ボイラを設け，空気調和機により空調を行う方式である。熱源分散方式は，いわゆるパッケージユニットといわれるコンプレッサユニットを必要に応じて分散設置する方式である。パッケージユニットは製品の多様化，広い製品化より採用する事例が多い。また窓近傍の補助的な暖房対策として電気ヒータ方式がある。電気ヒータは機器効率が良くないことより一時採用が限定されていたが，機器構造がシンプルなこと，設置の容易さ，製品の多様化などより，昨今，部分的に採用する事例が増加している。

1.1 熱源方式における各方式の特徴[①(1)]

1.1.1 全空気方式の特徴

　全空気方式の長所としては，次の項目が考えられる。
① 清浄度の高い空調，臭気の制御，騒音の制御に適している。
② 空調機で最もメンテナンスの頻度が高い加湿器，フィルタが空調機に集約されるため，保守が容易になる。また，構成する機器はシンプルで耐久性が高いので長期にわたり使用可能。
③ 空調している室と，空調機を設置している室を離隔することより，空調している室に維持管理の必要な設備を設置しなくてすむ。
④ 全熱交換器などの排熱回収装置や外気冷房などの省エネルギシステムの採用が容易である。
⑤ 極端な大風量や，多量の外気処理，加湿・除湿制御，清浄度の確保など，過酷な空調条件でも柔軟に対応可能。

　一方，短所としては，
① ダクトが大型になり，設置するためのスペースが大きい。
② 送風のための搬送動力が大きい傾向がある。
③ 熱源機器や空調機などを設置するスペースを要する。
④ 自動制御機器も含めたシステム全体として高価になる傾向がある。
などがあげられる。

表4.1

熱源中央方式	全空気方式	定風量単一ダクト方式 再熱コイル方式 変風量単一ダクト方式 二重ダクト方式
	空気－水方式 水－空気方式	ファンコイルユニット方式（ダクト併用） ファンコンベクタ方式（ダクト併用） コンベクタ方式（ダクト併用）
	水方式	ファンコイルユニット方式 ファンコンベクタ方式 コンベクタ方式
熱源分散方式	パッケージユニット方式	空冷ヒートポンプパッケージユニット方式 空冷マルチユニット方式 水熱源ヒートポンプパッケージ方式 空冷マルチユニット方式

全空気方式が適している建物としては，維持管理を集中化したい大規模な事務所ビルや，清浄度が要求される病院の手術室，電子機器，薬品の生産施設，大風量の要求される劇場，映画館，また放送局のスタジオなどがあげられる。

1.1.2 空気-水方式

空気-水方式の特徴としては，次のものがあげられる。

まず長所としては，

① 負荷処理は空気より水方式のほうが省スペースなこともあり，負荷の多い室に対して，全空気方式よりダクト，空調機などの設置スペースが少ない。

② 全空気方式より搬送動力が少ない。

③ 水方式のユニットごとの制御を行えば，個別の制御を行うことも可能。

一方短所としては，

① 水ユニットがファンコイル，ファンコンベクタなど，ファンやフィルタを内蔵した機器を設置した場合，フィルタやファンなどの点検箇所が多数分散し，維持管理点数が増加する。

② 水配管が室内に空調室内に配置されることにより，配管からの漏水事故の可能性が高まる。

空気-水方式が適している建物は，事務所，店舗，ホテル，病院などがあげられる。

1.1.3 水方式

水方式はダクトを伴わないので，スペース的に有利であるが，昨今では建物自体の気密性の向上，シックハウス対策による換気設備の設置義務化などより，厳密な意味での水方式のみの採用事例は少なく，換気設備を伴った広義の空気-水方式となっている。

窓換気が認められていたころの建物では，旅館，保養所などに採用されている。

1.2 熱源分散方式における特徴

熱源分散方式の長所としては，

① ユニットに冷凍機（ほとんどの機器がインバータ制御）を内蔵しているため，部分運転ができ，高効率運転が可能で省エネルギー的である。

② 将来の負荷増，増築，他の室と異なる熱条件の室に対しユニットを増設することによって容易に対応でき，フレキシビリティがある。

③ 取扱い操作が簡単で，大型のものでも素人が運転できる。

④ 機器の種類が豊富で，さまざまな建物用途，形状に適した機器を設置できる。

⑤ 故障や不具合発生時メーカーに依頼することで，問題発見，解決が容易である。

一方短所としては，

① 機器が多数分散設置されているので，故障発生の確率が高く，通常の点検箇所も分散し，維持管理が煩雑になりやすい。

② 製品寿命が他の空調機器より短く，補修部品の供給年月も短いので，全般的に更新のサイクルが早くなる。

③ 全空気式などに比較し，室全体の空気の循環量（換気量）が少なくなるので，空気質の改善がしにくい。

④ 外気冷房などの他の省エネルギー技術の採用がしにくい。

⑤ 水熱源方式で，水配管が室内に空調室内に配置されるものについては，配管からの漏水事故の可能性が高まる。

などがあげられる。現在では機器の種類も豊富で，住宅，ホテル，事務所ビル，病院，店舗など一般的な建物では最も多く採用されている。

2 定風量単一ダクト方式[1][2]

この方式は図4.1にその基本的なシステムを示すように，最も一般的，基本的な方法であり，定風量で送風し，室内の負荷変動に従って，吹出し空気温度を変化させることにより，すなわち，冷水コイル，温水コイルの熱交換制御を行うことにより，室温をコントロールするシステムである。単一ダクト方式にもダクト風速により，低速ダクトシステム，高速ダクトシステムがある。わが国

では，高速ダクトシステムはダクト風速が15m/sを超えるものをいい，一般に20〜25m/sを採用されている。高速ダクトは建築スペースが限られているときに採用されたが，ダクト内の摩擦抵抗が低速ダクトにくらべて2倍近くになり，騒音が大きく，ファン動力も大きくなり，近年では省エネルギーの観点から，ほとんど採用されない。

定風量単一ダクト方式の長所は次のとおりである。

① 空調機が中央式であるので，どのような空調条件でも空気を十分処理できること。
② 空調機が機械室にあるため，維持管理も容易に，確実に行うことができる。
③ 空調機械室と空調される室が分離されることより，防音・防振対策が容易になる。
④ リターンファンを設けることで，外気冷房が採用できる。

短所としては，

① 送風量が熱負荷の最大値で選定されるので，ファン動力が大きく省エネルギーにならない。
② 多室空調や異なる熱負荷変動が生じる室には同一空調機では対処できない。

などがあげられる。使用される建物としては，事務所のエントランスなどの大空間，クリーンルーム，手術室，放送スタジオ，劇場，コンサートホール，展示場，レストラン，物販店舗などである。

3 変風量単一ダクト方式（VAV方式）[3]

単一ダクト方式のなかで，定風量方式が風量一定で，送風温度を変化させて負荷の変動に対処するのに対し，変風量方式（図4.5参照）は吹出し温度を一定にして，負荷に応じて送風量を変えることによって室温を制御するものである。風量を熱負荷に応じて変動する変風量装置（VAV）をダクトの中間に設け温度調節を行う変風量方式，すなわちVAV方式である。VAVにより風量を変動することに伴い，空調機内蔵ファンも変風量制御に対応したものとする必要がある。従前はインレットベーン，スクロールダンパ，可変ピッチなど，機械式の風量制御装置もあったが，近年ではインバータによる周波数，電圧を変化することによるファン回転数制御方式が圧倒的に多い。大型の事務所ビルでは，最も広汎に適用されている。定風量単一ダクト方式およびVAV方式の原理は，次式に示される送風量と室内の顕熱負荷の関係で表される。Qが変化するのがVAV方式，t_sが変化するのが，定風量方式である。

$$H_s = 0.333 Q (t_r - t_s)$$

H_s：室内顕熱負荷（W）
Q：総風量（m³/h）

$$Q = \frac{H_s}{0.333(t_r - t_s)}$$

t_r：室温（℃）
t_s：送風温度（℃）

3.1 VAV方式の特徴

VAV方式は，次のような長所をもっている。

① VAVは天井内のダクトの途中に設置され，設置スペースが少なく，他の空調機器に比較し故障も少なく，維持管理が容易である。
② 温度の制御性に優れている。

図4.1 定風量単一ダクト方式を用いたときの基本フローと空気線図上の変化（冷房時・暖房時）[2]

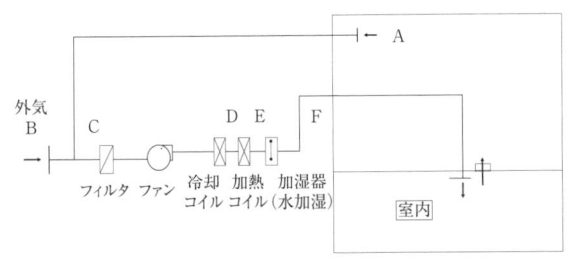

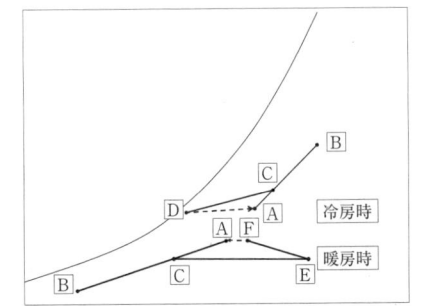

A：室内状態　B：外気　C：空調機入口状態　F：空調機出口状態

③ 負荷に応じた送風量となり，使用しない室にはVAVを閉鎖することも可能となるので，空調機のファン動力が最小限ですむ。

④ 負荷が少ない室の場合は送風量も少ないので，さらに静かな室となる。

⑤ 日常の維持管理が必要なフィルタ，加湿器，ファンなどが中央に集中するので保守管理が容易になる。

外気冷房の採用が容易である。

これに反して，設計者が注意しなければならないVAVの短所は以下の点である。

① 吹出し風量が変化するので，最大風量～最小風量の間で，良好な空気分布が得られる吹出し口を選定，配置を行う。風量が一定でないと到達距離が確保されないノズル型，スロット型吹出し口は避け，拡散のよい吹出し口を採用する。

② 熱除去の負荷が少なくても，外気量の供給は必要であり，VAVの最小風量と，取入れ必要な外気量とのバランスに留意が必要である。

③ 空調機からの空気温度は一定であるので，冷房，または暖房運転のいずれかしかできない。同一空調機の系統では冷房・暖房の同時運転ができないので，空調ゾーニングに留意する。

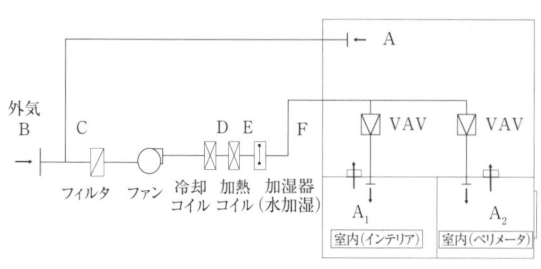

図4.2 VAV方式を用いたときの基本フローと空気線図上の変化（冷房時・暖房時）[2]

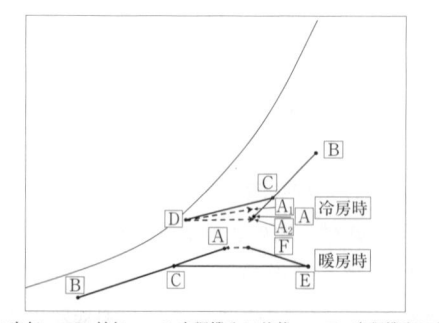

A:還り空気　B:外気　C:空調機入口状態　F:空調機出口状態

3.2 VAVユニットの構造と特徴

VAVユニットの種類は，大別すると絞り型，バイパス型に分けられるが，現在使用されているVAVはほとんどが絞り型である。また制御方式も機械式，ワックスサーモ式，電子式などがあったが，現在は電子式が最も多く使用されている。

3.2.1 電子制御絞り型VAV

電子制御絞り型VAVの構造は，モータで開閉駆動するダンパと通過する風量を風速でモニタリングする風速センサ，および連携し制御する制御基板で構成される。温度センサで感知し，目標温度に調節するよう制御基板に目標風量を指令し，この風量になるよう，風速センサで常時，風速（＝風量）を監視しモータダンパを開閉する。

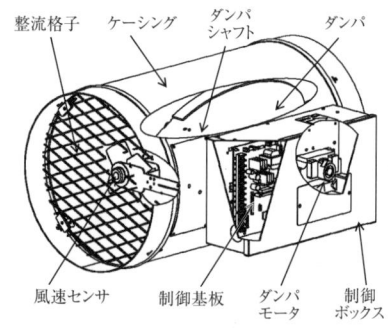

図4.3 電子制御絞り型VAV

3.2.2 電子制御バイパス型VAV

基本的構造は絞り型と同様であるが，VAVに流入する風量は一定であり，吹出しに供給する風量とバイパスする風量を調節する。VAVを通過する風量が一定のため，空調機の送風量は一定となりファン動力の削減は見込めないので，空調機では使用されないが，定風量で稼働するパッケージ空調機の部分的な温度調節が必要な箇所に使用可能である。

4 再熱コイル方式[2]

単一ダクト方式が多室空調に採用された場合，各室の負荷変動に対応する方法として考案されたものが端末再熱コイル方式である。制御される各室，または空調ゾーンのダクト途中に再熱ヒータ

を挿入し，室内の温度検知器により温度制御を行う。再熱ヒータの熱媒は蒸気，温水，電気ヒータなどがあるが，温水が一般的に使用されている。

4.1 定風量＋再熱コイル方式の特徴

定風量方式に使用すると，次のような長所をもっている。
① 再熱コイルごとに温度調節可能
② 再熱コイルは維持管理が容易（制御弁のみ）
③ 送風量が一定なので清浄度が必要な室に採用可能

短所は，
① 再熱量（加熱量）で温度調節することになるので，元の空調機で処理する空気は，系統全体が必要とする最も低い温度まで冷却する必要があり，この再熱のためのエネルギー消費が多い（これを再熱損失とよぶ）。病院の手術室，製薬工場，実験動物飼育室などの特殊な用途を除きこの方式を採用しないのがよいとされている。

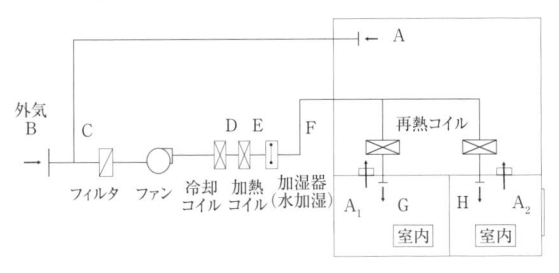

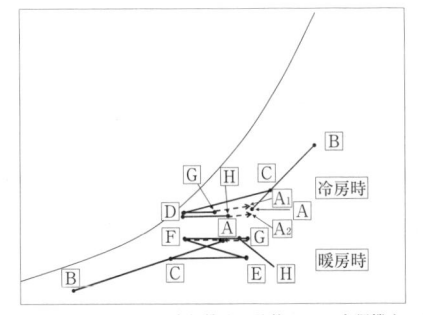

図 4.4　定風量＋再熱コイル方式を用いたときの基本フローと空気線図上の変化（冷房時・暖房時）[2]

4.2 変風量＋再熱コイル方式の特徴

変風量方式に使用した場合，大規模な事務所ビルなどでは冬期インテリアは冷房要求，ペリメータは暖房要求と異なる温度調節要求が発生する場合，インテリア系統の温度制御は冷風吹出しによるVAVによって行い，窓回りを再熱ヒータによる温風＋VAV制御を行う方式などのように，制御を工夫することで，従来の再熱損失が発生しないシステム構築も可能であり，最近見直されているシステムである。

変風量方式＋再熱コイルの特徴としては前述のVAV方式に準拠するが，単一ダクト＋VAV方式では制御しきれなかった冷房要求と暖房要求が同一空調機系統に存在している前述の事例のような場合でも，同一空調機系統で対応可能となる。

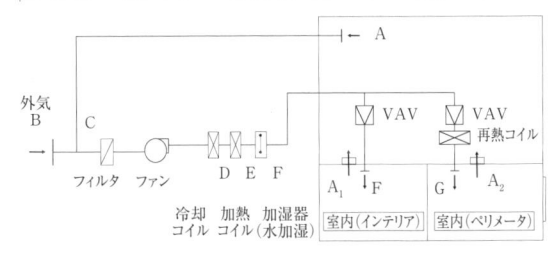

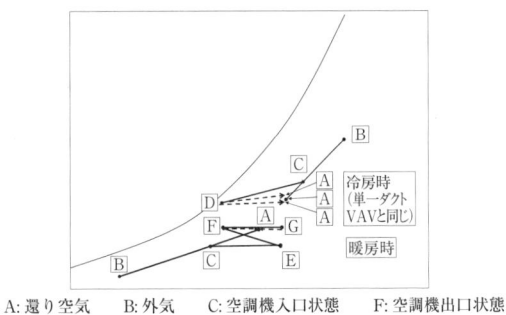

図 4.5　変風量＋再熱コイル方式を用いたときの基本フローと空気線図上の変化（冷房時・暖房時）[2]

5　二重ダクト方式[(4)]

従来の二重ダクトは図 4.6 に示すように，温風ダクトと冷風ダクトを設け，制御する室，または空調ゾーンごとにそれぞれの空気を混合し，室温を制御するシステムである。

常時温風と冷風を混気箱において混合するので，混合ロスが発生していた。

昨今はこれよりさらに進み，従来の温風ダクトを夏期には冷風ダクトに切り替え，また混気箱に代わり，冷風，冷温風ダクトにそれぞれVAVを

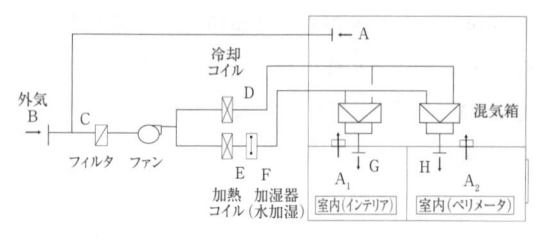

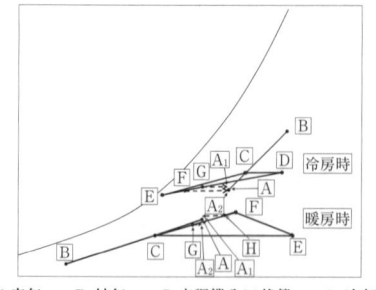

A: 還り空気　B: 外気　C: 空調機入口状態　D: 冷却コイル出口状態　E: 加熱コイル出口状態　G,H: 吹出し口空気状態

図4.6　二重ダクト方式を用いたときの基本フローと空気線図上の変化(冷房時)[2]

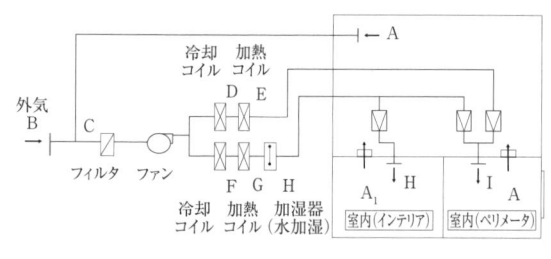

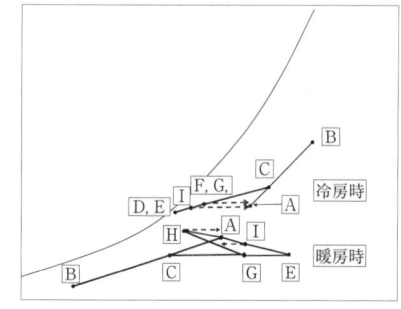

A: 還り空気　B: 外気　C: 空調機入口状態　E,H: 空調機出口状態

図4.7　二重ダクト方式(冷暖切替方式)を用いたときの基本フローと空気線図上の変化(冷房時・暖房時)

接続したVAVシステムと併用することにより，従来の混合負荷が発生しないシステムも構築可能となっている。

二重ダクト(冷温風切替)＋VAVの長所は，
① 個別制御が可能
② 冷暖房を同時に行うことができる。
③ 全空気方式の場合，空調される室には水配管が発生しない。

一方短所は，
① 設備費が高価になりやすい。
② ダクトスペースが大きくなる。
などがあげられる。

6　床吹出し方式[3]

床吹出し空調方式は床に設置されているOAフロア下部の空間に空調機による空調された空気を供給し，床面に設けた吹出し口より室内に空調空気を供給し，天井面に設置された吸込み口より還気され天井内経由で空調機に至る循環を行う空調方式である。

床面に吹出し口を設けず，通風性のあるOAフロア，タイルカーペットを用いた全面床吹出し方式(滲みだし空調方式)もある。

天井吹出しの従来の空調方式と比較すると特殊であり，採用にあたっては詳細な注意を払う必要がある。

一般的には事務室内の空調方式として用いられることを指すが，広義の床吹出し空調方式としては，サーバー室，電算室内のダウンブロー空調方式も同様の方式である。

事務室内で採用される床吹出し方式の長所としては
① 冷房運転時には，上下温度差がつきやすいので，還気温度が高くとれ，機器発熱の多い事務室にも対応可能で，送風機の搬送動力の削減が見込まれる。
② 吹出し口の移動が容易なので，事務室内の間仕切り，レイアウト変更に容易に対応可能
③ ダクトが不要なので，天井内スペースが最小となり，高い居室空間を確保できる。

一方短所は，
① 床面から冷気が吹き出すので足下が寒く，特に女性に不評となるケースがある。
② 床吹出し口の配置に工夫が必要。あまり集密にレイアウトされた事務室では吹出し口が配置できない。

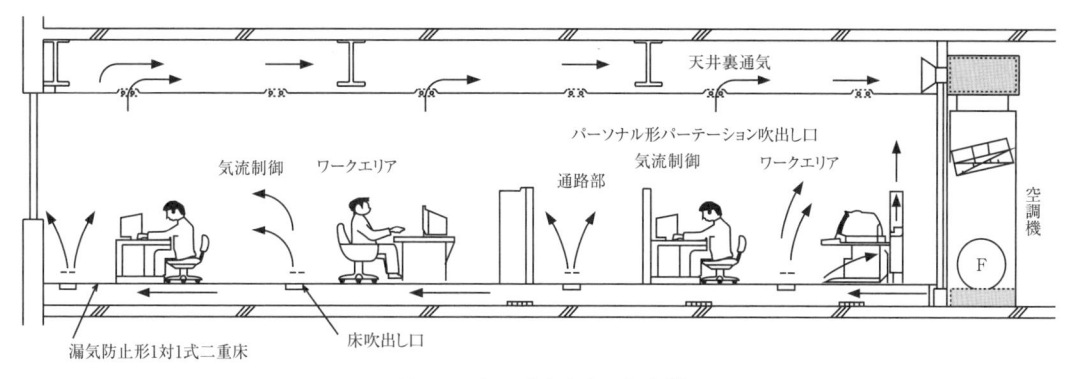

図4.8 加圧式床吹出し方式[5]

③ レイアウト変更によっては吹出し口の移動が発生し，天井吹出し方式と比較し，レイアウト変更に伴う道連れ工事が発生しやすい。

7 ファンコイルユニット方式[6]

7.1 ファンコイルユニット

ファンコイルユニットは図4.9に示すように，ファンと冷(温)水コイルにより構成され，中央熱源より冷水あるいは温水の供給を受けて，室内の空気をファンによりコイル経由で循環させ，冷却あるいは加熱を行う装置である。ユニットの入り口部にフィルタを設置し，コイル，ファンの汚れ防止を図っている。冷房時の凝縮水排出用のドレンパンを備え，配管方式や制御，設置場所に応じた形状の異なるユニット，入口－出口温度差を大きく取れるユニットなどさまざまな種類がある(図4.10)。

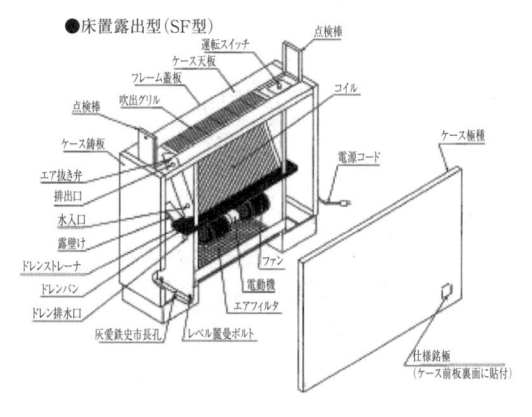

図4.9 ファンコイルユニット（床置型）[7]

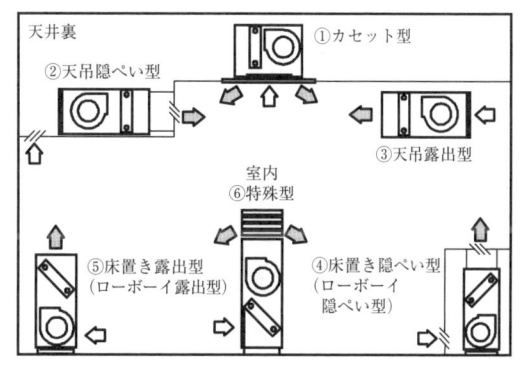

図4.10 ファンコイル設置図[8]

7.2 ファンコイルユニット方式の適用

ファンコイルユニットは，室やゾーン負荷に個別に対応できるので，ホテル客室，病室，事務所ビルペリメータに適している。しかし，病院の手術室，クリーンルーム，実験動物飼育室など清浄度，臭気，温湿度条件の厳しい施設，放送スタジオなど低い騒音レベルを要求される室，映画館，音楽ホールなどの大空間の空調には適さない。

ファンコイルユニットの配管方式には，2管式，4管式がある。

通常，夏は冷房，冬は暖房のみの場合は2管式，同時に冷暖房が発生する場合は4管式を採用する。表4.2に各方式の特徴を示す。

表4.2 配管方式の特徴

	2管式	4管式
冷暖房同時運転	不可	可
建設費	小	大
配管スペース	小	大
ミキシングロス	なし	なし

ファンコイルユニットは加湿や外気処理を行いにくいので，他の空調システム（外調機，空調機，全熱交換器，加湿器等）と組み合わせることが必要である。

7.3 ファンコイルユニットの制御

ファンコイルユニットの制御は，水量制御と風量制御および双方の組合せがある。

水量制御はコイルを通過する冷温水の水量を調節し，風量制御はコイルを通過する空気量を制御する。

温度制御性は風量→水量→水量＋風量制御順で制御性が良い。

風量制御の場合は風量の強：中：弱：停止のファンノッチ切替えで，その能力比はおおむねそれぞれ100：74：62である。

一方，流量制御はon-off弁と比例制御弁があるが，比例制御弁は流量制御により，実質の制御範囲はおおむね100〜5％となる。

旧来はシステムの簡便さにより，冷温水は定流量で，風量を手動により変更し温度調節するシステムが多かった。

しかし，昨今は省エネおよび室内の快適性の確保より，自動制御による流量，風量の組合せ制御が最も多い。

ファンコイルを採用する建物は，熱源設備を有し，空調機も併用されている場合が多く，空調機が冷温水の変流量制御を採用していることが一般的であり，冷温水ポンプも変流量制御を行う。よってファンコイルも変流量制御を採用する場合が多い。

8　パッケージユニット方式[9]

パッケージユニットは，圧縮機，凝縮器，蒸発器などの冷房サイクル系機器，ファン，エアフィルタ，自動制御機構，加湿器，加熱器などの付属機器により構成され，通常，標準製品として工場で生産される。

熱源媒体により空冷（空気熱源）と水冷（水熱源）に分けられ，冷房サイクル系機器のパッケージングの形態より，一体型，スプリット型，冷暖房運転の可否によって，冷房専用型（冷専）と冷暖房兼用型（ヒートポンプ）に分けられる。

熱の授受は冷媒の蒸発，凝縮の潜熱を利用して熱交換を行う。

住宅用の小型のものから，店舗用の中型，工場などの大空間にも使用可能な大型のものまで多様な種類のものがある。

特に住宅用の小型の機種（通称ルームエアコン）は，昨今の技術開発が進み，他の空調機器と比較し，省エネ性は最も高い。

屋内機と屋外機が一体となったウォールスルー型の機種もある。また，圧縮機の駆動源は電力モータが一般的であるが，ガスエンジン，灯油エンジンを使用した機種もある。

パッケージユニット方式の長所は，

① 熱源はもとより，放熱器，自動制御も含めて一体化（パッケージング）されているので設置，操作が簡便である。
② 他と異なる熱負荷条件（年間冷房等）に対応可能である。
③ 全般的に省エネの傾向がみられ，家庭用の小型のものは特に省エネ性が高い機器がある。
④ さまざまな種類があるので，建築計画に組み込むことが容易である。
⑤ 故障発生時はメーカーに点検依頼することで，原因究明と修繕が容易である。

一方短所は，

① 屋内機，屋外機の冷媒管長に制約がある。
② 建物全体に採用すると，機器が増え，故障発生の確率が増える。
③ 製品寿命が短い。特に補修部品（制御基盤など）の供給が停止した場合，修繕不可能となるが，メーカーの供給期限がおおむね13年程度と短い。
④ 極端な空調条件（大風量，全外気運転，高清浄度，恒温，恒湿など）には対応しにくい。

8.1 空冷式（空気熱源）

空冷式は水冷式と比較し，水を循環，冷却，加熱する機器が不要で，屋内機，屋外機間を冷媒管で接続することで機能するので，システムが簡便である。設置工事費，運転費も一般的には水冷式より安価となっている。

8.1.1 一体型

ウインド型クーラーや，ウォールスルー空調機がある。

8.1.2 1対1型

空冷スプリット型の原型で，屋内機と屋外機が1対1で一体となっている。冷暖房のヒートポンプ機と冷房専用機がある。住宅や小型店舗などに使用される小型で屋内機から直接送風する機器（ルームエアコン，店舗用エアコン）から，工場，大空間用のダクトを接続し，ダクト経由で送風する大型の機器までのさまざまな能力と，一般空調用はもとより，外気処理専用機，電算用の除湿を行わない高顕熱冷房専用機など多様な機種がある。

8.1.3 マルチ型（冷暖切替型）

（通称：ビル用マルチユニット方式（冷暖切替））

一つの屋外機の冷媒管の系統に，複数の屋内機を接続し，多室空調を可能としたシステムで，近年急速に普及したシステムである。機器・性能の向上が著しく，適用される建物種類，規模も多様化している。一部，冷房専用機もあるが，ほとんどが冷暖房機である。屋外機は圧縮機，ファンがインバータによる回転数制御を行い，省エネを図っている。屋外機の能力も多様にあり（メーカーにより若干異なるが 14 kW（5 馬力）～ 150 kW（54 馬力）），高効率型，暖房能力増強型，深夜電力利用の氷蓄熱一体型など，屋内機についても天井埋込カセット型，天井ビルトイン型，天井埋込ダクト型，同ホテル用，床置型，壁掛型，外気処理専用ほか，さまざまな形状，能力のものが複数のメーカーから供給されている。

計画の際には，屋外機が冷房または暖房いずれかの切替え運転となるため，屋内機の設置場所が冷房，暖房負荷が同じ系統になるよう配慮が必要である。

8.1.4 マルチ型（冷暖同時型）

（通称：ビル用マルチユニット方式（冷暖同時））

マルチ型の機能をより一層向上させた機種で，一つの屋外機の冷媒管系統に，複数の屋内機を接続し，屋内機は自由に冷房，暖房運転可能となっている。冷暖房同時運転時は，熱回収を行っているため，省エネルギー運転となる。

屋内機，屋外機を結ぶ冷媒管はメーカーによって，3管式と2管式がある。屋外機は冷暖切替型に比較すると若干種類は少なく，暖房増強や氷蓄熱1体型などの特殊な機種はないが，多様な容量の機器から（22 kW（8 馬力）～ 136 kW（48 馬力））選択可能である。

8.2 水冷式（水熱源）

8.2.1 一体型

小型の機種（2.5 ～ 15.0 kW）は冷暖房可能なヒートポンプ機で，天井カセット型，天井隠蔽型，ローボーイ型などの機種がある。大型の機種（16 ～ 100 kW）は，ヒートポンプ機は少なく，ほとんどが冷房専用機である。

8.2.2 マルチ型（冷暖切替型）

（通称：水熱源ビル用マルチユニット方式（冷暖切替））

空冷の屋外機に変わり，水熱源の熱源ユニットを設け，冷媒管で複数の屋内機と接続する。熱源ユニット内に熱源水を循環させて熱交換を行う。

熱源水関連が異なるが，他は空冷マルチ型と同様な機能を有する。

8.2.3 マルチ型（冷暖同時型）

（通称：水熱源ビル用マルチユニット方式（冷暖同時））

空冷マルチ型の冷暖切替型と冷暖同時型との関係と同様に，一つの熱源ユニットに接続された冷媒管系統に，複数の屋内機を接続し，屋内機は自由に冷房・暖房運転可能となっている。

4章　空調方式とその適用

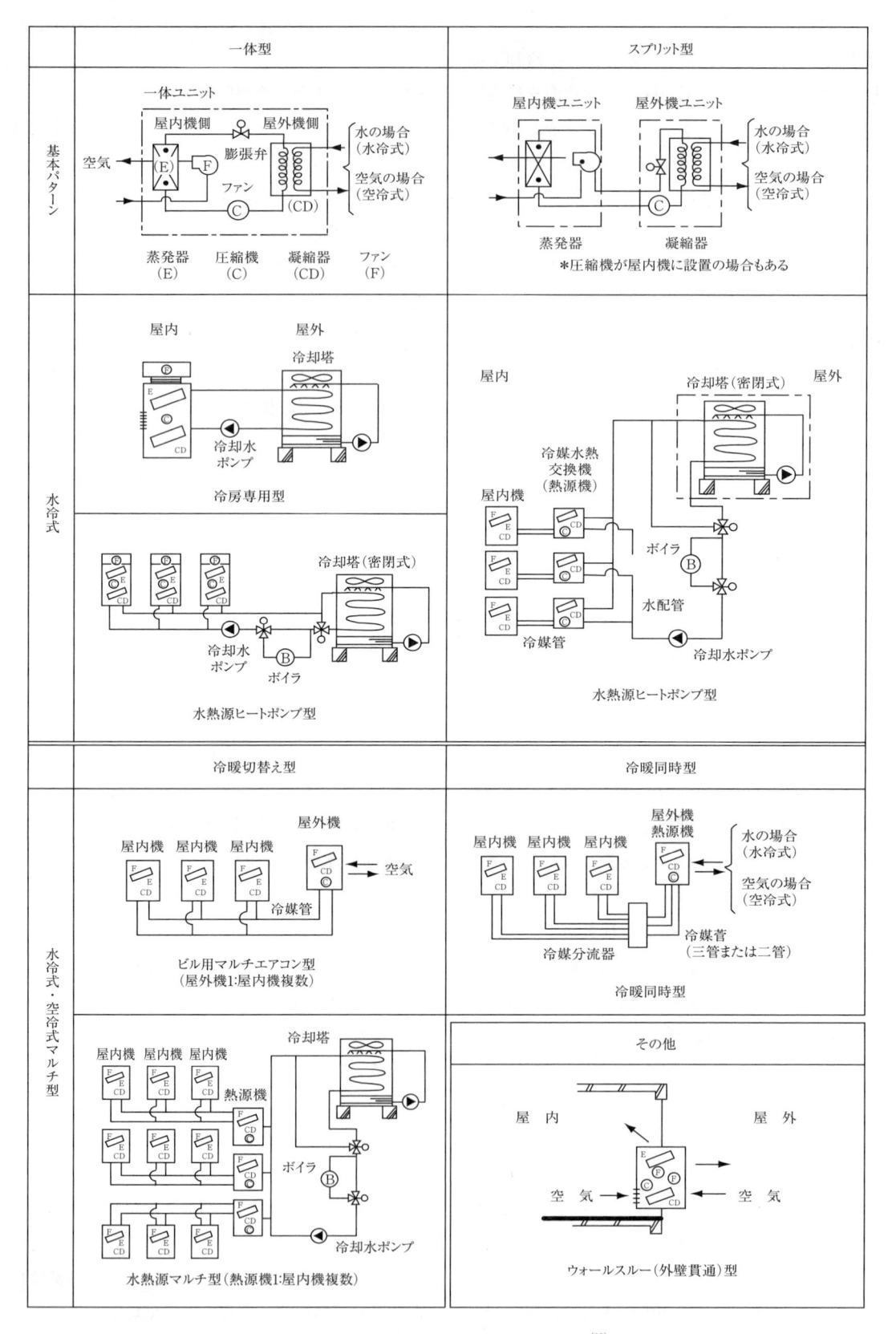

	一体型	スプリット型
基本パターン	蒸発器(E)　圧縮機(C)　凝縮器(CD)　ファン(F)	*圧縮機が屋内機に設置の場合もある
水冷式	冷房専用型／水熱源ヒートポンプ型	水熱源ヒートポンプ型
	冷暖切替え型	冷暖同時型
水冷式・空冷式マルチ型	ビル用マルチエアコン型（屋外機1:屋内機複数）／水熱源マルチ型（熱源機1:屋内機複数）	冷暖同時型／その他：ウォールスルー(外壁貫通)型

図4.11　パッケージユニット方式の種類 [10]

9 各建物への適用指針 [11] ①

これまでに,各方式の特徴とその使われ方などを述べたので,ここでは,建物種別ごとにその特質,およびどういう空調方式が適しているかを解説する。

9.1 事務所ビル

事務所ビルは,非住宅系の建物としては最も多く建設されている。特定の人々が長時間仕事を行う空間であり,その目的に付随して,会議室,食堂,サーバー室,喫煙室などの特殊な部屋を有している。

事務所ビルは大きく分けて自社ビル(庁舎も含む)と,貸事務所ビルとに分けられる。

貸事務所の場合,空調料金も入居者の使用状況に応じて課金することが望まれ,テナント募集上も空調が個別運転可能な「個別空調完備」であることが重要視されている。

昨今はビル用マルチユニット方式の技術開発が進み,おおよそ延べ床面積が $20\,000\,m^2$ 程度まではビル用マルチユニット方式の採用が最も多い(ただし,近年 $50\,000\,m^2$ を超える事務所ビルにおいても,ビル用マルチの採用は増えている)。ビル用マルチユニット方式を主体としたシステムを構築する場合は,パッケージ付属品の加湿器ではビル管法で規定されている基準を守ることが厳しい場合があるので注意を要する。

$20\,000\,m^2$ を超える大型ビルでは,中央熱源方式を採用する場合が多くなる。中央熱源方式の場合はインテリア系統には可変風量方式(VAV方式)の採用が最も多い。ペリメータ系統の空調方式はインテリアと同じく可変風量方式(VAV方式),ファンコイル方式,再熱コイル方式,一体型パッケージ(ウォールスルー型)方式,水熱源パッケージ方式,電気ヒータ方式,エアフロー窓などによるペリメータレス方式など建物形状に即したさまざまな方式が採用されている。

9.2 劇場,映画館

劇場,映画館は不特定多数の人間が集まる場所であり,長時間一定の座席に座して過ごす大空間といえる。特に劇場に関しては,空調騒音の許容値が厳しいことが特徴である。ホール用の空調機は大風量であり,ダクト風速を遅くし,ダクトの途中に消音装置を組み込む。

一般的には中央熱源方式による単一ダクト方式を採用するが,一部可変風量方式(VAV方式)を採用する場合もある。小規模な劇場や映画館(昨今よく見られるシネマコンプレックスなど)ではダクト送風によるパッケージ方式の採用も見られる。

計画にあたっては,必要送風量の確保はもとより,空調騒音対策のための空調機械室の配置,壁の遮音対策,ダクト用消音装置の設置スペースの確保に注意する。

9.3 病院

病院には,大きく分けて常時患者が滞在する病棟部門と,外来患者の診察,検査を行う診療部門がある。診療部門は多機能であり,清浄空間の必要な手術室,ICU,CCU,放射線診療なども含まれている。病棟部門の空調方式は基本的に個別空調が必要であり,かつ清浄空気を供給するためには全空気方式が最適であるので,これらを組み合わせたシステムとするのが望ましい。

現在最も多い方式は,ファンコイルユニット+単一ダクト方式で,パッケージ+単一ダクト方式,変風量方式(VAV方式)などがある。

清浄空間の必要な諸室には,高性能フィルタなどのダクト経路の圧力損失が大きいので,ファンの静圧が大きくなることもあり,単一ダクト方式が一般的である。

9.4 ホテル,旅館

ホテル,旅館は宿泊する部門と,レストラン,宴会場,サービス部門のパブリック部門に大別される。

宿泊部門は部屋ごとの個別運転，個別制御が必要であり，運転騒音も小さいことが必要である。換気量は人員当たりではなく，ユニットバスの換気量を確保するため，1室当たり $70 m^3/h$ 以上供給する。外気供給を単一ダクトで，室内の個別制御をファンコイルで行う，ファンコイルユニット＋単一ダクト方式が一般的である。

昨今は利用者の冷暖房の要求が高くなり，特に高級なシティホテルでは，客室ごとに好みの冷房，暖房運転が選択可能なシステムが求められ，ファンコイル方式でも4管式の採用が求められる場合が多い。

近年多数建設されている宿泊に特化したビジネスホテルでは，ビル用マルチ方式，ルームエアコン方式などの採用例が多くなっている。

宿泊室にビル用マルチ方式を採用する場合は，宿泊室内に冷媒が漏洩した際に，宿泊室内の酸素濃度が低下しすぎないよう，冷媒管の総量を一定量以下にする必要がある。

日本冷凍工業界で定めているガイドラインに沿って，屋外機を細分化する系統分けが必要である。

パブリック部門は，中央熱源の有無により，熱源を有する場合は単一ダクト方式，変風量方式（VAV方式），熱源のない場合はパッケージ方式の採用となる。

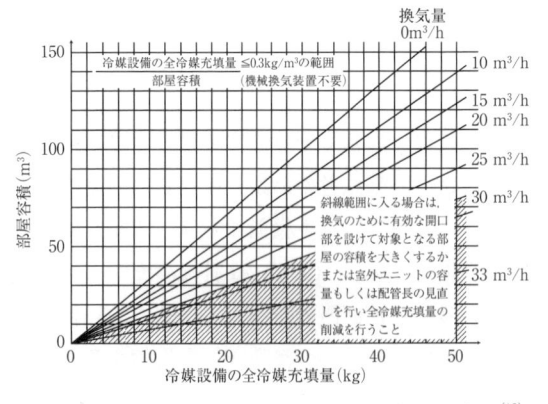

9.5 デパートおよびショッピングセンター

デパート，ショッピングセンター，駅ビル併設の物販店舗などは不特定多数の人間が出入りする建物であり，時間により，季節により，建物のフロアにより混雑度合いが異なり，室内発生熱負荷が著しく異なる性質を有している。物販店舗部分は窓のない場合が多く，ペリメータ空調を考慮しなくてよい場合が多い。

事務所ビルと比較して室内発生熱量が大きく，風量は多く必要となる。採用される方式としては各階単一ダクト方式が多いが，昨今は売り場面積を最大確保する目的より，空調機械室が少なくてすむ，単一ダクト方式外調機＋ファンコイル，または同＋パッケージなどの採用が多くなっている。

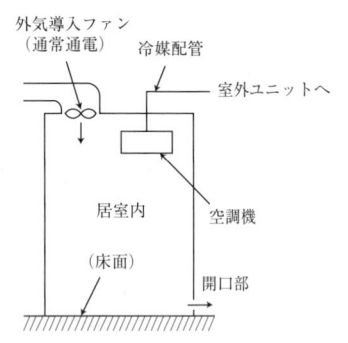

図4.12 部屋容積と換気による冷媒漏洩対策の検討[12]

図4.13 換気システムの例[12]

(a) 常時換気システム（外気導入の例）
(b) センサ連動システム（外気導入の例）
(c) 常時換気システムと冷媒遮断弁の併設

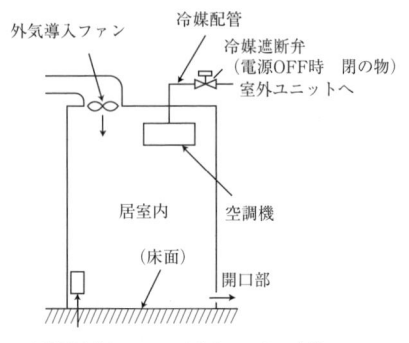

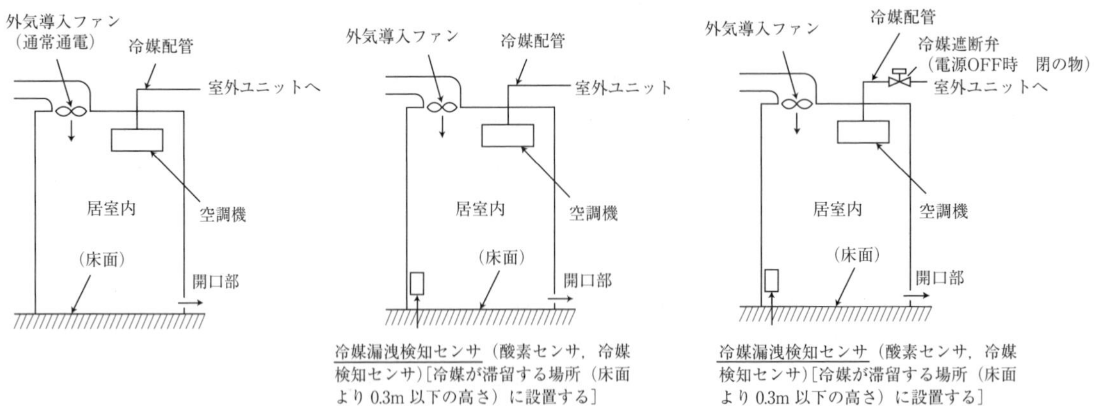

近年多数建設されている駅に隣接された物販店舗では、屋上に避難スペースの確保が必要なことにより、設備機器の設置スペースが少ない場合が多く、水熱源パッケージ方式の採用例が多く見られる。

9.6 研究所

研究所には生物系、科学系、物理系などがあり、内容においても、排気の多い部屋、恒温恒湿室、クリーンルーム、可変空調室、冷蔵室、バイオハザード室、RI室などさまざまな部屋が存在する。一般的に研究室は排気量が多く、単一ダクト方式、単一ダクト＋レヒート方式が採用されていたが、昨今は省エネルギーの観点より、高速で作動するVAVを用いた、単一ダクト＋VAV方式の採用例もみられる。

研究対象の用途に応じたダクト、空調機、ファンの材質や、排出空気の浄化対策が必要であり、用途に応じ空調方式を個別に設けることが望ましい。

換気量が多いことより、熱源容量も大きくなる傾向があり、用途にもよるが、おおむね事務所ビルの3倍以上の容量になる場合が多い。

9.7 図書館、美術館、博物館

図書館は比較的来館する人員が一定であるが、美術館、博物館は時間および催し物などによって、来館する人間の数が変動する建物である。また、美術館、博物館は重要な美術品の収蔵、展示を行うので、温湿度の制御が厳密な建物といえる。収蔵庫、展示室などでは一定の清浄度のほか、除湿再熱が必要な場合もあり、全空気方式の低風量単一ダクト方式が一般的で、省エネルギーを考慮した場合はVAV方式が採用される。

図書館の蔵書庫は年間を通じ一定以下の湿度とする必要があるので、単独運転可能な除湿器の設置が必要な場合が多い。蔵書庫は集密書架を用いる場合が多いので、一般的な室より空気が隅々まで循環しにくい。グレーチング床にするなど、空調空気がよどみのないように循環する配慮が必要である。また、図書館の閲覧室や館員が執務する室は、事務所と同様な空調方式でよい。

9.8 スポーツ施設

スポーツ施設には体育館、プール、アスレチッククラブなどがあるが、いずれも天井高が高く、スポーツをする空間と観覧する空間の2つの要素に分けると計画しやすい。

スポーツ施設は一般的に単機能の空間であり、単一ダクト方式による室温制御が一般的である。競技種目によっては気流を極端に嫌うものや、居住域のみの空調、観覧部分のみの空調などの建物要求グレードに即した配慮が必要である。特にプール空調は高湿度な空間に適した材料選定、エアバランス計画が必要である。

9.9 生産施設

生産施設（工場）は生産する製品によりその生産空間の状態が規定されるものであり、電子デバイス製品、薬品、食品などの清浄空間が要求されるもの、紡績工場、印刷工場のように恒湿度が要求されるもの、作業を行う人間のみを対象とする空調のように、その施設の目的、使用条件によって大きな違いがある。

生産施設への投資金額（空調設備のイニシャルコスト＋ランニングコストを含む）が製品の価格に転嫁されることより、投資対効果への要求が高く、また電子デバイス関連の生産施設の場合は、製品の技術革新サイクルが短いので、建設スピードへの要求も高い。

空調方式は簡易的なパッケージ方式のものから、高清浄度を求められる単一ダクト方式＋ファンフィルタユニット方式のものまで、生産施設の要求性能に即したさまざまな方式が採用される。

9.10 データセンター

従来は電算ビルとよんでいたが、昨今はデータセンターとよぶことが多い。室名も電算室（電算

機室）からサーバールームと名称が変わり，設置機器の室内発熱においても従来は 300～600 W/m^2 であったものが，現在では 1.0～3.0 kW/m^2，近い将来は 8.0 kW/m^2 になるというレポートも報告されている。電算室内の空調の設置基準は（財）金融情報システムセンター（FISC：The Center for Financial Industry Information Systems の略称）と Uptime Institute Tier の基準を適用され，金融機関では FISC の認知度が高いので，FISC 基準に準拠する。金融機関以外のデータセンターでは Uptime Institute Tier の Tier Ⅲ を満足する N＋1 台の基準で設置される場合が多い。サーバー室内の空調方式は床吹出し，天井リターン方式で，空調機は電算専用の床吹出し用パッケージ空調機，または中央熱源による床吹出し用空調機による空調方式の採用が一般的である。

近年の機器発熱量上昇に伴い，空調機風量の増加はもとより，効果的にサーバー内に冷気を供給するための工夫（コールドアイル，ホットアイル）やさらに仕切りを設けたアイルキャッピングなどの手法，特に負荷が高いサーバーラック近傍に組み込むラック組込み冷却ユニット，ラック上部に設置する冷却ユニットなどさまざまな対策が開発されている。

ラックサーバーは建物を引き渡しの後に設置されるので，サーバー配置によって発熱箇所が決定されるので，サーバー室内の床吹出し口はＯＡフロアのパネルと同寸法とし，天井吸込み口はグリッド式のシステム天井組込み型とするなど，容易に吹出し口，吸込み口の位置移動可能とし，かつ風量調節可能な配慮が必要である。

9.11　放送局

放送局はスタジオ，同操作室，サーバー室，および一般事務室の用途に大別される。

スタジオは照明による発熱負荷が多く，劇場と同様に空調騒音の許容値が厳しい。小規模な放送局であっても，空調方式は熱源を用いた単一ダクト方式，または変風量方式を採用する場合が多い。

その他の操作室，サーバー室，事務室は中央熱源の有無により，VAV方式，ファンコイルユニット方式，またはパッケージユニット方式の採用とことが多い。

9.12　学　　校

学校は一般的に暖房設備だけが設けられている例がほとんどであった。昨今では少子化による，学校間の競争激化の影響もあり，私立学校では職員室はもとより，教室内においても，幼稚園から大学に至るまで，空調を設ける例が増加している。

教室は1室当たりの在室者数が多いので，換気量も多く必要となる。

幼稚園から高等学校までは教室の使用時間帯，在室人数は一定であるが，大学では，使用時間帯，在室者数が多様化する特性を有している。

中央熱源を採用した学校では，単一ダクト＋VAV方式やホテル宿泊室と同様に単一ダクト外調機＋FCU方式などが一般的である。中央熱源を有さない建物では，ビル用マルチ方式が採用されている。

学校教育法に定められた学校もビル管法対象であるので，換気量はもとより，特に冬期の加湿対策に留意する必要がある。

9.13　共同住宅，個人住宅

建物の原点ともいえる住居は，古くから人間の生活基盤であり，健康的な生活を送れる空間であるとともに，操作が容易で運転費，維持管理費の安価なシステムでなければならない。今日では，性能の向上が著しい，ルームエアコン（小型空冷ヒートポンプパッケージユニット，一対一型）が最も一般的である。高級な集合住宅では，ホテルに準拠したファンコイルユニット方式も採用されている。

引用文献
(1) 建築設備技術者協会:建築設備設計マニュアル〔改訂2版〕p.10
(2) 同上書　p.11
(3) 同上書　p.13
(4) 同上書　p.16
(5) 建築設備綜合協会編:平山昌宏ほか:床吹出し空調Q&A104の質問, p.6, 理工図書, 2006
(6) 建築設備設計マニュアル〔改訂2版〕, p.17
(7) 新晃工業ファンコイルユニット技術資料, p.123
(8) 空気調和・衛生工学会編:空気調和衛生工学便覧第14版　3空気調和設備設計編, p.44
(9) 空気調和・衛生工学会編:空気調和衛生工学便覧第14版　3空気調和設備設計編, p.48〜51
(10) 空気調和・衛生工学会編:空気調和衛生工学便覧第14版　3空気調和設備設計編, p.49
(11) 建築設備設計マニュアル〔改訂2版〕, p.24〜26
(12) 日本冷凍空調工業会編:日本冷凍空調工業会ガイドライン　マルチ形パッケージエアコンの冷媒漏えい時の安全確保のための施設ガイドライン, p.3, 1998

参考文献
① 井上宇市:空気調和ハンドブック改訂5版
② ASHRAE HANDBOOK & PRODUCT DIRECTORY 1980 SYSTEMS, ASHRAE
③ 空気調和・衛生工学会編:空気調和衛生工学便覧第14版　3空気調和設備設計編, p.31

5章 熱源方式とその適用

1 熱源システム計画

1.1 エネルギーと冷温熱源の組合せ

わが国の空調分野における熱源方式は，戦後以降を総括すると，1955年ごろまでは，冷熱源が電動冷凍機，温熱源が石油を燃料としたボイラの時代であった。しかし，1965年に二重効用蒸気吸収式冷凍機が，1967年にガスだき吸収式冷温水発生機が出現して以来，化石燃料をエネルギー源とする冷房用熱源が普及しはじめたが，最近では，大容量冷凍機の出荷台数は図5.1に示すように，吸収式冷凍機が約13％，電動冷凍機が約87％となっている。

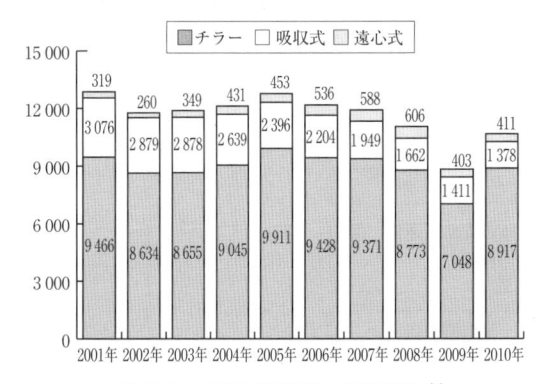

図5.1 大容量冷凍機の出荷台数[1]

ボイラあるいは直だき吸収式冷温水発生機の燃料としては，都市の大気汚染公害防止という観点から法的規制あるいは行政指導によって，また，都市ガスの大口需要家に対するガス特約料金の設定による低価格化により，都市ガスが使用されている。

また，電動熱源機器においても，冷温両用の空気熱源ヒートポンプが普及し始めた。業務用建物のヒートポンプは，安価な深夜電力を使うことを目的に蓄熱方式を採用することも多い。最近は，遠心冷凍機の効率が向上し，大規模建物での採用が増えている。

電気方式は操作性に優れ，取扱いが容易なため，地域冷暖房用の大型冷凍機から小規模建物用の小型の空冷ヒートポンプまで広範囲に製造されている。空冷ヒートポンプパッケージ（EHP）は，メーカーの開発努力による性能向上，容量の豊富さ，機械室スペースの削減，操作性の容易さから，大規模ビルにも普及している（いわゆるビルマルチシステム）。また，このビルマルチシステムに氷蓄熱システムを取り入れた氷蓄熱ビルマルチシステムも電力会社の営業努力により普及している。

一方，ガス熱源としては，前述の冷温水機の普及が著しいが，蒸気タービンやガスエンジン，ガスタービンなどによる蒸気圧縮冷凍機とその廃熱による給湯あるいは吸収式冷凍機の組合せ方式，ガスエンジンヒートポンプ，ガス吸収式ヒートポンプなどもあるが，設置例は少ない。

太陽熱の利用方式は，集熱器，蓄熱槽，集熱ポンプ，補助熱源で構成され（アクティブソーラーシステム），過去多くの実施例があったが，最近では，経済性の有利さが少ないため，導入例は，ほとんどみられない。

コジェネレーションシステムは，ガスや石油を燃料として，エンジンやタービンを駆動し，その回転エネルギーで発電機を動かし，電力を発生させ，排ガスやエンジンの冷却水から熱を回収して熱利用を行うシステムであり，大型のものから小型のもので採用事例が増えてきている方式である。

また，空冷ヒートポンプパッケージ（EHP）に対抗して，ガスエンジンヒートポンプパッケージ（GHP）も，中小建物に採用されている。

以上のように，電気熱源，ガス熱源とも冷熱，温熱両方供給できる機器が普及しているため，中小規模の建物では，電気とガス併用熱源は少ないが，通年，温熱利用があるホテル，病院，工場や，大規模建物では，エネルギー源の安定供給，ランニングコストの低減から複数のエネルギーを組み合わせた熱源方式を採用している例が多い。

1.2 熱源方式選定上の要点

熱源設備の選定作業手順と選定上の関連要素を図5.2に示す。選定にあたっては，熱源容量の設定，供給されるエネルギーの検討と熱源方式の経済性検討，熱源運転方法の検討，環境に対する配慮の検討などを行い総合的に判断し決定する。以下に各検討項目に対する留意点を中心に記述する。

1.2.1 機器の検討

(1) 熱源容量の設定

熱源機器・方式を選定するには，最初に熱負荷計算を行い，熱源負荷を算出する。熱源負荷を算定するにあたっては，各室，各ゾーンの同時負荷率を勘案して正味の最大負荷を求める必要がある。また，熱源の台数設定や，熱源の運転方法を検討するには，季節の最大負荷だけ求めるのではなく，季節ごとの時刻別負荷を計算しておく必要がある。また，蓄熱システムでは，ピーク日の日負荷と蓄熱槽容量から熱源容量が決定されることに留意する必要がある。さらに，コジェネレーションを選択枝としている場合には，時刻別の冷熱負荷，温熱負荷，電力負荷を整理しておく必要がある。

(2) 熱媒体の設定

熱源機器の選択には，2次側に供給する熱媒体を設定する必要がある。冷水・温水・冷温水・蒸気など，建物の用途，グレードを考慮し選択する。最近のオフィスでは，開放性確保のための窓ガラス面積の増加や室内温熱環境の向上の目的により4管式を採用する例が増えており，熱源方式も冷水・温水を同時に供給する方式が選定されている。

(3) 熱源スペースの検討

中央熱源方式の場合には，熱源機械室（中小規模の建物の場合，屋上設置の場合もある）に設置される機器は，冷凍機，吸収式冷温水機，ボイラなどの熱源機器，ポンプ，熱交換器，ヘッダなどがある。熱源スペースを検討するにあたり考慮する項目としては，メンテナンススペースの確保，機器搬出入スペースの確保，法規制によるスペースの確保がある。また，事務所などにおいては，レンタブル比を高くするために，機械室を極力小さくすることが求められ，中央熱源方式かビルマルチ方式などの個別熱源方式かの選択を十分検討

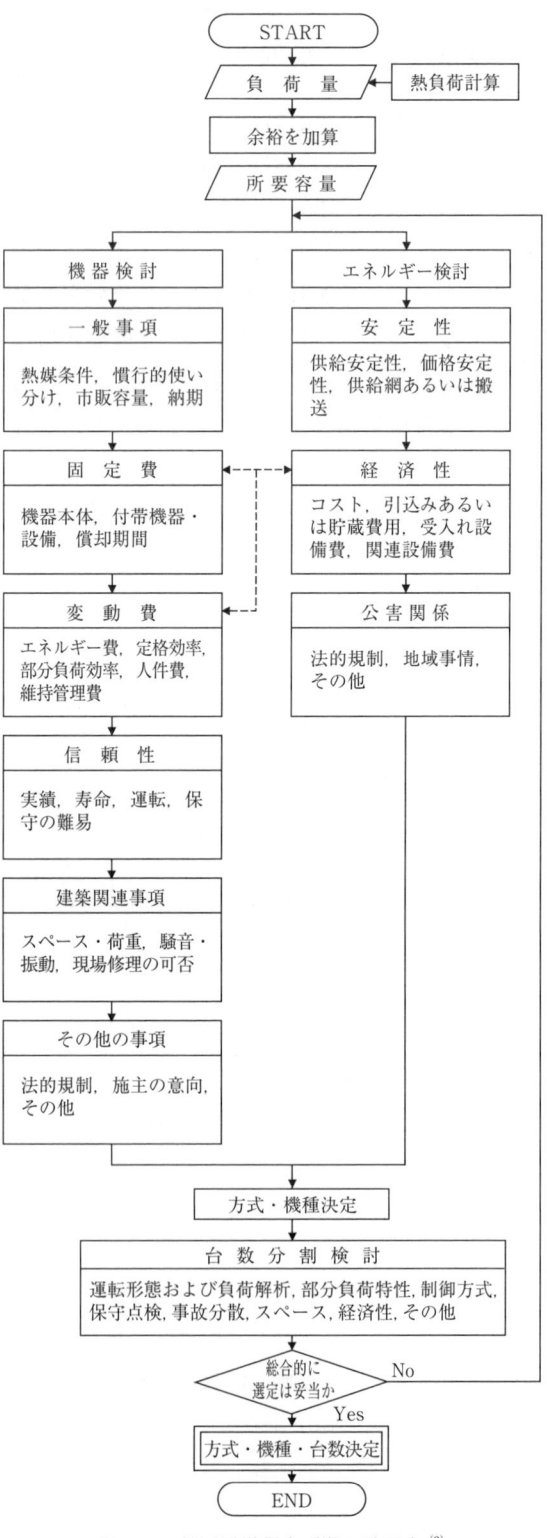

図5.2 熱源設備選定手順と諸要素[2]

1.2.2 エネルギーの検討

エネルギーについては，現在および将来にわたっての供給の安定性，および価格の動向が検討されなければならない。単に各エネルギーの単価のみによって優劣を判断すべきではない。また，エネルギーは，そのときどきの社会的情勢により供給事情が変動している。このエネルギー供給事情と変動する価格に対応するために，最近の大規模ビルでは，電力，都市ガスを併用する複エネルギーシステムを導入する例が多くなっている。また，電力，都市ガスのエネルギー単価には，熱源方式，容量および使用量に応じた特約料金体系が設定されており，これを適切に利用して熱源運転費を削減する検討が必要になる。表5.1に電気と都市ガスの特約料金の例を示す。なお，実際に検討する際は，各エネルギー会社に最新情報を確認する必要がある。

また，熱源の燃料として化石燃料を使用する場合については，単に法律あるいは条例のみならず，自治体などの行政指導方針についても留意するべ きである。また規制内容は，経年的に厳格化する傾向にあるので，将来の予測も必要である。将来の燃料規制の厳格化に合わせて，熱源設備の更新計画を考慮しておく必要がある。

1.2.3 熱源方式の経済性の検討

経済性の検討は，イニシャルコスト，ランニングコスト（エネルギー費，維持管理費など）を用いて評価する必要がある。また，最近では，更新費や建物の解体費まで含めたライフサイクルコスト（LCC）で評価することも多くなっている。イニシャルコストには，その熱源方式自体の金額はもとより，インフラの引込み費用および関連工事費（熱源設備による受変電設備の増分や煙突などの建築工事費，負担金など）も考慮する必要がある。

1.2.4 熱源方式の環境評価の検討

(1) ライフサイクル CO_2 評価

最近，新たに検討を要する事項として，ライフサイクル CO_2（$LCCO_2$）がある。これは，温暖化の要因である CO_2 排出量を年平均ライフサイクルベースで算出し，システム，燃料の違いによる環境影響度を評価する手法である。同評価は，COP3以降，地球温暖化への影響を計る手法として，計算ツールが開発されており，ビルオーナーの環境への関心が高まるなか，検討が必要となるケースが多くなってきている。$LCCO_2$ の試算例を図5.3に示す。エネルギー消費による CO_2 排出量の占める割合が大きいため，省エネルギー手法の採用により，CO_2 の削減効果が大きい。

(2) オゾン層破壊防止のための冷媒の選択

オゾン層破壊の問題から，特定フロン（R-11，R-12など），指定フロン（R-22，R-123など）は，

表5.1 電気と都市ガスの特約料金体系の例

	特約契約種別	概　要
電力	蓄熱調整契約	蓄熱式空調システムなどの運転により，昼間時間（8:00～22:00）から夜間時間（22:00～翌朝8:00まで）に負荷を移行が可能な場合
	ピーク時間調整契約	6月から9月までの期間に，13:00から16:00までの負荷を調整する契約
都市ガス	小型空調専用契約	小型ガス空調機器の採用による契約
	空調夏期契約	ガス吸収式冷温水機などの採用による契約（おもに夏期に運転される場合）
	空調用契約	ガス吸収式冷温水機などの採用による契約（季節による使用量の変動が小さく，年間を通じて長時間運転される場合）
	コジェネレーションシステム専用契約	年間を通じてコジェネレーションシステムを使用する場合の契約

注　本表は，東京電力(株)，東京ガス(株)の契約種別の一例を示す。

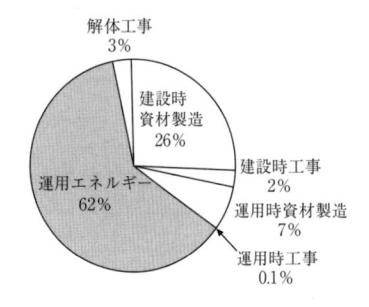

図5.3　一般事務所ビルの $LCCO_2$ [3]

- 解体工事 3%
- 建設時資材製造 26%
- 建設時工事 2%
- 運用時資材製造 7%
- 運用時工事 0.1%
- 運用エネルギー 62%

すでに使用禁止あるいは生産されなくなり，代替フロン（R-134A，R-407C，R-410A）への転換が進められている。表5.2に冷媒の種類と特性，代替冷媒を示す。また，最近では自然界に存在する冷媒として，二酸化炭素（CO_2）やアンモニア（NH_3）などの自然冷媒が注目され，二酸化炭素はヒートポンプ給湯器において実用化され，アンモニアは冷凍機として実用化されている。熱源選定には，これらの冷媒の状況を考慮して行う必要がある。

(3) 未利用エネルギー利用

ごみ焼却場排熱，工場排熱，変電所排熱，地下鉄排熱，下水の熱，河川水の熱，海水の熱などの利用度の低いエネルギーを一般的に未利用エネルギーという。このような一般的には利用しにくいエネルギーをうまく利用するには，規模のメリットが不可欠であり，地域冷暖房などの面的利用での導入例が多い。現在，補助金制度，低利融資制度，税制優遇措置による未利用エネルギーの普及促進が図られている。表5.3に未利用エネルギーの分類と特徴を示す。

1.2.5 熱源の高効率化

熱源機器単体における高効率化は，メーカーの開発努力により，ターボ冷凍機においては成績係数（COP）6以上，吸収冷温水機においてはCOP 1.6の三重効用吸収冷温水機が実用化している。さらに，容量制御範囲が広がり，部分負荷時でも高効率で運転できる機種が増えている。

機器の設置台数については，建設費やスペースの点から考えれば，一般に少ないほうが有利である。しかし運転費の面からは，低負荷時に低効率

表5.2 冷媒の種類と諸特性，用途，代替関係[4]

冷媒種別			ODP[1]	GWP[2]	空調・冷凍分野用途	代替関係	備 考
特定フロン	CFC	R-11	1	1	ターボ冷凍機	→ R-123	クロロフルオロカーボン 塩素を含み，オゾン破壊係数（ODP）が大きく，モントリオール議定書で1995年，先進国では製造禁止ずみのフロン系冷媒。
		R-12	1	0.35	家庭用冷凍冷蔵庫	→ R-134a	
		R-502	0.3	5.1	R-115とR-22の混合冷媒		
		R-113	0.8	1.3	電子部品洗浄剤	→ R-225	
	（ハロン）	R-13B1	10		二元冷凍機，（消火剤）	→ R-774 (CO_2)	臭素を含む。同上により製造禁止
指定フロン	HCFC	R-22	0.055	1 700	容積圧縮式冷凍機一般	→ R-407C	ハイドロクロロフルオロカーボン 塩素を含むが水素があるのでODPが小さく，2020年までに製造が段階的に禁止されるフロン系冷媒。
		R-123	0.02	0.02	大型ターボ冷凍機	→ R-134a	
		R-124					
代替フロン	HFC	R-32	0	650	（カーエアコン）	← R-12	ハイドロフルオロカーボン 塩素を含まないので，オゾン層をまったく破壊せず，CFC，HCFCを代替するフロン系冷媒。地球温暖化係数（GWP）が大きいのでEUは規制を準備。
		R-134A	0	1 300	家庭用冷凍冷蔵庫，ターボ冷凍機	← R-12	
	HFC混合	R-404A	0	3 300	ルームエアコン	← R-502	
		R-410A	0	1 900	ルームエアコン，PACエアコン	← R-22	
		R-407C	0	1 500	PACエアコン，ビルマルチ	← R-22	
自然冷媒	CO_2	R-744	0	1	給湯HPエアコン，（カーエアコン）		自然界に従来から存在して成層圏に拡散するまでに分解するため，オゾン層を破壊せず，地球温暖化係数も小さい冷媒。
	NH_3	R-717	0	0	容積圧縮式冷凍機，吸収式冷凍機	← R-12, R-22	
	プロパンイソブタン	R-290	0	3	家庭用冷凍冷蔵庫	← R-12	
	水	R-718	0	0	吸収冷凍機，直膨ターボ冷凍機		
	空気	R-729	0	0	航空機用，真空冷凍型		

注 1) オゾン層破壊係数（Ozone Depletion Potential：ODP），R-11の破壊量を1としたときの倍率
　 2) 地球温暖化係数（Global Warming Potential：GWP），CO_2を1としたときの倍率
　 3) R-410Aは疑似共沸混合冷媒で R-32/R-125（50/50％），R-407Cは非共沸混合冷媒で，R-32/125/134a（23/25/52％）

5章　熱源方式とその適用

表 5.3　未利用エネルギーの分類と特徴[5]

分	類	熱源の種類など	賦存熱量[1] 小/中/多	熱量の変動 小/中/多	賦存熱量、変動からみた地域冷暖房熱源としての利用可能性[2]	熱源の温度レベル [℃] (10-100~)	利用用途[1] 冷却水/暖房/給湯/冷房	熱源の管理者 民間/公共	熱源の賦存位置からみた地域冷暖房熱源としての利用可能性[2]
中高温排熱	供給処理系	ごみ焼却排熱	小	小	○利用可能性が高い	100~	○/○/○	公共	○今後、市街地での立地も期待
	産業系	工場排熱（プロセス系）	中	小	△市街地では小規模工場が中心	100~	○/○/○	民間	△市街地では小規模工場が中心
低温排熱	供給処理系	ごみ焼却排熱（発電所の復水）	多	中	○利用可能性が高い	20-40	○/○/○	公共	○今後、市街地での立地も期待
		火力発電所温排水	多	中	○利用可能性が高い	20-40	○/○/○	民間	△ウォーターフロントに立地
		変電所排熱	小	中	△一次変電所クラスでは利用が期待	20-40	○/○/○	民間	○市街地に広範に賦存
		高圧送電ケーブル排熱	小	小	△賦存熱量が小さい	20-40	○/○/○	民間	○市街地に広範に賦存
	産業系	工場排熱	中	中	○市街地では小規模工場が中心	20-40	○/○/○	民間	○市街地では小規模工場が中心
	運輸系	地下鉄排熱	小	小	△賦存熱量が小さい	10-30	○/○/○	公共	○市街地に広範に賦存
	排水・処理水系	下水処理水	中	小	○利用可能性が高い	10-30	○/○/○	公共	△都市周辺部に賦存
		ポンプ場排水	小	小	○利用可能性が高い	10-30	○/○/○	公共	○市街地に広範に賦存
		中水	中	小	○利用可能性が高い	10-30	○/○/○	民間	○市街地に広範に賦存
水資源	自然系	河川水	多	小	○利用可能性が高い	10-30	○/○/○	公共	○大規模河川は都市周辺部に限定
		運河水	中	小	△大規模運河で利用が期待	10-30	○/○/○	公共	△臨海部に賦存
		海水	多	小	○利用可能性が高い	10-30	○/○/○	公共	△臨海部に賦存

注　市街地での利用を考慮
1) 該当する部分に○　2) ○利用可能性が高い　△利用可能性が低い

で大容量機器を運転するのは不利である。また機器によっては，極端な低負荷では運転できないものもある。したがって，運転形態および年間負荷の解析を行い，さらに機器の特性ならびに制御方式を検討し，最も有利な運転台数を決定する。

設置台数の検討においては，保守点検期間中の対応を考慮することも重要である。このほか，生産工場のように事故によるダメージの大きい場合や，データセンターのように年中無休の施設における熱源機器の場合は，予備機（スタンバイ）を設けることが多い。

また，熱源の台数分割と合わせて，ポンプの搬送動力の削減も重要な省エネルギー要素となるため，ポンプ方式についても十分に検討する必要がある。

2 冷熱源方式

2.1 冷熱源方式の種類と特徴

冷凍機には往復動冷凍機，遠心冷凍機，スクリュー冷凍機，吸収冷凍機などがあるが，空調用として一般に使用されているものを表5.4に示す。

また冷凍機は原理的には蒸気圧縮式と吸収式とに分けられる。蒸気圧縮式には表5.4のような各種の圧縮機が用いられている。圧縮機の動力としては一般に電動機が用いられる。またガスエンジン，ディーゼルエンジン，ガスタービンのような内燃機関を用いることもある。吸収式では動力の代わりに加熱用熱源が必要である。これには蒸気や温水を用いるものと，機内で燃料を直だきするもの，また，内燃機関やボイラの廃ガスを用いるものがある。

2.2 空冷式と水冷式

冷凍機は，蒸発器内で冷媒を蒸発させて冷凍作用を行うが，蒸発器で空気を直接冷却する直接膨張式と，水やブラインを冷却するチラーとが用いられている。また，凝縮器では冷媒を冷却し凝縮するために，冷却水または冷却空気が必要である。

冷却水を使用するものは水冷式，空気で冷却するものは空冷式とよばれている。水冷式には冷却塔によって水を冷却し循環使用するものが多い。

水冷式は凝縮器の放熱特性がよく，夏期においても空冷式にくらべて凝縮温度が比較的低く保てるため，サイクル効率が高く，消費電力を押さえることができる。ただし，冷却水ポンプの搬送動力が大きい。

空冷式には圧縮機ユニットと凝縮器ユニットが分離したタイプと一体になったタイプがある。

分離型は，圧縮機ユニットを機械室に，凝縮器ユニットを屋外に設置する。空冷式は，凝縮温度が外気温度に左右されるため，水冷式にくらべて効率が若干悪くなる。また，圧縮機ユニットと凝縮器ユニットは冷媒配管で接続されるが，距離の制約があり，設置場所に留意する必要がある。

一体型は，屋外設置となるため，機械室が不要であること，一体型による省スペース，省工事のメリットがある。ただし，冷凍機の屋外設置により，騒音を考慮する必要があり，設置場所には十分留意する必要がある。場合によっては，防音壁設置の検討も必要となる。

2.3 冷凍機の種類

表5.5にビル空調や冷凍施設など広範囲に利用されている冷凍機の分類を示す。以下に各冷凍機の特徴を述べる。

2.3.1 往復動冷凍機方式

往復動冷凍機は，古くから用いられている代表的な冷凍機で，冷凍機の構造によって，全密閉型・半密閉型・開放型の種類がある。全密閉型は15 kW以下の小型機種で，電動機をケーシングに内蔵し密封しており，冷媒漏れの心配がないのが特徴で，家庭用電気冷蔵庫から業務用空調機まで広く普及している。

半密閉型冷凍機は電動機と圧縮器をボルト締めしたケーシングに収納したもので，現場での分解整備が可能である。電動機容量で15 kW以上の中型冷凍機として，空調用パッケージから，チリ

5章 熱源方式とその適用

表 5.4 冷凍機の分類 [6]

	蒸気圧縮式				吸収式	吸着式
	往復動冷凍機	スクロール冷凍機	スクリュー冷凍機	遠心冷凍機	吸収冷凍機	吸着冷凍機
基本構造						
作動原理	ピストンの往復動により冷媒ガスを圧縮する。	旋回スクロールをすきま運動させ、固定スクロールとの間の容積減少を利用して冷媒ガスを圧縮する。	雄ロータと雌ロータのかみ合いで生じるすきま容積の減少を利用して冷媒ガスを圧縮する。	インペラ（羽根車）の高速回転による遠心力で冷媒ガスを圧縮する。	吸収剤の強い吸湿性を利用して、蒸発器内散布水の蒸発を促し、その蒸発潜熱で伝熱管内の水を冷却する。	吸着剤の強い吸湿性を利用して、蒸発器内散布水の蒸発を促し、その蒸発潜熱で伝熱管内の水を冷却する。
制御性	アンロード方式・回転数制御・ホットガスバイパス方式がある。	インバータによる回転数制御に適している。	スライドベーンを動かしてホットガスをバイパスする。	ベーンコントロールにより羽根車に吸い込む冷媒量を制御する。	再生器の加熱量を制御する。制御性良好	着脱時の加熱量を制御する。または切替え時間を制御する。脱着の切替え時間を延長
特徴	用途・適用冷媒・容量範囲ともきわめて広範囲に使用される。	高効率、低騒音	遠心冷凍機と往復動冷凍機の中間の容量範囲に適用。高い圧縮比に向いているので、ヒートポンプや冷凍施設に適用される。	大容量で低圧縮比に向いている。吸収冷凍機より低温の冷水が得られる。	回転部分が少ないので、振動・騒音が少ない。空調設備熱源機としても最も多く使用されている。	バッチ式2塔切替え運転を行う。振動・騒音が少ない。低温の排熱を駆動源として使用できる。
用途・適用冷媒	パッケージ型空調機、ルームエアコン、ヒートポンプ、冷凍施設、カーエアコンなど HCFC22, HFC134a, アンモニアなど広範囲に適用される。	パッケージ型空調機、ルームエアコン、カーエアコンなど HCFC22, HFC134a, HFC404Aなど	空調設備、冷凍施設、ヒートポンプなど HCFC22, HFC134a など	大容量空調設備など HCFC123, HFC134a など	中・大容量空調設備など H_2O	排熱回収設備 H_2O
容量範囲 (kW)	0.06～120	1.5～12	12～1 800	12～10 000	350～35 000	170～1 000

表5.5 空調用各種冷凍機の分類（1999年5月現在）[7]

冷凍方式		種類	使用冷媒					冷凍容量範囲（kW）
			R123	R22	R134a	H₂O+LiBr	NH₃	
蒸気圧縮式	容積式	往復動式	小型冷凍機 *1	○	○				0.7～42 kW
			高速多気筒冷凍機 *2		○	○		○	28～560 kW
		回転式	ロータリ冷凍機 *3		○	○			2.2～18 kW
			スクロール冷凍機 *4			○			2.2～53 kW
			スクリュー冷凍機 *5		○	○		○	35～10200 kW（R134a、R22）
	遠心式		密閉型遠心冷凍機 *6	○		○			280～10500 kW（R134a、R123）
			開放型遠心冷凍機 *7	○	○	○			280～35000 kW（R22、R123）
熱利用	吸収式		単効用吸収冷凍機 *8				○		175～6300 kW
			二重効用吸収冷凍機 *9				○		280～17500 kW
			直だき吸収冷温水機 *10				○		26～5300 kW
			低温冷凍機 *11				○	○	230～2300 kW

注 *1 冷凍用および小規模冷房用。
  *2 冷凍用、密閉はパッケージ型空調機に多く使われる。
  *3 小型は家庭用クーラに使われる。
  *4 パッケージ型空調機・小型チラーに使われる。
  *5 冷凍用、中大型は各種ヒートポンプに使われる。
  *6 中大規模建物の一般用（冷房用）として使われている。
  *7 地域冷房の大容量機として使われる。タービンエンジンなどと組み合わせて使われるケースが多い。
  *8 背圧タービン駆動遠心冷凍機と組み合わせて使われることがある。
  *9 中大規模建物の一般用（冷房用）として使われている。
  *10 小中規模建物の暖房・冷房兼用機として使われている。
  *11 0℃以下の工業用プロセス用・冷凍装置に使われる。

ングユニット，低温用冷凍機まで広く採用されている。

開放型冷凍機は圧縮機のみをケーシングに納めたもので，別置きの電動機，エンジンなどで駆動する。75kW以上の大型機種で採用されている。

2.3.2 スクリュー冷凍機

2つのロータの回転に伴う歯型空間の減少により冷媒ガスを圧縮する冷凍機である。往復動冷凍機にくらべて，振動が少なく，高い圧縮比でも高効率であること，低負荷時の制御特性がよいことにより，ビル空調，冷凍施設用に広く利用されている。

2.3.3 遠心冷凍機方式

遠心冷凍機は，インペラ（羽根車）を高速回転させて，冷媒ガスに働く遠心力によって圧縮する冷凍機である。およそ300kWを下限とし，35000kWぐらいまで生産されている。大容量でも重量，据付け面積が小さくてすみ，往復動方式にくらべて，容量制御性がよく，用途は中規模建物の空調用から地域冷暖房まで広く採用されている。

使用している冷媒はR-123，R-134aがあり，最近では，代替フロンR-134a対応のものでも，COP6以上を実現している。

また，部分負荷運転時の効率を大幅に向上させたインバータターボ冷凍機が製品化されている。

2.3.4 吸収冷凍機方式

低圧蒸気，温水で駆動する単効用蒸気式吸収冷凍機は，吸収冷凍機の基本となるもので，その構造は，蒸発器，吸収器，再生器，凝縮器および溶液熱交換器から構成されている。図5.4に一重効用吸収冷凍機の構成図を示す。

高圧蒸気で駆動する二重効用吸収冷凍機の構成図を図5.5に示す。再生器が高圧と低圧の2段構成になっており，高圧再生器の加熱エネルギーは高圧再生器と低圧再生器の2段で利用されるため，蒸気の消費量を大幅に節減できる。

ガス直だき吸収式冷温水発生機は，ガス燃焼熱を利用した二重効用吸収冷凍機である。1台で冷

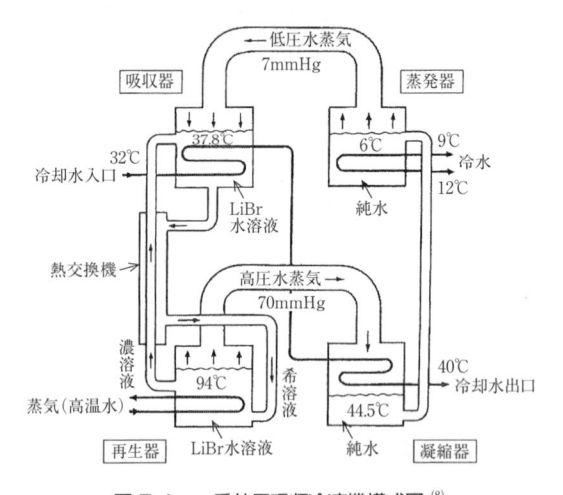

図5.4 一重効用吸収冷凍機構成図[8]

房と暖房に対応し，取扱いが簡単で，据付け面積が小さいこと，また都市ガスによる冷暖房政策もあり，前述のように急速に普及した。近年では，排熱投入型の吸収式冷温水機の開発や，COPが1.6の三重効用吸収冷温水機も開発されている。

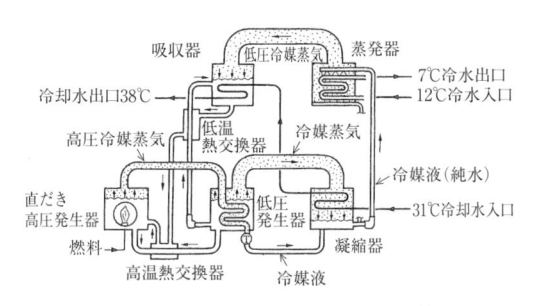

図 5.5 二重効用吸収冷温水機構成図[8]

2.3.5 組合せ方式による冷熱源方式

中・大規模ビルにおいては，エネルギーの有効利用を考慮して機種の異なった熱源機器を組み合わせたシステムの事例が多い。以下にコジェネレーションシステムについて述べる。

コジェネレーションシステムとは，ガスエンジン発電機やガスタービン発電機により電力供給を行うとともに，発生した排熱を直接温熱に利用するほか，吸収式冷凍機や排熱投入型吸収式冷温水機を組み合わせて，冷熱を供給するシステムであり，総合的にエネルギー効率の高いシステムである。一般的には，常時温熱負荷が存在する病院，ホテルなどに向いたシステムであり，採用例も多い。

2.4 ヒートポンプ（水熱源，空気熱源）方式

冷凍機の原理に基づき，低温の採熱源から蒸発器により吸熱し冷房として利用，高温の凝縮器からの放熱で暖房に利用するもので，基本的には冷凍機と変わるところはない。採熱，放熱を直接大気に対して行うものを空気熱源方式，地下水，河川水，海水など自然水を採熱源とするものを水熱源方式という。また，圧縮機の駆動方式については電気式，ガスエンジン式がある。

(1) 空気熱源方式と水熱源方式

空気熱源方式は，水熱源方式とくらべて，採熱が比較的容易であるため，関東以西の温暖な地域で多く採用されてきた。しかし，冬期に外気温が低くなるにつれて，能力と成績係数が低下し，放熱部に着霜を生じるので，デフロスト装置が必要となる。

空冷ヒートポンプパッケージ（EHP）は圧縮機の工夫や，冷媒の流れを制御することにより，-15℃以上の寒冷地でも仕様が可能になった。

また，ガスエンジンヒートポンプパッケージ（GHP）は，ガスエンジン排熱を利用することで，デスロストが不要である。

水熱源方式は，地下水，河川水，海水などの自然水を採熱源とするヒートポンプで，一般ビルでの自然水利用ヒートポンプの採用事例は少ないが，未利用エネルギー活用の促進政策により，地域冷暖房など大規模熱源方式での事例は多い。安定した温度の採熱源を利用することで，高効率運転が可能である。

水熱源ヒートポンプパッケージは空冷ヒートポンプパッケージの室外機に代わり，熱源機を設け，熱源機に熱源水を供給し，熱交換を行う。外気温度の影響を受けにくく，空冷ヒートポンプパッケージのように冷媒配管の長さの制限を受けないため，高層ビルにも設置が可能である。

(2) 電気式とガスエンジン式

圧縮機の駆動方式により，電気式とガスエンジン式に分けられる。電気式は圧縮機の駆動に電動機を利用したもので，ビル空調用では電気式は大半を占める。

ガスエンジン式は，圧縮機をガスエンジンの排熱を利用することで，一次エネルギーの利用効率がきわめて高く，温熱負荷が定常的に存在するホテル，病院，温水プールなどに向いている。

(3) 熱回収式

冬期にペリメータの暖房要求とインテリアの冷房要求が混在するときに，冷熱と温熱を取り出すことができる熱回収ヒートポンプが利用可能となる。熱回収式ヒートポンプと蓄熱槽とを組み合わせることで，さらに効率よく運転することが可能となる。

また，空冷ヒートポンプパッケージ，ガスエンジンヒートポンプパッケージ，水熱源ヒートポンプパッケージとも，各室内機において冷房，暖房が自由にでき，熱回収が可能な冷暖フリー型が生産されている。

3 温熱源方式

3.1 温熱源方式の種類と特徴

温熱源のおもな熱媒は温水，温風である。エネルギー源として，石油，ガス，電気，地熱蒸気，太陽熱，廃ガスなどがあり，さらにヒートポンプを採用する場合には，地下水，大気，室内発生熱などが加わる。図5.6に温熱源のフローシートを示す。また，石油代替エネルギーの一つである太陽エネルギーは，戸建て住宅，集合住宅に応用され，大型ビルでの利用も実現し，過去多くの実施例があったが，最近では，経済性の有利さが少ないため，導入例は，ほとんどみられない。

3.2 ボイラの種類

通常空調熱源において，温水ボイラや蒸気ボイラが用いられる。容量，圧力範囲，長所，短所と用途などの特徴を表5.6に示す。

燃料は必ずしも経済性だけでなく，公害に対する考慮，将来のエネルギー供給，年間空調であるか期間空調であるかなどによって決まる。石油を燃料とするときには，地方条例の規制があって，燃料の制限を受ける場合がある。大型プラントでは，排ガス中のNO_x濃度を抑えるため，低NO_x装置を付け常時，記録，監視を義務づけられている。特に公害防止に関しては，NO_x規制は経年的に厳しくなって行く傾向にあるので，最新の規制と将来動向に留意する必要がある。

市街地の多くでは燃料費が割高となっても将来の燃料補給，ばい煙とSO_xガスがない都市ガスを使用する場合が多い。

4 蓄熱空調システム

4.1 負荷平準化の必要性

1980年以降，ビルや住宅への冷房の普及によって，電力のピーク負荷が激増し，発電設備の増強に伴う償却負担の急増と負荷率低下が電力会社を悩ませてきた。特に，夏期ピーク時の電力不足は，いまや恒常的なものとなっており，ピーク負荷低減は社会的な要請である。そのような背景のなか，電力会社は昼間のピーク負荷を平準化するために，深夜電力料金を設定し，蓄熱式空調システムの普及を進めてきた。蓄熱式空調システムにおける電力料金制度については前述したが，これらの制度，単価はエネルギー事情によって変動するので，設計にあたっては，その地域，その時点

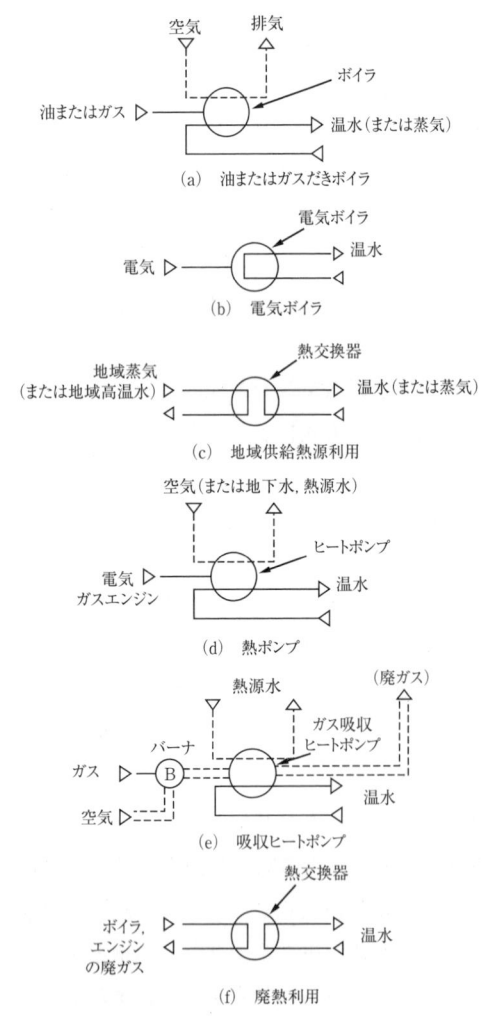

図5.6 温熱源のフローシート

表5.6　ボイラの分類と比較[9]

種類	容量(kW)	圧力(MPa(G))	効率(%)	長所	短所	用途
炉筒煙管式	300～22 000	～1.6	85～90	負荷変動に対して安定性あり。水面広く給水制御容易水処理は比較的簡単パッケージ化されており高効率で現場工事はほとんど不要。	保有水量が多いため起動時間が長い。耐圧部は分離できないため分離搬入不能。	大規模建物の蒸気ボイラとして使われるほか，地域冷暖房用としても使われる。高温水ボイラとしても使われるが使用例は少ない。
水管式（パッケージ型）	300～40 000	～2.0	85～90	保有水量が少なく，起動時間は短い。高圧用途にも対応できる。	負荷変動に弱く，水処理複雑。比較的高価	大規模な病院・ホテルなど高圧蒸気を多量に必要とするところのほか，地域冷房の蒸気タービン用などに使われる。
セクショナル式（鋳鉄製組合せ）	60～3 000	～0.1（蒸気用）～0.5（温水用）	80～90	分割搬入可，寿命長い取扱い・給水処理容易・安価保有量は比較的少なく，わき上りも早い。	低圧・小容量材質もろい内部清掃困難	中小規模建物に適する。蒸気用のほか普通温水ボイラとしても使われる。
小型貫流式	～1 500	～0.1	80～90	保有水量はきわめて少なく，起動時間短い。軽量で据付け面積小伝熱面積 $10m^2$ 以下は，ボイラ法規適用除外。	負荷変動に弱く，対策としてアキュムレータなどが必要となる。厳密な水処理を要する。寿命はやや短い。	工場プロセス用は別として，使用例は比較的少ない。大型貫流式は，大容量地域暖房用高温水ボイラとして用いられている。
鋼板製立て型	～500	～0.1（温水）	80～90	据付け面積小取扱い容易水処理不要・安価	低圧・小容易腐食に弱く，やや寿命短い。	住宅の暖房・給湯用などに多く使われるほか，中小規模建物にも使われる近年，腐食保護を施したものや，無圧開放式が開発されている。
真空式	～6 400	～0.5（温水）	85～90	腐食に強く寿命長い多回路可能伝熱面積に関係なく運転資格不要	缶内が複雑で高価	中規模建物などの給湯・暖房用途に適する。

での料金制度を十分に調査する必要がある。

　蓄熱式空調システムを採用するメリットとしては，熱源機器容量を削減することに伴うイニシャルコストの低減や，蓄熱空調システム向けの安価な電力料金の利用および熱源の高効率運転によるランニングコストの低減が上げられる。

4.2　蓄熱空調システムの種類，特徴と方式選定の指針

　蓄熱空調システムといっても，種々の蓄熱材と蓄熱形態があるが，一般的なものは，水蓄熱方式，氷蓄熱方式，氷以外の潜熱蓄熱材による蓄熱方式がある。また，最近では，建物の躯体を蓄熱体として利用する躯体蓄熱方式も採用されている。

(1) 水蓄熱方式

　水蓄熱方式はわが国において最も普及している蓄熱方式で，建物の二重ピットを利用して安価に構築される場合が多い。おもな水蓄熱の方式を図5.7に示す。効率のよい蓄熱槽とは，高温部と低温部が，できるだけ混合せず，全体として押し出し流れが形成できるものが理想である。

　多層連結型は個々の槽が完全混合となるが，槽が直列に接続されることで，押し出し流れを形成する方式である。しかし，死水域が生じやすく，蓄熱効率を上げるためには，槽内が完全混合になるように連通管流速を速くする配慮が必要となる。

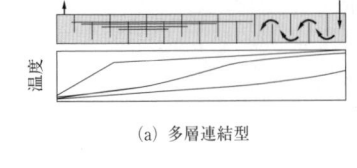

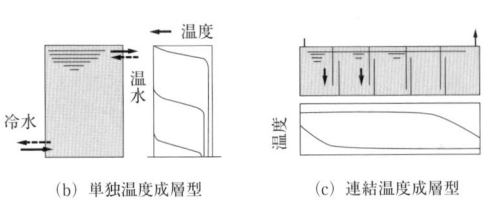

図5.7 水蓄熱層方式[10]

(a) 多層連結型
(b) 単独温度成層型
(c) 連結温度成層型

温度成層型は,高温部と低温部をその温度差による浮力で分離するものであり,簡単な構造で性能が優れている。しかし,水槽の水深を確保したり,ディストリビュータの設計に注意が必要である。

連結温度成層型は温度成層型の蓄熱槽を直列につなげた方式で,もぐりぜきや配管で押し出し流れを形成する。

(2) 氷蓄熱方式

水と氷の状態変化に伴う潜熱を利用することで,蓄熱槽の容量を大幅に縮小することができる蓄熱方式である。蓄熱槽は水蓄熱と同様に二重ピットを利用する方式や,蓄熱槽自体が小さくなることで,床置き水槽をユニットとして設置する方式もある。このユニット式の氷蓄熱槽を屋外や屋上に設置することもできる。また,水蓄熱にくらべると安定した温度で取り出すことができるうえ,低い取り出し温度のため,大温度差で利用することが可能となる。

しかし,冷凍機の蒸発温度が低くなるため,成績係数が低下し,エネルギー消費は増大することに留意する必要がある。

氷蓄熱システム製氷方法により,ダイナミック型とスタティック型がある。ダイナミック型とは,氷を剥離させて槽内に貯める方式あるいは氷水を直接槽内に貯める方式である。

スタティック型は槽内に設置した製氷コイル上に直接製氷させる方式であり,構造が単純であるため,製造メーカーも多く,普及している方式である。

さらに,スタティック方式には,外融式と内融式がある。外融式とは,製氷コイルに着氷した氷を外部から解かして利用する方式である。解氷に製氷コイルを使わないため,解氷時の製氷追いかけ運転が可能となる特徴がある。

また,急速融解を伴う大負荷への追従性に優れている。

内融式は,解氷を製氷コイル内のブラインによって内側から行う方式である。外融式とくらべて氷充填率IPF (Ice Packing Factor)を上げることができるため,蓄熱槽を小さくできる特徴がある。

(3) 氷以外の潜熱蓄熱方式

氷以外にも,利用温度により各種蓄熱材があり,空調用,冷凍プロセスなどとして採用実績がある。

引用文献
(1) 日本冷凍空調工業会資料
(2) 空気調和・衛生工学会編:空気調和・衛生工学便覧(第10版)Ⅱ巻-141,空気調和・衛生工学会
(3) 田中俊六監修,宇田川光弘他著:最新建築設備工学,p.21,井上書院
(4) 田中俊六著:省エネルギーシステム概論,p.148,オーム社,2003
(5) 空気調和・衛生工学会編:空気調和・衛生工学便覧(第13版)3 空気調和設備設計編,p.453,空気調和・衛生工学会
(6) 空気調和・衛生工学会編:空気調和設備計画設計の実務の知識(改訂2版),p.155,オーム社,2002
(7) 空気調和・衛生工学会編:空気調和・衛生工学便覧(第13版)3 空気調和設備設計編,p.197,空気調和・衛生工学会
(8) 田中俊六著:省エネルギーシステム概論,p.166,オーム社,2003
(9) 空気調和・衛生工学会編:空気調和・衛生工学便覧(第13版)3 空気調和設備設計編,p.202,空気調和・衛生工学会
(10) 中原信生編:空調システムの最適設計,p.169,名古屋大学出版会,1997

参考文献
① 空気調和・衛生工学便覧(第10版)Ⅱ巻
② 空気調和・衛生工学便覧(第13版)3 空気調和設備設計編
③ 空気調和・衛生工学会編:空気調和設備計画設計の実務の知識(改訂2版),オーム社,2002
④ 中原信生編:空調システムの最適設計,1997
⑤ 田中俊六著:省エネルギーシステム概論,オーム社,2003

6章 空気線図

1 空気線図の基礎

1.1 大気と空気

　大気とは，地球を取り巻く気体をいい，地表から約11kmの高さの対流圏には大気中の99％以上の水蒸気が存在し，この水蒸気を含む大気を空気という。空気は，窒素，酸素，アルゴン，二酸化炭素そして水蒸気からなり，水蒸気を除いて，地球上どこでも，表6.1のような組成成分を示す。水蒸気は天候などの状況によって大幅に異なる値を示すため，空気調和では水蒸気をまったく含まない空気を「乾き空気」（dry air：DA）と定義し，水蒸気を含んだ状態の空気を「湿り空気」（humid air または moistair）とよび，湿り空気は乾き空気との混合物として取り扱う。

表6.1　乾き空気の成分組成[1]（地上付近の大気の標準値）

成分	N_2	O_2	Ar	CO_2
体積組成（％）	78.09	20.95	0.93	0.03
重量組成（％）	75.53	23.14	1.28	0.05
分子量	28.013	31.998	39.948	44.010

注1）上記の成分のほかにもNe, Heなどが含まれるが微量なので省略。
　2）燃焼廃棄などによりCO_2の濃度は局部的にこれより大きな値を示すことがある。
　3）室内の空気では人体の代謝などによりCO_2の濃度はこれより一般に大きな値を示す。

1.2 湿り空気の性質

　空気調和では一般に常温付近の湿り空気が対象となるので，湿り空気中の水蒸気は少なく，この混合気体を計算上，理想気体として考えて支障は生じない。湿り空気の状態は圧力，温度および湿度によって表わされる。またこれらの状態が与えられれば，湿り空気のもつ比エンタルピや比容積などの状態値が決まってくる。

　湿り空気中に含まれる水蒸気の割合は比較的少ないにもかかわらず，乾き空気にくらべてその保有熱量が非常に大きい。室内の一般的な冷房条件（乾球温度26℃，相対湿度55％）の場合，水蒸気の質量比は1.2％（絶対湿度0.012 kg/kg（DA））に過ぎないが，その熱量比は54％に達する。このことからも，空気調和における湿度の存在が大きく，加湿や減湿を行う場合に多くの熱を処理することがわかる。

　空気中の水蒸気量は気候や気圧，気温などにより変化し，気圧と温度により上限がある。ある温度でこれ以上水蒸気を含むことのできない状態の空気を飽和空気とよぶ。これに対してまだ水蒸気を含み得る状態の空気を不飽和空気とよぶ。

1.2.1 湿り空気の湿度表示

　湿り空気の水蒸気量，すなわち湿度の表わし方は，大きく以下の3つに分類できる。

① 絶対値：水蒸気の量を直接表示
　　　絶対湿度 x（kg/kg(DA)）
　　　水蒸気分圧 p_w（kPa）
② 相対値：水蒸気の飽和の程度を表示
　　　相対湿度 ϕ（％）
　　　比較湿度 ψ（％）
③ その他：温度で代用表示（最終的には絶対値・相対値を導く）
　　　湿球温度 t_w（℃）
　　　露点温度 t_d（℃）

1.2.2 絶対湿度

　空気調和では，空気中に含まれる水蒸気の量を乾き空気1 kg(DA)当たりの重量割合（kg/kg(DA)）として表現する絶対湿度x（humidity ratio）が用いられている。この乾き空気1 kgを基準としていることを示すために，特に単位の記号として「kg(DA)」を用いている。ただし，常温の空気の水蒸気量は乾き空気1 kgにくらべ非常に少ない（たとえば乾球温度20℃，相対湿度60％のとき，1 kgの乾き空気と混合している水蒸気量は約9gである）ので，実用的には乾き空気1 kgも湿り空気1 kgもほとんど変わらない。

1.2.3 水蒸気分圧と飽和水蒸気圧

湿り空気を，理想気体としての乾き空気と水蒸気の混合気体とみなすと，「湿り空気の圧力はドルトンの法則に従い，乾き空気の圧力と水蒸気の圧力の和に等しい」。言い換えると，「水蒸気分圧で水蒸気量を，すなわち湿度」を表わすこともできる。

図6.1で定義される空気中の水蒸気分圧 p_w と飽和水蒸気圧 p_{ws} が以下の関係にあるとき，空気は

・水蒸気分圧 p_w ＜ 飽和水蒸気圧 p_{ws} →不飽和空気
・水蒸気分圧 p_w ＝ 飽和水蒸気圧 p_{ws} →飽和空気
・水蒸気分圧 p_w ＝ 0 →乾き空気

ということができる。

湿り空気は乾き空気と水蒸気の混合気体と考えられるので，水蒸気の分圧を考え，p_w(kPa) で表わす。これと絶対湿度 x との関係は，次の式で表わされる。

$$x = 0.622 \frac{p_w}{P - p_w} \times 100 \qquad (6\text{-}1)$$

ここに，

x：絶対湿度 (kg/kg(DA))

p_w：水蒸気の分圧 (kPa)
P：湿り空気の全圧 (kPa)

したがって，水蒸気分圧で湿度を表わすことができる。

1.2.4 相対湿度

湿り空気は，そのなかの水蒸気の圧力が飽和蒸気圧より低ければ，飽和蒸気圧に達するまで水蒸気を含むことができる。そこで空気中の水蒸気の量を示す度合い，すなわち，湿度として，「飽和水蒸気圧に対して，空気中の水蒸気分圧がどの割合（％）となるかを圧力比で示したのが相対湿度 ϕ（relative humidity：RH）」である。相対湿度 $\phi = 0\%$ は乾き空気，相対湿度 $\phi = 100\%$ は飽和空気である。

相対湿度 ϕ は以下の式で求める。

$$\phi = \frac{p_w}{p_{ws}} \times 100 \qquad (6\text{-}2)$$

ここに，

ϕ：相対湿度（％）
p_w：水蒸気分圧 (kPa)
p_{ws}：同じ温度の飽和空気の水蒸気分圧 (kPa)

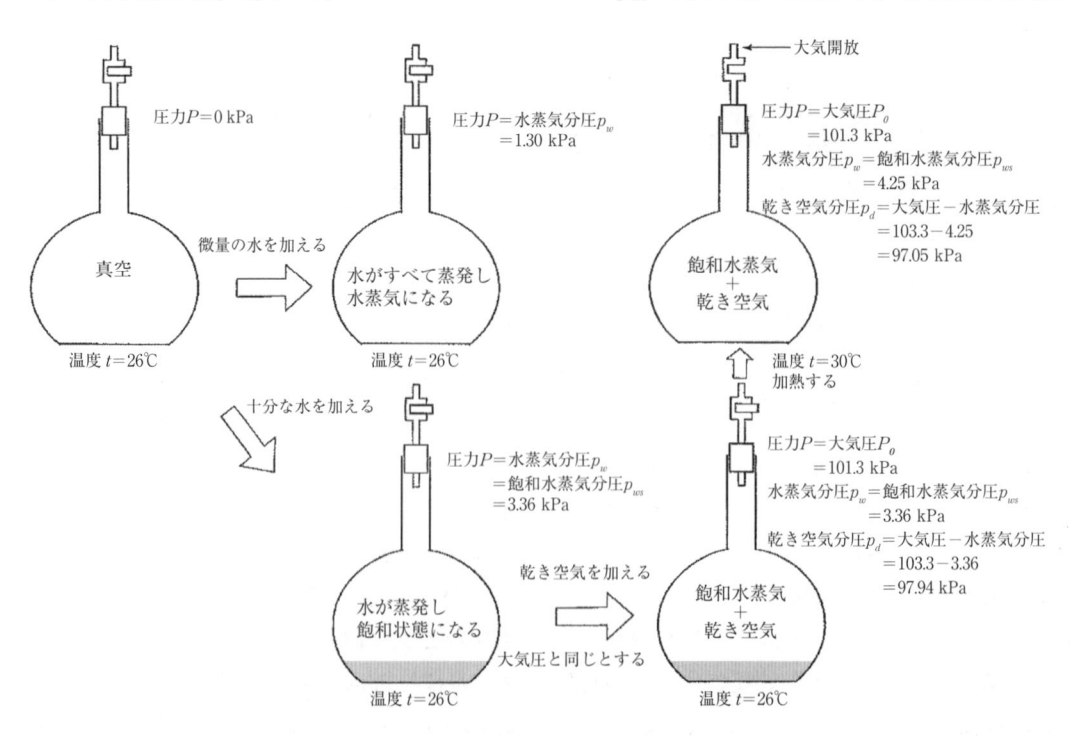

図6.1 湿り空気の水蒸気分圧と飽和水蒸気圧 [2]

1.2.5 比較湿度（飽和度）

ある温度の空気の絶対湿度 x と，それと同じ温度の飽和空気の絶対湿度 x_s との割合（％）を示す値を比較湿度（percentage humidity）または飽和度（saturation ratio）という。比較湿度 $\psi = 0\%$ は乾き空気を，比較湿度 $\psi = 100\%$ は飽和空気を表わしている。

比較湿度は，下式で求める。

$$\psi = \frac{x}{x_s} \times 100 \tag{6-3}$$

ここに，

ψ：比較湿度（％）
x：絶対湿度（kg/kg(DA)）
x_s：同じ温度の飽和空気の絶対湿度（kg/kg(DA)）

比較湿度は相対湿度とほぼ同じ値を示すが，正確には相対湿度とは異なる。なお空調では，比較湿度が用いられることはほとんどない。なぜなら，気象データおよび測定機器も，気象学上の定義の「蒸気圧とそのときの気温における水の飽和蒸気圧の百分率比」，すなわち，相対湿度 ϕ を用いているためである。

1.2.6 露点温度

空気は温度が高いほど水蒸気を多く含むことができる。したがって，湿り空気の温度を下げると，ある温度で飽和状態に達し，さらに温度を下げると水蒸気の一部が凝縮して水滴を生じる。この温度を露点温度（dewpoint temperature：DP）とよぶ。

1.2.7 湿球温度

湿度の測定には乾湿球温度計が使用されている。これは図 6.2 に示すように，乾球温度計と湿球温度計を並べたもので，乾球温度計は通常の温度計で空気温度を測るものであるが，湿球温度計は感熱部をガーゼで包み，毛細管現象で水を吸い上げて感熱部を湿らせたものである。湿球の感熱部では表面から蒸発して潜熱（氷が水に，水が蒸気になるとき，あるいはこの逆の場合など，物質の状態変化の際に出入りする熱）を奪い，周囲の空気からの熱伝達とつり合った状態の温度を示す。この温度を湿球温度（wet bulb temperature：WB）という。これに対して空気温度は乾球温度（dry bulb temperature：DB）とよばれる。

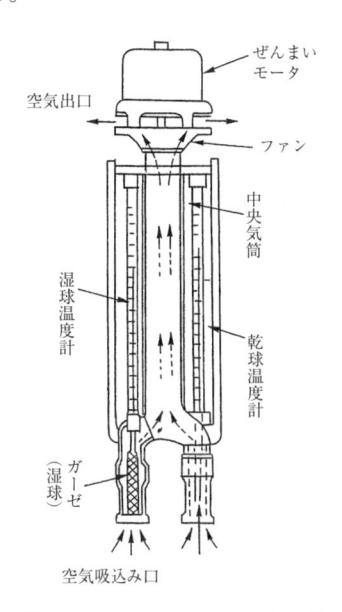

図 6.2 アスマン型湿球温度計 [3]

湿球温度は，飽和空気では蒸発が行われないので乾球温度と同じであるが，不飽和の空気では湿球温度は乾球温度より低く，湿度が低いほど蒸発量が大きいため，その差は大きく表われる。このことから乾球温度と湿球温度の差を読み取り，湿度を求めることができる。

図 6.3 に乾球温度と湿球温度が何を示すかを説明した。その際，乾球温度は，空気温度と周りの壁表面温度の影響を受けるが，風速を早めて乾球の対流熱伝達率を大きくし，近似的に空気温度のみを示すとみなした。

また湿球温度は，飽和蒸気圧と水蒸気圧との差で起こる蒸発により低下した温度を示している。すなわち湿球温度は，湿球と同じ温度の水から絶えず空気に水蒸気を供給し，水と同じ温度の飽和空気になって出てきた飽和空気の温度を示す。

湿球温度は，主として湿りコイルや冷却塔などのように水分と熱の同時移動が伴う場合に計算が容易なことから，設計条件として用いられること

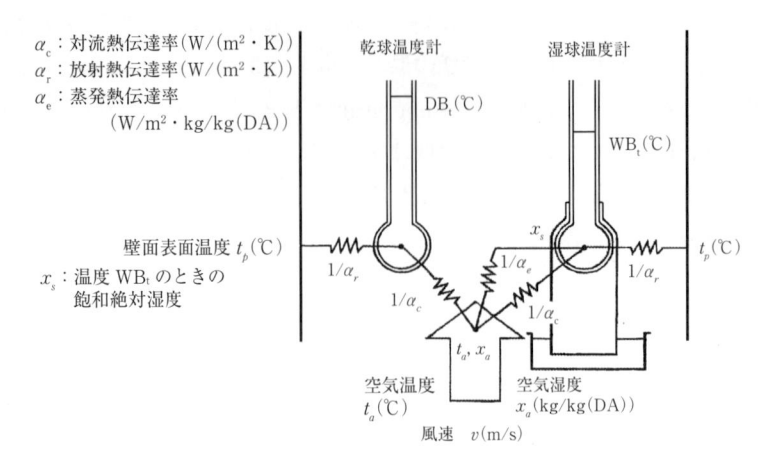

α_c：対流熱伝達率($W/(m^2 \cdot K)$)
α_r：放射熱伝達率($W/(m^2 \cdot K)$)
α_e：蒸発熱伝達率
　　　($W/m^2 \cdot kg/kg(DA)$)

壁面表面温度 t_p(℃)

x_s：温度 WB_t のときの飽和絶対湿度

〔乾球温度計と空気の熱バランス〕
$\alpha_c(DB_t - t_a) + \alpha_r(DB_t - t_p) = 0$

$\therefore DB_t = \dfrac{\alpha_c t_a + \alpha_r t_p}{\alpha_c + \alpha_r}$

$\alpha_c = f(v)$, もし $v > 5\,m/s$ ならば $\alpha_c \gg \alpha_r$

$\therefore DB_t \fallingdotseq \dfrac{\alpha_c t_a}{\alpha_c}$

乾球温度 DB_t は空気温度 t_a を示す。

〔湿球温度計と空気の熱バランス〕
$\alpha_c(WB_t - t_a) + \alpha_r(WB_t - t_p) + \alpha_e(x_s - x_a) = 0$

$\therefore WB_t = \dfrac{\alpha_c t_a + \alpha_r t_p - \alpha_e(x_s - x_a)}{\alpha_c + \alpha_r}$

$\alpha_c = f(v)$, $\alpha_e = f(v)$, もし $v = 5\,m/s$ ならば $\alpha_c \gg \alpha_r, \alpha_e \gg \alpha_r$

$\therefore WB_t \fallingdotseq \dfrac{\alpha_c t_a - \alpha_e(x_s - x_a)}{\alpha_c}$

$= t_a - \dfrac{\alpha_e}{\alpha_c}(x_s - x_a)$

空気が飽和空気の場合，$x_a = x_s$ $\therefore WB_t = t_a$

空気が乾き空気の場合，$x_a = 0$ $\therefore WB_t = t_a - \dfrac{\alpha_e}{\alpha_c} x_s$

図 6.3　乾球温度と湿球温度の関係 [4]

が多い

1.2.8　断熱飽和温度

湿球温度を正確に説明すると，次のようになる。

図 6.4 に示すような，周りを断熱して外から熱の出入りのないようにした長い管のなかに空気を流し，他方，管の下には水があるものを考える。流れる空気の温度より水の温度 t' が低いと，熱伝達によって空気から水に熱が伝えられて水の一部が蒸発し，他方，空気は温度が下がり，湿度が上がっていき，長い管のなかを流れている間についには飽和空気になる。この間，水は大量にあって温度が変化しないものとすると，空気の温度も水温 t' と同じになる。この温度を断熱飽和温度 (adiabatic saturated temperature) といい，これが正確な意味での湿球温度の定義である。なお湿球温度は気流速度が大きくなると（約 5 m/s 以上），断熱飽和温度に等しくなる。

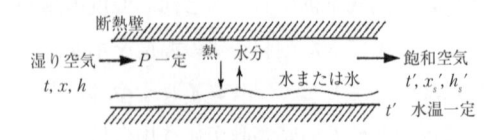

図 6.4　断熱飽和過程 [5]

1.2.9　比エンタルピ

絶対温度 $0°K$（-273.15℃）以上の物質はすべて熱エネルギーをもっている。日常生活している地球上の空気は，圧力はおおよそ大気圧で，温度は -10℃から 40℃ 程度までの常温である。そこで，空気調和では便宜上，湿り空気の比エンタルピ (specific enthalpy) は，0℃ の乾き空気と 0℃ の水の比エンタルピを基準値 0 とし，乾き空気 $1\,kg$ 当たりの kJ で表わしている。標準大気圧での 0℃ の乾き空気 $1\,kg$ の温度を 1℃ 上げるために必要な熱（比熱）は $1.006\,kJ/(kg \cdot K)$ である。

また0℃の水を蒸発させるのに必要な熱（蒸発熱）は1kg当たり2501kJである。また0℃近辺の水蒸気の比熱は1.0805kJ/(kg·K)である。それぞれ1kgの0℃の乾き空気と水のもっている熱を0とすると，x kg(DA)の水蒸気を含むt℃の湿り空気のもっている熱エネルギーは次のように表わすことができる。

$$h = h_a + h_w x$$
$$= 1.006\,t + (2\,501 + 1.805\,t)x \quad (6\text{-}4)$$

ここに，

- h ：湿り空気の比エンタルピ (kJ/kg(DA))
- h_a ：乾き空気の比エンタルピ (kJ/kg)
- h_w ：水蒸気の比エンタルピ (kJ/kg)
- t ：乾球温度 (℃)
- x ：絶対湿度 (kg/kg(DA))

また湿り空気の定圧比熱c_p(kJ/(kg(DA)·K))は温度を1℃変えるときの熱量，すなわち比エンタルピの変化であり，

$$c_p = 1.006 + 1.805\,x \quad (6\text{-}5)$$

で表わされる。「比」という接頭語がつくのは，乾き空気の単位質量1kg/(DA)を基準にしているためである。

1.2.10 比容積

乾き空気1kgを含む湿り空気の容積を比容積 (specific volume) とよび，単位は (m³/kg(DA)) を用い，大気圧においては次式で表わされる。

$$v = 0.00455(x + 0.622)(t + 273) \quad (6\text{-}6)$$

ここに，

- v ：比容積 (m³/kg(DA))
- x ：絶対湿度 (kg/kg(DA))
- t ：乾球温度 (℃)

空調の計算では空気を容積当たりの量で取り扱うことが多い。たとえば送風量は一般に (m³/h) で表わされる。しかし，比エンタルピや比熱は重量当たりの値であるので，熱量計算には風量を比容積で割った値を使わなければならない。

比容積は上述のように温度や湿度で変わるので，加熱や冷却のプロセスのように送風温湿度が変化する場合には，比容積の値が変わると計算が煩雑である。このため比容積の値としてある代表値を用い，計算の過程では一定と仮定することが多い。

1.2.11 標準空気

空気調和における各種の計算を行うのに，比容積や定圧比熱など温湿度によって変わるものは，一定の標準値を設定してしまうと便利であり，実用的に差し支えない。このような標準として標準空気 (standard air) という考え方が採用されている。いま20℃の乾き空気を標準空気とすると，この密度は1.2 kg/m³で，比容積はこの逆数で0.83 m³(DA)となる。また，空気1 m³を1℃上昇させるのに必要な熱量は，定圧比熱1.007 kJ/(kg·K)とすると1.21 kJ/(m³·K)となる。

2 空気線図

2.1 空気線図の構成

2.1.1 概　要

湿り空気の状態は圧力，温度，湿度，比エンタルピ，容積などによって表わされる。一般に圧力は大気圧のもとで使用することが多いので一定とすると，他の状態値はこのうちの2つを求めれば決まってくる。そこで，2つの変数を座標とした線図で他を表わすことができる。このように湿り空気の状態を表わす線図を湿り空気線図 (psychrometric chart) または単に空気線図という。

空気線図には，比エンタルピhと絶対湿度xを斜交座標に用いる$h\text{-}x$線図，絶対湿度と乾球温度を直交座標にとって描いた$t\text{-}x$線図などがある。$t\text{-}x$線図は，$h\text{-}x$線図とほぼ同じであるが，等湿球温度線を比エンタルピ線で代用し，湿球温度が同じ空気に対して，他の状態が異なっても比エンタルピは同じ値として取り扱っている。

一般的には$h\text{-}x$線図が用いられている。図6.5にこれを示す。これは縦軸に絶対湿度xを，斜軸に比エンタルピhを用いている。この図には比エンタルピ，絶対湿度のほかに乾球温度，相対

6章 空気線図

湿度, 水蒸気分圧, 湿球温度, 比容積のような状態値が記入され, さらに飽和曲線, 顕熱比, 熱水分比が示されている。

図の飽和曲線はいろいろな状態の空気の相対湿度100%の点を結んだもので, この曲線の下側は飽和に達しない不飽和空気で, 通常使用される範囲である。曲線の上側は飽和水蒸気圧以上に水分を含んだ空気で, 不安定な過飽和の状態か, 水蒸気が凝縮して霧状に浮遊している霧入り空気とよばれる状態, または低温のところでは雪を含んだ雪入り空気の状態を示している。このような範囲は特殊な場合にしか使用されない。

図 6.5 の空気線図上において, 夏季の標準的な室内温湿度条件である乾球温度 $t=26℃$, 相対湿度 $\phi=60\%$ の空気を図の A 点で示すと, 他の状態値は図より比エンタルピ $h=58.3$ kJ/kg(DA), 絶対湿度 $x=0.0126$ kg/kg(DA), 水蒸気分圧 $p_w=2.018$ kPa, 比容積 $v=0.863$ m³/kg(DA) を読み取ることができる。また湿球温度 t' は A 点を通る湿球温度の点線と飽和曲線との交点 B の温度 $t'=20.2℃$ と求められる。また露点温度は図の A 点から絶対湿度一定の直線を引き, これと飽和曲線との交点 C の温度 $t''=17.5℃$ と求められる。図の湿球温度には断熱飽和温度が用いられている。このようにある状態の空気はこの線図上の一点で表わされる。

空気線図の概要を概略化して図 6.6 に示す。

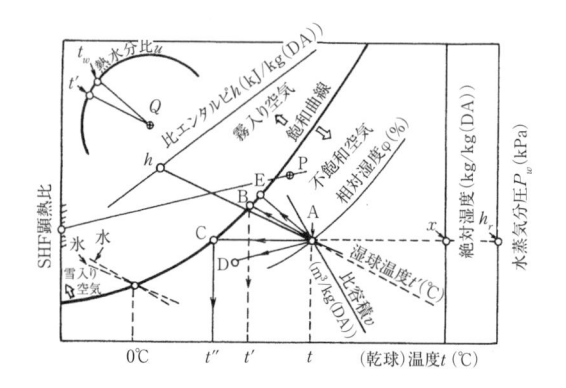

図 6.6 湿り空気線図の概要[7]

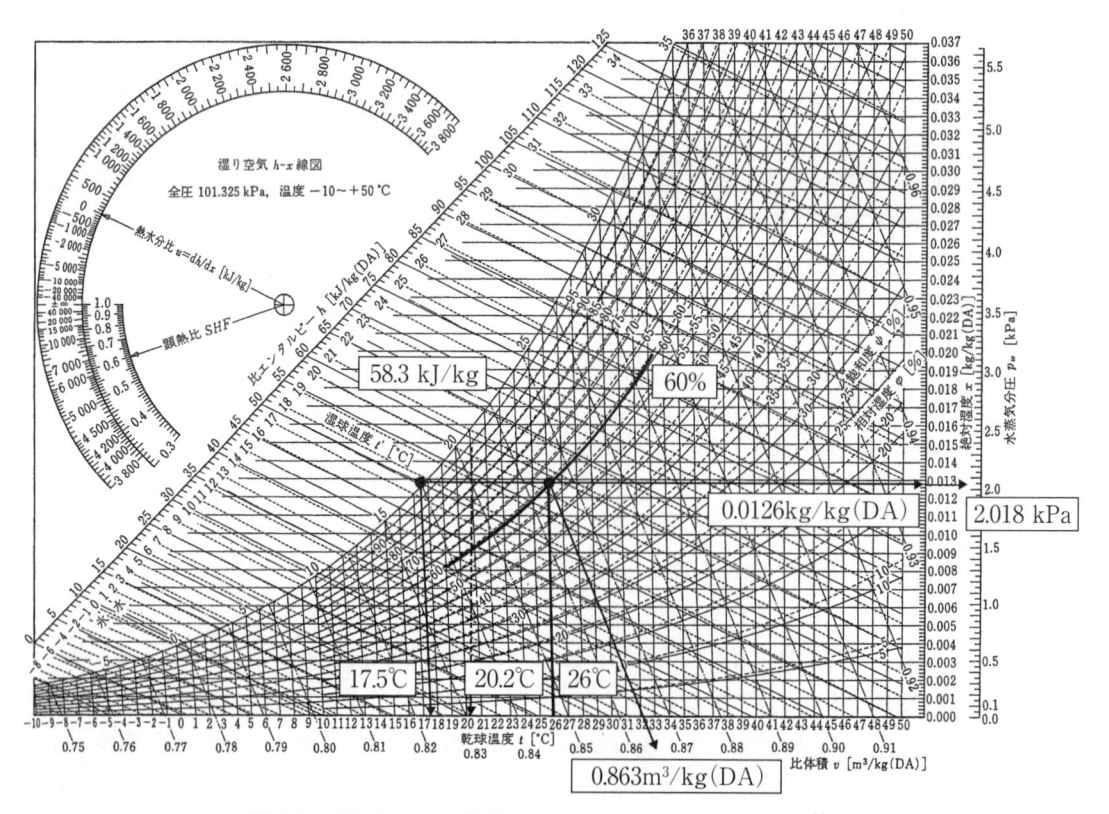

図 6.5 湿り空気 $h-x$ 線図 (標準大気圧 101.325 kPa)(藤田稔彦)[6]

例題 6.1
乾球温度 24℃，湿球温度 17℃ が与えられたとき，その空気の相対湿度，露点温度，絶対湿度，比エンタルピ，比容積を求めよ。

[解答] 空気線図より相対湿度 50%，露点温度 12.9℃，絶対湿度 0.0092 kg/kg(DA)，比エンタルピ 48 kJ/kg(DA)，比容積 0.854 m³/kg(DA)。

2.1.2 顕熱比

顕熱比 (sensible heat factor：SHF) は，次に述べる熱水分比と同様に，空気の温湿度の変化に伴う熱エネルギーの変化を取り扱う場合に用いられる。顕熱比は，比エンタルピ変化に対する顕熱量の変化の比率で，比エンタルピの変化量 Δh，温度変化を Δt，比熱を c_p とすると，

$$SHF = \frac{c_p \times \Delta t}{\Delta h} \tag{6-7}$$

で与えられ，線図では一定の傾斜として表わされる。たとえば，図 6.6 の空気の状態が A 点から D 点に変化するときの顕熱比は，直線 AD と平行に基準点 P（線図上に⊕で示す点）から直線を引き，これが顕熱比目盛と交わる点の数値を読めば，これが求める顕熱比である。

逆に顕熱比が与えられた場合には，顕熱比目盛のこの値の点と P 点とを結び，これに平行に A 点から直線を引けば，A 点の状態から，この直線上の点の状態への変化の顕熱比は，与えられた値となる。顕熱比は熱負荷計算において〔顕熱負荷／全熱負荷〕として用いられ，この負荷を処理するための送風空気の温湿度の決定などに用いられる。

例題 6.2[(8)]
ある事務所ビルの中央方式の空気調和設備が，次の空気線図上に示される状態で，定常的に運転されていた。この場合，室内顕熱比を示す数値として最も近いものは次の①〜⑤のうちどれか。ただし，空気の比熱は 1.00 kJ/(kg(DA)·K) とする。

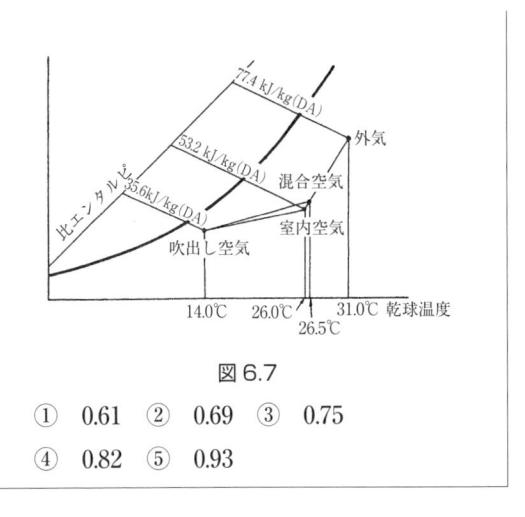

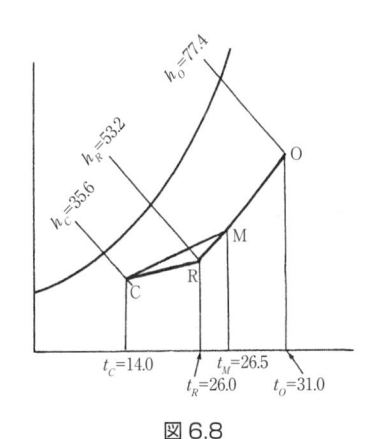

図 6.7

① 0.61 ② 0.69 ③ 0.75
④ 0.82 ⑤ 0.93

[解答]

図 6.8

$$SHF = \frac{1.00 \times (t_R - t_C)}{h_R - h_C}$$

$$= \frac{1.00 \times (26.0 - 14.0)}{53.2 - 35.6} = 0.68$$

2.1.3 熱水分比

熱水分比 (enthalpy-humidity difference ratio) u は比エンタルピ変化と絶対温度変化の比率で，次式は，

$$u = \frac{dh}{dx} \tag{6-8}$$

で与えられる。線図では一定の傾斜として表わされるもので，図の基準点 Q（線図上の⊕で示す点）と，熱水分比 u の目盛上の点を結ぶ直線と平行な直線上の状態変化は，与えられた熱水分比となる。u はある熱量と水分が与えられたとき，空気線図上を変化していく方向を示すもので，水，

温水,蒸気などを噴霧して加湿を行うときに用いる。水,蒸気の温度を t_w, t_s とすると, u は次の値となる。

蒸気の場合
$$u = 2501 + 1.805\, t_s \qquad (6\text{-}9)$$

水,温水の場合
$$u = 4.186\, t_w \qquad (6\text{-}10)$$

たとえば10℃の水,80℃の温水,100℃の蒸気の変化を示すと,図6.9のようになる。

10℃の水の場合　　$u = 4.19 t_w = 41.9$
　　　　　　　　　　　(図6.9の①→②)

80℃の温水の場合　$u = 4.19 t_w = 335$
　　　　　　　　　　　(図6.9の①→③)

100℃の蒸気の場合　$u = 2501 + 1.805 \times 100 = 2682$
　　　　　　　　　　　(図6.9の①→④)

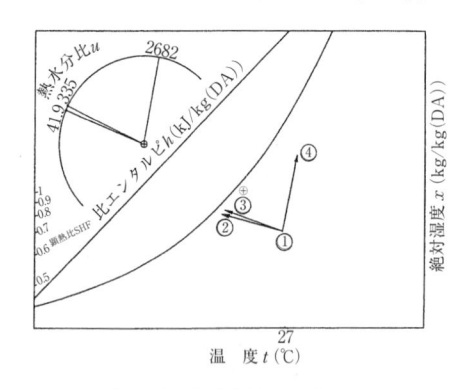

図6.9　熱水分比 u の使い方

2.2　空気の単位操作と空気線図

空気の加熱,冷却,加湿,減湿および混合などの操作が空気線図のうえでどのように表わされ,どのように計算されるか,以下に示す。

2.2.1　加　熱

蒸気や温水のフィンコイル型加熱器または電気ヒータで空気を加熱する場合には,空気中の水分は変わらずに温度のみが上昇する。したがって,空気線図上では図6.10に示すように絶対湿度一定の線上を変化する。図の点1から点2まで加熱するのに要する熱量 q (W)は,処理風量を V (m³/h)とすると,次の式で表わされる。

$$q = \frac{\rho V}{3600}(h_2 - h_1) \times 1000 \qquad (6\text{-}11)$$

ここに,
h_1：点1の状態の比エンタルピ (kJ/kg(DA))
h_2：点2の状態の比エンタルピ (kJ/kg(DA))
ρ：密度 (kg(DA)/m³)

である。密度は厳密には点1と点2では異なるが,一般に空調で扱う範囲では大差はないので,実用的には平均値または適当な代表値を用いて計算すればよい。代表値として標準空気の値を用いれば,$\rho = 1.2$ (kg(DA)/m³) である。

上式は,また次のように表わすこともできる。

$$q = \frac{\rho V}{3600} c_p (t_2 - t_1) \qquad (6\text{-}12)$$

ここに,
c_p：定圧比熱 (kJ/(kg(DA)・K))
t_2：点2の空気の乾球温度 (℃)
t_1：点1の空気の乾球温度 (℃)

c_p は,標準空気の値を用いれば 1.0 kJ/(kg(DA)・K) である。

すなわち,加熱に要する熱量は,標準空気の場合,比エンタルピあるいは温度差から次式で求められる。

加熱量(W) ＝ 処理空気の質量流量×比エンタルピ差

$$= 1.2 \times \frac{V}{3600} \times \varDelta h \times 1000$$

$$= 0.333 V \varDelta h \qquad (6\text{-}13)$$

あるいは,

加熱量(W) ＝ 処理空気の質量流量×比熱×温度差

$$= 1.2 \times \frac{V}{3600} \times 1.0 \times \varDelta t \times 1000$$

$$= 0.333 V \varDelta t \qquad (6\text{-}14)$$

ここに,
V：処理空気の容積流量 (m³/h)
$\varDelta h$：比エンタルピ差 (kJ/kg)

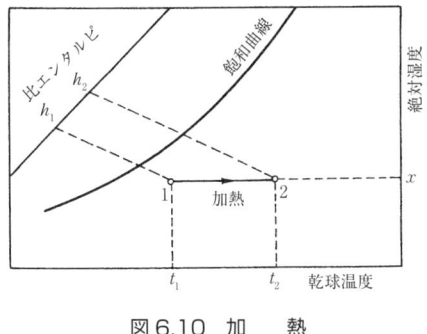

図 6.10　加　熱

例題 6.3

乾球温度 10℃，湿球温度 5℃の空気を加熱器を用いて，乾球温度が 25℃ になるまで加熱したい。加熱器を通る空気の量が 1 000 m³/min であるとき，加熱に必要な熱量を求めよ。

[解答]　空気線図より加熱器入口空気の比エンタルピは 18.8 kJ/kg(DA)，加熱後の空気の比エンタルピは 33.9 kJ/kg(DA)，よって必要な熱量は，式 (6-13) を用いて，

$$1.2 \times \frac{1\,000 \times 60}{3\,600} \times (33.9 - 18.3) = 300 \text{(kW)}$$

2.2.2　冷　却
(1)　コイルによる冷却

冷却コイルで空気を冷却する場合には，コイルの表面温度が空気の露点温度より高ければ，空気中の水分は凝縮結露せずその量は変わらないので，図 6.11 の a のように絶対湿度一定の線上を変化する（乾き冷却）。この場合，冷却に要する熱量は式 (6-12) または式 (6-13) で同様に求められる。

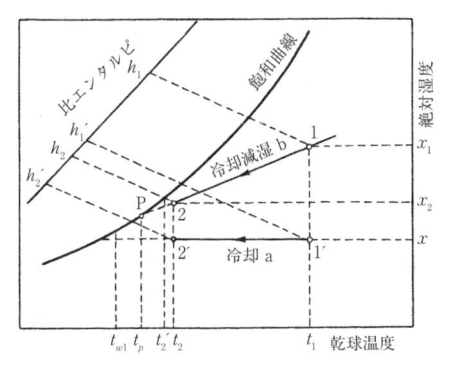

図 6.11　加熱，減湿 (9)

例題 6.4

乾球温度 35℃，相対湿度 50% の空気 1 000 m³/min を冷却して，減湿することなしに相対湿度 95% の空気を得たい。この場合冷却器で空気から除却すべき熱量を求めよ。

[解答]　空気線図より冷却前の比エンタルピは 80.8 kJ/kg(DA)，冷却後は比エンタルピ 16.5 kJ/kg(DA)，乾球温度 23.8℃。よって式 (6-13) を用いて，

$$1.2 \times \frac{1\,000 \times 60}{3\,600} \times (80.8 - 69.1) = 234 \text{(kW)}$$

コイルの表面温度が処理空気の露点温度より低いときは，コイルの表面で結露が起こり，凝縮水は除去されるので空気中の水分は減少する。したがって空気の状態は図 6.11 の b のように冷却減湿となり，温度，絶対湿度ともに変化する。一般的にはこの冷却減湿が起こる。

この場合のコイル出口空気の状態を示す点 2 は，入口空気を示す点 1 と，コイルの平均表面温度 t_p の飽和曲線上の点 P とを結ぶ直線上にあるものとしてよい。列数の多い冷水コイルでは，各列の平均表面温度が変わるので，図 6.12 に示すように，冷却線 b は折れ線になって湾曲する。しかしこのように取り扱うことは実用上めんどうなので，総体的な平均表面温度を用いて近似し，点 1 から点 2 に直線的に冷却されると考える。このようなコイルの平均表面温度を正確に知ることは困難であるが，実用的には，コイル入口水温 t_{w1} と出口空気の湿球温度 t_2' の平均値で近似している。この場合の冷却熱量 q(kW) は，次の式で与えられる。

$$q = \frac{\rho V}{3\,600} \times (h_1 - h_2) \tag{6-15}$$

また図 6.11 の $(\overline{2\text{P}})/(\overline{1\text{P}})$ の比をコイルのバイパスファクタとよぶ。バイパスファクタはコイルの形状，列数，空気速度などによって異なる。表 6.2 にこれを示す。

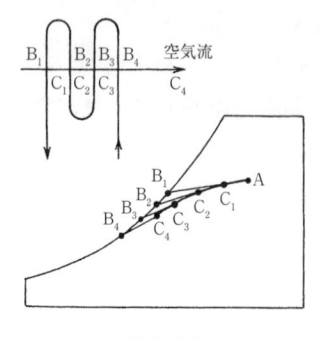

図6.12

表6.2 冷却コイルのバイパスファクタ[1]

(a) 冷却コイルの列数とバイパスファクタの関係

列数	2	3	4	5	6
バイパスファクタ	0.31	0.18	0.10	0.06	0.03

(b) 冷却コイルを通り抜ける空気の速度とバイパスファクタの関係

空気速度 (m/s)	1.5	2.0	2.5	3.0
バイパスファクタ	0.11	0.14	0.18	0.20

例題 6.5

乾球温度30℃，相対湿度50%の空気 $1\,000\,\mathrm{m^3/min}$ を冷却コイルに通して冷却減湿する。コイルの平均表面温度は10℃，バイパスファクタは0.1とする。このコイルで除去される熱量を求めよ。

[解答] 図6.13に示す空気線図より，コイル入口の空気状態点Aからこの空気の比エンタルピは $64.0\,\mathrm{kJ/kg(DA)}$ である。コイルの平均表面温度10℃は点Bで表わされ，バイパスファクタが0.1であるから，コイル出口の空気状態は直線ABの長さの90%の点Cとなる。点Cの空気の乾球温度は12℃，比エンタルピは $32.7\,\mathrm{kJ/kg(DA)}$ である。したがって除去される熱量は，式(6-15)を用いて，

$$\frac{1.2 \times 1\,000}{3\,600} \times (64.0 - 32.7) = 10.5\,(\mathrm{kW})$$

(2) エアワッシャによる冷却

エアワッシャで空気を冷却するときには，水滴と空気とが直接接触して，熱伝達とともに物質移動が起こるので，空気は温度，湿度ともに変化する。空気の露点温度よりも低い水温の冷水を噴霧すると，空気中の水蒸気は水滴の表面で凝縮して，水滴とともに落下するので空気は減湿される。この場合の空気の状態変化は図6.14のaで表わされ，出口空気を示す点2は，入口空気を示す点1と出口水温 t_{w2} の飽和曲線上の点3とを結ぶ直線上にあるものと，近似的に考えてよい。

この場合の伝熱量 $q\,(\mathrm{kW})$ は，

$$q = \frac{\rho V}{3\,600} \times (h_1 - h_2) = \frac{L c_w (t_{w2} - t_{w1})}{3\,600}$$

(6-16)

ここに，

L：噴霧水量 (kg/h)
c_w：水の比熱 ($\fallingdotseq 4.186\,\mathrm{kJ/(kg \cdot K)}$)
t_{w1}：入口水温 (℃)
t_{w2}：出口水温 (℃)

である。この場合も，エアワッシャの各バンクで噴霧水の温度が異なるものでは，各バンクで点3が移動するため，冷却線aは折れ線状に湾曲する。

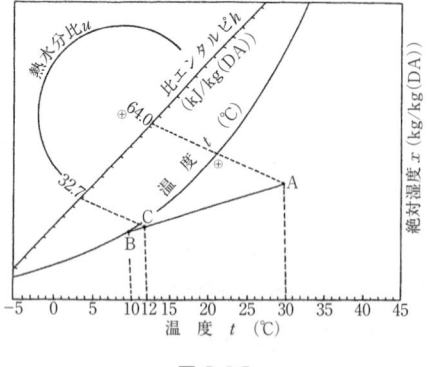

図6.13

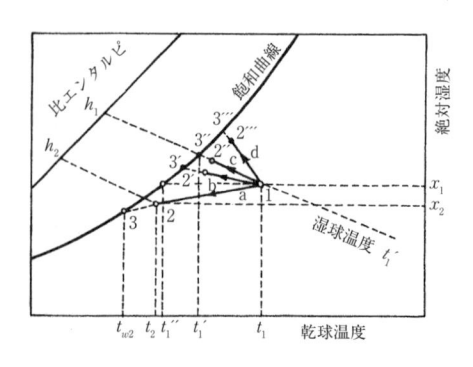

図6.14 水噴霧による状態変化[10]

また噴霧する冷水の温度が空気の露点温度より高いときには，水滴の一部が蒸発し空気の温度は下がるが，絶対湿度は上昇する。この場合の空気の状態変化は図6.14のｂのように表わされる。

2.2.3 加　　湿

加湿の方式は，大きく以下の3つに分類され，図6.15にその原理を示す。

① 蒸 気 加 湿：蒸気を空気中に直接吹き出し空気に吸収
② 水噴霧加湿：水を霧状にして空気中に吹き出し気化
③ 気 化 加 湿：水と空気の接触面を多くし，水を接触面で気化

(1) 蒸気加湿

蒸気加湿は，蒸気にした水を使って加湿する方式である。ただし，蒸気ボイラからの蒸気をそのまま加湿に用いると，ボイラの水処理剤の影響が懸念されるので，熱交換器により間接的に加湿用の蒸気を製造し，これをノズルから空気中に噴射して加湿する場合が多い。

また皿（パン）のなかに入れた水を電気や蒸気などで加熱し，水面から水を蒸発させて，空気を加湿する方法もあり，これをパン型加湿とよんでいる。

蒸気で加湿する場合，加湿される空気に外部から蒸気のもっているエンタルピが加わることになる。比エンタルピh(kJ/kg)の蒸気1 kgが空気中に入ると，空気中での水分が1 kg増え，またエンタルピがh(kJ)増えることになるので，熱水分比dh/dxは加湿蒸気の比エンタルピhになる。これを空気線図上に示すと図6.16となる。

たとえば，蒸気圧力50 kPa（ゲージ）（エンタルピ2 693 kJ/kg，温度111.5℃）の蒸気を温度20℃の空気中に吹き込んで加湿すると，蒸気の温度は20℃まで下がり，そのときの蒸気の比エンタルピは2 609 kJ/kgなので，比エンタルピの差分だけ空気を加熱することになる。絶対湿度を1 g/kg(DA)上昇させたことによる空気の温度変

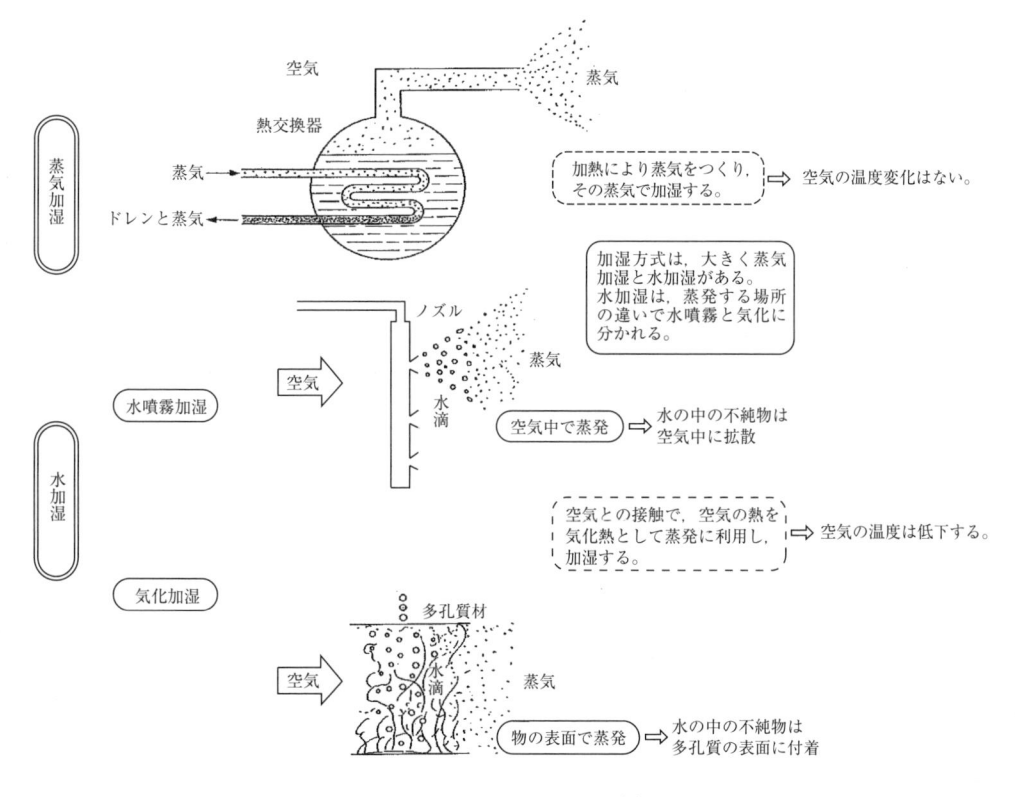

図6.15　加湿方式の概要[11]

化は次のようになる。

$$\Delta t = 1 \times 10^{-3} \times (2693 - 2609)/1.006 = 0.083 \quad (6\text{-}17)$$

ここに 1.006 は空気の比熱（kJ/(kg·K)）である。

すなわち，絶対湿度を 1 g/kg(DA) 上昇させたとき，空気の温度は約 0.083℃ しか上がらず，実質的には空気温度は変化しないとみなすことができる。

状態変化は，蒸気温度を t_s（℃）とするとき，式(6-9)

熱水分比 $u = 2501 + 1.805 t_s$

の線 A–B 上を変化する。この場合の空気の温度上昇 Δt（℃）は，通常の空調で使用される範囲では次式で近似される。

$$\Delta t = 1.8(t_s - t_1)\Delta x \quad (6\text{-}18)$$

ここに，

t_s：蒸気温度（℃）

t_1：入口空気温度（℃）

Δx：加湿による絶対湿度の増加量（kg/kg(DA)）

───── 例題 6.6 ─────

乾球温度 20℃ の空気 1000 m³/min に圧力 100 kPa（ゲージ圧力）の飽和蒸気（飽和温度 119℃）12 kg/min を噴霧したとき，加湿器出口の空気の乾球温度を求めよ。

［解答］ 1000 m³/min のなかの乾き空気の質量は，

$$\frac{1000}{0.83} = 1200 \text{(kg/min)}$$

乾き空気 1 kg に対して噴霧される蒸気は，

$$\frac{12}{1200} = 0.01 \text{(kg)}$$

よって式 (6-18) より，

$$\Delta t = 1.8(119 - 20) \times 0.01 = 1.78$$

したがって，出口空気の乾球温度は，

$$20 + 1.78 = 21.78\text{(℃)}$$

である。

微水滴噴霧や蒸気加湿の場合の必要加湿量 L（kg/h）は，次式で与えられる。

$$L = \frac{V}{v}(x_2 - x_1) \quad (6\text{-}19)$$

V：風量（m³/h）

v：比容積（m³/kg(DA)）

x_1, x_2：入口および出口空気の絶対湿度（kg/kg(DA)）

(2) 水噴霧加湿

水噴霧加湿の原理は，水を噴霧して空気中で気化させることにより加湿する方式である。水噴霧の方法には，水を直接ノズルで噴霧するほかに，超音波で水を振動して非常に細かい水滴を発生させ，これが空気中で気化する方式などがある。

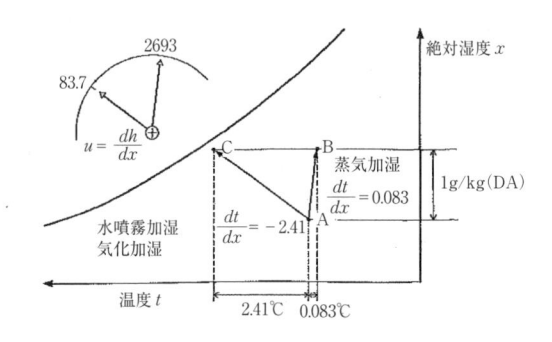

図 6.16　加湿方式と空気の温度変化[12]

ある温度の水を噴霧する場合には，空気中に気化した水分はその温度の水のエンタルピを外部から空気中に持ち込むことになるので，蒸気加湿の場合と同様に空気中の熱水分比 dh/dx は水の比エンタルピになる。

図 6.16 は水噴霧加湿の場合の空気の状態変化 A–C の様子を示してある。たとえば 10℃ の水の蒸発熱は 2454 kJ/kg なので，絶対湿度を 1 g/kg(DA) 上昇させた場合，空気の温度変化は以下の式で求まる。

$$\Delta t = 1 \times 10^{-3} \times 2454/1.006 = 2.44\text{(K)} \quad (6\text{-}20)$$

すなわち，絶対湿度を 1 g/kg(DA) 上昇させたとき，空気の温度が 2.44℃ 下がることがわかる。

水噴霧加湿では，空気のもっている熱を利用して水を蒸発させているので，断熱変化（等エンタ

ルピ変化）と勘違いされることがしばしばあるが，上で述べたように，外部からあるエンタルピをもった水が空気中に入り込むので，全体としてエンタルピは増すことになる。水噴霧加湿の状態変化は湿球温度一定の下の変化とみなしてよい。

(3) **気化加湿（エアワッシャ）**

気化加湿の原理は，水を滴下させて濡れた多孔質体に通風し，その空気との接触面で水を蒸発・気化させて加湿する方式である。エアワッシャも気化加湿の一つである。気化加湿の場合も水噴霧方式と同様の空気の状態変化をし，加湿により空気温度は低下する。

エアワッシャで噴霧水を冷却も加熱もせずに循環して使用すると，空気温度と水温との差による熱伝達と蒸発による冷却とが平衡を保つ水温に到達する。この状態が断熱加湿で，水温は入口空気の断熱飽和温度（湿球温度）に等しい値になる。空気は図6.14のcのように湿球温度一定の線を変化し，温度の低下と絶対湿度の上昇が起こる。この場合，比エンタルピの変化は蒸発した水の比エンタルピが加わるがわずかであり，実用的には変化はないと考えてよい。また出口空気の状態は図の点2″で表わされるが，噴霧水量が多く，しかも空気と水滴との接触時間が長ければ，飽和曲線上の点3″に近づく。この $(\overline{1,2''})/(\overline{1,3''})$ の比を飽和効率とよぶ。一般のエアワッシャの効率を次に示す。

噴霧ノズル列数　1列の場合…65～80(%)
　　　　　　　　2列の場合…80～98(%)

――― **例題 6.7** ―――
乾球温度20℃，湿球温度10℃の空気 $1\,000\,\mathrm{m^3/min}$ を，エアワッシャの循環噴霧水のなかを通したときの出口空気の状態と加湿量を求めよ。ただしエアワッシャの効率は80%とする。

[**解答**]　空気線図より，エアワッシャ入口の空気Aの絶対温度は $0.0035\,\mathrm{kg/kg(DA)}$，この空気はエアワッシャのなかで点Aを通る湿球温度線上を飽和曲線に向かって移動し，出口ではABの長さの80%の点Cに達する。点Cの空気の状態は線図から12℃，湿球温度10℃，絶対湿度 $0.0068\,\mathrm{kg/kg(DA)}$，相対湿度79%であることがわかる。

またエアワッシャによって，通過空気に加えられた水分の量は，次式で与えられる。

$$\frac{1\,000}{0.83} \times (0.0068 - 0.0035) = 3.97\,(\mathrm{kg/min})$$

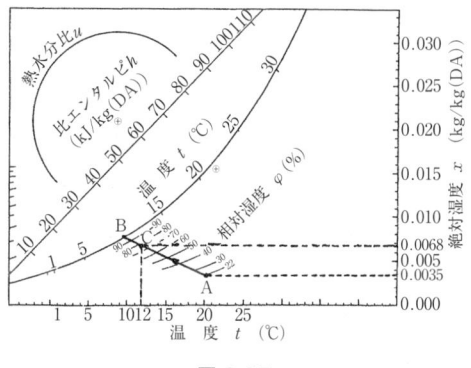

図6.17

エアワッシャで噴霧水を加熱する場合は，通過空気は加湿されると同時にその乾球温度は上昇，または下降する。通過空気の乾球温度が高くなるか低くなるかは，噴霧される温水の温度や水量によって決まる。

① 温水の温度がエアワッシャ入口の空気の乾球温度よりも高く，かつ通過空気量にくらべて噴霧水量がきわめて多い場合

図6.18で点Aを入口空気の状態点，点Bを噴霧水温を示す点とすると，空気はエアワッシャを通過する間に，点Aから直線AB上をBに向かっ

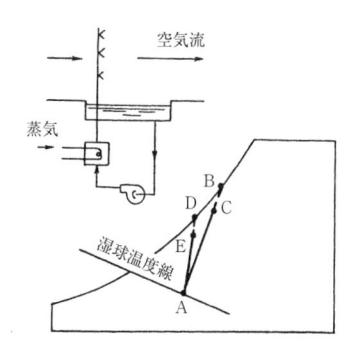

図6.18　エアワッシャによる加熱(1)

てその状態が変化し，エアワッシャ出口では点Cの状態となる。この点Cの位置は，エアワッシャの飽和効率によって決まる。この場合は，空気は加湿されると同時に加熱される。

> **例題6.8**
> 乾球温度20℃，湿球温度10℃の空気 $1\,000\,\mathrm{m^3/min}$ を，30℃の水を噴霧しているエアワッシャのなかを通したとき，出口空気の状態，およびエアワッシャで空気に加えられた水分量を求めよ。ただしエアワッシャの効率は80%，噴霧水温は一定とする。

[解答] 図6.19に示すように，乾球温度20℃，湿球温度10℃のエアワッシャ入口の状態点Aと，飽和曲線上の30℃の噴霧水の状態点Bを直線で結び，AB線上に，ABの長さの80%の長さにACをとる。点Cはエアワッシャ出口の空気の状態点である。出口空気の乾球温度は28℃，湿球温度は27.1℃，相対湿度は93%，絶対湿度は $0.0225\,\mathrm{kg/kg(DA)}$ である。またA点の空気の絶対湿度は $0.0035\,\mathrm{kg/kg(DA)}$ である。したがって，エアワッシャで通過空気に加えられた水分量は，

$$\frac{1\,000}{0.83} \times (0.0225 - 0.0035) = 22.9\,(\mathrm{kg/min})$$

である。

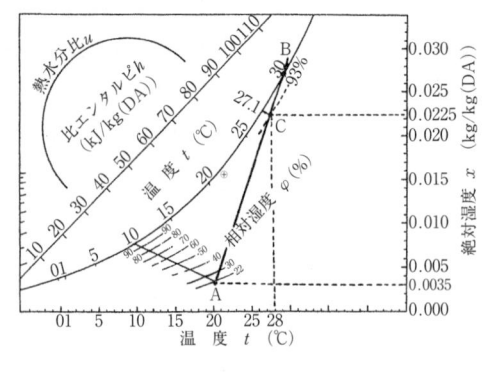

図6.19

② 噴霧水の温度がエアワッシャ入口の空気の乾球温度と同温度で噴霧され，この温度が一定に保たれる場合

空気の状態は図6.20に示すように，最初の空気の状態Aを通る乾球温度線上を飽和曲線に向かって移動することとなる。この場合は加湿だけで冷却は行われない。

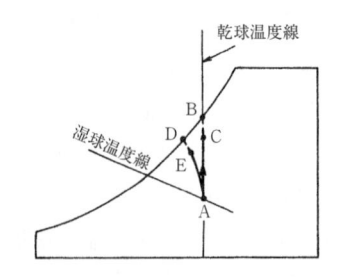

図6.20 エアワッシャによる加湿(2)

③ 噴霧水の温度が通過空気の乾球温度よりも低く，湿球温度よりも高くて，水温が一定に保たれる場合

図6.21に示すように点Cのような冷却加湿された状態となる。

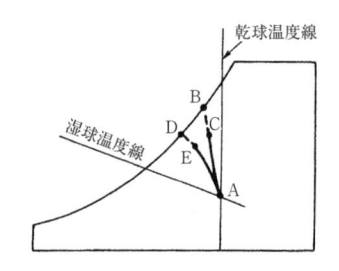

図6.21 エアワッシャによる加湿(3)

固体吸着減湿では，空気中の水蒸気は吸着剤に吸着されるときに吸着熱を発生する。これは，水蒸気が液相に変わるときに出す凝縮潜熱と浸潤熱を加えたもので，シリカゲルで水分 $1\,\mathrm{kg}$ の吸着熱は約 $2\,970\,\mathrm{kJ}$ である。空気の状態変化は図6.23のように熱水分比 $u = -2\,970\,(\mathrm{kJ/kg(DA)})$ の線上を変化し，減湿とともに温度が上昇する。

実際の吸着減湿器では，能力が低下すると加熱して再生する。このため，減湿に切り換えた初期には吸着剤および容器の温度が高くなっていて，これによる空気の加熱も加わるので，吸着熱から計算した温度上昇よりも大きくなる。

④ 噴霧水の温度が変化する場合
前記①，②，③では，噴霧水の温度が噴霧落下

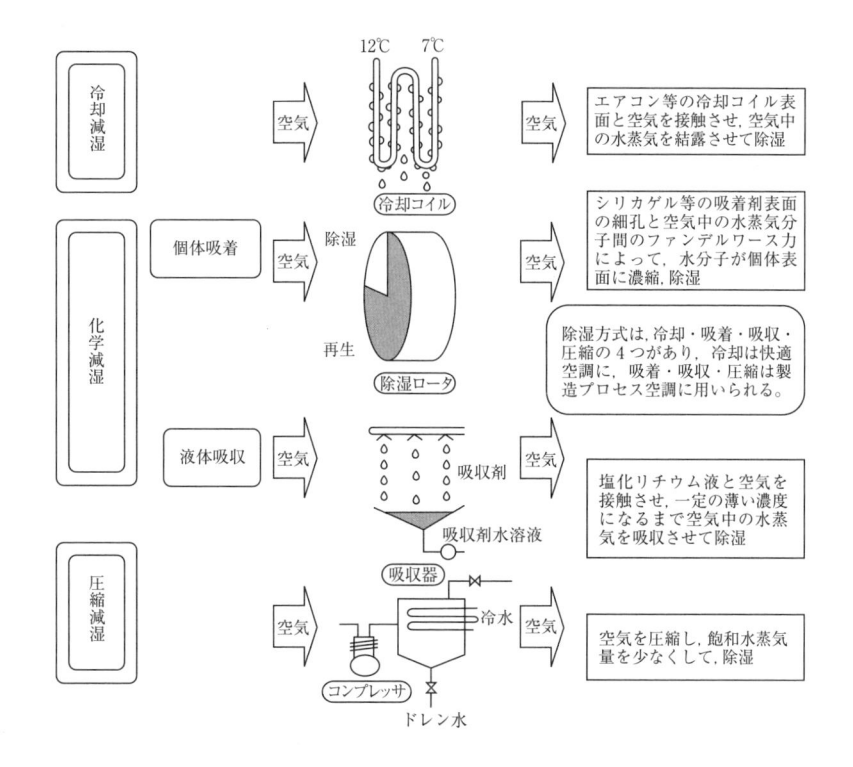

図 6.22 減湿の方式[13]

中一定で変化しない場合を考えたが，実際のエアワッシャでは，通過風量に対して噴霧水量が十分大きくないときは，落下中に水温が変化する。この水温は図 6.18，図 6.20，図 6.21 の B 点から D 点（つまり最初の水温から入口空気の湿球温度に近づく）に変わるので，空気の出口状態はそれぞれの場合，E 点となる。

2.2.4 減 湿

減湿は図 6.22 に示すように，原理，構造から大きく次の 3 種類に分類される。

① 冷却減湿：冷却コイル，エアワッシャ式
② 化学減湿
　・吸着減湿：固定式（2 塔切替え方式），回転式
　・吸収減湿：湿式，乾式
③ 圧縮減湿：圧縮式減湿機

快適空調などに用いられる冷却コイルを利用した①の冷却減湿法，製造プロセスなどの産業用として用いられるシリカゲルなどの固体吸着やリチウムなどの液体吸収による②の化学減湿法，気体の飽和湿度が圧力に反比例することを応用した③の圧縮減湿がある。

固体吸着減湿では，空気中の水蒸気は吸着剤に吸着されるときに吸着熱を発生する。これは，水蒸気が液相に変わるときに出す凝縮潜熱と浸潤熱を加えたもので，シリカゲルで水分 1kg の吸着熱は約 2 970 kJ である。空気の状態変化は図 6.23 のように熱水分比 $u=-2 970 (kJ/kg(DA))$ の線上を変化し，減湿とともに温度が上昇する。

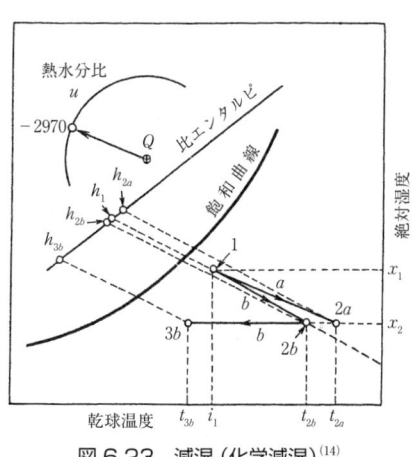

図 6.23 減湿（化学減湿）[14]

実際の吸着減湿器では，能力が低下すると加熱して再生する。このため，減湿に切り換えた初期には吸着剤および容器の温度が高くなっていて，これによる空気の加熱も加わるので，吸着熱から計算した温度上昇よりも大きくなる。

例題 6.9 [15]

図 6.24 に示すようなシリカゲル（固体吸湿剤）を用いた工業用減湿冷却装置がある。この装置の状態を示す湿り空気線図として，最も適当なものは①～⑤のうちどれか。ただしダクトなどからの熱負荷はないものとする。下図の室内の状態点は○で示す。

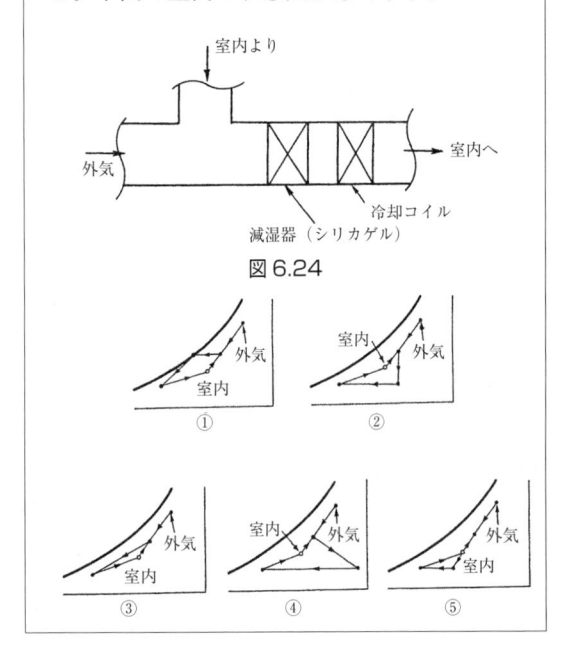

図 6.24

[解答] ④

液体吸収減湿では，吸収のときに吸収熱を発生する。これは水蒸気の凝縮潜熱と溶解熱を加えたものであるが，塩化リチウムなどでは，溶解熱は潜熱の 1% 程度なので実用的には無視してよい。このため空気の状態変化はほぼ湿球温度一定の線上で変化する。しかし再生による溶液温度の上昇があるので，実際にはこれより多少温度上昇は大きくなる。実際の吸収減湿器では図 6.25 に示すように，吸収器内に冷却コイルを入れて液および空気を冷却しているので，

空気は図 6.23 のように水蒸気の凝縮による変化（湿球温度一定の線上）と，冷却コイルによる温度降下（絶対湿度一定の線上）とに分けて考えられる。

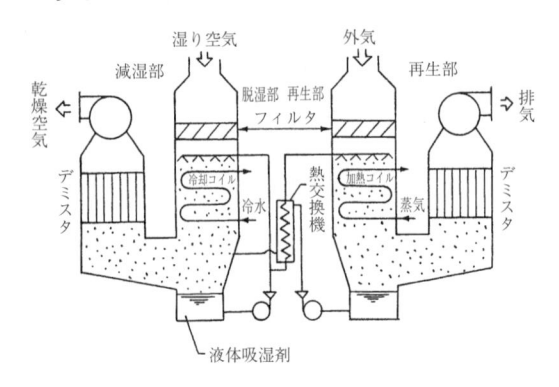

図 6.25 液体吸湿剤使用減湿装置 [16]

2.2.5 混　合

2つの状態の異なる空気流を混合させると，混合空気の状態は図 6.26 のように，混合前の2つの状態を示す点1,2を結んだ直線上の点3で示され，点3は，

$$\frac{\overline{(1,3)}}{\overline{(2,3)}} = \frac{G_2}{G_1}$$

のように図 6.26 によって決められる。ただし実用的には G_2/G_1 の代わりに V_2/V_1 を用いてもよい。ここに G_1, G_2 は点1,2の状態の空気の流量 (kg/h)，V_1, V_2 は点1,2の状態の空気の風量 (m³/h) である。

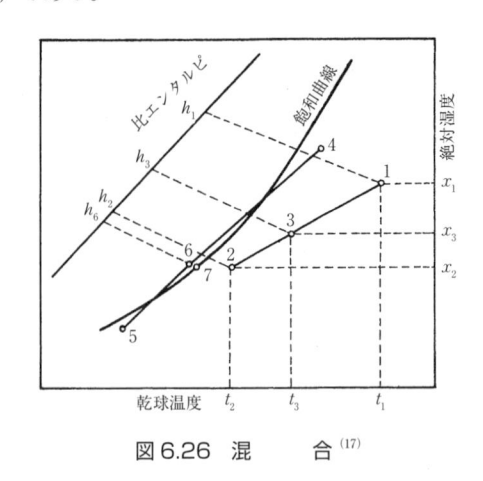

図 6.26 混　合 [17]

2.2.6 状態変化と空気線図

これまで述べたように,ある空気2つの状態量が与えられると,空気線図上に一つの点が決まり,その空気に加熱・冷却,加湿・減湿が行われると状態変化のプロセスと次の状態点を示すことができる。図6.27におもな空調機器による状態変化の方向を示す。

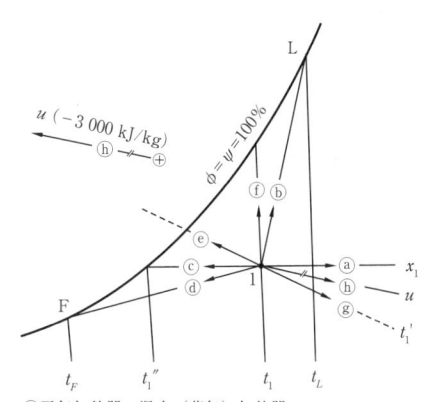

ⓐ電気加熱器・温水(蒸気)加熱器
ⓑ温度 t_L の多量の温水(直接接触)
ⓒ空気冷却器(伝熱面温度 $t_F > t_1''$)
ⓓ空気冷却器($t_F < t_1''$),温度 t_F の多量の冷水
ⓔ水噴霧加湿器
ⓕ蒸気加湿器
ⓖ液体吸収減湿器
ⓗ固体吸着減湿器(シリカゲル)

図6.27 空気の状態変化の方向($h-x$ 線図)[17]

―― 例題6.10[19] ――

図6.28(a)～(c)は,種々の構成の異なる空気調和機を示し,①～③はこれに対する空気の変化の状態を空気線図上に示している。正しい対応を示せ。

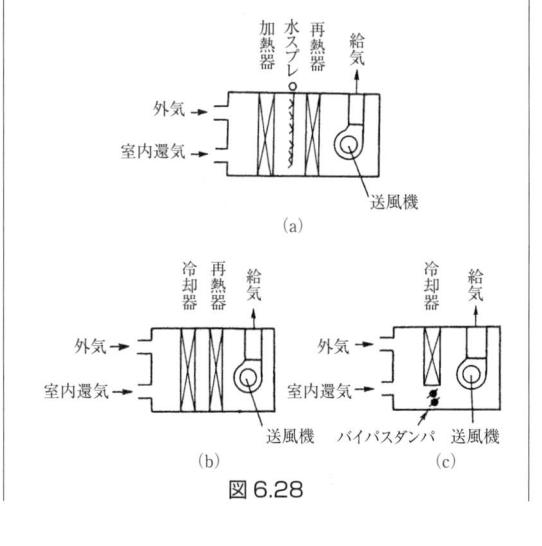

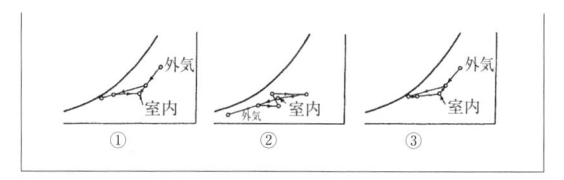

図6.28

[解答] (a)→②, (b)→③, (c)→①

2.3 空調プロセスの空気線図上の表示

空調装置の設計では,空調プロセスにおける空気の状態変化を空気線図上に表示し,これにより吹出し空気の温湿度の決定や装置容量の計算が行われる。装置容量の計算は11章を参照されたい。

2.3.1 冷 房

代表例として,まず図6.29に示すような単一ダクト方式について述べる。

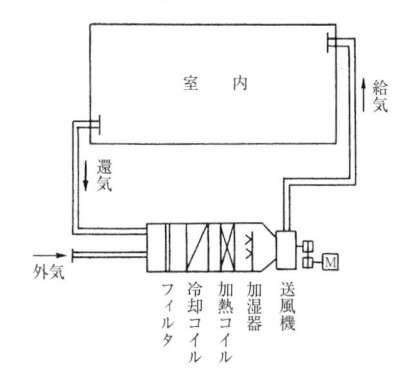

図6.29 単ダクト方式[20]

(1) 最大冷房負荷時

図6.29のような装置では,最大冷房負荷時には一般に冷却コイルのみを使用し,再熱などは行わないように設計される。この場合,空気線図上には図6.30のように表わされる。

図の点1は室内の空気,点2は室内に吹き出す空気の状態を示す。このときの室の冷房負荷を顕熱負荷 q_{CS}(kW),潜熱負荷 q_{CL}(kW) とすると,

$$q_{CS} = \frac{\rho V}{3600} c_p (t_1 - t_2) \quad (6\text{-}21)$$

$$q_{CL} = \frac{\rho V}{3600} r (x_1 - x_2) \quad (6\text{-}22)$$

で表わされる。ここに,

V:風量 (m³/h)

ρ：密度 (kg(DA)/m^3)
c_p：定圧比熱 (kJ/(kg(DA)・K))
r：蒸発潜熱 (kJ/kg)
t_1, t_2'：室内および吹出し空気の乾球温度 (℃)
x_1, x_2：室内および吹出し空気の絶対湿度 (kg/kg(DA))

設計条件（顕熱負荷，潜熱負荷，室の温湿度）が与えられ，吹出し空気の風量 V，温湿度 t_2, x_2 を決めるには，変数 3 に対し式が 2 つしかないので，一義的には決められない。このため吹出し温度差 $\Delta t(=t_1-t_2)$ を適当に決めて設計する。Δt は経済性，風量分布，吹出し口の結露などを考慮して，一般には 10〜12℃ にとることが多い。

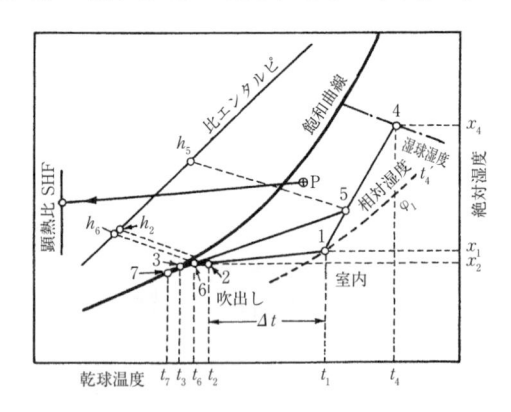

図 6.30 冷房時の状態変化（最大負荷）[21]

冷房負荷の顕熱比 SHF は次の式で表わされる。

$$SHF = \frac{q_{CS}}{q_{CS}+q_{CL}} \quad (6\text{-}23)$$

この SHF と吹出し温度差 Δt から，点 2 を求めることができる。空気線図上で点 P と顕熱比目盛り上の SHF の値の点とを結ぶ直線に平行に直線 $\overline{1, 3}$ を引き，この直線上に点 2 をとると，これは式 (6-21)，(6-22) を満足する。ただし点 3 は飽和曲線上の点である。点 2 は直線 $\overline{1, 3}$ 上のどの点をとることもできるが，Δt を与えると点 2 は決まってくる。Δt を大きくとると風量 V は小さくなって経済的である。しかし点 2 をあまり飽和状態に近づけると，冷却コイルの列数が大きくなり，また送風機やダクト内での温度上昇があ

るので，実用的にも点 2 は相対湿度 90〜95% の付近までしか近づけられない。

次に外気と還気（室内と同じ状態とする）と混合した状態は，点 5 で表わされる。これは外気の混合比によって決まる。

点 6 は混合空気の冷却コイル出口の状態を示す。点 6 は点 2 と同一絶対湿度の線上にあり，t_2-t_6 は送風機やダクト内での温度上昇を表わしている。t_2-t_6 は送風機の圧力，効率，ダクトの断熱性などによって異なるが，一般の中央式空調では t_1-t_2 の 10% 前後のものが多い。

点 7 は冷却コイルの平均表面温度を表わしている。

(2) 部分負荷時
a 再熱を行う場合

空調装置の容量は最大冷房負荷に対して決められるが，実際の場合は，これよりも負荷の少ない部分負荷の状態で運転される期間が多い。この場合には一般には風量を一定に保ち，吹出し温湿度を変えて容量調節をする方法がとられている。これは空気線図の上では図 6.31 の点 2 が移動することになる。点 2 で室内に吹き出すためには，送風機やダクト内での温度上昇を見込み，冷却コイルの出口の状態は点 6 でなければならない。しかし点 5 と 6 を結んだ線は飽和曲線と交わらない。この場合，再熱法が用いられる。すなわち，点 5 から冷却コイルで点 8 まで冷却減湿し，次に加熱コイルで点 8 から点 6 に加熱（再熱）する。この場合の冷却コイルの平均表面温度は，点 7 で与えられる。しかし再熱をすると，冷却コイルでは空

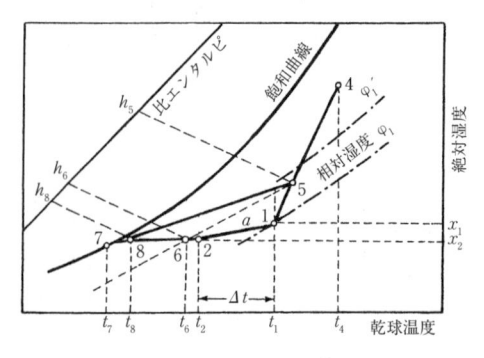

図 6.31 冷房時の状態変化[2]（部分負荷）

気を比エンタルピ h_5 から h_8 まで冷却するので，最大負荷時とあまり変わらない容量を必要とし，さらに加熱コイルで h_8 から h_6 まで加熱する熱量が必要となり，不経済な運転となる．

b　冷却コイルの弁を制御する場合

再熱を行わないで冷却コイルだけを使用し，室内のサーモスタットで冷却コイルの弁を制御する場合，空気線図上の変化は図6.32のようになり，室内の湿度は高くなる傾向がある．すなわち，点8の状態から再熱しないで送風すると，室温が下がりすぎるのでサーモスタットが働いて冷却コイルの弁を調節し，コイルの平均表面温度 t_7 が上昇する．これに従って点8もしだいに温度，絶対湿度ともに高いほうに移動する．このようにして，平衡状態に達するのは図の実線のように，室内の状態は点 $1'$，吹出し空気は $2'$，冷却コイル出口は $6'$ で表わされる状態である．このときの室温は設計温度に保たれているが，相対湿度は φ_1' と設計値より高くなってしまう．

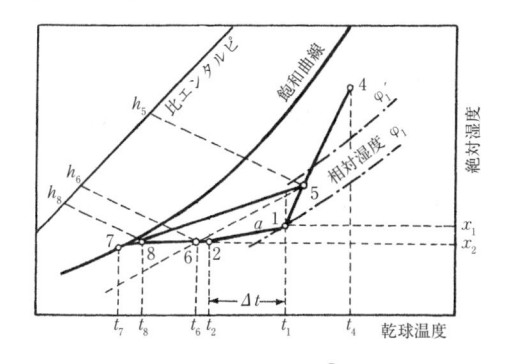

図6.32　冷房時の状態変化[2]（部分負荷）

―例題6.11[22]―

図6.33に示すような装置で冷房を行う場合，下記条件での冷却負荷（W）を求めよ．

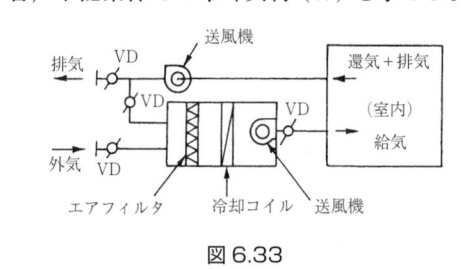

図6.33

〔条件〕

- 外気—乾球温度33℃，湿球温度27℃
- 室内—乾球温度26℃，相対湿度50％
- 室内負荷—顕熱負荷　52 200 W
  　　　　　潜熱負荷　　5 800 W
- 導入外気量—送風空気量の20％
- 冷却コイル出口の空気状態—相対湿度90％
- 送風空気—比熱 0.24 kJ/(kg(DA)・K)
- 送風機およびダクトなどからの熱負荷は無視する．

〔解答〕 $t_o=33$ ℃，$t_o'=27$ ℃ からO点を，また，$t_r=26$ ℃，$RH=50$ ％ からR点を空気線図上に求め，外気量20％という与条件から，

　　RM：MO＝1：4

になるようにM点を求める．

$$SHF = \frac{Q_S}{Q_S + Q_L} = \frac{52\,200}{52\,200 + 5\,800} = 0.9$$

となるから，空気線図上に SHF の直線を引き，$RH=90$ ％ との交点C点を求める．

次に送風量 V は，空気線図から $t_c=15.7$ ℃ であるから，

$$Q_s = 0.333 V(t_r - t_c)$$

$$\therefore V = \frac{52\,200}{0.333(26-15.7)} \fallingdotseq 15\,200 \,(\mathrm{m^3/h})$$

したがって，所要の冷却器負荷 Q_c は，空気線図から，$h_m=59.4$ kJ/kg，$h_c=41.0$ kJ/kg であるから，

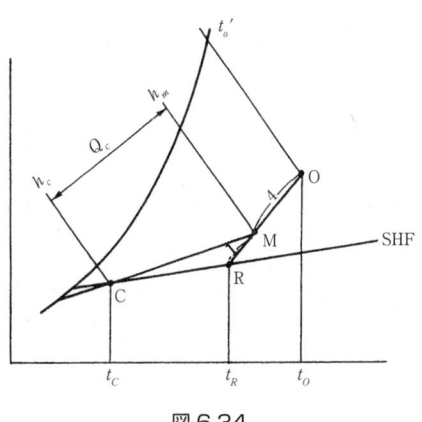

図6.34

$$Q_c = 0.333V(h_m - h_c)$$
$$= 0.333 \times 15\,000 \times (59.4 - 41.0)$$
$$= 92\,000\,\text{W}$$

2.3.2 暖 房

図6.29に示すような装置で暖房する場合,空気線図では図6.35のように表わされる。点1は室内の状態であり,設計温湿度から設定される。この点から暖房負荷の顕熱比 SHF の値を用いて直線 $\overline{1,2}$ を引く。暖房負荷の計算では,潜熱負荷を省略して顕熱負荷だけしか求めないことがあるが,この場合は $SHF=1.0$,すなわち絶対湿度一定の線を用いればよい。吹出し空気を示す点2はこの直線上にとる。このときの吹出し温度差 Δt は理論的にはいくらでも大きくとることができるが,Δt が大きくなると風量が小さくなり,したがって室内の空気分布が悪くなるので,一般の空調設計では10℃程度以下の値が用いられる。山を決めれば点2が求められる。しかし,一般には冷房で決められた風量を暖房時にも使用し,次式から吹出し温度差を求めることが多い。

$$q_{hs} = \frac{\rho V}{3\,600} c_p (t_2 - t_1) \tag{6-24}$$

ここに,

q_{hs}:暖房顕熱負荷(kW)

次に外気の状態を点4とし,還気と外気との混合状態を点5で表わす。点8は加熱コイルで加熱された空気の状態を示し,蒸気加湿の場合は熱水分比 u を用いて点2に至る。水噴霧加湿の場合は加熱コイルで8′まで加熱し,前述したように $u=t_w$ の線上を移行し点2に至る。

部分負荷時には,風量一定で運転し,室内の温湿度制御を行うと,負荷に応じて吹出し空気の状態を示す点2が移動することになるが,加熱コイルおよび加湿器の容量制御により必要な吹出し温湿度を得ることができる。

―― 例題 6.12[24] ――――――――

図4.36に示すような装置で暖房を行う場合,下記条件での加熱コイル負荷(W)を求めよ。

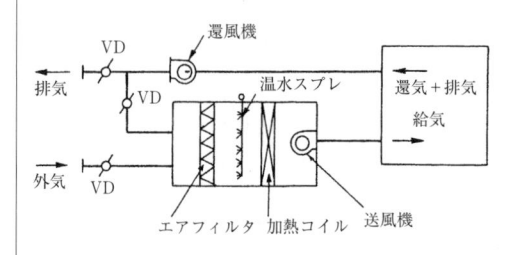

図6.36

〔条件〕

・外気―乾球温度0℃,相対湿度40%
　　　　導入外気量 1 500 m³/h
・室内―乾球温度24℃,相対湿度40%
　　　　$SHF=0.8$,顕熱負荷 10 000 W
・熱水分比―420 kJ/kg
　　　　コンタクトファクタ0.87
・送風空気―比熱 1 006 J/(kg·K)
　　　　送風量 5 000 m³/h
・送風機およびダクトなどよりの熱取得は無視する。

[解答] 外気と還気の混合空気の温度①は,

$$\frac{24 \times 3\,500 + 0 \times 1\,500}{5\,000} = 16.8\,(\text{℃})$$

温水スプレによって,空気の状態は①より熱水分比 420 kJ/kg の線に平行に移動する。

室内の $SHF=0.8$ であるから,給気の状態はこの線上にある。また室内顕熱負荷は

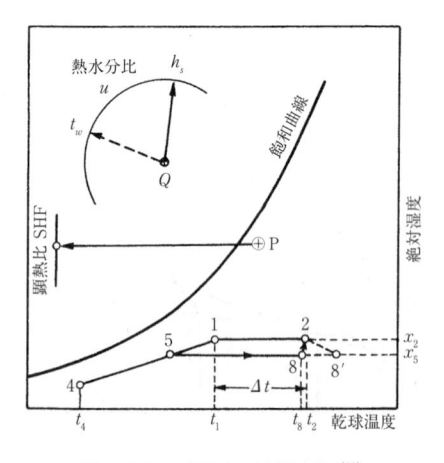

図6.35 暖房時の状態変化[23]

10 000 W/h であるから，有効温度差は，

$$\frac{10\,000}{0.333 \times 5\,000} \fallingdotseq 6(℃)$$

したがって給気温度は，

$$24 + 6 = 30(℃)$$

となり，給気の状態は③の点になる．加熱は顕熱変化であるから，加熱コイルに入る空気の温度②は，12℃である．加熱コイル負荷は，

$$0.333 \times 5\,000 \times (30-12) \fallingdotseq 29\,970\,(\text{W})$$

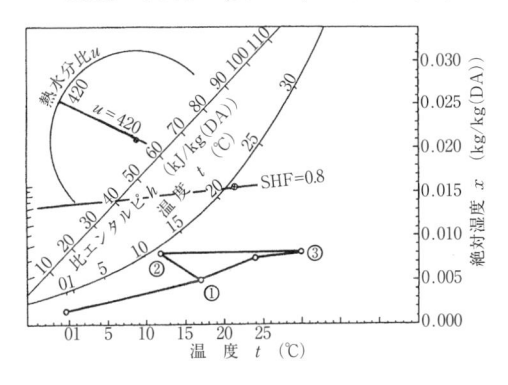

図 6.37

例題 6.13[25]

下図に示す装置において，下記の条件のもとで，冬季暖房時の室内への吹出し状態（乾球温度，相対湿度）を求めよ．

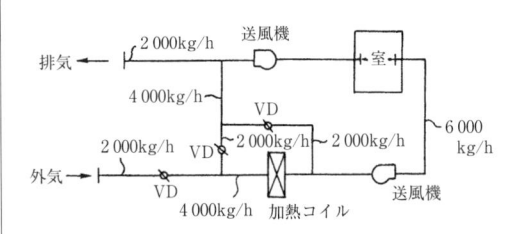

図 6.38

〔条件〕
- 外気導入量 2 000 kg/h
- 給気量 6 000 kg/h
- 外気—乾球温度7℃，相対湿度45%
- 室内—乾球温度19℃，相対湿度47%
- 送風機およびダクト等からの熱移動は無視する
- 加熱コイルの加熱量 12 100 W

[解答] 空気線図に与えられた条件から外気①と室内②点を求め，次に③の混合状態を求める．

$$t_3 = \frac{2\,000 \times 7 + 2\,000 \times 19}{4\,000} = 13.0(℃)$$

④の状態は，コイルの加熱量 12 100 W であるから，

$$t_4 = 13 + \frac{12\,100}{0.335 \times \dfrac{4\,000}{1.2}} = 23.8(℃)$$

となる．次に吹出し状態⑤を求める．

$$t_5 = \frac{4\,000 \times 23.8 + 19 \times 2\,000}{6\,000} = 22.2(℃)$$

空気線図より，29%RH を得る．

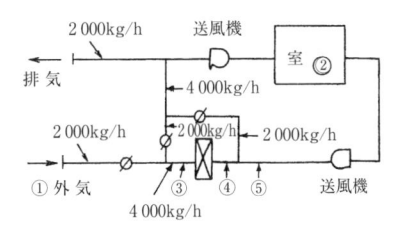

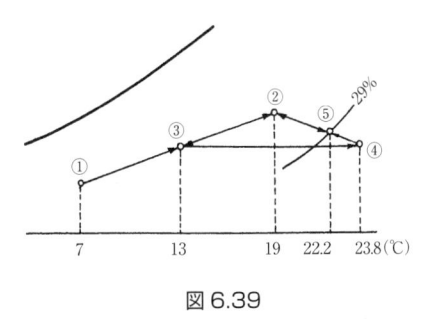

図 6.39

引用文献
(1) 空気調和・衛生工学会編：空気調和衛生工学便覧 第14版 I 基礎編, p.39, 2010
(2) 伊東民雄ほか：加湿と除湿 (1) 湿り空気と湿度, 空気調和衛生工学第76巻第6号, p.78, 2002
(3) 空気調和・衛生工学会編：空気調和設備の実務の知識, p.12, オーム社, 1978
(4) 伊東民雄ほか：加湿と除湿 (1) 湿り空気と湿度, 空気調和衛生工学第76巻第6号, p.81, 2002
(5) 同上書, p.80
(6) 空気調和・衛生工学会編：空気調和衛生工学便覧 第14版 1 基礎編, p.46, 2010
(7) 空気調和・衛生工学会編：空気調和設備の実務の知識, p.14, オーム社, 1978
(8) 空気調和・衛生工学会編：設備士試験問題 空調 II -(12), 1979
(9) 空気調和・衛生工学会編：空気調和設備の実務の知識, p.15, オーム社, 1978

(10) 同上書，p.16
(11) 伊東民雄ほか：加湿と除湿 (2) 加湿の原理と実際（その1），空気調和・衛生工学第76巻第7号，p.66, 2002
(12) 同上書，p.66
(13) 伊東民雄：建築設備の基礎講座除湿の原理と装置，BE建築設備 2008年8月号
(14) 空気調和・衛生工学会編：空気調和設備の実務の知識，p.17, オーム社，1978
(15) 空気調和・衛生工学会編：設備士試験問題　空調Ⅱ-(2), 1979
(16) 空気調和・衛生工学会編：空気調和衛生工学便覧　第10版Ⅱ　p.532
(17) 空気調和・衛生工学会編：空気調和設備の実務の知識，p.17
(18) 空気調和・衛生工学会編：空気調和衛生工学便覧　第14版Ⅰ　基礎編，p.50, 2010
(19) 空気調和・衛生工学会編：設備士試験問題　空調Ⅱ-(12), 1977
(20) 空気調和・衛生工学会編：空気調和設備の実務の知識，p.17, オーム社，1978
(21) 同上書，p.18
(22) 空気調和・衛生工学会編：設備士試験問題　空調Ⅱ-(3), 1978
(23) 空気調和・衛生工学会編：空気調和設備の実務の知識，p.19, オーム社，1978
(24) 空気調和・衛生工学会編：設備士試験問題　空調Ⅱ-(11), 1981
(25) 同上書

参考文献
① 小原淳平：100万人の空気調和，オーム社，p.55, 1980
② 空気調和・衛生工学会編：空気調和設備の実務の知識，オーム社，1978

7章 熱負荷計算

1 概　　要

1.1 熱負荷計算の目的および計算方法

1.1.1 熱負荷計算の目的
熱負荷計算の目的としては下記の2つがあげられる。

① 最大熱負荷計算
熱負荷の最大値を求め，空調機や冷凍機・ボイラなどの機器容量の決定を行う。

② シミュレーション計算
1年間365日毎時についての計算結果により，エネルギー消費量やランニングコストを算出したり，ある期間の室温や熱負荷の変動を知るために行う。

通常の設計用熱負荷計算では①のみを行うが，LC（ライフサイクル）設計を行うためには②が必要となる。

1.1.2 熱負荷計算手法
熱負荷計算には，定常計算・周期定常計算・非定常計算の3つの手法がある。前述の計算目的の①の場合は定常計算法・周期定常計算法を，②の場合は非定常計算法を用いる。

a 定常計算法
室内外温度が常時一定であるとした場合の計算で，通常，最大暖房負荷計算に用いられる。

b 周期定常計算法
室内温度が一定のままで室外気象条件が周期的に変動する場合の計算で，通常，最大冷房負荷計算に用いられる。

c 非定常計算法
変動する室外気象条件と任意の室内空調運転条件の組合せに応じて行う計算で，実用上は応答係数（レスポンスファクター）法や差分法といった計算法を用いる。

本書ではこれ以降，最大熱負荷計算を中心に説明を行う。シミュレーション計算に関しては，7節の「パソコンを用いた空調負荷シミュレーションツール」で概要を述べる。

1.2 熱負荷の構成要素
冷暖房負荷の構成要素を表7.1に示す。各負荷構成要素について以下に説明する。

表7.1 熱負荷構成要素

熱負荷構成要素		冷房負荷		暖房負荷	
		q_S	q_L	q_S	q_L
熱源負荷					
	ポンプ負荷	○	—	×	—
	配管材通過熱負荷	△	—	△	—
	装置蓄熱負荷	△	—	△	—
空調機負荷					
	送風機負荷	○	—	×	—
	ダクト材通過熱負荷	○	—	×	—
	外気負荷	○	○	○	○
	再熱負荷	○	—	—	—
室内負荷					
	ガラス窓負荷				
	透過日射負荷	○	—	×	—
	貫流熱負荷	○	—	○	—
	構造体負荷				
	外壁・屋根	○	—	○	—
	土間床・地中壁	×	—	○	—
	内部間仕切負荷	○	—	○	—
	透湿負荷	—	×	—	×
	すきま風負荷	○	○	○	○
	室内発熱負荷				
	照明器具	○	—	△	—
	人体	○	○	△	×
	器具・機器	○	○	△	—
	間欠空調に伴う蓄熱負荷	×	—	○	—

注　q_S：顕熱負荷，q_L：潜熱負荷
　○：計算に取り入れる
　△：無視することが多いが，影響が大きいと思われる場合は計算に取り入れる（本文参照）
　×：無視する，—：関係なし

1.2.1 室内負荷

室内負荷は室内温湿度を一定に保つために必要な熱量である。空調風量の算定およびファンコイルなどの室内設置機器の能力決定などの根拠となる。

a ガラス窓負荷

透過日射負荷と，貫流熱負荷がある。

透過日射負荷はガラスを透過した日射による負荷であり，時間遅れなしで瞬時に熱負荷になるとして本書では取り扱う。暖房時の日射熱取得は安全側なのでここでは無視して扱う。

貫流熱負荷は，室内外温度差による負荷である。

b 構造体負荷

外壁・屋根・土間床・地中壁などの構造体を通過して外部から室内に侵入する負荷である。

外壁・屋根の冷房負荷の算出においては，周期定常計算法により壁体構造タイプごとに日射の影響や時間遅れを考慮して求められた"実効温度差"を用いて計算を行う。

暖房負荷は日射による影響を無視し，定常計算法により算出する。土間床・地中壁の貫流熱負荷は暖房時のみ計上し，冷房時の熱損失は安全側なので無視する。

c 内部間仕切負荷

隣室が非空調である場合，その温度差による負荷である。

d 透湿負荷

壁体を挟む室内と室外の水蒸気分圧の差に起因する水分の流入・流出による負荷である。その負荷は非常に小さいので，一般の居室を対象とした空調では無視することが多く，本書では取り扱わない。

e すきま風負荷

すきま風負荷は，窓・扉のすきま，扉の開閉による空調空間への外気の侵入による負荷である。

f 室内発熱負荷

室内の照明器具やその他の器具・機器および人体からの発熱による負荷である。暖房時は安全側なので無視するが，24時間空調の場合などは暖房負荷を減殺するほうに計上してもよい。

g 間欠空調に伴う蓄熱負荷

間欠空調の場合，空調運転停止の間にも室の熱取得・熱損失は存在し，それらは建物構造体・什器などに蓄熱されていく。これが次の空調運転開始のときに蓄熱負荷として現われる。この蓄熱負荷は冷房時には一般に小さく，最大負荷が運転開始時に発生することが少ないので，本書では冷房負荷での蓄熱負荷は無視し，暖房負荷についてのみ方位蓄熱負荷として取り扱う。

1.2.2 空調機負荷

室内負荷に，外気負荷・ダクト系における負荷などを加えた熱量を空調機負荷という。これが空調機容量算定の根拠となる。

a 送風機負荷

送風機での熱取得による負荷である。暖房時はダクト材通過熱負荷と相殺されるものとして無視する。

b ダクト材通過熱負荷

ダクト内空気温度と周囲温度の差に起因する負荷である。暖房時は送風機負荷と相殺されるものとして無視する。

c 外気負荷

外気負荷は，導入外気を室内温湿度と同一の状態にするための負荷である。

d 再熱負荷

再熱による湿度制御を行う場合，除湿のために供給空気を過剰に冷却する。それに要する負荷を再熱負荷という。再熱制御は冷房時期に行うのが普通なので暖房負荷には計上しない。

1.2.3 熱源負荷

空調機負荷に，配管系における熱負荷・装置蓄熱負荷を加えた熱量を熱源負荷という。これが冷凍機やボイラなどの熱源容量算定の根拠となる。

a ポンプ負荷

熱媒搬送ポンプ部分での熱取得による負荷である。暖房時は安全側になるので無視する。

b 配管材通過熱負荷

配管内熱媒温度と管周囲温度の差に起因する負

荷である。通常無視することが多いが，配管長が長い場合は考慮する。

c 装置蓄熱負荷

間欠運転空調の場合，運転停止の間に機器や配管およびその内部保有水などは周囲環境との間で熱授受を行い，所定の温度に対して差が発生する。これが次の運転開始時に装置蓄熱負荷として現われる。一般に無視してかまわないが，設備規模が大きく予冷・予熱時間の制約がある場合は計上する。

2 計算条件

2.1 室内条件

室内温湿度条件の一般的な値を表7.2に示す。
室用途ごとの温湿度条件や産業用空調における条件については参考文献[2]を参照されたい。

表7.2 室内条件の負荷計算用基準値[1]

	夏期	冬期
一般建物（事務所など）	26℃（25～27℃） 50%（50～60%）	22℃（20～22℃） 50%（40～50%）
工業用建物（工場など）	28℃（27～29℃） 50%（50～65%）	20℃（18～20℃） 50%（40～50%）
ビル衛生管理法	浮遊粉じん量 0.15 mg/m³ 以下，CO_2 1 000ppm 以下，CO 10 ppm 以下，温度 17～28℃，湿度 40～70%，気流 0.5 m/s 以下	

注 中間期の温湿度は，夏期と冬期の中間の値を用いるとよい。
（ ）内の値は温湿度の適用限界範囲を示している。

2.2 外界温湿度条件

日本の主要都市の外気温湿度条件を表7.3に示す。これらの値は，過去の気象統計から求められたもので TAC2.5%（超過確率2.5%）の温湿度である。表7.3以外の立地場所については引用文献[2]を参照されたい。特に暖房負荷計算では外気温湿度が熱負荷に与える影響が大きいので，実情にできるだけ近い数値を用いる必要がある。

2.3 地中温度

日本各地の暖房設計用地中温度を表7.4に示す。

3 室内負荷 – 冷房

室や建物全体の冷房負荷は外界条件の影響を受けて時刻ごとに変動する。そのため，1日のいくつかの時刻について計算しなければならないが，一般には，9, 12, 14, 16時の4時刻程度について計算を行う。本節の表に記載以外の立地場所については各表の引用文献を参照されたい。

3.1 ガラス窓負荷

3.1.1 透過日射負荷

ガラス窓を透過した日射による熱取得は，式(7-1)で求める。

$$q_{GR} = I_{GR} \cdot SC \cdot A_g \quad (7\text{-}1)$$

ここに

q_{GR} ：ガラス窓透過日射負荷（W）
I_{GR} ：ガラス窓標準日射熱取得（W/m²）
SC ：遮蔽係数
A_g ：ガラス窓面積（窓全面積からサッシ面積を除いた正味のガラス面積）（m²）

ガラスを透過し室内へ到達した日射は，いったん床・壁などに吸収され，ある時間を経過して室内に熱負荷として放射されるが，本書では透過日射 q_{GR}（式(7-1)）をそのままガラス窓透過日射負荷とする。

(1) ガラス窓からの標準日射熱取得 I_{GR}

ガラス窓からの標準日射熱取得は表7.5, 7.6を用いる。

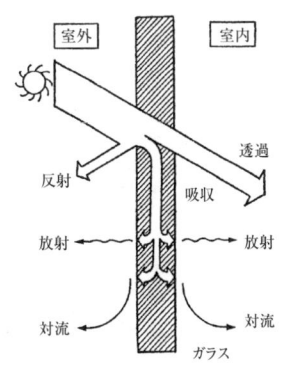

図7.1 ガラス窓が入射した日射が熱取得になるまでの過程 （相賀）[6]

7章 熱負荷計算

表 7.3 主要都市における冷暖房設計用時刻別温湿度 [2]

地点			時刻	1	2	3	4	5	6	7	8	9	10	11	12	13	14	15	16	17	18	19	20	21	22	23	24	日平均
札幌	暖房用		乾球温度 (℃)	-11.5	-11.9	-12.2	-12.7	-13.0	-13.1	-12.5	-11.7	-10.7	-9.7	-8.7	-7.9	-7.6	-7.5	-7.6	-8.0	-8.5	-9.0	-9.3	-9.6	-9.9	-10.3	-10.7	-11.1	-10.2
			絶対湿度 (g/g(DA))	.0009	.0009	.0009	.0009	.0008	.0008	.0009	.0009	.0010	.0010	.0010	.0010	.0010	.0010	.0010	.0010	.0010	.0009	.0010	.0010	.0010	.0010	.0009	.0009	.0009
	冷房用	夏期	乾球温度 (℃)	23.5	23.2	23.1	23.2	23.5	24.1	25.4	26.8	28.2	29.2	30.1	30.6	30.8	30.7	30.3	29.4	28.4	27.3	26.4	25.5	24.8	24.4	24.0	23.8	26.5
			絶対湿度 (g/g(DA))	.0148	.0150	.0151	.0149	.0148	.0148	.0153	.0158	.0164	.0164	.0164	.0163	.0167	.0169	.0170	.0166	.0159	.0155	.0156	.0159	.0160	.0156	.0152	.0148	.0157
		中間期	乾球温度 (℃)	13.6	13.4	13.3	13.0	12.8	12.9	14.0	15.3	16.7	17.7	18.5	19.0	19.2	19.1	18.7	17.8	16.8	15.8	15.4	15.1	14.9	14.5	14.1	13.8	15.6
			絶対湿度 (g/g(DA))	.0083	.0082	.0082	.0080	.0080	.0080	.0082	.0084	.0086	.0088	.0089	.0090	.0088	.0087	.0086	.0087	.0088	.0088	.0087	.0086	.0085	.0084	.0084	.0084	.0085
東京	暖房用		乾球温度 (℃)	0.3	-0.1	-0.4	-0.8	-1.1	-1.2	-0.7	0.0	0.8	1.7	2.4	3.1	3.3	3.4	3.3	3.2	3.0	2.8	2.4	2.0	1.6	1.3	0.9	0.6	1.3
			絶対湿度 (g/g(DA))	.0014	.0014	.0014	.0014	.0014	.0014	.0014	.0014	.0014	.0014	.0014	.0013	.0013	.0013	.0014	.0013	.0013	.0013	.0014	.0014	.0014	.0014	.0014	.0014	.0014
	冷房用	夏期	乾球温度 (℃)	27.6	27.4	27.2	26.9	26.8	27.0	28.1	29.4	30.7	31.7	32.5	33.1	33.4	33.4	33.1	32.4	31.6	30.7	30.0	29.3	28.8	28.4	28.1	27.9	29.8
			絶対湿度 (g/g(DA))	.0184	.0184	.0183	.0183	.0184	.0184	.0184	.0185	.0185	.0186	.0187	.0189	.0187	.0186	.0185	.0185	.0186	.0186	.0186	.0186	.0186	.0186	.0185	.0185	.0185
		中間期	乾球温度 (℃)	20.0	19.8	19.5	19.0	18.6	18.5	19.2	20.2	21.3	22.5	23.5	24.4	24.7	24.7	24.5	24.0	23.4	22.7	22.2	21.7	21.3	20.9	20.6	20.3	21.6
			絶対湿度 (g/g(DA))	.0114	.0114	.0114	.0114	.0114	.0113	.0113	.0114	.0114	.0114	.0115	.0115	.0115	.0115	.0115	.0116	.0116	.0117	.0117	.0118	.0118	.0117	.0116	.0114	.0115
福岡	暖房用		乾球温度 (℃)	-0.1	-0.2	-0.3	-0.5	-0.6	-0.6	-0.2	0.3	0.9	1.3	1.7	2.0	2.2	2.2	2.2	2.1	1.9	1.7	1.5	1.3	1.0	0.7	0.4	0.1	0.9
			絶対湿度 (g/g(DA))	.0019	.0020	.0021	.0020	.0020	.0020	.0020	.0021	.0021	.0021	.0020	.0020	.0020	.0020	.0021	.0020	.0020	.0019	.0019	.0020	.0020	.0020	.0019	.0019	.0020
	冷房用	夏期	乾球温度 (℃)	28.2	28.0	27.9	27.6	27.5	27.6	28.5	29.6	30.8	31.8	32.7	33.3	33.5	33.5	33.3	32.9	32.3	31.6	30.8	30.1	29.4	29.0	28.6	28.4	30.3
			絶対湿度 (g/g(DA))	.0185	.0184	.0184	.0184	.0184	.0185	.0186	.0187	.0190	.0193	.0197	.0199	.0199	.0199	.0198	.0198	.0198	.0197	.0195	.0192	.0190	.0189	.0187	.0186	.0191
		中間期	乾球温度 (℃)	20.0	19.9	19.9	19.6	19.3	19.3	20.0	21.0	22.1	23.2	24.2	25.0	25.4	25.6	25.4	24.6	23.7	22.7	22.1	21.7	21.3	20.8	20.4	20.1	22.0
			絶対湿度 (g/g(DA))	.0122	.0121	.0120	.0118	.0117	.0116	.0118	.0120	.0124	.0124	.0125	.0125	.0126	.0127	.0128	.0127	.0125	.0124	.0123	.0122	.0121	.0121	.0122	.0122	.0122

注 1) 暖房設計用温湿度 : 12 月〜3 月における TAC (危険率) 2.5%の値
2) 冷房設計用温湿度 : (夏 期) 6〜9 月における TAC (危険率) 2.5%の値
(中間期) 10 月における TAC (危険率) 10%の値
3) 乾球温度と絶対湿度は,それぞれ単独に TAC 処理 (統計処理) したものであって,同時生起性は考慮していない,すなわち,両データを同時に使用して設計計算を行うことは安全側ということになる。

表 7.4 暖房設計用地中温度 (渡辺)[3]

地　名	地表面温度		不易層温度 $(t_h+t_l)/2$ (℃)	地　中　温　度 (℃)							
	最低 t_l (℃)	最高 t_h (℃)		地表面よりの深さ (m)							
				1	2	3	4	5	6	8	10
帯　広	−17.7	26.1	4.20	−8.7	−3.4	−0.3	1.6	2.7	3.3	3.9	4.2
旭　川	−15.0	27.4	6.20	−6.3	−1.2	1.9	3.7	4.7	5.1	5.9	6.2
札　幌	−10.9	26.9	8.00	−3.1	1.5	4.1	5.7	6.7	7.2	7.7	8.0
青　森	−6.9	27.6	10.35	0.2	4.4	6.8	8.3	9.1	9.6	10.1	10.4
盛　岡	−7.7	28.5	10.40	−0.3	6.2	6.7	8.2	9.1	9.6	10.1	10.4
仙　台	−4.1	28.1	12.00	2.5	6.4	8.7	10.1	10.9	11.3	11.8	12.0
秋　田	−4.9	29.4	12.25	2.2	6.1	8.8	10.2	11.0	11.5	12.0	12.3
新　潟	−1.4	30.6	14.60	5.2	9.1	11.3	12.7	13.5	13.9	14.4	14.6
金　沢	−0.9	31.0	15.05	5.7	9.5	11.8	13.1	13.9	14.4	14.8	15.1
松　本	−7.1	32.2	12.60	0.6	5.1	7.8	9.3	10.2	10.8	11.3	11.6
水　戸	−3.7	29.8	13.05	3.2	7.3	9.6	11.0	11.9	12.3	12.8	13.1
東　京	−1.5	30.7	14.60	5.1	9.0	11.3	12.7	13.5	13.9	14.4	14.6
静　岡	−0.1	30.7	15.30	6.2	10.0	12.2	13.5	14.2	14.7	15.1	15.3
名古屋	−1.7	32.3	15.30	5.3	9.4	11.8	13.3	14.1	14.6	15.1	15.3
京　都	−1.4	32.8	15.70	5.7	9.8	12.2	13.7	14.5	15.0	15.5	15.7
大　阪	0.2	32.7	16.45	6.9	10.8	13.1	14.5	15.3	15.8	16.2	16.5
高　松	−0.2	31.2	15.50	6.3	10.1	12.3	13.6	14.4	14.8	15.3	15.5
鳥　取	−0.3	31.3	15.50	6.2	10.0	12.3	13.6	14.4	14.8	15.3	15.5
広　島	−0.4	31.6	15.60	6.2	10.1	12.3	13.7	14.5	14.9	15.4	15.6
福　岡	0.8	31.5	16.15	6.8	10.7	12.9	14.3	15.0	15.5	15.9	16.2
熊　本	−0.7	32.6	15.95	6.2	10.2	12.6	14.0	14.8	15.3	15.7	16.0
鹿児島	1.4	31.7	16.55	7.6	11.3	13.5	14.7	15.5	15.9	16.3	16.6

図 7.1 に示すとおり日射熱取得は透過日射による熱量と，ガラス自体にいったん吸収されてから室内に放射・対流で伝達される熱量の和である。

(2) 遮蔽係数 SC

ガラス種類と室内側遮蔽物（ブラインド等）による遮蔽効果を一つにまとめて遮蔽係数という。この値を表 7.7 に示す。使用するガラス・遮蔽物の遮蔽効果を標準日射取得に対する比率として表わしている。遮蔽係数は 3 mm 厚普通ガラス・ブラインドなしを基準としてつくられており，対流成分と放射成分に分けることができる。

(3) ガラス面積 A_g

透過日射熱取得の計算の場合は，窓全体の面積からサッシ面積を除いた正味のガラス面積を用いることが望ましいが，サッシ面積率が通常の場合は安全側として窓全面積で計算してもよい。

(4) 外部遮蔽

外部にひさし・ルーバ・袖壁などがある場合は，式（7-1）は次のように書き改められる。

$$q_{GR}=(I_{GRD}\cdot k_{sD}+I_{GRS})\cdot SC\cdot A_g$$
$$=\{(I_{GR}-I_{GRS})\cdot k_{sD}+I_{GRS}\}\cdot SC\cdot A_g$$
(7-2)

ここに，

I_{GRD}：ガラス窓からの標準日射熱取得の直達日射分（W/m²）

I_{GRS}：同上天空日射分（W/m²）

I_{GRS} はガラス窓からの標準日射熱取得の日陰の値でよい。

k_{sD}：ガラス面日射面積率

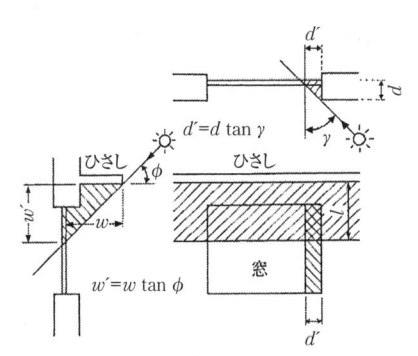

図 7.2 窓まわりの建築構造による日影面積の作図 (木村)[8]

表7.5 ガラス窓標準日射熱取得 (透明ガラスおよび熱線吸収ガラス用)[4]　　(W/m²)

都市名 時期 (月/日)	方位	時刻														日積算
		5	6	7	8	9	10	11	12	13	14	15	16	17	18	19	
東京 夏期 (7/23)	水平	16	122	308	498	653	765	829	843	807	723	591	419	224	63		6 862
	日影	8	24	33	38	42	43	43	43	43	43	40	36	30	20		486
	N	20	100	55	38	42	43	43	43	43	43	40	38	76	99		722
	NE	43	430	476	394	245	92	43	43	43	43	40	36	30	20		1 978
	E	43	480	603	591	491	319	121	43	43	43	40	36	30	20		2 902
	SE	20	236	363	417	409	341	224	93	43	43	40	36	30	20		2 315
	S	8	24	33	40	77	131	171	180	157	108	56	36	30	20		1 071
	SW	8	24	33	38	42	43	48	147	279	377	420	402	317	153		2 331
	W	8	24	33	38	42	43	43	50	202	400	543	609	572	349		2 957
	NW	8	24	33	38	42	43	43	43	47	152	315	441	478	329		2 036
東京 秋期 (10/24)	水平		2	98	266	428	541	595	591	526	405	237	76				3 764
	日影		1	22	30	35	37	37	37	36	34	29	20				319
	SE		1	470	642	669	608	484	309	123	34	29	20				3 388
	S		1	180	350	480	567	608	605	556	463	326	148				4 284
	SW		1	22	30	36	151	340	508	623	671	627	413				3 422

注 日影とは，直達日射が0で，天空日射のみの値を示す．外部遮蔽ありのガラス窓日射熱負荷の計算において，直達日射成分・天空日射成分を求めるのに用いられる．日積算の単位は ((W·h)/(m²·日))，またはこの値に 0.0036 を乗じると (MJ/(m²·日)) となる．

表7.6 ガラス窓標準日射熱取得 (熱線反射ガラス用)[5]　　(W/m²)

都市名 時期 (月/日)	方位	時刻														日積算
		5	6	7	8	9	10	11	12	13	14	15	16	17	18	19	
東京 夏期 (7/23)	水平	17	151	351	521	670	779	837	850	816	740	608	451	266	76		7 134
	日影	8	26	35	41	44	45	47	47	45	45	43	38	31	21		516
	N	23	128	67	41	44	45	47	47	45	45	43	42	97	122		836
	NE	44	438	490	426	298	116	47	47	45	45	43	38	31	21		2 129
	E	44	485	612	605	512	370	153	47	45	45	43	38	31	21		3 051
	SE	22	263	388	445	443	388	277	117	45	45	43	38	31	21		2 569
	S	8	26	35	42	94	167	216	228	199	137	65	38	31	21		1 308
	SW	8	26	35	41	44	45	53	186	333	419	450	428	344	176		2 587
	W	8	26	35	41	44	45	47	56	252	438	559	621	578	351		3 101
	NW	8	26	35	41	44	45	47	51	194	362	460	490	334			2 183
東京 秋期 (10/24)	水平		2	121	315	465	565	616	612	551	444	285	92				4 069
	日影		1	23	31	37	40	41	41	38	36	30	22				341
	SE		1	474	649	680	623	510	362	158	36	30	22				3 547
	S		1	213	383	501	584	623	620	572	485	359	177				4 517
	SW		1	23	31	40	194	390	531	637	683	634	417				3 581

注　1) 日影とは，直達日射が0で，天空日射のみの値を示す．外部遮蔽ありのガラス窓日射熱負荷の計算において，直達日射成分・天空日射成分を求めるのに用いられる．
　　2) 熱線反射ガラスとそれ以外のガラスを組み合わせた複層ガラスの場合，安全側をとって標準日射熱取得が大きくなる熱線反射ガラス用の値を用いるとよい．

$$k_{sD} = \frac{\text{ガラス面日照面積}}{\text{ガラス面全面積}} = 1 - \frac{\text{ガラス面日影面積}}{\text{ガラス面全面積}}$$

日影面積は，見掛けの太陽高度（面に対する太陽高度）ϕ と壁面に対する太陽方位角 γ から，図7.2のようにして求める．表7.8に東京(夏・秋)の，各方位・各時間についての $\tan\phi$ および $\tan\gamma$ の値を示す．秋は，SE・S・SW以外の方位以外には大きな日射熱負荷は発生しないので，それらの方位についてのみ示した．外部遮蔽の効果は夏期よりも太陽高度が低くなる秋期に大きくなる傾向がある．したがって，上記の方位に大きなガラス面をもつ室については秋期も冷房負荷が発生するかどうかを確かめる必要がある．

7章 熱負荷計算

表7.7 各種ガラスの遮蔽係数 (石野・光岡)[7]

遮蔽係数	ブラインド	SC_C	SC_R	SC	遮蔽係数	ブラインド	SC_C	SC_R	SC
透明フロート板ガラス(単板)	なし	0.01	0.99	1.00	熱線反射複層ガラス	なし	0.04	0.85	0.89
	明色	0.27	0.28	0.55	外側：熱線反射板ガラス	明色	0.26	0.32	0.58
	中等色	0.40	0.26	0.66	内側：透明フロート板ガラス	中等色	0.37	0.29	0.66
熱線吸収板ガラス(単板)	なし	0.03	0.90	0.93	熱線吸収熱線反射複層ガラス	なし	0.06	0.71	0.77
	明色	0.27	0.27	0.54	外側：熱線吸収熱線反射板ガラス	明色	0.23	0.27	0.50
	中等色	0.38	0.25	0.63	内側：透明フロート板ガラス	中等色	0.32	0.26	0.58
熱線反射板ガラス(単板)	なし	0.04	0.96	1.00	高遮蔽性能熱線反射複層ガラス(SS8など)	なし	0.08	0.16	0.24
	明色	0.30	0.32	0.62	外側：熱線吸収熱線反射板ガラス	明色	0.10	0.11	0.21
	中等色	0.42	0.29	0.71	内側：透明フロート板ガラス	中等色	0.11	0.10	0.21
熱線吸収熱線反射板ガラス(単板)	なし	0.07	0.82	0.89	高遮蔽性能熱線反射複層ガラス(SGY32など)	なし	0.10	0.49	0.59
	明色	0.29	0.29	0.58	外側：熱線反射板ガラス	明色	0.19	0.22	0.41
	中等色	0.38	0.27	0.65	内側：透明フロート板ガラス	中等色	0.25	0.21	0.46
高遮蔽性能熱線反射ガラス(単板) 遮蔽性能の高いもの(SS8など)	なし	0.12	0.22	0.34	高断熱複層ガラス	なし	0.08	0.52	0.60
	明色	0.16	0.16	0.32	外側：透明フロート板ガラス	明色	0.21	0.25	0.46
	中等色	0.18	0.16	0.34	内側：低放射ガラス	中等色	0.25	0.24	0.49
高遮蔽性能熱線反射ガラス(単板) 遮蔽性能の低いもの(SGY32など)	なし	0.15	0.60	0.75	高遮熱断熱複層ガラス	なし	0.03	0.48	0.51
	明色	0.27	0.27	0.54	外側：低放射ガラス	明色	0.15	0.19	0.34
	中等色	0.33	0.26	0.59	内側：透明フロート板ガラス	中等色	0.21	0.18	0.39
透明複層ガラス	なし	0.03	0.86	0.89	二重サッシ(中間にブラインド)	なし	0.03	0.86	0.89
	明色	0.25	0.29	0.54	外側：透明フロート板ガラス	明色	0.09	0.20	0.29
	中等色	0.35	0.28	0.63	内側：透明フロート板ガラス	中等色	0.13	0.16	0.29
熱線吸収複層ガラス 外側：熱線吸収ガラス 内側：透明フロート板ガラス	なし	0.04	0.78	0.82					
	明色	0.23	0.28	0.51					
	中等色	0.32	0.26	0.58					

注 SC_C：対流遮蔽係数，SC_R：放射遮蔽係数
遮蔽係数 $SC = SC_C + SC_R$

表7.8 見掛けの太陽高度の正接 ($\tan \phi$) (上段) および壁面太陽方位角 ($\tan \gamma$) (下段) (石野・相賀)[9]

都市名 時期 (月/日)	方位	時刻														
		5	6	7	8	9	10	11	12	13	14	15	16	17	18	19
東京 夏期 (7/23)	N	0.12 2.34	0.98 3.76	4.03 8.18									16.17 −24.88	2.12 −5.45	0.51 −3.01	
	NE	0.05 0.40	0.29 0.58	0.62 0.78	1.14 1.05	2.19 1.51	5.82 2.95									
	E	0.05 −0.43	0.26 −0.27	0.49 −0.12	0.79 0.03	1.23 0.20	2.09 0.49	4.95 1.34								
	SE	0.12 −2.49	0.50 −1.73	0.79 −1.28	1.09 −0.95	1.45 −0.66	1.98 −0.34	3.00 0.14	6.38 1.50							
	S				31.38 −39.80	6.01 −4.88	4.23 −2.03	3.71 −0.75	3.61 0.20	3.86 1.22	4.72 2.89	8.40 8.29				
	SW							20.88 −6.97	4.26 −0.67	2.45 0.10	1.71 0.49	1.28 0.78	0.96 1.08	0.67 1.45	0.36 1.99	
	W							18.21 −5.04	3.15 −0.82	1.63 0.35	1.01 0.12	0.65 0.04	0.39 0.18	0.17 0.33		
	NW								24.28 −9.89	3.52 −2.06	1.63 −1.27	0.88 −0.92	0.46 −0.69	0.18 −0.50		
東京 秋期 (10/24)	SE		0.00 −0.59	0.22 −0.39	0.42 −0.19	0.62 0.04	0.84 0.32	1.14 0.74	1.64 1.51	2.97 3.71						
	S		0.02 −3.88	0.52 −0.28	0.73 −1.47	0.84 −0.93	0.90 −0.51	0.92 −0.15	0.92 0.20	0.89 0.58	0.83 1.01	0.71 1.58	0.46 2.47			
	SW					16.80 −27.24	2.60 −3.09	1.53 −1.34	1.08 −0.66	0.80 −0.27	0.58 0.00	0.39 0.22	0.19 0.42			

3.1.2 貫流熱負荷

ガラス窓を貫流する熱量は，式 (7-3) で求める。

$$q_n = K \cdot A \cdot \Delta t_n \qquad (7\text{-}3)$$

ここに，

q_n：ガラス窓貫流熱負荷（W）

K：ガラス窓の熱通過率（W/(m²·K)）

A：ガラス窓全面積（m²）

Δt_n：内外温度差（℃）

ガラス窓全体の熱通過率はガラス・サッシ・ブラインドなどによって複雑に構成される。表 7.9 に熱通過率を示す。建築の設計条件がブラインドありの場合でも，冬期はブラインドなしで計算し，夏期にブラインドが開放される可能性（日陰の時刻など）がある場合も，ブラインドなしで計算する。最近採用されることの多いエアフローウインドの熱通過率について，遮蔽係数と合せて表 7.10 に示す。

表 7.9 各種ガラスの熱通過率 (石野・光岡)[10]

ガラス窓の種類	熱通過率(W/(m²·K))
フロート板ガラス（単板）	5.9
同上 ＋ 内側ブラインド	4.8
複層ガラス(空気層6mm)または二重サッシ	3.4
同上 ＋ 内側ブラインド	3.0
高断熱複層ガラス（空気層12mm）	1.6
同上 ＋ 内側ブラインド	1.5
高遮熱断熱複層ガラス（空気層6mm）	2.6
同上 ＋ 内側ブラインド	2.2

表 7.10 エアフローウインドの遮蔽係数と熱通過率 (石野・郡)[11]

窓通気量 Q	(ℓ/(m·s))	0	11	22	33
遮蔽係数 SC		0.33	0.24	0.20	0.19
熱通過率 K	(W/(m²·K))	2.6	1.6	1.3	1.0

注1） Q は窓の幅1m 当たりの通気量
 2） K はブラインドを降ろした状態での値
 3） 表の SC, K の値は，明色ブラインド内蔵透明二重ガラスの場合であるが，外側のガラスが吸熱ガラスや反射ガラスの場合にも適用できる。ただし，吸熱ガラスの場合には，SC を吸熱ガラス用標準日射熱取得に乗じて用いる。

3.2 構造体負荷

外壁・屋根を通過して侵入する貫流熱量は，式 (7-4) で求める。

$$q_n = K \cdot A \cdot ETD_n \qquad (7\text{-}4)$$

ここに，

q_n：壁体貫流熱負荷（W）

K：壁体の熱通過(熱貫流)率（W/(m²·K)）

A：壁体の面積（m²）

ETD_n：実効温度差（℃）

ガラス面透過日射負荷と同様に，SE, S, SW に面する壁体の実効温度差は夏期よりも秋期に大きくなる。したがって，上記の方位に大きな面積の壁体をもつ室については，秋期も冷房負荷が発生するかどうかを確かめる必要がある。

(1) 熱通過率 K

式 (7-4) における熱通過率 K は，単位時間，単位温度差，単位面積当たりの貫流熱量を表わす。n 個の複数の材料の層で構成される壁体の場合は，式 (7-5) によって求める。

$$\begin{aligned} K &= \cfrac{1}{\cfrac{1}{\alpha_o} + \cfrac{l_1}{\lambda_1} + \cfrac{l_2}{\lambda_2} \cdots + \cfrac{l_n}{\lambda_n} + \cfrac{1}{\alpha_i}} \\ &= \cfrac{1}{R_o + R_1 + R_2 \cdots + R_n + R_i} = \cfrac{1}{R_r} \end{aligned}$$
$$(7\text{-}5)$$

ここに，

α_o：外表面熱伝達率（W/(m²·K)）

α_i：内表面熱伝達率（W/(m²·K)）

ℓ_n：第 n 層の厚さ（m）

λ_n：第 n 層の材料の熱伝導率（W/(m·K)）

R_o：外表面熱伝達抵抗（(m²·K)/W）

R_i：内表面熱伝達抵抗（(m²·K)/W）

R_n：第 n 層の熱抵抗（(m²·K)/W）

R_r：熱通過抵抗（(m²·K)/W）

おもな建築材料の熱伝導率などの物性値を表 7.11 に示す。土壌は含水率によって大きくその熱定数が変化するので，地中壁や地中床の面積が大きい室がある場合には注意を要する。

建築構造体はその内部に空気層を含む場合があり，その熱的影響を熱抵抗として見込み，熱抵抗値は表 7.11 に示した値を用いる。表中で密閉中空層とは気密材によってほぼ完全に密閉化された場合にのみ適用し，通常の建築構造体内の空気層は非密閉中空層の熱抵抗 0.07 (m²·K)/W を用いる。

7章 熱負荷計算

表 7.11 材料の熱定数表（松尾・石野）[12]

材 料 名	熱伝導率 λ (W/(m・K))	容積比熱 c_p (J/(ℓ・K))	比熱 c (J/(g・K))	密度 ρ (g/ℓ)	材 料 名	熱伝導率 λ (W/(m・K))	容積比熱 c_p (J/(ℓ・K))	比熱 c (J/(g・K))	密度 ρ (g/ℓ)
空気（静止）	0.022[1]	1.3	1.0[1]	1.3[1]	アスファルト類	0.11[1]	920	0.92[1]	1 000[1]
水（静止）	0.60[1]	4 200	4.2[1]	1 000[1]	防湿紙類	0.21[1]	910	1.3[1]	700[1]
氷	2.2[1]	1 900	2.1[1]	920[1]	畳	0.15[1]	290	1.3[1]	230[1]
雪	0.06[1]	180	1.8[1]	100[1]	合成畳	0.07[1]	260	1.3[1]	200[1]
アルミニウム	210[1]	3 600	0.46[1]	7 900[1]	カーペット類	0.08[1]	320	0.80[1]	400[1]
銅	390[2]	2 400	0.88[1]	2 700[1]	木材（重量）	0.19[1]	780	1.3[1]	600[1]
岩石（重量）	3.1[1]	3 500	0.39[2]	9 000[2]	木材（中量）	0.17[1]	650	1.3[1]	500[1]
岩石（軽量）	1.4[4]	2 400	0.86[4]	2 800[4]	木材（軽量）	0.14[1]	520	1.3[1]	400[1]
土壌（粘質）	1.5[5]	1 700	0.88[1]	1 900[4]	合板	0.19[1]	720	1.3[1]	550[1]
土壌（砂質）	0.9[5]	3 100	1.7[5]	1 900[5]	軟質繊維板	0.056[1]	330	1.3[1]	250[1]
土壌（ローム質）	1.0[5]	2 000	1.3[5]	1 600[5]	シージングボード	0.060[1]	390	1.3[1]	300[1]
土壌（火山灰質）	0.5[5]	3 300	2.3[5]	1 500[5]	半硬質繊維板	0.14[1]	980	1.6[1]	600[1]
砂利	0.62[4]	1 800	1.7[5]	1 100[5]	硬質繊維板	0.22[1]	1 400	1.3[1]	1 100[1]
PCコンクリート	1.5[1]	1 500	0.84[4]	1 900[4]	パーティクルボード	0.17[1]	720	1.3[1]	550[1]
普通コンクリート	1.4[1]	1 900	0.80[1]	2 400[1]	木毛セメント板	0.19[1]	950	1.7	570[1]
軽量コンクリート	0.78[1]	1 900	0.88[1]	2 200[1]	セルローズファイバ	0.044	39	(1.3)	30[1]
気泡コンクリート (ALC)	0.17[1]	1 600	1.0[1]	1 600[1]	ガラス綿 (24K)	0.042[1]	20	0.84[1]	24[1]
コンクリートブロック（重量）	1.1[1]	650	1.1[1]	600[1]	ガラス綿 (32K)	0.040[1]	27	0.84[1]	32[1]
コンクリートブロック（軽量）	0.53[2]	1 800	0.78	2 300[2]	岩綿保温材	0.042[1]	84	0.84[1]	100[1]
モルタル	1.5[1]	1 600	1.1[1]	1 500[1]	吹付け岩綿	0.051[1]	1 000	0.84[1]	1 200[1]
石綿スレート	1.2[1]	1 600	0.80[1]	2 000[1]	岩綿吸音板	0.064[1]	250	0.84[1]	300[1]
プラスタ	0.79[1]	1 800	1.2[1]	1 500[1]	スチレン発泡板（ビーズ）	0.047[1]	23	1.3[1]	18[1]
石こう板・ラスボード	0.17[1]	1 600	0.84[1]	2 000[1]	スチレン発泡板（押出し）	0.037[1]	35	1.3[1]	28[1]
しっくい	0.74[1]	1 000	1.1[1]	910[1]	スチレン発泡板（フロン発泡）	0.026[1]	50	1.3[1]	40[1]
土壁	0.69[4]	1 400	1.1[1]	1 300[4]	硬質ウレタン発泡板（フロン発泡）	0.028[1]	47	1.3[1]	38[1]
ガラス	1.0	1 100	0.88[4]	1 300[4]	吹付け硬質ウレタン（フロン発泡）	0.029[1]	47	1.3[1]	38[1]
タイル	1.3[1]	1 900	0.75[1]	2 500[1]	軟質ウレタン発泡板	0.050[1]	38	1.3[1]	30[1]
れんが壁	0.64[4]	2 000	0.84[1]	2 400[1]	ポリエチレン発泡板	0.044[1]	63	1.3[1]	50[1]
かわら	1.0[1]	1 400	0.84[4]	1 700[3]	硬質塩化ビニル発泡板	0.036[1]	(50)	1.3[1]	50[1]
合成樹脂・リノリウム	0.19[1]	1 500	0.75	2 000[1]	密閉中空層	$R = 0.15 (m^2 \cdot K)/W$			
FPR	0.26[1]	1 900	1.2[1]	1 300[1]	非密閉中空層	$R = 0.07 (m^2 \cdot K)/W$			
				1 600[1]					

注 表示した値の一部は，以下の文献の平均値を示している。また，有効数字はすべて2桁までとした。
1) 日本建築学会編：建築学便覧 I，丸善．（昭 55）　　4) 日本建築学会編：建築設計資料集成 2，丸善．（昭 35）
2) 小原俊平：建築設計，鹿島出版会．（昭 49）　　5) 渡辺要児ほか 4 名：蓄熱材料における土壌の熱的特性に関する研究（3）．日本建築学会学術講演概集．（昭 57）
3) 渡辺 要：建築計画原論 II，丸善．（昭 54）

壁体表面の熱伝達率は，表面付近の気流の状態，表面の放射率，熱流の方向（垂直・水平）によって変わるが，外表面熱伝達率 α_o は，23 W/(m²·K) を用いる。この値は外部風速 3 m/s 程度に対する対流成分 $\alpha_c = 18.5$ W/(m²·K) と，放射成分 $\alpha_r = 4.5$ W/(m²·K) との合計値である。内表面熱伝達率 α_i は 9 W/(m²·K) を用いる。

(2) 実効温度差 ETD_n

実効温度差 ETD_n を求める方法は種々あるが，本書では手計算で簡便に求める方法を説明する。

例として，空気層のない内断熱外壁（コンクリート厚：170 mm，スチレン発泡板：25 mm，石こう板：12 mm）について考える。まず表7.12のなかでこの壁構造と最も似ている壁タイプを選ぶ（壁構造にモルタルやタイルなどを含む場合は，コンクリートの厚さをそれらの材料の厚さを加えたと厚さに読み替える）。表中の壁体構成欄で，断熱厚さ $\ell = 25$ mm，コンクリート厚さ $d = 170$

表7.12 壁タイプ選定表（酒井）[13]

壁体構成	断熱なし 普通コンクリート 単層壁 d (mm)	断熱なし 気泡コンクリート板 単層壁 d (mm)	内断熱(外断熱) 普通コンクリート 複層壁 普通コンクリート d (mm) スチレン発泡板 ℓ (mm) 石こう板または同等品 12mm (外断熱の場合に対応)		
壁タイプ			$\ell = 25$	50	100
Ⅰ	$d = 0 \sim 5^* \sim 30$	$d = 0 \sim 30$	−	−	−
Ⅱ	$30 \sim 100^* \sim 140$	$30 \sim 130$	$d = 0 \sim 100$ ($d = 0 \sim 70$)	$d = 0 \sim 90$ ($d = 0 \sim 60$)	$d = 0 \sim 80$ ($d = 0 \sim 50$)
Ⅲ	$140 \sim 190^* \sim 230$	$130 \sim 210$	$100 \sim 190$ ($d = 70 \sim 140$)	$90 \sim 180$ ($60 \sim 140$)	$80 \sim 170$ ($50 \sim 130$)
Ⅳ	$230 \sim 320^* \sim$	$210 \sim$	$190 \sim$ ($d = 140 \sim$)	$180 \sim$ ($140 \sim$)	$170 \sim$ ($130 \sim$)

壁体構成	内断熱(外断熱) 普通コンクリート 複層壁 普通コンクリート d (mm) スチレン発泡板 ℓ (mm) 空気層 半密閉 石こう板 9 mm 岩綿吸音板 12 mm			断熱あり 金属板 複層壁 鋼板 1.5 mm 吹付け岩綿 ℓ (mm)	断熱あり 金属板 複層壁 アルミ板 3.0 mm 空気層 半密閉 吹付け岩綿 ℓ (mm) 石こう板 12 mm
壁タイプ	$\ell = 0$	25	50		
Ⅰ	−	−	−	$\ell = 0 \sim 30$	$\ell = 0 \sim 20$
Ⅱ	$d = 0 \sim 100$	$d = 0 \sim 90$ (0~20)	$d = 0 \sim 80$ (0~20)	$30 \sim 60$	$20 \sim 50$
Ⅲ	$100 \sim 200$	$90 \sim 190$ (20~100)	$80 \sim 180$ (20~80)	$60 \sim 90$	$50 \sim 80$
Ⅳ	$200 \sim$	$190 \sim$ (100~)	$180 \sim$ (80~)	$90 \sim$	$80 \sim$

注 1）*印のついた寸法について実効温度差を求めて，表7.13に示している。しかし，本表の寸法範囲については，この値を用いて差し支えない。
 2）屋根の場合は，類似構成の壁を選べばよい。

7章　熱負荷計算

表7.13（a）　東京における実効温度差 ETD_n（夏期冷房用）（酒井）[14]　　（K）

壁タイプ	方位	時刻																							
		1	2	3	4	5	6	7	8	9	10	11	12	13	14	15	16	17	18	19	20	21	22	23	24
タイプ0	-	2	1	1	1	1	1	2	3	5	6	7	7	7	7	7	6	6	5	4	3	3	2	2	2
タイプⅠ	日影	2	1	1	1	1	1	2	3	5	6	7	7	7	7	7	6	6	5	4	3	3	2	2	2
	水平	2	1	1	1	1	7	14	21	27	32	35	36	35	32	28	22	15	8	4	3	2	2	2	2
	N	2	1	1	1	2	6	6	5	6	7	8	9	9	9	9	9	10	9	4	3	3	2	2	2
	NE	2	1	1	1	2	16	19	18	15	11	8	9	9	9	9	8	7	5	4	3	3	2	2	2
	E	2	1	1	1	2	17	23	24	22	18	13	9	9	9	9	8	7	5	4	3	3	2	2	2
	SE	2	1	1	1	2	10	15	19	20	19	16	13	9	9	9	8	7	5	4	3	3	2	2	2
	S	2	1	1	1	2	3	5	9	13	15	16	15	14	11	8	7	5	4	3	3	2	2	2	2
	SW	2	1	1	1	2	3	5	6	7	9	15	19	22	22	21	17	11	5	4	3	3	2	2	2
	W	2	1	1	1	2	3	5	6	7	8	10	17	22	26	27	25	17	5	4	3	3	2	2	2
	NW	2	1	1	1	2	3	5	6	7	8	9	10	15	19	22	22	16	5	4	3	3	2	2	2
タイプⅡ	日影	2	2	2	2	1	1	2	2	3	4	5	6	7	7	7	6	6	5	4	4	3	3	3	3
	水平	3	2	2	2	1	2	4	9	14	19	25	29	32	33	32	30	26	21	16	11	8	6	4	3
	N	3	2	2	2	2	2	3	3	5	5	6	7	8	8	8	9	9	8	6	5	4	3	3	3
	NE	2	2	2	2	1	3	8	12	14	14	13	11	10	10	10	9	8	7	6	5	4	3	3	3
	E	2	2	2	2	1	3	9	14	18	19	19	16	14	12	11	10	9	7	6	5	4	3	3	3
	SE	2	2	2	2	2	2	5	9	13	16	17	16	15	13	11	10	9	7	6	5	4	3	3	3
	S	2	2	2	2	2	2	2	3	4	6	9	11	13	14	13	12	11	9	7	5	4	3	3	3
	SW	3	2	2	2	2	2	2	3	5	6	8	11	14	17	19	20	18	15	11	8	6	4	3	3
	W	3	2	2	2	2	2	2	3	5	6	9	12	16	20	23	23	20	14	10	7	5	4	4	4
	NW	3	2	2	2	2	2	2	3	5	6	8	10	12	15	18	19	17	12	9	6	5	4	3	3
タイプⅢ	日影	4	3	3	3	2	2	2	2	2	3	3	4	5	5	6	6	6	5	5	5	4	4	4	4
	水平	9	8	7	6	5	4	5	6	8	10	13	17	20	22	24	25	25	24	22	20	17	15	13	11
	N	5	4	4	3	3	3	3	3	4	4	4	5	6	6	7	7	7	8	8	7	6	6	6	5
	NE	5	4	4	3	3	3	3	4	6	8	9	10	10	10	10	9	9	9	8	7	6	6	6	5
	E	5	4	4	3	3	3	3	4	7	9	11	13	13	13	12	11	10	10	9	8	7	6	6	6
	SE	5	4	4	3	3	3	3	3	5	7	9	10	12	12	12	11	10	10	9	8	7	6	6	6
	S	5	4	4	3	3	3	3	3	3	3	4	5	6	8	9	10	10	10	9	8	7	6	6	6
	SW	7	6	5	5	4	3	3	3	3	4	4	5	6	8	10	12	13	14	14	13	12	10	9	8
	W	8	7	6	5	5	4	4	3	3	4	4	5	6	7	9	12	14	16	16	16	14	12	11	9
	NW	7	6	6	5	5	4	3	3	3	3	4	4	5	5	6	7	9	11	12	13	13	12	10	9
タイプⅣ	日影	4	4	4	4	4	3	3	3	3	3	3	4	4	4	4	4	4	5	5	5	4	4	4	4
	水平	14	14	13	12	11	11	10	10	10	10	11	12	13	15	16	17	18	18	18	18	17	17	16	15
	N	6	5	5	5	5	4	4	4	4	4	5	5	5	5	6	6	6	6	6	7	6	6	6	6
	NE	7	6	6	6	6	5	5	6	6	7	7	8	8	8	8	8	8	8	8	7	7	7	7	7
	E	8	7	7	6	6	6	6	6	7	8	9	9	10	10	10	10	9	9	9	9	9	8	8	8
	SE	7	7	7	6	6	6	6	6	7	7	8	9	9	9	9	8	8	8	8	8	7	7	7	7
	S	6	6	6	6	5	5	5	4	4	5	5	6	6	7	7	7	8	7	7	7	7	7	7	7
	SW	9	8	8	7	7	7	6	6	6	6	6	6	7	7	8	8	9	9	10	10	10	9	9	9
	W	10	9	9	8	8	7	7	7	6	6	6	6	7	8	9	10	10	11	11	11	11	11	10	10
	NW	8	8	7	7	7	6	6	6	5	5	5	5	6	6	7	8	9	9	9	9	9	9	9	9

注　1）タイプ0として示したものは，外気乾球温度－設計室温＝θ_O － 26.0 で，ガラス窓からの通過熱・すきま風による顕熱・新鮮空気顕熱の算出に用いられる。
　　2）ここで日影とは，直達および天空日射量がともに0の場合の値を示す。
　　3）設計室温が26.0℃と異なる場合，表の値に（26 － 設計室温）を加える。

mm があてはまる壁タイプ欄を見ると，タイプはⅢとなる。

次に，表7.13から，立地場所における該当壁タイプの方位ごとの時刻別実効温度差 ETD_n を求める。この表の値は，日射吸収率 a が0.7の場合であり，外壁表面がコンクリート・れんが，中間色〜暗色ペイントの場合に適合する。a の値が0.7と大きく異なる場合には，下式により補正する。

$$ETD_n = (ETD_n [表の値] - ETD_n [日影の値]) \times a/0.7 + ETD_n [日影の値]（℃）$$

表7.13（b） 東京における実効温度差 ETD_n（秋期冷房用）（酒井）[14]　　　　　　　　　　　　　（K）

壁タイプ	方位	時刻																							
		1	2	3	4	5	6	7	8	9	10	11	12	13	14	15	16	17	18	19	20	21	22	23	24
タイプ0	−	−4	−4	−5	−5	−5	−6	−5	−4	−3	−2	−1	0	1	1	1	0	−1	−1	−2	−2	−3	−3	−3	−4
タイプⅠ	日影	−4	−4	−5	−5	−5	−6	−5	−4	−3	−2	−1	0	1	1	1	0	−1	−1	−2	−2	−3	−3	−3	−4
	水平	−4	−4	−5	−5	−5	−5	0	7	13	18	20	21	20	16	11	4	−1	−1	−2	−2	−3	−3	−3	−4
	SE	−4	−4	−5	−5	−5	−5	11	18	20	20	17	13	7	2	2	1	−1	−1	−2	−2	−3	−3	−3	−4
	S	−4	−4	−5	−5	−5	−5	3	9	14	18	21	21	20	17	13	6	−1	−1	−2	−2	−3	−3	−3	−4
	SW	−4	−4	−5	−5	−5	−5	−4	−3	−1	6	13	18	22	24	22	14	−1	−1	−2	−2	−3	−3	−3	−4
タイプⅡ	日影	−3	−4	−4	−4	−4	−5	−5	−4	−4	−3	−2	−1	0	0	0	0	−1	−1	−2	−2	−3	−3	−3	−3
	水平	−3	−3	−4	−4	−4	−5	−5	−2	2	7	11	15	17	18	17	14	10	6	3	1	0	−1	−2	−3
	SE	−3	−4	−4	−4	−4	−4	−3	2	8	13	15	16	14	11	8	5	3	2	0	0	−1	−2	−2	−3
	S	−3	−4	−4	−4	−4	−4	−5	−4	−1	3	8	12	15	18	18	15	11	7	4	1	0	−1	−2	−3
	SW	−3	−3	−4	−4	−4	−5	−5	−5	−4	−2	2	6	11	16	19	19	16	10	6	3	1	−1	−2	−2
タイプⅢ	日影	−2	−2	−3	−3	−3	−4	−4	−4	−4	−4	−3	−2	−2	−1	−1	−1	−1	−1	−1	−1	−2	−2	−2	−2
	水平	1	0	−1	−1	−2	−3	−3	−3	−2	0	3	5	8	10	11	12	11	10	8	6	5	4	3	2
	SE	0	−1	−2	−2	−3	−3	−3	−2	1	3	6	8	9	9	9	8	7	6	5	4	3	2	1	0
	S	1	0	−1	−1	−2	−3	−3	−2	−1	1	3	6	9	10	12	12	11	9	7	6	4	3	2	2
	SW	1	0	0	−1	−2	−2	−3	−3	−3	−2	0	3	5	8	10	11	11	9	8	6	5	3	2	2
タイプⅣ	日影	−2	−2	−2	−2	−3	−3	−3	−3	−3	−3	−3	−3	−3	−3	−3	−2	−2	−2	−2	−2	−2	−2	−2	−2
	水平	4	3	3	2	2	1	1	1	1	1	1	2	3	4	5	6	6	6	6	6	6	5	5	4
	SE	2	2	2	1	1	0	0	0	0	1	2	3	4	5	5	5	5	4	4	4	4	3	3	3
	S	4	4	3	2	2	1	1	1	1	2	3	4	5	6	7	7	7	7	7	6	6	5	5	4
	SW	4	3	2	2	1	1	0	0	0	0	1	2	3	4	5	5	6	5	5	5	5	5	5	4

注 1) タイプ0として示したものは，外気乾球温度−設計室温＝θ_O−24.0で，ガラス窓からの通過熱・すきま風による顕熱・新鮮空気顕熱の算出に用いられる。
2) ここで日影とは，直達および天空日射量がともに0の場合の値を示す。
3) 設計室温が24.0℃と異なる場合，表の値に（24−設計室温）を加える。

東京以外の都市（札幌，福岡）に関しては参考文献①を参照されたい。それ以外の都市で気象条件が大きく異なる立地場所については，次式によって補正をする。ただし，夏期冷房用は8月，秋期冷房用は10月の月平均気温を用いる。

$$ETD_n［当該地］=ETD_n［表示都市］$$
$$-（表示都市月平均気温−当該地月平均気温）$$
$$（℃）$$

また，室内温度条件が26.0℃と異なる場合は次式により補正する。

$$ETD_n=ETD_n［表の値］+（26-室内温度条件）$$
$$（℃）$$

3.3 内部間仕切負荷

非空調室に接する壁・床・天井を通過する熱負荷は，次式で求める。

$$q_n=K・A・\Delta t \quad (W) \qquad (7\text{-}6)$$
$$\Delta t=r（t_o-t_r）\quad (℃) \qquad (7\text{-}7)$$

ここに，

K：壁体の熱通過率（W/(m^2・K)）
A：壁体の面積（m^2）
r：隣室温度差係数（表7.14参照）
t_o：外気温（℃）
t_r：空調室の温度（℃）

ただし，隣室が高温の場合は式(7-7)でその室温をt_oとし$r=1$として求める。厨房は室温を40℃，ボイラ室は放射熱を加味して55℃と見込んで計算すると安全である。

表7.14 非空調隣室温度差係数（石野・郡）[15]

非空調室			暖房	冷房
事務室	廊下	非空調	0.4	0.4
		廊下一部還気方式	0.3	0.3
		廊下還気方式	0.1	0.1
	便所	還気による換気	0.4	0.4
		外気による換気	0.8	0.8
	倉庫ほか		0.3	0.3
集合住宅			0.3	0.3
戸建て住宅	非空調室		0.6	0.9
	廊下		0.6	0.7

例題 7.1

ある均質な壁体に熱通過率 5.9 W/(m²·K) のガラス窓を設け，この壁面全体の平均熱通過率を 3.5 W/(m²·K) とする。この窓面積比（壁面全体の面積に対する窓面積の割合％）を求めよ。

［条件］
① 壁体の熱伝導率　　　　0.58 W/(m·K)
② 壁体の厚さ　　　　　　150 mm
③ 表面熱伝達率（室内側）9 W/(m²·K)
④ 表面熱伝達率（屋外側）23 W/(m²·K)

［解答］壁面全体を通過する熱量を q (W)，その面積 A (m²)，平均熱通過率 $\overline{K}$ (W/(m²·K))，内外の温度差 Δt (℃) とするとき，

$$q = A \cdot \overline{K} \cdot \Delta t$$

で表わされる。

同様に壁体部分については，

$$q_W = A_W \cdot K_W \cdot \Delta t$$

ガラス部分については，

$$q_G = A_G \cdot K_G \cdot \Delta t$$

で表わされる。

$q = q_W + q_G$ であるから

$$A \cdot \overline{K} \cdot \Delta t = A_W \cdot K_W \cdot \Delta t + A_G \cdot K_G \cdot \Delta t$$

また，

$$A = A_W + A_G$$

$$K_W = \cfrac{1}{\cfrac{1}{23} + \cfrac{0.15}{0.58} + \cfrac{1}{9}} \fallingdotseq 2.4 \,(\text{W/(m}^2\cdot\text{K)})$$

$$\overline{K} = 3.5$$

$$K_G = 5.9$$

であるから，

$$3.5 \times A = 2.4(A - A_G) + 5.9 \times A_G$$

よって，

$$\frac{A_G}{A} = \frac{1.1}{3.5} = 0.31$$

∴　窓面積比 = 31％

3.4　すきま風負荷

すきま風の量を算出するには換気回数法・すきま長法・外壁面積法などがある。本書では換気回数による方法を採用する。

すきま風の風量 Q_i は下式で求められる。

$$Q_i = n \cdot V \tag{7-8}$$

ここに，

Q_i：すきま風風量 (m³/h)
n　：換気回数 (回/h)
V　：室容量 (m³)

換気回数を表 7.15 に示す。ただし，玄関ホール・喫茶店など，外気に面したドアを有する室は，冷房時で入口が風上側の場合 $n=2$，それ以外の場合は $n=1$，暖房時で入口が風上側の場合 $n=3\sim4$，それ以外の場合は $n=1\sim2$ とする。また，建築高さが高く暖房時に煙突効果によるすきま風が発生する場合は，換気回数は表の値より大きくなり注意が必要である。詳細は，参考文献[①]を参照されたい。

すきま風による負荷は次式で求められる。

$$q_{iS} = \frac{c_p \cdot \rho \cdot \Delta t \cdot Q_i}{3\,600} = 0.333\,\Delta t \cdot Q_i \tag{7-9}$$

$$q_{iL} = \frac{r \cdot \rho \cdot \Delta x \cdot Q_i}{3\,600} = 0.833\,\Delta x \cdot Q_i \tag{7-10}$$

ここに，

q_{iS}：すきま風による顕熱負荷 (W)
q_{iL}：すきま風による潜熱負荷 (W)
c_p　：空気の定圧比熱 ($= 1.0 \times 10^3$) (J/(kg(DA)·K))
ρ　：空気の密度 ($= 1.2$) (kg(DA)/m³)
r　：水の蒸発潜熱 ($= 2.5 \times 10^3$) (J/g)
Δt：室内外乾球温度差 (℃)
Δx：室内外絶対湿度差 (g/kg (DA))

表 7.15　すきま風による換気回数（井上）[(16)]

建築構造	換気回数 n	
	暖房時	冷房時
コンクリート造（大規模建築）	0〜0.2	0
コンクリート造（小規模建築）	0.2〜0.6	0.1〜0.2
洋風木造	0.3〜0.6	0.1〜0.3
和風木造	0.5〜1.0	0.2〜0.6

注　窓サッシはすべてアルミサッシとする。

3.5 室内発熱負荷

室内の発熱には照明器具，人体，その他の装置・器具によるものがあり，いずれも冷房負荷となる。厳密には，それらの顕熱部分には放射成分があり，発熱と即時的に室冷房負荷にはならないが，本書では，この時間的遅れは無視して取り扱う。

3.5.1 照明負荷

照明負荷の根拠となる照明用電力は，照明計画が完了していればその値を用い，未了の場合は用途ごとの照度，照明器具形式から求めるのが望ましい。概略的に照明用電力を求めたい場合は，一般事務室で蛍光灯のときは式（7-11）で求める。住宅，アパートなどの特殊の場合を除いて室内の照明はすべて点灯状態にあるとして照明負荷を計算する。

$$W = \frac{E}{25 \sim 30} \qquad (7\text{-}11)$$

ここに，
 W：単位面積当たりの照明用電力（W/m^2）
 E：照度（参考値は表 7.16）（lx）

照明負荷は次式によって求める。

$$q_E = (1-a) f \cdot W \qquad (7\text{-}12)$$

ここに，
 q_E：単位床面積当たりの冷房負荷（W/m^2）
 a：吸込みトロッファの熱除去率
 f：換算係数 1.16（蛍光灯の場合：W/W）
  1.0 （白熱灯，省エネルギー型蛍光灯の場合：W/W）

吸込みトロッファなどがないときは，$a=0$ として計算する。a は，吸込みトロッファの形式や吸込み風量などによって異なるが，中原・佐土根らの実測によると $a=0.15 \sim 0.25$ 程度であり，吸込みトロッファによる除去熱量は室内負荷にはならないが空調機負荷になることに注意する必要がある。

従来，事務所の熱負荷計算では照明負荷を 23 W/m^2 程度みる場合が多かったが，最近採用されることの多い Hf 型蛍光灯の場合は，机上面で 700 lx を得るのに 17 W/m^2 程度で足りる場合が増えている。

3.5.2 人体発熱負荷

人体による発熱の成分には，人体表面から対流および放射によって放散される顕熱と，発汗・呼気などで体外に放散される潜熱とがあり，いずれも冷房負荷となる。人体発熱は作業状態と室温とによって強く支配されるが，室用途について整理すると表 7.17 のように表わされる。同じ作業状態ならば全放熱量（顕熱＋潜熱）は室温によらず一定で，顕熱・潜熱のそれぞれは室温と直線的な関係にあるので，表 7.17 に示された室温以外での適用には直線補間して求める。

また在室人数を設計時に正確に把握できないことが多いので，在室人数算定のための目安を 1 人当たりの占有面積（m^2／人）として表 7.18 に示す。ただし，人体負荷が大きな比重を占める室（劇場観客席・講義研修室・集会室など）は，座席数から人数を把握するなどしてできるだけ正確な人数を用いることが必要である。

3.5.3 器具発熱負荷

室内器具・装置からの発熱量は表 7.19，7.20 の値を参考にして求める。ただし，器具の発熱量を単純に加算すると発熱負荷としては過大となるので，器具の稼働率を考慮して，事務所の場合では，コンセント容量の 0.6 ～ 0.7 倍とするのが一般的

表 7.16 室内照度の参考値（中村・石野）[17]

建物種類		照度 (lx)
事務所ビル	事務室	400 ～ 750
	銀行営業室	750 ～ 1 000
劇場など	観客席	100 ～ 150
	ロビー	150 ～ 200
商店	店内	500 ～ 800
デパートおよびスーパーマーケット	1階・地階	800 ～ 1 200
	2階以上	600 ～ 1 000
学校	教室	150 ～ 250
病院	病室	100 ～ 150
	診療室	300 ～ 700
ホテル	客室	80 ～ 150
	ロビー	100 ～ 200
工場	一般作業場	150 ～ 300
	精密作業場	500 ～ 1 000
住宅	居間	150 ～ 250

表 7.17 作用温度別人体発生熱量（石野・郡・佐藤）[18]

(W/人)

作業状態	例	全発熱量 (W/人)	夏期*2									着衣量 (clo)	中間期									着衣量 (clo)	冬期							
			22℃		24℃		26℃		28℃			20℃		22℃		24℃		26℃			18℃		20℃		22℃		24℃	
			SH	LH	SH	LH	SH	LH	SH	LH		SH	LH	SH	LH	SH	LH	SH	LH		SH	LH	SH	LH	SH	LH	SH	LH
静 座	劇 場	98	0.6	*1 77	23	73	24	64	34	51	47	0.8	*1 79	22	74	23	69	28	57	40	1.0	*1 83	22	76	22	73	24	63	35
軽作業	学 校	116	0.6	88	28	80	36	67	49	55	62	0.8	90	27	84	31	72	43	60	55	1.0	91	26	87	28	77	40	66	50
事務所事務 軽い歩行	事務所 ホテル デパート	121	0.6	92	29	81	40	69	53	55	66	0.8	93	28	85	36	73	48	62	59	1.0	94	28	88	33	78	43	67	55
立ったり 座ったり 歩いたり	銀 行	139	0.6	98	42	85	55	71	67	58	81	0.8	100	40	88	51	77	63	64	74	1.0	102	37	91	49	80	59	70	70
座 業	レストラン	146	0.6	105	41	92	55	79	67	65	81	0.8	107	40	95	50	84	63	72	74	1.0	108	38	99	48	88	58	77	69
着席作業	工場の軽作業	208	0.6	116	92	101	106	86	121	71	137	0.8	117	91	103	103	91	117	77	130	1.0	117	90	106	101	94	114	81	126
普通のダンス	ダンスホール	230	0.6	130	99	115	115	98	133	80	150	0.8	130	100	115	114	101	129	86	144	1.0	129	101	116	114	103	127	90	141
歩 行 (4.8km/h)	工場の重作業	277	0.6	145	131	127	149	108	169	88	187	0.8	143	133	128	149	112	165	94	183	1.0	142	134	128	149	114	163	99	178
			0.6	176	224	151	249	126	274	101	299	0.6	167	233	148	253	127	273	106	294	0.8	163	237	144	256	127	273	109	292
ボーリング	ボーリング	400	0.4																										

注 1) 顕熱・潜熱放熱量比は、以下の文献にある Gagge らの Two-Node Model を用い、定常状態の値を計算で求めた。日本人体表面積として、1.71m² を用いた。
  A.P.Gagge, et al.: A Standard Predictive Index of Human Response to the Thermal Environment, ASHRAE Transactions. Vol. 92-1 B (1986)
 2) 作業状態：座業（レストラン）は、食物からの発熱として、顕熱・潜熱それぞれ 9 W/人が含まれている。
 3) 環境条件：相対湿度 50%、気流速度：0.2 m/s
 *1 本数値は、震えによる産熱の増加が生じている場合。
 *2 夏期で clo 値 0.8 を採用するときは、中間期の値を用いてよい。
 SH：顕熱　LH：潜熱

である。また最近の事務所ビルでは，OA化のためコンセントの電気容量は15～30 W/m²程度のものが多くなっている。さらにOA化が高度に進んだ事務スペースでは40 W/m²程度のものも計画されているので，電気設備設計者との綿密な打合せが必要である。電動機駆動の機械からの発熱量は表7.21より求める。

表7.18 在室人員1人当たりの占有面積[19] (m²/人)

		一般的面積	設計値
事務所建築	事務室	5～8	5
	会議室	2～5	2
デパート・商店（売り場）	一般	1～4	2.5
	混雑	0.5～2	0.7
	閑散	4～8	5
レストラン		1～2	1.7
劇場	観客席	0.4～0.7	0.5
学校	教室	1.3～1.6	1.4
美術館	展示室	2～4	2.5
図書館	一般	1.8～3	2
	児童	1.3～1.6	1.4
喫茶店		1.5～4	2
美容院・理髪店		2～4	2.5

注 本表は吉武・戸川の調査票および井上の表をもとに，石野が作成したもの。

表7.19 OA機器の発生熱量（松島）[20]

機器・器具名	発生熱量（W）
ワープロ	100
パソコン・オフコン端末	200
CAD端末	500～800
電子黒板・ファクシミリ	100
パソコン用プリンタ	50
パソコン用カラープリンタ	300
端末用ラインプリンタ	500
ミニコン・オフコンセンター装置	1 000 以上
複写機	300 程度

― 例題 7.2 ―
次に示す構造の屋根，外壁，床，間仕切壁の熱通過率を求めよ。

① 屋根
　表面モルタル 20 mm (λ_1, l_1)
　軽量コンクリート 65 mm (λ_2, l_2)
　防水アスファルト 10 mm (λ_3, l_3)
　コンクリート 120 mm (λ_4, l_4)
　空気層 (a)
　テックス天井 12 mm (λ_5, l_5)

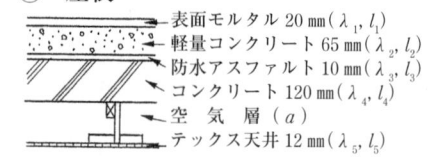

② 外壁
（外）（内）
　外面タイル 5 mm (λ_1, l_1)
　外面モルタル 15 mm (λ_2, l_2)
　コンクリート 150 mm (λ_3, l_3)
　内面モルタル 15 mm (λ_4, l_4)
　プラスタ 3 mm (λ_5, l_5)

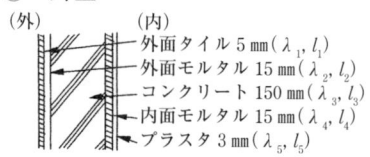

③ 床
　リノリウム 5 mm (λ_1, l_1)
　モルタル 15 mm (λ_2, l_2)
　コンクリート 150 mm (λ_3, l_3)
　空気層 (a)
　テックス天井 12 mm (λ_4, l_4)

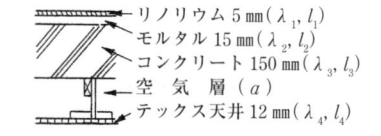

④ 間仕切壁
　プラスタ 3 mm (λ_1, l_1)
　モルタル 15 mm (λ_2, l_2)
　コンクリート 100 mm (λ_3, l_3)

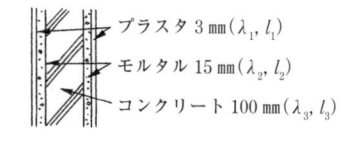

表7.20 各種器具よりの発熱量（ASHRAE, 井上）[21]

	名称	呼称入力（W）	発生熱量（W）		
			フードなし		フードあり
			SH	LH	SHのみ
調理機器	ガスだきコーヒー沸し 12ℓ	2 900	990	440	290
	ガスだきコーヒー沸し 20ℓ	4 400	1 500	660	410
	電熱式コーヒー沸し 12ℓ	1 977	740	240	290
	電熱式コーヒー沸し 20ℓ	3 000	1 100	360	470
	家庭用レンジ (80×80×83cm)	19 000	フード必要	フード必要	2 300
	レストラン用レンジ（バーナ2台当たり）	7 000	フード必要	フード必要	700
	レストラン用オーブン (60×55×35cm)	8 700	フード必要	フード必要	870
その他	ヘアドライヤ (1.5kW) ブロワタイプ	－	700	120	－
	パーマネント機 (1.5kW)	－	240	47	－
	ブンゼン灯 (φ11mm)	870	490	120	－
	電気滅菌器 (1.1kW)	－	190	350	－

注 機器使用率やフード効率を考慮された値である。

表 7.21　電動機による発生熱量（井上）[22]　　　　　　　　　　　　　　(kW)

	例	発熱量 q_E
1）電動機とこれに駆動される機械がともに室内にあるとき	小型冷蔵庫・扇風機，一般の工場内の機械	$\phi_1\phi_2 P/\eta_m$
2）電動機は室外にあり，室内の機械を駆動するとき	室外の電動機でシャフトにより駆動される機械	$\phi_1\phi_2 P$
3）同上の場合，電動機が置いてある室内		$\phi_1\phi_2 P\{(1/\eta_m)-1\}$

注　P　：電動機定格出力（ネームプレート表示の（kW））
　　ϕ_1　：電動機の稼働率
　　ϕ_2　：所要動力／定格出力
　　η_m　：電動機効率（右表）

(kW)	0〜0.4	0.7〜3.7	5.5〜15	20 以上
η_m	0.60	0.80	0.85	0.90

[解答]

① 屋根：式 (7-5) を用いる。

　α_i：内表面熱伝達率，$\alpha_i = 9$ W/(m²·K)

　α_o：外表面熱伝達率，$\alpha_o = 23$ W/(m²·K)

　a　：空気層の熱抵抗は表 7.11 より 0.07 (m²·K)/W

　λ_1, ℓ_1　：モルタルの熱伝導率 λ_1 は表 7.11 より 1.5 W/(m·K)，厚さは m 単位に直して $\ell_1 = 0.02$ (m)

　λ_2, ℓ_2　：軽量コンクリートは表 7.11 より $\lambda_2 = 0.78$，$\ell_2 = 0.065$

　λ_3, ℓ_3　：防水アスファルトは表 7.11 より $\lambda_3 = 0.11$，$\ell_3 = 0.01$

　λ_4, ℓ_4　：コンクリートは表 7.11 より $\lambda_4 = 1.4$，$\ell_4 = 0.12$

　λ_5, ℓ_5：テックス天井は表 7.11 の硬質繊維板の値をとり $\lambda_5 = 0.22$，$\ell_5 = 0.012$

$$\therefore K = 1 \div \left(\frac{1}{\alpha_o} + \frac{l_1}{\lambda_1} + \frac{l_2}{\lambda_2} + \frac{l_3}{\lambda_3} + \frac{l_4}{\lambda_4} + a + \frac{l_5}{\lambda_5} + \frac{1}{\alpha_i}\right)$$

$$= 1 \div \left(\frac{1}{23} + \frac{0.02}{1.5} + \frac{0.065}{0.78} + \frac{0.01}{0.11} + \frac{0.12}{1.4} + 0.07 + \frac{0.012}{0.22} + \frac{1}{9}\right)$$

$$= 1 \div (0.043 + 0.013 + 0.083 + 0.091 + 0.086 + 0.07 + 0.055 + 0.111)$$

$$= \frac{1}{0.552} = 1.81 \text{ (W/(m}^2\text{·K))}$$

② 外壁：式 (7-5) を用いる。

　α_i：9 W/(m²·K)，α_o：23 W/(m²·K)

　λ_1, ℓ_1：表 7.11 より，$\lambda_1 = 1.3$，$\ell_1 = 0.005$

　λ_2, ℓ_2：表 7.11 より，$\lambda_2 = 1.5$，$\ell_2 = 0.015$

　λ_3, ℓ_3：表 7.11 より，$\lambda_3 = 1.4$，$\ell_3 = 0.150$

　λ_4, ℓ_4：表 7.11 より，$\lambda_4 = 1.5$，$\ell_4 = 0.015$

　λ_5, ℓ_5：表 7.11 より，$\lambda_5 = 0.79$，$\ell_5 = 0.003$

$$\therefore K = 1 \div \left(\frac{1}{\alpha_o} + \frac{l_1}{\lambda_1} + \cdots + \frac{l_5}{\lambda_5} + \frac{1}{\alpha_i}\right)$$

$$= 1 \div \left(\frac{1}{23} + \frac{0.005}{1.3} + \frac{0.015}{1.5} + \frac{0.150}{1.4} + \frac{0.015}{1.5} + \frac{0.003}{0.79} + \frac{1}{9}\right)$$

$$= 1 \div (0.043 + 0.004 + 0.01 + 0.107 + 0.01 + 0.004 + 0.111)$$

$$= \frac{1}{0.289} = 3.46 \text{ (W/(m}^2\text{·K))}$$

③ 床：式 (7-5) を用いる。

　α_i：9 W/(m²·K)，α_o：9 W/(m²·K)

　λ_1, ℓ_1：表 7.11 より，$\lambda_1 = 0.19$，$\ell_1 = 0.005$

　λ_2, ℓ_2：表 7.11 より，$\lambda_2 = 1.5$，$\ell_2 = 0.015$

　λ_3, ℓ_3：表 7.11 より，$\lambda_3 = 1.4$，$\ell_3 = 0.15$

　λ_4, ℓ_4：表 7.11 より，$\lambda_4 = 0.22$，$\ell_4 = 0.012$

　a　：$a = 0.07$ (m²·K)/W

$$\therefore K = 1 \div \left(\frac{1}{\alpha_i} + \frac{l_1}{\lambda_1} + \cdots + \frac{l_3}{\lambda_3} + a + \frac{l_4}{\lambda_4} + \frac{1}{\alpha_o}\right)$$

$$= 1 \div \left(\frac{1}{9} + \frac{0.005}{0.19} + \frac{0.015}{1.5} + \frac{0.15}{1.4} + 0.07 + \frac{0.012}{0.22} + \frac{1}{9}\right)$$

$$= 1 \div (0.111 + 0.026 + 0.01 + 0.107 + 0.07 + 0.055 + 0.111)$$

$$= \frac{1}{0.490} = 2.04 \text{ (W/(m}^2\text{·K))}$$

④ 間仕切り壁：式 (7-5) を用いる。

　α_i：9 W/(m²·K)，α_o：9 W/(m²·K)

　λ_1, ℓ_1：表 7.11 より，$\lambda_1 = 0.79$，$\ell_1 = 0.003$

　λ_2, ℓ_2：表 7.11 より，$\lambda_2 = 1.5$，$\ell_2 = 0.015$

λ_3, ℓ_3：表7.11 より，$\lambda_3=1.4$， $\ell_3=0.100$

$$\therefore K = 1 \div \left(\frac{1}{\alpha_i} + \frac{2l_1}{\lambda_1} + \frac{2l_2}{\lambda_2} + \frac{l_3}{\lambda_3} + \frac{1}{\alpha_o}\right)$$

$$= 1 \div \left(\frac{1}{9} + \frac{2 \times 0.003}{0.79} + \frac{2 \times 0.015}{1.5}\right.$$

$$\left. + \frac{0.100}{1.4} + \frac{1}{9}\right)$$

$$= 1 \div (0.111 + 0.008 + 0.020 + 0.071$$

$$+ 0.111)$$

$$= \frac{1}{0.321} = 3.12 \, (\mathrm{W/(m^2 \cdot K)})$$

例題 7.3

次に示す事務室の，夏季の午後4時における冷房負荷を求めよ。

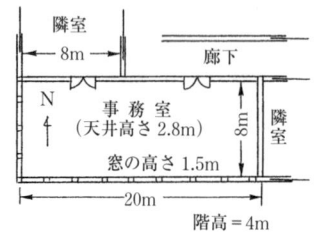

（図：事務室の平面図。隣室 8m，廊下，事務室（天井高さ 2.8m），窓の高さ 1.5m，20m×8m，階高=4m，隣室，N方向）

[条件]

場　　所：東京都内，某ビルの最上階

室内条件：26℃，50%

室内発熱：人員 30 名，
　　　　　照明（蛍光灯）20 W/m²
　　　　　機器 20 W/m²

周囲条件：屋上はつねに日射あり，隣室は冷房あり，階下は冷房なし

すきま風：なし

構　　造：屋根，外壁，床，間仕切りは例題7.2の構造とし，熱通過率はそれぞれ，1.81，3.46，2.04，3.12（W/(m²·K)）とする。窓は普通単層ガラス，内側に明色ブラインドを設けてある。

[解答]

① 外気条件は，場所が東京であるから表7.3より午後4時の値として乾球温度 32.4℃，絶対湿度 18.5g/kg（DA）とする。

② 与えられた室内条件を記入，室内の絶対湿度は空気線図より，

$x = 10.5$（g/kg（DA））

③ 乾球温度と絶対湿度の外気条件と室内条件との差を記入。

建物条件				
名　称	○○ビル		所在地	東京
用　途	事務室（最上階）			
面　積	8m × 20m = 160m²			
容　積	160m² × 2.8m = 448m³			
設計条件				
①外気条件	32.4℃	% RH	18.5g/kg(DA)	
②室内条件	26.0℃	50% RH	10.5g/kg(DA)	
③差	6.4℃		8.0g/kg(DA)	

④ ⓐ透過日射負荷：S面は $1.5 \times 20 = 30 \, \mathrm{m}^2$，W面は $1.5 \times 8 = 12 \, \mathrm{m}^2$，表7.5より，午後4時のS面およびW面のガラス面標準日射熱取得は，それぞれ 36 W/m²，609 W/m² である。普通単層ガラスで明色ブラインドを用いているから，遮蔽係数は表7.7より，S面はブラインドなしとし1.0，W面は明色ブラインドありで0.55。

ⓑ貫流熱負荷：室内外の設計条件から温度差は6.4℃，熱通過率は表7.9よりガラスのS面はブラインドなしで 5.9 W/(m²·K)，W面はブラインドありで 4.8 W/(m²·K) を用いる。

⑤ ⓐ外壁：外壁の高さは階高を用いる。S面は $20 \times (4-1.5) = 50 \mathrm{m}^2$，W面は $8 \times (4-1.5) = 20 \mathrm{m}^2$。外壁のタイプは表7.12より，Ⅲであるから，表7.13（a）より実効温度差は午後4時で南面 10.0℃，西面 12.0℃ である。東京であるから実効温度差の補正はしなくてよい。熱通過率は 3.46 W/(m²·K)。

ⓑ屋根：タイプは表7.12よりⅢであるから，表7.13（a）より実効温度差は 25.0℃，熱通過率は 1.81 W/(m²·K)。

⑥ ⓐ天井：この場合は最上階であるから，すでに⑤で屋根として計算ずみである。

ⓑ床：面積は 160m²，温度差は下階が冷房していないので，式（7-7）により，

$$\Delta t = 0.4 \times (32.4 - 26.0)$$
$$= 2.56℃$$

熱通過率は $2.04\ \mathrm{W/(m^2 \cdot K)}$。

ⓒ 間仕切り：隣室は冷房してあるので，熱取得はない。廊下に面している部分のみを考えればよい。面積は高さとして天井高を用い $(20-8) \times 2.8 = 33.6\ (\mathrm{m^2})$。温度差は床の場合と同様に $\Delta t = 2.56℃$，熱通過率 $3.12\ \mathrm{W/(m^2 \cdot K)}$。

⑦ ⓐ人体：与えられた条件より人員30名，事務室であるから，発熱量（顕熱）は表7.17より作業状態の事務所業務，室温26℃の値を用い $69\ \mathrm{W/人}$。

ⓑ機器：$20\ \mathrm{W/m^2}$

ⓒ蛍光灯：$20\mathrm{W/m^2}$が条件として与えられているから，式（7-12）により，
$$q_E = 1.16 \times 20 = 23.3\ (\mathrm{W/m^2})$$

⑧ 室内顕熱負荷小計：④〜⑦の合計
⑨ 安全率：この場合は特に考慮しない。
⑩ 室内顕熱負荷合計：⑧ + ⑨より求まる。
⑪ ⓐすきま風：ないので0
  ⓑ人体からの潜熱：表7.17より $53\ \mathrm{W/人}$
⑫ 室内潜熱負荷の小計を求める。
⑬ 安全率：この場合は特に考慮しない。
⑭ 室内潜熱負荷合計：⑫ + ⑬より求まる。
⑮ 室内全熱負荷：⑩ + ⑭より求まる。

項　目		面積・量	標準日射熱取得・温度差	係　数	(W)
④ガラス窓負荷					
透過日射負荷	S	30 m²×	36 ×	1.0	1 080
	W	12 m²×	609 ×	0.55	4 019
貫流負荷	S	30 m²×	6.4 ×	5.9	1 133
	W	12 m²×	6.4 ×	4.8	369
⑤構造体負荷					
外　壁	S	50 m²×	10.0 ×	3.46	1 730
（タイプⅢ）	W	20 m²×	12.0 ×	3.46	830
屋　根		160 m²×	25.0 ×	1.81	7 240
（タイプⅢ）					
⑥内部間仕切負荷負荷					
天　井		m²×	×		0
床		160 m²×	2.56 ×	2.04	836
間仕切り		33.6 m²×	2.56 ×	3.12	268
⑦室内発熱負荷					
人　体		30 人×	69 W/人		2 070
機　器		160 m²×	20.0		3 200
蛍光灯		160 m²×	23.3		3 728
⑧室内顕熱負荷			小計		26 503
⑨安全率			0%		0
⑩室内顕熱負荷合計				(q_S)	26 503
⑪室内潜熱					
すきま風		0 CMH×	g/kg(DA) ×0.8333		0
人　体		30 人×	53 W/人		1 590
⑫室内潜熱負荷			小計		1 590
⑬安全率			0%		0
⑭室内潜熱負荷合計				(q_L)	1 590
⑮室内全熱負荷					28 093

4　室内負荷－暖房

暖房負荷を求める場合，外界条件としては表7.3において，使用時間帯のなかで最低外気温度の発生する時刻の値をとる。また通常，暖房負荷の計算は最低外気温が発生する時刻のみでよい。

4.1　ガラス窓負荷
4.1.1　透過日射負荷
透過日射負荷は安全側であるので通常無視する。考慮する場合は，4.6方位蓄熱負荷による。

4.1.2　貫流熱負荷
冷房負荷と同様に求める。

4.2　構造体負荷
4.2.1　外壁，屋根
冷房負荷と同様にして求める。

ただし，式（7-4）において実効温度差 ETD_n は，
$$ETD_n = \Delta t_n(\text{内外温度差})(℃)$$
として求める。

4.2.2　土間床・地下壁
(1) 地盤面に接する場合

地盤面に接する場合は，図7.3に示す土間床あるいは地下壁・床面の熱通過率を次式で求める。

$$K_F = 0.41\lambda_s + 0.72 \qquad (7\text{-}13)$$

$$K_W = 0.88\lambda_s + 0.95 \qquad (7\text{-}14)$$

ここに,
　K_F：土間床の単位周長当たりの熱通過率（W/(m·K)）
　K_W：地下壁・床面の単位周長当たりの熱通過率（W/(m·K)）
　λ_s：土の熱伝導率（W/(m·K)）

熱損失量は,
$$q_{24} = K \cdot \ell \cdot ETD_d \qquad (7\text{-}15)$$

ここに,
　q_{24}：土間床・地下壁・床面の, 24時間暖房時の熱損失量（W）
　K：式(7-13)より求まるK_Fまたは式(7-14)より求まるK_W（W/(m·K)）
　ℓ：土間床または地下壁の外気に接する周長（m）
　ETD_d：地下の実効温度差（℃）

実効温度差ETD_dは, 東京以南で15.9℃, それ以外では20.0℃を用い, さらに計算対象地と東京の月平均気温の最低値の差により補正を行う。

なお, 地中壁などに接して地下水が流動している場合は, 地中壁周囲の土壌の効果を除外して考える。したがって地下水温と室温との温度差と, 地中壁自体の熱通過率により伝熱量を計算する。間欠空調の場合, 地中壁部分の暖房負荷は熱容量が大きい土壌部分を考慮して次式で近似的に求める。

$$q_b = (1+r) q_{24} \qquad (7\text{-}16)$$

ここに,
　q_b：間欠空調における運転開始時暖房負荷（W）
　r：蓄熱負荷係数

蓄熱負荷係数rは, 暖房運転時間を8〜18時と想定した場合, 前日平日, 前日休日, 前日・前々日とも休日の条件下で, おのおの1.7, 3.0, 3.7とする。

(2) 地中の場合

地中の場合は外壁と同様に, 式(7-4)により求める。
ただし, ETD_nは

ETD_n＝室内温度条件－地中温度（℃）
として求める。地中温度は表7.4の最寄りの地域の値を用いる。熱通過率は壁体構造に土壌1 mを加えて計算するのが通例であるが, 安全側に考えるときは壁体のみで計算してもよい。

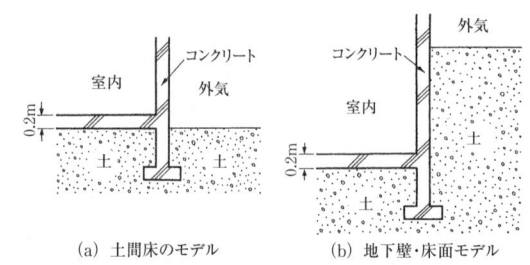

図7.3　土間床, 地中壁・床面（赤坂）[23]

4.3　内部間仕切負荷

冷房負荷と同様に求める。
ただし, Δtは, 式(7-17)による。
$$\Delta t = r(t_r - t_o) \text{（℃）} \qquad (7\text{-}17)$$

ここに,
　r：隣室温度差係数
　t_o：外気温（℃）
　t_r：空調室の温度（℃）

隣室が高温の場合は安全側として無視する。ただし, 運転時間帯が異なるなど, 隣室での発熱が期待できない場合は内部間仕切負荷として計上する。

4.4　すきま風負荷

冷房負荷と同様に求める。

4.5　室内発熱負荷

室内発熱を暖房負荷軽減側に見込む場合には稼働率を考慮して計上する。

4.6　方位蓄熱負荷

間欠空調に伴う蓄熱負荷は方位蓄熱負荷として計上する。方位蓄熱負荷は単位床面積当たりの熱量で表わす。

インテリア方位蓄熱負荷
$$q_{ST,i} = (q_{ST,b} \cdot c_k - q_{oi} \cdot c_g) d \cdot w \qquad (7\text{-}18)$$

ペリメータ方位蓄熱負荷

7章 熱負荷計算

表7.22 方位蓄熱負荷の特性値 (石野・郡)[24]　　　(W/m²)

項目		地域	旭川	札幌	盛岡	仙台	新潟	富山	松本	前橋	名古屋	静岡	東京	大阪	福岡	鹿児島
基準蓄熱負荷 $q_{ST,b}$			67	63	83	73	67	65	73	67	60	53	53	56	53	52
インテリア方位特性負荷 q_{oi}		E	6	9	10	12	5	7	12	15	10	14	10	8	9	8
		S	14	27	23	28	9	16	26	22	26	33	21	15	16	23
		W	6	5	6	7	2	6	9	7	9	10	8	7	5	9
ペリメータ方位特性負荷 q_{op}		E	6	13	21	17	12	8	19	23	19	22	15	14	12	22
		S	14	30	33	33	16	12	37	31	36	37	27	22	19	31
		W	3	5	6	7	2	2	9	7	9	10	7	7	5	9

注　1) 表中の基準蓄熱負荷は，設定室温22℃のときの値であり，設定室温が異なる場合は2×(設定室温−22) (W/m²) を加えて補正すればよい。
　　2) 暖房運転方式が基準運転(土曜半日運転・日曜停止)と異なる場合の補正方法は，標準運転のときの値に対して，以下のように係数を乗じる。
　　a) 土・日曜とも平日と同じ運転をする場合：基準蓄熱負荷を0.7倍
　　　　　　　　　　　　　　　　　　　　　　インテリア方位特性負荷を0.5倍
　　　　　　　　　　　　　　　　　　　　　　ペリメータ方位特性負荷を0.7倍
　　b) 土・日曜とも運転停止する場合：基準蓄熱負荷を1.1倍

$$q_{ST,p} = (q_{ST,b} \cdot c_k - q_{op} \cdot c_g) d \cdot w \quad (7\text{-}19)$$

ここに，

$q_{ST,b}$：基準蓄熱負荷(表7.22参照)
　　　(土曜半日運転・日曜停止としたときの北方位の蓄熱負荷)(W/m²)

c_k：断熱性能による蓄熱負荷の補正係数(図7.4参照)

q_{oi}, q_{op}：インテリア，ペリメータの方位特性負荷(表7.22参照)(W/m²)
　　　(土曜半日運転・日曜停止としたときの方位特性負荷。インテリアの方位とは，そのゾーンが主として接するペリメータの方位である。北方位の q_{oi}, q_{op} は0とする)

c_g：窓面積率による方位特性負荷の補正係数(表7.23参照，北海道に関しては参考文献[1]を参照されたい)

d：室奥行きによる係数(表7.24参照)
　　　(D は，外壁からインテリアの奥行きまでの長さ。また途中で間仕切壁などがあれば，外壁から間仕切りまでの長さ)

w：予熱時間による係数(=1/予熱時間(h))

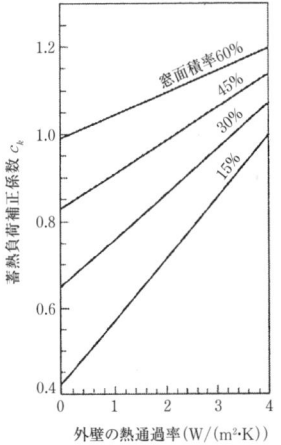

図7.4 蓄熱負荷補正係数(北海道以外)
(石野・郡)[25]
注　窓は一重ガラスである。

表7.23 窓面積率による方位特性負荷の補正係数
(石野・郡)[26]

窓面積率(％)	補正係数 c_g
15	0.6
30	0.8
45	1.0
60	1.2

注　1) インテリアゾーンの外壁熱通過率・窓面積率は，インテリアゾーンに接するペリメータゾーンにあるすべての外壁についての平均熱通過率，すべての外壁・窓についての窓面積率をとる。ただし，細長い窓など，場合によっては主要方位の面についての値でもよい。
　　2) 最上階の天井は，外壁面に加えない。
　　3) 窓面積率=100×窓面積/(窓面積+外壁面積+天井裏外壁面積)

表7.24 室奥行きによる係数 (石野・郡)[27]

室奥行 D (m)	係数 d
$D \geq 5$	10/D
$D < 5$	2

方位特性負荷 $q_{oi} \cdot q_{op}$ は日射の影響を考えたものであるから，日射の影響を無視したいとき(外壁の間近に隣接建物があるときなど)は0とする。複数の方位に面するときは，各方位での値を窓面積で加重平均する。

室奥行き D については，式(7-18)のインテリ

ア，式(7-19)のペリメータのどちらを計算するときでも，つねに外壁からインテリア奥壁までの距離をとる。奥行きが深いにもかかわらず1つのゾーンとして計画するときは，室温が不均一となるおそれがあるが，ペリメータの式(7-19)のほうを用いる。奥行きが浅く，インテリアのない室においてはペリメータの式を用いる。角部屋やインテリアが多くのゾーンに接していたりしてDの決定が困難なことがある。そのときは外壁合計長さに対する床面積が等しくなるようにDを定める。

すなわち

$$D = \frac{ゾーン床面積}{ゾーン外壁合計長さ} \text{(m)}$$

とする。

また最上階の方位蓄熱負荷は，一般的事務所ビルの場合，基準階にくらべて，室奥行きが5 m以上のとき6 W/m²，室奥行きが5 m未満のとき12 W/m²大きくなるとする。

予熱時間は通常30分〜1時間であるが，最大熱負荷計算上は2〜3時間とする。最大熱負荷の発生する日は連休明けなどで発生頻度が少なく，また，計画通りの予熱時間としても予熱終了時刻における室温の不足分はそれほど大きくない（約1〜3℃）からである。

例題7.4 次に示す事務室の暖房負荷を求めよ。

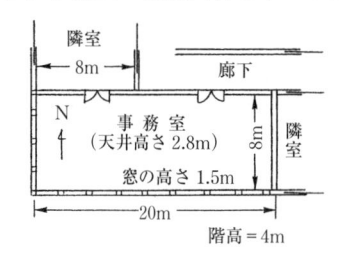

```
         隣室
    ←8m→         廊下
   ┌──┬─────────┐
   │   │         │
 N │   事務室    │隣室
 ↑ │ (天井高さ2.8m) │ 8m
   │   窓の高さ1.5m │
   └────────────┘
    ←──  20m  ──→
              階高 = 4m
```

[条件]
場　　所：東京都内，某ビルの最上階
室内条件：22℃，45%
周囲条件：隣室，階下は暖房あり。廊下は暖房なし

熱通過率：屋　根　1.81 W/(m²·K)
　　　　　外　壁　3.46 W/(m²·K)
　　　　　床　　　2.04 W/(m²·K)
　　　　　間仕切り　3.12 W/(m²·K)
　　　　　窓ガラス　5.9 W/(m²·K)
人　員：30名
運転条件：標準運転（土曜半日，日曜停止）

[解答]

① 外気条件は，場所が東京であるから表7.3より8〜17時で乾球温度が最低の午前8時の値を採用し乾球温度0.0℃，絶対湿度1.4 g/kg(DA)とする。

② 与えられた室内条件を記入，室内の絶対湿度は空気線図より6.5 g/kg(DA)。

③ 乾球温度と絶対湿度の外気条件と室内条件の差を記入。

設　計　条　件			
①外気条件	0.0℃	%RH	1.4 g/kg(DA)
②室内条件	22.0℃	40%RH	6.5 g/kg(DA)
③差	22.0℃		5.1 g/kg(DA)

④ 窓ガラス：熱通過率は5.9 W/(m²·K)，室内外の温度差は③で求めたように22.0℃，窓ガラスの面積は$(20+8) \times 1.5 = 42 \text{(m}^2\text{)}$。

⑤ ⓐ外壁：熱通過率は3.46 W/(m²·K)，室内外の温度差は③で求めたように22.0℃，外壁の面積は$(20+8) \times (4.0-1.5) = 70.0 \text{(m}^2\text{)}$。

　ⓑ屋根：熱通過率は1.81 W/(m²·K)，室内外温度差は22.0℃，屋根の面積は$20 \times 8 = 160 \text{(m}^2\text{)}$。

⑥ ⓐ床：下階が暖房されているので熱損失はなし。

　ⓑ間仕切り：熱通過率は3.12 W/(m²·K)，熱損失の起こる面積は廊下と接している部分であるから，$(20-8) \times 2.8 = 33.6 \text{(m}^2\text{)}$，廊下との温度差は，式(7-7)により，

　　$\Delta t = 0.4 \times (22.0 - 0.0) = 8.8 \text{(℃)}$

⑦ 方位蓄熱負荷：式(7-19)を用いる。表7.22より

$$q_{ST,b} = 53 \,(\text{W/m}^2)$$

$$q_{OP} = \frac{30 \times 27 + 12 \times 7}{42} = 21.3 \,(\text{W/m}^2)$$

窓面積比率は，$1.5/4.0 = 0.375 \to 37.5\%$，外壁の熱通過率は，$3.46 \,\text{W/(m}^2\cdot\text{K)}$であるから図7.4より，$C_k = 1.05$

表7.23 より，$C_g = 0.9$

また，$D = (20 \times 8)/(20 + 8) = 5.7\,\text{m}$として表7.24より $d = 10/5.7 = 1.8$，$w = 1/3$として

$$q_{ST,p} = (53 \times 1.05 - 21.3 \times 0.9) \times 1.8 \times (1/3)$$
$$= 21.9 \,(\text{W/m}^2)$$

最上階であるので $21.9 + 6 = 27.9 \,(\text{W/m}^2)$ とする。

⑧ すきま風による換気回数は表7.15より 0.2回/h とする。すきま風の風量は式(7-8) により

$$Q_i = 20 \times 8 \times 2.8 \times 0.2\,(\text{回}/\text{h}) = 90\,(\text{m}^3/\text{h})$$

顕熱負荷は式(7-9)により求まる。

⑨ 室内顕熱負荷小計：④～⑧の合計

⑩ 安全率：この場合は特に考慮しない。

⑪ 室内顕熱負荷：⑨＋⑩より求める。

⑫ 室内潜熱負荷：すきま風による潜熱負荷は式(7-10)により求まる。

⑬ 室内潜熱負荷の小計を求める。

⑭ 安全率：この場合は特に考慮しない。

⑮ 室内潜熱負荷合計：⑬＋⑭より求まる。

⑯ 室内全熱負荷：⑪＋⑮より求まる。

項　目	面積・量	温度差	係　　数	(W)
④ガラス窓負荷				
貫流負荷	42 m²×	22.0 ×	5.9	5 452
⑤構造体負荷				
外　壁	70 m²×	22.0 ×	3.46	5 328
屋　根	160 m²×	22.0 ×	1.81	6 371
⑥内部間仕切負荷				
床	160 m²×	0　×	2.04	0
間仕切り	33.6 m²×	8.80 ×	3.12	923
⑦方位蓄熱負荷				
蓄熱	160 m²×	27.9 W/m²		4 464
⑧すきま風負荷				
すきま風	90CMH×	22.0 ×	0.333	659
⑨室内顕熱負荷		小計		23 197
⑩安全率		0%		0
⑪室内顕熱負荷合計		(q_S)		23 197
⑫室内潜熱				
すきま風	90CMH×	5.1g/kg(DA) ×	0.833	382
⑬室内潜熱負荷		小計		382
⑭安全率		0%		0
⑮室内潜熱負荷合計		(q_L)		382
⑯室内全熱負荷				23 579

5　空調機負荷

5.1　空調機負荷

空調機負荷は次式によって求める。

$$q_T = q_S + q_L + q_F + q_D + q_B + q_R \quad (7\text{-}20)$$

ここに，

q_T：空調機負荷(W)

q_S：室内顕熱負荷(W)

q_L：室内潜熱負荷(W)

q_F：外気負荷(W)

q_D：ダクト材通過熱負荷[*](W)

q_B：送風機負荷[*](W)

q_R：再熱負荷など[*](W)

（＊暖房負荷計算の場合は計上しない）

空調機負荷よりコイル能力を求める場合は，コイル内外面への汚れの付着などに起因する熱交換性能の低下や，将来の負荷増への対応などを考慮して，さらに10～15%の余裕をみることがある。

5.2　外気負荷

冷房負荷計算の場合，外気負荷は式(7-21)のエンタルピ差を用いて行う。

$$q_F = \frac{\rho \cdot \Delta h \times 1\,000 \cdot Q_F \cdot (1-\eta)}{3\,600}$$

$$= 0.333 \,\Delta h \cdot Q_F \cdot (1-\eta) \quad (7\text{-}21)$$

暖房負荷計算の場合は顕熱，潜熱を区別し式(7-22)，(7-23)，(7-24)により求める。

$$q_{FS} = \frac{c_p \cdot \rho \cdot \Delta t \cdot Q_F \cdot (1-\eta)}{3\,600}$$

$$= 0.333 \Delta t \cdot Q_F \cdot (1-\eta) \quad (7\text{-}22)$$

$$q_{FL} = \frac{r \cdot \rho \cdot \Delta x \cdot Q_F \cdot (1-\eta)}{3\,600}$$

$$= 0.833 \Delta x \cdot Q_F \cdot (1-\eta) \quad (7\text{-}23)$$

$$q_F = q_{FS} + q_{FL} \quad (7\text{-}24)$$

ここに,

- Q_F : 外気量(m^3/h)
- q_F : 外気負荷(全熱)(W)
- q_{FS} : 外気負荷(顕熱)(W)
- q_{FL} : 外気負荷(潜熱)(W)
- ρ : 空気の密度(=1.2)(kg(DA)/m^3)
- c_p : 空気の定圧比熱(=1.0×10^3)(J/(kg(DA)·K))
- r : 水の蒸発潜熱(=2.5×10^3)(J/g)
- Δh : 室内外のエンタルピ差(kJ/kg(DA))
- Δt : 室内外乾球温度差(℃)
- Δx : 室内外絶対湿度差(g/kg(DA))
- η : 全熱交換器効率

ここで蒸気加湿方式の場合は,q_{FL}は熱源負荷となるが,空調機の加熱コイル負荷とはならないことに注意する。

外気量は,通常の事務所建物で25〜30 m^3/(h·人),庁舎で30 m^3/(h·人)とする。全熱交換効率ηは,回転式の場合75%(風速3 m/s,給排気風量比1.0),静止式の場合60〜65%程度である。

5.3 ダクト材通過熱負荷

ダクトにおける熱負荷には,ダクト材(保温材を含む)を通じて失う熱量と,空気漏洩による損失がある。

前者はダクト材の熱通過率・ダクト表面積などをもとにした定常伝熱の式から計算できるが(還気ダクトについては内外の温度差が小さいので無視してよい)煩雑な計算となる。一般的には簡便に,室顕熱負荷の1〜3%の範囲とする。

ダクトからの漏気量は施工の精度に影響され平均して5%前後,多いときは10%にもなるといわれている。ただし,熱負荷としては,空調室通過部では損失にならず,非空調室通過部でのみ損失となるので,通常は無視して,送風量のみ割り増し(通常0〜10%)する。

5.4 送風機負荷

送風機の発熱量は,所要動力がわかっている場合は,表7.21を用いて算出する。

また,送風量,送風機静圧および静圧効率がわかっている場合は,式(7-25)により求める。

$$q_B = \frac{Q \cdot p_s}{3\,600 \eta_s} \quad (7\text{-}25)$$

ここに,

- q_B : 送風機負荷(W)
- Q : 送風量(m^3/h)
- p_s : 送風機静圧(Pa)
- η_s : 送風機静圧効率

5.5 再熱負荷など

再熱負荷の有無およびその大きさは空調システムによって違うので,空気線図上のサイクルを検討してから装置にかかる再熱負荷を計算する。その他,吸込みトロッファの除去熱量はここに含める。

6 熱源負荷

6.1 熱源負荷

6.1.1 熱源負荷

熱源負荷は次式で求める。

$$q_{RM} = q_T + q_P + q_{PM} + q_{SA} \quad (7\text{-}26)$$

ここに,

- q_{RM} : 熱源負荷(W)
- q_T : 空調機負荷(W)
- q_P : 配管材通過熱負荷(W)
- q_{PM} : ポンプ負荷(*)(W)
- q_{SA} : 装置蓄熱負荷(W)

(*暖房負荷計算の場合は計上しない)

6.1.2 空調ゾーニングと熱源負荷

大規模建物では多数の空調ゾーンを一つの熱源

システムでまかなうことになるが，それぞれのゾーンの負荷変動パターンは同一ではない。したがって，熱源負荷は各空調ゾーン最大負荷の合計値ではなく，各ゾーン負荷を時刻ごとに集計し，その最大値にもとづいて決定する。

6.2 配管材通過熱負荷

配管から周囲への熱損失は，ダクト系統と同様に，配管材の熱通過率・配管表面積などから計算できるが，通常は空調機負荷に対して，冷水配管で0〜2%程度，温水配管で2〜7%程度，蒸気配管で5〜10%程度を熱源負荷として上乗せする。

6.3 ポンプ負荷

ポンプの消費するエネルギーはそのほとんどが管内の水中に散逸するとみなしてよく，送風機と同様に次式で求められる。

$$q_{PM} = 0.163 \frac{\rho \cdot Q \cdot H}{\eta_P} \quad (7\text{-}27)$$

ここに，

q_{PM}：ポンプからの熱負荷(W)
ρ　：水の密度(kg/m^3)
Q　：水量(m^3/min)
H　：揚程(m)
η_P：ポンプ効率

6.4 装置蓄熱負荷

装置蓄熱負荷は，部位ごとの温度差，熱通過率および表面積から求まる熱損失を熱源運転停止時刻ごとに積算することにより求められるが，部位ごとの温度差は，熱源停止時間中の周囲の平均気温と冷温水設計温度との差とすればよい。

通常は空調機負荷に対して，冷凍機で0〜5%程度，温水ボイラで5〜10%程度，蒸気ボイラで5〜15%程度を熱源負荷として上乗せする。

6.5 建築用途別の冷暖房負荷概算値
6.5.1 事　務　所

表7.25，7.26に事務所の最大冷暖房負荷の概略値を示す。表中の基準熱負荷は，以下の基準設計条件での値である。基準設計条件以外の場合は，補正して最大熱負荷を求める。表中以外の補正の方法については，参考文献[1]を参照されたい。また，表7.26中の外皮断熱は，窓と外壁両者の断熱を意味し，その詳細に関しては，参考文献[1]を

表7.25 冷房用基準熱負荷および補正熱負荷係数[28]

冷房最大熱負荷 q = 基準熱負荷 q_o + Σ補正熱負荷 Δq_k 　　　(W/m^2)

					ペリメータ冷房				インテリア冷房	
基準熱負荷 q_o					140				92	
補正熱負荷 Δq_k	ひさし 窓面積率 窓主方位	ひさしなし	窓 30%	南西北東	-14	-2	-41	-18		
			窓 45%	南西北東	0	21	-33	-2	—	
			窓 60%	南西北東	14	44	-25	13		
		ひさしあり	窓 30%	南西北東	-47	-28	-43	-43		
			窓 45%	南西北東	-39	-11	-41	-33		
			窓 60%	南西北東	-31	7	-38	-23		
	照明機器発熱	25	50	(W/m^2)	0		29		0	29
	在室人員	0.1	0.2	(人$/m^2$)	-12		0		-12	0
	外気量	0.55	1.1	($\ell/(m^2 \cdot s)$)	-11		0		-12	0
	室温	26	28	(℃)	0		-14		0	-10

注 1) ひさしありの場合のひさしの出は1m。窓面積率は次式によって求める。窓面積率=100×窓面積/(窓面積+外壁面積+天井外壁面積)
　　2) 室奥行き：ゾーンの奥行きではなくインテリアの奥壁までの距離をとる。角部屋の場合は，室奥行き=床面積/外壁長さから求めた相当奥行きを用いる。
　　3) 方位，窓面積率，照明・機器発熱，在室人員，室奥行き，外気量，室温：補正熱負荷を内外挿することができる。
　　4) 最大熱負荷に影響する要因として，方位（南・西・北・東），窓面積率（30〜60%），ひさし（あり・なし），外皮断熱（表7.26に示すような断熱大・中・小），フロアの位置（中間階・最上階），室奥行き（8〜20m），外気量［0.55〜1.1$\ell/(m^2 \cdot s)$］，室温（冷房：26〜28℃，暖房：20〜22℃），照明機器発熱（25〜50W/m^2），在室人員（0.1〜0.2人$/m^2$）を取り上げ，統計的に有意なもののみ表に示している。

表 7.26 暖房用基準熱負荷および補正熱負荷係数[29]

暖房最大熱負荷 q = 基準熱負荷 q_o + Σ補正熱負荷 Δq_k (W/m²)

							ペリメータ暖房				インテリア暖房			
基準熱負荷 q_o							134				95			
補正熱負荷 Δq_k	窓主方位	南	西	北	東		−24	−3	0	−16	−			
	外皮断熱	大	中	小			−15	0	15		−8	0		8
	階	中間階	最上階				0	14			0	17		
	室奥行	8	12	16	20	(m)	12	0	−7	−12	23	0	−11	−18
	外気量	0.55	1.1	(ℓ/(m²·s))			−16	0			−16	0		
	室温	20	22	(℃)			−16	0			−13	0		

注 表7.25の注を参照

表 7.27 建物用途別最大熱負荷表[30]

室の種類			熱負荷 (W/m²)		室内熱負荷条件			
			冷房	暖房	照明 (OA含む) (W/m²)	在室者 (人/m²)	外気量 (ℓ/(m²·s))	すきま風 (回/h)
銀行	営業室客だまり		242	220	50	0.3	1.7	1.5
	応接室		179	184	30	0.2	1.1	0.5
	女子ロッカー室		137	159	15	0.4	2.2	0.5
デパート	1階売場		355	246	80	0.8	2.2	2.0
	特売場		307	161	60	1.0	2.8	0.5
	売場		217	137	60	0.4	2.2	0.5
スーパーマーケット	食料品		212	195	60	0.6	1.7	0.5
	衣料品		215	167	60	0.3	1.7	0.5
ホテル	宴会場		449	312	80	1.0	5.6	0
	客室	南向き	127	207	20	0.12	1.7	0.5
		西向き	131	207	20	0.12	1.7	0.5
		北向き	125	207	20	0.12	1.7	0.5
		東向き	130	207	20	0.12	1.7	0.5
飲食店	客室		286	228	40	0.6	3.3	0.5
公民館	研修室		233	228	20	0.5	2.8	0.5
図書館	閲覧室		143	125	30	0.2	1.1	0.5
病院	病室6床	南向き	91	112	15	0.2	1.1	0.5
		西向き	110	112	15	0.2	1.1	0.5
		北向き	79	112	15	0.2	1.1	0.5
		東向き	96	112	15	0.2	1.1	0.5
劇場	客席		512	506	25	1.5	8.3	3
	ロビー		237	219	30	0.3	1.7	0.5

参照されたい。

(1) **建物条件**

室奥行：12 m，ペリメータゾーン：5 m
地域：東京
基準外皮　窓面積率：45％，ひさし：なし，フロアの位置：中間階，断熱：一重ガラス，外壁熱通過率 1.6 W/(m²·K)

(2) **室内条件**

室内温湿度：冷房 26℃，50％，暖房 22℃，50％

内部発熱：照明・機器発熱 25 W/m²，在室人員 0.2 人/m²

(3) **空調条件**

空調方式：ペリメータ，インテリアそれぞれのゾーン空調機で，ゾーンの室負荷と外気負荷を受け持つ。

運転方式：間欠運転(土曜半日運転・日曜祭日停止)，予冷熱1時間

外気量：$1.1 \ell/(m^2 \cdot s) = 4.0 \, m^3/(h \cdot m^2)$

全熱交換器は使わない。

6.5.2 その他の建物

その他の用途の建物の最大冷暖房負荷を表7.27に示す。表中の基準熱負荷は，以下の基準設計条件での値である。基準設計条件以外の補正の方法については，参考文献[①]を参照されたい。

(1) 建物条件

地　域：東京

外皮の断熱条件：発泡ポリスチレンフォーム25 mm程度の断熱を，屋根・外壁に施したものを標準とする。

(2) 室内条件

室内温湿度：冷房26℃，50%，ただし，ホテル・バーは25℃，50%，暖房22℃，50%，ただし，デパート・スーパーマーケットは20℃，50%，ホテル客室は23℃，50%

(3) 空調条件

運転方式：ホテル客室・病院は終日空調，他は間欠運転，予冷熱1時間，ただし，銀行・公民館・図書館は予熱2時間

全熱交換器は使わない。

その他の室内熱負荷条件は，表中に示す。

7 パソコンを用いた空調負荷シミュレーションツール

7.1 シミュレーションツールの概要と利用法

空調システムに関連するシミュレーションツールを表7.28に示す。熱負荷計算だけでなく，エネルギーシミュレーションや気流・温熱解析，制御系解析などの分野でシミュレーションツールが利用されている。これらのツールはいずれもパソコンなどのコンピュータでの利用を前提としたものである。ここでは，最大負荷・動的負荷計算と気流・温熱解析で用いられるシミュレーションツールについて説明する。

7.2 負荷計算シミュレーションツール

負荷計算において，建物躯体や家具などの建物各部の蓄熱や間欠運転時の蓄熱負荷といった熱の遅れ現象(図7.5参照)をより正確に予測し，熱負荷・室温の変動や必要空調装置容量を正確に求めるには，シミュレーションツールを利用した非定常計算を行う必要がある。

コンピュータで熱負荷計算を行う場合，その利点と注意点を理解して利用する必要がある。

コンピュータを利用することの利点としては，

① それぞれの建物条件に応じた精密な非定常計算を行うことができる。手計算法では推定が難しい蓄熱負荷を正確に計算できる。

② 最大熱負荷だけでなく，最大熱負荷が発生す

表7.28 シミュレーションツールの分類[(31)]

分　類		代表的なシミュレーションツール
熱負荷シミュレーション	最大熱負荷シミュレーション	MICRO/PEAKに代表されるプログラム
	年間熱負荷シミュレーション	HASP/ACLDに代表されるプログラム
システム全体を対象としたシミュレーション	静的シミュレーション	BECS/CEC, LCEM等のエネルギーシミュレーション，HASP/ACSS, DOE, BEST等の静的システムシミュレーションツール
	動的シミュレーション	HVACSIM+に代表される動的システムシミュレーションツール
特定のシステムを対象としたシミュレーション		蓄熱システムのシミュレーション，太陽熱集熱システムのシミュレーション等のツール
室内気流・温熱環境解析を目的としたシミュレーション	マクロシミュレーション	ブロックモデル等の大空間解析ツール
	ミクロシミュレーション	STREAM等の気流・温熱環境解析ツール
制御系の解析を目的としたシミュレーション		MATLAB, LABVIEW等の計測制御解析ツール

るときの室内環境を評価することが可能である。また，室内表面温度を同時に計算する場合は，放射環境の評価が可能であり，PMVやET^*といった温熱環境指標での評価も可能である。

③ 室内の熱計算だけでなく，空調システムを含めた広範囲の計算により，室最大負荷だけでなく，各種装置の最大熱負荷を正確に求めること

が可能である。

などがあげられる。

注意点としては，

① 信頼性の高い最大熱負荷計算を得るには，計算法の高度化に合せて，計算条件も細部まで適切に与えることが必要となる。

② 計算条件のなかには，建物の使い方に関するもので不確実，あいまいなものがある。これら

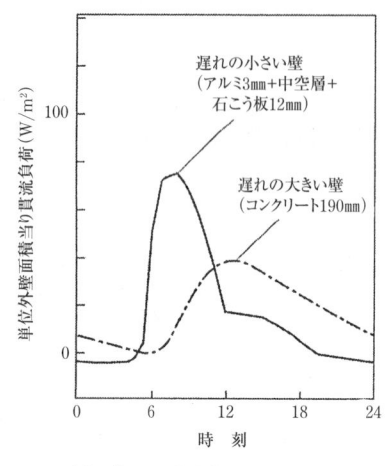

(a) 外壁通過熱取得の遅れ
（銚子・日射の当たる東方位の壁・冷房）

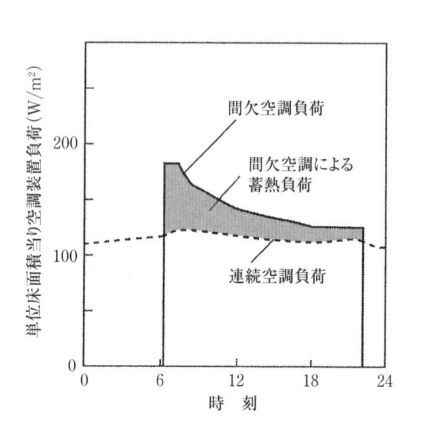

(b) 間欠空調による蓄熱負荷の遅れ
（東京・RC造戸建て住宅・暖房）

図 7.5　熱の遅れ現象の例（石野・郡）[32]

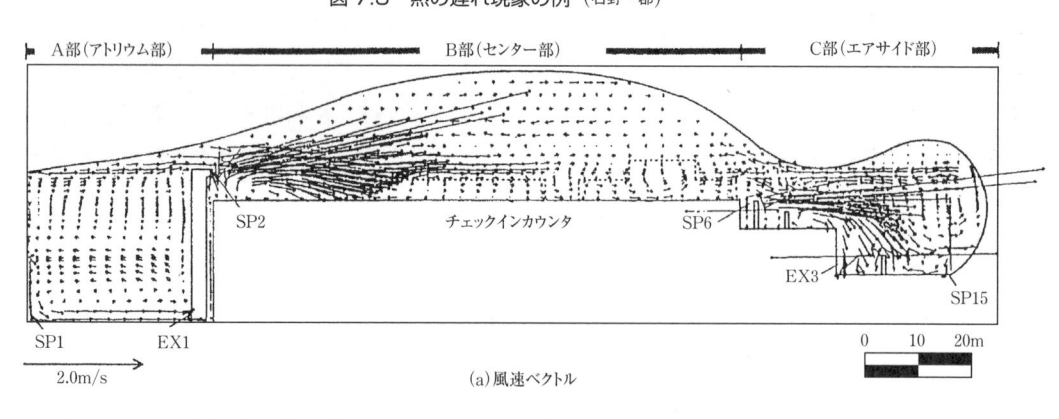

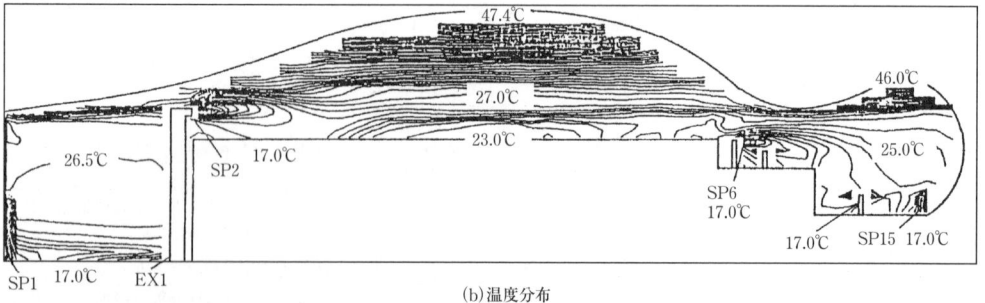

(a) 風速ベクトル

(b) 温度分布

図 7.6　空港出発ロビーの冷房時の流れ場と温度場の解析（中央断面）（村上ほか）[33]

は，精密計算を行っても，最大負荷の誤差の要因として残るものである。

③ 計算内容がブラックボックス化しやすい。ある程度計算内容を知らなければ，適切な比較や結果の理解ができないこともある。

などである。

また，シミュレーションツールを利用することにより，熱負荷の年間シミュレーションが可能となる。空調設備のエネルギー消費量やランニングコストをより正確に求めるためには，年間シミュレーションを行う必要がある。システム全体を対象としたエネルギーシミュレーションツールとしては，HASP/ACSS，BEST，LCEMなどがあげられる。

7.3 気流・温熱シミュレーションツール

これまで述べてきた負荷計算法では，室温分布は考慮せず，室内空気は均一温度であるとして計算を行っている。通常の天井高の建物では，このような計算法で実用上問題はないが，アトリウムやドームなどのように上下温度分布の大きな空間に関してより正確に負荷を求めるためには，室内の温度分布を考慮した計算が必要となってくる。

気流や室内温度の分布を考慮し，非線形の基礎方程式を用いてコンピュータにより数値解析することをCFD(Computational Fluid Dynamics)とよぶ。近年，設計時にCFDを利用して室内の温熱環境や気流環境を予測する事例が増えてきている。CFDでの解析事例を図7.6に示す。CFDは，アトリウムなどの大空間の温熱・気流解析のほかに，ペリメータ回りの温熱環境の予測，クリーンルーム内の気流環境の予測，室内空気質の予測，空調制御とCFDの連成解析などにも利用されている。CFD解析の詳細については，参考文献[7],[8]を参照されたい。

引用文献
(1) 空気調和・衛生工学会編：空気調和・衛生工学便覧(第13版)第5編，p.19，2001
(2) 同上書，第5編，p.20,21(抜粋)
(3) 同上書，第5編，p.27
(4) 同上書，第5編，p.29(抜粋)
(5) 同上書，第5編，p.30(抜粋)
(6) 空気調和・衛生工学会編：設計用最大熱負荷計算法，p.14，1989
(7) 空気調和・衛生工学会編：空気調和・衛生工学便覧(第13版)第5編，p.31，2001
(8) 同上書，第5編，p.32
(9) 同上書，第5編，p.33(抜粋)
(10) 同上書，第5編，p.31
(11) 同上書，第5編，p.32
(12) 同上書，第5編，p.36
(13) 同上書，第5編，p.38
(14) 同上書，第5編，p.40,41
(15) 同上書，第5編，p.43
(16) 同上書，第5編，p.44
(17) 同上書，第5編，p.48
(18) 同上書，第5編，p.49
(19) 同上書，第5編，p.50
(20) 同上書，第5編，p.50
(21) 同上書，第5編，p.50
(22) 同上書，第5編，p.51
(23) 空気調和・衛生工学会編：空気調和・衛生工学便覧(第11版)，Ⅱ巻，Ⅱ-41，1989
(24) 空気調和・衛生工学会編：空気調和・衛生工学便覧(第13版)第5編，p.51，2001
(25) 同上書，第5編，p.52
(26) 同上書，第5編，p.53
(27) 同上書，第5編，p.53
(28) 同上書，第5編，p.64
(29) 同上書，第5編，p.64
(30) 同上書，第5編，p.67
(31) 空気調和・衛生工学会コミッショニング委員会：建築設備の性能検証(コミッショニング)シンポジウム，建築設備の性能検証過程(案)の概要，Ⅲ-8，2003(一部，加筆)
(32) 空気調和・衛生工学会編：空気調和・衛生工学便覧(第13版)第5編，p.92，2001(抜粋)
(33) 同上書，第1編，p.258

参考文献
① 空気調和・衛生工学会編：空気調和・衛生工学便覧(第13版)第5編，2001
② 空気調和・衛生工学会編：空気調和・衛生工学便覧(第13版)第12編，2001
③ 空気調和・衛生工学会編：設計用最大熱負荷計算法，p.14
④ 空気調和・衛生工学会編：空気調和・衛生工学便覧(第11版)，Ⅱ巻，Ⅱ-41，1989
⑤ 国土交通省大臣官房官庁営繕部設備課監修：建築設備設計基準(平成14年版)，(財)全国建設研修センター
⑥ 空気調和・衛生工学会コミッショニング委員会：建築設備の性能検証(コミッショニング)シンポジウム，建築設備の性能検証過程(案)の概要，2003
⑦ 空気調和・衛生工学 Vol.75，No.12 2001.12
⑧ 空気調和・衛生工学会編：空気調和・衛生工学便覧(第13版)第1編，2001

8章 空調機の設計

1 エアハンドリングユニット

1.1 設計手順

エアハンドリングユニット(ユニット型空調機)は,送風する空気を浄化し,その温度,湿度を調整する装置であって,一般に送風機,モータ,冷却コイル,加熱コイル,加湿器,エアフィルタおよびケーシングから構成されている。最近では全熱交換器が組み込まれているもの,制御機構が組み込まれているものなど,省エネルギー,省スペースを目指したものが製作されている。ここでは,従来から用いられている標準的な構成の空調機の設計法について述べる。

その設計手順については,図8.1に示すとおりである。その構成要素である冷却コイル,加熱コイル,加湿器,エアフィルタ,送風機の選定については,本章の各項および9章を参照されたい。

1.2 設計要領
1.2.1 形 式

エアハンドリングユニットには,表8.1に示すとおり多様な種類,形式があるが,メーカーのカタログや技術資料を参照して,使用目的によく合致したものを選定する。

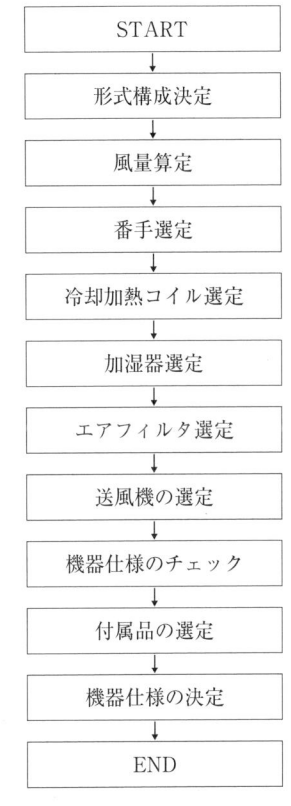

```
START
  ↓
形式構成決定
  ↓
風量算定
  ↓
番手選定
  ↓
冷却加熱コイル選定
  ↓
加湿器選定
  ↓
エアフィルタ選定
  ↓
送風機の選定
  ↓
機器仕様のチェック
  ↓
付属品の選定
  ↓
機器仕様の決定
  ↓
END
```

図8.1 エアハンドリングユニットの設計手順

表8.1 エアハンドリングユニットの分類

種 類	特 徴
横型エアハンドリングユニット	送風機,冷却・加熱コイル,エアフィルタなどの構成を横置きとした空調機
立て型エアハンドリングユニット	送風機を冷却・加熱コイル,エアフィルタの上部に配置した空調機。横型にくらべ設置スペースが小さい。
マルチゾーン型エアハンドリングユニット	冷却コイルと加熱コイルを空調機内に並列に設け,冷風と温風を同時に送風する空調機で機外の混合ダンパで混合し送風温度を変える。
ターミナル型エアハンドリングユニット	制御機器や盤を組み込み,室内の壁面や天井内に設置できる小型空調機
システムエアハンドリングユニット	給気用と還気用送風機,全熱交換器を組み込み,変風量(VAV)システムや定風量(CAV)システムなどと組み合わせて送風静圧などを制御し自動運転する空調機
電算室用エアハンドリングユニット	電算室のフリーアクセスフロアに吹き出すため,送風方向をダウンフローにし,また電算室特有の高顕熱負荷に対応した空調機
クリーンルーム用エアハンドリングユニット	給気の清浄度を確保するため高性能エアフィルタ(HEPAフィルタなど)を組み込み,機内の発じんを抑制した空調機
省スペース型エアハンドリングユニット(コンパクトエアハン)	空調機を構成する送風機,冷却加熱コイル,フィルタなどをユニット化し,従来の空調機にくらべ必要設置面積を大幅に縮減した空調機

1.2.2 構　成

① 具体的な容量決定，設計作業に入る前に，空調機の種類，基本構成（冷却・加熱コイル構成，加湿装置の種類，エアフィルタ形式，混合箱の必要性等）をよく検討する。

② 一般事務室など（顕熱比〈Sensible Heat Factor：SHF〉＝0.7～0.9）を対象とする冷房においては，冷水入口温度を7℃程度として，再熱コイルを設けないのが一般的である。ただし，顕熱比が著しく小さいか，または湿度の制御精度が厳しく要求される（恒温恒湿室など）場合には再熱方式を考慮する。

③ 水加湿方式の場合や冷却コイル正面風速が3 m/s 以上の場合には，原則としてエリミネータを設ける必要がある。

④ 加湿に蒸気を使用する場合には，原則として圧力 50 kPa 以下の低圧蒸気加湿が望ましい。

⑤ エアフィルタの種類は，その目的と性能に合致したものを選定する（本章の6.参照のこと）。

⑥ 外気と再循環空気を適当な割合で混合する必要のある場合は，混合箱（ミキシングチャンバ）を設ける。外気と再循環空気が十分混合せず，偏流を起こすような場合は，コイルの性能が十分発揮されなかったり，凍結を起こすおそれがあるので注意を要する。

⑦ その他，材質（塩害，有害ガス等），防音，防振，耐震，凍結防止など特殊な条件のある場合は，それらを十分検討する。

1.2.3 容　量

① 送風量，外気量，冷却負荷，再熱負荷，加熱負荷，加湿量などの基本要領の算定は空調負荷計算に基づき，空気線図を使用して行う（6節「空気線図の使い方」を参照）。

② 加湿方式（水加湿，蒸気加湿）により冬季加熱負荷容量が異なるので注意する必要がある。

③ 冷却，加熱の2コイル方式の場合，加熱コイル能力は再熱能力と冬季加熱能力のうち，大きいほうの容量で選定を行う。

④ 送風量，送風条件は，冷水・温水の温度条件，室内空気分布の条件などと密接に関連する。特に送風量は空調機の大きさを基本的に規定するものであるので，慎重に検討のうえ決定する。

1.2.4 選 定 法

ユニット型空調機の場合は，風量によって型番を選定し，その型番のコイル正面面積を基準としてコイル類を決定するとともに，加湿器，エアフィルタ，送風機などの各要素を順次決定していく。コイル正面風速は 2.5～3.0 m/s 程度とし，メーカーのカタログなどにより型番を選定する。

1.2.5 チェック

空調機は，処理風量と構成によりほぼ寸法が決定してしまうので，型番決定の段階で，基本的な納まり，スペースなどを必ずチェックしておかなければならない。場合によっては，省スペース空調機（コンパクト空調機）も検討に加える。

―― 例題 8.1 ――

下記の条件における空調機負荷を算出する。

① 室内設計条件
　夏季　26 ℃（DB），50 %RH
　冬季　20 ℃（DB），50 %RH

② 設計外気条件
　夏季　33.2 ℃（DB），27.0 ℃（WB）
　冬季　1.0 ℃（DB），−3.5 ℃（WB）

③ 空調機が受け持つ室内負荷（ピーク時）
　夏季顕熱　10.47 kW，潜熱　1.16 kW
　冬季顕熱　9.30 kW，潜熱　0.58 kW

④ 取入れ外気量
　25 m³/(h・人)（室内人員 35 人）

⑤ 空調機構成条件
　再熱コイルなし，水加湿

[解答]

① まず空気線図を使用し，冷房時および暖房時の状態線図を作成する。作図にあたっての一般的な手法は6節に示すとおりである。図8.2に夏季の状態線図，図8.3に冬季のものを示す。

② 作図した空気線図をもとにして各空調機諸元を算出するのであるが，空調機が多数ある場合は，計算用紙をつくっておいて，そのうえで計算を進めるのが便利である。表8.3はその計算用紙の一例で，計算結果を示す。ここで計算された空調機負荷は，コイルなどの決定に使用される冷却・加熱負荷とは異なる場合があるので，注意をする必要がある。

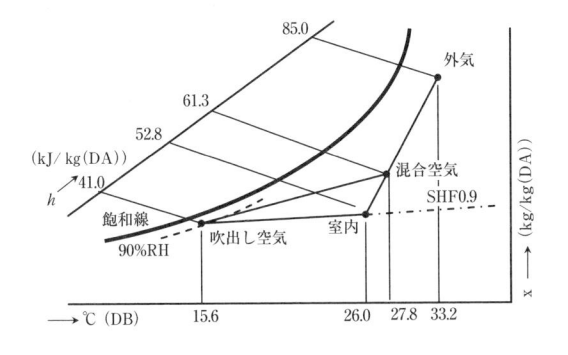

図8.2 夏季（冷房時）の状態線図

図8.3 冬季（暖房時）の状態線図

表8.2 エアハンドリングユニット能力選定表（参考）[1]

型番 (AC-)	形式 列数 風量 (m³/h)	冷却コイル						加熱コイル (kW)				蒸気コイル (kW)	
		4 列		6 列		8 列		4 列		6 列			
		水量 (ℓ/min)	能力 (kW)	水量 (ℓ/min)	能力 (kW)	水量 (ℓ/min)	能力 (kW)	55℃	60℃	55℃	60℃	1 列	2 列
20	2 000	33	11.6	37	13.0	47	16.2	14.5	16.2	16.2	18.6	13.1	20.8
22	2 240	37	13.0	42	14.5	53	18.6	16.2	18.6	18.6	20.9	14.6	23.3
25	2 500	42	14.5	47	16.2	60	20.9	18.6	20.9	20.9	23.2	16.3	26.0
28	2 800	47	16.2	53	18.6	67	23.2	20.9	23.2	23.2	26.0	18.3	29.1
31	3 150	53	18.6	60	20.9	75	26.0	23.2	26.0	26.0	29.0	20.6	32.8
35	3 550	60	20.9	67	23.2	83	29.0	26.0	29.0	29.0	32.5	23.2	36.9
40	4 000	67	23.2	75	26.0	93	32.5	29.0	32.5	32.5	36.6	26.1	41.6
45	4 500	75	26.0	83	29.0	105	36.6	32.5	36.6	36.6	41.2	29.4	46.8
50	5 000	83	29.0	93	32.5	118	41.2	36.6	41.2	41.2	46.5	32.6	52.0
56	5 600	93	32.5	105	36.6	133	46.5	41.2	46.5	46.5	52.3	36.5	58.2
63	6 300	105	36.6	118	41.2	150	52.3	46.5	52.3	52.3	58.1	41.1	65.5
71	7 100	118	41.2	133	46.5	167	58.1	52.3	58.1	58.1	65.1	46.3	73.8
80	8 000	133	46.5	150	52.3	187	65.1	58.1	65.1	65.1	73.2	52.2	83.2
90	9 000	150	52.3	167	58.1	210	73.2	65.1	73.2	73.2	82.5	58.7	93.6
100	10 000	167	58.1	187	65.1	234	82.5	73.2	82.5	82.5	93.0	65.2	104.0
112	11 200	187	65.1	210	73.2	267	93.0	82.5	93.0	93.0	104.6	73.1	116.5
125	12 500	210	73.2	234	82.5	300	104.6	93.0	104.6	104.6	116.2	81.5	130.0
140	14 000	234	82.5	267	93.0	334	116.2	104.6	116.2	116.2	130.2	91.3	145.6
160	16 000	267	93.0	300	104.6	373	130.2	116.2	130.2	130.2	145.3	104.4	166.4

備考　(1) コイルの正面風速は，2.5 m/s 以下とする。
　　　(2) 冷水温度は，入口7℃，出口12℃とする。
　　　(3) コイルの空気入口条件は，冷却時29℃（DB），22℃（WB），加熱時16℃（DB）とする。
　　　(4) 蒸気コイルの蒸気圧力は，35 kPa（G）とする。

表8.3 空調機負荷計算書の計算例

系統名	系統			ゾーン			室数		室
	床面積（A）		m²	室容積（V）		m³	人員		35 人
夏　　季									
熱　　　量	① 顕熱（SHG）		10.47 kW	② 潜熱（LHG）		1.16 kW	③ 全熱（THG）		11.63 kW
顕熱比（SHF）	SHG ① 　10.47 kW ／ THG ③　11.63 kW								0.9
吹出し空気条件	DB　t_s　15.6 ℃	WB　　　℃		DP　　　℃		h　41.0 kJ/kg（DA）		x　0.010 kg/kg（DA）	
送 風 量（Q_{SA}）	$\dfrac{\text{SHG ①}\quad 10.47\text{ kW} \times 1.1 (=11.52)\ ④ \times 1\,000}{0.33 \times (t_r\,26.0\,℃ - t_s\,15.4\,℃)}$								3 300 m³/h
外 気 量（Q_{OA}）	35 人 × 25.0 m³/(h・人) =								875 m³/h
還 気 量（Q_{RA}）	Q_{SA}　3 300 m³/h　−　Q_{OA}　875 m³/h　=								2 425 m³/h
混合空気の h	$\dfrac{(h_o\,85.0\text{ kJ/kg(DA)} \times Q_{OA}\,875\text{ m}^3/\text{h} + h_r\,52.8\text{ kJ/kg(DA)} \times Q_{RA}\,2\,425\text{ m}^3/\text{h})}{Q_{SA}\quad 3\,300\text{ m}^3/\text{h}}$								61.3 kJ/kg（DA）
空調機入口状態	DB　27.8 ℃	WB　21.2 ℃		DP　　　℃		h　61.3 kJ/kg（DA）		x　0.013 kg/kg（DA）	
外気負荷（OAHG）	Q_{OA} 875 m³/h × 1.2 ×（h_o 85.0 kJ/kg(DA) − h_r 52.8 kJ/kg(DA)）/3 600 =								9.39 kW
予熱負荷（PHG）	な　し								kW
再熱負荷（RHG）	な　し								kW
夏季空調機負荷	SHG ④　11.52 kW + LHG ②　1.16 kW + OAHG　9.39 kW + PHG 　　kW + RHG 　　kW　=								22.07 kW
冬　　季									
熱　　　量	① 顕熱（SHL）		9.3 kW	② 潜熱（LHL）		0.58 kW	③ 全熱（THL）		9.88 kW
吹出し空気温度	$\dfrac{\text{SHL ①}\,9.3\text{ kW} \times 1.1\,(=10.23)\ ④ \times 1\,000}{0.33\ \times\ Q_{SA}\ 3\,300\ \text{m}^3/\text{h}}$ + t_r　20.0 ℃　=								29.2 ℃
混合空気の h	$\dfrac{(h_o\,4.2\text{ kJ/kg(DA)} \times Q_{OA}\,875\text{ m}^3/\text{h} + h_r\,38.5\text{ kJ/kg(DA)} \times Q_{RA}\,2\,425\text{ m}^3/\text{h})}{Q_{SA}\quad 3\,300\ \text{m}^3/\text{h}}$								29.4 kJ/kg（DA）
空調機入口状態	DB　14.9 ℃	WB　10.0 ℃		DP　　　℃		h　29.4 kJ/kg（DA）		x　0.0056 kg/kg（DA）	
空調機出口状態	DB　29.2 ℃	WB　 − ℃		DP　　　℃		h　49.0 kJ/kg（DA）		x　0.0073 kg/kg（DA）	
外気負荷（OAHG）	Q_{OA} 875 m³/h × 1.2 ×（h_o 38.5 kJ/kg(DA) − h_r 4.2 kJ/kg(DA)）/3 600 =								10.0 kW
加 湿 量	Q_{OA} 875 m³/h × 1.2 ×（x_r 0.0073 kg/kg（DA） − x_o 0.0011 kg/kg（DA））+ 0.58/0.694 =								7.3 kg/h
冬季空調機負荷	SHL ④　10.23 kW + LHL ②　0.58 kW + OAHG　10.00 kW								20.81 kW
平均換気回数	Q_{SA}　　　　　　　　　m³/h/V　m³								R/h
夏季空調負荷	夏季空調負荷　　　　　　　　　　　　　　kW/A　m²								W/m²
冬季空調負荷	冬季空調負荷　　　　　　　　　　　　　　kW/A　m²								W/m²
備　　考									

2 パッケージ空調機

2.1 選定手順

選定手順は図 8.4 による。

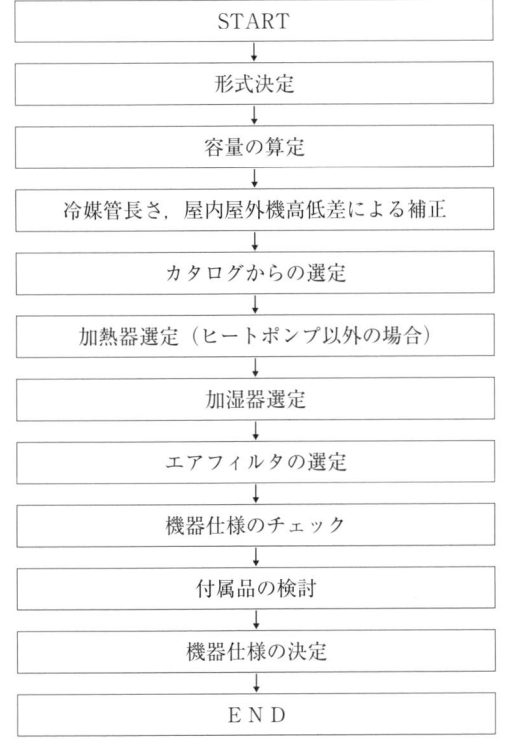

```
START
　↓
形式決定
　↓
容量の算定
　↓
冷媒管長さ、屋内屋外機高低差による補正
　↓
カタログからの選定
　↓
加熱器選定（ヒートポンプ以外の場合）
　↓
加湿器選定
　↓
エアフィルタの選定
　↓
機器仕様のチェック
　↓
付属品の検討
　↓
機器仕様の決定
　↓
END
```

図 8.4　パッケージ型空調機の選定手順

2.2 選定要領

2.2.1 形　式

パッケージ型空調機には、表 8.4 に示すように多くの種類のものがある。最近よく使用されるマルチ型は、圧縮機を内蔵した室外ユニット 1 台で複数の室内機をまかなうもので、個別制御性に優れている。これらの種類のものは、その形式により、冷却能力に対する風量や吸込み空気条件の範囲が限定されるので、注意を要する。それぞれの用途や目的に適合したものを選定しなければならない。

2.2.2 容　量

パッケージ型空調機の必要容量の算定は、前節のエアハンドリングユニットに準ずるが、パッケージ型空調機は規格品であるため、性能に限界があるので、一度仮決定して、使用条件の許容範囲内で達成可能な容量を最終決定する。

2.2.3 選　定　法

① パッケージ型空調機の選定方法としては、室内負荷と空調機の吸込み空気条件、外気条件など（水冷式の場合は冷却水条件など）から必要冷却・加熱能力を満足するものをカタログから選定し、風量、機外静圧などの必要性能をチェックした後、最終的な機器を選定する。パッケージ型空調機は規格品であるため、必要能力と機器能力とは必ずしも一致しない。したがって、必要能力の許容範囲をよくチェックして選定しなければならない（表 8.5 ～ 8.11 参照）。

② 室内の温湿度範囲が明確に指示されているような場合には、空気線図上で、選定した機器の吹出し空気状態をバイパスファクタ（By-pass Factor：BF＝0.1 ～ 0.2）により選定し、必要なら再熱方式を制御方式と一緒に検討を加えたうえで採用する。一般の事務室の場合には、室内湿度を 40 ～ 70% 程度に納まるようにするのが望ましい。

③ パッケージ型空調機の冷房（暖房）能力と風量範囲（一般には標準風量に対して、80 ～ 120% 程度）は、種類や型番によって異なるばかりでなく、メーカーによっても異なる場合があるので注意を要する。

2.2.4 チェック

① 空冷ヒートポンプパッケージ型空調機の場合、一般に暖房能力より冷房能力のほうが小さいので、必ず設計条件での冷房能力をチェックする。

② 室内機に圧縮機を内蔵するパッケージ型空調機は騒音が大きいので、必ず騒音値をチェックする。一般に室内に設置する場合には、7.5 Rt 形程度の容量のものまでとするのが望ましい。

③ 空冷タイプおよびマルチタイプのものを使用する場合は、屋内機と屋外機間の配管距離、高低差および屋内機間の配管距離、高低差などに制約があり、この限界以上の場合には、能力の減少や冷媒循環上のトラブルが発生するおそれがあるので注意を要する（図 8.5 ～ 8.7 参照）。

8章 空調機の設計

表8.4 パッケージ型空調機の種類

冷却方式による分類	エネルギー源による分類	設置方法による分類	用途による分類	機能による分類
空冷式 水冷式 水熱源ヒートポンプ式	電気式 ガスエンジン式 灯油エンジン式	床置き型 壁掛け型 天吊り型 露出型 隠蔽型 カセット型	事務室用 電算室用 クリーンルーム用 スポット用（厨房など）	ダクト型 直吹き型 オールフレッシュ用 産業用 精密空調用 マルチ型 氷蓄熱型

表8.5 空冷ヒートポンプパッケージ型空調機諸元表（圧縮機屋内型）(参考)[2]

型番（ACP-）			8	14	20	28	40	56	63	80	備考
定格冷房能力 (kW)		50Hz	7.1	12.5	18.0	25.0	36.0	50.0	56.0	71.0	JIS 標準条件
		60Hz	8.0	14.0	20.0	28.0	40.0	56.0	63.0	80.0	
定格暖房能力 (kW)		50Hz	8.0	13.2	21.2	26.5	40.0	56.0	63.0	80.0	JIS 標準条件
		60Hz	9.0	15.0	23.6	30.0	45.0	63.0	71.0	90.0	
設置形式	床置き直吹出し型		○	●	●	●	●	○	-	-	●印は適用
	床置きダクト型		○	●	●	●	●	●	●	●	○印は一部メーカーのみ適用
圧縮機	電動機出力（kW）		2.2	3.75	5.5	7.5	11.0	15.0	18.5	22.0	合計値（参考）
	容量制御		オン・オフ				3位置				(参考)
送風機（屋内）	直吹き型	電動機出力（kW）	0.4	0.4	0.4	0.75	1.5～2.2	2.2～3.75	-	-	(参考)
		標準風量（m³/min）	22～25	40～45	60～70	80～90	130～145	160～200	-	-	(参考)
		到達距離（m）	8.0	9.0	11.0	16.0	23.0	24.0	-	-	残風速 0.25m/s (参考)
	ダクト型	電動機出力（kW）	0.4～0.75	0.4～0.75	0.75～1.5	1.5～2.2	2.2～3.75	3.7～5.5	5.5～7.5	5.5～7.5	(参考)
		標準風量（m³/min）	22	40	60	80	130	165	200	240	可変可能範囲 85～115%
		機外静圧（Pa）	29～98	147～245	147～294	196～392	245～392	294～490	343～490	343～490	(参考)
		吹出し温度差（℃）	14.7	13.4	12.9	12.9	12.9	12.9	12.9	12.9	(参考)
送風機（屋外）	電動機出力（kW）		0.13	0.15	0.55	0.72	0.8	1.2	1.4	1.6	(参考)
法定冷凍能力（トン）		50Hz	1.4	2.3	3.2	4.5	7.8	9.8	11.0	13.1	(参考)
		60Hz	1.7	2.7	4.2	5.5	8.3	11.0	13.1	16.0	
運転質量（屋内＋屋外）(kg)			130+50	235+90	260+120	490+140	600+260	890+330	950+440	1 000+450	
暖房用補助電気ヒータ容量（kW）			2～3	3～5	5～8	8～10	10～14	14～18	18～24	18～24	最大取付可能容量
加湿器	能力（kg/h）	パン型	1.2	2.4	3.6	4.8	7.8	7.8	10.4	10.4	(参考)
		超音波型	1.2	2.4	3.6	4.8	-	-	-	-	(参考)
	消費電力（kW）	パン型	1.0	2.0	3.0	4.0	6.0	6.0	8.0	8.0	(参考)
		超音波型	0.06	0.12	0.18	0.24	-	-	-	-	(参考)

備考 (1) 夏季屋外吸込み空気温度は，35℃(DB) とする (JIS B 8616)。
(2) 夏季室内吸込み空気温度は，27℃(DB)，19℃(WB) とする (JIS B 8616)。
(3) 冬季室内吸込み空気温度は，20℃(DB) とする (JIS B 8616)。
(4) 冬季屋外吸込み空気温度は，7℃(DB)，6℃(WB) とする (JIS B 8616)。
(5) 電源は三相 200V とする。
(6) 水噴霧式の加湿方式は用いない。
(7) 電動機出力は「以下」表示とする。

また，室外機の騒音対策や積雪地方での防雪対策（ヒートポンプの場合）も検討する。

④ パッケージ型空調機に標準品以外のエアフィルタを選定した場合には，内蔵送風機の静圧が不足する場合があるのでよくチェックする。

⑤ パッケージ型空調機に組込み可能な電気ヒータ，加湿器などの容量には，型番により限界があるので注意を要する。

⑥ 水冷式パッケージ型空調機を複数台設置する場合は，その系統の空調機の総容量と冷却塔の総容量は，特別の場合を除き一致させるようにする。

⑦ マルチパッケージ型空調機を設置する場合，屋外機容量は室内機合計容量の85～120％の

表8.6 マルチパッケージ型空調機「屋内機」諸元表（EHPカセット型）（参考）[3]

50Hz，60Hz 共通

型番（ACP－）		2.2	2.8	3.6	4	4.5	5	5.6	6.3	7.1	8	9	11.2	14	16
定格冷房能力 (kW)		2.2	2.8	3.6	4.0	4.5	5.0	5.6	6.3	7.1	8.0	9.0	11.2	14.0	16.0
定格暖房能力 (kW)		2.5	3.2	4.0	4.8	5.0	5.6	6.3	7.5	8.0	9.0	10.0	12.5	16.0	18.0
形式の適用	カセット型(1方向)CK－1	○	●	●		●		●		●	○				
	カセット型(2方向)CK－2	●	●	●	○	●	●	●	●	●	●	●	●	●	
	カセット型(3方向)CK－3		○	●		●		●		●	●	●	●	●	○
	カセット型(4方向)CK－4		●	●	○	●	●	●	●	●	●	●	●	●	○
風量 (m³/h)	カセット型(1方向)CK－1	450	450	540		780		840		1 080	1 200				
	カセット型(2方向)CK－2	390	420	510	720	720	780	780	900	900	1 020	1 140	1 560	1 800	
	カセット型(3方向)CK－3		720	720		750		900		900	1 080	1 200	1 620	1 800	1 980
	カセット型(4方向)CK－4		480	660	900	780	960	900	1 140	960	1 080	1 200	1 620	1 800	1 980
電動機出力 (kW)	カセット型(1方向)CK－1	0.035	0.035	0.05		0.05		0.06		0.08	0.14				
	カセット型(2方向)CK－2	0.04	0.05	0.05	0.06	0.06	0.07	0.07	0.09	0.09	0.10	0.13	0.13	0.13	
	カセット型(3方向)CK－3		0.02	0.045		0.045		0.045		0.045	0.05	0.09	0.10	0.13	0.13
	カセット型(4方向)CK－4		0.02	0.045	0.045	0.045	0.045	0.045	0.045	0.05	0.05	0.09	0.10	0.13	0.13

備考 (1) ●印は適用，○印は一部メーカーのみ適用
(2) EHPは，電動機でコンプレッサを駆動するものを示す。
(3) 夏季屋外吸込み空気温度は，35℃（DB）とする（JIS B 8616）。
(4) 夏季室内吸込み空気温度は，27℃（DB），19℃（WB）とする（JIS B 8616）。
(5) 冬季室内吸込み空気温度は，20℃（DB）とする（JIS B 8616）。
(6) 冬季屋外吸込み空気温度は，7℃（DB），6℃（WB）とする（JIS B 8616）。
(7) 圧縮機の容量制御は，製造者の標準による。
(8) 水噴霧式の加湿方式は用いない。

表8.7 マルチパッケージ型空調機「屋外機」要目表（EHP）（参考）[4]

50Hz，60Hz 共通

型番（ACP－）		8	11.2	12.5	14	16	22.4	28	36	45	56
定格冷房能力 (kW)		8.0	11.2	12.5	14.0	16.0	22.4	28.0	36.0	45.0	56.0
定格暖房能力 (kW)		9.0	12.5	14.0	16.0	18.0	25.0	31.5	40.0	50.0	63.0
適用		○	○	○	●	●	●	●	●	●	●
運転重量 (kg)		81	180	180	180	180	300	310	530	566	585
法定冷凍能力 (トン)		1.1	2.0	2.5	2.8	3.0	4.1	4.8	6.9	8.2	9.6
機器入力（最大値） (kW)		3.8	4.5	6.0	8.5	9.1	12.2	15.1	20.7	24.4	30.2

備考 (1) ●印は適用，○印は一部メーカーのみ適用
(2) 機器入力は，圧縮機電動機出力，送風機電動機出力および制御用電源の合計値を示す。
(3) EHPは，電動機でコンプレッサを駆動するものを示す。
(4) 夏季屋外吸込み空気温度は，35℃（DB）とする（JIS B 8616）。
(5) 夏季室内吸込み空気温度は，27℃（DB），19℃（WB）とする（JIS B 8616）。
(6) 冬季室内吸込み空気温度は，20℃（DB）とする（JIS B 8616）。
(7) 冬季屋外吸込み空気温度は，7℃（DB），6℃（WB）とする（JIS B 8616）。
(8) 圧縮機の容量制御は，製造者の標準による。

8章 空調機の設計

表 8.8 マルチパッケージ型空調機「屋内機」要目表（GHP カセット型）（参考）[5]

50Hz，60Hz 共通

型　番（ACP－）		2.2	2.8	3.6	4.5	5.6	7.1	8.0	9.0	11.2	14.0	16.0	22.4	28.0
定格冷房能力 (kW)		2.2	2.8	3.6	4.5	5.6	7.1	8.0	9.0	11.2	14.0	16.0	22.4	28.0
定格暖房能力 (kW)		2.8	3.4	4.2	5.3	6.7	8.5	9.5	10.6	13.2	17.0	19.0	26.5	33.5
形式の適用	カセット型(1方向)CK-1	○	●	●	○	○	○	○						
	カセット型(2方向)CK-2	○	●	●	●	●	●	○	●	●	●	○		
	カセット型(3方向)CK-3			●	●	●	●	●	●	●	●	●	●	
	カセット型(4方向)CK-4			●	●	●	●	●	○	●	●	●		○
風量 (m³/h)	カセット型(1方向)CK-1	540	480	480	720	780	1 020	1 200						
	カセット型(2方向)CK-2	420	540	540	720	720	900	1 080	1 080	1 560	1 920	1 980		
	カセット型(3方向)CK-3			780	780	840	840	960	1 080	1 260	1 680	1 800	1 800	
	カセット型(4方向)CK-4			740	780	720	780	960	1 080	1 260	1 680	1 800	1 800	3 600
電動機出力 (kW)	カセット型(1方向)CK-1	0.035	0.035	0.035	0.04	0.04	0.05	0.05						
	カセット型(2方向)CK-2	0.03	0.03	0.03	0.03	0.03	0.035	0.04	0.04	0.08	0.10	0.12		
	カセット型(3方向)CK-3			0.03	0.03	0.03	0.03	0.035	0.04	0.04	0.08	0.10	0.12	
	カセット型(4方向)CK-4			0.045	0.045	0.045	0.045	0.045	0.09	0.09	0.13	0.13		0.12

備考　(1)　●印は適用，○印は一部メーカーのみ適用
　　　(2)　GHP は，内燃機関でコンプレッサーを駆動するものを示す。
　　　(3)　夏季屋外吸込み空気温度は，35℃(DB) とする (JIS B 8616)。
　　　(4)　夏季室内吸込み空気温度は，27℃(DB)，19℃(WB) とする (JIS B 8616)。
　　　(5)　冬季室内吸込み空気温度は，20℃(DB) とする (JIS B 8616)。
　　　(6)　冬季屋外吸込み空気温度は，7℃(DB)，6℃(WB) とする (JIS B 8616)。
　　　(7)　圧縮機の容量制御は，製造者の標準による。
　　　(8)　水噴霧式の加湿方式は用いない。

表 8.9 マルチパッケージ型空調機「屋外機」諸元表（GHP）（参考）[6]

50Hz，60Hz 共通

型　番（ACP－）				14	18	22.4	28	35.5	45	56
定格冷房能力 (kW)				14.0	18.0	22.4	28.0	35.5	45.0	56.0
定格暖房能力 (kW)				17.0	21.2	25.0	31.5	40.0	50.0	63.0
適　用				○	○	○	●	●	●	●
運転重量 (kg)				450	450	650	750	920	970	990
法定冷凍能力 (トン)				1.37	1.98	2.50	2.86	3.50	4.64	5.57
ガス消費量 (kW)	都市ガス	13A	冷房	11.9	16.9	17.8	23.8	28.5	35.8	44.3
			暖房	13.6	16.2	19.4	24.7	29.6	39.0	46.0
		12A	冷房	11.9	16.9	17.8	23.8	28.5	35.8	44.3
			暖房	13.6	16.2	19.4	24.7	29.6	39.0	46.0
		6A	冷房	13.5	16.5	20.5	25.9	30.8	40.8	53.0
			暖房	14.8	18.6	22.3	28.3	33.5	44.5	54.3
		L1 (5B, 6C, 7C)	冷房	13.5	16.9	20.5	25.9	30.8	40.8	53.0
			暖房	14.8	18.6	22.3	28.3	33.5	44.5	54.3
		L2 (5A, 5AN, 5B)	冷房	13.5	16.9	20.5	25.9	30.8	40.8	53.0
			暖房	14.8	18.6	22.3	28.3	33.5	44.5	54.3
		L3 (4A, 4B, 4C)	冷房	13.5	16.5	20.5	25.9	30.8	40.8	53.0
			暖房	14.8	18.6	22.3	28.3	33.5	44.5	54.3
		5C	冷房	13.5	16.9	20.5	25.9	30.8	40.8	53.0
			暖房	14.8	18.6	22.3	28.3	33.5	44.5	54.3
	LPG		冷房	11.9	16.9	17.8	23.8	28.5	35.8	44.3
			暖房	13.6	16.2	19.4	24.7	29.6	39.0	46.0
機器入力（最大値） (kW)				0.73	0.73	0.93	0.98	1.50	1.56	1.83

備考　(1)　●印は適用，○印は一部メーカーのみ適用
　　　(2)　機器入力は，送風機電動機出力，エンジン始動モータ出力および制御用電源の合計値を示す。
　　　(3)　GHP は，内燃機関でコンプレッサを駆動するものを示す。
　　　(4)　夏季屋外吸込み空気温度は，35℃(DB) とする (JIS B 8616)。
　　　(5)　夏季室内吸込み空気温度は，27℃(DB)，19℃(WB) とする (JIS B 8616)。
　　　(6)　冬季室内吸込み空気温度は，20℃(DB) とする (JIS B 8616)。
　　　(7)　冬季屋外吸込み空気温度は，7℃(DB)，6℃(WB) とする (JIS B 8616)。
　　　(8)　圧縮機の容量制御は，製造者の標準による。

表8.10 パッケージ型空調機の吸込み空気湿球温度範囲と標準風量概略値

パッケージ形式	吸込み空気湿球温度℃(WB)範囲	標準風量 (m³/(h·kW))
標準型	15~17 21~23 ℃(WB)	≒ 140 m³/(h·kW)
オールフレッシュ型	15~17 29~30 ℃(WB)	≒ 70 m³/(h·kW)
電算室用	11~22℃(WB)	≒ 280 m³/(h·kW)
低温用	3~5 ~15℃(WB)	≒ 260 m³/(h·kW)
産業用	10~17℃(WB)	≒ 170 m³/(h·kW)

注 1) 吸込み空気湿球温度(℃WB)は凝縮温度,風量によって異なり,メーカーによっても多少異なる。上記は冷却塔使用の場合の参考値である。
2) 一般にパッケージの風量範囲は,標準風量を100%として80~120%程度である。

表8.11 空冷ヒートポンプパッケージ型空調機の屋外機吸込み空気条件範囲概略値

パッケージ形式	冷房時屋外機吸込み空気条件	暖房時屋外機吸込み空気条件
標準型	20℃(DB)~21℃(DB) 43℃(DB)~45℃(DB)	-5℃(WB)~-12℃(WB) ~15℃(WB)
寒冷地用	同上	-17℃(WB)~15℃(WB)

注 機種,メーカーによって異なる。上記は参考値である。

範囲内で選定する。屋外機容量が100%未満の場合は,空調負荷計算から求められる各屋内機の必要冷房能力および必要暖房能力の合計値よりも大きいことが必要である。詳細については,メーカーのカタログまたは技術資料などにより選定する。

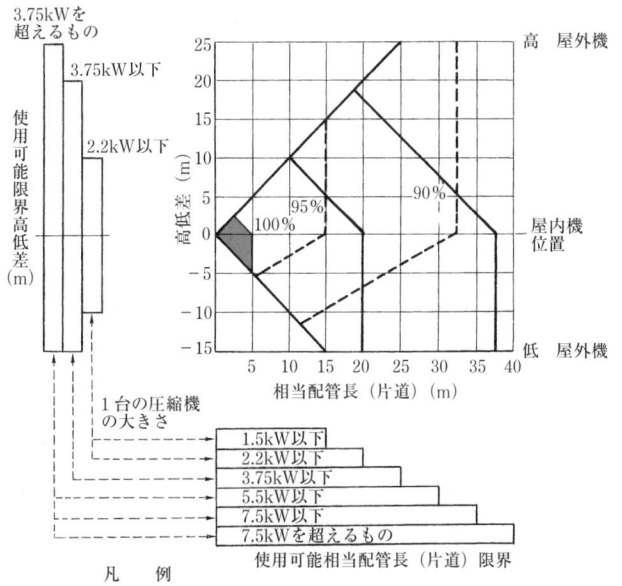

図8.5 空冷式ヒートポンプパッケージ型空調機の冷媒配管の長さと高低差による補正[7]

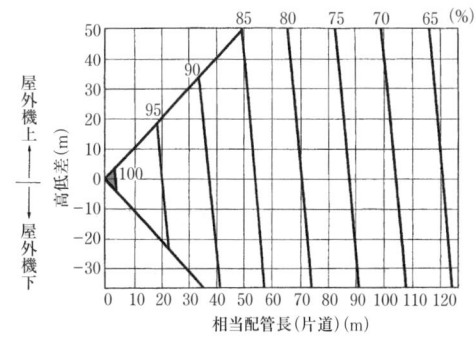

図8.6 マルチパッケージ型空調機の冷媒配管の長さと高低差による補正[6] (冷房時,EHP,GHP共通)

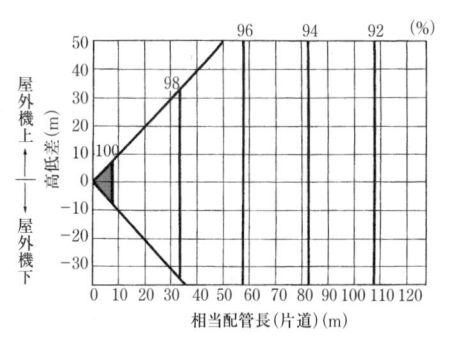

図8.7 マルチパッケージ型空調機の冷媒配管の長さと低差による補正[9] (暖房時,EHP,GHP共通)

8章 空調機の設計

⑧ マルチパッケージ型空調機を設置する場合，冷媒管の管径の選定は，それぞれの経路が受け持つ室内機の合計容量に見合った管径とする。詳細については，メーカーのカタログまたは技術資料などにより設計を行う。

例題 8.2

例題 8.1 と同様の条件において，空冷ヒートポンプダクト型のパッケージ空調機を選定せよ（電源は 50 Hz とする）。

[解答] 表 8.3 の空調機負荷計算書によれば，必要な能力は下記のとおりである。

風量	3 300 m³/h
冷房負荷	22.07 kW
吸込み空気条件	27.8 ℃(DB)，21.2 ℃(WB)
暖房負荷	20.81 kW
吸込み空気条件	14.9 ℃(DB)，10.0 ℃(WB)

これらによりカタログなどで選定するのであるが，表 8.5 を参考にすれば，上記の能力を満足するものとして「ACP-28」が一応選定される。しかし，ここに表示されている能力は，吸込み空気条件が夏季 27 ℃(DB)，19 ℃(WB)，冬季 20 ℃(DB) のときのものであるから，実際には，カタログや技術資料などにより，前記の吸込み空気条件においても必要な能力を満足するかどうか確認しなければならない。さらに風量変化範囲，必要静圧，加湿方法と能力などについてもチェックする必要がある。必要能力を満足しない場合には，型番を変えるか，他の種類（低風量用，全外気用など）のものに適当なものがないか検討を加える。あるいは，一般的な部屋の空調（事務室や店舗など）では，室内の湿度条件を多少緩和（40～70 %RH の範囲で）して選定することも有効な方法である。

3 ファンコイルユニット

3.1 選定手順

ファンコイルユニットの選定手順は図 8.8 による。

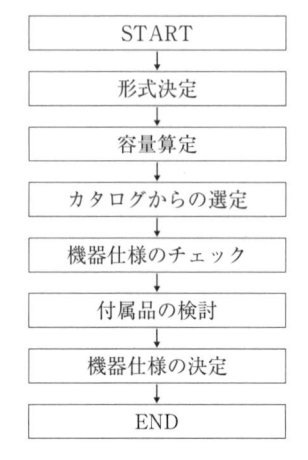

```
START
 ↓
形式決定
 ↓
容量算定
 ↓
カタログからの選定
 ↓
機器仕様のチェック
 ↓
付属品の検討
 ↓
機器仕様の決定
 ↓
END
```

図 8.8 ファンコイルユニットの選定手順

3.2 選定要領

3.2.1 形 式

使用目的，設置方法，必要機能などを考慮して形式選定を行う。形式，および種類は表 8.12 に示すとおりである。

表 8.12 ファンコイルユニットの種類

区 分	種 類
見え掛り区分	露出型，隠蔽型
設置形区分	床置き型，天井吊り型，ローボーイ型，カセット型，壁掛け型
性能区分	標準型，二パス型，二コイル型，高温度差小水量型，外気導入型，大容量型
その他	電気集じん器付き型

3.2.2 容 量

ファンコイルユニットの必要能力は，熱負荷計算書による室内負荷のほか，別置の空調機などがある場合には，これらの処理熱量を考慮して決定する。ファンコイルユニットは規格品であるため性能に限界があるので，厳密な湿度制御を要求される場合には採用しない。

一般的には下記の要領による。

① 別置き空調機のない場合

$$必要能力 = \frac{熱負荷計算による室内負荷}{設置台数}$$

② 別置き空調機のある場合

上式において，室内負荷の代わりに，室内負荷から空調機による処理熱量を差し引いた負荷を基準とする。ただし，外気処理空調機などの空気をファンコイルユニットの吸込み側に直接接続する場合には，室内負荷はそのままで，吸込み空気条件のみを変えて選定してもよい。

3.2.3 選定法

① 選定方法は，一般的には冷水入口温度と全熱負荷より水量を算出し，この水量と冷水入口温度，吸込み空気条件（DB，WB）とから顕熱負荷によりその型番を選定し，この型番で全熱能力と暖房能力をチェックする。

冷水出入口温度差は，標準型の場合5℃，省エネ型では8～10℃程度にとる。

② 一般にファンコイルユニットの能力は，同一水量の場合，冷房能力より暖房能力のほうが大きいので，冷房基準で選定すればよい。しかし，温水温度が低い場合や建物の北面の諸室などでは，暖房能力をチェックし，能力不足のときは暖房基準で選定する必要がある。

③ 1台当たりの水量や能力があまりに大きい場合には，台数を増やすことで対処することを考える。25 kPa以上の水頭損失がある場合や，8

表8.13 床置き型，天吊り型ファンコイルユニット諸元表 (参考)[10]

型番 （FCU－）					2	3	4	6	8
標準風量		(m³/h)			280	420	560	840	1 120
標準水量		(ℓ/min)			4	6	8	12	16
最小水量		(ℓ/min)			2	3	4	6	8
最大水量		(ℓ/min)			8	12	16	24	32
騒音レベル		(dB (A))			36	39	39	41	42
損失水頭		(kPa)			14	18	20	25	29
入力値 (VA)		50Hz			55	60	65	90	130
		60Hz			60	65	70	100	140
冷房能力 (kW)	入口空気 28℃ 50%	入口水温	7℃	全熱	1.54	2.31	3.09	4.63	6.18
				顕熱	1.11	1.68	2.24	3.36	4.47
			6℃	全熱	1.66	2.50	3.33	5.00	6.66
				顕熱	1.16	1.73	2.31	3.47	4.62
			5℃	全熱	1.80	2.69	3.59	5.39	7.19
				顕熱	1.20	1.82	2.43	3.63	4.86
冷房能力 (kW)	入口空気 26℃ 50%	入口水温	7℃	全熱	1.33	2.00	2.67	4.01	5.33
				顕熱	1.04	1.56	2.09	3.13	4.19
			6℃	全熱	1.47	2.20	2.95	4.41	5.89
				顕熱	1.09	1.63	2.18	3.27	4.36
			5℃	全熱	1.62	2.44	3.25	4.89	6.52
				顕熱	1.16	1.73	2.31	3.47	4.62
暖房能力 (kW)	入口空気 19℃	入口水温	45℃		1.53	2.31	3.09	4.61	6.15
			50℃		1.82	2.75	3.68	5.50	7.32
			55℃		2.11	3.19	4.27	6.39	8.51
			60℃		2.40	3.63	4.87	7.27	9.69
			65℃		2.70	4.08	5.46	8.17	10.87
暖房能力 (kW)	入口空気 22℃	入口水温	45℃		1.34	2.04	2.73	4.08	5.44
			50℃		1.65	2.48	3.32	4.97	6.61
			55℃		1.94	2.93	3.91	5.86	7.80
			60℃		2.23	3.37	4.51	6.74	8.98
			65℃		2.53	3.81	5.10	7.63	10.16

備考　冷房能力，暖房能力は，標準水量のときの値を示す。

型の採用などは，特殊な場合を除きなるべく避けたい。

④ 多数のファンコイルユニットを選定する場合には，あらかじめ各形式，型番ごとに水量，能力などの選定基準を決定しておき，それにもとづいて各室の対応型番と台数を決定していくとよい（表8.13 参照）。

3.2.4 チェック

① メーカーのカタログにあるファンコイルユニットの能力表示は，一般に風量最大の場合であるので，騒音が問題になりそうな室では騒音をチェックする。

② 熱負荷の相対的に小さな室（広い室で負荷が小さい場合）などでは，熱負荷を満足するだけではなく，換気回数，配置などをチェックし，空気分布上問題があれば，台数を増やすことも考慮しなければならない。

―― 例題8.3 ――

ある事務室（中間階）で，ピーク時の室内熱負荷計算結果は表8.14 のとおりである。インテリアゾーンをダクト方式，ペリメータゾーンをファンコイルユニット方式で空調を行う場合のファンコイルユニットを選定せよ。ファンコイルユニットは各スパンごとに1台とし，全部で12台とする。

表8.14 室内熱負荷計算結果

	冷房負荷 (kW)		暖房負荷 (kW)	
	顕熱 H_S	潜熱 H_L	顕熱 H_S	潜熱 H_L
ガラス窓	16.0		15.0	
外 壁	5.0		10.0	
侵入外気	0.5	2.5	4.0	3.0
間仕切り	0.5		2.0	
人 体	8.0	8.5		
照 明	18.0			
計	48.0	11.0	31.0	3.0

［解答］ガラス窓，外壁，侵入外気の負荷をペリメータ負荷（スキン負荷）とし，これをファンコイルユニットに受け持たせる。残りはインテリアゾーンとしてダクト方式で処理する。冷房時のスキン負荷を計算すると，

顕熱 $H_S = 16.0+5.0+0.5 = 21.5$ (kW)
全熱 $H_T = H_S+H_L = 21.5+2.5 = 24.0$ (kW)

この熱量に10 % 程度の損失または余裕を見込み，各ファンコイルユニットに均等に振り分けると，1台当たりの能力は下記の値以上が必要である。

$$顕熱能力 = \frac{21.5 \times 1.1}{12} = 1.97 (kW)$$

$$全熱能力 = \frac{24.0 \times 1.1}{12} = 2.20 (kW)$$

表8.13 の標準型ファンコイルユニットの選定基準によれば，冷水入口温度6 ℃とし，「FCU−4」を選定すればよいことがわかる。そのときの冷水量は8 ℓ/min であり，同じ水量で温水入口温度50 ℃のときの暖房能力は3.32 kW であるから，1台当たりの必要能力

暖房負荷（顕熱）= 15.0+10.0+4.0 = 29.0 (kW)

$$1台当たりの必要暖房能力 = \frac{29.1 \times 1.1}{12}$$
$$= 2.66 \text{ (kW)}$$

に対し十分満足している。

水量が変化したときの特性変化は図8.9 により求められる。ただし室内条件が，夏季26 ℃(DB)，50 %RH，冬季22 ℃(DB) と異なるときは，カタログまたは技術資料などにより能力のチェックをする必要がある。インテリアゾーンの空調機については，1.2.4 と同様の方法で選定するが，夏季の潜熱処理がファンコイルユニットで不足する場合，および冬季の加湿能力については，インテリアゾーンの空調機で受け持つ必要がある。

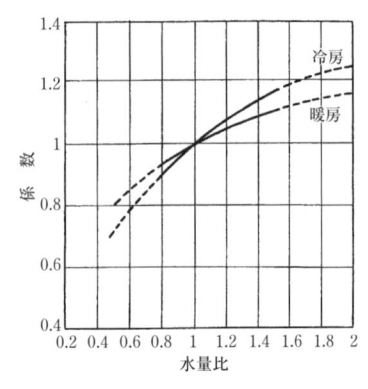

図8.9 ファンコイルユニットの水量変化に対する能力補正

4 冷却・加熱コイル

4.1 設計手順

冷却・加熱コイルとして用いられる冷温水コイルの設計手順を図8.10に，加熱コイルとして用いられる蒸気コイルの設計手順を図8.11に示す。

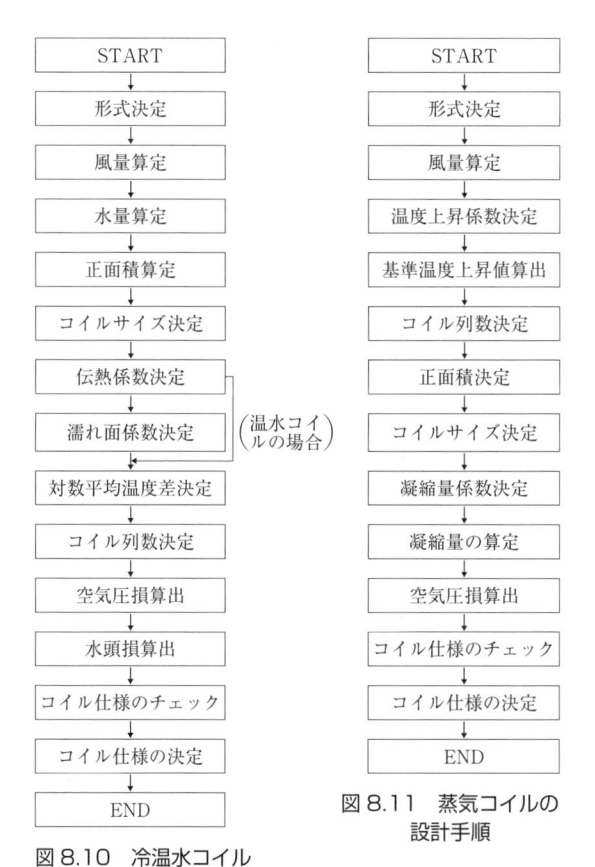

```
START
 ↓
形式決定
 ↓
風量算定
 ↓
水量算定
 ↓
正面積算定
 ↓
コイルサイズ決定
 ↓
伝熱係数決定
 ↓
濡れ面係数決定 （温水コイルの場合）
 ↓
対数平均温度差決定
 ↓
コイル列数決定
 ↓
空気圧損算出
 ↓
水頭損算出
 ↓
コイル仕様のチェック
 ↓
コイル仕様の決定
 ↓
END
```

図8.10 冷温水コイルの設計手順

```
START
 ↓
形式決定
 ↓
風量算定
 ↓
温度上昇係数決定
 ↓
基準温度上昇値算出
 ↓
コイル列数決定
 ↓
正面積決定
 ↓
コイルサイズ決定
 ↓
凝縮量係数決定
 ↓
凝縮量の算定
 ↓
空気圧損算出
 ↓
コイル仕様のチェック
 ↓
コイル仕様の決定
 ↓
END
```

図8.11 蒸気コイルの設計手順

4.2 設計要領

4.2.1 形式

コイルの種類，形式には，一般に表8.15のものがあるが，空調で用いられるのはほとんどプレートフィンコイルである。

4.2.2 選定法

① コイルの性能はメーカーによって異なるので，あらかじめメーカーが決まっている場合には，そのメーカーのカタログや技術資料によって選定を行う必要がある。設計段階での計算は概略計算と考えるべきである。

② 冷温水コイルの列数は最大10列程度とするのが，空気の圧力損失からみて望ましい（低温の場合を除く）。それ以上となるときは，冷水条件，温水条件などを変更することも考える。

③ 蒸気コイルは一般に1列か2列が標準品であり，それ以上の列数を必要とする場合には，これらを組み合わせて使用する。ただし，この場合は個々に蒸気トラップを設ける。また，同じ列数でも，フィンピッチを変えてその能力を変えることもできる。

④ 蒸気コイルは過大な容量のものを選ぶと制御性が悪くなるので，適切な容量のものを選ぶ。

⑤ コイル選定のとき，風量，風速は標準空気（101.325 kPa，$\rho = 1.2$ kg(DA)/m^3）として計算する。したがって，標準空気以外の場合は，必ず標準空気に換算する。15～30℃程度では大きな誤差は見られない。

表8.15 冷却・加熱コイルの種類と特徴

種類	エロフィンコイル	プレートフィンコイル	直膨コイル	ハイフィンコイル
形状				
特徴	熱膨張に対応できる	放熱面積大	低い表面温度が得られる	フィンとチューブが単一材である
用途	蒸気コイルに適する	冷水・温水コイルに適する	低圧蒸気に使われる。パッケージ等冷媒コイル用	化学工業用

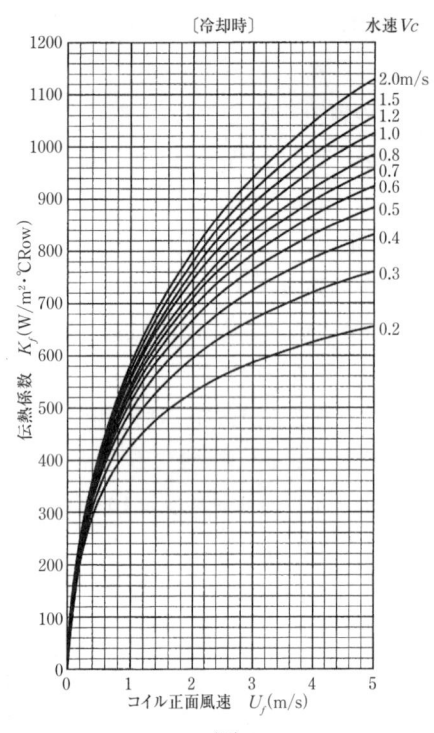

図 8.12　伝熱係数 K [11]（7フィン型冷却時） 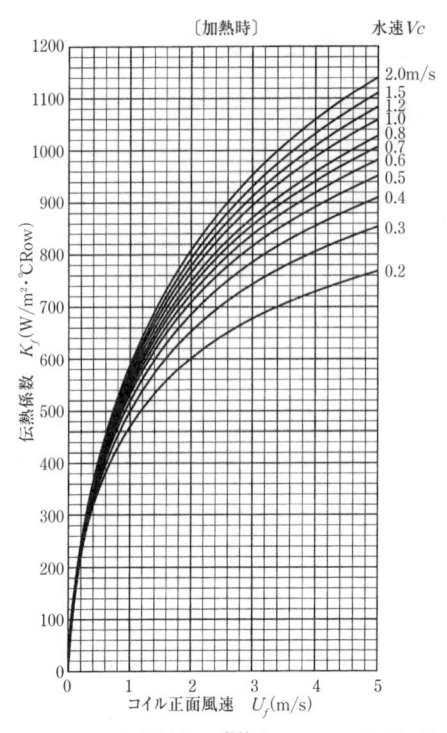　　　図 8.13　伝熱係数 K [11]（7フィン型加熱時）

表 8.16　コイル寸法表 [11]

コイル No.	最大風量 (m³/h)	冷却加熱兼用コイル（W型）			蒸気コイル（HS型）			蒸気コイル（VS型）		
		正面面積 (m²)	チューブ 長さ (mm)	本数	正面面積 (m²)	チューブ 長さ (mm)	本数	正面面積 (m²)	チューブ 長さ (mm)	本数
3	2 950	0.274	515	14	0.221	485	12	0.205	300	18
4	4 000	0.372	700	14	0.306	670	12	0.292	320	24
5	5 680	0.532	700	20	0.458	670	18	0.395	400	26
6	6 560	0.610	730	22	0.532	700	20	0.484	490	26
7	7 380	0.684	750	24	0.602	720	22	0.524	530	26
8	8 000	0.748	820	24	0.660	790	22	0.563	570	26
9	9 430	0.876	960	24	0.777	930	22	0.660	620	28
10	10 800	1.01	1 020	26	0.903	990	24	0.755	710	28
11	11 750	1.10	1 030	28	0.988	1 000	26	0.827	680	16 × 2
12	12 400	1.15	1 010	30	1.04	980	28	0.876	720	16 × 2
13	13 500	1.25	1 030	32	1.06	1 000	28	0.948	780	16 × 2
14	14 650	1.36	1 120	32	1.16	1 090	28	1.02	840	16 × 2
15	15 950	1.48	1 220	32	1.27	1 190	28	1.12	820	18 × 2
17	18 100	1.68	1 380	32	1.44	1 350	28	1.28	840	20 × 2
20	20 100	1.87	1 540	32	1.61	1 510	28	1.40	840	22 × 2
21	22 350	2.08	1 710	32	1.79	1 680	28	1.57	860	24 × 2
22	24 100	2.24	1 840	32	1.93	1 810	28	1.70	860	26 × 2
25	27 200	2.52	1 950	34	2.04	1 920	28	1.90	960	26 × 2
27	28 100	2.61	2 020	34	2.12	1 990	14 × 2	1.98	1 000	26 × 2
30	31 100	2.89	2 000	38	2.40	1 970	16 × 2	2.17	1 100	26 × 2
32	33 800	3.13	2 060	40	2.47	2 030	16 × 2	2.37	1 200	26 × 2
35	36 800	3.42	2 250	40	2.70	2 220	16 × 2	2.60	1 140	20 × 3
40	40 200	3.72	2 450	40	2.94	2 420	16 × 2	2.81	1 120	22 × 3

注　最大風量は冷温水コイルの正面風速3.0m/s時の風量を示す。

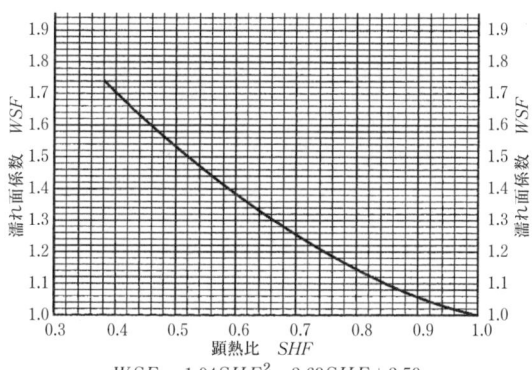

$$WSF = 1.04SHF^2 - 2.63SHF + 2.59$$

$$SHF = \frac{q_s}{q_t} = \frac{1.006(t_{a1}-t_{a2})}{i_{a1}+i_{a2}}$$

q_s ：顕熱負荷

q_t ：全熱負荷

t_{a1} ：コイル入口空気温度（℃ DB）

t_{a2} ：コイル出口空気温度（℃ DB）

i_{a1} ：コイル入口空気エンタルピ（kJ/kg）

i_{a2} ：コイル出口空気エンタルピ（kJ/kg）

注 1）$SHF \leq 0.38$ の場合は $SHF = 0.38$ として計算する。
 2）上式の適用温度範囲は 0℃ ≦ DB ≦ 36℃ とする。
   DB > 36℃ の場合は，$WSF \times 0.9$ とする。

図 8.14 濡れ面係数（WSF）[11]

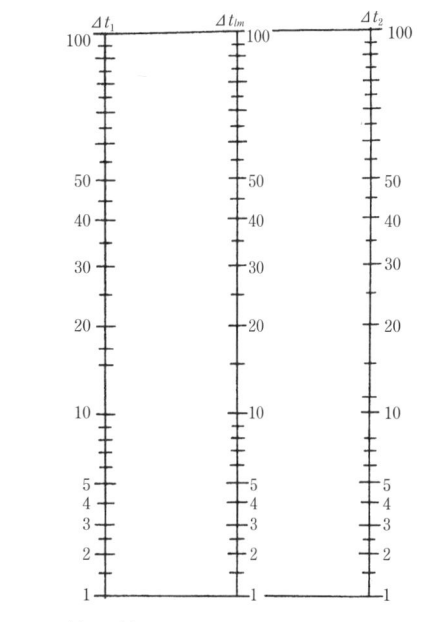

$$\Delta t_{lm} = \frac{\Delta t_1 - \Delta t_2}{2.3 \log_{10} \frac{\Delta t_1}{\Delta t_2}}$$

$\Delta t_1 = |t_{a1} - t_{w2}|$
$\Delta t_2 = |t_{a2} - t_{w1}|$

t_{a1} ：コイル入口空気温度（℃ DB）
t_{a2} ：コイル出口空気温度（℃ DB）
t_{w1} ：コイル入口水温（℃）
t_{w2} ：コイル出口水温（℃）

図 8.15 対数平均温度差を求める計算図表[11]

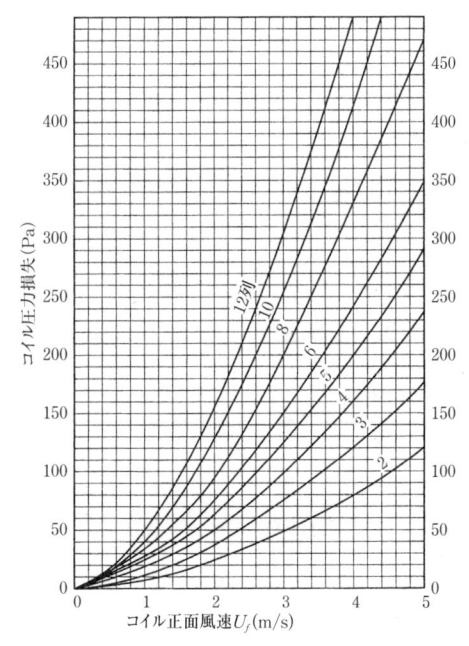

図 8.16 7フィン型濡れ面時圧力損失[11]

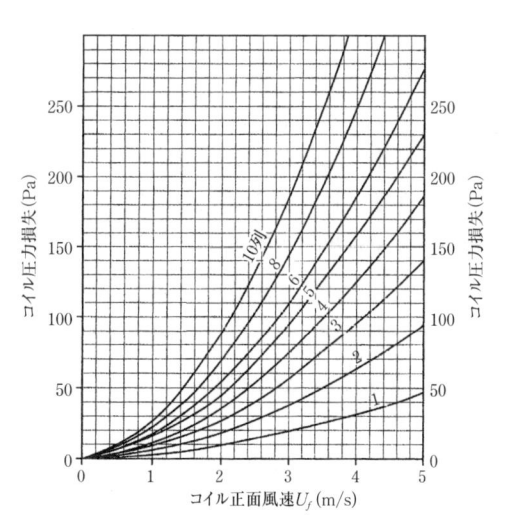

図 8.17 7フィン型乾き面時圧力損失[11]

8章 空調機の設計

(5/8″銅管)

図 8.18 管内水速と水圧損失線図[11]

$\Delta h_w = 0.122 \times V_w^{1.73} \times L$

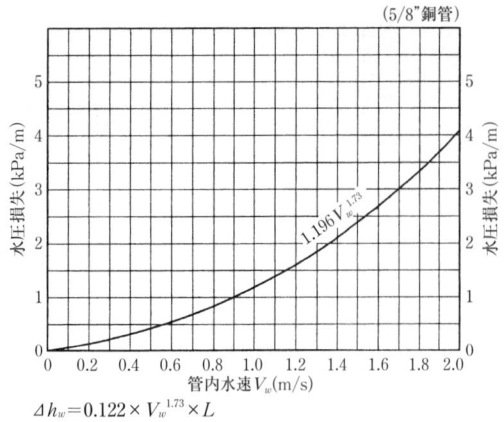

L：直管相当長さ (m)

$$L = \frac{EL \times \text{Row}}{KS \times 1000} + KH\left(\frac{\text{Row}}{KS} + 1\right)$$

KS：HF = 0.5, SF = 1, DF = 2, TF = 3

KH：TH 型（0.11） PB 型（4）
　　　（U ベンド型）（プラグベンド式）

EL：エレメント長さ (mm)

Row：列数

注　管内水速 V_w(m/s) と水量 W (ℓ/min) の関係は次のとおり

$$V_w = \frac{W}{a \times n}$$

a：管肉厚に関係する定数

n：コイル1列当たりのチューブ本数

管肉厚 (mm)	a
0.5	10.8
0.6	10.2
0.8	9.7
1.2	8.6
1.4	8.1

例題 8.4

下記の条件における冷温水コイルの列数と，水側と空気側の圧力損失を求めよ。

① コイル入口空気条件

　　夏季　29.0 ℃ (DB)，23.0 ℃ (WB)

　　冬季　13.0 ℃ (DB)，9.0 ℃ (WB)

② コイル出口空気条件

　　夏季　16.0 ℃ (DB)，15.0 ℃ (WB)

　　冬季　32.0 ℃ (DB)，19.0 ℃ (WB)

③ 送風量　10 000 m³/h

④ 冷却負荷

　　全熱負荷　85.12 kW

　　顕熱負荷　43.84 kW

⑤ 加熱負荷　64.07 kW

⑥ 冷温水条件

　　冷水入口条件　7 ℃

　　温水入口条件　60 ℃

[解答] 多数のコイルを選定する場合，コイル選定用紙をつくっておいて，そのうえで計算を進めるのが便利である。表 8.17 はその一例で，記入例を示し，これをもって解とする。

なお，計算を行うにあたっての留意事項を下記に述べる。

① 冷温水入口温度と温度差

・蓄熱方式の場合，コイル入口冷水温度は冷凍機出口冷水温度より高くなる。

・冷水コイルと兼用する温水コイルの場合，列数が比較的多くなるので，温水温度は低くても十分能力を満足する。

表 8.18　冷温水コイル入口温度と温度差

	コイル入口温度 (℃)	コイル出入口温度差 (℃)
冷水	5〜8	5〜10
温水	40〜80	5〜10

② コイル配置と通過風速

・冷温水コイルの場合，カウンタフローを採用して，対数平均温度差を大きく取るようにする。

・外気用温水コイルなどで管内流体が凍結を起こすおそれがある場合は，パラレルフローを採用する。

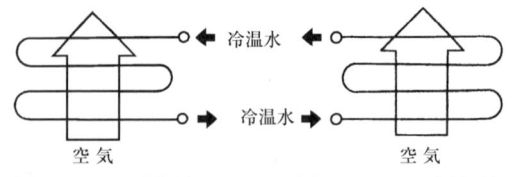

(a) カウンタフロー（逆流）　　(b) パラレルフロー（平行流）

図 8.19　コイル配置図

・冷温水コイル通過風速は，2〜3 m/s にとる（標準 2.5 m/s）。

・コイル表面が結露し，風速が 3 m/s 以上に

8章 空調機の設計

表8.17 コイル選定書の計算例

系統名	(計算例題)							
	冷却コイル				加熱コイル			
コイル入口空気	DB	29.0℃	WB	23.0℃	DP 20.5℃	DB 13.0℃	WB 9.0℃	DP 5.3℃
コイル出口空気	DB	16.0℃	WB	15.0℃	DP 14.3℃	DB 32.0℃	WB 19.0℃	DP 11.4℃
送風量	Q_{SA}			10 000 m³/h		Q_{SA}		10 000 m³/h
冷却加熱負荷				43.84 kW	$SHF=$			64.07 kW
冷却全熱負荷				85.12 kW	$43.84/85.12$ $=0.515$			
冷温水	入口 7℃	出口 12℃		温度差 5℃		入口 60℃	出口 56.2℃	温度差 3.8℃
冷温水量 q	$\dfrac{\text{全熱負荷}\ 85.12\ \text{kW} \times 860}{\text{温度差}\ 5℃ \times 60} = 244\ \ell/\text{min}$					$\dfrac{\text{全熱負荷}\ 64.07\ \text{kW} \times 860}{\text{温度差}\ 3.8℃ \times 60} = 244\ \ell/\text{min}$		
コイル (表8.16による)	空気通過所要面積 $= \dfrac{Q_{SA}\ 10\ 000\ \text{m}^3/\text{h}}{\text{通過風速}\ 2.0 \sim 3.0\ \text{m/s} \times 3600} = 0.926\ \text{m}^2 \sim 1.389\ \text{m}^2$							
	コイルNo.	管長	正面積	台数	1列当たり管本数		サーキット	フィンピッチ
	No. 11	EL 1 030 mm	A 1.10 m²	1 台	N 28 本		HF	7 型
伝熱係数 K	風速 $U_f = \dfrac{Q_{SA}}{A}\ \dfrac{10\ 000\ \text{m}^3/\text{h}}{1.10\ \text{m}^2 \times 3600} = 2.53\ \text{m/s}$					風速 $U_f = \dfrac{Q_{SA}}{A}\ \dfrac{10\ 000\ \text{m}^3/\text{h}}{1.10\ \text{m}^2 \times 3600} = 2.53\ \text{m/s}$		
	水速 $V_w = \dfrac{q}{N\ 28\ \text{本} \times a \times KS}\ \dfrac{244\ \ell/\text{min}}{} = 1.61\ \text{m/s}$					水速 $V_w = \dfrac{q}{N\ 28\ \text{本} \times a \times KS}\ \dfrac{244\ \ell/\text{min}}{} = 1.61\ \text{m/s}$		
	(図8.12より)			860 W/m²・℃・Row		(図8.13より)		860 W/m²・℃・Row
濡れ面係数 WSF	$SHF = 43.84/85.12 = 0.515$ (図8.14より)			1.48				
対数平均温度差 Δt_{lm}	$\Delta t_1 =$ 入口空気 DB 29.0℃ − 出口水温 12℃					$\Delta t_1 =$ 出口水温 DB 56.2℃ − 入口空気 13℃		
	$\Delta t_2 =$ 出口空気 DB 16.0℃ − 入口水温 7℃					$\Delta t_2 =$ 入口水温 60.0℃ − 出口空気 32℃		
	$\Delta t_{lm} = \dfrac{\Delta t_1 - \Delta t_2}{2.3\log_{10}(\Delta t_1/\Delta t_2)} = 12.6$ ℃					$\Delta t_{lm} = \dfrac{\Delta t_1 - \Delta t_2}{2.3\log_{10}(\Delta t_1/\Delta t_2)} = 35.1$ ℃		
列数 R	$\dfrac{\text{冷却全熱負荷}}{A \times K \times WSF \times \Delta t_{lm}} =$					$\dfrac{\text{加熱顕熱負荷}}{A \times K \times \Delta t_{lm}} =$		
	$\dfrac{85.12\ \text{kW} \times 1\ 000}{1.10\ \text{m}^2 \times 860\ \text{W/m}^2\cdot℃\cdot\text{Row} \times 1.48 \times 12.6℃}$					$\dfrac{64.07\ \text{kW} \times 1\ 000}{1.10\ \text{m}^2 \times 860\ \text{W/m}^2\cdot℃\cdot\text{Row} \times 35.1℃}$		
	$= 4.83$ 列 $\times 1.15 = 5.6$			6 列		$= 1.93$ 列 $\times 1.15 = 2.22$		3 列
決定コイル (表8.16による)	コイルNo. 11	管長 1 030 mm				列数 6 列		フィンピッチ 7 型
	サーキット HF	材質 チューブ Cu × フィン Al				仕上げ 標準		ヘッダ形式 TH 型
空気の圧力損失 ΔP_a	コイル面速 U_f 2.53 m/s	列数 6 列						
	(図8.16より)			110 Pa				
水の圧力損失 ΔP_w	水速 V_w 1.61 m/s 単位長さ当たりの水圧の損失 $\Delta P = 1.196 \times V_w^{1.73} = 2.8$ kPa/m (図8.18より)							
	相当長 $= \dfrac{EL \times \text{Row}}{KS \times 1\ 000} + KH \times \left(\dfrac{\text{Row}}{KS} + 1\right) = \dfrac{1,030 \times 6}{0.5 \times 1\ 000} + 0.11 \times \left(\dfrac{6}{0.5} + 1\right) = 13.79$ m							
	$\Delta P_w = \Delta P \times L = 2.8$ kPa/m $\times$ 13.79 m $=$							38.6 kPa
備考	KS：HF $= 0.5$　SF $= 1.0$　DF $= 2.0$　TF $= 3.0$							
	KH：TH 型 $= 0.11$　PB $= 4.0$							
	a：0.5mmt $= 10.8$　0.6mmt $= 10.2$　0.8mmt $= 9.7$　1.2mmt$=8.5$　1.4mmt $= 8.1$　(5/8″銅管の場合)							

なる場合には、エリミネータを取り付けて結露水滴の飛散を防止する必要がある。
- 蒸気コイルの通過風速は、一般に 3 m/s 前後とする（最大 5 m/s）。

③ サーキットの選定
- サーキットの選定は管内流速による。
- 管内流速は 0.6〜1.5 m/s 程度にする。
- シングルフロー（SF）の流速を1とすると、ダブルフロー（DF）は1/2、ハーフフロー（HF）は2倍となる。

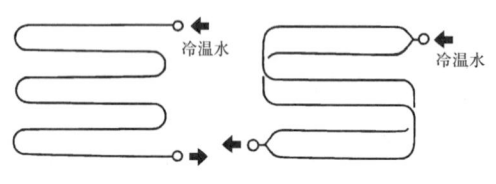

(a) シングルフロー（6列の場合）　　(b) ダブルフロー（6列の場合）

図 8.20　サーキットの種類

④ フィンピッチ
- フィンピッチ表示は通常 25.4 mm（1 inch）間のフィン枚数で示される。
- コイル表面に霜ができる場合には、フィンピッチ 4.2〜13 mm を用いる。
- 加熱のみの場合には、フィンピッチ 2 mm 程度のものを採用してもよい。

表 8.19　フィンピッチ

	一般に多く用いる形 (mm)	特殊形 (mm)
冷温水コイル	3, 3.5	2〜25
蒸気コイル	3, 3.5, 5	2〜25

⑤ コイルの材質
- 管：銅
- フィン：アルミニウム、銅
- 条件によっては管、フィンにすず、亜鉛メッキを施すことも有効である。
- 酸分、塩分の多い空気の場合、アルミニウムフィンは避ける。

⑥ ヘッダの形式
- ヘッダおよび管ベンドの部分が取り外しのできないもの（TH）
- 管ベンド部を取り外し清掃のできるもの（PB）
- ヘッダ部分を取り外し清掃のできるものもある。

⑦ その他
- 列数の決定にあたっては、空気の流れのむらや、コイルの汚れなどによる性能劣化を考慮して、15 % 程度の安全率を見込む。ただし、算出列数が 3 以下のときの安全係数は 1.15 を用いず、表8.20による。

表 8.20　コイルの算出列数 3 列以下のときの決定列数

算出列数	〜0.39	0.40〜1.13	1.14〜2.25	2.26〜3.00
必要列数	1	2	3	4

- 寒冷地および精密温度調節に用いる蒸気コイルには、ノンフロスト型（二重管）を用いることが望ましい。
- 蒸気用エロフィンコイルを用いる場合には、管の急激な膨張収縮による変形を防ぐため、管長 2.0 m 以上のものには、フレキシブル型チューブを用いることが望ましい。

5　加湿器

5.1　設計手順

加湿器の設計手順は図 8.21 による。

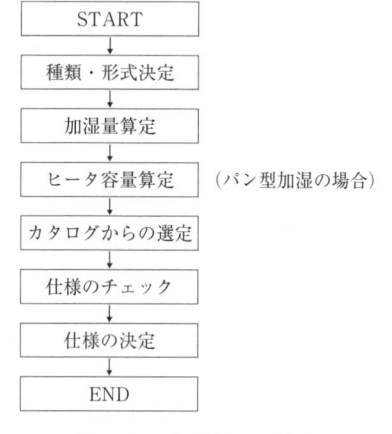

```
START
　↓
種類・形式決定
　↓
加湿量算定
　↓
ヒータ容量算定　（パン型加湿の場合）
　↓
カタログからの選定
　↓
仕様のチェック
　↓
仕様の決定
　↓
END
```

図 8.21　加湿器の設計手順

5.2　設計要領

5.2.1　形　式

① 加湿器には、表 8.21 のような種類があり、それぞれ容量、制御性などの特徴（長所と短所）があるので、その使用条件、目的に適したもの

を選ぶ。
② 加湿には，加熱負荷の増大防止，制御性，運転費などの点から見て性能的に蒸気が優れているので，蒸気熱源がある場合には，極力これを使用するのが望ましい。
③ 蒸気熱源がなく，全外気方式などで多くの加湿を必要とする場合には，電気ボイラや蒸気発生器の採用も検討する。
④ 最近よく使用される気化式加湿器のなかで，滴下式，透湿膜式および回転式の加湿量はいずれも濡れ表面積，通風量，風速，通過風量により決まるが，有効加湿量の算定については，メーカーのカタログまたは技術資料により決定する。

5.2.2 容　　量
加湿器の算定は下記による。

表 8.21　加湿器の種類と特徴

形式		構造・原理	特徴	適用
方式	名称			
水加湿方式	超音波加湿器	超音波により水を霧化させ，その霧の粒子で蒸発加湿する。	・良好な加湿ができるが，オン-オフ制御である。 ・コストはやや高い。 ・比較的小容量である（0.2～9.6 ℓ/h）。 ・給水のスケール処理費が高価 ・振動子の寿命が5 000時間程度	・パッケージ型空調機，エアハンドリングユニット，ファンコイルユニット，室内直接用等，各種のやや精度の高い加湿の場合
水加湿方式	高圧スプレ加湿器	ポンプで水の圧力を上げてノズルの小孔から噴霧し，噴霧された水の粒子が空気との熱交換で蒸発加湿する。	・粒子は超音波方式にくらべて，粗いが安価である。 ・中大容量のものが主体であるが，小容量のものもある。 ・オン-オフ制御で制御性はよいが，シャフトシールからの漏水がある。また，スケールによりつまりやすい。	・蒸気のない一般的な空調での加湿
蒸気加湿方式	蒸気スプレノズル	生蒸気の飽和蒸気をノズルにより気流中に直接噴霧する。	・高湿度を得やすい。 ・オン-オフ，比例いずれの制御も可能で，制御性は良好。 ・コストは安い。 ・清缶剤成分が粉じんになることもある。	・蒸気のある場合の一般的な空調の加湿
蒸気加湿方式	加熱蒸気噴霧加湿器	絞り現象を利用して飽和蒸気を加熱蒸気に変えて噴霧する。	・臭気，粉じんが少ない。 ・比例制御により高湿度が精度よく得られ，低温でも凝縮が起こりにくい。 ・高価であり，取扱いに注意を要する。	・蒸気のある場合の高精度な加湿制御の必要な場合
蒸気加湿方式	パン型加湿器	電気ヒータで水を加熱蒸発させて加湿する。	・安価であり，取扱いも簡単。 ・オン-オフ制御で，制御性はよくない。 ・電力費が大で，大容量のものがない。 ・約200時間でスケールが発生し，メンテが必要。	・蒸気のない比較的ラフな制御で主としてパッケージ型空調機用
蒸気加湿方式	蒸気発生器電極式	蒸気シリンダ内の格子電極により水を蒸気に変えて放出する。	・小型軽量で水処理の必要性なし。 ・湿度調節器の取付けにより，ステップPID制御可。ただし大容量のものはない。 ・高価，電力費大のわりに制御性はよくない。	・蒸気がなく加熱負荷の増大を避けたい場合
気化式	エアワッシャ	多量の空気と水を接触させて気化させる。	・大風量時に適する。	・現場組立て式空調機
気化式	滴下式透湿膜式	上部へ給水し，加湿器を濡らし通風気化させる。	・送風温度が高いほど効果あり。	
気化式	回転式	加湿材を回転させて水槽で濡らし通風気化させる。		
気化式	毛細管式	毛細管現象で加湿材を濡らし通風気化させる。	・加湿材への不純物の堆積が速い。	・現在はほとんど使用されていない。

注　加湿器には，このほか，室内直接噴霧式のものなどもあるが省略した。

(1) 蒸気噴霧の場合

$$G_s = 1.2Q_s(X_1 - X_2) \quad (8\text{-}1)$$

$$H_s = \frac{i_S \times G_S}{3\,600} \quad (8\text{-}2)$$

ここに,

G_s：加湿量（kg/h）

H_s：加湿熱量（kW）

Q_s：送風量（m³/h）

X_1：加湿器出口空気の絶対湿度
　　　　　　　　　　　　（kg/kg (DA)）

X_2：加湿器入口空気の絶対湿度
　　　　　　　　　　　　（kg/kg (DA)）

i_s：蒸気のエンタルピ（kJ/kg (DA)）

(2) 少量の水を噴霧する場合

$$G_S = \frac{1.2Q_S(X_1 - X_2)}{\eta_w} \quad (8\text{-}3)$$

ここに,

η_w：加湿器効率 ＝0.3（水噴霧加湿）
　　　　　　　　　＝0.4（水加圧噴霧加湿）

5.2.3 選定法

選定法としては，必要加湿量と空気条件，風量などからカタログにより選定する。

1台の加湿器で十分な加湿量が得られない場合には，2台または3台設置することも考える。

5.2.4 チェック

水加湿方式の場合は，スプレ水量と有効加湿量が異なり，有効加湿量はスプレ水量の30～45％程度であるので，給水量，排水量などに注意を要する。

5.2.5 その他

水加湿方式の場合は，空調機にエリミネータを設ける必要がある。

---例題 8.5---

例題 8.1 において，少量の水を噴霧する場合の加湿装置を求めよ。

[解答] 表 8.3 において冬季の加湿量は 7.3 kg/h と求められているので，式 (8-3) を利用して $\eta_w = 0.3$ とすれば噴霧水量は，

$$\frac{7.3}{0.3} = 24.3 \text{ (kg/h)}$$

表 8.22 によりノズルのオリフィス径を 0.64 mm，噴霧水圧を 200 kPa とすればノズルの数は，

$$\frac{24.3}{7.5} = 3.2 \to 4 \text{ (個)}$$

となる。

表 8.22　小型ノズルの噴霧水量[12]

（kg/h）

接続口径	噴霧オリフィス径 (mm)	噴霧圧力 (kPa)					
		150	200	250	300	400	500
1/4 (B)	0.64	6.5	7.5	8.2	8.9	10.1	11.1
	0.97	12.0	13.4	15.0	16.1	18.2	20.0
	1.20	19.0	21.5	23.4	25.5	29.0	32.0

6 エアフィルタ

6.1 設計手順

空気清浄装置には，その目的に応じて各種の方式のものがあるが，ここでは主として浮遊粉じんを処理対象としたエアフィルタについて述べる。エアフィルタの設計手順は図 8.22 に示すとおりである。

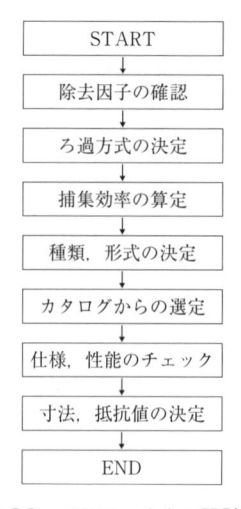

```
START
 ↓
除去因子の確認
 ↓
ろ過方式の決定
 ↓
捕集効率の算定
 ↓
種類，形式の決定
 ↓
カタログからの選定
 ↓
仕様，性能のチェック
 ↓
寸法，抵抗値の決定
 ↓
END
```

図 8.22　エアフィルタの設計手順

6.2 設計要領

6.2.1 形　式

除去因子が主として浮遊粉じんを対象とする場

合にはエアフィルタ，硫黄酸化物の場合にはエアワッシャ，臭気の除去に対しては活性炭エアフィルタを用いる。

エアフィルタには，表8.23のような種類のものがあるが，その使用条件，目的に最も適切なものを選ぶ。

6.2.2 選定法

① 「建築物衛生法」の適用を受ける場合は，その基準である室内浮遊粉じん量 0.15 mg/m³ 以下を満足させるように選定しなければならない。

② 浮遊粉じんに対するエアフィルタの選定は，室内発じん量，外気じんあい濃度，送風量など

表8.23 エアフィルタの種類[13]

捕集原理	保守方式	構造	適応粒径	適応粉じん濃度	粉じん捕集率（％）			圧力損失 (Pa)	用途
					質量法	比色法	計数法		
静電式	オートロール	集じん極板で粉じんを凝集，極板からはく離した粉じんをろ材で捕集して巻き取る（ろ材併用形）	1μm以下	小	95以上	70～90	40～65	100～160	ビル空調，一般空調
	定期洗浄	集じん極板に捕集した粉じんを洗浄						40～100	
ろ過式	自動更新	ガラス繊維または合成繊維ロール状ろ材を自動的に巻き取り	1μm以上	大	70～85	20～30	5以下	30～160	ビル空調，一般空調
	自動再生	植毛ろ材を使用し，捕集した粉じんを自動的に清掃	3μm以上	大	50～80	25以下	0	120	リント状粉じん，粉じん濃度の高い地下街，デパート
	定期洗浄	合成繊維製不織布ろ材を使用し，定期的に洗浄	1μm以上	中	70～85	20～30	5以下	50～100	ビル空調，一般空調
	ろ材交換	ガラス繊維製ろ材または合成繊維製不織布ろ材を枠に組み込み，ろ材のみ交換	3μm以上	中	60～90	40以下	0～15	20～200	中性能フィルタのプレフィルタ
	ユニット交換	ガラス繊維製ろ材または合成繊維製不織布ろ材をポケット状に加工し，吹流し型として使用	1μm以下	中	95以上	65～95	35～85	50～300	ビル空調，一般空調，HEPAフィルタのプレフィルタ
		ろ材をプリーツ状に折り込んで箱に収納	1μm以下	小	95以上	65～95	35～85	50～300	
		同上，HEPAフィルタ，ULPAフィルタ	1μm以下	小	100	100	99.97～99.9995	100～500	クリーンルームの最終段フィルタ，バイオハザード実験，RI使用施設の排気用フィルタ
粘着式	自動洗浄	プレートスクリーンまたはワイヤスクリーンの表面に油膜を形成，自動回転洗浄	5μm以上	大	80～85	25～30	5以下	120	粉じん濃度が非常に高いときのプレフィルタ
吸着式	ユニット交換	吸着剤を2枚の多孔板の間に充填，イオン交換繊維をプリーツ状に折込み	適応濃度：低濃度		捕集率：ガスの種類と吸着剤の種類により異なる			30～150	取り入れ外気や循環空気中の有害ガスの除去

備考 (1) 粉じん捕集率の質量法，比色度法はそれぞれ，JIS B 9908の形式3，形式2の試験法で示す。
 (2) 計数法は同JISの形式1，またはJIS B 9927による試験法で示す。
 (3) 圧力損失は初期値と最終値の概略値を示す。

から必要捕集効率を計算し，その効率を基準にしてエアフィルタの種類を決定する。または，あらかじめエアフィルタの種類と効率を決定し，室内粉じん濃度が基準（0.15 mg/m³ 以下）を満足することを確認する方法をとってもよい。エアフィルタの必要捕集効率および室内粉じん濃度の計算は 6.3 項による。

③ 必要捕集効率のものが得られないときは，エアフィルタを2段に設置することも考えられる。そのときの総合捕集効率は次式で求められる。

$$\eta_t = 1-(1-\eta_p)(1-\eta_m) \quad (8-4)$$

ここに，
η_t：総合効率
η_p：プレフィルタの効率
η_m：主フィルタの効率

④ 中性能以上のエアフィルタは，その捕集効率は高いが粉じん保持容量が小さいので，プレフィルタとして粉じん保持容量の大きいものを設置する必要がある。HEPA フィルタでは，プレフィルタを2段にすることが望ましい。

⑤ 原則としてエアフィルタの通過風速を 2.5 m/s として選定する。

⑥ カタログより，処理風量，捕集効率に見合ったエアフィルタを選定し，寸法，空気抵抗値を決定する。

⑦ 送風機必要静圧を計算するときのエアフィルタの圧力損失は，初期抵抗値を 1.5～2.0 倍した最終抵抗値とする。

6.3 フィルタ効率の計算法

6.3.1 フィルタ効率と粉じん濃度の計算法

「建築物衛生法」の基準を満たすための，室内浮遊粉じん濃度などを計算する方法は，（社）日本空気清浄協会の「空気清浄装置設置基準」（JACA No. 3B-1978）に定められている。これは室内における粉じんの収支から計算するようになっており，次に3つの場合の計算式を示す。ただし，これには窓やすきまからの侵入外気の影響や，ダクト内における発じんは無視している。

なお，記号は次のとおりとする。
η_m：主フィルタの捕集効率
η_o：外気フィルタの捕集効率
C_r：設計用室内粉じん濃度（mg/m³）
C_o：設計用外気粉じん濃度（mg/m³）
M：室内発じん量（mg/h）
Q_o：外気取り入れ量（m³/h）
Q_r：還風量（m³/h）

① 主フィルタのみの場合

$$\eta_m = \frac{C_o Q_o - C_r Q_o + M}{C_o Q_o + C_r Q_r} \quad (8-5)$$

$$C_r = \frac{C_o Q_o (1-\eta_m) + M}{Q_o + Q_r \eta_m} \quad (8-6)$$

② 外気用フィルタと主フィルタを組み合わせた場合

$$\eta_m = \frac{C_o Q_o (1-\eta_o) - C_r Q_o + M}{C_r Q_r + C_o Q_o (1-\eta_o)} \quad (8-7)$$

$$C_r = \frac{C_o Q_r (1-\eta_o)(1-\eta_m) + M}{Q_o + Q_r \eta_m} \quad (8-8)$$

③ 外気用フィルタと主フィルタを別に設ける場合

$$\eta_m = \frac{C_o Q_o (1-\eta_o) - C_r Q_o + M}{C_r Q_r} \quad (8-9)$$

$$C_r = \frac{C_o Q_r (1-\eta_o) + M}{Q_o + Q_r \eta_m} \quad (8-10)$$

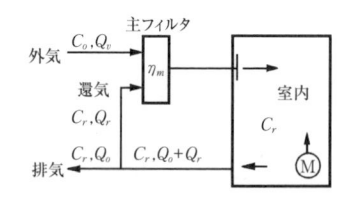

図 8.23　主フィルタのみの場合

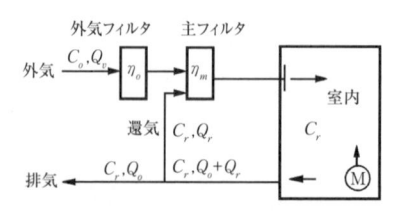

図 8.24　外気用と主フィルタを組み合わせた場合

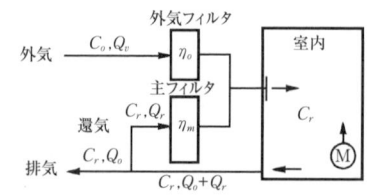

図 8.25　外気用と主フィルタを別に設ける場合

④ 1つのフィルタ方式が多数の室を受け持つ場合には，これらの室のうちで最も条件の厳しい室について計算すればよい．

6.3.2 計算資料

(1) エアフィルタの捕集効率（η）

前項で計算した必要捕集効率により表8.24を用いて，一般的にエアフィルタの比色法表示の効率によって選定を行っている．（財）ビル管理教育センターの「特定建築物における建築確認時審査のためのガイドライン」によると，従来，事務所のフィルタの性能評価はDOP法としてきたが，近年タバコの低タール，低ニコチンへの変化や分煙化などにより，粉じん中のタバコの煙の割合が減ってきている．また，市販のフィルタは比色法による性能評価が一般的であることから比色法による性能評価よりフィルタを選定することとする．

(2) 設計室内粉じん濃度（C_r）

設計室内粉じん濃度は管理基準値を設計値とする．

$$C_r = 0.15 \ (\text{mg/m}^3)$$

(3) 設計用外気粉じん濃度（C_o）

近年，外気浮遊粉じん濃度は低くなる傾向にある．地域，季節，ビルの立地条件などによる差があるため一概に値を決めるのは困難であるので，幅を設定している．

$$C_o = 0.05 \sim 0.1 \ (\text{mg/m}^3)$$

(4) 室内発じん量

次式により計算する．

$$M = K_1 n \tag{8-11}$$

ここに，

M：室内発じん量（mg/h）
K_1：標準単位発じん量（mg/(h・人)）
　一般事務室　　　$K_1 = 7$（mg/(h・人)）
　喫煙しない居室　$K_1 = 2$（mg/(h・人)）
　店舗（物販など）$K_1 = 2$（mg/(h・人)）
n：平均在室人員（人）

平均在室人員が不明のときは以下のようにしてもよい．

人員密度 $= 0.1 \sim 0.2$（人/m²）

表8.24　エアフィルタの性能比較[14]

フィルタの種類			初期圧力損失(Pa)	最終圧力損失(Pa)	試験法	粒子捕集効率（%）		保守方式	用途
形式	タイプ					JIS B 9908	比色法		
パネル型			60	90	形式3	30	15	定期洗浄	コンパクト型
			55	165	形式3	25	15	定期洗浄	ファンコイル用
			120	240	形式3	50	25	定期洗浄	粗じん用
自動巻取型			120	240	形式3	50	25	自動更新	粗じん用
折込み型	中性能	標準型	140	280	形式2	60	50	ユニット交換	一般空調
		薄型	100	200	形式2	60	50	ユニット交換	一般空調
	高性能	標準型	170	340	形式2	90	70	ユニット交換	一般空調
		薄型	130	260	形式2	90	70	ユニット交換	一般空調
	HEPA	標準型	245	490	形式1	99.97	100	ユニット交換	クリーンルーム
		薄型	245	490	形式1	99.97	100	ユニット交換	クリーンルーム
袋型			170	340	形式2	90	70	ユニット交換	一般空調
電気集じん器	自動巻取型		120	240	形式4	90	70	自動更新	一般空調
	パネル型		120	240	形式4	90	70	ユニット交換	一般空調

備考　(1) フィルタの性能は，面風速2.5m/sの状態のときの値とする．ただし，HEPAは，標準型（1.38m/s），薄型（0.76m/s）とする．
　　　(2) 試験法は，JIS B 9908：2001（換気用エアフィルタユニット・換気用電気集じん器の性能試験法）の規定による．
　　　(3) フィルタの粒子捕集効率は，平均粒子捕集率とし，HEPAおよび電気集じん器の粒子捕集率は，初期における粒子捕集率とする．
　　　(4) 粒子捕集率（比色法）は，建築物における衛生的環境の確保に関する法律に規定する測定による比色法の値とする．

例題 8.6

例題 8.1 におけるエアフィルタを選定する場合，必要な捕集効率を計算せよ。

[解答] 室の用途は一般事務室とし，商業地域にあり，空調設備は日中運転のみで，図 8.23 におけるような主フィルタのみを設置する空調方式とする。

主フィルタの必要捕集効率 η_m を求めるには，式 (8-5) が適用できる。表 8.3 により下記の値は与えられている。

室内人員　　　　　　　　35（人）
外気取入れ量　$Q_o = 35 \times 25 = 875$（m³/h）
還気風量　$Q_r = 3\,300 - 875 = 2\,425$（m³/h）

設計条件としての室内粉じん濃度には，「ビル衛生管理法」による基準値をとり，$C_r = 0.15$ mg/m³ とする。

設計用外気粉じん濃度は詳細が不明なので最大値をとり $C_o = 0.1$（mg/m³）とする。

室内発じん量は式 (8-11) により一般事務室として，

$$M = 7 \times 35 = 245 \text{（mg/h）}$$

これらの数値を式 (8-5) に代入して，

$$\eta_m = \frac{C_o Q_o - C_r Q_o + M}{C_o Q_o + C_r Q_r}$$

$$= \frac{0.1 \times 875 - 0.15 \times 875 + 245}{0.1 \times 875 + 0.15 \times 2\,425} \fallingdotseq 0.45$$

したがって，45 % 以上の捕集効率をもったエアフィルタを選定する。1 段で所定の捕集効率を得られない場合は，2 段にエアフィルタを設置してもよい。そのときは式 (8-7) により総合効率を計算する。

事務所ビルの場合，エアフィルタ効率の評価は比色法で，45 % 以上のエアフィルタを選定すればよいことになる。したがって表 8.23，表 8.24 によれば，電気集じん器か中性能フィルタ程度のものが必要となる。

7 放熱器類

7.1 設計手順

放熱器には，表 8.25 のような種類があるので，目的に合致したものを選ぶ。コンベクタ，ベースボードヒータの選定手順は図 8.26 に，パネルラジエータの選定手順は図 8.27 による。

```
   START                    START
     ↓                        ↓
  形式の決定                形式の決定
     ↓                        ↓
  容量の算定                容量の算定
     ↓                        ↓
 必要能力の決定           カタログからの選定
     ↓                        ↓
 カタログからの選定        機器仕様のチェック
     ↓                        ↓
 機器仕様のチェック          付属品の検討
     ↓                        ↓
  付属品の検討             機器仕様の決定
     ↓                        ↓
  機器仕様の決定              END
     ↓
    END
```

図 8.26　コンベクタ，ベースボードヒータの選定手順

図 8.27　パネルラジエータの選定手順

7.2 選定容量

7.2.1 コンベクタ，ベースボードヒータ

① 原則として，蒸気式を標準とする。
② 必要能力の算出は次式による。

$$q_B = K_1 K_2 q \tag{8-12}$$

$$G = \frac{3\,600 q_B}{r} \tag{8-13}$$

ここに，

q_B：放熱器必要能力（kW）
q　：室内暖房負荷（kW）
K_1：経年係数 ［= 1.05］
K_2：能力補償係数 ［= 1.05］
G　：蒸気量（kg/h）
r　：蒸気の蒸発潜熱（kJ/kg ≒ 2257）

③ 放熱器の高さは，窓下の高さを考慮して行う。

例題 8.7

下記の条件における必要なコンベクタを選定せよ。

① 室内温度　　　22 ℃（DB）
② 暖房負荷　　　10.0 kW
③ 蒸気圧力　　　9.8 kPa
④ 設置台数　　　10 台

[解答] 1台当たりの必要なコンベクタの能力は，式（8-12），（8-13）から

$$q_B = K_1 K_2 q = 1.05 \times 1.05 \times 10.0/10 台$$
$$= 1.1 \text{ (kW)}$$

蒸気量は

$$G = \frac{3600 q_B}{r} = \frac{3600 \times 1.1}{2257} = 1.75 \text{ (kW)}$$

となる。表8.26から，設置スペースなどを考慮して，高さ，長さ，奥行きを決定する。室内温度，蒸気圧力が上記と異なる場合は，表8.28により，能力の補正を行い選定する。

7.2.2 パネルラジエータ

① 原則として，温水式を標準とする。
② 必要能力の算出は次式による。

$$q_P = K_1 K_2 q \tag{8-14}$$

$$L_W = \frac{14.3 q_P}{\Delta t} \tag{8-15}$$

ここに，

q_P：パネルラジエータ必要能力（kW）

表8.25　各種放熱器の種類と特徴

機器名	構造	熱媒	形式	特徴・用途
コンベクタ（対流放熱器）	フィン付きエレメントをケーシングに内蔵したもの	蒸気 温水	床置き型と壁掛け型がある。高さ3種類，長さ各種 JIS規格あり	放熱器として，最も一般的で，宿泊施設，一般事務所，学校などでよく用いられる。
ベースボードヒータ（幅木放熱器）	フィン付きエレメントをケーシングで覆った高さの低い対流放熱器	蒸気 温水	床置き型と壁掛け型とがある。高さ2種類，長さ各種 JIS規格あり	放熱面積当たりのコストはコンベクタより安いが，ケーシングが堅固でない。学校，事務所などでよく用いられる。
パネルラジエータ（鋼板放熱器）	薄鋼板を波形にプレス加工したものを2枚もなか状に溶接によって組み合わせたもの	温水	壁掛け型で，パネルが1重のものと2重のものとがある。長さ600～1 900 mm	ふく射熱も利用し，薄くてスペースをとらないので，一般住宅用等に適す。耐圧が300 kPa程度であるので注意を要する。

表8.26　コンベクタの蒸気暖房能力（床置き型，壁掛け型）[15]

単位（kW）

奥行き (mm)	高さ（mm）		長さ（mm）							
	床置き型	壁掛け型	600	800	1 000	1 200	1 400	1 600	1 800	2 000
175	500	370	0.80	1.13	1.47	1.83	2.20	2.60	3.02	3.45
	600	470	0.86	1.20	1.58	1.98	2.40	2.84	3.30	3.79
	700	570	0.93	1.29	1.69	2.13	2.57	3.05	3.57	4.12
225	500	370	1.15	1.53	1.95	2.40	2.84	3.27	3.73	4.19
	600	470	1.24	1.67	2.14	2.60	3.07	3.55	4.05	4.55
	700	570	1.33	1.80	2.29	2.78	3.30	3.81	4.34	4.91
280	500	370	1.33	1.80	2.29	2.78	3.30	3.81	4.34	4.91
	600	470	1.47	1.95	2.51	3.05	3.60	4.17	4.74	5.33
	700	570	1.58	2.14	2.71	3.30	3.87	4.50	5.14	5.76

備考　(1) 入口空気温度22℃，飽和蒸気温度101.76℃（≒102℃）のときの暖房能力を示す。
　　　(2) 長さとは，ケーシングの長さ寸法をいう。
　　　(3) 奥行き寸法および高さ寸法は，次の範囲とする。
　　　　　奥行き寸法：175（～150），225（～210），280（～260）
　　　　　壁掛け型・高さ寸法：370（～410），470（～510），570（～610）
　　　　　床置き型・高さ寸法：500（～520），600（～620），700（～720）

表 8.27 ベースボードヒータの蒸気暖房能力（壁掛け型）[16]

単位（kW）

形式	エレメント有効長さ（mm）	500	800	1 000	1 500	2 000	2 500	3 000	3 500	4 000	4 500	5 000	5 500	6 000
	蒸気1段式（S1H）	0.50	0.80	1.00	1.50	2.00	2.50	3.00	3.50	4.00	4.50	5.00	5.50	6.00
	蒸気2段式（S2H）	0.80	1.28	1.60	2.40	3.20	4.00	4.80	5.60	6.40	7.20	8.00	8.80	9.60

備考 (1) 入口空気温度22℃，飽和蒸気温度101.76℃（≒102℃）のときの暖房能力を示す。
(2) 本表に記載なきエレメントの長さの能力は，次の計算能力としてよい。
　　能力（kW）＝ K ×エレメント長さ（mm）
　　K：1段式 ≒ 0.001
　　　　2段式 ≒ 0.0016

表 8.28 コンベクタおよびベースボードヒータの蒸気暖房能力補正係数[17]

		入口蒸気圧力（kPa (G)） （飽和蒸気温度（℃））			
		9.8 (101.76)	34.3 (107.65)	49.0 (110.79)	98.0 (119.61)
入口空気温度（℃）	18.5	1.06	1.17	1.23	1.40
	20.0	1.04	1.14	1.20	1.36
	22.0	1.00	1.10	1.16	1.33

備考 (1) 標準能力は，飽和蒸気温度101.76℃（≒102℃），入口空気温度22℃のときの能力をいう。
(2) 暖房能力の補正
　　蒸気暖房能力＝蒸気標準能力×補正係数

q ：室内暖房負荷（kW）

K_1：経年係数［＝1.05］

K_2：能力補償係数［＝1.05］

L_W：温水量（ℓ/min）

Δt：温水出入口温度差（＝10℃）

③ 設置は，放射放熱効果が有効に得られるよう考慮する。

④ 温水入口温度は60℃，出入口温度差は10℃を標準とする。

---例題 8.8---

下記の条件における必要なパネルラジエータを選定せよ。

① 室内温度　　　22 ℃（DB）
② 暖房負荷　　　10.0 kW
③ 温水入口温度　60 ℃
④ 設置台数　　　10 台

［解答］1 台当たりの必要なパネルラジエータの能力は，式 (8-14)，(8-15) から

　$q_P = K_1 K_2 q = 1.05 × 1.05 × 10.0/10$ 台

　　　　＝ 1.1（kW）

温水量は

$$L_W = \frac{14.3 q_P}{\Delta t} = \frac{14.3 \times 1.1}{10} = 1.6\ (\ell/\text{min})$$

となる。メーカのカタログなどから，設置スペースなどを考慮して，高さ，長さ，奥行きを決定する。

引用文献

(1) 公共建築協会編：建築設備設計基準（平成18年版），p.297，全国建設研修センター
(2) 同上書，p.308
(3) 同上書，p.310〜312
(4) 同上書，p.313
(5) 同上書，p.310〜312
(6) 同上書，p.313
(7) 同上書，p.316
(8) 同上書，p.316
(9) 同上書，p.317
(10) 同上書，p.320
(11) 新晃工業㈱カタログ
(12) 井上宇市：改訂5版　空気調和ハンドブック，p.303，丸善，2008
(13) 空気調和・衛生工学会編：空気調和・衛生工学便覧（第13版），第4編，p.596，空気調和・衛生工学会
(14) 公共建築協会編：建築設備設計基準（平成18年版），p.361，全国建設研修センター
(15) 同上書，p.333
(16) 同上書，p.334
(17) 同上書，p.334

9章 送風系の設計

1 設計手順

ダクト設備の設計の目標は，必要な風量を必要な場所へ必要なときに，最も経済的に（騒音，振動を許容値以内で）輸送することである。

空調設備工事費のなかで，ダクト設備費の占める割合は20～30%と比較的大きいので，その経路，仕様，寸法などにおいて，コストダウンを心がけなければならないのはもちろんのことである。しかし，実際のダクト設計では，建築的な納まり上の制約，法規上の規制，あるいは設計資料の不足など，多くの問題に直面する。本章では，一般的なダクト設備設計の基本的事項についての設計手順，設計要領を示すとともに，設計資料を多く収録し，使用に便利なようにした。

図9.1は，一般的にダクト設備を設計するときの設計手順を示すものである。

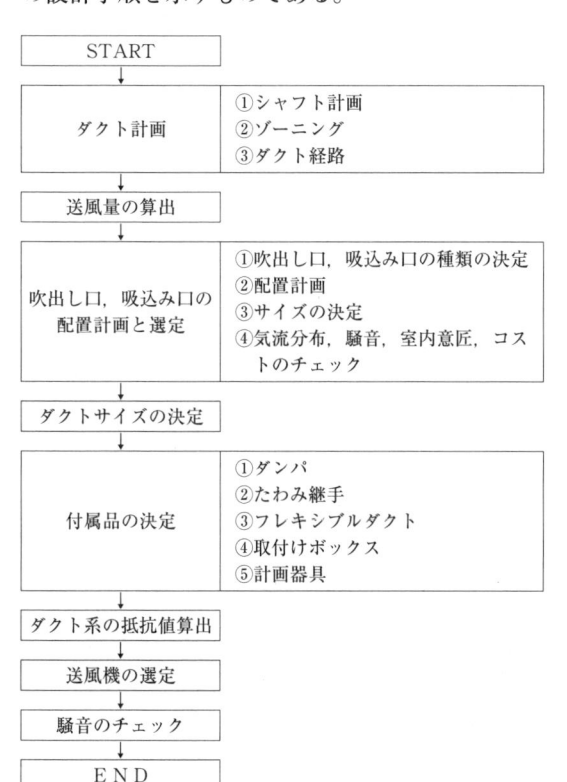

図9.1 ダクト系の設計手順

2 吹出し口および吸込み口

2.1 吹出し口，吸込み口の種類

2.1.1 吹出し口，吸込み口の種類の決定

対象とする室の広さ，用途，グレードおよび吹出し口，吸込み口の特性などの条件を十分認識したうえで，その室に応じた気流分布，許容騒音，意匠およびコスト面から，総合的な判断のもとに決定しなければならない。表9.1, 9.2に選定のための指針を示す。

表9.1 吹出し口，吸込み口の種類

取付け位置	取出し口	吸込み口
天井面	アネモ型，パン型，スロット型，ライン型，多孔板型，ノズル型（天井が高いとき）	グリル型，スロット型，ライン型，多孔板型
壁面	ユニバーサル型，グリル型，ノズル型，スロット型，多孔板型	グリル型，スロット型，多孔板型
窓台	ユニバーサル型，グリル型	──
床面	グリル型，スロット型	グリル型，スロット型，多孔板型，マッシュルーム型（劇場など）

2.1.2 配置計画

吹出し口，吸込み口の配置は，室の用途，気流

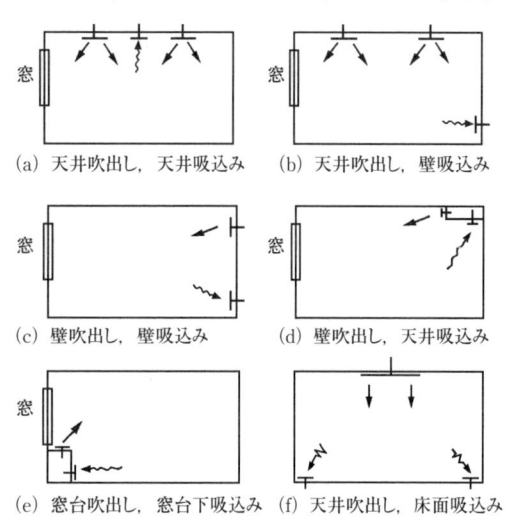

(a) 天井吹出し，天井吸込み　(b) 天井吹出し，壁吸込み

(c) 壁吹出し，壁吸込み　(d) 壁吹出し，天井吸込み

(e) 窓台吹出し，窓台下吸込み　(f) 天井吹出し，床面吸込み

図9.2 一般的な吹出し口，吸込み口配置図

表9.2　各種吹出し口の特性[1]

種類		特徴	吹出し気流の調節	性能				
				発生騒音		吹出し気流		
				同一吹出し風速による発生騒音	NC曲線で30〜35になるための許容吹出し風速	到達距離	拡散性	気流の形
点吹出し口	ノズル	・到達距離が大きいので，大空間の後壁に用いられる。 ・騒音の心配がないので放送局のスタジオによく用いられる。	不可	極小	15 m/s以下	大	小	軸流
	パンカルーバ	・吹出し気流の性状はノズルと同様であるが，首が振れるようになっていて，吹出し気流の方向を変えられる。	可	極小	15 m/s	大	小	軸流
	アネモ型	・数層に分かれたコーンから放射状に吹き出すもので，優れた誘導拡散性能をもつ。 ・アネモスタット型は，特に天井高さの低い部屋に適する。	不可	中	6 m/s	小	最大	ふく流
	パン型	・首部分から吹き出した気流が板に当たって水平に吹き出す。 ・構造が簡単なので価格は安いが，全方向一様に吹き出すので風量調節が難しい。	可	中	7 m/s	中	大	ふく流
線吹き出し口	スロット	・縦横比が大きく，全体として細隙状の形をしている。 ・側壁や窓に沿って天井や窓台（ペリメータ）に取り付けられることから，あまり目立たないので，デザインの点からは好まれる。	可不可	小	5 m/s	小	大	軸流
	照明器具スロット		可不可	小	5 m/s	小	大	軸流
	Tバー天井システム	・3×3mまたは3.2×3.2mモジュールの2本のTバー天井下地がそのまま吹出し口となる。 ・Tバー上部に楔形の風向・風量調節ベーンを内蔵した吹出し用ボックスボックスを用いることによって風向・風量の調節が可能。 ・照明器具，吸込み口，設備プレートなどが上記のモジュール単位で，天井面に配置する。 ・吹出し口の配置はモジュール単位で自在に変更できる。	可	小	5 m/s	小	大	軸流
面吹出し口	多孔板	・自由面積比が小さいので，大きな吹出し面積が必要となる。	不可	大	5 m/s	小	大	軸流
	格子板 固定羽根（グリル）	・羽根が固定されているので，一般には吸込み用として使用する。	不可	中	6 m/s	中	中	軸流
	格子板 可動羽根（ユニバーサル）	・羽根の角度の変更で，自由に到達距離や降下度を調節できるので，一般には吹出し用として使用する。	可	中	6 m/s	可変	可変	軸流

表9.3　吹出し口，吸込み口の計画上の留意点

気流分布	・吹出し気流が室内に一様に分布するか。 ・吹出し気流がはりなどの障害物に妨げられないか。 ・吹出し気流が直接人体に当たらないか。 ・暖房時に上下の温度差が大きすぎないか。 ・吹出し気流が吹込み口に短絡して流れないか。 ・喫煙の多い会議室などは，天井や壁上部に吹込み口を設けて排煙を行うのが望ましい。
騒音	・騒音の発生は速度によって大きく変わるが，同じ吹出し速度でもユニバーサル型のように比較的騒音の大きいものと，ノズル型のように小さいものがある。 ・室間，室内外のクロストークにも注意して配置しなければならない。特に，ドアグリルに注意すること。
意匠	・同一室内で雑多な大きさの吹出し口や吸込み口が並ぶことは，意匠上好ましくないことが多いので，機能上大きな支障のない範囲で，寸法を統一することが望ましい。 ・同一寸法のもので数を変えたり，ユニバーサル型，グリル型，スリット型などでは幅寸法は統一し，長さを変えるなどの方法がある。 ・室内平面をモジュールに分割して計画するときには，各モジュールに吹出し口，吸込み口を設けなければならない。 ・照明器具を吹出し口，吸込み口と一体化することも多いが，これは排熱効果や施工の簡易化にも有効である。
汚染	・じんあい濃度の高い室内では，アネモ型吹出し口の周囲に汚染の目立つ場合があるので，汚れを緩和する形式のものを用いるのが望ましい。 ・床面に設ける吹出し口，吸込み口はじんあいが入りやすいので，室の用途によっては好ましくない場合がある。

分布，コストおよび照明器具等との位置関係を十分考慮して決める。一般的によく使われる配置パターンを図9.2に示す。また計画上の留意点については表9.3にまとめた。

2.2 吹出し口の選定要領
2.2.1 アネモ型吹出し口の選定
① 吹出し口1個当たりの風量と種類および形式が決まると，吹出し口性能表（メーカーのカタログに記載）より，拡散半径，到達距離，発生騒音値などを考慮してサイズを決定する。吹出し口性能表の一例を表9.4に示す。一般的には（事務室の場合），ネック風速3.5～5.0 m/s（標準4.5 m/s）としてサイズを決めればよい。

② 吹出し気流の残風速が0.5 m/sの位置を最小拡散半径，0.25 m/sの位置を最大拡散半径という。最小拡散円が重なったり，そのなかに柱や壁がある場合には，その付近ではドラフトを感

表9.4 アネモ型吹出し口の選定表[2]

型番 (C2-)	風量 (m³/h)	最大拡散半径 (m)	最小拡散半径 (m)	最大垂直到達距離 (m)	最小垂直到達距離 (m)	C2型 静圧損失 (Pa) 水平吹出時	C2型 静圧損失 (Pa) 垂直吹出時	C2型 発生騒音 (dB(A)) 水平吹出時	C2型 発生騒音 (dB(A)) 垂直吹出時	CA型 静圧損失 (Pa) 水平吹出時	CA型 静圧損失 (Pa) 垂直吹出時	CA型 発生騒音 (dB(A)) 水平吹出時	CA型 発生騒音 (dB(A)) 垂直吹出時	ネック風速 (m/s)
12.5	140	1.2	0.7	2.9	1.9	19	27	26.5	27.5	20	28	26.5	28.0	3.1
	160	1.3	0.8	3.2	2.2	24	35	31.0	31.5	25	36	31.5	32.0	3.5
	180	1.5	0.9	3.6	2.5	30	44	35.5	36.0	31	46	36.0	36.5	3.9
	200	1.6	1.0	4.0	2.7	38	54	39.5	39.5	39	56	40.0	40.0	4.4
	220	1.8	1.1	4.5	3.0	46	66	43.0	43.0	48	69	43.5	43.5	4.8
15	200	1.4	0.8	3.4	2.2	18	25	25.0	29.0	18	26	25.5	29.5	3.1
	225	1.5	0.9	3.8	2.5	23	31	29.5	32.5	24	32	30.0	33.0	3.4
	250	1.7	1.0	4.2	2.8	28	38	33.0	36.0	29	39	33.5	36.5	3.8
	275	1.9	1.1	4.7	3.1	34	47	36.5	39.0	35	48	37.0	39.5	4.2
	300	2.1	1.2	5.2	3.4	40	56	39.5	41.5	41	57	40.0	42.0	4.6
	375	2.6	1.5	6.4	4.2	63	89	47.0	48.0	65	91	47.5	48.5	5.7
20	350	1.8	1.0	4.0	2.7	17	24	26.0	30.0	17	24	26.0	30.0	3.0
	400	2.1	1.2	4.6	3.1	22	32	31.0	34.0	22	32	31.0	34.0	3.5
	450	2.3	1.3	5.2	3.5	28	40	35.0	37.5	28	41	35.0	37.5	3.9
	500	2.6	1.5	5.8	3.8	35	50	39.0	40.5	36	51	39.0	40.5	4.3
	550	2.9	1.6	6.4	4.2	42	61	42.5	43.5	43	62	42.5	43.5	4.8
	600	3.1	1.8	7.0	4.6	50	73	45.5	46.0	51	74	45.5	46.0	5.2
25	550	2.4	1.3	5.0	3.3	18	24	32.5	32.5	18	24	32.5	32.5	3.1
	600	2.6	1.4	5.4	3.6	21	28	35.0	35.0	21	28	35.0	35.0	3.3
	650	2.8	1.5	5.9	3.9	25	33	37.5	37.5	25	33	37.5	37.5	3.6
	700	3.0	1.7	6.3	4.2	29	38	39.5	39.5	29	38	39.5	39.5	3.9
	750	3.2	1.8	6.8	4.5	33	44	42.0	42.0	33	44	42.0	42.0	4.2
	800	3.4	1.9	7.2	4.8	38	50	44.0	44.0	38	50	44.0	44.0	4.5
	850	3.7	2.0	7.8	5.1	43	57	45.5	45.5	43	58	45.5	45.5	4.7
	900	3.9	2.1	8.2	5.4	48	64	47.5	47.5	48	65	47.5	47.5	5.0
30	800	2.8	1.5	6.3	4.0	18	24	33.5	33.5	18	24	33.5	33.5	3.1
	850	3.0	1.6	6.7	4.3	21	28	35.5	35.5	21	28	35.5	35.5	3.3
	900	3.2	1.7	7.0	4.5	23	31	37.5	37.5	23	31	37.5	37.5	3.5
	950	3.4	1.8	7.5	4.8	26	34	39.5	39.5	26	34	39.5	39.5	3.7
	1 000	3.6	1.9	7.9	5.0	28	38	41.0	41.0	28	38	41.0	41.0	3.9
	1 100	3.9	2.1	8.7	5.5	34	47	44.5	44.5	34	47	44.5	44.5	4.3
	1 200	4.3	2.3	9.4	6.0	41	55	47.0	47.0	41	55	47.0	47.0	4.7
	1 300	4.6	2.5	10.3	6.6	47	65	50.0	50.0	47	65	50.0	50.0	5.0

注 1）拡散半径は，天井直近の吹出し口中心からの水平距離，また，垂直到達距離は天井面からの垂直距離を示す。
2）拡散半径，垂直到達距離とも，室温と同温度の空気を吹き出したときの距離を示す。
3）室温より10℃高い空気を吹き出した場合の垂直到達距離は，最大，最小とも，垂直到達距離に0.7の係数を乗じて補正する。
4）拡散半径は，「中コーン下」，垂直到達距離は「中コーン上」の状態で吹き出した値を基準とする。
5）最大拡散半径および最大垂直到達距離は平均残風速0.25 m/sの値を，最小拡散半径および最小垂直到達距離は0.5 m/sの値を基準とする。
6）発生騒音は，吹出し口中心から45°方向，距離1.0 mを受音点とした値を示す。
7）CA型は，冷・暖房時の吹出し空気温度を感知し，中コーンの上下位置の設定を自動的に行う機構をもつものを示す。
8）拡散半径は，天井直近の吹出し口中心からの水平距離，また，垂直到達距離は天井面からの垂直距離を示す。

じさせるおそれがある。したがって，最小拡散円が重なったり，そのなかに柱や壁がないことを確認するとともに，最大拡散円が空調対象域をほぼ覆っているかどうかをチェックする。

③　一般に拡散半径の値は，ある天井高さでの測定値に基づいている。したがって，天井高さが標準と異なる場合は，天井高さが0.3 m 高くなるごとに，拡散半径は0.3 m 小さくなるものとして取り扱ってよい。

④　垂直到達距離は，吹出し気流の浮力の作用を受け，温風吹出しの場合は短く，冷風吹出しの場合は長くなる。したがって，暖房時には，天井面から床上1.5 m まで気流到達が十分であるかどうかを確認する必要がある。

　一般にカタログには，等温吹出し（吹出し温度と室温が同じ）の場合の到達距離が記載されているので，等温でない場合には下記のような補正が必要である。

$$\frac{冷風(室温-10℃)}{25\%増} \Leftarrow \frac{等温吹出し}{到達距離} \Rightarrow \frac{温風(室温+10℃)}{25\%減}$$

⑤　ネック風速から発生騒音をチェックするとともに，圧力損失を確認する。

2.2.2　ユニバーサル型吹出し口の選定

①　吹出し口1個当たりの風量と必要な到達距離から，室内許容騒音値を配慮しつつ，面風速（$W \times H$，ダクト内の平均風速）を決め，これによってサイズを決定する。

　一般的には（事務室の場合），面風速2.0～4.0 m/s（標準3.0 m/s）としてサイズを決めればよい。

②　図9.3は，吹出し口の垂直ブレードの角度による気流の拡散幅を示したもので，吹出し口の取付け位置と室の大きさにより，気流分布が一様になるような吹出し角度を決める。

③　カタログでの性能表が，面風速（V_C）で表示されている場合は，吹出し実風速（V_D）を求めるには，図9.4による係数（R_P）から次式に

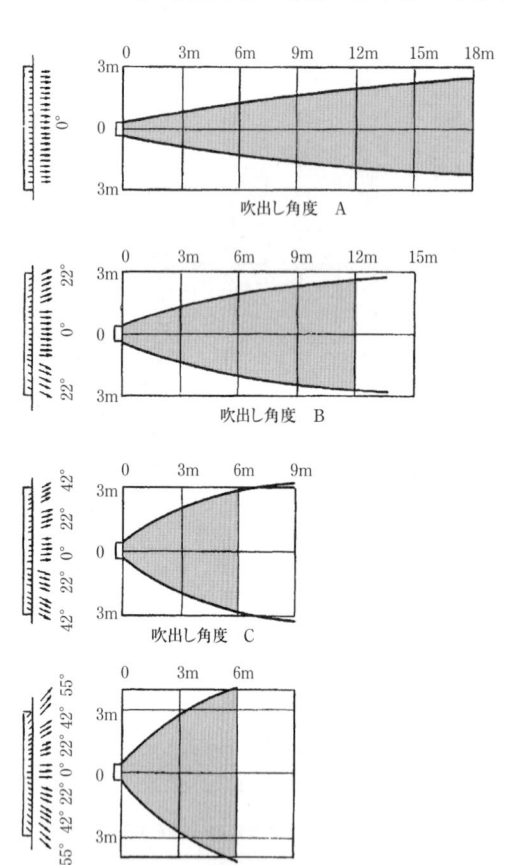

図9.3　ユニバーサル吹出し口の各吹出し角度における到達距離と拡散幅[3]

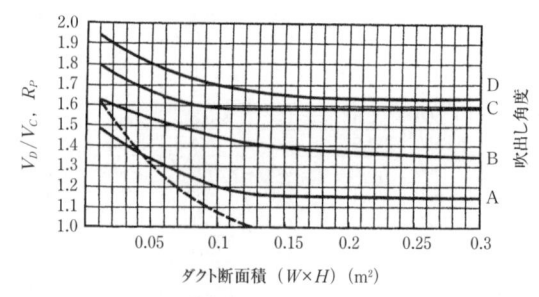

図9.4　ユニバーサル型吹出し口と面風速と吹出し風速[4]

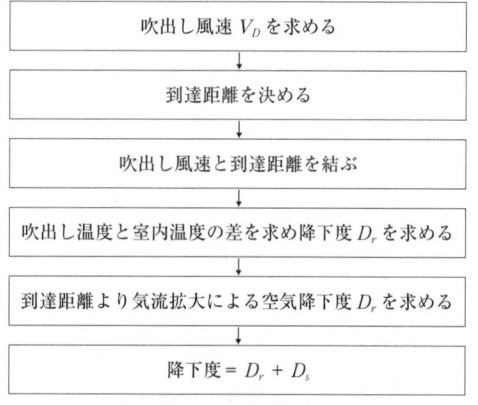

図9.5　降下度算出手順

より算出する。

$$V_D = R_P \times V_C \quad (9\text{-}1)$$

④ ユニバーサル吹出し口から横向きに吹き出された冷風は，吹出し後気流が拡散することと，吹出し空気と室内空気との間の温度差により自然降下するので，空気分布上の配慮が必要である。図9.5と図9.6にその計算要領と計算図を示す。

空気の降下度は，吹出し口の水平ブレードを上向きに調整することにより50%減少させることができる。

2.2.3 吹出し口取付けボックス

吹出し口類の取付けボックスは，吹出し口や吸込み口の大きさと施工性，消音面から決められるもので，規格化されたものはないが，一般的に用いられるサイズおよび板厚を表9.5，図9.7に示す。また，グラスウールダクトを使用した製品も販売されている。

表9.5 アネモ型吹出し口取り付けボックス

アネモ番手	ボックス寸法 H (mm)	板厚 (mmt)
♯12.5	450 × 450 × 250	0.6
♯15	450 × 450 × 250	0.6
♯20	450 × 450 × 250	0.6
♯25	500 × 500 × 300	0.6
♯30	600 × 600 × 350	0.6

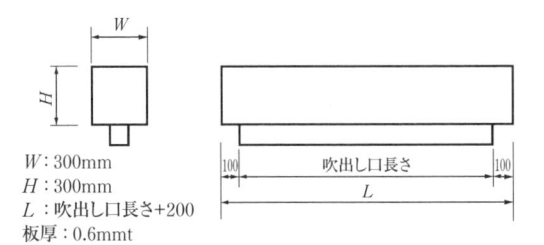

W：300mm
H：300mm
L：吹出し口長さ+200
板厚：0.6mmt

図9.7 スロット型吹出し口取付けボックス

例題 9.1

15 m × 10 m の大きさの事務室を，アネモ型吹出し口を用いて空調する場合の吹出し口を選定せよ。吹出し風量は 3 000 m³/h，天井高さは 3 m とする。

[解答] まず部屋の大きさと形状から吹出し口の配置を想定する。

ここでは部屋の長辺側に3列，短篇側に2列の合計6個を配置する（図9.11 参照）。

吹出し口1個当たりの風量は，

$$\frac{3\,000}{6} = 500 \ (\text{m}^3/\text{h})$$

天井高さ3 mの事務室であるから，ほぼ標準的なものとしてネック風速4.5 m/s程度にとると，ネック径200 mmとなる。表9.4によれば，型番C2-20となる。

表9.4によれば，発生騒音は垂直吹出し時で，40.5 dB程度であり，一般の事務室としての許容値は満足している。

また，最大拡散半径は2.6 m，最小拡散半径は1.5 mである。吹出し口を室内に配置して，最大拡散円と最小拡散円をかき，最大拡散円が

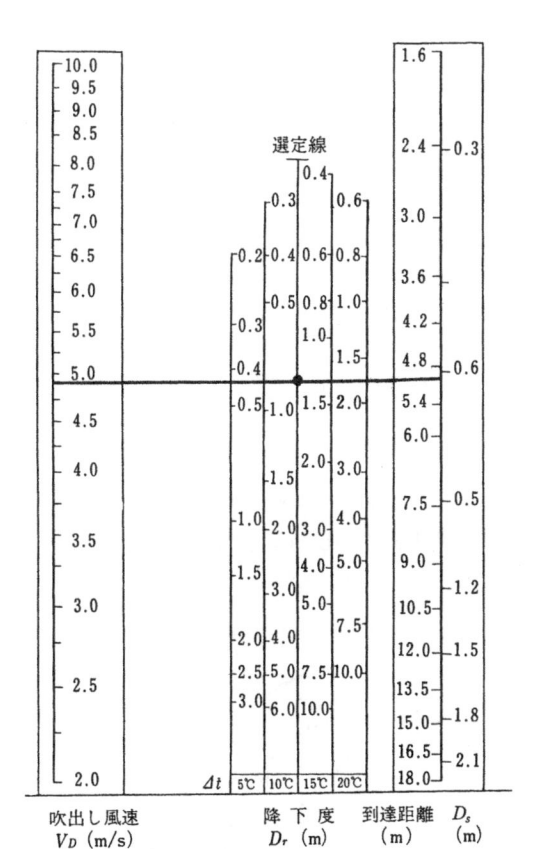

D_r：温度差による空気降下度
D_s：気流の拡大による空気降下度

注 1) 吹出し風速は面風速でなく，吹出し実風速（V_D）による。
2) 上図の降下度は残風速0.25 m/sの場合の値で，0.5 m/sの場合には選定した値に0.35を乗じる。

図9.6 降下度算出図[(4)]

室内居住域をほぼ覆っていることを確認するとともに，最小拡散円が重なったり，そのなかに気流を阻害する壁や柱がないかどうかをチェックする。吹出し口6個を縦横それぞれ5mずつの間隔で3×2の状態に配置すれば，ほぼこれらの条件を満足していることがわかる。しかし実際には，照明器具の配置や天井目地割などによる考慮も必要となってくる。なお到達距離は5.8mであり，天井高さ3mに対して十分である。吹出し口の静圧損失は垂直吹出し時で，50 Paである。

例題 9.2

15 m × 5 m × 3 mH の事務室を，ユニバーサル型吹出し口を用いて空調する場合の吹出し口を選定せよ。部屋の片側の長辺方向の壁面上部から吹き出すものとする。吹出し風量は3 000 m³/hとする。

[解答] 部屋の大きさ，形状からみて，吹出し口3個を用いるものとすれば，1個当たりの風量は1 000 m³/hとなる。一般的な事務室であるから，吹出し面風速を3.0 m/sとすれば，ダクトサイズ選定線図である図9.9，図9.10から意匠的にみてバランスのよい縦横比を選び，横500 mm，縦200 mm（500 × 200）のユニバーサル型吹出し口とする。

吹出し口の間隔を5mピッチにとれば，図9.3より羽根はC角度にセットすればよいことがわかる。カタログなどにより，このときの到達距離が部屋の奥行き5mを満足していることと，発生騒音が許容値以内であることを確認する。

次にこの吹出し口について，冷風を吹き出したときの降下度を図9.5の手順に従って求める。吹出し実風速V_Dは，吹出し口断面積0.1 m²と吹出し角度Cとから，図9.4により，$R_p ≒ 1.6$，$V_C = 3.0$であるから式（9-1）により，$V_D = 1.6 × 3.0 = 4.8$ m/sとなる。到達距離は部屋の奥行きから5mにとり，図9.6により，$D_s =$ 0.6 m，室温と吹出し空気温度の差を10℃とすれば，$D_r = 0.8$ m が求められる。したがって降下度は下記のとおりとなる。

残風速0.25 m/sの場合の降下度
= 0.6+0.8 = 1.4（m）

残風速0.5 m/sの場合の降下度
= 1.4 × 0.35 ≒ 0.5（m）

天井高さは3mであるから，居住域（床上1.5 m/s）での残風速は0.5 m/sを超えていない。また水平の羽根を調整することにより，降下度は50%まで減少させることもできる。

2.3 吸込み口の選定要領

吸込み口の位置と形状は，気流分布と室内意匠で決定される場合が多く，吸込み口の大きさは1個当たりの風量と吸込み面風速により決定する。吸込み口付近の気流は，図9.8に示すように吸込み口から離れると，その風速は急激に減少する。

表9.6に吸込み口面風速の推奨値を示す。一般的な吸込み口の有効面積比を表9.7に示す。吸込み口の有効面積比がこの表と大きく異なる場合は，実風速によりチェックする必要がある。実風速は下記により求める。

$$実風速(m/s) = \frac{面風速(m/s)}{有効面積比}$$

なお，参考のため表9.8に外壁ガラリの推奨風速を示す。外壁ガラリの位置と形状は，外気の風向きと風速を考慮しつつ意匠上より決定する。特に風の強いところや積雪のあるところでは，風除けや雪除けなどの配慮が必要である。

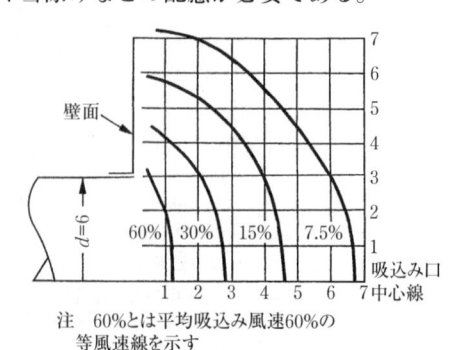

注　60%とは平均吸込み風速60%の等風速線を示す

図9.8 吸込み口付近の気流分布[5]

表9.6　吸込み口の推奨風速[6]

吸込み口の位置	吸込み面風速（m/s）
居住域より上	4.0 以上
居住域内（席に遠い）	3.0 ～ 4.0
居住域内（席に近い）	2.0 ～ 3.0
ドアルーバ，壁ガラリ	1.0 ～ 1.5
ドアのアンダカット	1.0 ～ 1.5

表9.7　吸込み口の有効面積

吸込み口	有効面積比（％）	吸込み口	有効面積比（％）
VS型，HS型	85	ガラリ型	70
ユニバーサル型	75	ドアルーバ	50
多孔板型	55	外壁ガラリ	40

注 1）　有効面積比 $= \dfrac{\text{有効面積}}{\text{吸込み口開口面積}} \times 100$（％）
　 2）　本表は一般的な数値である。

表9.8　外壁ガラリの風速

種　類	面風速（m/s）
外気取入れガラリ	2.0 ～ 4.0 （2.5）
排気ガラリ	2.5 ～ 4.5 （3.5）

注　（　）内は標準を示す。

3　ダクトの設計

3.1　送風量の算出

空調用ダクトの送風量は次式で求められる。

$$Q = \frac{H_S}{c_p \times \rho \times \Delta t} \times k_l \times 3\,600$$
$$= \frac{H_S \times (1.05 \sim 1.10)}{0.33 \times \Delta t} \quad (9\text{-}2)$$

ここに，
　Q：空調用送風量（m³/h）
　H_S：室の顕熱負荷（W）
　c_p：空気の定圧比熱（1.0×10^3 J/（kg（DA）・K））
　ρ：空気の密度（$\fallingdotseq 1.2$ kg（DA）/m³）
　Δt：室温と吹出し空気の温度差（K）
　k_ℓ：割増し係数［漏れや熱損失によるもの＝ 1.05 ～ 1.10］

空調用送風量を決めるには，室温と吹出し空気の温度差が大きな要素となる。吹出し温度差 Δt を大きくとれば送風量 Q が小さくなり，送風系の設備は小型となって省エネルギー的であるが，Δt をあまり大きくすることは，室温内温度分布上好ましくない結果となる。一般的な空調において採用されている吹出し温度差は，下記のとおりである。

　冷房時　$\Delta t = 10 \sim 15$℃程度
　暖房時　$\Delta t = 5 \sim 15$℃程度

冷房時の吹出し温度差が，室内空気の露点温度を大きく下回ると，吹出し口に結露を生じることとなる。一般的には，室内の露点温度と吹出し空気温度との差が 0.5 ～ 3.0℃ ぐらいが限度とされている。一方，暖房時には，吹出し温度差 Δt が小さいほど室内上下の間の温度差が小さくなり，好ましい。

風量の割増しについては，一般にダクトよりの空気漏れ分や熱損失を考慮して，5 ～ 10％ 程度の余裕を見込むことが多い。

3.2　ダクト寸法の決定と抵抗計算

3.2.1　ダクト寸法の決定法

① 一般には，低速ダクト（ダクト内風速 15 m/s 以下）が用いられ，そのサイズの決定は等圧法（等摩擦損失法）で行われているので，ここでは等圧法によるサイズ決定法について述べる。

② 送風機より，各吹出し口および吸込み口に至る合理的な経路を設定し，各ダクト部の通過風量を定める。

③ 単位長さ当たりの摩擦損失値を定め，図9.9のダクト選定図によりダクトサイズを決める。単位長さ当たりの摩擦損失としては，低速ダクトでは 0.8 ～ 1.5 Pa/m（標準 1.0 Pa/m）程度が用いられる（表9.9参照）。

④ ただし，ダクトの最大風速については，騒音発生やダクトの強度の点から制限があり（表9.10参照），これを超えないようにする。したがって，ダクト通過風量がおおよそ 30 000 ～ 40 000 m³/h 以上については，風速によりダクトサイズを決める必要がある。

⑤ 空調・換気・排煙用のダクトの選定にあたっ

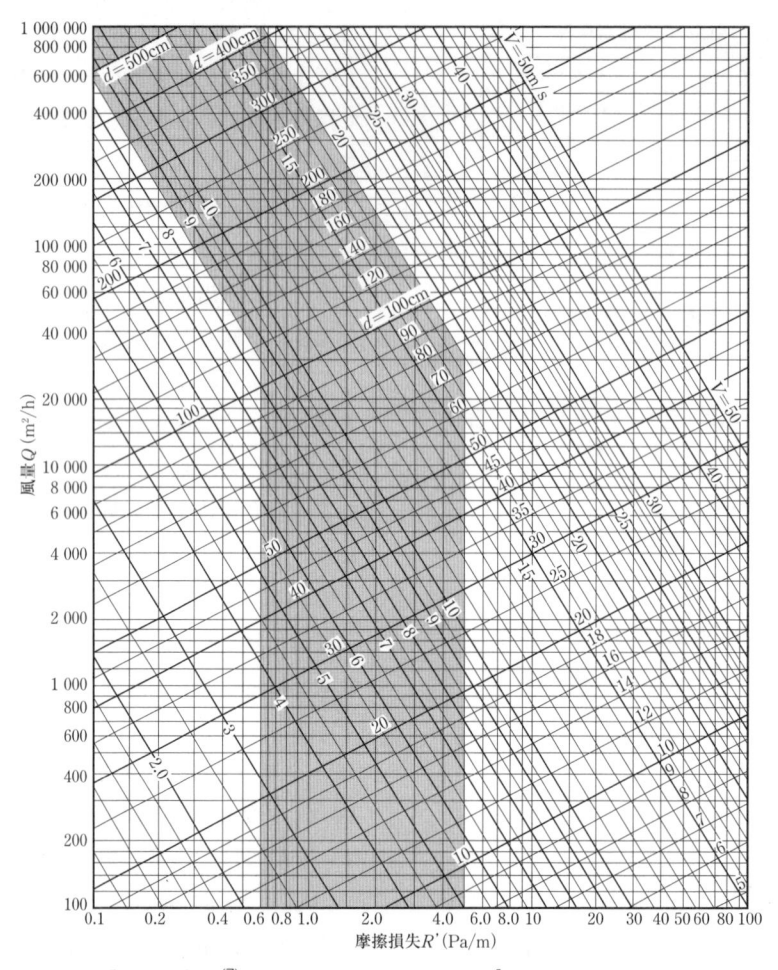

図 9.9 ダクト選定図 [7]（20℃，60%，1,013.25 × 10^{5}Pa，ε = 0.18mm）（井上宇市）

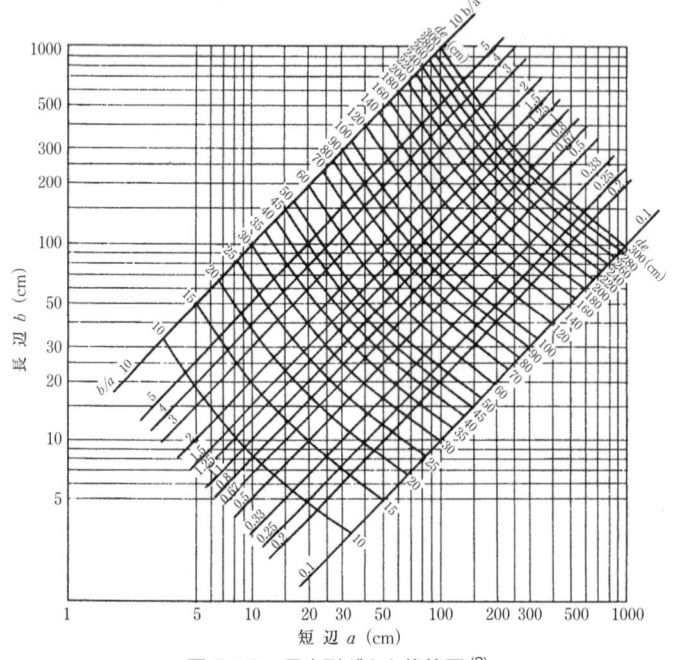

図 9.10 長方形ダクト換算図 [8]

表9.9 ダクトの単位圧力損失の推奨値 (Pa/m)

種類	送気ダクト		還気・排気ダクト	
	主ダクト	枝ダクト	主ダクト	枝ダクト
住宅, ホール	0.8～1.0	0.7～0.8	0.8～1.0	0.7～0.8
事務所	1.0	1.0	1.0	0.8～1.0
百貨店, 商店	1.5	1.0～1.5	1.5	1.0～1.5
工場	1.0～1.5	1.0～1.5	1.0～1.5	1.0～1.5

表9.10 ダクトの最大風速 (m/s)

種類	主ダクト	枝ダクト
住宅, ホール	6～10	5～6
事務所	8～12	6～8
百貨店, 商店	10～13	8～10
工場	10～15	8～10

表9.11 ダクトの内面粗さによる補正係数 (k_e)

ダクト内面粗さ(mm)		ダクト径(mm φ)	500		1 000	
	例	風速 (m/s)	5	15	5	15
特に粗い ($\varepsilon = 3.0$)	コンクリート		1.78	1.92	1.73	1.85
粗い ($\varepsilon = 0.9$)	モルタル仕上げ		1.33	1.41	1.30	1.38
やや粗い ($\varepsilon = 0.3$)	ファイバグラスダクト		1.08	1.10	1.07	1.09
滑らか ($\varepsilon = 0.01$)	硬質塩化ビニル管		0.85	0.76	0.86	0.78

注 絶対粗さ $\varepsilon = 0.18$ (mm) の場合に対する補正

ては,空気を標準空気(温度20℃,相対湿度60%,密度1.2 kg (DA) /m³,定圧比熱1.0 kJ/(kg (DA)・℃), 気圧101.325 kPa)として取り扱ってよい(20℃±15℃ぐらいでは無視しても差し支えない)。しかし空気温度が大幅に異なるときは,図9.9より求めた圧力損失に,次式による補正を行う。

$$h_o = k_t h_c \quad (9\text{-}3)$$

$$k_t = \frac{293}{273+t} \quad (9\text{-}4)$$

ここに,
 h_o:実際の摩擦損失(Pa/m)
 k_t:空気温度による補正係数
 h_c:標準状態での摩擦損失(Pa/m)
 t :取り扱う空気の温度(℃)

⑥ ダクトの材質が亜鉛鉄板以外のときは,内面の絶対粗さが違うため補正が必要となる。図9.9は,内面の絶対粗さ $e = 0.18$ mm のものであるから,これと大幅に異なる場合は次式により補正を行う。

$$h_o = k_e h_c \quad (9\text{-}5)$$

ここに,
 h_o:実際の摩擦損失(Pa/m)
 k_e:ダクト内面粗さによる補正係数(表9.11)
 h_c:亜鉛鉄板ダクトの摩擦損失(Pa/m)

⑦ ダクトの寸法は,JIS A 4009において標準寸法が定められており,原則としてこの寸法によ

るのが,望ましい(表9.12, 9.13)。円形ダクトから単位長さ当たりの抵抗の等しい長方形ダクトへの換算は図9.10による。なお長方形のダクトでは,アスペクト比(縦横比)は4以下が望ましい。

⑧ ダクトの曲がりの部分は,なるべく大きな曲率半径をとることが望ましい。原則としてその内側半径は,円形ダクトではその直径以上,長方形ダクトでは半径方向の幅以上とする。またその変形部においては,拡大の部分の角度は15°以下,縮小の部分の角度は30°以内とする。

やむをえず急激な曲がりや断面積の変化を行う場合には,ガイドベーンを設けて抵抗を少なくする。

⑨ この等圧法によるダクト設計においては,各吹出し口までの圧力損失に大きな差がないときは問題ないが,大きく異なる場合には,圧力損失の少ない経路に調整のためのダンパを設けるか,制限風速の範囲内で抵抗を増すなどの修正が必要となることがある。

3.2.2 高速ダクト

高速ダクトとは,ダクト内風速が15 m/sを超えるものをいい,ダクトサイズは小さくなるがファン動力が2倍以上に増大するので,省エネルギーの観点から最近では空調用としてほとんど用いられなくなった。しかし排煙ダクトや工業用排気ダクトなどに用いられている。

高速ダクトの設計については,基本的には低

表9.12 長方形ダクトの長辺および短辺の寸法（JIS A 4009-1997）

（単位 mm）

短辺＼長辺	100	150	200	250	300	350	400	450	500	550	600	650	700	750	800	900	1000	1100	1200	1300	1400	1500	1600	1700	1800	1900	2000	2100	2200	2300	2400	2500
100		○	○	○	○		○																									
150		○	○	○	○		○		○																							
200			○	○	○		○		○		○		○																			
250				○	○		○		○		○		○		○																	
300					○		○		○		○		○		○		○															
350																																
400							○		○		○		○		○		○		○		○											
450																																
500									○		○		○		○		○		○		○		○									
550																																
600											○		○		○		○		○		○		○		○							
650																																
700													○		○		○		○		○		○		○		○					
750																																
800															○		○		○		○		○		○		○		○			
900																○	○		○		○		○		○		○		○		○	
1000																	○		○		○		○		○		○		○		○	
1100																																
1200																			○		○		○		○		○		○		○	○
1300																																
1400																																
1500																																

備考　1　○印は標準寸法，太線の枠内は推奨寸法を示す。
　　　2　推奨寸法の縦横比の最大値は1：4とする。
　　　3　共板フランジ工法の長辺は最大2 200 mmとする。

表9.13 円形ダクトおよび円形スパイラルダクトの内径寸法 (JIS A 4009-1997)

（単位 mm）

63	200	500	800
(73)	250	(550)	900
80	(300)	560	1 000
100	315	(600)	(1 100)
125	(350)	630	1 120
(150)	355	(650)	1 250
160	400	(700)	
(175)	430	710	

備考　1．円形ダクトの内径寸法は630 mm 以下とする。
　　　2．( ) 内の寸法は当分の間，規定する。

速ダクトと同様であるが，単位摩擦損失値としては3.0～5.0 Pa/m，最高制限風速としては18～22 m/s 程度にとる。高速ダクト方式の場合は，ダクト各部の静圧分布に差が生じるので，各吹出し口での風量分配のために，吹出し口シャッタやダンパなどを用いて調整する必要がある。また，このような難点を解消するために，静圧再取得法や全圧法によってダクトを設計するのがよい。高速ダクト方式にあっても，還気ダクトは低速ダクトとする。送風機の静圧は空調機の抵抗も含めて1 500 Pa 程度となる。また騒音に対しては特に慎重な配慮が必要である。

3.2.3 等速法によるダクト設計

これはダクト内の風速を，主管，枝管とも一定にしてダクト寸法を決定する方法である。ダクト系の抵抗計算は，各区間での摩擦損失が異なるため複雑である。一般には，排煙ダクトや気流内に粉体が含まれる排気用ダクトなどに用いられ，空調用ダクトには用いられない。

3.2.4 グラスウールダクト

最近は空調用ダクトとして，グラスウールダクトが採用されることが多くなってきた。グラスウールダクトは従来からの亜鉛鉄板ダクトと比較して，種々の特徴を有するが制約も多い。グラスウールダクトを採用する場合には，その長所，短所を十分把握したうえで適切に利用する必要がある。表9.14に亜鉛鉄板ダクトとの比較表を示す。

グラスウールダクトは亜鉛鉄板ダクトのように丸みをおびた加工ができないこと，また耐圧・耐風速上の種々の制限を有している。以下にグラスウールダクトの設計の留意点について示す。

表9.14 グラスウールダクトと亜鉛鉄板ダクトの比較

比較項目	グラスウールダクト	鉄板ダクト	備考
耐圧性	△	○	グラスウールダクトは、内圧500 Pa以下で使用しなければならない。
許容風速	△	○	グラスウール角ダクト　13 m/s以下 グラスウール丸ダクト　15 m/s以下
空気抵抗	○	○	グラスウールダクトも鉄板ダクトも、事実上はほぼ同様
空気漏れ	○	△	鉄板ダクトは、5～10%のリークが見込まれるが、グラスウールダクトはリーク（約2%程度）が少ない。
断熱性	○	○	鉄板ダクトに25 mm、24 kg/m³の保温したものより若干グラスウールダクトのほうが熱伝導率は小さい。
吸音性	○	×	グラスウールダクトは吸音性に優れているが、遮音性には劣るので注意を要す。鉄板ダクトは逆。
不燃性	○	○	グラスウールダクトは、国交省大臣認定の不燃材料認定品がある。
物理的強度	×	○	グラスウールダクトは傷ついたり、破損しやすい。ただし、破損箇所の補修は簡単。
重量	○	×	グラスウールダクトは鉄板ダクトの1/3程度の重量となる。
施工性	○	×	グラスウールダクトは短期間で技術の習得ができ、また軽量なので施工性はよい。
施工費	△	△	保温工事費も含めるとあまり差がない。
施工管理	△	△	ダクト工程、保温工程が一度にすむが、つり込み後に傷つけられたり、また雨水などの心配もあるので養生が必要となる。
工期	○	×	グラスウールダクトの場合は保温、消音の工程がなくなる。

○：優れている　　△：普通　　×：劣る

① グラスウールダクトは亜鉛鉄板ダクトより若干摩擦係数が大きいので、設計には採用するメーカーの技術資料によるべきであるが、ダクトサイズの決定にあたっては、一般的に、亜鉛鉄板の摩擦損失線図を使用しても実用上差し支えない。

② 許容静圧500 Pa、許容風速は角ダクトで13 m/s、丸ダクトで15 m/sであるから、それ以下で使用する。

③ 直管をできるだけ基本とし、断面の変化をできるだけ少なくする。

④ 曲がりは直角曲がり（2ピースエルボ）が最も簡単であるが、円弧状の曲がり（いわゆるベンド）抵抗値に近づける必要のある場合、ガイドベーン付き直角エルボか3ピースエルボ（60エルボ）にする。

⑤ 枝管は本管に対し自由な角度で接続可能である。

⑥ 鉄板製の主ダクトは接続可能である。

⑦ 水分の多い気体、粉じん、腐食性ガス、タール分の多い排気、微生物を含む排気などには使用しない。

⑧ 屋外では露出ダクトとして使用できないので、防水のための被覆が必要である。

3.3 ダクトの抵抗

ダクトの抵抗計算は、全圧を基準として圧力損失と局部抵抗係数または局部抵抗の相当長さを用いて計算する。

3.3.1 直管ダクトの摩擦抵抗

直管ダクトの圧力損失は式（9-6）で表わされるが、実際にはダクトの摩擦損失線図（図9.9）が与えられているので、この図表より単位長さ当たりの摩擦損失を求め、これにダクト直管長さを乗じて求めることができる。

$$\Delta P_t = \lambda \frac{l}{d} \times \frac{v^2}{2} \rho = \lambda \frac{l}{d} P_v \quad (9\text{-}6)$$

$$\lambda = 0.0055 \left\{ 1 + \left(20\,000 \frac{e}{d} + \frac{10^6}{Re} \right)^{1/3} \right\} \quad (9\text{-}7)$$

ここに、

ΔP_t：直管ダクトの圧力損失（Pa）

λ：摩擦抵抗係数

ℓ：ダクトの長さ（m）

d：ダクトの直径 (m)

v：ダクト内の平均風速 (m/s)

ρ：空気の密度

$[\fallingdotseq 1.2\,\text{kg (DA)}/\text{m}^3,\ 20℃,\ 60\%]$

P_v：動圧 (Pa) $\fallingdotseq 0.6v^2$

e：絶対粗さ (m)

（亜鉛鉄板では0.15〜0.18 mm）

Re：レイノルズ数 $\left[=\dfrac{vd}{\nu}\fallingdotseq\dfrac{10^5 vd}{1.50}\right]$

[標準空気]

ν：動粘性係数 (m²/s)

式(9-7)はムーディによる乱流の全領域にわたる略算式で，$Re = 4 \times 10^3 \sim 10^7$，$e/d$が0.01以下の範囲で5%以内の誤差を生じる。

ΔP_tは全圧基準の圧力損失であるが，同径のダクト内では風速の変化はないから，静圧基準の抵抗ΔP_sと等しくなる。

長方形ダクトの場合は式(9-8)により，これと等しい抵抗の円形ダクトに換算する。また逆に円形ダクトから長方形ダクトに換算することもできる。しかし実際には図9.10により容易に求めることができる。

$$d_e = 1.3\left\{\dfrac{(ab)^5}{(a+b)^2}\right\}^{1/8} \quad (9\text{-}8)$$

ここに，

d_e：相当直径 (m)

a, b：長方形ダクトの長辺，短辺 (m)

なお，〔a/b〕をアスペクト比という。

3.3.2 ダクトの局部抵抗

ダクトの曲がり部，分岐部および断面変化部分などでは，摩擦による圧力損失のほかに，渦流などにより，直管部とは性質の異なった損失がある。これを局部抵抗といい次式で表わされる。

$$\Delta P_t = \zeta \dfrac{v^2}{2}\rho = \zeta P_v \quad (9\text{-}9)$$

ζ：局部抵抗係数

各種異形管の局部抵抗係数については，3.3.4に示す。この局部抵抗は全圧基準の値であるから，これを用いて計算する場合は，静圧再取得の値は考慮する必要はない。

局部抵抗については上記のほか，これと等しい圧力損失を生じる直管ダクトの長さで表わすこともできる。この長さを局部抵抗の相当長さといい次式で表わされる。

$$\Delta P_t = \zeta\dfrac{v^2}{2}\rho = \lambda\dfrac{l_e}{d}\times\dfrac{v^2}{2}\rho \quad (9\text{-}10)$$

$$l_e = \dfrac{\zeta}{\lambda}d \quad (9\text{-}11)$$

ℓ_e：局部抵抗の相当長さ (m)

相当長さで局部抵抗を表わす場合は，その分だけダクトの全長が伸びたものとして取り扱うことができるので，ダクト系全体の圧力損失値を概算するときなどは便利である。

3.3.3 概略計算法

装置全体の圧力損失について，概略的に計算する必要のある場合は下記による。

$$P_f = P_d + P_a \quad (9\text{-}12)$$
$$P_d = (1+k)\ell R \quad (9\text{-}13)$$

ここに，

P_f：装置全体の圧力損失（$\fallingdotseq$ファンの必要静圧）(Pa)

P_d：ダクト系の圧力損失 (Pa)

P_a：空調機器の機内抵抗 (Pa)

k：局部抵抗比（表9.15による）

ℓ：ダクトの延長 (m)

＝（末端の吹出し口までの送気ダクト長さ）＋（末端の吸込み口までの還気ダクトの長さ）

R：ダクトの単位長さ当たりの摩擦損失 (Pa/m)

ただし，この概略計算によるときは，計画の当初には利用してもよいが，最終段階でダクト計画が完了した時点では，必ず抵抗計算を行いチェックする必要がある。

表9.15 局部抵抗比 (k)[9]

小規模なダクト系のとき（または曲がりの多いとき）	1.0〜1.5
大規模なダクト系のとき（延長50m以上）	0.7〜1.0
消音装置が多数あるとき	1.5〜2.5

3.3.4 ダクトの局部抵抗係数

(1) 曲がり・変形ダクトの局部抵抗係数

表9.16 曲がり・変形ダクトの局部抵抗(1)[10]

No.	名称	形状図	計算式	局部抵抗係数 ζ	文献
1	円形ダクトのベンド（成形）		$\Delta P_T = \zeta \dfrac{\rho v_0^2}{2}$ $\zeta = \zeta' \cdot K_\theta$	$\theta = 90°$のとき <table><tr><td>r/D</td><td>0.5</td><td>0.75</td><td>1.0</td><td>1.5</td><td>2.0</td><td>2.5</td></tr><tr><td>ζ</td><td>0.71</td><td>0.33</td><td>0.22</td><td>0.15</td><td>0.13</td><td>0.12</td></tr></table> $\theta = 90°$以外の場合：$\zeta \times K_\theta$ <table><tr><td>θ</td><td>0</td><td>20</td><td>30</td><td>45</td><td>60</td><td>75</td><td>90</td><td>110</td><td>130</td><td>150</td><td>180</td></tr><tr><td>K_θ</td><td>0</td><td>0.31</td><td>0.45</td><td>0.60</td><td>0.78</td><td>0.90</td><td>1.00</td><td>1.13</td><td>1.20</td><td>1.28</td><td>1.40</td></tr></table>	②
2	円形ダクトのベンド（えび継ぎ）		$\Delta P_T = \zeta \dfrac{\rho v_0^2}{2}$	<table><tr><td>ピース\r/D</td><td>0.5</td><td>0.75</td><td>1.0</td><td>1.5</td><td>2.0</td></tr><tr><td>3ピース</td><td>0.98</td><td>0.54</td><td>0.42</td><td>0.34</td><td>0.33</td></tr><tr><td>4ピース</td><td>−</td><td>0.50</td><td>0.37</td><td>0.27</td><td>0.24</td></tr><tr><td>5ピース</td><td>−</td><td>0.46</td><td>0.33</td><td>0.24</td><td>0.19</td></tr></table>	②
3	円形ダクトの直角ベンド		$\Delta P_T = \zeta \dfrac{\rho v_0^2}{2}$ $\zeta = \zeta' \cdot K_{Re}$ $\left(R_e = \dfrac{v_0 D}{\nu}\right)$	<table><tr><td>θ</td><td>20</td><td>30</td><td>45</td><td>60</td><td>73</td><td>90</td></tr><tr><td>ζ'</td><td>0.08</td><td>0.16</td><td>0.34</td><td>0.55</td><td>0.81</td><td>1.2</td></tr></table> $Re \times 10^{-4}$が14以下の場合：$\zeta' \times K_{Re}$ <table><tr><td>$Re \times 10^{-4}$</td><td>1</td><td>2</td><td>3</td><td>4</td><td>6</td><td>8</td><td>10</td><td>≧14</td></tr><tr><td>K_{Re}</td><td>1.40</td><td>1.26</td><td>1.19</td><td>1.14</td><td>1.09</td><td>1.06</td><td>1.04</td><td>1.0</td></tr></table>	②
4	長方形ダクトのベンド		$\Delta P_T = \zeta \dfrac{\rho v_0^2}{2}$ $\zeta = \zeta' \cdot K_{Re} \cdot K_\theta$	ζ' <table><tr><td>r/W \ H/W</td><td>0.25</td><td>0.5</td><td>0.75</td><td>1.0</td><td>1.5</td><td>2.0</td><td>3.0</td><td>4.0</td><td>5.0</td><td>6.0</td><td>8.0</td></tr><tr><td>0.5</td><td>1.3</td><td>1.3</td><td>1.2</td><td>1.1</td><td>1.1</td><td>1.1</td><td>0.98</td><td>0.92</td><td>0.89</td><td>0.85</td><td>0.83</td></tr><tr><td>0.75</td><td>0.57</td><td>0.52</td><td>0.48</td><td>0.44</td><td>0.40</td><td>0.39</td><td>0.39</td><td>0.40</td><td>0.42</td><td>0.43</td><td>0.44</td></tr><tr><td>1.0</td><td>0.27</td><td>0.25</td><td>0.23</td><td>0.21</td><td>0.19</td><td>0.18</td><td>0.18</td><td>0.19</td><td>0.20</td><td>0.27</td><td>0.21</td></tr><tr><td>1.5</td><td>0.22</td><td>0.20</td><td>0.19</td><td>0.17</td><td>0.15</td><td>0.14</td><td>0.14</td><td>0.15</td><td>0.16</td><td>0.17</td><td>0.17</td></tr><tr><td>2.0</td><td>0.20</td><td>0.18</td><td>0.16</td><td>0.15</td><td>0.14</td><td>0.13</td><td>0.13</td><td>0.14</td><td>0.14</td><td>0.15</td><td>0.13</td></tr></table> K_{Re} <table><tr><td>$Re\times10^{-4}$ \ r/W</td><td>1</td><td>2</td><td>3</td><td>4</td><td>6</td><td>8</td><td>10</td><td>14</td><td>≧20</td></tr><tr><td>0.5</td><td>1.40</td><td>1.26</td><td>1.19</td><td>1.14</td><td>1.09</td><td>1.06</td><td>1.04</td><td>1.0</td><td>1.0</td></tr><tr><td>≧0.75</td><td>2.0</td><td>1.77</td><td>1.64</td><td>1.56</td><td>1.46</td><td>1.38</td><td>1.30</td><td>1.15</td><td>1.0</td></tr></table> K_θはNo.1と同じ	②
5	長方形ダクトの直角ベンド		$\Delta P_T = \zeta \dfrac{\rho v_0^2}{2}$ $\zeta = \zeta' \cdot K_{Re}$	ζ' <table><tr><td>θ \ H/W</td><td>0.25</td><td>0.5</td><td>0.75</td><td>1.0</td><td>1.5</td><td>2.0</td><td>3.0</td><td>4.0</td><td>5.0</td><td>6.0</td><td>8.0</td></tr><tr><td>20°</td><td>0.08</td><td>0.08</td><td>0.07</td><td>0.07</td><td>0.07</td><td>0.06</td><td>0.06</td><td>0.05</td><td>0.05</td><td>0.05</td><td>0.05</td></tr><tr><td>30</td><td>0.18</td><td>0.17</td><td>0.17</td><td>0.16</td><td>0.15</td><td>0.14</td><td>0.13</td><td>0.13</td><td>0.12</td><td>0.12</td><td>0.11</td></tr><tr><td>45</td><td>0.38</td><td>0.37</td><td>0.36</td><td>0.34</td><td>0.33</td><td>0.31</td><td>0.28</td><td>0.27</td><td>0.26</td><td>0.25</td><td>0.24</td></tr><tr><td>60</td><td>0.60</td><td>0.59</td><td>0.57</td><td>0.55</td><td>0.52</td><td>0.49</td><td>0.46</td><td>0.43</td><td>0.41</td><td>0.39</td><td>0.38</td></tr><tr><td>75</td><td>0.89</td><td>0.87</td><td>0.84</td><td>0.81</td><td>0.77</td><td>0.73</td><td>0.67</td><td>0.63</td><td>0.61</td><td>0.58</td><td>0.57</td></tr><tr><td>90</td><td>1.3</td><td>1.3</td><td>1.2</td><td>1.2</td><td>1.1</td><td>1.1</td><td>0.98</td><td>0.92</td><td>0.89</td><td>0.85</td><td>0.83</td></tr></table> K_{Re}はNo.3と同じ	②
6	ベーン付き長方形エルボ（大型ベーン）		$\Delta P_T = \zeta \dfrac{\rho v_0^2}{2}$	<table><tr><td></td><td>ζ</td><td>条件</td></tr><tr><td>1枚ベーン</td><td>0.56</td><td>$R/W = 0.5$</td></tr><tr><td>2枚ベーン</td><td>0.44</td><td>$R_1/W = 0.3, R_2/W = 0.5$</td></tr></table>	②
7	ベーン付き長方形エルボ（小型ベーン）		$\Delta P_T = \zeta \dfrac{\rho v_0^2}{2}$	<table><tr><td>No.</td><td>r</td><td>s</td><td>L</td><td>ζ</td></tr><tr><td>1</td><td>2.0</td><td>1.5</td><td>0.75</td><td>0.12</td></tr><tr><td>2</td><td>4.5</td><td>2.25</td><td>0</td><td>0.15</td></tr><tr><td>3</td><td>4.5</td><td>3.25</td><td>1.60</td><td>0.18</td></tr></table> ベーンに伸長エッジがない場合，損失は単一エルボではあまり増加しないが連続エルボとすると相当増加する	②
8	ベーン付き長方形エルボ（小型マルチベーン付き）		$\Delta P_T = \zeta \dfrac{\rho v_0^2}{2}$	<table><tr><td>No.</td><td>r</td><td>s</td><td>=5.0m/s</td><td>=10m/s</td><td>=15m/s</td><td>20m/s</td></tr><tr><td>1</td><td>2.0</td><td>1.5</td><td>0.27</td><td>0.22</td><td>0.19</td><td>0.17</td></tr><tr><td>2</td><td>2.0</td><td>1.5</td><td>0.33</td><td>0.29</td><td>0.26</td><td>0.23</td></tr><tr><td>3</td><td>2.0</td><td>2.13</td><td>0.38</td><td>0.31</td><td>0.27</td><td>0.24</td></tr><tr><td>4</td><td>4.5</td><td>3.25</td><td>0.26</td><td>0.21</td><td>0.18</td><td>0.16</td></tr></table> No.1 エンボス形ベーンランナ，No.2 プッシュオン形ベーンランナ No.3 エンボス形ベーンランナ，No.4 エンボス形ベーンランナ	②

表9.16 曲がり・変形ダクトの局部抵抗（2）[10]

No.	名称	形状図	計算式	局部抵抗係数 ζ	文献
9	円形ダクトの漸拡大と急拡大	(図)	$\Delta P_T = \zeta \dfrac{\rho v_0^2}{2}$ $\left(Re = \dfrac{v_0 D}{\nu}\right)$	下表参照	②
10	長方形ダクトの漸拡大と急拡大	(図) θ=180°	$\Delta P_T = \zeta \dfrac{\rho v_0^2}{2}$	下表参照	②
11	長方形ダクトの変形	(図)	$\Delta P_T = \zeta \dfrac{\rho v_0^2}{2}$	$\theta < 14°$ $\zeta = 0.15$	②
12	漸縮小と急縮小	(図)	$\Delta P_T = \zeta \dfrac{\rho v_0^2}{2}$	下表参照	②
13	長方形ダクト45°エルボによる迂回	(図) $W/H=4, r/H=1.5, L=1.5H$	$\Delta P_T = \zeta \dfrac{\rho v_0^2}{2}$	下表参照	②
14	長方形ダクト押しつぶしによる迂回	(図) ダクト幅 W 一定	$\Delta P_T = \zeta \dfrac{\rho v_0^2}{2}$	下表参照	②

No.9 局部抵抗係数：

R_e	A_0/A_1	θ=16	20	30	45	60	90	120	180
0.5×10^5	2	0.14	0.19	0.32	0.33	0.33	0.32	0.31	0.30
	4	0.23	0.30	0.46	0.61	0.68	0.64	0.63	0.62
	6	0.27	0.33	0.48	0.66	0.77	0.74	0.73	0.72
	10	0.29	0.38	0.59	0.76	0.80	0.83	0.84	0.83
	≥16	0.31	0.38	0.60	0.84	0.88	0.88	0.88	0.88
2×10^5	2	0.07	0.12	0.23	0.28	0.27	0.27	0.27	0.26
	4	0.15	0.18	0.36	0.55	0.59	0.59	0.58	0.57
	6	0.19	0.28	0.44	0.90	0.70	0.71	0.71	0.69
	10	0.20	0.24	0.43	0.76	0.80	0.81	0.81	0.81
	≥16	0.21	0.28	0.52	0.76	0.87	0.87	0.87	0.87
$\geq 6\times 10^5$	2	0.05	0.07	0.07	0.12	0.27	0.27	0.27	0.27
	4	0.17	0.24	0.38	0.51	0.56	0.58	0.58	0.57
	6	0.16	0.29	0.46	0.60	0.69	0.71	0.70	0.70
	10	0.21	0.33	0.52	0.60	0.76	0.83	0.80	0.83
	≥16	0.21	0.31	0.56	0.72	0.79	0.85	0.87	0.89

No.10 局部抵抗係数：

A_0/A_1	θ=16	20	30	45	60	90	120	180
2	0.18	0.22	0.25	0.29	0.35	0.32	0.33	0.30
4	0.36	0.43	0.50	0.56	0.61	0.63	0.63	0.63
6	0.42	0.47	0.58	0.68	0.72	0.76	0.76	0.75
≥10	0.42	0.49	0.59	0.70	0.80	0.87	0.83	0.86

No.12 局部抵抗係数：

A_0/A_1	θ=10	15～40	50～60	90	120	150	180
2	0.05	0.05	0.06	0.12	0.18	0.24	0.26
4	0.05	0.04	0.07	0.17	0.27	0.35	0.41
6	0.05	0.04	0.07	0.18	0.28	0.36	0.42
10	0.05	0.05	0.08	0.19	0.29	0.37	0.43

No.13 局部抵抗係数：

v (m/s)	4	6	8	10	12
ζ	0.18	0.22	0.24	0.25	0.26

No.14 局部抵抗係数：

W/H	L/H=0.125	0.15	0.25	0.30
1.0	0.26	0.30	0.33	0.35
4.0	0.10	0.14	0.22	0.30

(2) 分岐・合流ダクトの局部抵抗係数

表9.17 分流・合流ダクトの局部抵抗（1）[10]

No.	名称	形状図	計算式	局部抵抗係数 ζ	文献
1	円形ダクトの分流（斜めの取出し）	$v_1 \cdot A_1 \cdot Q_1$, $v_3 \cdot A_3 \cdot Q_3$, $v_2 \cdot A_2 \cdot Q_2$, $A_1 = A_3$	$\Delta P_T = \zeta \dfrac{\rho v_1^2}{2}$	ζ①→② θ＼(Q₂/Q₁): 0.1　0.2　0.3　0.4　0.5　0.6　0.7　0.8　0.9 30° / 0.8: 0.75 0.55 0.40 0.28 0.21 0.16 0.15 0.16 0.19 30° / 0.6: 0.69 0.46 0.31 0.21 0.17 0.16 0.20 0.28 0.39 30° / 0.4: 0.59 0.33 0.21 0.20 0.27 0.40 0.62 0.92 1.3 30° / 0.2: 0.40 0.26 0.58 1.3 2.5 — — — — 45° / 0.8: 0.78 0.62 0.49 0.40 0.34 0.31 0.32 0.35 0.40 45° / 0.6: 0.74 0.56 0.44 0.37 0.35 0.36 0.43 0.54 0.68 45° / 0.4: 0.66 0.47 0.40 0.43 0.54 0.69 0.95 1.3 1.7 45° / 0.2: 0.56 0.56 1.0 1.8 — — — — — 60° / 0.8: 0.83 0.71 0.62 0.56 0.52 0.50 0.53 0.60 0.68 60° / 0.6: 0.81 0.68 0.60 0.58 0.58 0.61 0.72 0.87 1.1 60° / 0.4: 0.76 0.65 0.65 0.74 0.89 1.1 1.4 1.8 2.3 60° / 0.2: 0.77 0.96 1.6 2.5 — — — — — 90° / 0.8: 0.95 0.92 0.92 0.93 0.94 0.95 1.1 1.2 1.4 90° / 0.6: 0.96 0.97 1.0 1.1 1.1 1.2 1.4 1.7 2.0 90° / 0.4: 0.99 1.1 1.3 1.5 1.7 2.0 2.4 — — 90° / 0.2: 1.3 1.9 2.9 — — — — — — ζ①→③ v₂/v₁: 0　0.1　0.2　0.3　0.4　0.5　0.6　0.8　1.0 ζ: 0.35 0.28 0.22 0.17 0.13 0.09 0.06 0.02 0	②
2	円形ダクトの分流（直角取出し）	$v_1 \cdot A_1$, $v_3 \cdot A_3$, $v_2 \cdot A_2$	$\Delta P_T = \zeta \dfrac{\rho v_1^2}{2}$	ζ①→② v₂/v₁: 0　0.2　0.4　0.6　0.8　1.0　1.2　1.4　1.6　2.0 ζ: 1.0 1.0 1.0 1.1 1.2 1.3 1.3 1.4 1.6 1.8 2.2 ζ①→③ v₂/v₁: 0　0.2　0.3　0.4　0.5　0.6　0.8　1.0 ζ: 0.4 0.26 0.20 0.15 0.10 0.06 0.02 0	②
3	円形ダクトの分流（直角円すい形取出し）	$v_1 \cdot A_1$, $v_3 \cdot A_3$, $v_2 \cdot A_2$, $A_1 = A_3$	$\Delta P_T = \zeta \dfrac{\rho v_1^2}{2}$	ζ①→② v₂/v₁: 0　0.2　0.4　0.6　0.8　1.0　1.2　1.4　1.6　1.8　2.0 ζ: 1.0 0.85 0.74 0.62 0.52 0.42 0.36 0.32 0.32 0.37 0.52 ζ①→③はNo.1のζ①→③と同じ	②
4	長方形ダクトの分流（割込み分岐）	v_1, v_3, v_2, a	$\Delta P_T = \zeta \dfrac{\rho v_1^2}{2}$	ζ①→③ v₂/v₁: 0.2　0.4　0.6　0.8　1.0　1.2　1.4　1.6 ζ: 0.249 0.112 0.05 0.063 0.15 0.31 0.547 0.856 ζ①→② x: 0.2　0.4　0.6　0.8　1.0　1.2　1.4　1.6 ζ: 0.256 0.12 0.072 0.112 0.24 0.455 0.76 1.156 ただし $x = (a/b) \times (v_2/v_1)$	③
5	長方形ダクトの分流（浅い割込み分岐）	$v_1 \cdot A_1 \cdot Q_1$, $v_3 \cdot A_3 \cdot Q_3$, $v_2 \cdot A_2 \cdot Q_2$, $\theta = 90°$, $r/W = 1.0$	$\Delta P_T = \zeta \dfrac{\rho v_1^2}{2}$	ζ①→② A₂/A₃ ＼ A₂/A₁ ＼ Q₂/Q₁: 0.1　0.2　0.3　0.4　0.5　0.6　0.7　0.8　0.9 0.25 / 0.25: 0.55 0.50 0.60 0.85 1.2 1.8 3.1 4.4 6.0 0.33 / 0.25: 0.35 0.35 0.50 0.80 1.3 2.0 2.8 3.8 5.0 0.5 / 0.5: 0.62 0.48 0.40 0.40 1.48 0.60 0.78 1.1 1.5 0.67 / 0.5: 0.52 0.40 0.32 0.30 0.34 0.44 0.62 0.92 1.4 1.0 / 0.5: 0.44 0.38 0.38 0.41 0.52 0.68 0.92 1.2 1.6 1.0 / 1.0: 0.67 0.55 0.46 0.37 0.32 0.29 0.29 0.30 0.37 1.33 / 1.0: 0.70 0.60 0.51 0.42 0.34 0.28 0.26 0.26 0.29 2.0 / 1.0: 0.60 0.52 0.43 0.30 0.24 0.20 0.15 0.17 0.21 ζ①→③ A₂/A₃ ＼ A₂/A₁ ＼ Q₂/Q₁: 0.1　0.2　0.3　0.4　0.5　0.6　0.7　0.8　0.9 0.25 / 0.25: -.01 -.03 -.01 0.05 0.13 0.21 0.29 0.38 0.46 0.33 / 0.25: 0.08 0 -.02 -.01 0.02 0.08 0.16 0.24 0.34 0.5 / 0.5: -.03 -.05 0 0.06 0.12 0.19 0.27 0.35 0.67 / 0.5: 0.04 -.02 -.04 -.03 -.01 0.04 0.12 0.23 0.37 1.0 / 0.5: 0.72 0.48 0.28 0.13 0.05 0.04 0.09 0.18 0.30 1.0 / 1.0: -.02 -.04 -.04 -.01 0.06 0.13 0.22 0.30 0.38 1.33 / 1.0: 0.10 0 0.01 -.03 -.01 0.03 0.10 0.20 0.30 2.0 / 1.0: 0.62 0.38 0.23 0.13 0.08 0.05 0.06 0.10 0.20	②

表9.17 分流・合流ダクトの局部抵抗（2）[10]

No.	名称	形状図	計算式	局部抵抗係数 ζ	文献
6	長方形ダクトより円形ダクトを90°分岐	$v_1 \cdot A_1$, $v_3 \cdot A_3$, $v_2 \cdot A_2$, $A_1 = A_3$	$\Delta P_T = \zeta \dfrac{\rho v_1^2}{2}$	ζ①→② Q_2/Q_1 \ v_2/v_1: 0.1, 0.2, 0.3, 0.4, 0.5, 0.6, 0.7, 0.8, 0.9 0.2: 1.00, —, —, —, —, —, —, —, — 0.4: 1.01, 1.07, —, —, —, —, —, —, — 0.6: 1.14, 1.10, 1.08, —, —, —, —, —, — 0.8: 1.18, 1.31, 1.12, 1.13, —, —, —, —, — 1.0: 1.30, 1.38, 1.20, 1.23, 1.26, —, —, —, — 1.2: 1.46, 1.58, 1.45, 1.31, 1.39, 1.48, —, —, — 1.4: 1.70, 1.82, 1.65, 1.51, 1.56, 1.64, 1.71, —, — 1.6: 1.93, 2.06, 2.00, 1.85, 1.70, 1.76, 1.80, 1.88, — 1.8: 2.06, 2.17, 2.20, 2.13, 2.06, 1.98, 1.99, 2.00, 2.07 ζ①→③はNo.1のζ①→③と同じ	②
7	長方形ダクトより円すい形円形ダクトの分岐	$v_1 \cdot A_1$, $v_3 \cdot A_3$, $v_2 \cdot A_2$, $A_1 = A_3$	$\Delta P_T = \zeta \dfrac{\rho v_1^2}{2}$	ζ①→② v_2/v_1: 0.4, 0.50, 0.75, 1.0, 1.3, 1.5 ζ: 0.80, 0.83, 0.90, 1.0, 1.1, 1.4 ζ①→③はNo.1のζ①→③と同じ	②
8	長方形ダクトより長方形ダクト分岐（直角取出し）	$v_1 \cdot Q_1$, $v_3 \cdot Q_3$, $v_2 \cdot Q_2$	$\Delta P_T = \zeta \dfrac{\rho v_1^2}{2}$	ζ①→② Q_2/Q_1 \ v_2/v_1: 0.1, 0.2, 0.3, 0.4, 0.5, 0.6, 0.7, 0.8, 0.9 0.2: 1.03, —, —, —, —, —, —, —, — 0.4: 1.04, 1.01, —, —, —, —, —, —, — 0.6: 1.11, 1.03, 1.05, —, —, —, —, —, — 0.8: 1.16, 1.21, 1.17, 1.12, —, —, —, —, — 1.0: 1.38, 1.40, 1.30, 1.36, 1.27, —, —, —, — 1.2: 1.52, 1.61, 1.68, 1.91, 1.47, 1.66, —, —, — 1.4: 1.79, 2.01, 1.90, 2.31, 2.28, 2.20, 1.95, —, — 1.6: 2.07, 2.28, 2.13, 2.71, 2.99, 2.81, 2.09, 2.20, — 1.8: 2.32, 2.54, 2.64, 3.09, 3.72, 3.48, 2.21, 2.29, 2.57 ζ①→③はNo.1のζ①→③と同じ	②
9	長方形ダクトより45°テーパ付き長方形ダクト分岐	$v_1 \cdot A_1$, $v_3 \cdot Q_3$, $v_2 \cdot Q_2$, $A_1 = A_3$	$\Delta P_T = \zeta \dfrac{\rho v_1^2}{2}$	ζ①→② Q_2/Q_1 \ v_2/v_1: 0.1, 0.2, 0.3, 0.4, 0.5, 0.6, 0.7, 0.8, 0.9 0.2: 0.91, —, —, —, —, —, —, —, — 0.4: 0.81, 0.79, —, —, —, —, —, —, — 0.6: 0.77, 0.72, 0.70, —, —, —, —, —, — 0.8: 0.78, 0.73, 0.69, 0.66, —, —, —, —, — 1.0: 0.78, 0.98, 0.85, 0.79, 0.74, —, —, —, — 1.2: 0.90, 1.11, 1.16, 1.23, 1.03, 0.86, —, —, — 1.4: 1.19, 1.22, 1.26, 1.29, 1.54, 1.25, 0.92, —, — 1.6: 1.35, 1.42, 1.55, 1.59, 1.63, 1.50, 1.31, 1.09, — 1.8: 1.45, 1.50, 1.75, 1.74, 1.72, 2.24, 1.63, 1.40, 1.17 ζ①→③はNo.1のζ①→③と同じ	②
10	円形ダクト・長方形ダクトの割込み合流・分流	$Q_3 \cdot v_3 \cdot A_3$, $Q_2 \cdot v_2 \cdot A_2$, $Q_1 \cdot v_1 \cdot A_1$, $\dfrac{Q_2}{Q_1} = \dfrac{Q_3}{Q_1} = 0.5$, $r/W = 1.5$, 90°	$\Delta P_T = \zeta \dfrac{\rho v_1^2}{2}$	合流: A_3/A_1 または A_2/A_1: 0.5, 1.0 / ζ③→① または ζ②→①: 0.23, 0.07 分流: A_3/A_1 または A_2/A_1: 0.50, 1.0 / ζ①→③ または ζ①→②: 0.30, 0.25	②

表9.17 分流・合流ダクトの局部抵抗（3）[10]

No.	名称	形状図	計算式	局部抵抗係数 ζ	文献
11	円形ダクト・長方形ダクトの合流・分流	$Q_2 \cdot v_2 \cdot A_2$ ②、$Q_1 \cdot v_1 \cdot A_1$ ①、$Q_3 \cdot v_3 \cdot A_3$ ③、$A_2 = A_3$、$A_1 = A_2 + A_3$	$\Delta P_T = \zeta \dfrac{\rho v_1^2}{2}$	ζ③→① または ζ②→①（合流） θ ＼ Q_2/Q_1 または Q_3/Q_1: 0, 0.1, 0.2, 0.3, 0.4, 0.5, 0.6, 0.7, 0.8, 0.9, 1.0 15°: −2.6, −1.9, −1.3, −0.77, −0.30, 0.10, 0.41, 0.67, 0.85, 0.97, 1.0 30°: −2.1, −1.5, −1.0, −0.53, −0.10, 0.28, 0.69, 0.91, 1.1, 1.4, 1.6 45°: −1.3, −0.93, −0.55, −0.16, 0.20, 0.56, 0.92, 1.3, 1.6, 2.0, 2.3 ζ①→③ は ζ①→②（分流） θ ＼ v_3/v_1 または v_2/v_1: 0.1, 0.2, 0.3, 0.4, 0.5, 0.6, 0.8, 1.0, 1.2, 1.4, 1.6, 1.8, 2.0 15°: 0.81, 0.65, 0.51, 0.38, 0.28, 0.20, 0.11, 0.06, 0.14, 0.30, 0.51, 0.76, 1.0 30°: 0.84, 0.69, 0.56, 0.44, 0.34, 0.26, 0.19, 0.15, 0.15, 0.30, 0.51, 0.76, 1.0 45°: 0.87, 0.74, 0.63, 0.54, 0.45, 0.38, 0.29, 0.24, 0.23, 0.30, 0.51, 0.76, 1.0 60°: 0.90, 0.82, 0.79, 0.66, 0.59, 0.53, 0.43, 0.36, 0.33, 0.39, 0.51, 0.76, 1.0 90°: 1.0, 1.0, 1.0, 1.0, 1.0, 1.0, 1.0, 1.0, 1.0, 1.0, 1.0, 1.0, 1.0	②
12	円形ダクトの合流（直角合流）	$Q_1 \cdot A_1 \cdot v_1$ ①、$Q_3 \cdot A_3 \cdot v_3$ ③、$Q_2 \cdot A_2 \cdot v_2$ ②（90°）、$A_1 = A_3$	$\Delta P_T = \zeta \dfrac{\rho v_1^2}{2}$	ζ②→③ Q_2/Q_3 ＼ A_2/A_3: 0.1, 0.2, 0.3, 0.4, 0.6, 0.8, 1.0 0: −1.0, −1.0, −1.0, −0.90, −0.90, −0.90, −0.90 0: −1.0, −1.0, −1.0, −0.90, −0.90, −0.90, −0.90 0.1: 0.40, −0.37, −0.51, −0.46, −0.50, −0.51, −0.52 0.2: 3.8, 0.72, 0.17, −0.02, −0.14, −0.18, −0.24 0.3: 9.2, 2.3, 1.0, 0.44, 0.21, 0.11, −0.08 0.4: 16, 4.3, 2.1, 0.94, 0.54, 0.40, 0.32 0.5: 26, 6.8, 3.2, 1.1, 0.66, 0.49, 0.42 0.6: 37, 9.7, 4.7, 1.6, 0.92, 0.69, 0.57 0.7: 43, 13, 6.3, 2.1, 1.2, 0.88, 0.72 0.8: 65, 17, 7.9, 2.7, 1.5, 1.1, 0.86 0.9: 82, 21, 9.7, 3.4, 1.8, 1.2, 0.99 1.0: 101, 26, 12, 4.0, 2.1, 1.4, 1.1 ζ①→③ Q_2/Q_3: 0, 0.1, 0.2, 0.3, 0.4, 0.5, 0.6, 0.7, 0.8, 0.9, 1.0 ζ: 0, 0.16, 0.27, 0.38, 0.46, 0.53, 0.57, 0.59, 0.60, 0.59, 0.55	②
13	長方形ダクトの合流（浅い割込み分岐）	③ $v_3 \cdot A_3 \cdot Q_3$、① $v_1 \cdot A_1 \cdot Q_1$、② $v_2 \cdot A_2 \cdot Q_2$、90°、$r/W = 1.0$	$\Delta P_T = \zeta \dfrac{\rho v_1^2}{2}$	ζ②→③ A_2/A_1 ＼ A_2/A_3 ＼ Q_2/Q_3: 0.1, 0.2, 0.3, 0.4, 0.5, 0.6, 0.7, 0.8, 0.9 0.25 ＼ 0.25: −0.5, 0, 0.50, 1.2, 2.2, 3.7, 5.8, 8.4, 11 0.33 ＼ 0.25: −1.2, −0.4, 0.4, 1.6, 3.0, 4.8, 6.8, 8.9, 11 0.5 ＼ 0.5: 0.30, 0.25, 0.45, 0.70, 1.0, 1.5, 2.0 0.67 ＼ 0.5: −1.0, −0.6, −0.2, 0.10, 0.30, 0.60, 1.0, 1.5, 2.0 1.0 ＼ 0.5: −2.2, −1.5, −0.95, −0.5, 0, 0.40, 0.80, 1.3, 1.9 1.0 ＼ 1.0: −0.6, −0.3, −0.10, −0.04, 0.13, 0.21, 0.29, 0.36, 0.42 1.33 ＼ 1.0: −1.2, −0.8, −0.40, −0.20, 0, 0.16, 0.24, 0.32, 0.38 2.0 ＼ 1.0: −2.1, −1.4, −0.90, −0.50, −0.20, 0, 0.20, 0.25, 0.30 ζ①→③ A_2/A_3 ＼ A_2/A_3 ＼ Q_2/Q_3: 0.1, 0.2, 0.3, 0.4, 0.5, 0.6, 0.7, 0.8, 0.9 0.75 ＼ 0.25: 0.30, 0.30, 0.20, −0.1, −0.45, −0.92, −1.5, −2.0, −2.6 1.0 ＼ 0.5: 0.17, 0.16, 0.10, 0, −0.08, −0.18, −0.27, −0.37, −0.46 0.75 ＼ 0.5: 0.27, 0.35, 0.25, 0.12, −0.03, −0.23, −0.42, −0.58 0.5 ＼ 0.5: 1.2, 1.1, 0.90, 0.65, 0.35, 0, −0.40, −0.80, −1.3 1.0 ＼ 1.0: 0.18, 0.24, 0.27, 0.26, 0.23, 0.18, 0.10, 0, −0.12 0.75 ＼ 1.0: 0.75, 0.36, 0.38, 0.35, 0.27, 0.18, 0.05, −0.08, −0.22 0.5 ＼ 1.0: 0.80, 0.87, 0.80, 0.68, 0.55, 0.40, 0.25, 0.08, −0.10	②
14	長方形ダクトの合流（割込み分岐）	① $v_1, \dot{A_1}, \dot{Q_1}$、③ $v_3, \dot{A_3}, \dot{Q_3}$、② $v_2 \cdot A_2 \cdot Q_2$	$\Delta P_T = \zeta \dfrac{\rho v_1^2}{2}$	ζ②→③ v_2/v_3: 0.4, 0.6, 0.8, 1.0, 1.2, 1.5 ζ: −1.3, −0.9, −0.5, 0.1, 0.55, 1.4 ζ①→③ A_1/A_3 ＼ v_1/v_3: 0.4, 0.6, 0.8, 1.0, 1.2, 1.5 0.75: −1.2, −0.3, −0.35, 0.8, 1.1, — 0.67: −1.7, −0.9, −0.3, 0.1, 0.45, 0.7 0.60: −2.1, −1.3, −0.8, 0.4, 0.5, 0.2	③

表9.17 分流・合流ダクトの局部抵抗（4）[10]

No.	名称	形状図	計算式	局部抵抗係数 ζ	文献
15	長方形ダクトと円形ダクトの合流（円形ダクト直付け）	①$Q_1 \cdot v_1 \cdot A_1$、③$Q_3 \cdot v_3 \cdot A_3$、②$Q_2 \cdot v_2 \cdot A_2$	$\Delta P_T = \zeta \dfrac{\rho v_1^2}{2}$	$A_2/A_1=0.5$, $A_1/A_3=1.0$, $A_2/A_3=0.5$のとき ζ②→③ 　(m/s)＼Q_2/Q_3：0.1／0.2／0.3／0.4／0.5／0.6／0.7／0.8／0.9／1.0 ＜6：−0.63／−0.55／0.13／0.23／0.78／1.30／1.93／3.10／4.88／5.60 ＞6：−0.49／−0.21／0.23／0.60／1.27／2.06／2.75／3.70／4.93／5.95 ζ①→③はNo.12のζ①→③と同じ	②
16	長方形ダクトと長方形ダクトの合流（直角取付け）	①$Q_1 \cdot v_1 \cdot A_1$、③$Q_3 \cdot v_3 \cdot A_3$、②$Q_2 \cdot v_2 \cdot A_2$	$\Delta P_T = \zeta \dfrac{\rho v_1^2}{2}$	$A_2/A_1=0.5$, $A_1/A_3=1.0$, $A_2/A_3=0.5$のとき ζ②→③ 　(m/s)＼Q_2/Q_3：0.1／0.2／0.3／0.4／0.5／0.6／0.7／0.8／0.9／1.0 ＜6：−0.75／−0.58／−0.03／0.33／1.03／1.10／2.15／2.93／4.18／4.78 ＞6：−0.69／−0.21／−0.23／0.67／1.17／1.66／2.67／3.36／3.93／5.13 ζ①→③はNo.12のζ①→③と同じ	②
17	長方形ダクトより45°傾斜をもつ長方形ダクトの合流	①$Q_1 \cdot v_1 \cdot A_1$、③$Q_3 \cdot v_3 \cdot A_3$、②$Q_2 \cdot v_2 \cdot A_2$	$\Delta P_T = \zeta \dfrac{\rho v_1^2}{2}$	$A_2/A_1=0.5$, $A_1/A_3=1.0$, $A_2/A_3=0.5$のとき ζ②→③ 　(m/s)＼Q_2/Q_3：0.1／0.2／0.3／0.4／0.5／0.6／0.7／0.8／0.9／1.0 ＜6：−0.83／−0.68／−0.30／0.28／0.55／1.03／1.50／1.93／2.50／3.03 ＞6：−0.72／−0.52／−0.23／0.34／0.76／1.14／1.83／2.01／2.90／3.63 ζ①→③はNo.12のζ①→③と同じ	②

(3) 消音装置の局部抵抗係数

表9.18 消音チャンバの局部抵抗[5]

消音チャンバの形状，寸法と内張り仕様	抵抗係数 ζ	局部抵抗（Pa）
300×300ダクト, 900×900×450H, グラスウール50mmt内張り, 300×300ダクト（入口・出口 同側配置）	0.419	$P_t = \zeta \times \dfrac{\rho v^2}{2}$ v：チャンバ入口ダクトの風速（m/s）
300×300ダクト, 300×300, 900×900×450H, グラスウール50mmt内張り	1.088	
300×300ダクト, 300×300, 900×900×450H, グラスウール50mmt内張り	0.902	

注　1）この他の形状については，消音ボックスと同時に，急拡大⊕急縮小と考えて各抵抗係数を加えた値を消音チャンバの抵抗係数と考える。
　　2）上記の場合，実際の値の推定には出入口，ダクトの相対的位置を考慮し，上表の傾向を利用する。
　　3）通常のチャンバにも適用できる。

表9.19 消音ボックスの局部抵抗[6]

消音チャンバの形状，寸法と内張り仕様	抵抗係数 ζ	局部抵抗（Pa）
850×850, 210, 250φ, 176φ, モルトプレン10mm	1.50	$P_t = \zeta \times \dfrac{\rho v^2}{2}$ v：ボックス入口ダクトの風速（m/s） 入口ダンパの抵抗（全開時）も入っている。
720×400, 225, 150φ, 125φ, モルトプレン25mm	2.0	
584, 711, 152, 102, 203, 25mm岩綿板内張り	≒ 0.5	

注　1）市販されている吹出し口消音ボックスの圧力損失は，メーカー技術資料参照。
　　2）その他の形状については，拡大⊕縮小と考えて，各抵抗係数を加えた値を消音ボックスの抵抗係数と考える（実際はこれより多少少ない）。

表 9.20 消音ダクトの局部抵抗[10]

No.	名称	形状図	計算式	局部抵抗係数 ζ	文献
1	消音ボックス（1方向吹出し）	（形状図）	$\Delta P_T = \zeta \dfrac{\rho v_1^2}{2}$ 25mm グラスウール内張り	$\zeta = 1.4\left(\dfrac{a}{L}\right)^{0.83}\left(\dfrac{H}{L}\right)^{-0.53}$	④
2	消音ボックス（2方向吹出し）	（形状図）	$\Delta P_T = \zeta \dfrac{\rho v_1^2}{2}$ 25mm グラスウール内張り	Q_1方向： $\zeta = 8.2\left(\dfrac{Q_1}{Q_0}\right)^n\left(\dfrac{a}{W}\right)^{1.94}$ Q_2方向： $\zeta = 9.2\left(\dfrac{Q_2}{Q_0}\right)^m\left(\dfrac{a}{L}\right)^{1.00}$ | a/W | 0.39 | 0.46 | 0.56 | a/L | 0.91 | 0.22 | 0.27 | | n | 0.31 | 0.91 | 1.23 | m | 0.58 | 0.63 | 0.58 |	④
3	消音エルボ（突付けエルボ） 内張り：グラスウール綿布被覆	（形状図）	$\Delta P_T = \zeta \dfrac{\rho v_1^2}{2}$	| D | 700 | 600 | 500 | 400 | 300 | 200 | | ζ | 1.1 | 1.2 | 1.2 | 1.2 | 1.4 | 1.7 | この値は内面が比較的平滑に仕上げられている場合で，施工状態によっては50%増しとなる	⑤
4	消音エルボ（外角エルボ） 内張り：グラスウール綿布被覆	（形状図 $R=H/2$）	$\Delta P_T = \zeta \dfrac{\rho v_1^2}{2}$	| D | 700 | 600 | 500 | 400 | 300 | 200 | | ζ | 0.6 | 0.7 | 0.7 | 0.7 | 1.2 | 1.5 | この値は内面が比較的平滑に仕上げられている場合で，施工状態によっては50%増しとなる	⑥
5	吸音用内張りダクト	（形状図）	$\Delta P_T = \zeta \dfrac{\rho v_1^2}{2}$	ロックウール厚25mm，$a \times b = 40\text{cm} \times 35\text{cm}$ $l = 0.9$m の場合　$\zeta : 1.06$ $l = 1.8$m の場合　$\zeta : 1.20$	⑥
6	吸音セル	（形状図）	$\Delta P_T = \zeta \dfrac{\rho v_1^2}{2}$	ロックウール厚25mm，$a \times b = 20\text{cm} \times 17.5\text{cm}$ $l = 0.9$m の場合　$\zeta : 2.21$ $l = 1.8$m の場合　$\zeta : 3.03$	⑥

(4) ダクト内障害物による局部抵抗係数

表9.21 ダクト内障害物による局部抵抗[10]

No.	名称	形状図	計算式	局部抵抗係数 ζ	文献
1	管内オリフィス		$\Delta P_T = \zeta \dfrac{\rho v_1^2}{2}$	A_2/A_1: 0.2, 0.4, 0.5, 0.8, 1.0 ζ: 47.8, 7.80, 1.80, 0.29, 0	②
2	ダクト内カバー付き貫通		$\Delta P_T = \zeta \dfrac{\rho v_1^2}{2}$	E/D: 0.1, 0.25, 0.50 ζ: 0.07, 0.23, 0.90	②
3	ダクト内の障害物	$S_m/A_0 < 0.3$ $S_m = d \cdot L$ $R_e = \rho \cdot d \cdot v_0 / \mu$	$\Delta P_T = \zeta \dfrac{\rho v_1^2}{2}$ $\zeta = \zeta' \cdot K$	障害物が中心軸上に位置する場合($y=0$): ζ' | R_e \ S_m/A_0	0.05	0.10	0.15	0.20 | |---|---|---|---|---| | 0.1 | 3.9 | 8.4 | 14 | 19 | | 0.5 | 1.5 | 3.2 | 5.2 | 7.1 | | 1 | 0.66 | 1.4 | 2.3 | 3.2 | | 5 | 0.30 | 0.64 | 1.1 | 1.4 | | 10 | 0.17 | 0.38 | 0.62 | 0.84 | | 50 | 0.11 | 0.22 | 0.38 | 0.5 | | 100 | 0.10 | 0.21 | 0.35 | 0.47 | | $(0.5 \sim 200) \times 10^3$ | 0.07 | 0.15 | 0.24 | 0.33 | | 3×10^3 | 0.07 | 0.16 | 0.26 | 0.35 | | 4×10^3 | 0.05 | 0.11 | 0.19 | 0.25 | | 5×10^3 | 0.04 | 0.09 | 0.14 | 0.19 | | $(5 \sim 10) \times 10^3$ | 0.02 | 0.05 | 0.07 | 0.10 | 障害物が中心軸より偏心した場合の係数: K | y/Dまたはy/H	0	0.05	0.10	0.15	0.20	0.25	0.30	0.35	0.40 | |---|---|---|---|---|---|---|---|---|---| | K | 1.0 | 0.97 | 0.93 | 0.89 | 0.84 | 0.79 | 0.74 | 0.67 | 0.58 |	②
4	ダクト内平鉄棒貫通		$\Delta P_T = \zeta \dfrac{\rho v_1^2}{2}$	E/D: 0.10, 0.25, 0.50 ζ: 0.70, 1.4, 4.0	②
5	ダクト中の金網		$\Delta P_T = \zeta \dfrac{\rho v_1^2}{2}$	n: 0.30, 0.40, 0.50, 0.55, 0.60, 0.65, 0.70, 0.75, 0.80, 0.90, 1.0 ζ: 6.2, 3.0, 1.7, 1.3, 0.97, 0.75, 0.58, 0.44, 0.32, 0.14, 0 自由面積比 $n = \dfrac{A}{A_0}$ A: 有効面積 A_0: ダクト断面積	②

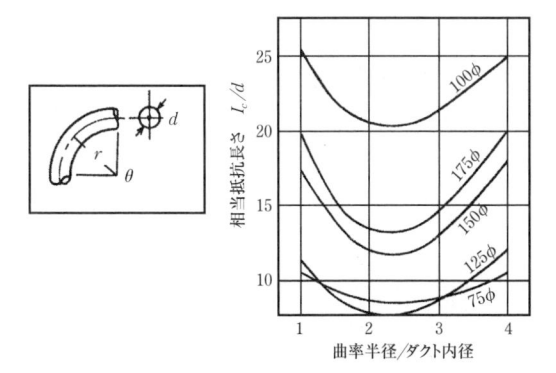

注 $\theta = 90°$以外は，左図より下記の修正をする。

		修正値 β		
d \ θ	45°	90°	135°	180°
75	−1.91	0	2.30	5.70
100	−4.00	0	5.50	13.70
125	−2.00	0	2.61	5.56
150	−3.96	0	3.98	8.47
175	−4.64	0	4.45	9.48

図9.11 フレキシブルダクトの相当長さ[1]

表9.22 ダクト内ダンパの局部抵抗係数（ζ）[7]

羽根角度 θ	長方形 バタフライ型（一枚翼）	長方形 バタフライ型（エアフォイル翼）	多翼型 平行型 $\frac{L}{R}=\frac{NW}{2(H+W)}$ L/R						多翼型 対向翼 L：ダンパ翼長さの合計（mm） R：ダクトの外周の数（mm） N：ダンパ翼の数 W：ダンパ翼方向のダクト幅（mm） L/R						円形 バタフライ型（一枚翼）
			0.3	0.4	0.5	0.6	0.8	1.0	1.5	0.3	0.4	0.5	0.6	0.8	1.0	1.5	
0（全開）	0.04	0.50	0.52	0.52	0.52	0.52	0.52	0.52	0.52	0.52	0.52	0.52	0.52	0.52	0.52	0.20
10	0.33	0.65	0.79	0.85	0.92	0.92	0.92	1.0	1.0	0.85	0.92	1.0	1.0	1.1	1.2	1.4	0.52
20	1.2	1.6	1.4	1.5	1.5	1.5	1.5	1.6	1.6	2.1	2.2	2.3	2.3	2.4	2.7	3.2	1.5
30	3.3	4.0	2.3	2.4	2.4	2.4	2.5	2.6	2.7	4.1	5.0	5.4	6.0	6.6	7.3	9.0	4.5
40	9.0	9.4	5.0	6.0	6.0	5.4	5.4	5.4	5.4	9.0	11	13	14	18	21	28	11
50	26	24	9.0	9.0	9.0	9.0	9.0	10	10	21	28	33	38	54	65	107	29
60	70	67	14	16	18	21	22	24	28	73	100	122	148	188	245	361	108
70	—	—	32	38	45	45	55	65	102	284	332	377	411	495	547	677	—
80	—	—	116	152	188	245	284	361	576	807	915	1045	1121	1299	1521	1654	—

(5) 局部抵抗計算図

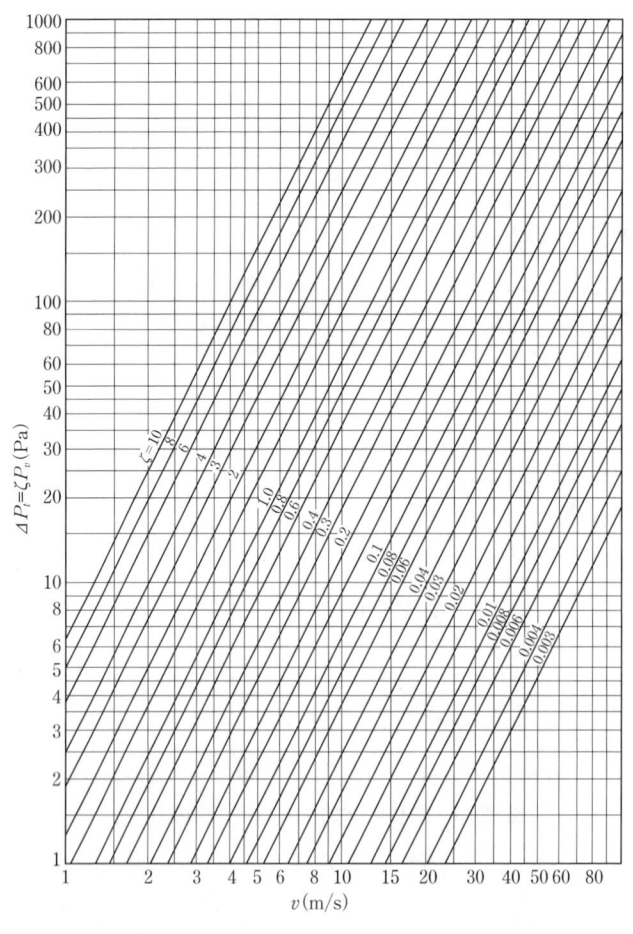

図9.12 局部抵抗計算図

例題 9.3

下図に示すような空調ダクト計画がある。下記の条件の下において、ダクトサイズを定め、抵抗計算を行い送風機の静圧を求めよ。

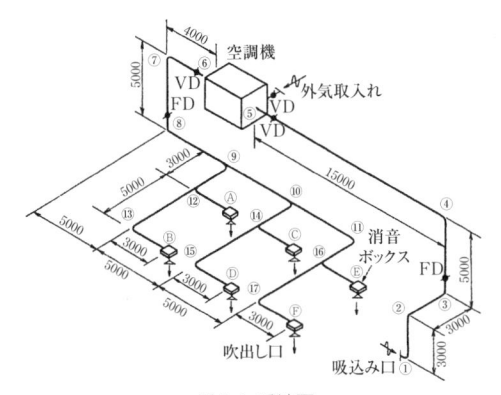

ダクト系統図

〔条件〕
① ダクトは低速方式とし、亜鉛鉄板製長方形ダクトとする。
② 曲がり部は内側半径 $R = W$(または H)の 90°ベンドとする。分岐部は浅い割込みによるものとする。
③ 区間番号⑧以降の送気ダクトの高さ $H = 250$(mm)以内とする。
④ ダンパ(VD, FD とも)の局部抵抗係数 $\zeta = 0.5$ とする。
⑤ 各機器の風量と圧力損失(全圧)は次のとおりとする。
⑥ 送風機の吐出し動圧 $P_v = 70.0$(Pa)

機器	風量 (m³/h)	圧力損失 (Pa)
空調機 (送風機内蔵)	3 000	350
吹出し口 (ダンパ付き)	500 × 6 個	45
吸込み口	2 100	20

[解答]
① 等圧法によりダクトサイズを決定する。単位摩擦損失を 1.0 Pa/m とし、図 9.9 により摩擦損失 1.0 Pa/m と風量とからダクト直径を求め、図 9.10 により長方形ダクトに換算する。サイズは JIS A 4009-1997(表 9.12)

表 9.23 ダクトサイズ決定表

区間	風量 (m³/h)	算出ダクト直径 (mm)	長方形ダクトサイズ (mm)
①〜⑤	2100	370	350 × 350
⑥〜⑧	3000	420	400 × 400
⑧〜⑨	3000	420	650 × 250
⑨〜⑩	2000	360	450 × 250
⑨〜⑫, ⑩〜⑭, ⑯	1000	280	300 × 250
⑫〜Ⓐ 他, ⑫〜Ⓑ 他	500	220	200 × 250

による標準寸法とする。

② 決定したダクトサイズによりその抵抗を計算する。計算は主として抵抗が最大となる経路について行う。どの経路が最大となるか不明のときは、2〜3 の経路について計算し、その最大のものを主経路とする。

③ 局部抵抗については式 (9-9) と前項の図表などにより計算する。所定の形状のデータがない場合は、近似のものから類推する。

④ 直管ダクトの長さについては、厳密には局部のものを差し引く必要があるが、軽微なことと安全側であることから無視し、図示の寸法をそのまま採用する。

⑤ 各経路ごとの計算結果を表 9.24 に示す。これにより各吹出し口に至る圧力損失を積算すれば表 9.25 となる。

⑥ 給気ダクトにおいて、各吹出し口 A 〜 F に至る経路のうち、圧力損失が最も少ないのは吹出し口 A に至る経路であり、以下 B、E、F、C の順で大きくなり、D に至る経路が最も抵抗の多い経路となる。しかし最小と最大の差は 103.3 − 94.1 = 9.2(Pa)であり、10%以内の差異であるから、吹出し口のダンパにおいて十分風量バランスをとることができる。

⑦ ダクト系の全圧損失に 10%の余裕を見込むものとすれば、送風機の静圧は下記のとおりとなる。なおダクト系の全圧損失には最も抵抗の多くなる吹出し口Ⓓに至る経路のものをとる。

表9.24 ダクト圧力損失計算書

区間	名称	形状	風量 Q (m³/h)	寸法 (mm)	断面積 A (㎡)	風速 v (m/s)	動圧 Pv (Pa)	抵抗係数 ζ	摩擦係数 λ (Pa/m)	長さ ℓ (m)	圧力損失 ΔP (Pa)	備考
①	吸込み口		2 100								20.0	
①~②	還気ダクト	直管	2 100	350 × 350	0.12	4.86	14.2		0.80	3.0	2.4	
②	還気ダクト	ベンド	2 100	350 × 350	0.12	4.86	14.2	0.17			2.4	
②~③	還気ダクト	直管	2 100	350 × 350	0.12	4.86	14.2		0.80	3.0	2.4	
③	還気ダクト	ベンド	2 100	350 × 350	0.12	4.86	14.2	0.17			2.4	①~⑤ 小計62.2
③	還気ダクト	FD	2 100	350 × 350	0.12	4.86	14.2	0.50			7.1	
③~④	還気ダクト	直管	2 100	350 × 350	0.12	4.86	14.2		0.80	5.0	4.0	
④	還気ダクト	ベンド	2 100	350 × 350	0.12	4.86	14.2	0.17			2.4	
④~⑤	還気ダクト	直管	2 100	350 × 350	0.12	4.86	14.2		0.80	15.0	12.0	
⑤	還気ダクト	VD	2 100	350 × 350	0.12	4.86	14.2	0.50			7.1	
	空調機		3 000								350.0	
⑥	給気ダクト	VD	3 000	400 × 400	0.16	5.21	16.3	0.50			8.2	
⑥~⑦	給気ダクト	直管	3 000	400 × 400	0.16	5.21	16.3		0.80	4.0	3.2	
⑦	給気ダクト	ベンド	3 000	400 × 400	0.16	5.21	16.3	0.17			2.8	
⑦~⑧	給気ダクト	直管	3 000	400 × 400	0.16	5.21	16.3		0.80	5.0	4.0	
⑧	給気ダクト	FD	3 000	400 × 400	0.16	5.21	16.3	0.50			8.2	
⑧	給気ダクト	変形	3 000	400 × 400	0.16	5.21	16.3	0.15			2.5	
⑧	給気ダクト	ベンド	3 000	650 × 250	0.16	5.21	16.3	0.14			2.3	
⑧~⑨	給気ダクト	直管	3 000	650 × 250	0.16	5.21	16.3		0.90	5.0	4.5	
⑨	給気ダクト	分岐[直]		$Q_2/Q_1 = 0.33$			16.3	−0.04			−0.7	
⑨~⑩	給気ダクト	直管	2 000	450 × 250	0.11	5.05	15.3		1.00	5.0	5.0	
⑩	給気ダクト	分岐[直]		$Q_2/Q_1 = 0.5$			15.3	0.05			0.80	
⑩~⑪	給気ダクト	直管	1 000	350 × 250	0.08	3.47	7.2		0.70	5.0	3.5	
⑪	給気ダクト	ベンド	1 000	350 × 250	0.08	3.47	7.2	0.19			1.4	
⑪~⑯	給気ダクト	直管	1 000	350 × 250	0.08	3.47	7.2		0.70	3.0	2.1	
⑯	給気ダクト	分岐[直]		$Q_2/Q_1 = 0.5$			7.2	0.05			0.4	
⑯~⑰	給気ダクト	直管	500	250 × 250	0.05	2.78	4.6		0.60	5.0	3.0	相似の部分にも適用
⑰	給気ダクト	ベンド	500	250 × 250	0.05	2.78	4.6	0.17			0.8	
⑰~Ⓕ	給気ダクト	直管	500	250 × 250	0.05	2.78	4.6		0.60	3.0	1.8	
Ⓕ	消音ボックス		500				4.6	0.50			2.3	
Ⓕ	吹出し口		500								45.0	

表9.25 ダクト系の圧力損失集計表

還気ダクト		空調機	給気ダクト		ダクト系の
経路	(Pa)	(Pa)	経路	(Pa)	全圧損失 (Pa)
① ~ ⑤	62.2	350.0	⑥~Ⓐ	94.1	
			⑥~Ⓑ	95.7	
			⑥~Ⓒ	102.8	
			⑥~Ⓓ	103.3	515.5
			⑥~Ⓔ	100.5	
			⑥~Ⓕ	101.0	

送風機静圧＝ダクト系全圧損失×1.1
　　　　－送風機吹出し動圧
　　　＝ 515.5 × 1.1 − 70.0 ≒ 497 (Pa)

3.4 ダクト系の空気漏れ量

　ダクト系からの空気漏れ量は，現場加工の程度により大きく変化するので，計画上で正確に推定することは非常に困難である．一般に亜鉛鉄板製

の長方形ダクトからの漏れ量は，スパイラルダクトやグラスファイバー製ダクトにくらべて大きく，加工精度による差異も大きい。

一般のダクト系では送風量の10%程度の漏れ量を考慮して，送風量の割増しを行うのが普通であるが，大規模なダクト系では15%以上になることもあるといわれている。特に排煙ダクトなどの高速ダクトにおいては無視できないものとなり，所定の風量を確保できない場合も起こり得るので，大規模なシステムでは漏れ量のチェックを行う必要がある。

ダクトの継目・継手の長さ当たりの制限空気漏れ量は次式で表わされる。

$$Q = K\left(\frac{p}{9.8}\right)^{0.75} \quad (9\text{-}14)$$

ここに，
- Q ：フランジ接合部・はぜ部などからの空気漏れ量（$\ell/(\min\cdot m)$）
- K ：空気漏れ係数
- p ：ダクト内圧（静止状態の静圧（Pa））

空気漏れ係数は，低圧ダクトは $K = 2$，高圧1ダクトは $K = 1$，高圧2ダクトは $K = 0.5$ とし，施工精度を考慮し，実験目標値は制限値の0.75としている。

ダクトの継目・継手の長さ当たりの制限空気漏れ量の計算式を表9.26に，図9.12にシールクラスごとにダクトの継目・継手長さ当たりの制限空気漏れ量を示す。

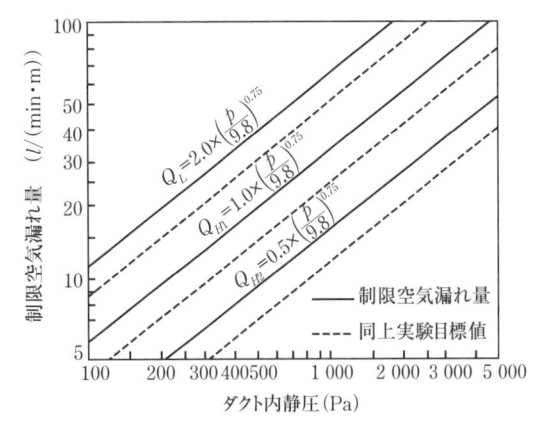

図9.12 ダクトの継手・継目長さ当たりの制限空気漏れ量[11]

4 ダンパ

4.1 ダンパの種類と取付け位置

ダンパは通過風量の調整または閉鎖に用いられる器具であって，その機構上からみて図9.13に示すとおり，5種類に分類できる。一般に1枚翼

表9.26 ダクトの継目・継手の長さ当たりの制限空気漏れ量（$\ell/(\min\cdot m)$）の計算式[11]

制限空気漏れ量クラス		対象	制限値の計算式	備考
シールクラス				
Nシール　［ボタンパンチはぜ］		低圧ダクト	$2.0 \times \left(\frac{p}{9.8}\right)^{0.75}$ (Pa)	
N+Aシール　［ボタンパンチはぜ］ Nシール　［ピッツバーグはぜ］		高圧1ダクト	$1.0 \times \left(\frac{p}{9.8}\right)^{0.75}$ (Pa)	施工精度を考慮し，実験目標値は制限値の3/4とする
N+Aシール　［ボタンパンチはぜ］ Nシール　［ピッツバーグはぜ］ 正圧980Paを超える共板ダクトの場合 N+A+Bシール　［ボタンパンチはぜ］ N++Bシール　［ピッツバーグはぜ］		高圧2ダクト	$0.75 \times \left(\frac{p}{9.8}\right)^{0.75}$ (Pa)	

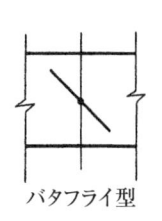

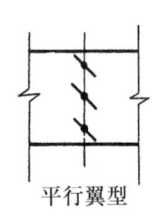

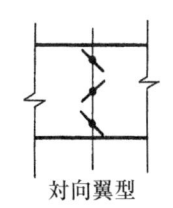

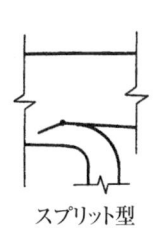

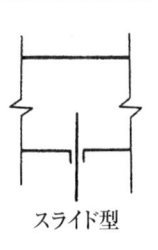

バタフライ型　平行翼型　対向翼型　スプリット型　スライド型

図9.13 ダンパの種類

表9.27　ダンパの種類と取付け位置

ダンパの種類	おもな使用目的	おもな取付け位置[1]	操作源	法的規制[2]
風量調整ダンパ VD	・風量調整用 ・切換え運転用 ・静圧調整用	・送風機，空調機の吐出し側および吸込み側 ・分岐ダクトで風量調整を必要とする箇所 ・ダクト系で切り換えて使用するような箇所	手動	—
モータダンパ MD	・風量の自動調整用 ・切換え運転の自動化 ・逆流防止用	・外気量制限を行う空調器等の外気ダクト ・自動的に切り換えて使用するダクト ・共通シャフト等で逆流防止をする必要のある箇所	電気または空気	—
チャッキダンパ CD	・逆流防止用	・共通シャフト等で逆流防止をする必要のある箇所 ・大口径のときは圧力損失をチェックする	自力式 (一方の流れ方向に対しては気流圧力にて開くが，逆方向へは開かない)	—
防火防煙ダンパ／温度ヒューズ式 FD HFD（排煙用）	・火災がダクトを通して他の部屋に延焼するのを防ぐ	・防火区画を貫通するダクト ・延焼のおそれのある部分にある外壁開口部 ・厨房用排気ダクトで火を使用するもののフード近辺	ダクト内気流が72℃以上になるとヒューズが溶けて自動的に羽根が閉じる (HFDは280℃)	建基法施行令第112条第16項
防火防煙ダンパ／煙感知器連動式 SD	・火災時煙がダクトを通して上層階に回るのを防ぐ ・FDを兼用する場合はSFDとなる	・2以上の階にわたるダクトの防火区画貫通箇所で次の部分 ①貫通ダクトがスラブを貫通する箇所 ②シャフト内の貫通ダクトに枝ダクトが接続する箇所 ③竪穴区画を貫通するダクト	煙感知器よりの信号でダンパを電気式または空気式にて閉鎖させる	建設省告示昭和48年第2565号
防火防煙ダンパ／熱感知器連動式 HFD	・火災がダクトを通して他の部屋に延焼するのを防ぐ	・防火区画を貫通するダクト ・延焼のおそれのある部分にある外壁開口部	熱感知器よりの信号でダンパを電気式または空気式にて閉鎖させる	建設省告示令第112条第16項
ガス圧作動ダンパ GD	・ハロゲン化物消火または不活性ガス消火を行う部屋で，消火時ダクトを通して消火用ガスが漏れ，消火作用が低下するのを防ぐ	・ハロゲン化物消火または不活性ガス消火を行う部屋（電気室，電算機室，駐車場，原綿倉庫，ゴム類貯蔵所等）	感知器連動遠隔操作または手動で消火用ガスボンベを開放すると，そのガス圧でダンパが閉鎖する	消防法施行令第16条第17条

注　1）防火ダンパの取付け位置に関しては，図9.14，表9.28を参照のこと。
　　2）防火ダンパに関する法的規制の詳細については表9.29を参照のこと。

のバタフライダンパは小型のものに用いられ，大型になると多翼型が用いられる。多翼型では平行翼のものより対向翼のほうが制御性がよい。これらのダンパは，全閉しても通過風量の数％の空気漏れはあるものとされている。ただし，防火ダンパとして使用する場合には，20 Paの差圧において5 m³/(min・m²)以下であることが法的に規制されている。スプリットダンパはダクトの分岐部に用いられ，スライドダンパは排気フードのネックなどに使用されている。

ダンパをその用途により分類し，その取付け位置の概要を表9.27に示す。

4.2　防火ダンパの設置場所と使用区分

火災時には特に煙が問題であり，しかもそれが火災階より上層階へ広がりやすいことに着目し

例1　　　　　　　　　　　　　　　　　例2

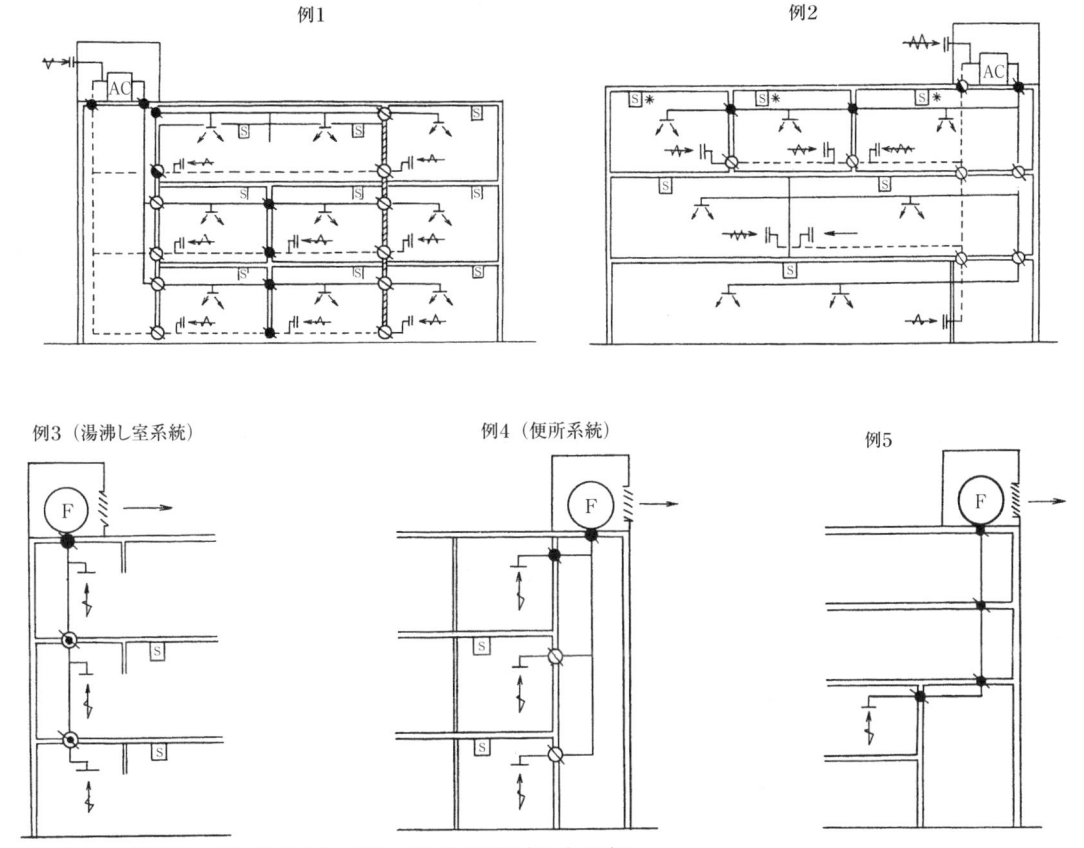

例3（湯沸し室系統）　　例4（便所系統）　　例5

注　避難上および防火上支障がない場合は，SFDをSDまたはFDとすることができる。

- ◎ SFD
- ◯ SD
- ● FD
- ◎ SD（空調機が煙感知器連動運転制御装置付きの場合は，FD）
- Ⓢ 煙感知器
- Ⓢ* 空調機が煙感知器連動運転制御装置付きの場合不要
- AC 空調機
- F 排気機または給気機
- ══ 耐火構造等の防火区画（異種用途区画除く）
- ▦ 異種用途区画

図 9.14　防火ダンパの設置場所と使用区分の例（建設省通達 住指発第 165 号）

て，法規において防火区画を貫通するダクトに取り付けるべき防火ダンパの種類と使用区分を，原則として次のように定めている。

① ダクトに 2 以上の階にわたるダクトスペースを貫通する場合：煙感知器と連動する防火ダンパ，すなわち防煙ダンパ（SD）でなければならない。

② 上記以外の場合：煙感知器と連動する防火ダンパのほか，熱感知器または温度ヒューズと連動するダンパでもよい（すなわち SD のほか，FD，HFD でもよい）。

これらの設置場所と使用区分を図 9.14 に例をあげて図示する。

4.3　防火ダンパの法規制

防火ダンパの設置免除基準と法規制のうち，設計に関係のある分の抜粋を表 9.28，表 9.29 に示す。

表9.28 防火ダンパの設置免除基準（昭和49年12月28日　建設省告示第1579号関係）

ダクト区分		設置免除基準	
		ダクトが具備すべき条件	ダクトスペースが具備すべき条件
密閉式燃焼設備等（バランス釜・湯沸器等）の換気設備用ダクト	ダクトがダクトスペースに貫通する場合	(1)材料には，鉄製で鉄板の厚さが0.6mm以上のもの，または建設大臣がこれと同等以上の耐火性能を有すると認めたものを使用する。 (2)主要構造部に堅固に取り付けること。 (3)貫通する部分と，耐火構造等の防火区画とのすきまをモルタルその他の不燃材料で埋めること。	(1)密閉式燃焼設備等の換気以外の用に供しないものであること。 (2)頂部を直接外気に開放するものであること。
	ダクトが令第112条第10項の本文の規定による耐火構造等の外壁（延焼のおそれのある耐火構造の外壁ではない）を貫通する場合	同上のほか，ダクトの断面積が1500 cm²以上であること。	
上記以外の一般換気ダクト	ダクトがダクトスペースに貫通する場合	密閉式燃焼設備等の換気設備用ダクトの場合と同様（ただし，鉄板の厚みは，0.8mm以上，または建設大臣がこれと同等以上の耐火性能を有すると認めたもの）のほか，下記の条件を満足すること。 ①ダクトスペース内において2m以上の立上り部分を有し，かつ立上り部分を耐火構造等の防火区画に堅固に取り付けること，ただし，有効な煙の逆流防止のための措置を講ずる場合は，この限りではない。 ②他の設備のダクトに連結しないものである。 ③ダクトの断面積が250 cm²以下であること。	(1)換気（密閉式燃焼設備等の換気を除く）以外の用に供しないものであること。 (2)頂部を直接外気に開放するものであること。 ただし，頂部に換気上有効な排気機を設ける場合はこの限りではない。
	ダクトが令第112条第10項の本文の規定による耐火構造等の外壁（延焼のおそれのある耐火構造の外壁ではない）を貫通する場合	密閉式燃焼設備等の換気設備用ダクトの当該条件と同じ条件（ただし，鉄板の厚さは0.8mm以上）を満足するほか，直接外気に開放された開口部に鉄板で厚さ0.8mm以上，または建設大臣がこれと同等の耐火性能を有すると認めた材料でできた随時閉鎖のできる設備を設けること。	

○延焼のおそれのある部分（建築基準法第2条第六号）

　延焼のおそれのある部分とは，隣地境界線，道路中心線又は同一敷地内の2以上の建築物（延べ面積の合計が500 m²以内の建築物は，1の建築物とみなす．）相互の外壁間の中心線から，1階にあっては3 m以下，2階にあっては5 m以下の距離にある建築物の部分という．

　ただし，防火上有効な公園，広場，川等の空地若しくは水面又は耐火構造の壁その他これらに類するものに面する部分を除く．

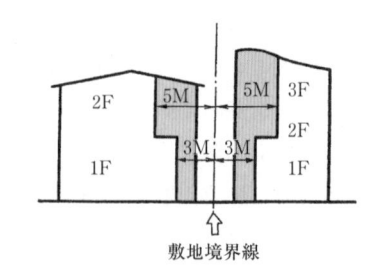

表 9.29 防火ダンパの法規制（抜粋）

項　目	基　準	該当法規
防火ダンパの使い分け	(1) 次に該当する場合には煙感知器と連動の防火ダンパーを設ける。ただし2以上の階にわたり煙が流出するおそれのない場合など避難上および防火上支障がないと認められる場合は除く。 ① 風道が防火区間を貫通する場合 ② 主要構造が準耐火構造で、かつ地階または3階以上の階に居室を有する建築物において、2以上の階に換気口等を有する階の直上の耐火構造等の防火区画である床を貫通する場合 (2) (1) 以上の場合は煙感知器と連動の防火ダンパー、熱感知器と連動の防火ダンパーおよび温度ヒューズと連動の防火ダンパーのうちいずれかを設ける。	昭和48年建設省告示第2565号
防火ダンパの設置方式	(1) 防火ダンパーの主要構造部に堅固に取り付けること。 (2) 防火ダンパーを耐火構造の防火区画や防火壁に近接する部分には、ダンパーと防火区画や防火壁との間の風道は、厚さ1.5 mm以上の鉄板でつくるか、鉄鋼モルタル塗その他の不燃材料で被覆すること。	平成12年建設省告示第1376号
防火ダンパの点検口と検査	(1) 防火ダンパーの設置場所近くの天井、壁等には1辺の長さが45 cm以上の保守点検が容易に行える点検口を設けること。 (2) 防火ダンパーの本体または近くのダクトには、翼の開閉および作動状態を確認できる検査口を設けること。	
煙感知器および熱感知器の取付け位置	(1) 煙感知器の取付け位置は、次の基準による。 ① 間仕切壁で区画された場所で、当該防火ダンパーに係る風道の換気口等がある場所 ② 壁（天井から50 cm以上突出した垂れ壁等を含む）から60 cm以上離れた天井等の室内等の室内に面する部分に設置する。ただし、廊下等狭い場所であるために60 cm以上離すことができない場合には、この廊下等の天井等の室内に面する中央の部分に設置する。 ③ 次に示す場所以外に設置する。 　(イ) 換気口等の吹出し口に近接する場所 　(ロ) じんあい、微粉または水蒸気が多量に滞留する場所 　(ハ) 腐食性ガスの発生するおそれのある場所 　(ニ) 厨房等正常時において煙等が滞留する場所 ④ 防火戸からの水平距離が10 m以内で、かつ防火戸と煙感知器との間に間仕切壁がない場所 （防火ダンパーの使い分け(2) の場合のみ） (2) 熱感知器の取付位置は上記②、④による。	昭和48年建設省告示第2563号

5　変風量ユニット（VAV），定風量ユニット（CAV）

5.1　選定手順

最近は省エネルギおよび精密な制御を行う必要性から，VAVやCAVのユニットを使用する場合が多くなってきた。VAVおよびCAVユニットを選定するための手順を図9.15に示す。

5.2　選定要領

5.2.1　VAVユニット

① VAVユニットは負荷に応じて供給風量を制御する装置であって，表9.30に示すような形

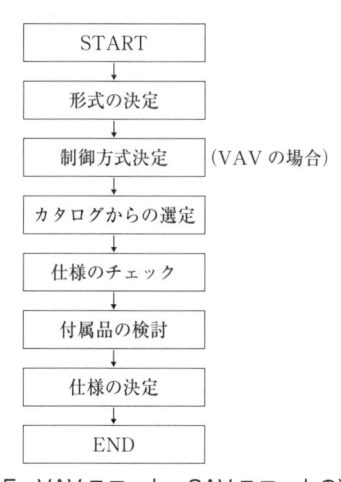

図9.15　VAVユニット，CAVユニットの選定手順

```
START
 ↓
形式の決定
 ↓
制御方式決定　（VAVの場合）
 ↓
カタログからの選定
 ↓
仕様のチェック
 ↓
付属品の検討
 ↓
仕様の決定
 ↓
END
```

式と種類があり，目的とするシステム機能にマッチしたものを選定する。

② 吹出し口とユニットの関係では，両者が一体となったターミナルユニット型と両者が別々になったダクトライン型があるので，レイアウトにマッチしたものを選ぶ。

③ 絞り型のものでは，入口静圧により低圧型，中圧型，高圧型などがある。また，全閉可能な閉鎖型と最小風量設定可能な密閉型とがあるので，目的に合ったものを選ぶ。

④ 型番によって最大風量と最小動作圧力，最大許容圧力などが決まっているので，処理風量と作動圧力，許容圧力などから適切な容量のものをカタログより選定する。

⑤ 制御方式では下記を決定する。
　a）電気式，空気式
　b）比例制御，フローティング制御，オン－オフ制御
　　ただし，メーカーにより制御方式が限られているものもある。

⑥ 同一のダクト系にVAVユニットを必要としないゾーンがある場合には，絞り型でCAVユニットとしても使用できるものを選ぶ。

⑦ 絞り型の多くは騒音が大きいので，低騒音が要求される場所では消音ボックス付きのものを選ぶか，別の消音手段を考える。

5.2.2　CAVユニット

① CAVユニットは，ダクト内の圧力変動にかかわらず，つねに一定の送風量を保つための装置で，自力で作動する機械式と，ユニットの通過風速を検知し内蔵するダンパを制御するセンサ式がある（表9.30参照）。機械式には，スプリングを利用したもの，ベローを利用したものなどがあり，その機構にはメーカーによって各種のものがある。絞り型のVAVユニットの多くは，CAVユニットとしても使用される。

② 形式には，低圧型，中圧型，高圧型などがあり，それぞれ最小動作圧力が異なるので，目的に合ったものを使用する（低圧型 50～100 Pa，高中圧型 150～250 Pa 程度）。

③ 型番により風量範囲，圧力条件が決まっているので，処理風量と圧力条件より適切なものを選定する。

④ CAVユニットの許容圧力は，一般的に定圧型で300～750 Pa，中高圧型で700～1500 Pa程度であるが，メーカーによって異なるので注意を要する。

⑤ CAVユニットは，その機構からみて過大な圧力をかけると発生騒音も大きいので，ダクトのレイアウトを考慮する。

⑥ 絞り型の多くは騒音が大きいので，低騒音が要求される場所では消音ボックス付きのものを選ぶか，別の消音手段を考える。

表9.30　定風量装置，変風量装置の種類[12]

分類	適用ダクト方式	機能・機構上の形式			動力源	備考
定風量ユニット (CAV)	単一ダクト方式	機械式			自力式 (圧縮空気)	再熱コイル付き 消音ボックス付き
		センサ式			電気	
変風量ユニット (VAV)	単一ダクト方式	絞り式	定風量特性なし		(圧縮空気)	再熱コイル付き 消音ボックス付き
					電気	
			定風量特性あり	機械式	圧縮空気	
					電気	
					自力式	
				センサ式	(圧縮空気)	
					電気	
		バイパス式	流体素子型		電気	送風運転点は一定
			ダンパ型			

注　（　）内は，1990年現在，わが国で市販されていない形式を示す。

6 送風機の選定

6.1 選定手順

送風機を選定する手順を図9.16に示す。

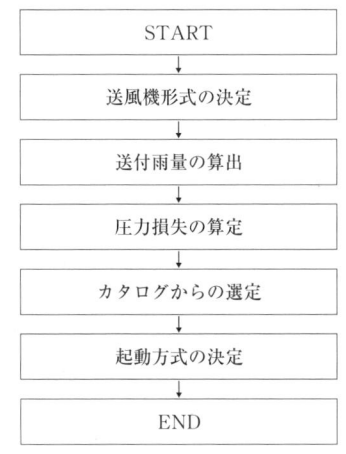

```
START
  ↓
送風機形式の決定
  ↓
送付雨量の算出
  ↓
圧力損失の算定
  ↓
カタログからの選定
  ↓
起動方式の決定
  ↓
END
```

図9.16 送風機の選定手順

6.2 選定要領

① 送風機には表9.31に示すとおり各種のものがあるが、その使用条件により適切なものを選定する。

② 送風機風量は、その送風系統における送風量の総和とする。ダクトよりの漏れやその他のロスを考慮して、必要に応じ5～10%程度の余裕を見込む。ただし、風量計算のときすでに見込んである場合はその必要はない。

③ 送風機の必要静圧は、「3.ダクトの設計」の要領によるダクト系の全圧損失の計算結果に基づき、下記により算出する。一般に10%程度の割増しを行う。

$$P_t = (P_1 + P_2 + P_3) \times 1.1 \quad (9\text{-}15)$$

ここに、

P_t：送風機の全圧（Pa）
P_1：吸込み側ダクト系の全圧損失（Pa）
P_2：吐出し側ダクト系の全圧損失（Pa）
P_3：空調機類の全圧損失（Pa）

$$P_s = P_t - P_v \quad (9\text{-}16)$$

ここに、

P_s：送風機の静圧（Pa）
P_v：送風機の吐出し口における動圧

$$P_v = \frac{v_D{}^2}{2}\rho \fallingdotseq 0.6 \times v_D{}^2 \quad (\text{Pa})$$

多翼送風機の場合を図9.17に示す。

v_D：送風機の吐き出し口風速（m/s）
ρ：空気の密度（1.2kg(DA)/m³, 20℃, 60%）

④ 表9.32に機器類の抵抗の概略値を示す。ただし、これは概算を行うためのもので、最終的にはカタログや技術資料により求める必要がある。

⑤ 上記により求めた風量、静圧と、使用目的や許容騒音などの条件から、図9.18、9.19またはカタログにより送風機の型番を選定する。型番の選定にあたっては、その使用点において最も効率の高いものを選定するのが望ましい。

⑥ 所要動力の算出式は次のとおりである。

$$W = \frac{Q_H \times P_t}{1\,000\eta_t \times 3\,600} = \frac{Q \times P_t}{6 \times 10^4 \times \eta_t}$$

$$(9\text{-}17)$$

ここに、

W：送風機の動力（kW）
Q_H：風量（m³/h）
Q：風量（m³/min）
P_t：全圧（Pa）
η_t：全圧効率（図9.20）

電動機出力は上記の軸動力の10～20%の余裕をみて求められるが、実際にはカタログで選定できる。

⑦ 電動機の起動方式は、表9.33、極数Pの決定は図9.21、設置場所による保護形式については表9.34を参考にして選定する。ただし、標準仕様書などで規定されている場合は、それによるべきである。

⑧ 厨房、浴室などの排気用および外気取入れ用の送風機には、必要に応じそのケーシングにドレン抜きを設ける。

⑨ 吸込み空気温度が常温より大幅に異なる場合には（メーカーの選定線図は20℃で作成されている）、換算して選定する必要がある。

9章 送風系の設計

表 9.31 送風機の種類と特性[13]

種類	遠心送風機					斜流送風機	軸流送風機			横流送風機
	多翼送風機	リミットロード送風機	ターボ送風機	翼型送風機	管流送風機		プロペラ型	チューブ型	ベーン型	
羽根車とケーシング										
特性										
風量 (m³/min)	10～2 000	20～3 200	60～900	30～2 500	20～50	10～300	20～500	500～5 000	40～2 000	3～20
静圧 (Pa)	100～1 230	100～1 470	1 230～2 450	1 230～2 450	100～490	100～290	0～100	50～150	100～790	0～80
効率 (%)	45～60	50～65	75～85	70～85	40～50	65～75	10～50	55～65	75～85	40～50
比騒音 (dB)	40	45	40	35	45	35	40	45	45	30
特性の特徴	風圧の変化による風量と動力の変化は比較的大きい。	風圧の変化による風量変化が少なく,動力の変化も最高効率点付近では少ない。	風圧の変化による風量の変化は比較的大きい。動力の変化も大きい。	ターボ送風機と同様	圧力上昇が大きい。圧力の変化による右下がりの谷のない曲線で,流れの損失が大きく効率は悪い。	軸流送風機と類似しているが圧力曲線の谷は浅い。動力曲線は全体に平坦。	最高効率点は自由吐出し近辺にある。圧力変化に谷はない。	吐出し空気は環状で回転成分を有する。	圧力に谷があり,その左側での運転は不可。吐出し空気の回転成分は少ない。	羽根車の径が小さくても効率の低下は少ない。
用途	低速ダクト空調用 各種空調用 給排気用	低速ダクト空調用(中規模以上) 工場用換気(中規模以上)	高速ダクト空調用	高速ダクト空調用	屋上換気扇	局所通風	換気扇 小型冷却塔 ユニットヒータ 低圧,大風量	局所通風 大型冷却塔 中圧,大風量	局所通風 トンネル換気 一般空調(特例) 高圧,低風量	ファンコイルユニット エアカーテン

注 1) この一覧表は片吸込み型を基準にしている。
2) それぞれの値はだいたいの目安である。
3) 比騒音とは,風圧10Paで1 m³/sを送風する送風機の騒音値に換算したもの。

表 9.32 機器類の抵抗概略値 [ΔP_s]

種類	名称		概略抵抗値 ΔP_s (Pa)			
吹出し口・吸込み口・ガラリ		V (m/s)	3.0	3.5	4.0	4.5
	アネモ型（シャッタなし）		12	16	21	30
	アネモ型（シャッタ付き）		32	41	51	65
		V (m/s)	2.0	3.0	3.5	4.0
	ライン型（全開）		9	20	29	37
	VHS型（開口率65%）		8	18	25	33
	スリット型（シャッタ全開）		7	17	21	28
	外気取入ガラリ（開口率35%）		17	39	52	69
	排気ガラリ（開口率35%）		11	25	33	44
ダンパ類		V (m/s)	2.0	4.0	8.0	12.0
	VD, MD, FD, SFD		1.2	4.8	19.2	43.1
	バタフライダンパ（円形）		0.5	1.8	7.4	16.6
	バタフライダンパ（長方形）		1.0	3.8	15.4	34.6
	チャッキダンパ（1枚翼）		0.7	2.6	10.4	23.4
	チャッキダンパ（2枚翼）		1.1	4.1	16.5	37.2
空気調和機		V (m/s)	2.0	2.5	3.0	3.5
	冷水コイル（湿り時）4列		56	80	105	135
	冷水コイル（湿り時）6列		83	120	160	205
	冷水コイル（湿り時）8列		110	160	210	270
	温水コイル（乾き時）2列		19	27	38	50
	温水コイル（乾き時）4列		37	54	75	100
	エリミネータ（3つ折り）		44	67	95	130
	混気箱		30	30	50	50
		V (m/s)	1.0	1.5	2.0	2.5
	パネル型フィルタ（AFI85%）		20/160	40/160	70/160	90/160
	自動巻き取り型フィルタ（AFI85%）		20/140	30/140	40/140	50/140
	静電式フィルタ（AFI85%）		40/160	50/160	60/160	70/160
	中性能フィルタ（NBS90%）		40/300	60/300	80/300	100/300
	グリスフィルタ		60/–	130/–	–	–
	全熱交換器		40	67	95	125

注　コイルピッチ 2.75 mm
　　フィルタ圧力損失　初期値/最終値

表 9.33 送風機用電動機の種類と起動方式

電源電圧(3相)	電動機の種類	出力 (kW)																
		0.2	0.4	0.75	1.5	2.2	3.7	5.5	7.5	11	15	22	30	37	45	55	75	110	132	160	200
200V級	普通かご型	▨	▨	▨ LS	▨	▨	▨														
	特殊かご型							▨ LS ▨		Y-Δ											
	巻き線型									R											
400V級	普通かご型	▨	▨	▨	▨ LS	▨	▨														
	特殊かご型									▨ LS			Y-Δ								
	巻き線型											R									

注　1) LS：直入起動，Y-Δ：スターデルタ起動，R：二次抵抗器起動
　　2) 進相コンデンサを用いると，直入起動の範囲が広くなる場合がある。

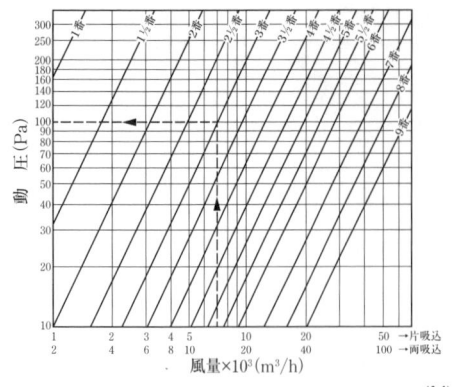

図9.17 多翼送風機の吹出し口における動圧[14]

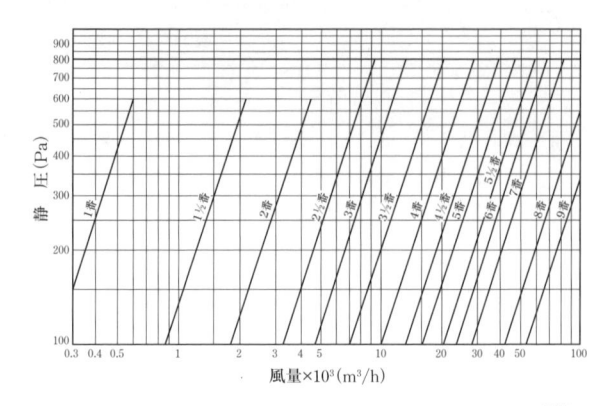

図9.18 多翼送風機（片吸込み型）の型番選定図[15]

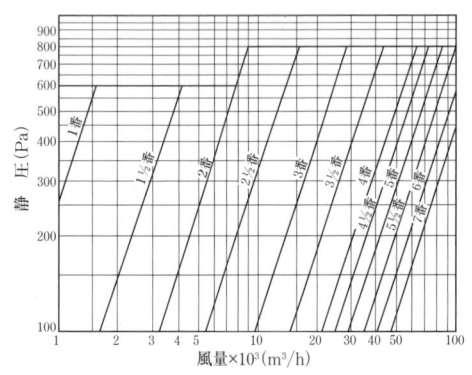

図9.19 多翼送風機（両吸込み型）の型番選定図[16]

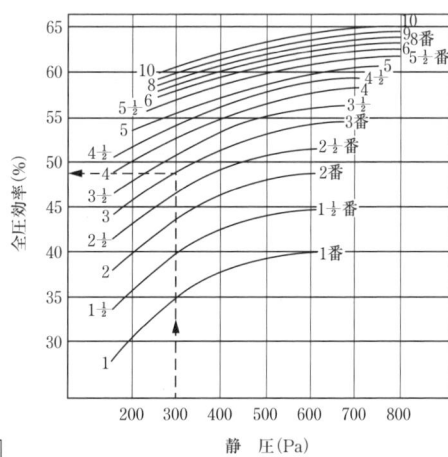

図9.20 多翼送風機の全圧効率[17]

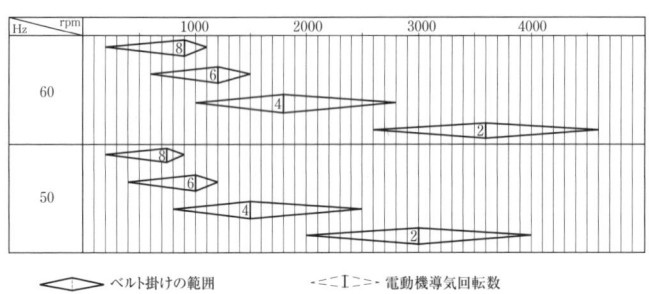

図9.21 電動機の極数Pとベルト掛けの範囲

表9.34 電動機の設置場所と保護形式

設置場所	保護形式
屋内（一般）	防滴保護型
水滴のかかるおそれのある場所	開放防まつ型
水滴, 湿気の多い場所（屋内）	全閉外扇型
じんあいの多い場所	全閉防じん型
腐食性ガスのある場所	全閉防食型
爆発のおそれのある場所	全閉防爆型
屋外	全閉屋外型

6.3 参考事項

6.3.1 多翼送風機の番手と選定

空調機において最も多く用いられている多翼送風機は，その大きさに従って番手でよばれていることが多い。その番手は次式によって求められる。

$$送風機の番手 = \frac{羽根(車の直径(mm))}{150mm}$$

(9-18)

─ 例題9.3 ─

風量 10 000 m³/h，静圧 300 Pa の片吸込み形多翼送風機を選定せよ。

[解答] 図9.18の選定図によれば，型番は #3 1/2 となる。

所用動力は式（9-17）により求める。送風機吐き出し口における動圧は図9.17により，$P_v = 110$（Pa）であるから，

全圧 $P_t = P_v + P_s = 110 + 300 = 410$（Pa）

全圧効率は図 9.20 により，$\eta_t \fallingdotseq 51$（％）

所用軸動力 $W = \dfrac{\dfrac{10\,000}{60} \times 410}{60\,000 \times 0.51}$

$\fallingdotseq 2.2 (\mathrm{kW})$

所用電動機は，10 ～ 20％以上の余裕をみて，3.7kW のものを選定する。したがって，送風機の仕様は下記のとおりとなる

#3　1/2 片吸い込み多翼型

$\times 10\,000 (\mathrm{m}^3/\mathrm{h}) \times 30 (\mathrm{Pa}) \times 3.7 (\mathrm{kW})$

6.3.2 送風機の相似則

同一の送風機あるいは同一の形状で大きさの異なる相似送風機に対して，風量，回転数，軸動力，静圧，送風機の大きさ（羽根車の径），騒音値の任意の二者間は，変化のあまり大きくない範囲で，次の式で示される相似則が成立する。これによって回転数，番手などを変えた場合の風量，圧力，騒音値の変化を知ることができる。またあるテストデータをもとにして，異なった風量，圧力にするときの回転数や，そのときの騒音値などを求めることもできる。

$$Q_2 = Q_1 \times \left(\frac{d_2}{d_1}\right)^3 \times \left(\frac{n_2}{n_1}\right) \quad (9\text{-}19)$$

$$P_2 = P_1 \times \left(\frac{d_2}{d_1}\right)^2 \times \left(\frac{n_2}{n_1}\right)^2 \times \frac{\rho_2}{\rho_1} \quad (9\text{-}20)$$

$$W_2 = W_1 \times \left(\frac{d_2}{d_1}\right)^5 \times \left(\frac{n_2}{n_1}\right)^3 \times \frac{\rho_2}{\rho_1} \quad (9\text{-}21)$$

$$L_2 = L_1 + 70\log_{10}\frac{d_2}{d_1} + 50\log_{10}\frac{n_2}{n_1} + 20\log_{10}\frac{\rho_2}{\rho_1} \quad (9\text{-}22)$$

表 9.35　風量調節方式の比較表

	制御範囲	省エネルギー効果	保守	価格
吐出しダンパ	×	×	◎	◎
スクロールダンパ	○	×	◎	◎
吸込みベーン	○	○	○	△
極数変換モータ	○	○	○	×
インバータ	◎	◎	△	○

◎とくによい　○よい　△ややわるい　×わるい

表 9.36　速度制御方式の比較[18]

速度制御方式	制御方法	特徴	制御範囲（％）	50％負荷時の消費電力（％）
電磁カップリング制御	電磁カップリングの励磁コイルの励磁電流を変えることにより，変速する。	・接触部がないため，保守，点検が容易 ・制御性（応答性）がよい ・速度変動率が小さい	10 ～ 100	40
極数変換	かご型誘導電動機の極数を，電磁接触器の切換えで変換する。	・速度変化がステップ状になる ・特殊な付属設備が不要で，簡単である ・低頻度の起動に適している	50　66.7　100 (8P)　　　(4P) 　　(6P)	30 ～ 60
二次抵抗制御	巻き線型誘導電動機の回転子側に可変抵抗器を入れ，二次伝流を変えることにより，速度を制御する。	・操作が簡単で比較的安価 ・減速分の二次電力が，熱損失となるため，効率が悪い ・始動，停止の頻度が多い負荷に適している	50 ～ 100	40
一時電圧制御	かご型誘導電動機の軸トルクは，一時電圧の 2 乗に比例するので，可飽和リアクトル，サイリスタ等で変化させる。	・小型モータに適している ・簡単なシステムのため，比較的安価 ・回転子の熱損失が多く，効率が悪い	10 ～ 100	40
静止セルビウス制御	巻き線型誘導電動機の二次電力を整流し，インバータに加え，その制御進み角を調整して，二次励磁制御を行う。	・二次電力を電源側に返還できるので，運転効率は非常によい ・無段階，広範囲，高精度の速度制御が可能 ・制御装置が静止器で構成されているので，摩耗部分がなく，保守が容易	10 ～ 100	80
可変電圧・可変周波制御（VVVF）	サイリスタインバータにより，V/F を一定比率に制御した電源をモータに与えることにより速度制御を行う。	・無段階，広範囲，高精度の速度制御が可能 ・制御装置が静止器で構成されているので，摩耗部分がなく，保守が容易 ・V/F 制御を行うため，ショックレススタートが可能であり，オン−オフ制御にも最適	10 ～ 100	80

ここに,
  Q：風量
  P：全圧（全圧または静圧）
  W：軸動力
  L：騒音値（パワーレベル）
  d：送風機の大きさ（羽根車径）
  n：回転数
  ρ：空気の密度
（添字1は与えられた値，2は求める値である）

6.3.3 風量の調節

最近は省エネルギーの観点から風量制御が重視されるようになってきた。送風機の風量調節には，ダンパによる方法（吐出し側および吸込み側），吸込みベーンによる方法，スクロールダンパによる方法，可変速電動機による回転数制御による方法などがある。それらの特性比較を表9.35に示す。ダンパによる方法は最も簡便であるが，制御性はよくない。回転数制御による方法は制御性がよいので，よく用いられるようになってきた。表9.36に各種の速度制御方式の比較を示す。なお，軸流送風機では，このほか可変ピッチ制御による方法があり，速度制御に近い省エネルギ効果がある。

引用文献

(1) デザイナーのための建築設備チェックリスト，建築文化，10月臨時増刊（平成1年版），p.19，彰国社を一部改定
(2) 公共建築協会編：建築設備設計基準（平成18年版），p.350，全国建築研修センター
(3) 同上書，p.353
(4) 新晃工業カタログ
(5) 空気調和・衛生工学会編：空気調和設備の実務の知識（改訂3版），p.136，オーム社
(6) Ralph G.Nevins：Air Diffusion Dynamics, (1976), Business News Publishing Company
(7) 空気調和・衛生工学会編：空気調和・衛生工学便覧（第13版），第5編，p.298，空気調和・衛生工学会
(8) 空気調和・衛生工学会編：空気調和設備の実務の知識（改訂3版），p.139，オーム社
(9) 日本空調設備設計・施工研究会：ダクトと空調配管及び冷凍冷蔵設計施工見積の実際，p.226，春日書房，1977
(10) 空気調和・衛生工学会編：空気調和・衛生工学便覧（第11版），Ⅱ巻，Ⅱ-p.259～268，空気調和・衛生工学会
(11) 空気調和・衛生工学会編：ダクトの新標準仕様・技術指針・同解説，1993.11
(12) 空気調和・衛生工学会編：空気調和・衛生工学便覧（第13版），第4編，p.589を一部改定
(13) 同上書，第3編，p.36
(14) 公共建築協会編：建築設備設計基準（平成18年版），p.339，全国建築研修センター
(15) 同上書，p.338
(16) 同上書，p.338
(17) 同上書，p.339
(18) 日本建築設備士協会編：建築設備の省エネルギー設計手法，p.132，日本建築設備士協会，1980

参考文献

① ダイダン㈱：空調設計資料 AC-1，(1989)
② ASHRAE HANDBOOK 1981 FUNDAMENTALS, AHRAE
③ 新津ほか：衛生工学会誌 31-2
④ 板本ほか：日本建築学会学術講演会梗概集，1977.10
⑤ 木村翔・内藤三郎：実用的なダクト系減音装置の特性
⑥ 小笠原祥吾：空気調和設備の防音と防振，丸善，1967
⑦ ASHRAE HANDBOOK 1981 FUNDAMENTALS, AHRAE

10章 配管系の設計

1 配管設計の基礎

1.1 配管系の設計手順

空調設備で利用される液体や気体などの流体には，次のようにいろいろな種類がある。

① 冷水，温水
② 水蒸気とその凝縮水
③ 冷媒（液，ガス）
④ 液体燃料（灯油，軽油，重油など）
⑤ 気体燃料（都市ガス，LPGなど）
⑥ 空気

またこれらの流体は，使用目的によって，冷水，温水のように流体のもっている熱エネルギーを利用するために輸送するもの，給水や排水など流体そのものの輸送を目的とするもの，流体の圧力など熱以外の目的で利用するものに分類される。

これらの流体を搬送する配管の設計を行ううえでの基本法則および設計手順はほとんど同じである。この章では，冷水，温水，蒸気および冷媒配管について記述する。

配管系の設計手順は，搬送される流体の種類によってその詳細は異なるが，大まかな部分では図10.1に示すような順序に従っている。

たとえば，冷温水配管系を設計するにあたっては，空調機やファンコイルユニットなどの冷温水を利用する端末機器と冷凍機，ボイラ，冷却塔などの熱源機器の建物内配置を最初に決定しておく必要がある。

その後に，設計冷暖房負荷計算時に定めたゾーニングや，前もって建築設計者と打ち合わせたパイプスペースの位置に従い，それらを最も合理的でかつ経済的な配管経路で接続する。その際には，水を嫌う部屋（コンピュータ室など）の天井裏などを配管が通過しないように配慮しなければならない。また，配管経路は空調用ダクトや電気設備のラックなど他の設備と競合する場合が多いので，各設備の設計者間で，それぞれの経路について十分打合せを行うことが大切である。

配管経路が決まったら，必要な弁類，継手などを選定し，個数，位置を決めたうえ，経路全体で許される総圧力損失，または配管の単位長さ当たりの圧力損失（これを単位圧力損失とよぶことが多い）を決め，配管各部の流量から線図または表に基づいてその管径を決める。

管径を決める際には，過大な流速による騒音，振動，磨耗の発生，ポンプ揚程や動力の増大などの障害が生じることがないように，流速が許容範囲内の適切な値に納まっているかチェックする。

一般に水配管系では，通常，単位摩擦抵抗によって管径を求め，弁類や分岐などの局部抵抗や機器の抵抗，開放系の場合は高低差なども加えて，配管系全体の抵抗値を算出し，ポンプの揚程を決めるが，蒸気配管系や冷媒配管系では，配管系全体の抵抗値をはじめに決めておき，その値を最遠長の配管の2倍程度の長さで除した値で単位摩擦損失を仮定し，管径を決める。そして最後にその管径で配管系全体の抵抗値を計算し，最初の許容値

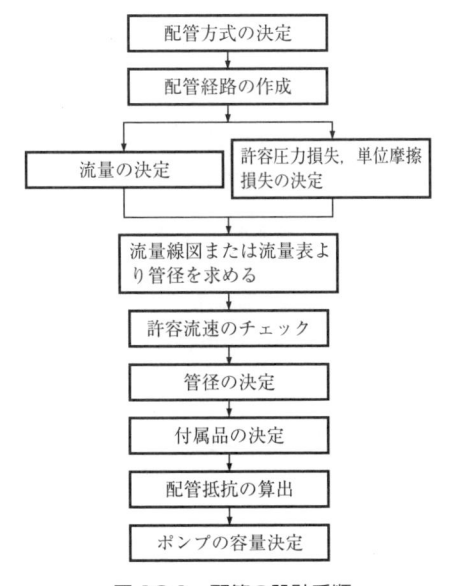

図10.1 配管の設計手順

内にあることを確認するという手順をとることが多い。

1.2 ベルヌーイの定理と圧力の単位

非圧縮性で粘性のない理想流体の定常流れに対しては、次のベルヌーイの式が成立する。

$$\frac{p}{\rho g} + \frac{v^2}{2g} + z = H \text{ (一定)} \quad (10\text{-}1)$$

ここに，
- p ：圧力 (Pa)
- v ：流速 (m/s)
- z ：基準面からの高さ (m)
- ρ ：流体の密度 (kg/m³)
- g ：重力の加速度 = 9.8 (m/s²)

式中に $p/\rho g$ を圧力水頭，$v^2/2g$ を速度水頭，z を位置水頭，H を全水頭という。このベルヌーイの式は，流れに沿って流体の単位流量当たりの圧力エネルギー，速度エネルギーおよび位置エネルギーの総和がいたるところで一定であることを示しており，流体のエネルギー保存則である。

例題 10.1

$p = 49\,000\,(\text{Pa})$，$v = 2\,(\text{m/s})$，基準面からの高さ $z = 10\,(\text{m})$ の位置で，管内を流れる水 ($\rho = 1\,000\,\text{kg/m}^3$) の全水頭を求めよ。

[解答] 式 (10-1) の左辺各項に与えられた数値を代入すると，

圧力水頭　$\dfrac{p}{\rho g} = \dfrac{49\,000}{1\,000 \times 9.8} = 5\,(\text{m})$

速度水頭　$\dfrac{v^2}{2g} = \dfrac{2^2}{2 \times 9.8} = 0.204\,(\text{m})$

位置水頭　$z = 10\,(\text{m})$

よって，全水頭 H は，

$H = 5 + 0.204 + 10 = 15.204\,(\text{m})$

例題 10.2

例題 10.1 の流れが，基準面から 14 m の高さにまで流れ，そのときの管内の圧力が 4 900 Pa になった。管内の流速を求めよ。ただし，管内の流れによる圧力損失はないものとする。

[解答] 題意により，

圧力水頭　$\dfrac{p}{\rho g} = \dfrac{4\,900}{1\,000 \times 9.8} = 0.5\,(\text{m})$

位置水頭　$z = 14\,(\text{m})$

全水頭は例題 10.1 の値と変わらないから，$H = 15.204\,(\text{m})$，したがって速度水頭 $v^2/2g$ は次のようになる。

$$\frac{v^2}{2g} = H - \left(\frac{p}{\rho g} + z\right) = 15.204 - (0.5 + 14)$$

$$= 0.704\,(\text{m})$$

よって，流速は，

$v = \sqrt{0.704 \times 2g} = \sqrt{0.704 \times 2 \times 9.8}$
$\fallingdotseq 3.71\,(\text{m/s})$

例題 10.3

図 10.2 に示すように高置水槽の水面から 10 m 低い位置まで配管で水を導き，管端から水を噴出させたときの流速を求めよ。ただし，管内の圧力損失などはないものとする。

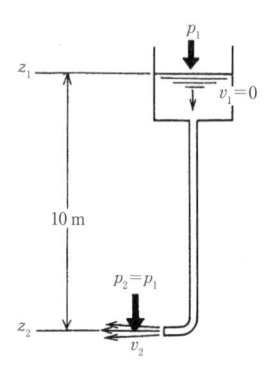

図 10.2　位置水頭による水の噴出

[解答] 水槽上部の水面の位置に 1，管端の水の噴出部に 2 という添字を付すと，式 (10-1) は次のように書ける。

$$\frac{p_1}{\rho g} + \frac{v_1^2}{2g} + z_1 = \frac{p_2}{\rho g} + \frac{v_2^2}{2g} + z_2 \quad (10\text{-}2)$$

ここで，p_1，p_2 はそれぞれ大気圧にあり，$p_1 = p_2$ とし，水槽上面での水は静止しているものとすると $v_1 = 0$ となる。したがって，式 (10-2)

を書き直すと,

$$\frac{v_2^2}{2g} = z_1 - z_2 = 10 \text{(m)}$$

したがって噴出流速 v_2 は,

$$v_2 = \sqrt{10 \times 2g} = \sqrt{10 \times 2 \times 9.8}$$
$$= 14 \text{(m/s)}$$

実物の管内に流体を流すと,管内の表面の粗さや,流体の粘性などによって管内壁との間に摩擦が発生し,また曲がりや拡大,縮小,弁などの付属品などによる抵抗などのために,圧力損失が生じる。図 10.3 に示すような管路について考えると,このような圧力損失 Δp に打ちかって高さ z_1 から z_2 まで流体を持ち上げるための揚程が必要となる。そのため新たにポンプによって水頭 H_m を流体に与えることが多い。この点を考慮すると式 (10-1) は次のようになる。

$$\frac{p_1}{\rho g} + \frac{v_1^2}{2g} + z_1 + H_m = \frac{p_2}{\rho g} + \frac{v_2^2}{2g} + z_2 + \frac{\Delta p}{\rho g} \quad (10\text{-}3)$$

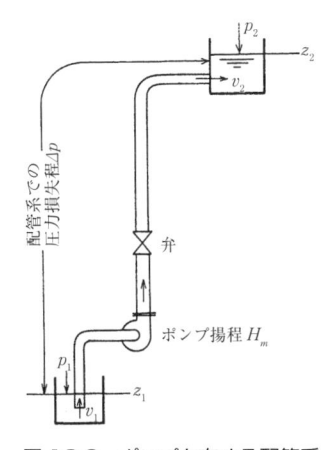

図 10.3 ポンプを有する配管系

高所から水を落下させるような場合には $(z_1 - z_2)$ で管の摩擦による圧力損失をまかなったり,流速を v_1 から v_2 に大きくすることもある。

式 (10-1) の全水頭 H の単位は (m) で,流体の高さまたは深さを指している。圧力水頭を H_p とすると,式 (10-1) より,

$$H_p = \frac{p}{\rho g} \quad (10\text{-}4)$$

したがって,

$$p = \rho g H_p \quad (10\text{-}5)$$

となる。常温の水では $\rho = 1\,000 \text{(kg/m}^3\text{)}$ としてよいから,$H_p = 1 \text{(m)}$ の場合は上式は,

$$p = 1\,000 \times 9.8 \times 1 = 9\,800 \text{(Pa)}$$

になる。これは面積 $1\,\text{m}^2$ の底面の深さ $1\,\text{m}$ の水が載ったときの圧力に等しい。これを $1\,\text{m}$ 水柱または $1\,\text{mAq}$ (Aq はラテン語の水の略)と書く。

したがって,

$$1 \text{(mAq)} = 9\,800 \text{(Pa)} = 9.8 \text{(kPa)}$$
$$1 \text{(mmAq)} = 9.8 \text{(Pa)}$$

になる。

実用上の圧力の単位として,流体が水の場合は (kPa) が,空気の場合は (Pa) が使われることが多い。

例題 10.4

高さ $100\,\text{m}$ の空気柱と水柱の底面での圧力を求めよ。

[解答] 常温の水の場合は上の説明から簡単に $100\,\text{mAq}$ である。または式 (10-4) を用いて,$\rho = 1\,000 \text{(kg/m}^3)$ として,

$$p = \rho g H_p = 1\,000 \times 9.8 \times 100 = 980\,000 \text{(Pa)}$$
$$= 980 \text{(kPa)}$$

常温の空気の密度 $\rho = 1.2\,\text{kg/m}^3$ 程度だから,式 (10-5) にこの値を代入して,

$$p = \rho g H_p = 1.2 \times 9.8 \times 100 = 1\,176 \text{(Pa)}$$

となる。

1.3 管内流れの摩擦抵抗

前述のように物体は粘性をもっており,その粘性のために管内を流れるとき壁面で摩擦抵抗が生じ,流れにくくなる。この物体の粘性を粘度といい,一般には μ という記号で表わす。μ の単位は $(\text{N·s/m}^2) = (\text{Pa·s})$ であるが,ポアズ (Poise : P) という単位も使われている。

$$1 \text{(P)} = 10^{-1} \text{(Pa·s)}$$

また粘度 μ を密度(単位体質当たりの質量)ρ で除したものを動粘度といい,ν で表わす。

$$\nu = \frac{\mu}{\rho} \tag{10-6}$$

で，その単位は(m^2/s)であるが，ストークス(Stokes)という単位も使われている。

$$1\,(St) = 1 \times 10^{-4}\,(m^2/s)$$

液体のμは温度が高くなるに従って減少し，気体μは常圧では温度の上昇とともに増大する。各種流体の動粘度$\nu(m^2/s)$の値を図10.4に示す。

管内の流れの摩擦抵抗による圧力損失$\Delta p_f(Pa)$は次式で与えられる。

$$\Delta p_f = \lambda \frac{l}{d} \times \frac{\rho v^2}{2} \tag{10-7}$$

ここに，

l：管の長さ (m)
d：管の直径 (m)
v：管内流の平均速流 (m/s)
ρ：式 (10-1) に同じ
λ：管摩擦係数

管摩擦係数は，流体の性質，流速(v)，管内径(d)，管内の粗さ(ε)などによって変わり，一般にレイノルズ(Re)と相対粗さε/dの関数として表わされることが多い。ここでReは，

$$Re = \frac{vd}{\nu} \tag{10-8}$$

で表わされるもので，流れの相似の度合を示す無次元数である。Reが小さい場合は管内の流れに乱れが生じないが，ある程度の値より大きくなると，管内に流体を静かに流してもしだいに乱れを生じる。前者のように乱れのない流れを層流といい，乱れのある流れを乱流という。また層流から乱流の領域へ移る部分に不安定な領域があり，一般に直管内の流れではその遷移点を示す臨界Reは2 320とされており，技術的には，

層流　　　　$Re < 2\,000$
遷移状態　　$2\,000 < Re < 4\,000$
乱流　　　　$4\,000 < Re$

として取り扱う場合が多い。

管内面の粗さεは表10.1に示すような値である。

表10.1 管内面の絶対粗さ(ε)

管材の種類	ε (mm)
引抜き鋼管，硬質塩化ビニル管，ポリエチレン管，アルミ管	0.0015
新しい亜鉛めっき鋼管	0.15
さびた鋼管	0.30
滑らかのコンクリート管	0.50
粗いコンクリート管	2.00

例題 10.5

温度20℃の空気，水，B重油をそれぞれ平均流速8 m/s，2.5 m/s，1 m/sで，内径10 cmの管内を流すものとする。それぞれの場合のReを求めよ。

[解答] 題意により，$d = 0.1$ m，また図10.4よりそれぞれの流体の動粘度$\nu(m^2/s)$を求めると，次のようになる。

空気　　$\nu = 1.7 \times 10^{-5}$
水　　　$\nu = 1 \times 10^{-6}$
B重油　$\nu = 1.7 \times 10^{-4}$

したがって，それぞれのReは，

空気のRe　　$\dfrac{vd}{\nu} = \dfrac{8 \times 0.1}{1.7 \times 10^{-5}} = 4.7 \times 10^4$

水のRe　　　$\dfrac{vd}{\nu} = \dfrac{2.5 \times 0.1}{1 \times 10^{-6}} = 2.5 \times 10^5$

B重油のRe　$\dfrac{vd}{\nu} = \dfrac{1 \times 0.1}{1.7 \times 10^{-4}} = 5.88 \times 10^2$

これより，空気や水を流す配管では，一般に乱流，燃料油を流す配管では層流になることがわかる。

λの値は層流に対しては次式で与えられる。

$$\lambda = \frac{64}{Re} \tag{10-9}$$

また乱流に対してはいろいろな研究者が実験式などを与えているが，実用的なものとして図10.5に示すようなムーディ線図がある。

また乱流域に対して，ムーディは次式を与えている。

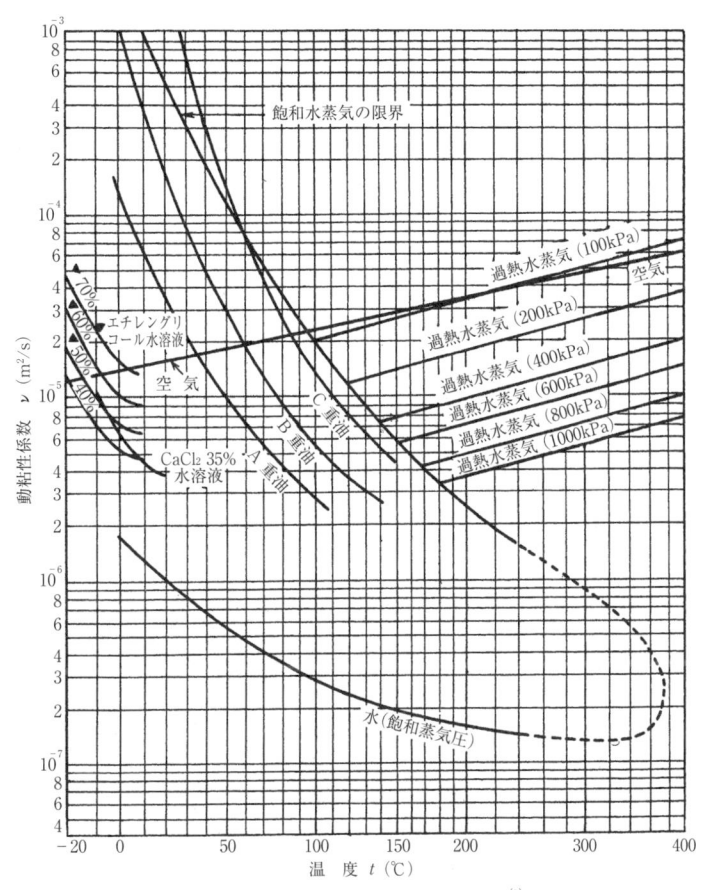

図 10.4　液体および気体の動粘度[1]

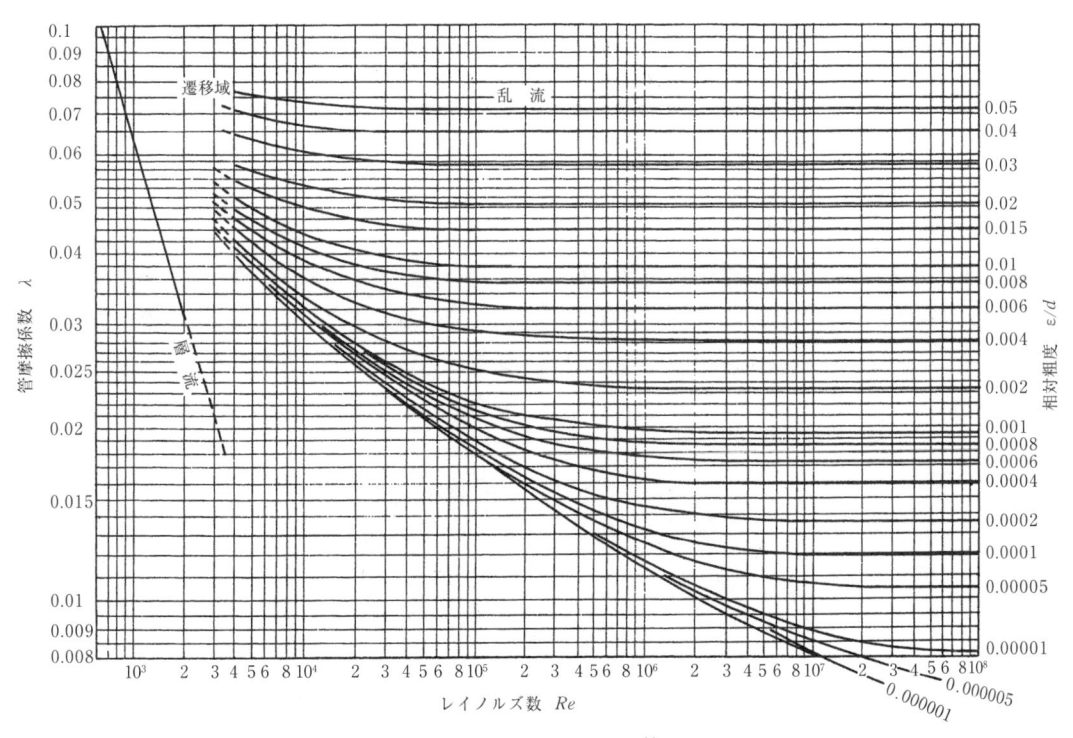

図 10.5　ムーディ線図[2]

$$\lambda = 0.0055\left[1+\left(20\,000\frac{\varepsilon}{d}+\frac{10^6}{Re}\right)^{1/3}\right]$$
(10-10)

---- 例題 10.6 ----
例題 10.5 で求めた B 重油配管の管長 1 m 当たりの摩擦損失を求めよ。

[解答] 例題 10.5 の結果によれば，B 重油配管の $Re=5.88\times 10^2$ である。この値を式 (10-9) に代入して，

$$\lambda = \frac{64}{588} = 0.109$$

また式 (10-7) で $l=1$ (m)，$d=0.1$ (m)，$v=1$ (m/s)，$\rho=930$ (kg/m³) として

$$\begin{aligned}\Delta p_f &= \lambda \times \frac{l}{d} \times \frac{\rho v^2}{2} \\ &= 0.109 \times \frac{1}{0.1} \times \frac{930 \times 1^2}{2} \\ &= 506.9 \text{(Pa)}\end{aligned}$$

---- 例題 10.7 ----
例題 10.5 の水配管の管長 1 m 当たりの摩擦損失を求めよ。

[解答] 水の場合の $Re=2.5\times 10^5$，また管内面の相対粗さとして表 10.1 のさびた鋼管の値 $\varepsilon=0.3$ (mm) を用いるものとする。

$$\frac{\varepsilon}{d} = \frac{0.3\text{(mm)}}{0.1\text{(m)}} = \frac{0.3\text{(mm)}}{100\text{(mm)}} = 0.003$$

図 10.5 で上の Re と ε/d とにより $\lambda=0.0265$ が求まる。したがって式 (10-7) に $l=1$ (m)，$d=0.1$ (m)，$v=2.5$ (m/s)，$\rho=1\,000$ (kg/m³) を代入して，

$$\begin{aligned}\Delta p_f &= \lambda \times \frac{l}{d} \times \frac{\rho v^2}{2} \\ &= 0.0265 \times \frac{1}{0.1} \times \frac{1\,000 \times 2.5^2}{2} \\ &= 828 \text{(Pa)}\end{aligned}$$

管の断面が矩形，楕円形などの場合には，管の断面積 A と管の周の長さ S とから，等価直径 d_e を次式で求め，これを式 (10-7) から式 (10-10) の d の代わりに用いればよい。

$$d_e = 4\frac{A}{S} \qquad (10\text{-}11)$$

ここに，$A/S=m$ を水力平均半径という。

---- 例題 10.8 ----
長辺 20 cm，短辺 10 cm の矩形断面の等価直径を求めよ。

[解答]

断面積　　$A = 20 \times 10 = 200$ (cm²)

周の長さ　$S = 2 \times (20 + 10) = 60$ (cm)

したがって，

$$d_e = 4\frac{A}{S} = 4 \times \frac{200}{60} = 13.33 \text{(cm)}$$

1.4 局部抵抗とその相当長さ

配管系は，直管だけで成り立っているわけではなく，曲がったり，分流したり，合流したり，あるいは管の直径が急に拡大したり，縮小したりし，また弁などの付属品が取り付けられている。このような直径以外の部分では摩擦による圧力損失のほかに，方向変換や流速の変化などによる圧力損失が発生する。このような曲がり管，弁などで発生する圧力損失の原因を局部抵抗とよんでいる。

局部抵抗による圧力損失 Δp_d (Pa) は次式で与えられる。

$$\Delta p_d = \zeta \frac{\rho v^2}{2} \qquad (10\text{-}12)$$

ここに，ρ, v は式 (10-1) などで使ったものと同じである。また ζ は局部抵抗係数，または損失係数といい，曲がり管や弁などの形状，寸法，直径などによって異なる。その 2，3 の例を表 10.2 に示す。

---- 例題 10.9 ----
呼び径 50A のアングル弁を全開して，流速 1.5 m/s で水を流した場合の，局部抵抗による圧力損失を求めよ。

[解答] 表 10.2 より，50A のアングル弁の局部抵抗係数 ζ は 3.9 である。20℃ の水の $\rho=$

998.20(kg/m³),$g=9.8$(m/s),$v=1.5$(m/s) を式（10-12）に代入して，

$$\Delta p_d = 3.9 \times \frac{998.2 \times 1.5^2}{2}$$
$$= 4\,380 \text{(Pa)}$$

このような局部抵抗による圧力損失を，同じ圧力損失を与える同じ直径の直管の長さに換算できれば，配管系全体の圧力損失を求めるのにきわめて便利である。そのため，直管の摩擦抵抗による圧力損失を与える式（10-7）と局部抵抗による圧力損失の式（10-12）を等しいとおくと，

$$\lambda \frac{l}{d} \times \frac{\rho v^2}{2} = \zeta \frac{\rho v^2}{2} \qquad (10\text{-}13)$$

となり，したがって，

$$\lambda \frac{l}{d} = \zeta \qquad (10\text{-}14)$$

よって，

$$l = \frac{\zeta}{\lambda} d \qquad (10\text{-}15)$$

となり，局部抵抗による圧力損失と同じ圧力損失を与える直管の長さ l が求まる。この直管の長さを局部抵抗の相当長さといい，ふつう l_e(m) で表

表 10.2 局部抵抗係数

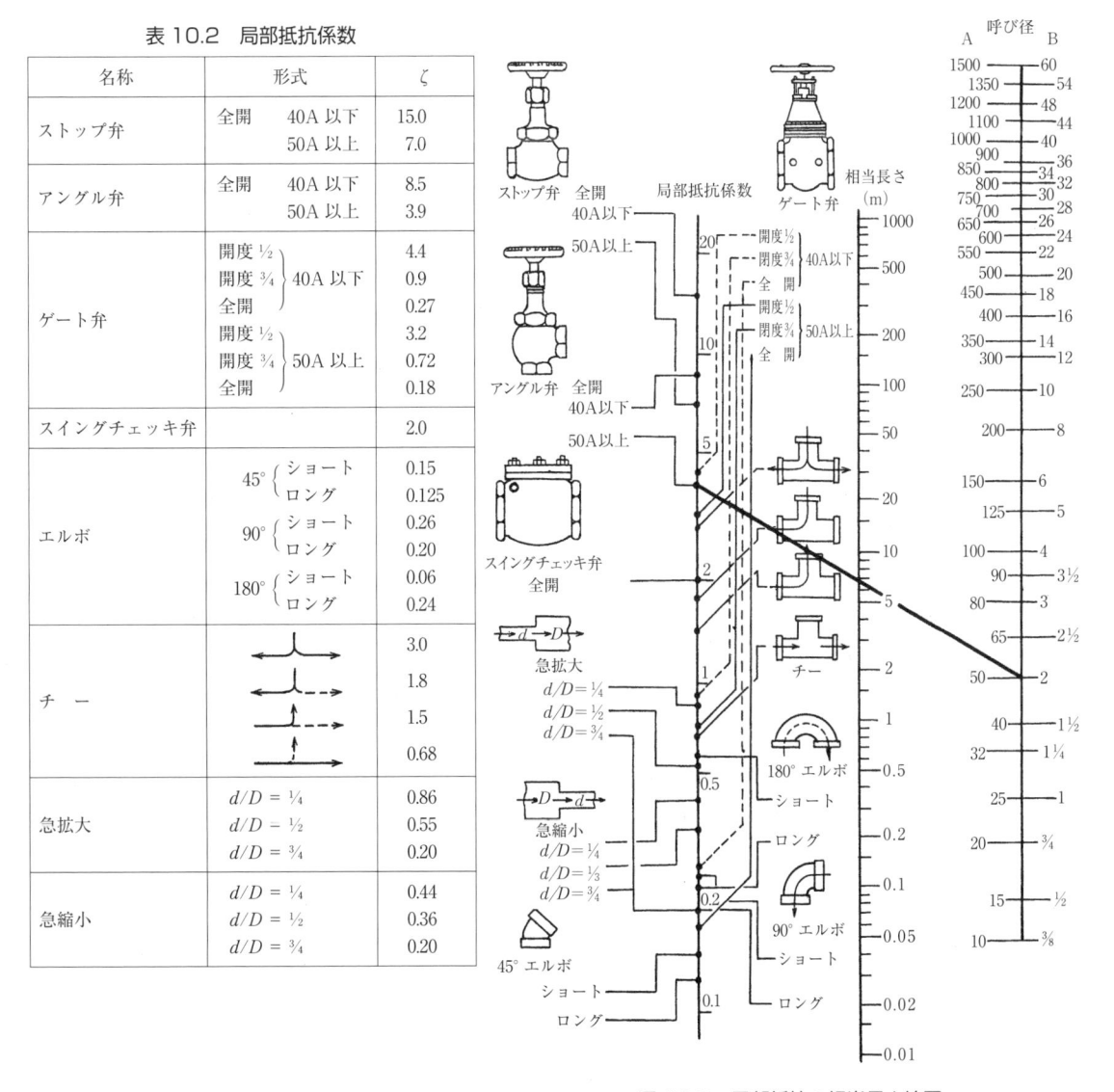

名称	形式		ζ
ストップ弁	全開	40A 以下	15.0
		50A 以上	7.0
アングル弁	全開	40A 以下	8.5
		50A 以上	3.9
ゲート弁	開度½	40A 以下	4.4
	開度¾		0.9
	全開		0.27
	開度½	50A 以上	3.2
	開度¾		0.72
	全開		0.18
スイングチェッキ弁			2.0
エルボ	45°	ショート	0.15
		ロング	0.125
	90°	ショート	0.26
		ロング	0.20
	180°	ショート	0.06
		ロング	0.24
チー			3.0
			1.8
			1.5
			0.68
急拡大	$d/D = ¼$		0.86
	$d/D = ½$		0.55
	$d/D = ¾$		0.20
急縮小	$d/D = ¼$		0.44
	$d/D = ½$		0.36
	$d/D = ¾$		0.20

図 10.6　局部抵抗の相当長さ線図

わす。

図10.6は表10.2に示した各種の局部抵抗の相当長さを求めるための計算線図である。

例題 10.10

例題10.9に示したアングル弁の相当長さを図10.6によって求めよ。

[解答] 図10.6に実線で示したのがその解答で、左側の縦軸上のアングル弁50A以上の点と、右側の呼び径の50Aの点を直線で結び、相当長さの縦軸を切る点を求めると、相当長さは6.5mと求まる。

式(10-7)によって50Aの直管に1.5 m/sで20℃の水を流した場合の、管長さ1 m当たりの摩擦抵抗による圧力損失を求めてみる。呼び径50Aの管の内径は52.9 mmである。例題10.5の答を利用して、20℃の水を50Aの管に1.5 m/sで流した場合、

$$Re = \frac{vd}{\nu} = \frac{1.5 \times 0.0529}{1 \times 10^{-6}} = 7.935 \times 10^4$$

また、管内面の絶対粗さ $\varepsilon = 0.3$(mm)とすると、

$$\frac{\varepsilon}{d} = \frac{0.3}{52.9} = 0.005671$$

図10.5より上のReとε/dとから$\lambda = 0.032$と求まる。これらの値を式(10-7)に代入して、

$$\Delta p_l = \lambda \frac{l}{d} \times \frac{\rho v^2}{2}$$

$$= 0.032 \times \frac{1}{0.0529} \times \frac{998.2 \times 1.5^2}{2}$$

$$= 679 \text{(Pa)}$$

この結果で例題10.9の答4 380 Paを割ると、50Aのアングル弁全開時の相当長さl_eが求まる。

$$l_e = \frac{4380}{679} = 6.45 \text{(m)}$$

図10.6によって求めた答とほぼ等しい。

2 冷温水配管の設計

2.1 冷温水配管の流量線図

配管の抵抗を前節で示したような式(10-7)や式(10-12)を用いて計算するのはめんどうである。そこで一般に利用されている管に対して、式(10-7)を用いて摩擦抵抗による圧力損失図をつくっている。

図10.7は20℃の水に対して、一般に使われている配管用炭素鋼管(JIS G 3452)、いわゆるガス管(SGP)と、大口径管についてつくった線図で、水配管の流量線図とよばれている。図を作成するにあたって、管内面の絶対粗さ$\varepsilon = 0.3$(mm)としている。線図のパラメータとしては管の呼び径および流速を用い、横軸に流量、縦軸に直管1m当たりの圧力損失(Pa/m)を示してある。

計算に用いたガス管の各種寸法を表10.3に示す。

表10.3 配管用炭素鋼管 (SGP)

(JIS G 3452)

呼 称		外 形 (mm)	内 径 (mm)	肉 厚 (mm)	質 量 (kg/m)
(A)	(B)				
15	½	21.7	16.1	2.8	1.31
20	¾	27.2	21.6	2.8	1.68
25	1	34.0	27.6	3.2	2.43
32	1¼	42.7	35.7	3.5	3.38
40	1½	48.6	41.6	3.5	3.89
50	2	60.5	52.9	3.8	5.31
65	2½	76.3	67.9	4.2	7.47
80	3	89.1	80.7	4.2	8.79
100	4	114.3	105.3	4.5	12.2
125	5	139.8	130.8	4.5	15.0
150	6	165.2	155.2	5.0	19.8
200	8	216.3	204.7	5.8	30.1
250	10	267.4	254.2	6.6	42.4
300	12	318.5	304.7	6.9	53.0
350	14	355.6	339.8	7.9	67.7
400	16	406.4	390.6	7.9	77.6
450	18	457.2	440.4	7.9	87.5
500	20	508.0	492.2	7.9	97.4

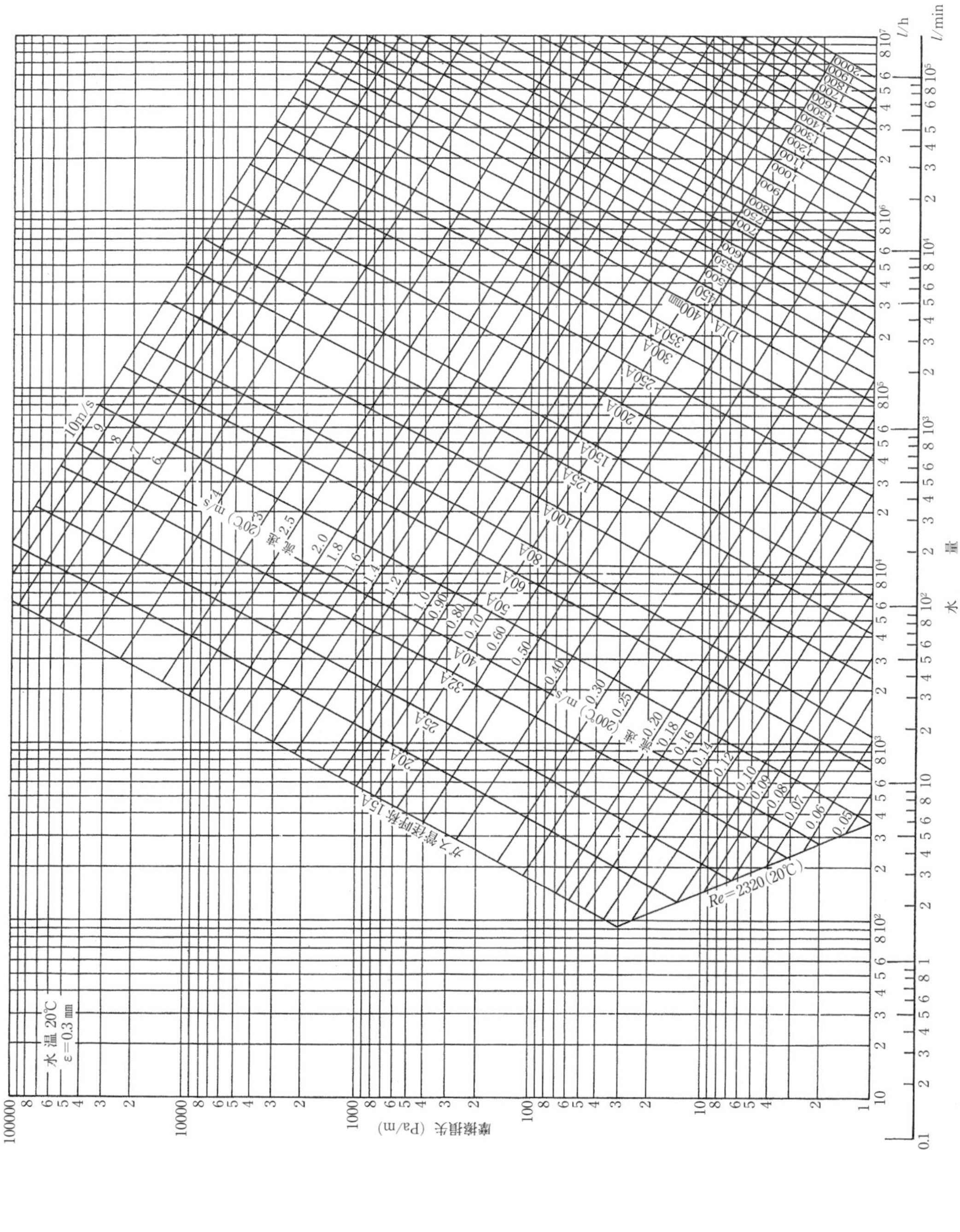

図 10.7 水配管の流量線図

例題 10.11

呼び径 50A の管に流速 1.5 m/s で水を流した場合の流量と直管 1 m 当たりの圧力損失を求めよ。

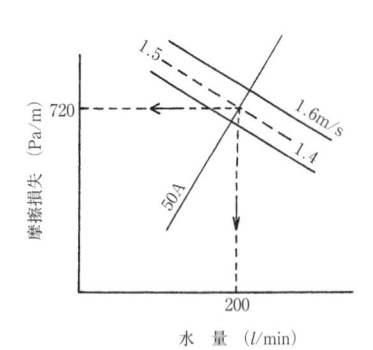

図 10.8

[解答] 図 10.7 パラメータ上で，50A と 1.5 m/s との交点を求め，図 10.8 に示すように横軸上に流量 200 l/min が求まり，また縦軸上に圧力損失 720 Pa が求まる。

図 10.7 は 20℃の水に対する線図だが，水温が違うと水の密度が変わるので，式 (10-7) からわかるように摩擦損失も変わる。いま 20℃での圧力損失を Δp_{l-20} とし，t ℃での圧力損失を Δp_{l-t}，また密度をそれぞれ ρ_{20}, ρ_t とすると，式 (10-7) より，

$$\Delta p_{l-t} = \Delta p_{l-20} \times \frac{\rho_t}{\rho_{20}} \qquad (10\text{-}16)$$

としてよい。なお温度が変わると水の動粘度が変わるので，Re も変化し λ も変化するが，その変化は小さいので無視してよい。

また図 10.7 の横軸の流量は体積で示してあるので，温度変化による密度の変化を考えると，t ℃の流量 W_t は，20℃の流量 W_{20} に対して次のように補正する必要がある。

$$W_t = W_{20} \times \frac{\rho_t}{\rho_{20}} (l/\text{h}) \qquad (10\text{-}17)$$

なお，常温の水の体積は，1 l/kg として取り扱ってよい。

例題 10.12

例題 10.11 で水温を 80℃とした場合の水量および圧力損失を求めよ。

[解答] 表 10.4 に温度による水の密度を示した。これより，$\rho_{20}=0.9982, \rho_{80}=0.9718$ である。よって式 (10-16) および (10-17) より，

$$\Delta p_{l-80} = 720 \times \frac{0.9718}{0.9982} = 701 (\text{Pa/m})$$

$$W_{80} = 200 \times \frac{0.9718}{0.9982} = 195 (l/\text{min})$$

表 10.4 水温と水の密度

温度 (℃)	密度 ρ (kg/l)	1/ρ (l/kg)
0	0.99984	1.00016
10	0.99970	1.00030
20	0.99820	1.00180
30	0.99564	1.00438
40	0.99221	1.00785
50	0.98804	1.01210
60	0.98321	1.01708
70	0.97778	1.02272
80	0.97180	1.02902
90	0.96531	1.03594
100	0.9583	1.04351
110	0.951	1.0515
120	0.943	1.0604
130	0.935	1.0695
140	0.926	1.0799
150	0.917	1.0905
160	0.908	1.1013
170	0.898	1.1135
180	0.887	1.1273
190	0.876	1.1415
200	0.865	1.1560

2.2 冷温水配管法の分類

水配管は種々の見方から分類することができる。

(1) 一過式と循環式

パッケージ型空調機の冷却水としては，古くは市水や井戸が用いられ，図 10.9 (a) に示すように，使用後の水はそのまま捨てていた。このような水の使い方を一過式という。このような水の使い方は，水のむだになるし，また井戸水を利用した場合は地盤沈下などの原因になるので，最近はこの

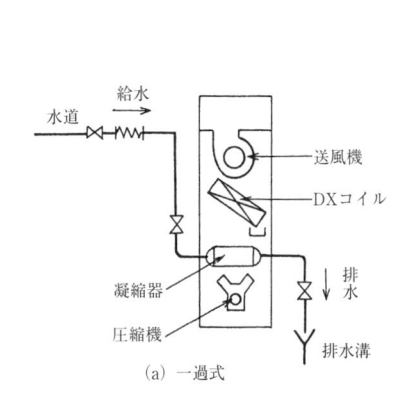

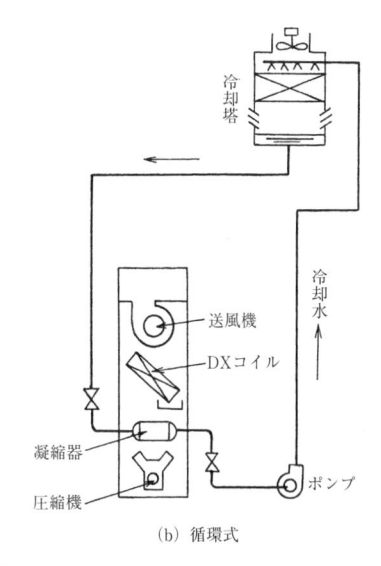

図 10.9　配管方式

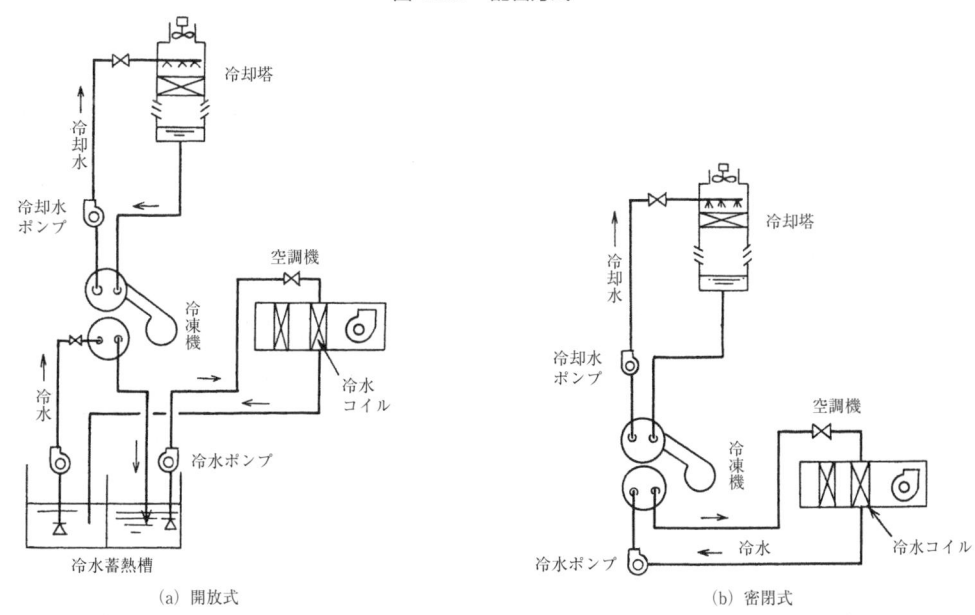

図 10.10　配管方式

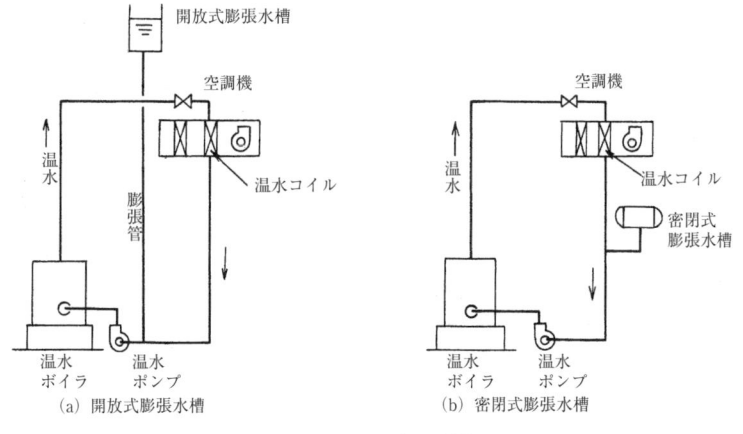

図 10.11　膨張水槽

ような方法はほとんど用いられず，図10.9(b)で示すように一度使った水を冷却塔で冷却して再利用している。このような利用法を循環式という。循環式はこの例のような冷却水のみでなく，冷水配管や温水配管でも一般に採用されている。

(2) 開放式と密閉式

図10.10は冷凍機回りの冷却水の配管系統を示したものである。この例はともに循環式だが，冷却水配管側は冷却塔で冷却水が大気に開放されている。このような配管方式を開放式という。また冷水側は図10.10(a)では蓄熱槽を用いており，冷水は蓄熱槽で大気に開放されているために開放式になっている。しかるに(b)では冷水は冷凍機の蒸発器と空気調和機の空気冷却コイルとの間を循環しており，大気中に冷水が開放されてはいない。このような配管方式を密閉式という。

密閉式の場合で，配管系内の水温が変化すると水は膨張，収縮する。密閉した容器内で水が膨張すると容器内で非常に大きな圧力となり，ときには容器を破壊してしまうことがある。また収縮すると，小さなすきまからも空気が系内に入り込んで，水の流れや熱交換器の伝熱を妨げてしまう。したがって，密閉式ではこのような水の膨張を吸収するために膨張水槽を設ける。膨張水槽には，図10.11(a)に示すように配管系の最高所に設置して水槽内が大気に触れている開放式膨張水槽と，同図(b)に示すように配管系の任意の場所に取り付け，膨張水は系外に逃がし，収縮したときはポンプで圧送したりするものや，膨張水槽内に不活性ガスを封入して，このガスの容積変化によって水の膨張収縮を吸収する方法がある。このような膨張水槽を密閉式膨張水槽という。なお開放式膨張水槽で水面が大気圧に開放されているものを開放式配管とはよばない。

(3) 直接還水方式とリバースリターン方式

図10.12(a)に示すように多数の放熱器やファンコイルユニットなどが1つの配管系に接続されている場合に，図中のファンコイルユニットAと冷凍機との間の配管全長と，ファンコイルユニットFに対するそれとでは，1～2，3～4間分だけFに対する配管長くなり，したがって配管抵抗も大きくなる。したがってAとFとに配管系の抵抗を等しくして流量のアンバランスを除くには，Aに弁を取り付けて弁をいくらか閉じて局部抵抗を増し，Fに対する全抵抗と等しくする必要がある。このような配管系を直接還水方式という。

これに対して図10.12(b)ではAからの還水管は一度Fのほうまで回ってB，C，D，E，Fの還水と一緒になってから冷凍機へ戻されている。この場合は図からわかるように，AとFとに対する全配管長さは等しくなるから，配管系の全抵抗もほぼ等しくなり，流量のバランスがとりやすい。このような配管法をリバースリターン方式という。リバースリターン方式は流量のバランスはとりやすいが，配管スペースを多く必要とし配管工費も高くなるので，一本の主管に連なる最初の機器と最後の機器との配管長さが30m程度以内の場合は，あまり用いられていない。また機器が数グループに分かれて設置される場合は，グループ内は直接還水方式とし，グループ間の分岐主管に対してリバースリターン方式を採用する方法もある。

2.3 単位摩擦損失と推奨水速

水配管の設計にあたっては，一般に管長1m当たりの摩擦抵抗による圧力損失（これを単位摩擦損失という）を決めて流量線図を用いて管

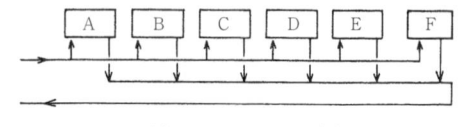

(a) 直接還水方式

(b) リバースリターン方式

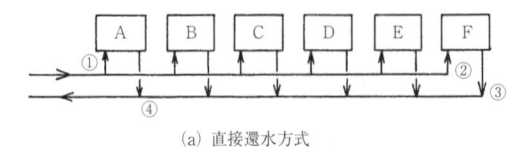

図10.12　配管方式

10章 配管系の設計

表10.5 配管系設計計算シート

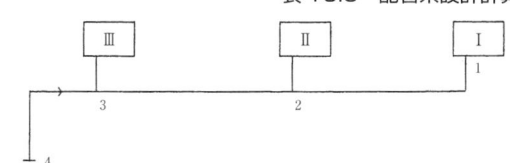

機器名	区間	流量 (kg/h)	管径 (A)	流速 (m/s)	単位抵抗 (Pa/m)	直管,弁,エルボ,チー等の分類	直管長さまたは相当長さ (m)	全抵抗値 (Pa)
ファンコイルⅠ	1〜2 〜 〜 〜	w_1 w_1 w_1	A_1	v_1	p_1	直管 エルボ チー⇂	l_1 l_1' l_1''	$l_1 p_1$ $l_1' p_1$ $l_1'' p_1$
ファンコイルⅡ	2〜3 〜 〜	w_2 w_1+w_2 w_1+w_2	A_2	v_2	p_2	直管 チー⇂	l_2 l_2'	$l_2 p_2$ $l_2' p_2$
ファンコイルⅢ	3〜4 〜 〜 〜 〜	w_3 $w_1+w_2+w_3$	A_3	v_3	p_3	直管 エルボ	l_3 l_3'	$l_3 p_3$ $l_3' p_3$

径を決めている。この場合に表10.5に示すように，1つの配管系に接続してある各機器の所要流量を求めておき，管系の端末からしだいに上流に向かって流量を加えて，各部分での流量を求め，その流量に対して流量線図により各部の管径を決めていくと比較的容易に管径を決めることができる。

単位摩擦損失としては300〜1000 Pa/m程度の値が用いられているが，最終的には配管費とポンプ動力費との和が最も経済的になるように選ぶ必要がある。一般には配管系の全管長が長いほど単位摩擦損失は小さいほうが経済的になる。

配管内の水速がある程度以上になると，水に含まれている空気泡，砂，ごみなどによる管内壁の侵食や，騒音の発生などがあるので，表10.6に示すような経験的に得られている許容最大流速以下の水速にする必要がある。

―― 例題 10.13 ――

図10.13に示した配管系で，各ファンコイルユニットの冷房用設計熱量が次のような値のときの，各区間の管径を決めよ。

ファンコイルユニットⅠ　2790（W）
　　　　　　　　　　　Ⅱ　3500
　　　　　　　　　　　Ⅲ　3500
　　　　　　　　　　　Ⅳ　3500
　　　　　　　　　　　Ⅴ　2790

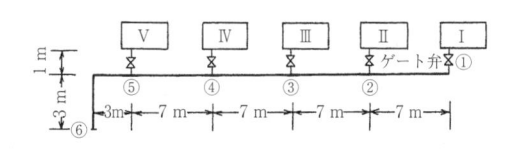

図10.13 配管経路図

[解答] 冷水配管で各ファンコイルユニットへの入口冷水温度を7℃，出口冷水温度を12℃とする。したがって各ユニットへの所要水量は次のようになる。冷温水管でのユニットへの所要水量は次式で求まる。

表10.6 管内水速

(a) 侵食作用を考慮した許容最大水速

運転時間 (h/年)	水速 (m/s)
1500	3.6
2000	3.45
3000	3.3
4000	3.0
6000	2.7
8000	2.4

(b) 管内推奨水速

管径 (A)	水速 (m/s)
25 程度	0.5〜1
50〜100	1〜2
125 以上	2〜3.6

$$W = \frac{3.6Q}{C(t_i - t_0)} = 0.86 \frac{Q}{t_i - t_0} \quad (10\text{-}18)$$

ここに，

W：所要水量（kg/h）

Q：ユニットごとの熱負荷（W）

C：水の比熱（≒4.186 kJ/(kg·K)）

t_i, t_o：ユニット入口および出口水温

なお，1 W＝3.6 kJ/h

題意により，$t_i = 7$℃，$t_o = 12$℃だから，各ユニットでの所要水量を求めると，

ユニットⅠ，Ⅴ

$$W = 0.86 \times \frac{2\,790}{12-7} = 480 \,(\text{kg/h})$$

ユニットⅡ，Ⅲ，Ⅳ

$$W = 0.86 \times \frac{3\,500}{12-7} = 600 \,(\text{kg/h})$$

この結果を用いて求めたものを表にしたのが表10.7である。管系の各部の単位摩擦損失および管内流速は図10.7により求めたものである。

この例では各区間とも管内流速はほぼ1 m/s以下で，表10.6に示す許容最大流速にくらべて非常に小さいが，管径をさらに細くすると単位摩擦損失が大きくなってしまうので，このような管径を選んでいる。これより管径流速が遅くても単位摩擦損失が比較的大きいことがわかる。

例題10.14

図10.14はある5階建ての事務所ビルで，各階ユニット方式を採用した場合の，各階空調機の所要水量を示したものである。各部の管径を求めよ。

図10.14

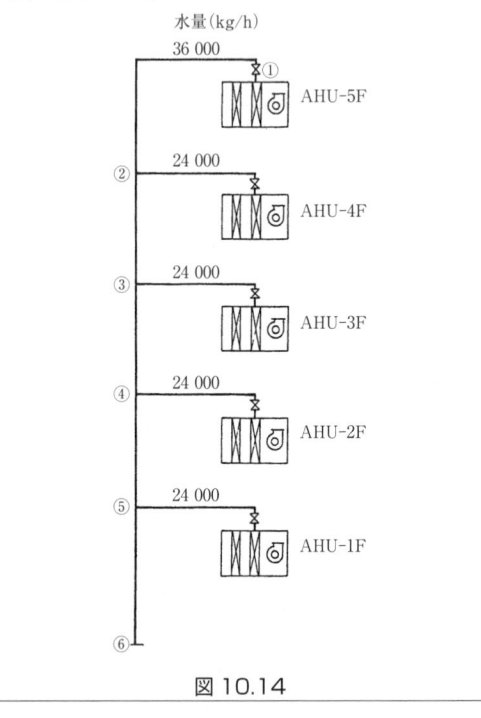

表10.7 配管経路図と計算シート（例題10.13）

機器名	区間	流量 (kg/h)	管径 (A)	流速 (m/s)	単位抵抗 (Pa/m)	直管, 弁, エルボ, チー等の分類	直管長さまたは相当長さ (m)	全抵抗値 (Pa)
FCU-Ⅰ	1～2 1～2 1～2 1～2	480	20	0.35	140	直管 ゲート弁全開 ショートエルボ チー⊥	1+7 0.15 0.15 0.4 }8.7	1 220
FCU-Ⅱ	2～3	600 1 080	20	0.8	680	直管 チー⊥	7 0.4 }7.4	5 030
FCU-Ⅲ	3～4	600 1 680	25	0.75	420	直管 チー⊥	7 0.5 }7.5	3 150
FCU-Ⅳ	4～5	600 2 280	25	1.1	900	直管 チー⊥	7 0.5 }7.5	6 750
FCU-Ⅴ	5～6	480 2 760	32	0.8	350	直管 ショートエルボ	6 0.3 }6.3	2 210
合　計		2 760						18 360

[解答] 図 10.7 を用いて各部の管径を決めた結果を表 10.8 に示す。事務所ビルでは，午前 9 時から午後 5 時ないし 6 時まで運転されることが多く，年間運転日数を約 300 日とすると，年間の運転時間は 3 000 時間程度になる。したがって，許容最大流速は 3.3 m/s とされているが，図 10.7 にみられるように，単位摩擦損失を 1 000 Pa/m 程度とすると管径 125A，流量 150 000 kg/h 以上にならないとこのような制限値を超えることはない。表 10.8 で区間 3～4 間の管径を 100A としても，単位摩擦損失は 1 000 Pa/m，管内流速は 2.7 m/s 程度だが，騒音発生，ポンプ所要水頭などを考慮して，管径を 1 サイズアップとした。

なお，本例題，前例題とも水温は 7℃ から 12℃ なので，本来ならば図 10.7 で得られた圧力損失の値を補正する必要があるが，誤差は 0.5% 程度なので無視して差し支えない。

2.4 膨張水槽

2.2 で述べたように，密閉式配管系では，水張り時や休止時と運転時とでは水温が異なるので，その前後で系内の水が膨張，収縮する。膨張水槽はこの水の膨張・収縮を吸収するための水槽である。

配管系には，配管以外にも空気冷却コイルや冷凍機の蒸発器，ファンコイルユニット，温水ボイラ，熱交換機など，密閉配管系を循環する水を内部に収容している機器がたくさんある。たとえば冬季の水張り時に 10℃ の水をこの系内全部に充満し，暖房を行うために徐々にボイラで加熱して 50℃ の温水をつくるものとすると，系内のファンコイルユニットなどの，室内への放熱機器の手前から温水ボイラまでは水温が 50℃ になり，ファンコイルユニット出口から温水ポンプへ戻る配管経路内の水温は 45℃ 程度になる。このような系内の全水量を $V \mathrm{m}^3$ とし，温度が t_1℃ から t_2℃ まで上昇したときそれぞれの温度での密度を $\rho_1 \mathrm{kg/m^3}$，$\rho_2 \mathrm{kg/m^3}$ とすると，系内の水の体積の膨張量 v は次式で求められる。

$$v(l) = 1\,000 V \left(\frac{1}{\rho_2} - \frac{1}{\rho_1} \right) \qquad (10\text{-}19)$$

水の密度 ρ の値は表 10.4 に示してある。

── 例題 10.15 ──
配管系全体の内容積が 20 000 l（20 m³）ある。これに 10℃ の水で水張りをし，50℃ まで加熱した場合の水の膨張量を求めよ。

[解答] 表 10.4 より 10℃ および 50℃ の水の密度はそれぞれ，$\rho_{10}=999.7\,(\mathrm{kg/m^3})$，$\rho_{50}=988.04\,(\mathrm{kg/m^3})$ なので，式 (10-19) により膨張量 v は，

$$\begin{aligned} v &= 1\,000 V \left(\frac{1}{\rho_{50}} - \frac{1}{\rho_{10}} \right) \\ &= 1\,000 \times 20 \times \left(\frac{1}{988.04} - \frac{1}{999.7} \right) \\ &\fallingdotseq 236\,(l) \end{aligned}$$

表 10.8 配管系計算シート（例題 10.14）

機器名	区間	流量 (kg/h)	管径 (A)	流速 (m/s)	単位抵抗 (Pa/m)	直管，弁，エルボ，チー等の分類	直管長さまたは相当長さ (m)	全抵抗値 (mmAq)
AHU-5F	1～2	36 000 / 36 000	80	1.95	700			
AHU-4F	2～3	24 000 / 60 000	100	1.95	500			
AHU-3F	3～4	24 000 / 84 000	125	1.75	300			
AHU-4F	4～5	24 000 / 108 000	125	2.3	500			
AHU-5F	5～6	24 000 / 132 000	125	2.7	670			

10章 配管系の設計

開放式膨張水槽の構造は図10.15に示すようなもので，図中の b の部分で配管系内の水の膨張収縮量を吸収し，その上下 a および c の部分は膨張水槽内の水がなくなったり，あるいは給水量が多過ぎた場合の安全のための余裕である．一般に b 部の寸法は，計算によって得られた膨張収縮による水槽内の水位変動の2～2.5倍程度にとっている．

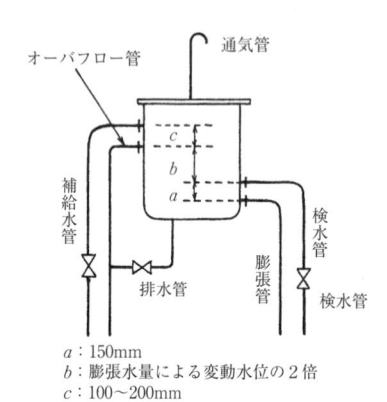

図10.15 開放式膨張水槽

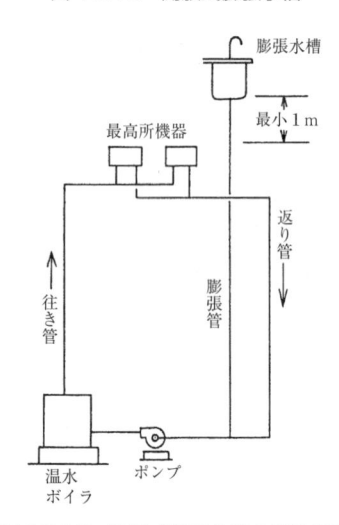

a：150mm
b：膨張水量による変動水位の2倍
c：100～200mm

図10.16 開放式膨張水槽の設計位置

開放式膨張水槽は，一般に図10.16に示すように，循環ポンプの吸込み側に膨張管によって接続し，その設置高さは装置の最高所より1m以上とする．膨張管には，配管系を遮断して，系内水の膨張時の逃げを許さないような弁などを取り付けてはならない．膨張水槽の容量により接続する膨張管その他の管径を表10.9に示す．

密閉式膨張水槽は，前述のように配管系の最高所より低い場所に取り付ける場合や，温度100℃以上の高温水配管系で用いるもので，次式で与えられる加圧水頭が必要となる．

$$h_o > (h_s + h_x) \mp (H_p - \Delta h_f) + \Delta h$$

(10-20)

h_o：加圧水頭（mAq）
h_s：装置の最高温水における飽和圧力に相当する水頭（mAq）
h_x：装置の最高の高さ（m）
H_p：ポンプの全揚程（m）
Δh_f：膨張水槽から装置の最高点に至る間の配管摩擦損失水頭（mAq）
Δh：余裕水頭（mAq）

式(10-20)の $\mp$ の符号は，膨張水槽がポンプの吸込み側にある場合には－，吐出し側に接続されるときは＋とする．Δh は $(h_s + h_x)$ の20％程度とする．

密閉式膨張水槽の加圧方式や水槽形式にはいろいろなものがあるが，省略する．

2.5 冷温水用自動制御弁の口径決定

空気調和機内の冷温水コイルやファンコイルユニットなどでは，熱負荷の変動に従って自動制御弁を用いて供給冷温水量を制御している．

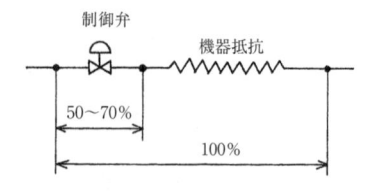

図10.17 水用自動制御弁での抵抗

表10.9 膨張水槽の接続配管径

(a) 膨張管経

ボイラ伝熱面積（m²）	管径（A）
5	25
6～10	32
11～16	40
17～33	50
34～61	65
69～111	80
112～170	110

(b) その他の接続管

管の種類	水槽容量（l）		
	～1 000	1 000～4 000	4 000～
補給水管	20(A)	25(A)	32(A)
排水管	15	20	25
オーバフロー管	32	40	50
検水管	20		
通気管	25	25	25

表 10.10 C_v 値の表

弁種類	寸法	A	15	20	25	32	40	50	65	80	100
		B	½	¾	1	1¼	1½	2	2½	3	4
二方弁	単座弁		1, 2.5, 4	6.3	10	16	25	40	63	90	160
	複座弁				10	16	23	40	63	90	
三方弁	単座弁		4	6.3	10	16	25	40	63	100	100

自動制御方式にはオン-オフ制御や比例制御などがあり，その詳細は14章にゆずり，ここでは自動制御弁の口径選定法について述べる。

オン-オフ制御を行うような制御弁では，その口径は一般に接続管径と等しくする。特に弁径を小さくしたいときは，弁の抵抗の対象となっている機器の水側の抵抗の25％程度になるように弁口径を選べばよい。

二方弁や三方弁を用いて比例制御を行う場合は，図10.17に示すように，制御弁と制御対象となっている機器の抵抗の和の，少なくても50〜70％を占めるような圧力損失を選ぶようにする。

制御弁での圧力損失が決まったら，次式により制御弁の流量係数C_vの値を求めて，

$$C_v = \frac{21.9 w \sqrt{\rho}}{\sqrt{p}} \quad (10\text{-}21)$$

w：最大流量（l/min）
ρ：密度（kg/l）の場合ほぼ1としてよい
p：弁の圧力降下（Pa）

流量係数としてC_vの代わりにK_vを用いることもあり，これらの間には，

$$K_v = 14.3 C_v \quad (10\text{-}22)$$

の関係がある。各種の制御弁の口径とC_v値との関係の例を表10.10に示す。

―― 例題 10.16 ――
空気調和機内に設値されている空気冷却コイルの自動二方弁の口径を選定せよ。ただし，設計冷水量は300 l/min，空気冷却コイルの水抵抗は2.5 mAqとする。

[解答] 自動制御弁と空気冷却コイルの抵抗の和の60％を自動制御弁での圧力損失pとする。したがって，

$$p = (2.5 + p) \times 0.6$$

より，

$$p = \frac{2.5 \times 0.6}{1 - 0.6} = 3.75 (\text{mAq}) = 36\,750 (\text{Pa})$$

これらの値を式(10-21)に代入して，自動制御弁の流量係数C_v値を求める。

$$C_v = \frac{21.9 \times 300 \times \sqrt{1}}{\sqrt{36\,750}} = 34.3$$

単座二方弁を用いるものとし，表10.10より$C_v = 34.3$に近いものを選ぶと，口径40Aの弁となる。

自動制御弁の選定にあたっては，配管系全体に占める制御弁の抵抗の割合が大きいほど制御性がよくなるので，計算したC_v値によって弁を選定する場合は，計算値に近くてしかも小さいC_v値を与える弁を選んだほうがよい。ただし，この場合は，弁の抵抗を式(10-21)によって計算し直し，正しい値を得ておく必要がある。

この場合は式(10-21)を変形して，

$$p = \frac{480 w^2 \rho}{C_v^2} (\text{Pa}) \quad (10\text{-}23)$$

となる。

上の例題について，pの値を求め直すと，

$$p = \frac{480 \times 300^2 \times 1}{25^2} \fallingdotseq 69\,100 (\text{Pa})$$
$$\fallingdotseq 7.1 (\text{mAq}) \quad \text{となる。}$$

2.6 冷温水配管の腐食

配管材料として用いられている金属は，ほとんど酸化物として自然界に存在している。われわれは，それを還元し，金属として利用しているので，還元された金属はもとの安定した酸化物の状態に戻ろうとする。この現象は，金属すべてに生じる

ものであるが，そのなかで酸化速度が特に速いものを通常「腐食」とよんでいる。

金属の腐食は水溶液中で生じる湿食と高温のガス中で金属が酸素と直接反応して酸化する乾食にわけられる。配管の腐食は特殊な場合を除き湿食に属するので，この節では，湿食について記述する。

(1) 腐食の要因

配管の腐食はおもに電気化学的反応に基づいて進行する場合が多い。この反応では酸化反応（アノード反応）と，還元反応（カソード反応）が同時に起きており，金属は金属イオンとなって液中に溶け出し，水素イオンは，おもに溶存酸素によって水になる。

これらを反応式で表わすと次のようになる。

酸化反応（アノード反応）：$M \rightarrow M^{n+} + ne^-$

すなわち，液中で n 個の ＋イオンを帯びた金属と，n 個の －イオン（電子）とに分かれる。

還元反応（カソード反応）：$2H^+ + 2e^- \rightarrow H_2$

溶存酸素の還元反応（酸性）：

$$O_2 + 4H^+ + 4e^- \rightarrow 2H_2O$$

溶存酸素の還元反応（中性・塩基性）：

$$O_2 + 2H_2O + 4e^- \rightarrow 4OH^-$$

このように，金属が腐食する場合には，アノード反応とカソード反応が金属表面で等しい速度で同時に起こる。また，局部アノード，カソードによって形成される電池は局部電池とよばれている。

(2) 腐食の形態

配管に生じる代表的な腐食の形態を以下に説明する。

a 全面腐食

配管内面が比較的均一に腐食する形態をいい，最も基本的な形態である。腐食の形態は，この全面腐食と，孔食，溝状腐食に代表される局部腐食，それにエロージョン・コロージョンなどの速度効果を含む腐食に大別される。

b 孔食

大部分の内表面にきわめて薄い酸化皮膜が形成され，腐食から保護されているが，ごく限られた部分の保護膜の破壊もしくは未形成により，腐食がピット状に進行する形態。

c 溝状腐食

電縫鋼管の溶接部が溝状に腐食する形態で，鍛接鋼管ではこの腐食は起こらない。また，耐溝状腐食鋼管も開発されている。

d 異種金属接触腐食

ガルバニック腐食ともよばれ，自然腐食電位差のある異種金属が水を介して接触することで，卑な金属が腐食され，貴な金属が防食される腐食の形態。またこの腐食は，貴な金属の接触面積が卑な金属の接触面積より大きい場合には，腐食の進行が増す特徴がある。

e すきま腐食

金属どうし，または金属と非金属が合わさっていると，そのすきま部分から生じる腐食の形態をいう。フランジ部のガスケット腐食，さびこぶ腐食が典型的なすきま腐食である。

(3) 密閉式冷温水配管の腐食

密閉式冷温水配管で多く使用されている白ガス管は，ほとんどの場合，数10年も安全に使われてきている。その理由としては，

① 系内に供給される酸素が限定され，腐食の進行速度が遅い。

② 白ガス管の内面に形成された亜鉛化合物の不働体皮膜により腐食の進行が妨げられる。

ことがあげられる。

しかしながら，ポンプのシール不良などにより補給水の量が増大したりすると，補給水に含まれる溶存酸素や遊離炭酸により腐食が進行したり，運転初期に酸素の供給不足により亜鉛化合物の不働体皮膜が均一に形成されない場合，その欠損部分から孔食し，数年のうちに漏水に至る場合もある。

また防食剤を投入している場合，この濃度管理が適切に行われないと，防食剤の不働体皮膜に欠損を生じ，その部分が選択的に腐食されることがある。選択腐食は全面腐食と違い腐食速度が速いのが特徴である。黒ガス管の場合は全面腐食とな

りやすいため，このような孔食は発生しにくい。

冷温水配管にステンレス，樹脂管などの耐食材料を使用した場合，一部に残った鉄部が選択的に腐食される場合があるので，このような弱い部分をつくらないようなシステムとしなければならない。ただし，ステンレス鋼管に塩素分の多い水道水などを通すと，溶接部で応力腐食割れを起こす危険性がある。

(4) 開放式冷温水配管の腐食

開放式冷温水配管に用いる配管材料は，通常，密閉式冷温水配管と同じものを用いるが，配管内では溶存酸素が水中に飽和状態にまで溶け込んでおり，この溶存酸素の還元作用が炭素鋼の腐食速度に大きく影響している。たとえば，静止水では溶存酸素濃度と腐食速度の間では比例関係が認められている。また，流動水では，一定の速度以上になると，配管表面が不働体化して腐食速度は減じられるが，不働体化が完全でない場合には，孔食の原因となることもある。

蓄熱槽を用いている方式の場合，躯体を利用した蓄熱水槽ではモルタル防水がされており，はじめのうちはモルタル表層中のアルカリ分が溶け出すが，何回か水替えを行った後にはほとんど溶け出さなくなる。その後モルタルおよびコンクリートの硬化に従いモルタル表層に形成される炭酸カルシウム（$CaCO_3$）が遊離炭素を減らし，pHを高めて，蓄熱槽水は飽和指数0の防食上理想的な状態に近づいていく。

蓄熱槽がモルタル仕上げ面の少ない大型の温度成層型の表面仕上を樹脂やステンレスとした場合，上記の作用がなくなるので，系内の材料をすべて耐食材料にするか，なんらかの水処理が必要となってくる。

3 ポンプの選定

3.1 配管系の全抵抗

配管系の全抵抗は次のような各種の抵抗を加えたものからなっている。

① 直管の摩擦抵抗
② 曲がり管，分岐，拡大，縮小，弁などの局部抵抗
③ 空気コイル，各種熱交換器などの機器の抵抗
④ 自動制御弁の抵抗

これらの各種抵抗のなかで，①，②および④の各項については，前述に述べた配管系の設計計算手順を用いて求めることができる。しかし，直管部の摩擦抵抗や各種の局部抵抗一つ一つ詳細に求める余裕のないような場合には，全配管のなかで最も配管系の長い経路の全長 L を求め，これに流量線図で管径を選ぶために一応定めた単位摩擦抵抗 Δp_l を乗じた値 $[L \times \Delta p_l]$ を求め，局部抵抗の総和はこの $[L \times \Delta p_l]$ に対して，大規模設備で20%程度，中規模で50%，小規模で100%程度増しとして経験的に決めることが多い。このようにして求めた配管系の摩擦抵抗と局部抵抗に対して，さらに自動制御弁の抵抗と各種機器の抵抗とを加えたものをもって配管系の全抵抗としても，あまり大きな問題は生じない。

表10.11に各種機器類のおおよその抵抗値を示す。この値は機器の容量，形式，構造などが決定したら，詳細な計算によって求めるか，またはメーカーに確認する必要がある。

また先に述べた配管系の全抵抗の算出は簡便法であるので，省エネのためにポンプ動力を正確に

表10.11 機器抵抗の概略値

機器名称	抵抗 (kPa)	備考
ターボ冷凍機　蒸発器　凝縮器	30～80　50～80	メーカーごとに異なるから必ず確かめること
吸収式冷凍機　蒸発器　凝縮器	40～100　50～140	メーカーごとに異なるから必ず確かめること
冷却塔	20～80	噴霧圧に注意すること
冷温水コイル	20～50	水速0.8～1.5 m/s程度
熱交換器	20～50	
ファンコイル	10～20	大容量のものは抵抗が大きいから注意
自動制御弁	30～50	最小30 kPa程度はとること

決めたいような場合には，配管の各部について前節に示した方法によって正確な抵抗の値を求め，それらを加え合わせたものをもって設計しなければならない。

例題 10.17

中規模の事務所ビル冷凍機と最遠の空気調和機とを結ぶ冷水配管の直管部全長 L が，往き管のみで 100 m ある。この場合の配管系のおおよその全抵抗を求めよ（図 10.18 参照）。

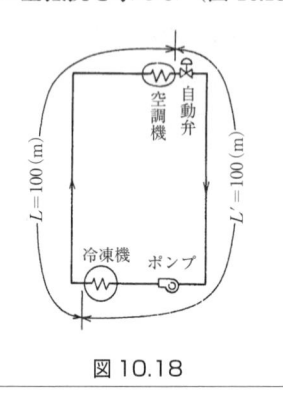

図 10.18

[解答] 配管管径の設計のための単位摩擦損失として，400 Pa/m を用いるものとする。したがって，配管全長の摩擦抵抗による圧力あるいは水頭損失は，

$$2L \times \Delta p_l = 2 \times 100 \times 400 = 80\,000 \,(\text{Pa})$$
$$= 80\,(\text{kPa}) \fallingdotseq 8\,(\text{mAq})$$

ここに，左辺および右辺で2倍したのは，往き管と返り管との両方について考えなければならないからである。

またこの設備は中規模ビルだから，曲がり管，分岐，弁などの局部抵抗を直管部の摩擦抵抗の50％とし，

$$\text{局部摩擦損失水頭} = 0.5 \times 8 = 4\,(\text{mAq})$$

空気調和機の空気コイルとの摩擦損失水頭を3mAq，冷凍機蒸発器の摩擦損失水頭を4mAqとすると，

$$\text{配管系の全摩擦損失水頭}$$
$$= 8 + 4 + 3 + 3 + 4 = 22\,(\text{mAq})$$

3.2 ポンプの所要揚程

配管系にポンプが設置された場合の基礎式 (10-3) をもう一度かかげてみる。すなわち，

$$\frac{p_1}{\rho g} + \frac{v_1^2}{2g} + z_1 + H_m$$
$$= \frac{p_2}{\rho g} + \frac{v_2^2}{2g} + z_2 + \frac{\Delta p}{\rho g} \quad (10\text{-}3)$$

である。これを整理して書き直すと，ポンプの揚程 H_m は次のようになる。

$$H_m = \frac{(p_2 - p_1)}{\rho g} + \frac{(v_2^2 - v_1^2)}{2g}$$
$$+ (z_2 - z_1) + \frac{\Delta p}{\rho g} \quad (10\text{-}24)$$

ここで右辺の第1項は，点1と点2とで圧力が違う場合にその圧力差だけポンプで加えなければならないことを表わしており，右辺第2項は同じく点1と点2とで管内の水速が違うために必要になる揚程，第3項は点1と点2との高さの差によるもの，第4項は点1から点2まで水を流す場合に生じる各種の抵抗損失水頭分である。

しかし，われわれが空気調和設備で出会うような配管系では，ほとんどが大気圧のもとに運転されており，右辺第1項のように圧力の違う場所へ水を送り込むような場合はほとんどない。たとえば，高温水配管システムで系内の圧力を高温水の飽和蒸気圧以上に保つために系外からごく少量の水をポンプで圧送するような特殊な場合にのみこの項目を考慮すればよく，その場合には一般に $p_1 = 0$ としてよい（なおこの場合 p_2 はゲージ圧力である）。

右辺第2項の管内の流速の変化によるものは，前節でも述べたように，水配管系内での水速はせいぜい 1 m/s から 3.5 m/s 程度だから，その速度変化に必要な水頭は，たとえば $v_2 = 3.5\,(\text{m/s})$，$v_1 = 1\,(\text{m/s})$ としても，

$$\frac{(v_2^2 - v_1^2)}{2g} = \frac{3.5^2 - 1^2}{2 \times 9.8} = 0.574\,(\text{m})$$

で，一般には配管系の全摩擦損失水頭や静止頭差にくらべて小さな値で問題にする必要はない。したがって一般には式 (10-24) の第3項と4項のみを取り上げて，ポンプの揚程を決めればよい。

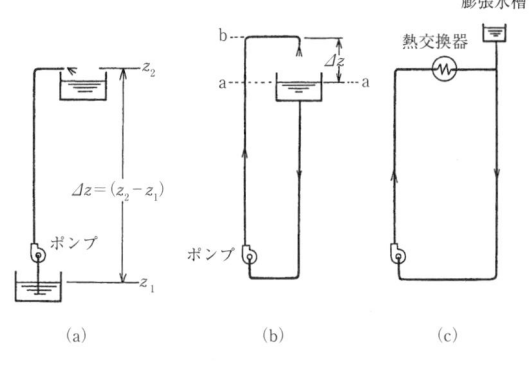

図10.19 ポンプの所要静水頭

いま，図10.19に示すような3つの配管系について考えてみる。

図10.19(a)は図からわかるように，下部の水槽から上部水槽へ揚水するような場合で，このようなときは式(10-24)の第3項(z_2-z_1)を考えにいれなければならないことがわかる。そのほかに配管系の各種の摩擦損失水頭があるので，式(10-24)の第4項も考えなければならない。したがって，この場合のポンプの必要な揚程H_mは，

$$H_m = (z_2-z_1)+\frac{\Delta p}{\rho g}$$
$$= \Delta z + \frac{\Delta p}{\rho g} \text{(mAq)} \qquad (10\text{-}25)$$

となる。

図10.19(b)では，ポンプより高い位置にある水槽から水を汲み上げて，水槽の上部で散水するようにしたものであるが，配管系内の高さa点と水槽内水面とでは高さの差がないので，水槽からa点まではポンプを運転しないでも水を充満させることができることは容易にわかる。したがってポンプではこのa点から配管系の最高所b点まで水を揚げる能力と配管系内全摩擦損失水頭$\Delta p/\rho g$とをまかなう必要がある。したがって，この場合のポンプ揚程H_mは式(10-25)とまったく同じで，

$$H_m = \Delta z + \frac{\Delta p}{\rho g} \text{(mAq)}$$

となる。ここでΔzは，水槽水面と配管系の最高所b点との高さの差である。

図10.19(c)では，配管系の最高所に設置した膨張水槽から系内に給水すれば，ポンプを運転しないでも系全体に満水できてしまう。したがって，式(10-24)の第3項の高さの差の項がまったく必要のないものとなり，ポンプの揚程H_mは，

$$H_m = \frac{\Delta p}{\rho g} \text{(mAq)}$$

になる。

この$\Delta p/\rho g$は，配管系全体の直管部の摩擦による摩擦損失水頭h_f，曲がり管部，弁などの局部抵抗による損失水頭h_d，および各種機器類の抵抗損失水頭h_mとからなり，したがって，

$$H_m = \frac{\Delta p}{\rho g} = h_f + h_d + h_m \qquad (10\text{-}26)$$

となる。

――― 例題 10.18 ―――
例題10.17に示した配管系のポンプの所要揚程を求めよ。

[解答] 図10.19よりわかるように，この配管系は密閉配管系で図10.19(c)の場合に相当するから，ポンプの所要揚程H_mは例題10.17の配管系の全抵抗22 mAqとすればよい。

――― 例題 10.19 ―――
図10.20に示すような，冷凍機の冷却水配管系がある。この配管系の各種抵抗は次のような値とする。冷却水ポンプの所要揚程を求めよ。

配管系の摩擦抵抗　　5 mAq
配管系の局部抵抗　　3 mAq
冷凍機凝縮器抵抗　　6 mAq
冷却塔の噴霧圧　　49 kPa

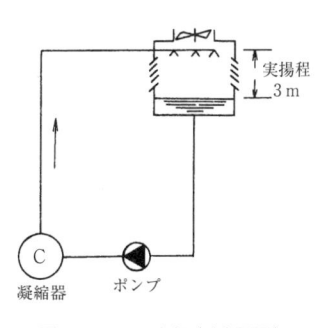

図10.20 冷却水循環運転

[解答]　この例題では冷却塔の噴霧圧が49 kPaとされている。これは冷却水管径の最上部である冷却塔内の冷却水配管の端末で，塔内にノズルによって水を噴霧するのに，49 kPaの圧力が必要になるということである。この圧力は5 mAqに相当する（9.8 kPa＝1 mAq）。また，図から冷却塔の下部水槽面と冷却塔の噴霧場所との高さの差が3 mあるので，ポンプの所要揚程 H_m は次のようになる。

$$H_m = 5 + 3 + 6 + 5 + 3 = 22 \text{(mAq)}$$

図10.21に示すような，建物の地中梁部分に築造された蓄熱槽から冷水を汲み上げ，上階に設置された空気調和機の冷水コイルに供給するような場合を考える。この場合は配管系の高さの差に対する揚程として，h_s' が必要になるが，A点を挟んだ両側ではサイホン作用があるので，最上部まで満水してある場合はこのサイホン作用は理論的には10 mAqあるが，実用上は7〜8 (mAq)程度なので，ポンプ運転中の実揚程 h_s は，

$$h_s = h_s' - (7 \sim 8) \text{(mAq)}$$

になる。しかし現実には，ポンプの運転開始時にはA点までポンプによって満水する必要があるので，ポンプの揚程としては配管系の全抵抗と，この揚程 h_s' とを加えたものとしなければならない。

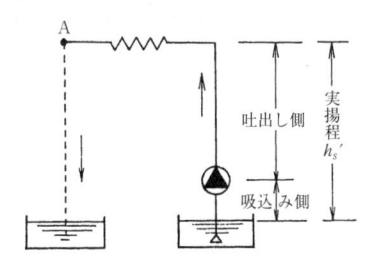

図10.21　開放運転

しかし，いったん運転を開始すると，このサイホン作用によるA点から水槽までの落下水流のエネルギーが余るので，この水量を利用して水車を運転しポンプ動力の一部として利用しているものもあり，これを動力回収ポンプとよんでいる。

図10.19(a)や図10.21に示すように，ポンプより低い水槽から水を汲み上げる場合は，水槽水面に大気圧が作用しているので理論的には大気圧

(101.325 kPa，水頭に換算すると10.33 mAq)だけ高い位置までポンプで吸い上げることが可能だが，実際にはポンプ吸込み側のフート弁や配管などの抵抗があることや，大気圧より低い圧力の水を吸い込むポンプの羽根車で，水中の溶存空気や，低圧のため蒸発した水蒸気の気泡によってキャビテーションが発生するために，実際の吸込み揚程は10.33 mよりずっと小さい値になる。理論的には吸込み水の温度なども考慮して，吸込み揚程 h_s は次式で与えられる。

$$h_s = H_a - h_v - h_l \text{(m)} \quad (10\text{-}27)$$

ここに，
　H_a：大気圧に相当する水頭 10.33 (mAq)
　h_v：水温における飽和蒸気圧に相当する水頭 (mAq)
　h_l：吸込み管中の摩擦損失水頭 (mAq)

しかし，実用上は式(10-27)による値よりも，安全を見込んで図10.22に示すような値を用いている。

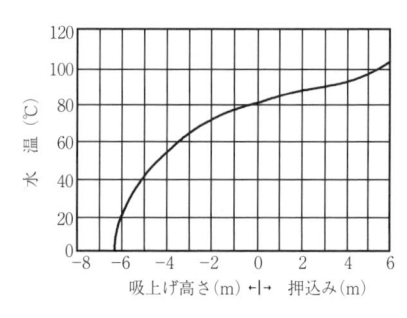

図10.22　吸込みの渦巻きポンプの水温と汲上げ高さ

─ 例題10.20 ─
　床下蓄熱水槽に50℃の温水を蓄えてある。吸込み管の摩擦損失水頭を0.5 mAqとしたときのポンプの据付け高さを求めよ。

[解答]　50℃の水の飽和水蒸気圧 h_v は蒸気表から12.335 kPa，水頭に換算すると1.26 mAqと求まる。したがって式(10-27)より，

$$h_s = 10.33 - 1.26 - 0.5 = 8.57 \text{(mAq)}$$

と求まり，ポンプの据付け位置は，蓄熱水槽水面からポンプ吸込み口中心までの高さが8.57 mあればよいが，実際には図10.22により約4.5 m

の位置に据え付けなければならない。

3.3 ポンプの選定

配管系の循環水量とポンプの所要揚程が求まれば，実際に据え付けるべきポンプの形式を選ぶことができる。

3.3.1 ポンプの種類

ポンプは液体を低い位置から高い位置へ配管によって運び上げたり，あるいは配管系内の抵抗に打ち勝って液体を流すために，液体に圧力を与えるための機械である。

空気調和設備で利用している液体としては水のほかに，燃料油，ブライン，吸収液，液冷媒などいろいろあり，液体の種類と，必要とする圧力とによって形式，構造なども異なり，遠心力，往復動式，ギアなど各種のものが用いられている。

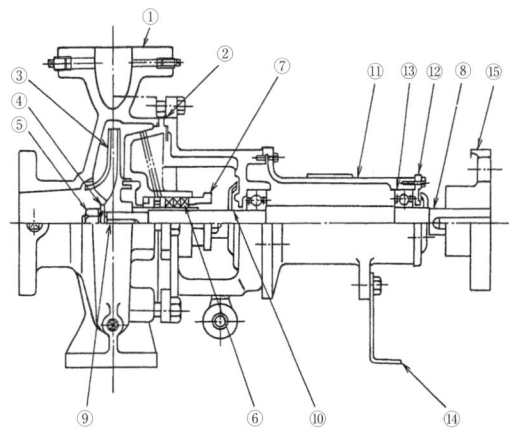

番号	部 品 名	材 質
①	ケーシング	FC20
②	ケーシングカバー	FC20
③	羽根車	FC20
④	座　金	SUS304
⑤	羽根車締付けナット	SUS304
⑥	グランドパッキン	炭化繊維
⑦	パッキン押さえ	SUS304
⑧	主　軸	SUS420J2+S45C
⑨	キー	SUS403
⑩	水切りつば	ゴム
⑪	軸受け箱	FC20
⑫	軸受けカバー	FC20
⑬	玉軸受け	SUJ2
⑭	補助脚	SS41
⑮	軸継手	FC20

図 10.23　渦巻きポンプの構造例[3]

空気調和設備で使用している冷水や温水には，これらのなかでももっぱら遠心羽根車を有する渦巻きポンプが広く用いられる。

渦巻きポンプは図 10.23 に示すような構造で，羽根車（インペラ）を回転し，中心部から吸い込まれた水は羽根車の内部から外側へ向かって流れる間に圧力と速度とを与えられ，速度の一部は水がケーシング渦巻き室や案内羽根を通る間に圧力に転換されて，必要な揚程を出している。案内羽根は羽根車から出てきた水の速度を効果的に圧力に変えるためのもので，高い揚程を出すのに利用される。このような案内羽根のある渦巻きポンプをタービンポンプ，ないものをボリュートポンプという。

所要揚程を 1 段の羽根車で出せないときは羽根車を多段とし，同一軸上に並べて必要な揚程をだすようにしている。このようなポンプを多段ポンプという。案内羽根はおもに多段ポンプに利用されている。

ポンプの駆動機としては電動機が一般的で，カップリングを用いて羽根車と直結したものがほとんどある。ポンプと電動機とを一体に組み込んで配管途中に取り付けられるような構造にしたものを，ラインポンプとよんでいる。

3.3.2 ポンプの所要動力

ポンプの吐出し量 $Q(\mathrm{m^3/min})$ を所要揚程 H_m まで圧力を高めるために必要な動力 $B(\mathrm{kW})$ は次式で与えられる。

$$B = \frac{\rho g Q H}{60 \times 1\,000 \eta_p} = 0.163 \frac{QH}{\eta_p} (\mathrm{kW}) \tag{10-28}$$

ここに，

ρ ：水の密度 $1\,000(\mathrm{kg/m^3})$

g ：重力の加速度 $9.8(\mathrm{m/s^2})$

Q ：吐出し水量 $(\mathrm{m^3/min})$

H ：所要揚程 (mAq)

η_p ：ポンプ効率

ポンプ効率 η_p はポンプの形式や容量などによって異なるが一般に 0.6～0.8 程度としてよい。

しかし，小容量のものでは 0.5 以下のものもある。ポンプ効率およびその値を図 10.24 に示す。

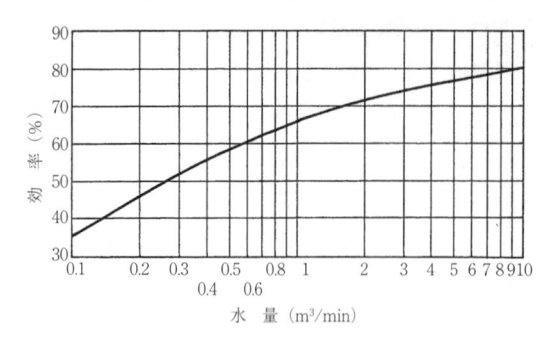

図 10.24　ポンプ効率図

例題 10.21

吐出し量 $2.5\mathrm{m}^3/\mathrm{min}$，揚程 $22\mathrm{mAq}$ のポンプの軸動力を求めよ。ただし，ポンプ効率 $\eta_p=0.8$ とする。

[解答]　式 (10-28) により，

$$B = \frac{0.163 \times 2.5 \times 22}{0.8} = 11.2 \,(\mathrm{kW})$$

よって電動機は 15 kW のものを使用する。

3.3.3　ポンプの選定

実際に使用するポンプの形式や動力容量を選定するには，一般にメーカーのカタログを用いている。

ポンプに要求される吐出し量と揚程とによって，選定されるポンプの形式はおおよそ次のようなものとなる。

表 10.12

ポンプの形式	水量 (l/min)	揚程 (m)
片吸込み渦巻きポンプ	3 000	35
両吸込み渦巻きポンプ	3 000 ～ 10 000	10 ～ 50
多段ポンプ	10 ～ 3 000	25 ～ 100

図 10.25 にポンプの形式の選定線図を示す。

冷凍機用冷水ポンプを地下に設置し，屋上に冷却塔を設置するような場合には，冷却塔から冷却水ポンプまでの高さの差によって冷却水配管を通してポンプに大きな静水頭が作用する。このような場合には，ポンプケーシングは十分に耐圧を有

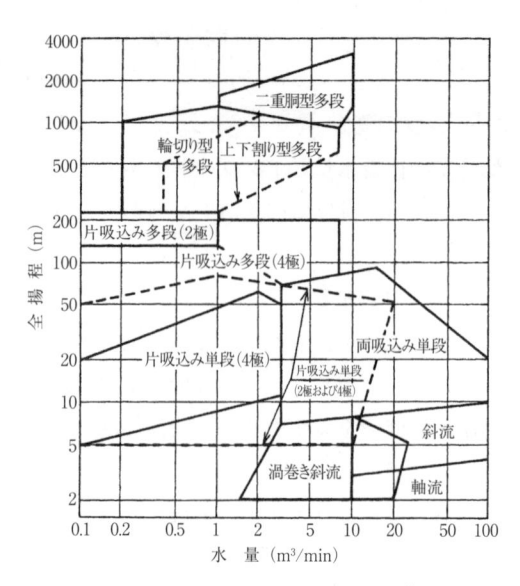

図 10.25　ポンプの形式選定図[4]

するものとしなければならないので，ポンプメーカーにその旨を指示する必要がある。

3.3.4　ポンプの特性曲線

一定回転数で回転しているポンプに対して，弁を開閉するなどして配管系の抵抗を変えると，ポンプの全揚程，吐出し水量，電動機軸動力，ポンプ効率が変化する。このように一定回転数のポンプの性能を，横軸に吐出し水量，縦軸に揚程，軸動力，効率をとって線図に示したものをポンプの特性曲線という。図 10.26 はポンプの特性曲線の一例である。吐出し量－揚程の関係を示す曲線を揚程曲線といい，同様に軸動力曲線，効率曲線という。

図 10.27 は，ポンプの特性曲線上に配管系の流量－抵抗曲線(負荷曲線ともいう)を示したもので，

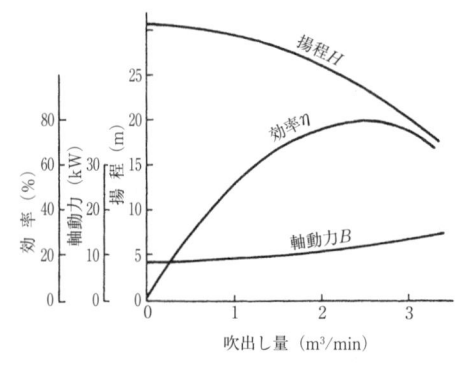

図 10.26　ポンプの特性曲線

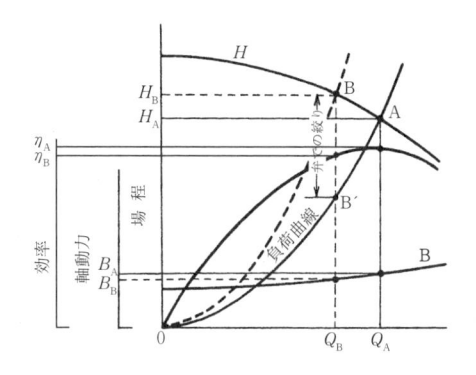

図 10.27　ポンプの特性曲線と配管系の負荷曲線

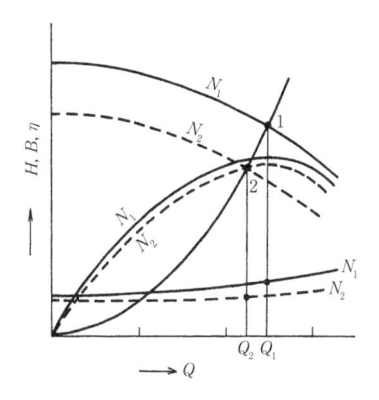

図 10.28　回転数制御によるポンプ特性曲線の変化

揚程曲線と負荷曲線との交差点 A でポンプが運転され，この点が設計仕様点だとすると，そのときの軸動力は B_A，効率は $η_A$ になる。もし負荷が減っても流量を Q_A から Q_B に減らしたいときは，配管系の負荷曲線は点線のようになり，揚程曲線と負荷曲線との交点 B で運転されなければならない。しかるに配管系の設備内容に変更がなければ，実線の負荷曲線上の点 B′ が本来の流量−抵抗関係を示しているので，B−B′ 分の揚程を処理するために弁を絞る必要がでてくる。この場合は図からもわかるように，ポンプの吐出し量は減少しポンプ揚程は高くなるが，軸動力は少なくてすみ，効率は低下する。

ポンプは回転数を変えるとその特性も変わる。いま回転数を N_1 rpm から N_2 rpm に変えると，吐出し水量，揚程，軸動力はそれぞれ次のように変わる。

吐出し水量：$Q_2 = \left(\dfrac{N_2}{N_1}\right) Q_1$　　(10-29)

揚　　程：$H_2 = \left(\dfrac{N_2}{N_1}\right)^2 H_1$　　(10-30)

軸動力：$B_2 = \left(\dfrac{N_2}{N_1}\right)^3 B_1$　　(10-31)

配管系の抵抗は，静水頭分を除けばほぼ水量の 2 乗に比例している。したがって上式からもわかるように，流量を Q_1 から Q_2 に減少する場合に回転数を N_1 から N_2 に下げると，流量と揚程がほぼ希望どおりに減り，また軸動力は回転数比の 3 乗に比例して減少する。このことから最近では負荷の減少に対して，ポンプの回転数を減らして省エネルギーを図る変流量（variable water volume：VWV）方式が採用されるようになってきている。図 10.28 はポンプの回転数を変えた場合の特性曲線を示したもので，実線で示した N_1 から点線で示した N_2 に回転数を減らした場合である。

── 例題 10.22 ──

吐出し量 2.5 m³/min，揚程 22 mAq，軸動力 15 kW，回転数 1 500 rpm のポンプを選定した。このポンプの水量を 2.0 m³/min に減らすのに回転数制御方式を利用したい。このときの回転数とポンプ揚程および所要軸動力を求めよ。

[解答]　式 (10-29) で $Q_1 = 2.5$，$Q_2 = 2.0$ とすると，

$$N_2 = N_1 \times \dfrac{Q_2}{Q_1} = 1\,500 \times \dfrac{2.0}{2.5} = 1\,200 \text{(rpm)}$$

式 (10-30) で，$H_1 = 22$ (m)，$N_1 = 1\,500$ (rpm)，$N_2 = 1\,200$ (rpm) として，

$$H_2 = \left(\dfrac{1\,200}{1\,500}\right)^2 \times 22 ≒ 14.1 \text{(mAq)}$$

式 (10-31) で，$B_1 = 15$ (kW)，$N_1 = 1\,500$ (rpm)，$N_2 = 1\,200$ (rpm) として，

$$B_2 = \left(\dfrac{1\,200}{1\,500}\right)^2 \times 15 = 7.68 \text{(kW)}$$

すなわち水量を 20％減らすと，軸動力は約半分に減ることがわかる。

4 蒸気配管の設計

4.1 配管方式

4.1.1 蒸気の加熱能力

空調設備では，空気の加熱や加湿に直接蒸気が利用されている。またそのほかに，直接暖房や給湯温水の加熱などにも用いられている。

このような加熱を目的として，熱交換器の伝熱面を介して間接的に蒸気を加熱する場合には，おもに蒸気の凝縮の潜熱を利用している。たとえば，大気圧で100℃の飽和蒸気のエンタルピは2 676 kJ/kgで，そのうち潜熱は2 257 kJ/kgである。これに対して水の比熱は4.186 kJ/(kg·℃)，蒸気の比熱は1.96 kJ/(kg·℃)程度なので，水温や蒸気温度が10℃程度変化しても，それによって得られる41.86 kJ/kg，19.6 kJ/kgにくらべて蒸気が凝縮するときに放出する潜熱がきわめて大きいことがわかる。

このことから，直接蒸気を用いて空気を加熱する場合には，加熱量Q(kW)，蒸気の凝縮の潜熱をr(kJ/kg)とすると，所要蒸気量S(kg/h)は次式で求められる。

$$S = \frac{3\,600Q}{r} \quad (10\text{-}32)$$

例題 10.23

圧力100 kPaゲージの飽和蒸気を用いて空気を加熱したい。加熱負荷が230 kWのときの所要蒸気量を求めよ。

[解答] 図10.30の表より100 kPaゲージの飽和蒸気の$r = 2\,201$(kJ/kg)だから，式(10-32)により，

$$S = \frac{3\,600 \times 230}{2\,201} = 376 \text{(kg/h)}$$

暖房時の加熱負荷に対して，低湿空気中や室内に直接蒸気を噴射して加熱する場合には，対象とする空気温度での水量が必要になる。暖房時の潜熱負荷をQ_L(kW)とし，その温度での蒸発の潜熱をr_t(kJ/kg)とすると，加湿用蒸気量L(kg/h)は次のように求まる。

$$L = \frac{3\,600Q_L}{r_t} \text{(kg/h)} \quad (10\text{-}33)$$

この場合の水の蒸気の潜熱r_tは加熱に利用する生蒸気の潜熱rとは異なる。常温の空気中の水蒸気のr_tは約2 510 kJ/kgである。

4.1.2 蒸気管と還水管

熱交換器の伝熱面を介して加熱に利用した蒸気は凝縮して温水になる。この温水はまだ高温なために，熱交換器内でさらに顕熱交換をして，すこし温度が下がるのが普通である（このとき利用できる熱量は上述のように凝縮潜熱にくらべて小さいので，一般には無視している）。この温度の下がった温水を熱交換器から排出し，つねに新しい蒸気が熱交換器内に供給されないと，熱交換器内はしだいに温水が充満してしまう。しかし発生したこの温水を，管を用いて連続的に熱交換器外に排出しようとすると，温水は圧力の高い蒸気によって押し出され，さらにまだ潜熱を利用していない蒸気までが流出してしまうことになる。そこでこの蒸気と温水とを分離するための装置として，蒸気トラップが用いられる。蒸気トラップの前後で蒸気と温水とは完全に分離される。

この温水は比較的温度が高く，80〜100℃程度になっているので，これをそのまま捨ててしまうのはもったいないので，もう一度ボイラに戻して再加熱して蒸気として利用し，省エネルギーを図るのが一般的である。もしこれを捨ててボイラには新たな水を供給するものとすると，その温水は10〜15℃程度なので，凝縮水を再利用する場合とくらべて290〜330 kJ/kg程度の熱量を余分に必要とすることになるので，凝縮水の再利用は省エネルギー効果が高いことがわかる。

一般には，このように蒸気配管系ではトラップを境にして蒸気側と凝縮水側とに分離されており，このうちの蒸気供給のための配管を蒸気管，凝縮水をボイラへ戻すための管を還水管とよんでいる。

このように，蒸気管と還水管とを別に配管する

ものを複管式とよび，これに対して1本の管のみでボイラから蒸気を送り，利用した後の凝縮水を同じ管を用いて蒸気の流れと逆の方向に流してボイラへ戻す方法もあり，これを単管式というが，日本では用いられていない。

4.1.3 複管真空還水式蒸気配管

蒸気ボイラで発生する蒸気の圧力は，大気圧前後のものから，高いものでは数100気圧というものまであるが，空気調和設備で利用するのはせいぜい1 MPa(G)程度までである。蒸気圧力によってゲージ圧100 kPa以上を高圧，100～0 kPaの範囲を低圧，さらにゲージ圧100 kPaから大気圧以下（真空圧）までの蒸気を利用し，還水管側に真空ポンプを利用したものを真空式とよぶことが多いが，高圧と低圧の区分は必ずしも明確ではない。

高圧蒸気の凝縮水は自己保持圧力が大気圧よりも相当高い場合が多く，自力で還水管内をボイラまで戻ることもあるが，100 kPa以下程度の圧力の蒸気の還水管では，凝縮使用箇所からボイラまでの還水管を下り勾配とし，重力で返るようにしたり，あるいは還水管の根元に真空ポンプを設置して，蒸気側圧力と真空圧の差圧によって強制的に還水を戻す方法とがあり，最近ではもっぱら後者の方式が採用されている。このような配管方式を複管真空還水式蒸気配管といい，わが国の空調設備で一般に採用されている配管方式である。図10.29にその概要を示す。

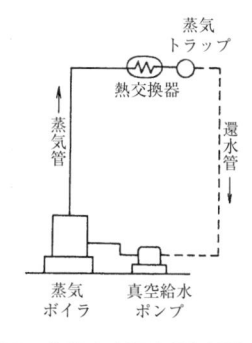

図 10.29 複管真空還水蒸気配管システム

真空ポンプの真空度は，−27～33 kPa程度である。

還水は一度水槽に貯められた後に，給水ポンプで加圧してボイラに給水される。真空ポンプと給水ポンプとを同軸とし，還水槽をも一体に組み込んだポンプは真空給水ポンプとよばれ，広く利用されている。

4.2 蒸気配管流量線図と還水管容量表

蒸気管の直管の摩擦抵抗による圧力損失は，式(10-7)によって求めることができるが，管内表面の絶対粗さ $\varepsilon=0.045$(mm)とし，摩擦抵抗係数として図10.5の線図を用いて，大気圧から高圧蒸気の範囲まで流量と圧力損失の関係を線図にして示したのが図10.30である。蒸気管で蒸気の流れる方向に向かって管が上向いているような逆勾配配管では，蒸気管表面での放熱によって凝縮した凝縮水と蒸気管の流れの方向が反対になり，図10.31に示すように蒸気の速度が速すぎると凝縮水の流れが妨げられ，スチームハンマを起こしたりするので，ある速さ以上に蒸気速度を大きくすることは許されない。そのための制限速度として，表10.13に示すような蒸気速度が与えられているが，実用上は安全のためにさらに低い蒸気速度を用いている。

還水管内の流れは複雑で，凝縮水以外に，凝縮水から再蒸発した蒸気や空気なども一緒に流れている。そのために単純に式(10-7)や図10.5を利用して計算することはできず，実験と経験とに基づいてつくられた流量表が示されている。表10.14は低圧蒸気配管の還水管用，表10.15は高圧蒸気配管の水平乾き還水管用のものである。なお，湿り還水管については一般の温水配管用流量線図などを用いればよい。

4.3 配管管径の決定

4.3.1 蒸気管と還水管

蒸気配管では，ボイラで発生した蒸気圧を利用して管内に蒸気を流すので，ボイラの発生圧力と配管系での全圧力降下とを考慮する必要があり，実用上，後者は前者の1/2以下，普通は1/3程度を利用している。一般に用いられている相当管長

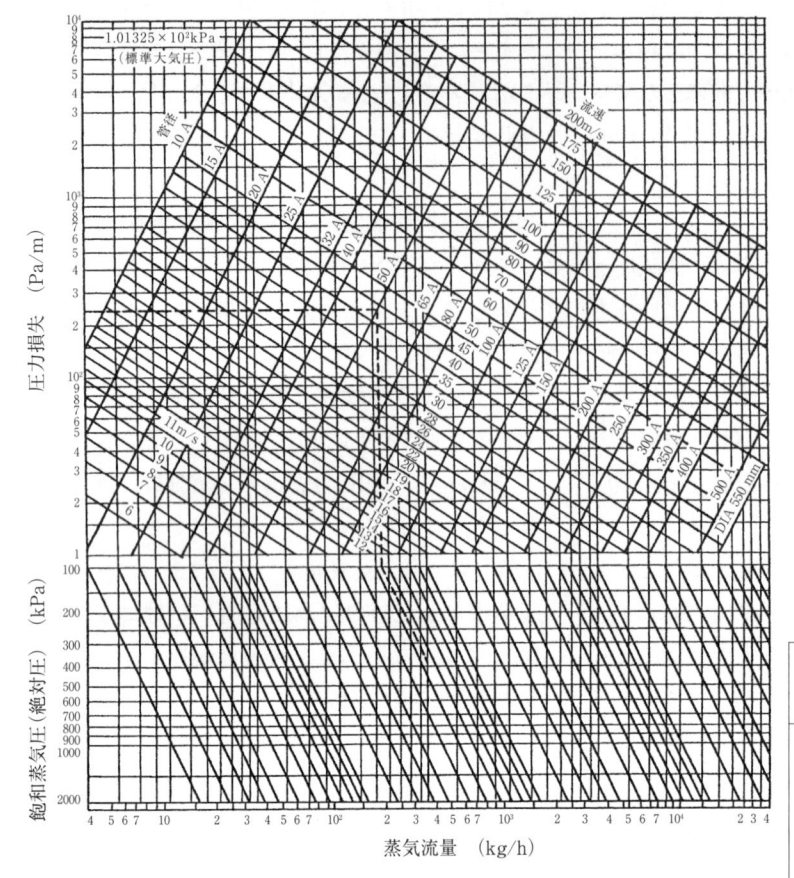

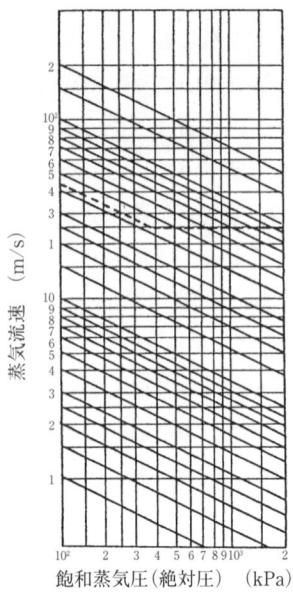

図 10.30 蒸気流量線図 ($\varepsilon = 0.045$ mm)（千葉孝男）

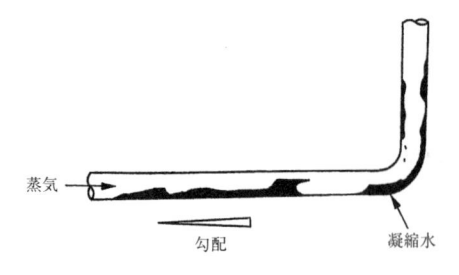

蒸 気 表

ゲージ圧力 (kPa)	温度 (℃)	エンタルピ i (kJ/kg)	蒸発潜熱 r (kJ/kg)
0	100.0	2 676	2 257
6	101.6	2 678	2 252
35	108.5	2 689	2 234
50	111.6	2 694	2 226
100	120.4	2 707	2 201
200	133.7	2 725	2 163
300	143.7	2 738	2 133
400	151.9	2 748	2 107
500	158.9	2 756	2 085
700	170.5	2 768	2 047
1 000	184.1	2 781	2 000
1 500	201.4	2 793	1 934
2 000	214.9	2 799	1 879

注 ゲージ圧力 (kPa) = 絶対圧力 − 101.325

図 10.31 逆勾配蒸気管内の様子

表 10.13 蒸気管内の制限速度

管径 A	管径 B	逆勾配横管（勾配 1/50）	立上り管
20	3/4	2.4	9.1
25	1	2.7	10.3
32	1 1/4	3.4	12.2
40	1 1/2	3.7	13.5
50	2	4.6	16.0
65	2 1/2		18.3
80	3		19.2
100	4		21.9

さ 100 m 当たり圧力損失とともに，初期蒸気圧と許容全圧力降下の関係を表 10.16 に示す．

例題 10.24

ボイラの初期蒸気圧力を 100 kPa ゲージとし，還水管側は真空還水式を採用する．ボイラより最遠の空調機までの相当配管長さを 300 m とする．蒸気管許容全圧力降下および管長さ 1 m 当たりの圧力降下を求めよ．

表 10.14 低圧蒸気の還水管容量表（千葉孝男） (kg/h)

方式	湿式および真空式					真 空 式				乾 式				立て管
	横走り管					立 て 管				横走り管				
圧力損失 (Pa/m)	4.9	9.8	19.6	49	98	9.8	19.6	49	98	4.9	9.8	19.6	49	
管径 (A) 20	27	38	53.4	84	119	70	93	146	213	—	—	—	—	21.3
25	47	71	93	145	212	112	156	251	357	23.6	32.6	41.7	51.7	50.6
32	81	112	156	251	357	179	251	400	557	51	66	85	106	112
40	128	180	251	406	557	380	523	835	1 170	78	108	138	168	168
50	270	381	523	835	1 170	624	880	1 410	1 970	180	236	298	360	337
65	451	627	880	1 400	1 970	990	1 430	2 230	3 180	293	405	494	596	
80	709	1 000	1 430	2 240	3 180	1 470	2 110	3 340	4 680	540	720	877	1 100	
100	1 470	2 060	2 900	4 570	6 450	3 560	5 130	7 920	11 200	1 160	1 520	1 920	2 360	
125	2 600	3 600	5 120	7 920	11 150	5 800	8 130	13 000	18 200	—	—	—	—	
150	3 760	5 850	8 130	13 000	18 230	—	—	—	—	—	—	—	—	

表 10.15 高圧蒸気の乾式水平管容量表 (kg/h)

返り圧力	供給圧力[*1]	圧力損失 (Pa/m)	管 径（A）										
			15	20	25	32	40	50	65	80	100	150	200
0 kPa(G)	35	15	109	231	454	953	1 440	2 830	4 530	8 160	16 800	50 100	103 700
		60	236	508	975	2 040	3 070	6 030	9 660	17 200	35 400	[*2]	
		240	499	1 090	2 060	4 310	6 440						
	100	15	43	95	181	381	567	1 130	1 830	3 270	6 760	20 090	41 600
		60	95	204	390	816	1 230	2 870	3 860	6 890	14 200		
		240	204	430	825	1 720	2 590						
	210	15	27	59	113	236	354	698	1 120	2 010	4 160	12 400	25 600
		60	59	127	240	503	958	2 380	4 250	8 700			
		240	124	268	508	1 060	1 590						
	340	15	19	41	81	168	254	503	807	1 150	2 990	8 890	18 400
		60	42	91	172	363	544	1 060	1 710	3 050	6 260		
		240	91	190	363	762	1 140						
	690	15	13	28	54	113	172	340	544	980	2 020	5 990	12 400
		60	28	61	118	245	367	721	1 150	2 060	4 240		
		240	60	131	247	512	771						
	1 030	15	10	22	45	91	140	276	455	798	1 650	4 900	10 100
		60	23	50	95	200	300	590	1 680	3 460			
		240	49	104	204	422	635						
100kPa(G)	690	15	25	54	109	227	340	667	1 070	1 920	3 960	11 700	24 200
		60	54	118	227	480	726	1 450	2 270	4 020	8 250	24 300	50 000
		240	118	254	480	998	1 500	2 920	4 670				
	1 030	15	19	42	82	172	258	508	816	1 450	3 000	8 890	18 300
		60	42	90	177	363	549	1 060	1 710	3 040	6 260	18 400	37 900
		240	90	190	363	762	1 130	2 220	3 540				

注 *1 供給圧力（kPa(G)）
   *2 空欄は流速 35m/s を超えているので，他の圧力損失と管径とを用いるようにする．

[解答] 表 10.16 により，初期蒸気圧力 100 kPa の全圧力降下は 30 kPa，また真空式還水式では，7～14 kPa であるから許容全圧力降下は 40 kPa とする．したがって，相当管長さ 1 m 当たり圧力損失 R は次のようになる．

$$R = \frac{40 \times 10^3}{300 \times 2} = 66.7 \text{(Pa/m)}$$

ただし，右辺の分母 $300 \times 2 = 600$(m) とは

表10.16　普通使用される蒸気管内の圧力降下

初期蒸気圧力 (kPa)	管長1m当たりの圧力降下 (Pa/m)	蒸気管内の全圧力降下 (Pa)
真空還水式	30～60	7～14
0	7	0.5
35	60	10
70	120	20
100	230	30
200	500	30～70
350	500～1 200	70～100
700	500～1 200	100～175
1 000	500～2 300	175～200

蒸気管と還水管の全相当長さである。

4.3.2 相当管長さと1m当たり圧力損失

蒸気配管や還水配管にも，種々の曲がり管，分岐部，弁，各種機器類が接続されている。これらの局部抵抗の相当長さは図10.6を用いて求めることができる。

ボイラから最遠の蒸気供給箇所までの直管の長さをL mとし，全相当長さをL' mとすると，管長さ1m当たりの圧力損失R(Pa/m)は次式で与えられる。

$$R = \frac{\Delta p}{L+L'} \qquad (10\text{-}34)$$

ここに，

　　Δp：許容全圧力降下 (Pa)

個々の局部抵抗の相当長さを求めて，L'の値を求める方法もあるが，簡便に経験に基づいて直管部長さに対する局部抵抗の全相当長さの割増し率aを用いる方法が通常利用されている。aには表10.17に示すような値が示されている。したがって，

$$L' = aL \qquad (10\text{-}35)$$
$$L+L' = (1+a)L \qquad (10\text{-}36)$$

としてよい。

表10.17　配管の局部抵抗の割増し率 (a)

配管種類別	a
住宅その他の小住宅	1.0～1.5
事務所建築などの大建築	0.5～1.0
機械室	2～3
遠距離配管約50 mごとに取り出す場合	0.25～0.35
遠距離配管約50 mごとに取り出す場合	0.1～0.2

蒸気管側の1m当たりの圧力損失Rが求められたら，還水管側もこれと同じRの値を用いればよい。

4.3.3 管径の決定法

例題によって示す。

例題 10.25

ボイラより最遠の空調機の空気加熱コイルへ蒸気を送りたい。各管径を求めよ。空気加熱コイルの熱負荷は580 kWで，蒸気圧力は100 kPaとし，また直管部の配管全長は200 mとする。

[解答]　まず所要蒸気流量を求める。図10.30の蒸気表により100 kPaゲージの$r=2\,201$(kJ/kg)である。よって式(10-30)により蒸気流量は，

$$S = \frac{3\,600Q}{r} = \frac{3\,600 \times 580}{2\,201} = 949 (\text{kg/h})$$

また直管全長200 mで，局部抵抗に対する割増し率aとして，表10.17より事務所建築の欄の値を採用して$a=0.5$とすると，相当管長さは，

$$L+L' = (1+0.5) \times 200 = 300 (\text{m})$$

ボイラ圧力は100 kPaゲージ(201 kPa abs)で，還水管は真空還水式を採用すると，管長さ1m当たり圧力損失Rの値は例題10.24に求めた値，$R=66.7$(Pa/m)としてよい。

以上の値を用いて図10.30により蒸気管径その他を求めてみる。図10.32に示す管径は125Aと100Aとの間に入るので，100Aを使

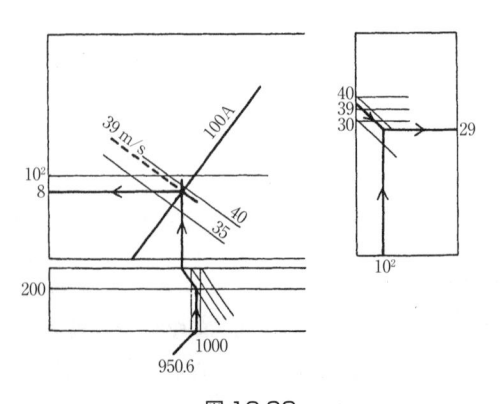

図10.32

用するものとする。したがって $R=80$（Pa/m）となる。このときの管内流速 39 m/s は圧力 0 kPa ゲージの蒸気に対するものだから，図10.30 の右側の流速の補正線図を用いて 29 m/s と求まる。

還水管管径は表 10.14 を用いて，蒸気管の $R=66.7$（Pa/m）なので，横走管については $R=49$ と 98 の間の値を勘案して 50A，立て管については同様にして 40A とする。

4.4 管の伸縮と伸縮継手

蒸気，水，温水などの配管は，一般に常温で施工した後に温度の異なる流体を流し，また運転中でも内部を通じる流体の温度は変化することが多い。また，1 日の運転でも夕方の空調設備の運転停止後は，蒸気管などでは管内蒸気がまったくなくなるような状態にもなる。このような管の使用状態に伴って，管材自体の温度が変化し，それとともに管は伸縮する。その伸縮量 Δl(m) は次式で与えられる。

$$\Delta l = CL(t_2-t_1) \tag{10-37}$$

ここに，

L：温度 t_1℃のときの管の長さ（m）
C：管材料の線膨張係数で，表 10.17 に示す
t_1：管の最初の温度（℃）
t_2：管の加熱または冷却後の温度（℃）

──── 例題 10.26 ────
配管用炭素鋼管の配管を 20℃ の気温のもとで施工し，120℃ の蒸気を通じたときの直管 100 m の伸びを求めよ。

[解答] 表 10.17 より，炭素鋼の線膨張係数 $C=11.9\times10^{-6}$ であるから，式（10-37）にそれぞれの値を代入して，

$$\begin{aligned}\Delta l &= 11.9\times10^{-6}\times100\times(120-20)\\ &= 11.9\times10^{-6}\times10^4\\ &= 11.9\times10^{-2} = 11.9 \text{(cm)}\end{aligned}$$

直管の両端を固定してこのような配管の伸縮を抑えると，次式で表わされるような引張りや圧縮の応力が管に生じる。

$$\sigma = EC(t_2-t_1) \tag{10-38}$$

ここに，

σ：発生応力（GPa）
E：材料のヤング率（GPa）
　　炭素鋼で 186

──── 例題 10.27 ────
例題 10.26 の管で発生する熱応力を求めよ。

[解答] 式（10-38）にそれぞれの値を代入して，

$$\begin{aligned}\sigma &= 186\times11.9\times10^{-6}\times(120-20)\\ &= 0.221\text{(GPa)} = 221\text{(MPa)}\end{aligned}$$

式（10-38）や例題でもわかるように，熱応力は管の長さに関係しないことがわかる。

熱による管の伸縮が大きいと管が曲がったり，破損の原因となるので，伸縮を吸収する伸縮継手を管の途中に挿入する。

伸縮継手としては，

① ベローズ型伸縮継手
② 膨張曲がり管
③ スイベル継手
④ 特殊管継手──ボールジョイントなど

があるが，建物内の空調配管ではベローズ型伸縮継手が用いられることが多い。

ベローズ型伸縮継手はりん青銅やステンレス鋼などでつくったベローズの伸縮を利用して管の伸縮を吸収するもので，図 10.33 に示すように単式と複式の 2 つの形式がある。単式継手 1 個当たりの配管長さを表 10.19 に示す。

膨張曲がり管は図 10.34 に示すように，配管の途中を加工して U 字形やループ状に曲げ，そのたわみによって管の伸縮を吸収するようにしたもので，伸縮部の長さ l は次式で求められる。

$$l = 73\sqrt{d\times\Delta l} \tag{10-39}$$

ここに，

l：曲がり管部の全長（mm）
d：管の外径（mm）
Δl：吸収すべき配管の伸び（mm）

表 10.18　管材料の膨張係数

(℃⁻¹)

材料＼温度範囲	−100〜0℃	0〜100℃	100〜200℃	200〜300℃
炭素鋼 (0.3〜0.4)	10.4×10^{-6}	11.5×10^{-6}	11.9×10^{-6}	12.6×10^{-6}
ステンレス鋼 (18-8)	16.2×10^{-6}	16.7×10^{-6}	17.2×10^{-6}	17.6×10^{-6}

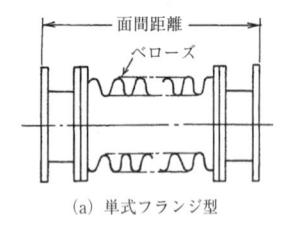

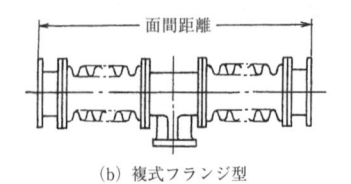

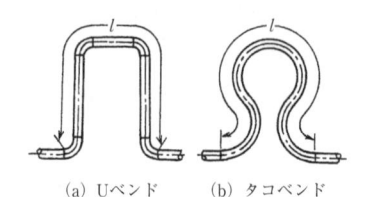

(a) 単式フランジ型　(b) 複式フランジ型

図 10.33　ベローズ型伸縮継手

(a) Uベンド　(b) タコベンド

図 10.34　膨張曲がり管

表 10.19　1個の単式継手に適する標準状態における配管の長さ (JIS B 2352)

名称		A	15	20	25	32	40	50	65	80	90	100	125	150	200	250	300	350
		B	½	¾	1	1¼	1½	2	2½	3	3½	4	5	6	8	10	12	14
最大すべり行程の長さ (mm)			50						75				100			125		
最高使用温度別配管の長さ (m)	100℃以下		28						42				56			70		
	100〜150℃		21						30				42			50		
	150〜180℃		15						22				30			57		

──── 例題 10.28 ────

温度 20℃ の 100A の鋼管に，120℃ の蒸気を通す場合の伸縮継手を求めよ。

[解答]　ベローズ型伸縮継手を用いたものとすると，表 10.19 より管長さ 30 m ごとに 1 個の単式継手，または 60 m に 1 個の複式継手を用いればよい。

この管長さ 60 m に対して膨張曲がり管を利用するものとすると，管の伸縮量 Δl は，

$$\Delta l = 11.9 \times 10^{-6} \times 60 \times (120 - 20)$$
$$= 7.14 \times 10^{-2} = 71.4 \text{ (mm)}$$

管径 $d = 100$ (mm) として，式 (10-39) により，

$$l = 73 \times \sqrt{100 \times 71.4}$$
$$= 6168 \text{ (mm)} ≒ 6.2 \text{ (m)}$$

となり，ベローズ型伸縮継手にくらべてかなり大きな場所をとることがわかる。

4.5　蒸気配管の付属品

4.5.1　蒸気トラップ

蒸気トラップは蒸気配管系の蒸気と凝縮水とを分離し，凝縮水のみを還水側に通すもので，その形式としては次のようなものがある。

① 熱動トラップ
② バケットトラップ
③ フロートトラップ
④ 衝撃式トラップ

これらのトラップは，図 10.35 に示すようにそれぞれ構造が異なり，空気を通すものや通さないものなど機能も異なっている。

これらのトラップの凝縮水通過量は，トラップ前後の圧力差によって表 10.20 にその一例を示すように大幅に異なる。したがって蒸気配管系設計時の蒸気管側と凝縮水管側との圧力差を把握しておく必要がある。

さらに，通気始めなどは設計流量にくらべてかなり多い凝縮水が発生し，しかもこれを還水管側に流さないと，蒸気の供給が妨げられ，また伝熱

も阻害される。

また，通気始めのときは必ずしも設計時の圧力差が保たれないことが多い。そのために，蒸気トラップ容量の選定にあたっては，設計凝縮量に対して2～3倍の安全係数を乗じた値を使う必要がある。

---- 例題 10.29 ----
例題 10.25 に示した空気加熱コイル出口の蒸気トラップの形式寸法を決定せよ。

[解答] 例題 10.25 の空気加熱コイルの設計凝縮水量は 949 kg/h である。したがって安全係数を3とすると，蒸気トラップの通過凝縮量は

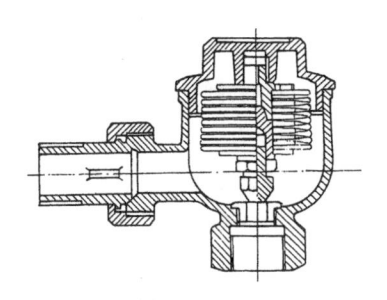

(a) 熱動トラップ

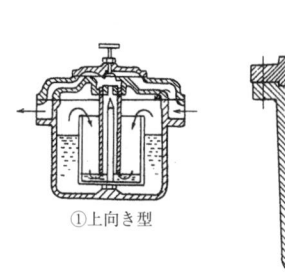

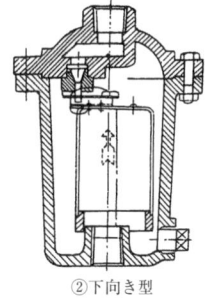

(b) バケットトラップ
① 上向き型
② 下向き型

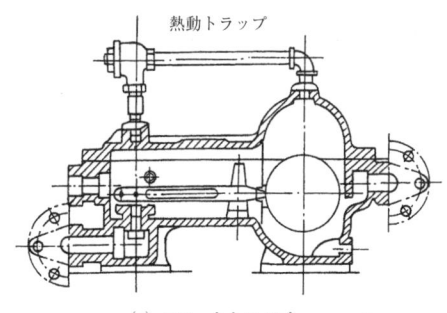

(c) フロートトラップ

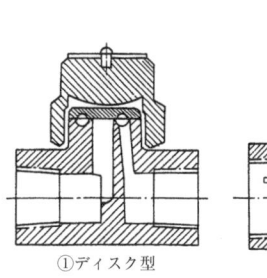

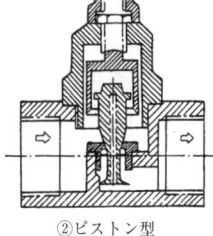

(d) 衝撃トラップ
① ディスク型
② ピストン型

図 10.35 蒸気トラップ

表 10.20 蒸気トラップの容量表の例　　　　　　　　　　　(kg/h)

(a) 熱動トラップ

呼称(A) \ 圧力(kPa)	35	140	420
15	340	570	1 380
20	455	780	2 150
25	680	1 270	3 080
32	820	1 550	4 350
40	1 140	2 140	5 450

(b) バケットトラップ

呼称(A) \ 圧力(kPa)	50	100	200	400	700
15	114	155	202	256	308
20	204	276	360	457	548
25	315	427	558	708	849
32	456	617	806	1 020	1 226
40	812	1 100	1 435	1 820	2 185
50	1 270	1 720	2 245	2 850	3 420

(c) フロートトラップ

呼称(A) \ 圧力(kPa)	10	30	50	100	200	400
15, 20	540	930	1 190	1 610	2 100	2 700
25, 32	1 080	1 860	2 380	3 220	4 200	5 400
40, 50	1 620	2 790	3 570	4 830	6 300	8 100
65, 80	2 700	4 650	5 950	8 050	10 500	13 500

$949 \times 3 = 2847$ (kg/h) となる。

また、この例題では、ボイラ蒸気圧力 100 kPa ゲージ、還水管は根元で -27 kPa 程度である。

したがって、配管系全体の最大圧力差は 127 kPa になるが、例題 10.24 で配管系全体の圧力損失を 40 kPa としており、このほかに空気加熱コイル入口に圧力損失 50 kPa の自動制御弁を取り付けるものとすると、実際の蒸気トラップ前後の圧力差は、

$$127 - (40+50) = 37 \text{ (kPa)}$$

と、きわめて小さい値になり、それだけ排出量の多い蒸気トラップを選定する必要が生じる。

したがって、流量 2847 kg/h、圧力差 37 kPa に相当する蒸気トラップを表 10.20 より選定すると、口径 40A または 50A のフロートトラップになる。

4.5.2 減圧弁

大型ビルや工場などでは、ボイラで高圧蒸気をつくり、高圧のまま蒸気使用箇所近くまで搬送し、減圧弁で所要圧力まで減圧して利用することがある。

減圧弁にはベローズ型、ダイヤフラム型、ピストン型の 3 種があるが、いずれも弁座前後の圧力差によって蒸気を通過させ、そのときの圧力降下を調節して、二次側（低圧側）の圧力が蒸気流量のいかんにかかわらず一定になるようにしている。減圧弁はこのように弁の絞り作用を利用して圧力低下を行っているので、一次側（高圧側）絶対圧に対して、二次側絶対圧が約 50% より大きい場合と小さい場合とでは弁口径選定基準がかわってくる。図 10.36 はそのようなことを考慮してつくられた減圧弁の選定線図である。

---- 例題 10.30 ----

例題 10.25 に示した蒸気は、圧力 500 kPa ゲージでボイラから空気コイルのそばまで供給され、減圧弁で 100 kPa に減圧されたうえで、空気の加熱コイルに供給されているものとする。減圧弁を求めよ。

[解答] 題意により、一次側蒸気および二次側蒸気の絶対圧力はそれぞれ、

$$500 + 101.325 = 601.325 \text{ (kPa)（絶対圧）}$$
$$100 + 101.325 = 201.325 \text{ (kPa)（絶対圧）}$$

したがって、一次側と二次側の圧力比は、

$$\frac{201.325}{601.325} = 0.335$$

となり、50% 以下だから流量 949 kg/h として、図 10.36 (a) より呼び径 50A と求まる。

4.5.3 蒸気用自動制御弁

蒸気噴射加湿のように二位置制御を行うような場合は、電磁弁を用いて、自動制御を行うことが多いが、一般には電磁弁口径は接続管径と等しく選んでいる。経済的な口径を選ぶときには、入口圧力の 20% 程度の圧力降下を用いればよい。

比例制御の場合は、できるだけ自動制御弁での圧力降下を大きく選んだほうが制御性がよくなるので、図 10.37 に示すように弁入口と機器出口の圧力差の 50～80% を制御弁の圧力降下 Δp とする。したがって、

$$\Delta p = (0.5 \sim 0.8) \times (p_1 - p_2) \text{ (kPa)}$$

ただし、Δp は入口蒸気の絶対圧の 1/2 以上になってはいけない。

自動制御弁の流量係数 C_v は次式で求められる。

$$C_v = \frac{0.36 Q \sqrt{V}}{\sqrt{\Delta p}} \qquad (10\text{-}40)$$

ここに、

Q：蒸気流量 (kg/h)

V：弁入口の蒸気の比容積 (m^3/kg)

$\sqrt{V}$ および限界圧力降下は図 10.38 に示してある。上式によって得られた C_v の値から表 10.21 によって適当な弁口径を選定する。

---- 例題 10.31 ----

例題 10.25 に示した蒸気コイル入口の比例制御自動弁口径を求めよ。

[解答] ボイラ蒸気圧力を 100 kPa ゲージとし、蒸気管での圧力損失 20 kPa とすると、自動制御弁入口蒸気圧は 80 kPa になる。還水管側は

10章　配管系の設計

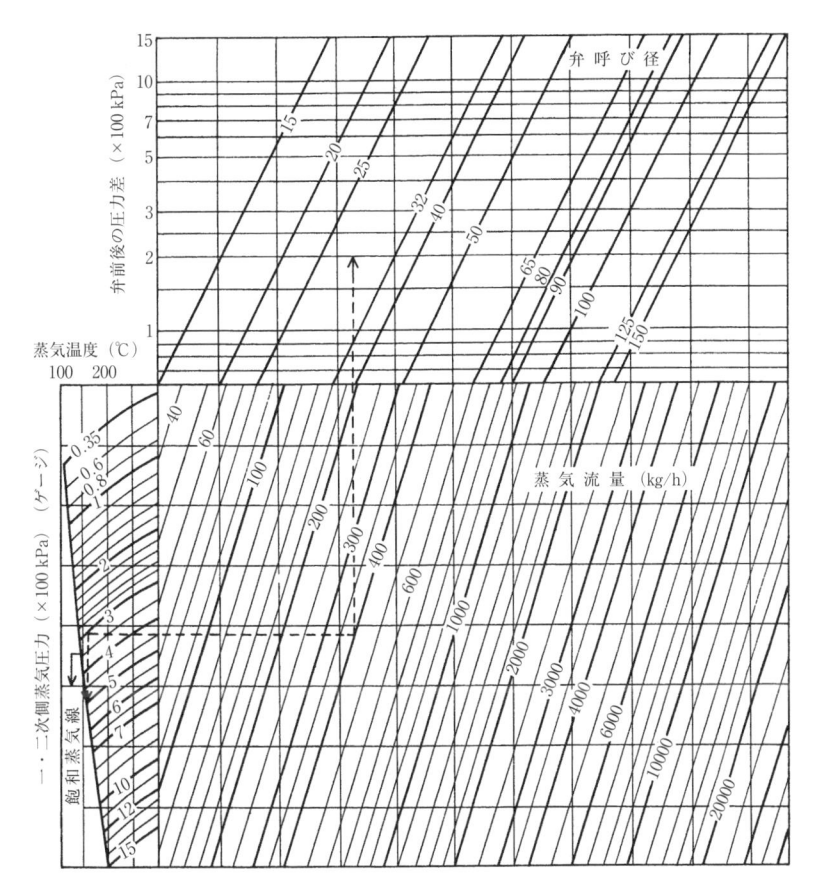

(a) 絶対圧力で二次側圧力が一時側圧力の50%以上の場合

(b) 絶対圧力で二次側圧力が一次側圧力の50%以下の場合

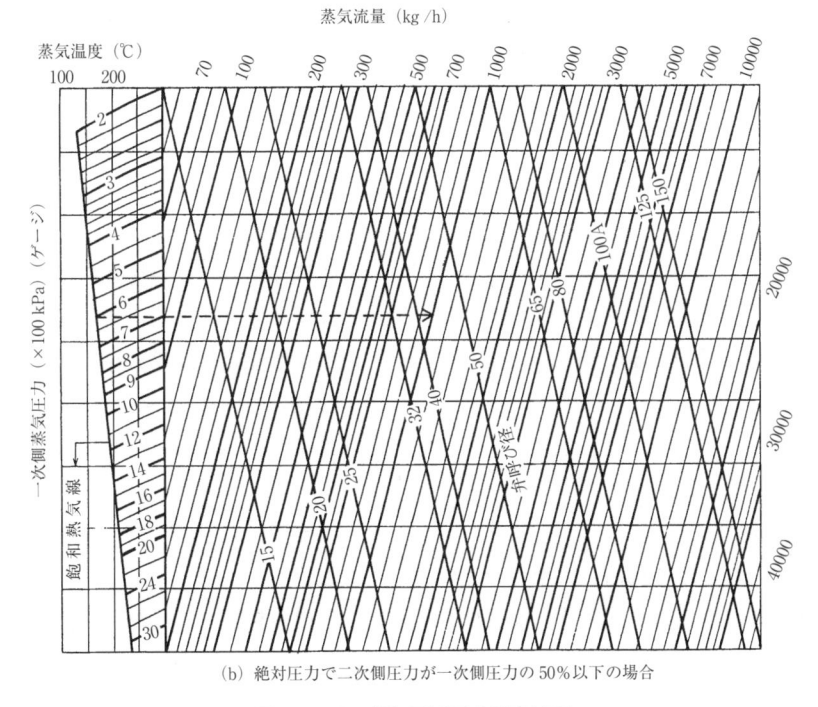

図 10.36　蒸気用減圧弁選定線図

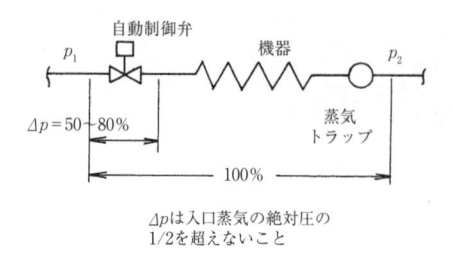

図 10.37 蒸気用自動制御弁前後の圧力差

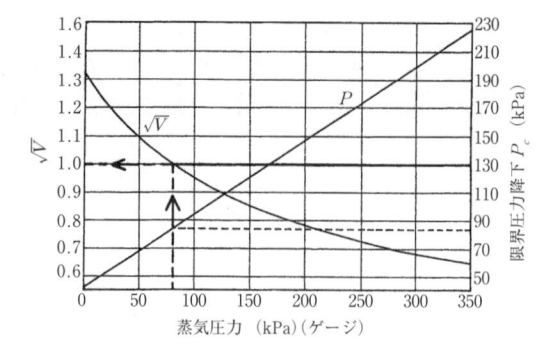

図 10.38 $\sqrt{V}$ および限界圧力

表 10.21 C_v 値の表

寸法	A	15	20	25	32	40	50	65	80	100
弁種類	B	½	¾	1	1¼	1½	2	2½	3	4
二方弁	単座弁	1, 2.5, 4	6.3	10	16	25	40	63	90	160
	複座弁			10	16	23	40	63	90	
三方弁	単座弁	4	6.3	10	16	25	40	63	100	160

真空還水で，還水管根元で -27 kPa，これに還水管での圧力損失 20 kPa を考慮すると，蒸気トラップ出口では，-7 kPa になる。したがって，自動弁入口から空気コイルを通り蒸気トラップ出口までの圧力差は 87 kPa になる。自動制御弁では，この 50% 程度の圧力差を保つために 50 kPa を用いるものとする。弁入口圧力 80 kPa ゲージの $\sqrt{V}$ は図 10.37 より 1.0 になる。したがって，これらの値を式 (10-40) に代入して，

$$C_v = \frac{0.36 \times 949 \times 1}{\sqrt{50}} = 48.3$$

したがって，表 10.21 より $C_v=40$ の口径 50A の複座二方弁を採用する。

5 冷媒配管

5.1 蒸気圧縮式冷凍サイクル

空調設備で利用される冷凍機は，大きく分けて蒸気圧縮冷凍機と吸収冷凍機とがあり，前者はさらに圧縮機の形式によって，回転式（ロータリ式），往復動式，スクリュー式，遠心式（ターボ式）などに分類されている。これらの各種の冷凍機の多くは，最近システムを構成する冷媒配管が冷凍機システムに内蔵されていることが多く，ビルなどの空調設備設計者が特に冷媒配管を自ら設計，施工するケースは少なくなってきている。

しかし一方では，小中型ビルを中心に大規模ビルにも進出してきているビルマルチ型空調システムなど，建物内部に冷媒配管を行う場合も増えている。

したがって，ここではおおよその容量が 300 kW 以下で使用される蒸気圧縮式冷凍サイクルの冷媒配管について説明する。この程度の容量の冷凍機に用いられる圧縮機は，回転式，往復動式およびスクリュー式である。

このような蒸気圧縮式冷凍サイクルの概要は図 10.39 に示すようなもので，システム内の各部を流れる冷媒の状態は図 10.39 に示すように変化している。

① 圧縮機凝縮器間：高温・高圧ガス冷媒（吐出し管）
② 凝縮器膨張弁間：高温・高圧液冷媒（液管）
③ 膨張弁蒸発器間：低温・低圧液冷媒（液管）
④ 蒸発器圧縮機間：低温・低圧ガス冷媒吸入（吸入管）

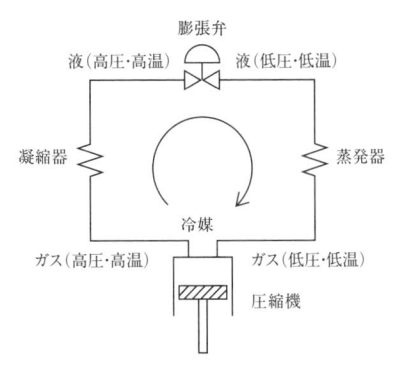

図 10.39 蒸気圧縮式冷凍サイクルと冷媒の状態

このように一つの冷凍サイクルを形成するうえで，冷媒の状態は，液体，気圧，高圧，低圧，高温，低温といろいろ変化しており，さらに冷媒の圧力および温度変化による冷凍機能力の変化，冷媒と一緒に循環する潤滑油の戻りなど，水配管や蒸気配管には見られない特殊な条件を考慮して，冷媒配管系を設計，施工しなければならない。

5.2 冷媒配管系の許容圧力降下

冷媒配管設計の基本的な考え方は水や蒸気の場合と変わりなく，たとえば式 (10-7) を用いて直管部の摩擦抵抗を求め，また式 (10-12) を用いて局部抵抗の値を求めるが，冷媒配管では，その温度や圧力の変化によって配管内で冷媒の一部が蒸発したり（フラッシュという），また凝縮したりして状態の変化を伴い，また吸込み管と吐出し管での圧力損失が直接圧縮機の能力の変化をもたらす。

表 10.22 は吸込み管および吐出し管で，冷媒の温度が 1 K または 2 K 変化した場合の，圧縮機の能力と所要動力の変化を示したものである。また，

表 10.22 R-134a 冷媒ガスの配管損失による圧縮機性能に及ぼす影響[5]
（飽和吸込み温度 0℃，凝縮温度 40℃）

配管損失 （温度差）	吸込みガス側		吐出しガス側	
	冷凍能力	所要 エネルギー	冷凍能力	所要 エネルギー
0 K	100.00%	100.00%	100.00%	100.00%
1 K	96.10%	103.30%	99.00%	103.10%
2 K	92.40%	106.40%	97.90%	106.00%

蒸発温度が低いほど冷媒温度の変化の影響は大きい。

冷媒の温度と圧力の間には上述のように相関関係があり，冷媒配管内での冷媒の温度変化は，吸込み管や吐出し管での圧力損失によって起こり冷凍機の性能に与える影響も大きい。吐出し管は圧縮機と凝縮器を結んでいてその長さはあまり長くなく，冷媒の圧力降下や温度変化も少ないが，吸込み管は蒸発器と圧縮機との据付け位置と距離とによって，管内を流れる間の圧力および温度変化にも大きな差がでてくる。そのために冷媒配管では，各状態の管に対して圧力変化が大きくなり過ぎないように，液管，ガス管のそれぞれでの温度変化が 0.5 〜 1℃ 程度以下に設計するのが一般的である。

なお，冷凍機配管内では，冷媒と潤滑油が一緒に循環しているが，吸込み側ガス管では液体の潤滑油と気体の冷媒とが分離して循環するために，潤滑油が圧縮機に戻らなくなる可能性がある。その危険性を除くために，フロン系の吸込み側ガス管では低負荷時でも横走り管では 3.8 m/s 以上，立上り管では 7.6 m/s のガス速度を保つ必要があり，その方法として太いものと細いものの 2 本立上り管を平行して設置するのダブルライザー配管法がある。

表 10.23 は遠心冷凍機やエアコンディショナに利用されている冷媒 R-134A, R-407C, R-410A に対する管内流速の標準値を示したものである。

表 10.23 冷媒配管の冷媒の流速[6]

ガス管 (m/s)		液管 (m/s)	
吸込み管	吐出し管	凝縮器 - 受液器	受液器 - 蒸発器
4.5 〜 20	10 〜 18	0.5 以下	1.5 以下

このような考え方によって求められた冷媒配管の容量表の例として，パッケージ型エアコンディショナに広く採用されている R-407C に対するものを表 10.24 に示す。

表 10.24 冷媒 R-407c 配管容量表[7]
(凝縮温度 40℃,温度変化:吸込み管 0.04K/m,吐出し管 0.02K/m)
(容量 単位 kW)

呼び径 (mm)	吸込み管 飽和吸込み温度		吐出し管 飽和吐出し温度		液管 温度降下 (2K/m)
	−5℃	5℃	−5℃	5℃	
10	1.19	1.72	2.61	2.70	11.7
15	2.28	3.27	4.98	5.15	22.3
20	6.97	9.98	15.16	15.67	68.2
32	25.18	35.97	54.65	56.47	247.2
40	41.76	59.52	90.34	93.35	409.8
50	82.78	117.94	178.79	184.76	813.2
65	147.33	209.38	317.59	328.18	1 446.8
80	227.71	323.76	490.30	506.66	2 239.0
100	485.80	690.10	1 043.58	1 078.40	4 783.9

5.3 冷媒配管径の設計

表 10.24 に示した冷媒配管の容量表には,表中に示した圧力損失による温度差,吸入温度,および凝縮温度 40℃におけるもので,凝縮温度,吸入温度あるいは許容温度差が異なる場合は補正する必要がある。[8]

1) ガス管の温度差 Δt が異なる補正流量

$$補正容量 = \frac{表10.24の容量}{} \times \left(\frac{実際の温度差}{表の温度差}\right)^{0.55}$$

(10-40)

2) 凝縮温度が 40℃以外のときの補正係数

表 10.24 で得られた数値に表 10.25 の補正係数を乗じる。

表 10.25 凝縮温度が 40℃以外の場合の管容量の補正係数

凝縮温度 (℃)	吸込み管	吐出し管
20	1.202	0.605
30	1.103	0.845
40	1	1
50	0.891	1.133

以上の手法によって求められた配管径は,管内流速が表 10.23 に示す値内にあるか検討する必要がある。

検討に必要な冷凍容量 1 kW 当たりの冷媒循環量 (kg/h) は図 10.40 により求めることができる。また冷媒温度による冷媒 R-407C の密度を表 10.26 に示す。

フロン系冷媒配管に使われる銅管の寸法その他

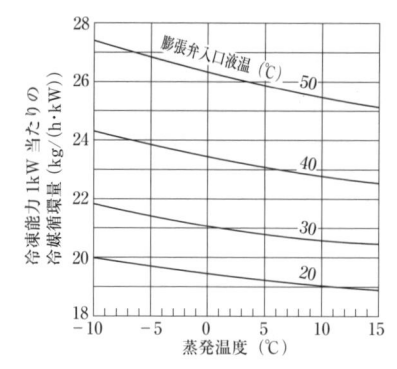

図 10.40 冷凍能力 1 kW 当たりの冷媒 R-407C の循環量 (kg/(h·kW))[9]

表 10.26 冷媒 R-407C の密度

凝縮温度 (℃)	密度 (kg/m³)	
	液冷媒	ガス冷媒
0	1 237	19.6
5	1 199	23.3
10	1 199	27.4
20	1 159	37.5
30	1 116	50.7
40	1 068	68
50	1 015	91

表 10.27 冷媒配管用銅管の寸法
(JIS H 3300 配管用銅管 L タイプ)

呼び径 (mm)	外径 (mm)	肉厚 (mm)	内径 (mm)	断面積 (cm²)
8	9.52	0.76	8.00	0.50
10	12.70	0.89	10.92	0.94
15	15.88	1.02	13.84	1.50
20	22.22	1.14	19.94	3.12
25	25.58	1.27	23.04	4.17
32	34.92	1.40	32.12	8.11
40	41.28	1.52	38.24	11.48
50	53.98	1.78	50.42	19.97
65	66.68	2.03	62.62	30.80
80	79.38	2.29	74.80	43.94
90	92.08	2.54	87.00	59.45
100	104.78	2.79	99.20	77.29

を表 10.27 に示す。

── 例題 10.32 ──

冷凍容量 100 kW,蒸発温度 3℃,凝縮温度 42℃,配管の相当長さ 50 m の場合の,冷媒 R-407C の各部配管径を求める。

[解答] まず表 10.24 から凝縮温度 40℃の場合の冷凍容量 100 kW に対する管径を求めると,液

管は呼び径32，吸込み管は呼び径50または65，吐出し管は呼び径50と求まる。

液管については呼び径20では細すぎるので，呼び径32でよい。

ガス管については，温度変化を1Kと選ぶと，配管の相当長さが50mなので，吐出し管での温度変化は0.02 K/mになり，表10.24に示す容量について内挿法によって温度補正をする必要があるが，呼び径40では細過ぎることは明らかなので，呼び径50を選ぶ。

これに対して，さらに表10.25により，凝縮温度について表中の値の内挿法による補正が必要だが，ことさら計算しなくても結果は呼び径50でよいことが明らかである。

吸込み管についても，温度変化は0.02 K/mになるので，まず飽和吸込み温度（蒸発温度）3℃の場合の容量を，−5℃の容量82.78 kWと5℃の容量117.94の間で内挿法によって求める。結果は110.9 kWになる。

この値に対して，さらに凝縮温度に対する補正をする必要がある。

まず，表10.24から凝縮温度42℃の場合の容量補正係数を内挿法によって求めると0.9782になるので，呼び径50の場合は，上で求めた110.9 kWにこの補正係数を掛けて108.5 kWになる。

他方，表10.24で吸込み管の温度変化は0.04 K/mだが，例題では0.02 K/mなので，式(10-40)によって−5℃と5℃の場合について補正すると，

−5℃の場合

$$\text{補正された容量} = 82.78 \times \left(\frac{0.02}{0.04}\right)^{0.55}$$
$$= 82.78 \times 0.683$$
$$= 56.54$$

5℃の場合

$$\text{補正された容量} = 117.94 \times \left(\frac{0.02}{0.04}\right)^{0.55}$$
$$= 117.94 \times 0.683$$
$$= 80.55$$

になり，細過ぎることがわかる。凝縮温度に対する補正結果も表10.25より明らかである。したがって，吸込み管は呼び径65を選ぶものとする。

以上で選んだ管径での冷媒流速を調べると，図10.39より冷媒循環量は23.7 kg/(h·kW)と求まるので，冷凍容量100 kWでの総循環量は2 370 kg/h＝0.6583 kg/sになる。

液冷媒の密度は表10.25より内挿入により1057.4 kg/m³と求まる。これを比体積に直すと945.7 cm³/kgになる。したがって，総循環量0.6583 kg/sの体積は622.6 cm³/s，液媒体管呼び径32の断面積は表10.27より8.11 cm²だから，管内流速は0.768 m/sになる。

また，蒸発温度3℃の冷媒ガスの密度は，表10.26より内挿法で21.82 kg/m³と求まる。これを比体積に直すと0.0458 m³/kg，したがって，冷媒総循環量は0.0302 m³/s（＝30 150cm³/s）になる。

吐出し管呼び径50の断面積は表10.27より19.97 cm²だから，管内流速は15.1 m/sになる。同様にして，吸込み管呼び径65で管内流速は9.79 m/sになり，いずれも推奨流速内に収まっている。

引用文献
(1) 日本機械学会編：機械工学便覧（改訂第6版），p.8-3，日本機械学会
(2) 同上書，p. 8-12
(3) H社カタログ
(4) 空気調和・衛生工学会編：空気調和・衛生工学便覧（第10版），Ⅰ巻，Ⅰ-420，空気調和・衛生工学会
(5) 空気調和衛生工学会編：空気調和衛生工学便覧 第13版 3空気調和設備設計編，p. 386，表7.35
(6) 同上書，表7.36
(7) ASHRAE編：2006 ASHRAE HANDBOOK REFRIGERATION, p. 2.9
(8) 同上書
(9) 文献(5)，p. 387, 図7.80より抜粋作成

参考文献
① 空気調和・衛生工学会：空気調和設備の実務の知識，オーム社，1977
② 空気調和・衛生工学会：空気調和・衛生工学便覧（第10版），Ⅱ巻，㈳空気調和・衛生工学会
③ 日本冷凍協会：冷凍空調便覧（第4版），基礎編，日本冷凍協会
④ 空調技術便覧編集委員会：実用空調技術便覧，オーム社，1975

11章 熱源容量の決定

1　熱源負荷の要素

　熱源装置の負荷は大きく分けて空調機負荷と熱媒搬送系（ポンプ，配管）負荷とで構成される。この構成を図 11.1 に示す。

　空調機負荷は，空調スペースの室内負荷，外気負荷，ダクトおよびファンなどの空気搬送系の負荷から構成される。システムによっては再熱負荷も加味される。

　空調スペースの室内負荷は，各室時刻別最大負荷から算出する。空調機のファン動力を含む空気搬送系からの熱取得（損失）は，この負荷計算の過程で概略値として計算する場合が多い。このうちダクト系からの熱取得（損失）は，ダクト表面での熱取得（損失）とダクトからの漏洩によるものである。空調機のファン動力は，その駆動エネ

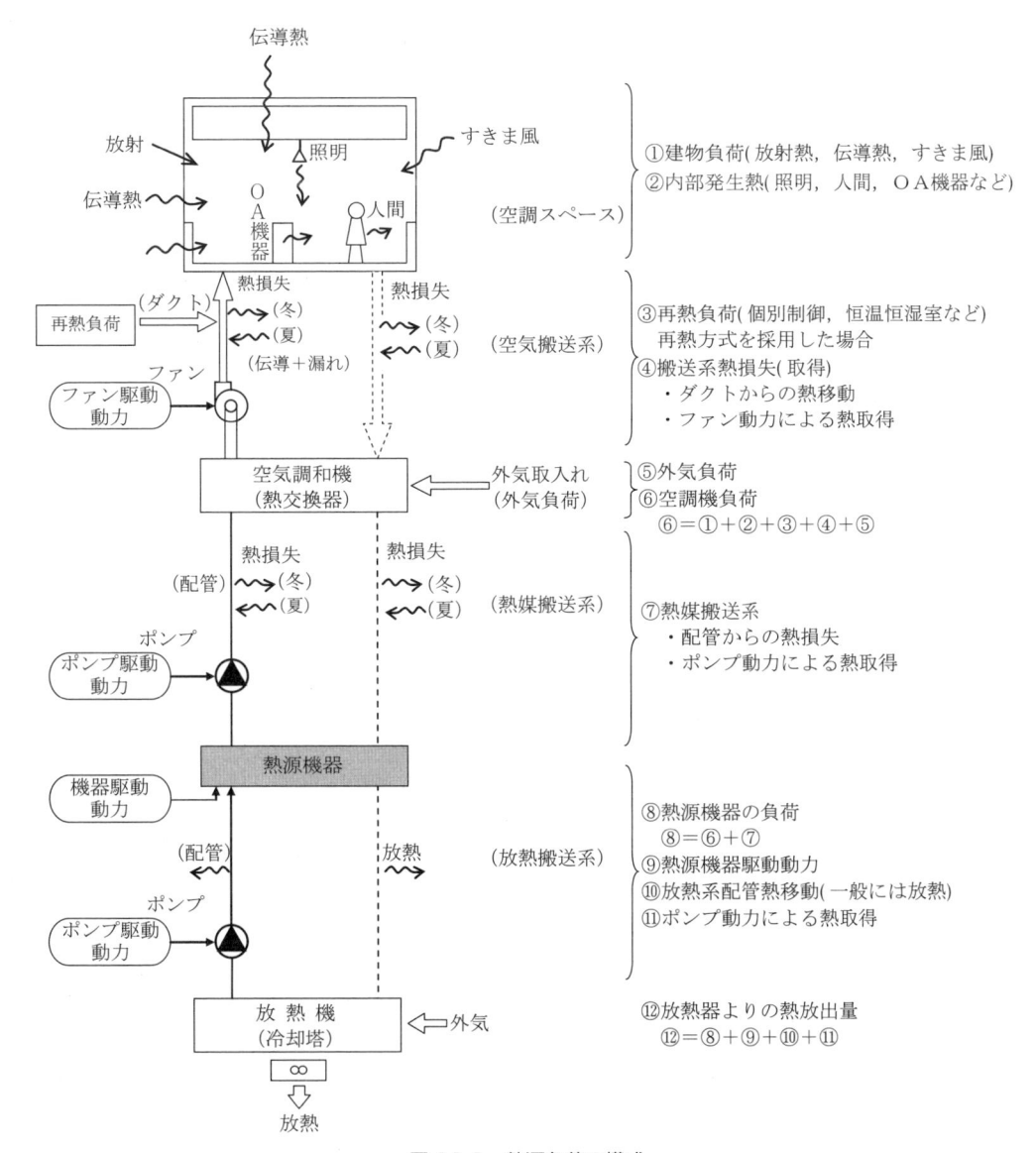

図 11.1　熱源負荷の構成

11章 熱源容量の決定

ルギーが空気温度を上げるため，負荷として見込まなければならない。また，ファンの設置位置によって負荷の見方が次のように変わってくる（図11.2参照）。

① ファンを冷却コイルの前（上流側）に設置する場合（押込み方式）

　ファン動力はコイル入口空気温度を上昇させる形の負荷となり，空調送風量を増やす負荷とはならない。

② ファンを冷却コイルの後（下流側）に設置する場合（吸込み方式）

　ファン動力は空調機出口空気温度を上昇させる形の負荷となり，冷却コイル出口温度をその分低くするか，この分を見込んで空調送風量を増やさなければならない。

外気負荷は，在室者の活動に必要な酸素供給，健康を保つために必要な室内清浄度の維持，および臭気の希釈などのために取り入れられる外気の負荷であり，室内外の温湿度差分が空調機負荷となる。

熱媒搬送系での負荷は，配管表面での熱取得（損失）およびポンプ動力による熱取得であり，概略値として計算する場合が多い。ダクト系同様，配管系の長さ，周囲温度，保温工事の施工精度などにより変わってくる。ポンプ駆動用エネルギーも流体温度を上昇させるため，冷水の場合はこの分も負荷として加えなければならない。逆に温水の場合は，ポンプ駆動用エネルギーは余裕側となるので，見込まないか，その分差し引くこともできる。

熱源負荷としては，空調機負荷の合計に熱媒搬送系の熱損失（取得）を加えたものになる。各空調機はそれぞれのゾーンの最大負荷を処理する能力をもっているため，単純合計したのでは熱源容量が過大となる。そのため，各ゾーンの時刻別負荷の集計により建物全体の最大負荷を求めるか，または，簡便法として各空調機能力の単純合計に同時負荷率を勘案して決定する。

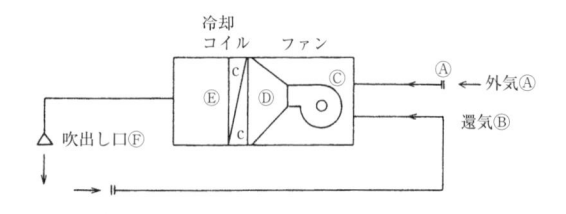

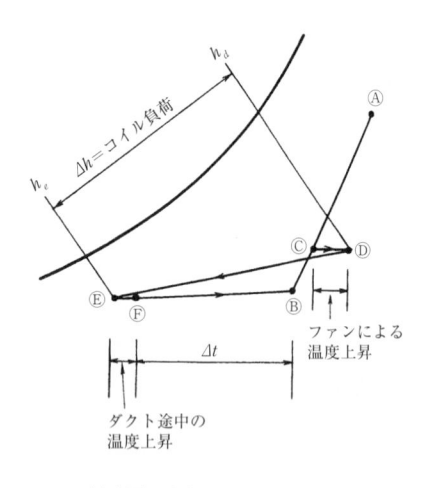

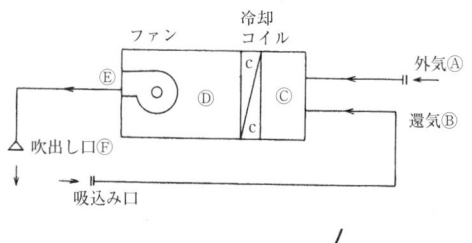

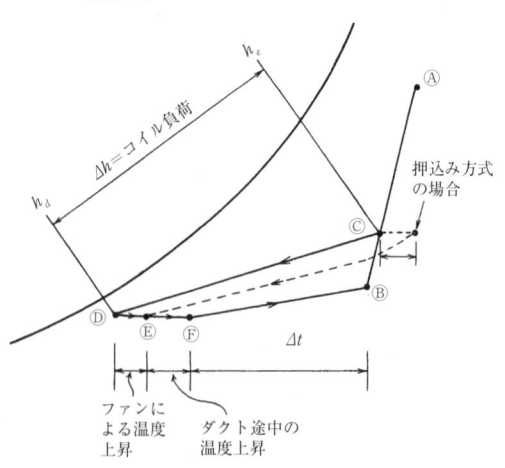

図11.2 送風方式の概要

2 熱源負荷の計算

熱源負荷の算出手順を図11.3に示す。各ステップで用いる諸数値とその概要を次に示す。

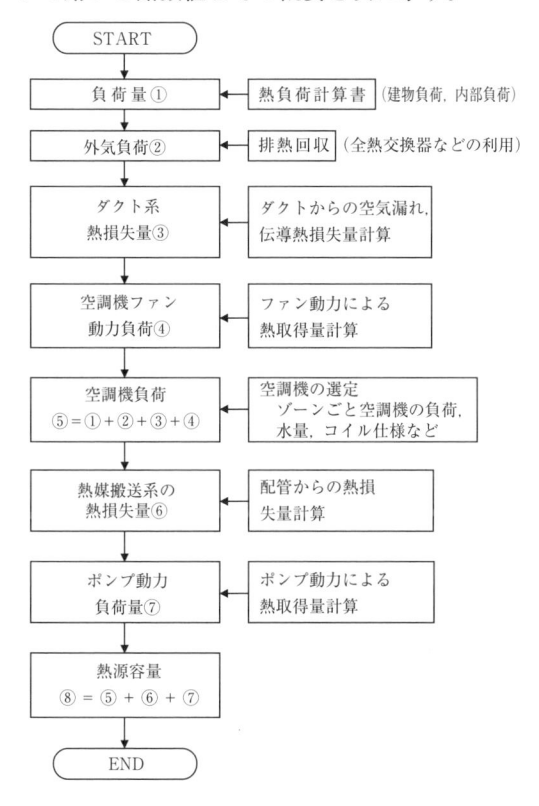

図11.3 熱源容量計算手順

2.1 空調スペース負荷

各空調機系統の時刻別負荷を集計する。

2.2 外気負荷

外気負荷は次の式により、時刻別に負荷を算出し、2.1の空調スペース負荷と時刻別に集計する。

$$L_{OA} = 0.33 \times Q_O \times \Delta h_n$$
$$= 0.33 \times Q_O \times (h_{OA} - h_r) \quad (11\text{-}1)$$

ここで、
- L_{OA}：n 時の外気負荷 (W)
- Q_O：外気量 (m³/h)
- Δh_n：n 時の室内外エンタルピ差 (kJ/kg(DA))
- h_{OA}：外気のエンタルピ (kJ/kg(DA))
- h_r：室内のエンタルピ (kJ/kg(DA))

一般に、外気量は室の使用目的、使用状況などにより異なるが、その算定基準は建築基準法、建築物衛生法に定める基準を満足する量、その他給排気バランスなどによって決められる。事務所ビルの場合、建築基準法では1人当たり20 m³/h、建築物衛生法では、室内二酸化炭素濃度を上限値1 000 ppm以下に保持するために、市街地などでは1人当たり25～30 m³/h程度の外気取入れ量が必要となる。この外気負荷は、冷房負荷では、図11.4に示すとおり、一般事務所ビルでは、全体負荷の30～40％程度となり、また暖房負荷でも50～60％程度を占める。このため負荷軽減のために全熱交換器を利用する場合がある。

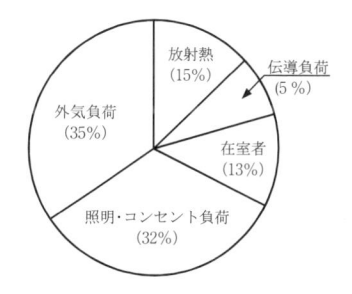

図11.4 一般事務所ビルの負荷構成の一例
（全熱交換器を使用しない場合）

全熱交換器の効率は次の式で表わされる（冷房時）。

$$\eta = (h_{O1} - h_{O2})/(h_{O1} - h_{I1}) \quad (11\text{-}2)$$

ここで、
- η：全熱交換器効率 (−)
- h_{O1}：外気入口エンタルピ (kJ/kg(DA))
- h_{O2}：外気出口エンタルピ (kJ/kg(DA))
- h_{I1}：排気入口エンタルピ (kJ/kg(DA))

ただし、全熱交換器によって空気抵抗が増加し、ファン動力が増加するため、省エネルギー量が若干低減する可能性があり、採用時はその検討が必要である。

室内発熱が多い場合は、中間期、冬期においても冷房が必要となり、外気冷房が可能な場合は、全熱交換器と外気冷房との兼ね合いも考慮するべきである。

また、冬期に冷房負荷が発生する場合、外気に

2.3 ダクト系の熱取得（損失）

ダクト系からの熱取得（損失）は，ダクト表面での伝熱とダクトからの漏洩があるが，それらはダクトの工法，加工精度，保温の施工精度，ダクトの全長，ダクト周囲の温度およびダクト内圧力により変わる。一般的に，ダクト表面での熱損失は室内顕熱負荷の1～3％，漏洩量は5％程度とされている。このうち，漏洩で負荷として見込む必要のあるのは，非空調空間での漏洩であり，各階機械室に空調機を設置する場合は通常無視できる。中央式の空調機でも，1％程度となる。ダクト表面での熱損失について，参考に計算図表を図11.5に示す。

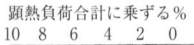

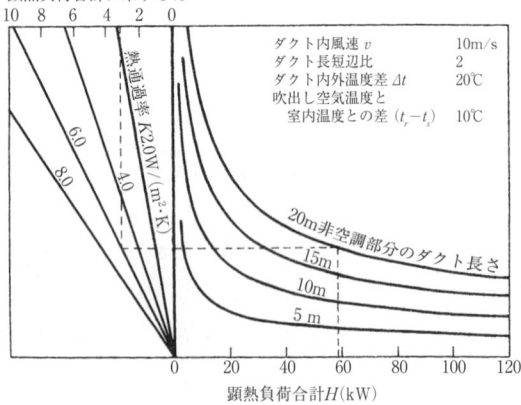

v Δt	5	10	15	20
15	0.86	0.75	0.62	0.53
20	1.14	1.00	0.82	0.71
25	1.43	1.25	1.03	0.89
30	1.71	1.50	1.23	1.06

$v, \Delta t$ の値が上図中のものと異なるときの補正表

図11.5 ダクトの熱損失線図

2.4 ファン動力負荷

ファン動力による熱取得は，冷房時，ダクト系からの熱取得と合わせて，室内顕熱負荷の5～10％を負荷として見込むが，フィルタの圧力損失が大きいとき，劇場などで負荷以外の要素で送風量が決定されるときなど，送風系の総抵抗が多い場合は，概略値ではなく，ファン動力から求めたほうがよい。

ファン動力からの熱取得は次の式によって求める（図11.6）。

ファンモータおよびベルト駆動装置が空調機の外側に設置される場合

$$\text{ファン軸動力}(\text{kW}) = Q \times P / (6 \times 10^4 \times \eta_f) \quad (11\text{-}3)$$

モータおよび動力伝導装置が送風空気の流れのなかに設置されている場合

$$\text{ファン入力 } T(\text{kW}) = Q \times P / (6 \times 10^4 \times \eta_m \times \eta_t \times \eta_f) \quad (11\text{-}4)$$

ここで，
 Q：送風量（m³/min）
 P：ファン全圧（Pa）
 η_f：ファン効率（－）
 η_t：伝導装置効率（－）
 η_m：モータ効率（－）

暖房時はダクト系からの熱損失が負荷となるが，空調機のファン動力による発熱のほうが大きいため，熱損失は考慮しない。

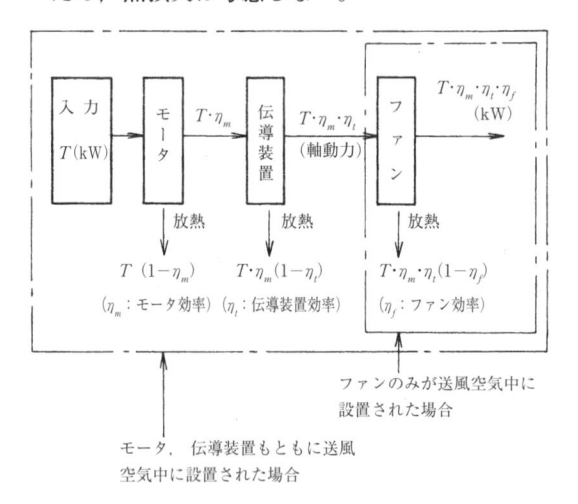

図11.6

2.5 空調機負荷

2.1～2.4の合計が空調機負荷となる。

2.6 配管系の熱取得（損失）

配管系での熱取得（損失）は，配管表面での伝熱取得（損失）であり，その量は保温工事の施工精度，周囲温度，全長により変わり，正確な計算は難しい。一般的には冷水で1%，温水1～2%，蒸気3%程度となる。

2.7 ポンプ動力負荷

ポンプ動力（出力）は，循環水の昇圧に使われるが，最終的には熱に変わってしまう。そのため冷水の場合はポンプ出口の水温が上昇し，冷凍機の負荷となる。このポンプ動力による熱取得は次の式で表わされる。

$$\text{ポンプ動力（出力）(kW)} = 0.163 Q \times H / \eta_p \tag{11-5}$$

ここで，
- Q：ポンプ水量 (m³/min)
- H：ポンプ水頭 (mAq)
- η_p：ポンプ効率 (−)

一方，冷房負荷とポンプ水量，温度差の関係は，

$$Q = 14.3 w / \Delta t \tag{11-6}$$

ここで，
- w：冷房負荷 (kW)
- Δt：冷水温度差 (℃)

以上から，ポンプ動力による負荷増の比率 F_p は，

$$\begin{aligned} F_p (\%) &= (\text{ポンプ動力} / w) \times 100 \\ &= 0.233 \times (1/\eta) \times (H/\Delta t) \end{aligned} \tag{11-7}$$

一般に冷水温度差 Δt は5℃程度にとるため，ポンプ効率を60%としたときの熱取得は，表11.1のようになる。

通常は，ポンプ水頭が20～40m程度であり，ポンプ動力による熱取得は2～3%程度となる。

表11.1 ポンプ動力による負荷増

水頭(mAq)	10	20	30	40	50	60	70	80	90
負荷増(%)	0.8	1.5	2.3	3.1	3.9	4.7	5.4	6.2	7.0

逆に温水の場合はこの熱量分だけ，温熱源容量を減らすことができるが，配管系での熱損失と相殺し，増減しないのが一般的である。

2.8 熱源負荷

熱源負荷は前述の2.5～2.7の合計となる。冷房時においては，2.5の空調機負荷は各ゾーンの最大負荷がベースとなっているために，各空調機の負荷を単純合計したのでは熱源負荷が過大となる。そのために各空調機の時刻ごとの負荷を集計し，建物全体としての最大負荷を熱源負荷とする。その負荷集計結果の一例を表11.2に示す。

各空調機の時刻ごとの負荷集計に基づいても，建物全体としてはまだ過大な熱源容量となる可能性がある。それを考慮する概念が「同時負荷率」である（表11.2参照）。同時負荷率は，在室者，照明，OA機器などによる発熱は，建物全体を考えた場合，最大負荷時にすべての部屋が設計値どおりの使われ方をされていないことを考慮する負荷の減少割合をいう。具体的には，人員の館外への外出，使われていない部屋の消灯，OA機器の稼働率などである。OA機器の稼働率は，空調機負荷算定時にも考慮されるが，熱源負荷集計時にも建物全体として考慮する。また，学校などのように建物内を人員が移動する用途などでは，人員負荷だけでなく，外気量についても，ゾーンごとの外気制御などを行うことにより同時負荷率を考えることができる。

また，立ち上がり時の負荷についても考慮が必要であるが，通常は，冷房時では空調開始時刻のみ，空調機負荷の0～5%程度を見込む。暖房時は，温水の場合は10%程度を，蒸気の場合は15%程度を見込む。ただし，起動時に外気を遮断する制御（クーリングダウン，ウォーミングアップ）を採用する場合は，空調機負荷から外気負荷を除いたものについて立ち上がりの割増しを考慮すればよい。

配管系の水量算定においても同様であり，同時負荷率を用いて決定した熱源容量に基づく流量を

表11.2 熱源負荷集計の一例

系統名	各ゾーンの時刻別負荷 (kW)				ゾーンごとの値	
	9：00	12：00	14：00	16：00	最大負荷 (kW)	最大流量 (l/min)
Aゾーン（東面）	120	100	80	72	120	340
Bゾーン（西面）	70	100	140	240	240	690
Cゾーン（南面）	70	90	80	56	90	260
Dゾーン（北面）	70	70	70	70	70	200
Eゾーン（インテリア）	140	140	140	140	140	400
Fゾーン（インテリア）	140	140	140	140	140	400
建物全体の時刻別最大負荷	610	640	650	718	800	2 290

同時負荷率を 90% として考慮したときの最大負荷

```
                                   718 kW × 0.9  =    646  (kW)
搬送系の負荷                              3%           19  (kW)
冷凍機負荷                                             665  (kW)
冷水量（温度差5℃の場合）14.3 × 665/5 = 1 901.9 →      1 910  (l/min)
```

用いればよい．また，配管系の各部においても，図 11.7 に示す同時流量係数のような概念を用いて行う方法もある．

   主管部流量 = ポンプ流量
   分岐部流量 = 接続される系統の時刻別最大流量合計 × 同時流量係数
   空調機回り流量 = 各系統の最大流量

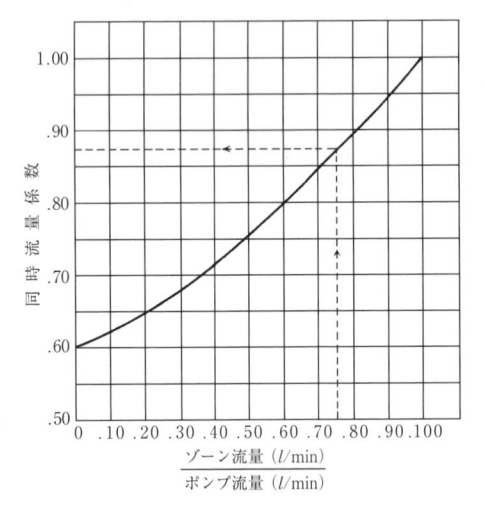

図 11.7 配管各部の流量算定図

2.9 その他の要素

前節までで決定した熱源負荷に対して，次のような項目を考慮する場合もある．

経年劣化

機種によっては経年劣化の度合いが大きいものもあり，メーカーからの情報を十分確認する．劣化に関するデータが公表されていなければ，既設設備の運転データから推定し，能力に対する割増し率などを考慮する．

2.10 冷却塔容量の選定

熱源負荷（冷凍機）が決定されれば，放熱器（冷却塔または空冷コンデンサ）の容量選定となる．

冷却塔の場合，その放熱量は冷凍機負荷，冷凍機駆動動力（軸馬力），冷却水ポンプ動力および放熱搬送系（冷却水系）熱取得の合計となる．このうち，冷房時設計外気温度では，冷却水配管表面からは熱損失（放熱側）となるため，冷却水ポンプ動力による熱取得のみを考えればよい．通常は，ポンプ水頭は 20 m 程度であり，1 % 程度の熱取得となる．放熱量が算定されると，外気湿球温度および冷却水温度差から必要な冷却塔容量を選定するが，通常は，選定した冷凍機の定格冷却水条件で冷却塔を選定する．

3 蓄熱方式の計画

3.1 蓄熱の目的

蓄熱システムは，熱エネルギーの需給を調整する目的で設置される。そのため，間欠性の大きい自然エネルギーや不安定な廃熱を利用する場合には特に有効である。熱エネルギーの需給調整ができることを利用して，昼夜間格差が大きい電力消費量を平準化し，昼間の電力消費量を抑えるために蓄熱システムが推進されてきた。そのなかで，蓄熱システム向けに安価な電力料金体系が用意され，現在では電動冷凍機を採用する場合の電力料金低減がおもな目的といってもよい。その目的の種類として，ピークシフト，ピークカット（ピーク調整を含む）がある。ピークシフトは，昼間の負荷を夜間の蓄熱に移行するもので，ピークカットは，契約電力量を低減するために意図的に，昼間の一定時間冷凍機の運転を停止する分を蓄熱に移行しようとするものである。これらによって，蓄熱を採用しない場合にくらべ，電気料金の基本料金を抑制，受変電設備容量の低減にもつながる。

3.2 蓄熱の方法と検討
3.2.1 構成

蓄熱システムは，熱源機器，蓄熱槽，放熱装置（熱交換器など）およびポンプ，配管で構成される。運転方法としては，熱源機器を蓄熱するときだけ運転する場合，放熱時にも追い掛け運転する場合などがある。水蓄熱の基本的な構成例を図11.8に示す。

3.2.2 蓄熱の条件と方法の種類

蓄熱体の条件としては表11.3に示す要素があげられ，蓄熱の方法には表11.4に示すものがあげられる。現在，空調設備で用いられている蓄熱体には，水，氷，潜熱蓄熱材，躯体，土壌などがある。

表11.3 蓄熱体が備える条件

種類	性 質
物性	単位体積当たりの蓄熱量が大きい
	熱の出し入れが容易
	取扱いが容易
経済性	取扱いが容易
	価格が安い
	資源が豊富で将来に渡って大量に入手可能
信頼性	化学的に安定
	腐食性がない
安全性	毒性がない
	揮発性がない
	危険性がない（爆発性など）

表11.4 蓄熱の方法

熱エネルギーとして蓄える	顕熱を利用する	液体
		固体
	潜熱を利用する	

3.2.3 蓄熱システムの検討
(1) 蓄熱システムの長所・短所

蓄熱システムの一般的な長所・短所を表11.5に示す。

(2) 採用の検討

蓄熱システムの採用にあたっては，表11.5をはじめ，多くの観点から検討する必要がある。以下にその検討項目を示す。

a 負荷特性

昼間の負荷が夜間にくらべて著しく大きいとき，蓄熱によって昼間の熱源機器運転を少なくすることができる。また，尖塔パターンの負荷特性をもつ建物に対しても蓄熱によって熱源容量を小さくすることができる。

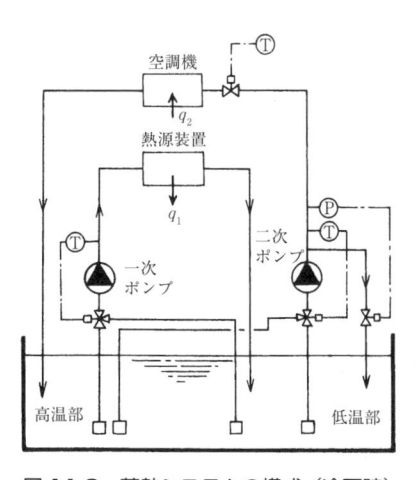

図11.8 蓄熱システムの構成（冷房時）

表11.5 蓄熱システムの長所・短所

長所	① 電動冷凍機の容量低減により受変電設備容量を低減できる。 ② 蓄熱調整契約，電力ピーク調整契約等の安価な電力料金を利用できる ③ 熱源機器を高効率運転で運転できる。 ④ 時間外運転などの低負荷運転に対応できる。 ⑤ 熱源機器故障時に蓄熱分の送水が可能となる。 ⑥ 熱回収方式において熱バランスの調整機能がある。
短所	① 蓄熱槽の構築費がかかる（躯体，防水等） ② 蓄熱槽からの熱損失が若干ながら発生する。 ③ 開放式蓄熱槽においてはポンプ動力が増加する。 ④ 蓄熱槽内の水の混合により温度ポテンシャルが低下する。 ⑤ 水処理が必要となる。 ⑥ 熱源機器費は低減できるが，配管工事費，自動制御工事費が増加する。 ⑦ 一次エネルギー消費量が増加する。

b 2次側システム

2次側システムが定流量方式の場合は，部分負荷時の冷水または温水温度差が小さくなり，蓄熱システムが有効に働かないため，蓄熱システムは採用しないほうがよい。ファンコイルユニットを多用する場合は，冷水または温水温度差が大きくとれるような型式のものを選定し，かつ温度差が保証できるような制御・システムの考慮が必要となる。

また，水加湿方式を採用する場合，室内熱損失が大きく送風空気の有効温度差が大きいと，空調機の温水コイル入口空気温度を高くする必要があり，ヒートポンプの成績係数の低下や温水コイル列数の増加によるファン動力の増大につながる場合もあり，注意が必要である。

c 建築的条件

非蓄熱システムにくらべて蓄熱槽，蓄熱用配管，放熱用熱交換器などのスペースが必要となる。水蓄熱槽の場合は，最下階の二重スラブスペースを利用することが考えられるが，二重スラブは湧水槽，排水槽などに利用され，蓄熱槽として利用できる範囲が制限される。また，二重スラブでは水深が浅くなり，水深が浅いと蓄熱効率も比較的低く，十分な蓄熱量を確保できない場合がある。一方，大きい水深を必要とする温度成層型水蓄熱槽は，躯体の構造や建築費用の増加など，建築設計者との調整が必要になる。

氷蓄熱は水蓄熱にくらべてスペースは小さくなるが，方式によって，必要スペースが大きく変わり，高さにも影響するため，十分な検討が必要になってくる。

d イニシャルコスト

蓄熱システムによって熱源容量の低減が図れるが，蓄熱用ポンプ・配管，自動制御，また，氷蓄熱ではブライン冷凍機などによりコストが増加し，必ずしもイニシャルコストのメリットがあるとは限らず，計画時のコスト検討が重要となる。

e ランニングコスト

蓄熱システムで有利となる業務用蓄熱調整契約，電力ピーク調整契約などの電気料金体系を利用し，ランニングコストの低減を図る。多くの場合，蓄熱システム単独ではなく，ガス冷温水機などとの併用となり，蓄熱とガス熱源の運転のバランスを検討し，最適な蓄熱容量を採用する必要がある。

f 維持管理

蓄熱方式では，二重スラブ利用時の水処理費，水槽の清掃，防水層の補修など，非蓄熱方式にくらべて維持管理の負担が増える。特に，水質の管理が重要となる。

また，最適な運転を継続するために温度，流量，エネルギー消費量を計測収集し，管理していくことも重要である。

3.3 水蓄熱方式

3.3.1 水蓄熱の種類

(1) 冷温水の構成による分類

冷水槽：年間を通して冷房負荷となる場合に用いる。

冷温水槽：季節により冷房負荷と暖房負荷があり，両者が大きく違わない場合に用いる。

冷水槽＋冷温水槽：年間を通して冷房負荷がある系統をもつ場合に用いる。

冷水槽＋温水槽：年間を通して冷房負荷と給湯

負荷などがある場合に用いる。

温水槽：工場のプロセス用などで用いる。

(2) 蓄熱槽内水の混合特性・型式による分類

混合特性による分類には，連結完全混合型と温度成層型に分けられる。連結完全混合型は，一つ一つの蓄熱槽内の水は完全に混合するが，それを直列に連通管で多数つなぐことによって蓄熱槽全体の混合を抑える方式である。

一方，温度成層型は，一つ一つの蓄熱槽内で，温度差による密度の違いにより成層させ，水の混合を抑える方式をいう。温度成層型には，表11.6のような種類があり，そのなかで平型の代表的な種類のもぐりぜき型，せきの代わりに配管を用いた例を図11.9に示す。

表11.6 温度成層型蓄熱槽の種類[1]

温度成層型	平型	直列式	もぐりぜき型
			パイプ連通型（整流装置付）
		並列式	内部ヘッダ式
			外部ヘッダ式
	立て型		

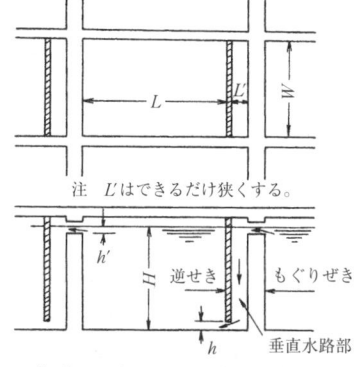

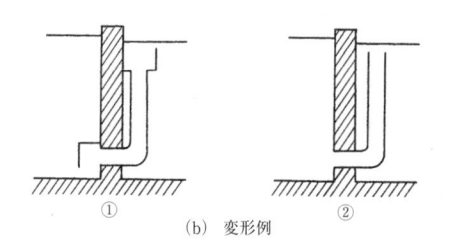

図11.9 改良もぐりぜき方式

その他の型式を含めた水蓄熱の分類と特徴を表11.7に示す。

3.3.2 水蓄熱槽容量の算定

(1) 蓄熱槽効率

水蓄熱槽の容量算定には，

・蓄熱槽効率を用いる方法
・水温応答係数法

の2種類がおもな方法である。ここでは蓄熱槽効率を用いる方法について述べる。水温応答係数法は文献[1]を参照されたい。

蓄熱槽効率は，蓄熱槽の容積から本来蓄熱できるはずの熱量に対して，実際にどれだけの熱量が蓄熱されるかという比で，一種の容積効率としての指標であり，次の式で表わされる。

$$\eta = Q_r/Q_{th}$$

ここで，

η：蓄熱槽効率（−）

Q_r：実際に蓄熱され，利用できる熱量（J）

Q_{th}：理想状態で蓄熱され，利用できる熱量（J）

蓄熱槽自体の性能は，蓄熱槽方式が連結完全混合型と温度成層型で異なるため，これらを考慮した蓄熱槽効率の目安を表11.8に示す。

(2) 蓄熱槽容量の算定

最大負荷日の時刻別負荷パターンを求め，表11.9に示す熱源容量検討表などを用いて，蓄熱槽が受け持つ容量と冷凍機の容量を決定する。

① 最大負荷日の時刻別負荷パターンを求める。

基本計画時は，詳細の負荷計算を行っていないので，建物用途ごとの実績や統計値をもとに，時刻ごとのパターンを求める。実施設計時は詳細の24時間の負荷計算を用いる。

② 冷凍機の容量を仮選定する。

仮選定は，「日負荷/20h（冷凍機の1日の運転時間）*」程度を目安として選定する。

＊20h＝昼間の運転時間10h＋蓄熱運転時間10h

③ 熱源容量検討表に負荷，冷凍機能力を記入し，時刻別の収支を確認する。

④ ピークシフト，ピークカットなどの蓄熱の目的，放熱のパターンを考慮し，複数のケースで

11章 熱源容量の決定

表 11.7 蓄熱槽の分類と特徴 [1]

項目		開放式蓄熱槽				密閉式蓄熱槽	
		連通管方式	改良もぐりせき方式	温度成層方式	槽切替え式	鋼板製タンク式	アキュームレータ式
名称	用途	一般空調用 熱回収用ヒートポンプ用 空気熱源ヒートポンプ用	一般空調用 熱回収用ヒートポンプ用 空気熱源ヒートポンプ用	一般空調用 熱回収用ヒートポンプ用 空気熱源ヒートポンプ用	一般空調用 熱回収用ヒートポンプ用 空気熱源ヒートポンプ用	熱回収用ヒートポンプ用 太陽熱暖房用	蒸気発生用（病院やホテルなど）
構造	略図 平面						
	略図 断面						
効率	スペース利用度	連通管による水位差あり	深いほうがよい	深いほうがよい	無関係	深いほうがよい	無関係
	蓄熱効率	浅いほうがよい	高	高	最高	高	高
	槽内温度分布	中	一様	上下方向の温度分布あり	一様	上下方向の温度分布あり	一様
流れの特徴	流れの性質	むらを生じやすい	押出し流れに近い	上下方向への温度成層流れ	槽切換えによる完全押出し流れ	上下方向への温度成層流れ	高温水を減圧して蒸気を発生
	死水域	押出し流れと完全混合流れの中間の流れ	せきを上部または通過口下部に生じやすい	ほとんど生じない	生じない	生じない	—
	短絡流	隅部に生じやすい	排水管が原因となりやすい（排水管を閉とする）	なし	なし	なし	—
	連通管部流速	生じやすい	—	—	—	—	—
	蓄放熱の制御性	各槽の混合を促進し死水域を少なくするために速くする	良好	難しい	良好	良好	良好
構築	槽構築の難易	難しい	基礎部の二重スラブを利用するので容易	専用水槽を要するため難	基礎部の二重スラブを利用するので容易	専用水槽を要するため難	専用水槽を要するため難
	断熱工事の難易	複雑	複雑	簡単	複雑	簡単	簡単
保守	水処理	必要	必要	必要	必要	不要	不要
	清掃、点検	複雑	複雑	簡単	複雑	複雑	複雑
必要ポンプ水頭		位置水頭分だけ多くなる	位置水頭分だけ多くなる	位置水頭分だけ多くなる	位置水頭分だけ多くなる	低い（位置水頭は不要）	—

蓄熱量の欄: 連通管方式、改良もぐりせき方式、温度成層方式 は「良好」、槽切替え式 $\frac{n-1}{n} \times 100\%$ (n = 層数)、鋼板製タンク式 100%、アキュームレータ式 100%

表11.8 蓄熱槽効率の目安[1][2]

槽タイプ	槽　数	蓄熱槽効率
連結完全混合型	10槽未満	0.7以下
	10〜14槽	0.75
	15槽以上	0.8
温度成層型	1槽	0.8〜0.9

検討する。

⑤ 冷凍機の能力合計と，蓄熱槽からの放熱量の合計が，日負荷を満足していることを確認し，必要蓄熱量を決定する。

⑥ 蓄熱槽容量を求める。

必要蓄熱量，蓄熱槽効率，利用温度差から必要な蓄熱槽容量を求める。

$$V = Q_{st}/(c \times \eta \times \Delta t)$$

ここで，

　V：蓄熱槽容量（m^3）

　Q_{st}：必要蓄熱量（MJ）

　C：水の容積比熱（MJ/(m^3・℃)）

　　　　　[4.19 MJ/(m^3・℃)]

　η：蓄熱槽効率（−）（表11.8）

　Δt：蓄熱槽利用温度差（℃）

以下は二重スラブ利用の場合の算定方法を示す。機械室床上に保温付FRP製蓄熱槽を計画する場合は，各メーカーの技術資料を参照されたい。

・利用可能面積の設定

　蓄熱槽として利用できる面積を設定する。設定にあたっては排水槽，EVピット，湧水槽などを確認する。また，上部に電気関連諸室がある部分は避ける。

・水面上部空間の算定

　蓄熱槽水面と上部スラブ面の間には運転時の水位変動，通気スペースおよび断熱スペースが必要となる。蓄熱槽として設定できる槽数（スパン）を想定し，停止時水面と上部スラブ面の空間を次の式で求める。

$$h = (h_1 - h_n)/2 + C_n$$

ここで，

　h：停止時水面と上部スラブ面との空間（m）

　h_1, h_n：運転時の初槽（第1槽）と終槽（第n槽）の水位（m）

　　各槽間の水位差は10〜20 mm

　　$h_1 - h_n = (0.01〜0.02) \times$ 槽数 n

　C_n：運転時の最高水面と上部スラブ面の空間（m），300 mm程度

・可能蓄熱槽容量の決定

　建築で設定されている二重スラブの深さから水面上部空間を除いた高さが蓄熱槽の有効水深となる。利用可能面積と有効水深から可能蓄熱槽容量を求める。不十分であればスラブ深さまたは面積を大きくとる方向で建築設計者と調整をし，容量を確保する。蓄熱槽容量は次式で表わされる。

$$V = A \times H = A \times (H_S - h)$$

ここで，

　V：可能蓄熱槽容量（m^3）

　A：蓄熱槽面積（m^2）

　H：蓄熱槽平均水深（m）

　H_S：二重スラブ深さ（m）

以上で算定した可能蓄熱槽容量が必要な蓄熱槽容量に満たない場合は，蓄熱用冷凍機の容量を大きくして，再度，熱源容量検討表で検討し，冷凍機の能力合計と，蓄熱槽からの放熱量の合計がバランスするようにする。

3.3.3 配管系と自動制御

システム全体が効率よく運転されるためには，表11.10に示す各要素が満足されるように配管系，制御方法を検討する必要がある。

一次側の配管系および制御法には表11.11に示すような方法がある。このなかでは7, 8, 9の方式が望ましい。また，これらと併せて，負荷変動に合わせて最適な熱源起動・停止や最適蓄熱量を制御する方法がとられている。現在は，蓄熱コントローラにより制御が可能になっており，建物負荷がどのくらいになるかを予測し，それに対しどれくらいの蓄熱量があり，冷凍機をどう運転するかを判断することができる。制御ブロックチャートの例を図11.10に示す。二次側のシステムは，変流量方式が原則であり，表11.12に二次側の配

11章 熱源容量の決定

表11.9 熱源容量検討表

<熱源容量検討表－使用例1＞

- 最大冷房負荷：500 kW
- 機器構成：冷凍機（蓄熱槽＋追掛け）＋蓄熱槽＋放熱用熱交換器
- 蓄熱槽に制限のない場合
  ⇒放熱用熱交換器と追掛け冷凍機は容量比に応じて負荷を分担
- 機器容量仮選定

  日負荷/20h
  ＝ 4 715/20 ＝ 236 → 250
  冷凍機仮定容量　　　　　　250 kW　1台
  放熱用熱交換器仮選定容量　250 kW　1台　(最大冷房負荷－仮選定容量)

<熱源容量検討表>

■冷房負荷

時刻	冷房負荷	運転容量 運転機器 容量合計	負荷/機器容量	追掛け 冷凍機	放熱 熱交換器	合計	残負荷 チェック	蓄熱 ターボ 冷凍機	蓄放熱 バランス
	① kW	② 放熱＋追掛け kW	③＝①/②	④ 250 kW	⑤ 250 kW	⑥＝④＋⑤ 500 kW	①－⑥ マイナスでOK kW	250 kW	kW
[時]									
0－1						0	0	△250	△250
1－2						0	0	△250	△250
2－3						0	0	△250	△250
3－4						0	0	△250	△250
4－5						0	0	△250	△250
5－6						0	0	△250	△250
6－7						0	0		0
7－8						0	0		0
8－9	390	500	0.780	195	195	390	0		0
9－10	470	500	0.940	235	235	470	0		0
10－11	490	500	0.980	245	245	490	0		0
11－12	490	500	0.980	245	245	490	0		0
12－13	490	500	0.980	245	245	490	0		0
13－14	500	500	1.000	250	250	500	0		0
14－15	500	500	1.000	250	250	500	0		0
15－16	500	500	1.000	250	250	500	0		0
16－17	490	500	0.980	245	245	490	0		0
17－18	395	500	0.790	198	198	396	△1		△1
18－19						0	0		0
19－20						0	0		0
20－21						0	0		0
21－22						0	0	△250	△250
22－23						0	0	△250	△250
23－24						0	0	△250	△250
合計	4 715 kWh				2 358 kWh			△2 500	△142

<決定>
冷凍機　　　　　　　　　　250 kW　1台
放熱用熱交換器　　　　　　250 kW　1台
蓄熱量（蓄熱可能量）　　　2 500 kWh

<蓄熱量 2 500 kWh → OK>

(注) ④、⑤：各時刻容量＝各機器の運定容量×3

※蓄熱量はマイナスで表示。
※単純化のため、冷凍機能力は昼夜で同一とし、また蓄熱量＝放熱量とした。

<熱源容量検討表－使用例2＞

- 最大冷房負荷＝8 943 kW
- 機器構成：
  直だき吸収冷温水機　　　　　　　RB-1, 2　　635 kW　2台
  直だき吸収冷温水機　　　　　　　RB-3　　1 633 kW　1台
  ブラインターボ冷凍機　　　　　　BT-1, 2　1 996 kW　2台　　合計 1 270ｋW
  　　　　　　　　　　　　　　　　　　　　　　　　　　　　　　　（追掛け時）
  　　　　　　　　　　　　1 240 kW（蓄熱時）
  氷蓄熱槽（コイル式、現場築造型）　　　　24 800 kWh
  放熱用熱交換器　　　　　　　　　　HEX-1, 2　2 022 kW　1組
  水冷熱源からの蓄熱量（蓄熱可能量）　　　　24 800 kWh
- 各冷凍機と放熱用熱交換器は容量比に応じて負荷を分担
- 13時～15時において、ピークカット運転（追掛け用ブラインターボ冷凍機 BT-2 停止）について検討した事例

■冷房負荷（平日）

時刻	冷房負荷	運転容量 運転機器容量合計	負荷/機器容量	非蓄熱機器 冷温水機		追掛け ブラインターボ冷凍機		放熱用熱交換器		合計	残負荷 チェック	蓄熱 ブラインターボ冷凍機		蓄放熱 バランス
				RB-1, 2	RB-3	BT-1	BT-2	HEX-1	HEX-2			BT-1	BT-2	
	① kW	②吸込式＋追掛け＋放熱 kW	③＝①/②	1 270 kW	1 633 kW	1 996 kW	1 996 kW	2 022 kW	2 022 kW	⑥＝Σ④～⑨ kW	①－⑥ マイナスでOK kW	1 240 kW	1 240 kW	kW
	①			④	⑤	⑥	⑦	⑧	⑨					
[時]														
0－1										0	673	△1 240	△1 240	△2 480
1－2										0	752	△1 240	△1 240	△2 480
2－3										0	752	△1 240	△1 240	△2 480
3－4										0	673	△1 240	△1 240	△2 480
4－5										0	752	△1 240	△1 240	△2 480
5－6										0	673	△1 240	△1 240	△2 480
6－7										0	752			1 586
7－8										0	1 044			1 883
8－9	6 995	8 917	0.785	996	1 281	1 566	1 566	1 586		6 995	0			1 986
9－10	8 305	8 917	0.931	1 183	1 521	1 859	1 859	1 883		8 305	0			2 010
10－11	8 757	8 917	0.982	1 247	1 604	1 960	1 960	1 986		8 757	0			4 044
11－12	8 757	8 917	0.982	1 247	1 604	1 960	1 960	1 986		8 757	0			4 044
12－13	8 864	8 917	0.994	1 263	1 623	1 984	1 984	2 010		8 864	0			3 306
13－14	8 943	8 943	1.000	1 270	1 633	1 996	＊＊＊	2 022	2 022	8 943	0			1 986
14－15	8 943	10 939	0.818	1 038	1 335	1 632	1 632	1 653	1 653	8 943	0			1 592
15－16	8 943	8 943	1.000	1 270	1 633	1 996	＊＊＊	2 022	2 022	8 943	0			0
16－17	8 757	8 917	0.982	1 247	1 604	1 960	1 960	1 986		8 757	0			0
17－18	7 022	8 917	0.777	1 000	1 286	1 572	1 572	1 592		7 022	0			0
18－19	5 354	6 895	0.788	986	1 268	550	1 550			5 354	0			0
19－20	4 413	4 899	0.901	1 144	1 471	1 798				4 413	0			0
20－21	3 488	4 899	0.712	904	1 163	1 421				3 488	0			0
21－22	2 496	2 903	0.860	1 092	1 404					2 496	0			△2 480
22－23	1 933	2 903	0.666	846	1 087					1 933	0	△1 240	△1 240	△2 480
23－24	908	1 270	0.715	908						908	0			△377
合計	108 949 kWh									108 949			24 800	24 423

<蓄熱量 24 800 kWh → OK>

(注) ①、④～⑨：各時刻容量＝各機器の運定容量×3
　　＊＊＊：ピークカット

11章 熱源容量の決定

表11.10 熱源システムにおける制御対象とその要素[2]

内容＼制御対象	一次側（熱源）	二次側（空調機）	搬送系	システム
制御	・装置の容量制御法 ・装置の運転（自動発停）	・空調機の容量制御法	・還水側制御法 ・送水側制御法・動力回収	・予測制御
要素	・つねに高負荷（高効率）運転ができること ・冷水出口温度は経済的な範囲でできるだけ低くする（温水は逆） ・冷水出口温度はつねに設定値近辺に保つ	・温度差（出口－入口）はできるだけ大きくする ・入口水温は経済的範囲でできるだけ高くする（温水は逆） ・還水温度はつねに設計値以上とする	・トラブルの少ないシステム（満水還水／開放還水） ・変流量方式とポンプ台数制御 ・ポンプ動力アップに対する方策	・むだのないシステム運転管理（二次側負荷予測と蓄熱量、熱源機器運転管理）

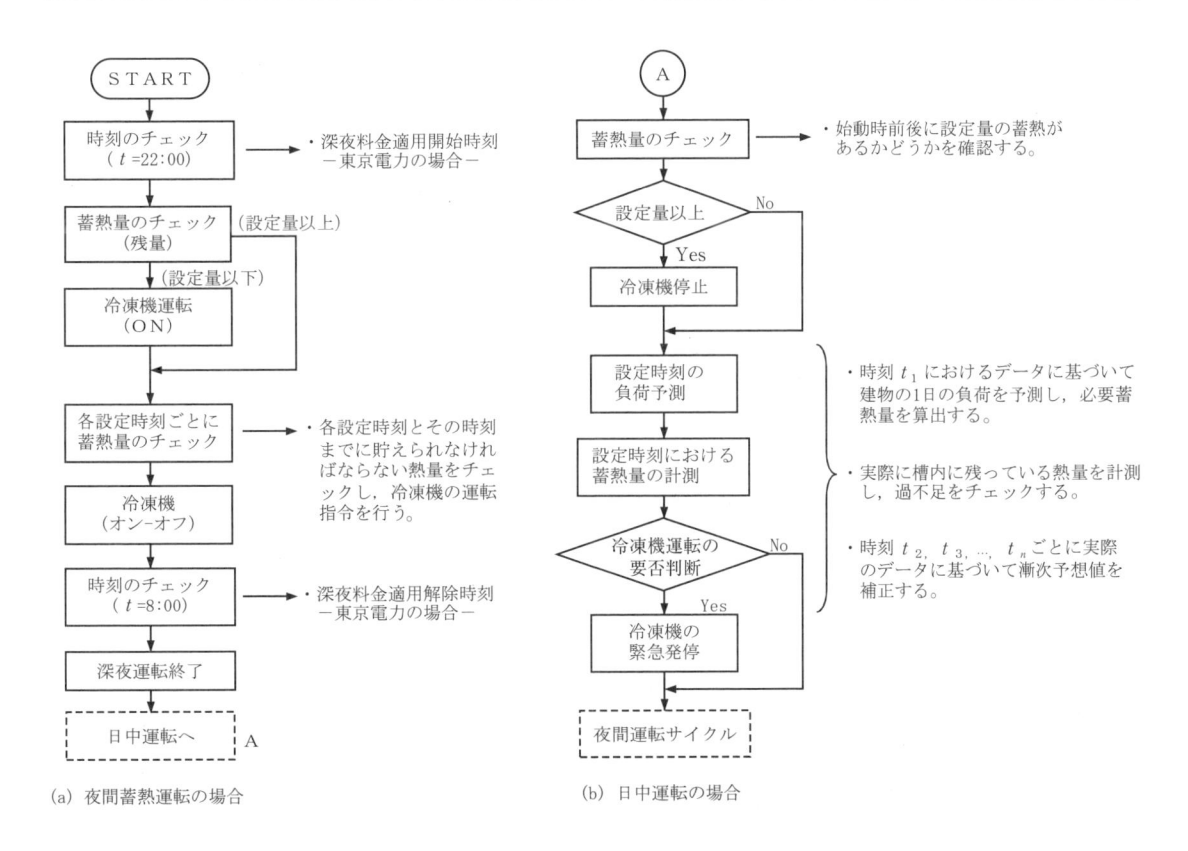

(a) 夜間蓄熱運転の場合

(b) 日中運転の場合

図11.10 制御ブロックチャートの例

管系と制御方法を示す。

また、配管系においては、特に返り管の方法に注意する。開放型蓄熱方式では返り管の方式に開放式と満水式があり、前者は比較的落差が小さいとき、後者は落差が大きい（10 m以上の場合を目安とする）ときに用いる。（図11.11）

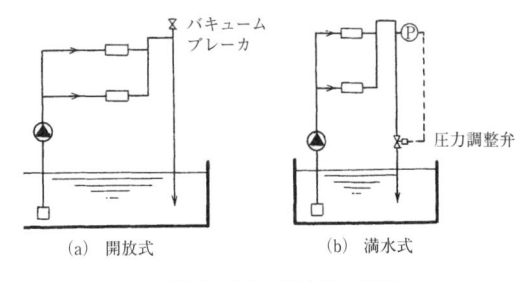

図11.11 還水法の概要

11章 熱源容量の決定

表 11.11 一次側制御とその評価[3]

方式	制御概要	ダイヤグラム	特　徴	判　　定		総合判定
				全負荷運転特性	冷水出口温度特性	
1	冷水出口温度による制御		① 入口温度が設定値以上では出口温度が上昇 ② 入口温度の変動により全負荷運転ができない場合あり（$t_A < $入口設定温度） ③ 二次側還水温度の影響を直接的に受ける	◎：$t_1 > t_{id}$ ○：$t_1 ≦ t_{id}$ （t_1：入口水温 t_{id}：入口水温設計値）	×：入口水温と冷凍機能力の変化により大幅に変動する	△
2	入口水温と出口水温の制御		① 入口水温、出口水温を一定とする方式 ② $t_1 > t_{id}$入口設定温度のとき、定格運転 ③ $t_1 < t_{id}$入口設定温度のとき、部分負荷運転 ④ 夜間冷却水温低下による冷凍機の高効率運転が不可	○：$t_1 < t_{id}$では部分負荷運転 ・オフピーク時のCOP上昇を有効に生かせない	◎：槽が満杯にされるまで一定に保持できる	○
3	出口水温による入口水温制御と冷凍機ベーン制御		出口温度を一定にする方式（方式2の変形） ① t_1が干渉し合うので制御上好ましくない	×：出口側の2つのサーモスタッドが互いに干渉し合う	×：出口側のサーモスタッドが互い干渉し合って不安定になる可能性あり	△
4	入口水温による出口水量の分流制御		方式2の変形で、入口水温を一定とするための制御 ① 入口水温 t_1 は、槽の大きさなどにより影響される（できるだけ幅は小さくする） ② 方式2の場合よりも制御系が安定となりやすい ③ ポンプ吸込み側抵抗が少なく、NPSHが小さくなる（温水の場合に有効） ④ フート弁の数が方式2より減り、これによるトラブルが少なくなる	○：$t_1 < t_{id}$で部分負荷運転 ・オフピーク時のCOP上昇を有効に生かせない	○：高温側の水が汲み上げられるので、やや不安定になる可能性あり	○
5	出口水温による出口水量の分流制御		方式3と基本的に同じ ① 制御系が不安定になりやすい	×：出口側の2つのサーモスタッドが互いに干渉し合う	○：高温側の水が汲み上げられるので、やや不安定になる可能性あり	△

表11.11 (つづき)

方式	制御概要	ダイヤグラム	特徴	判定 全負荷運転特性	判定 冷水出口温度特性	総合判定
6	冷凍機の電流制御		電流値により冷凍機容量の制御を行う ① 最大能力での運転が可能 ② 入口水温により出口水温が変わる ③ 出口水温の低温カットで冷凍機を停止するが、安全上水量を多くして温度差を小さくとることが望ましい	◎：最大能力での運転が可能	×：入口温水の変化により大幅に変動する	△
7	入口水温制御と冷凍機の電流制御		方式6の改良形 ① つねに最大能力での運転が可能 ② 出口温水はつねに設定値以下が確保される ③ 冷却水温の低下（夜間など）による能力アップも利用できる（所定温度以下に下がる可能性のある場合は、安全運転確保のため、冷却水温制御も考える）	◎：最大能力での運転が可能	○：能力によって変動する	○
8	出口水温による入口水温制御と冷凍機の電流制御		方式7の改良形 ① 出口水温を一定に確保し、安全運転が可能 ② 起動時に注意を要す ⅰ）入口三方弁は全閉一全開（停止時はAポート用）作動の早いもの（起動時に比較的高い温度の水が低温側に流れる可能性があるため） ⅱ）冷凍機のベーンは緩動作となるようインタラクタを用いる	◎：最大能力での運転が可能	◎：$t_1 < t_{1d}$ でいくぶん下がる ・起動時の安定のため、ベーン、インタラクタ、三方弁、インタロックを設ける	◎
9	出口水温による出口水量の分流制御と冷凍機の電流制御		方式8と同じ ただし、ポンプ吸込み側に抵抗がないので、ポンプNPSHが小さくてできる（温水の場合に有利）	◎：最大能力での運転が可能	○：高温側の水汲み上げられるので、やや不安定になる可能性あり	○

注 ◎：最も好ましい方法、○：問題ない方法、△：あまり推奨できない方法、Ⓡ：冷凍機、Ⓜ：ベーン制御用モータ、Ⓢ：電源

表11.12 二次側配管系と制御方式の例[14]

		システム	制御概要
変流量方式	バイパス管をつなぐ方式を送水槽側に	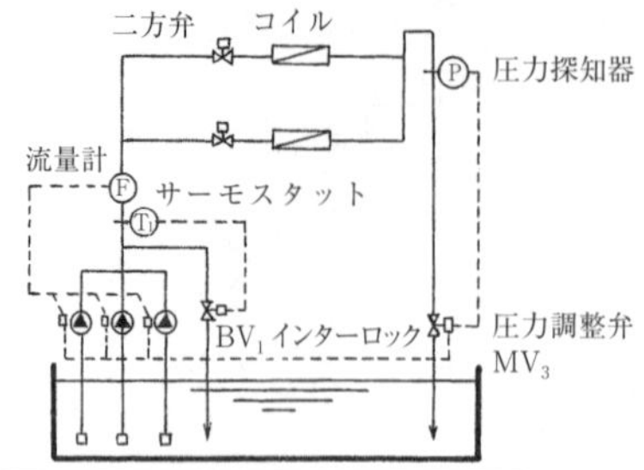 （図：二方弁、コイル、圧力探知器、流量計、サーモスタット、BV₁インターロック、圧力調整弁MV₃）	・流量によりポンプを台数制御する ・ポンプ吐出し側圧力によりバイパス弁（BV₁）を制御する ・圧力調整弁（MV₃）により還水側を制御する
	バイパス管をつなぐ方式を還水槽側に	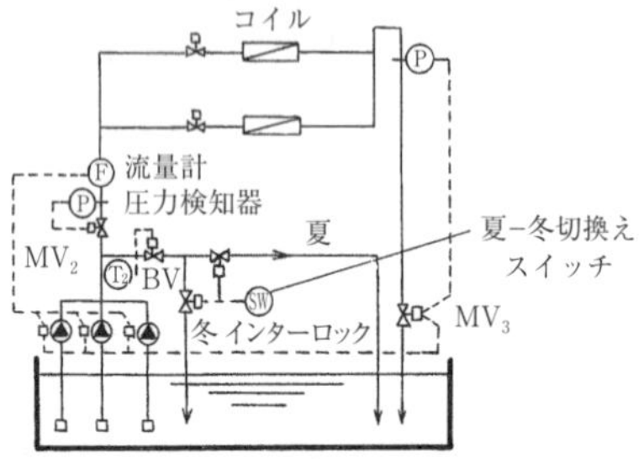 （図：コイル、流量計、圧力検知器、MV₂、BV、夏-冬切換えスイッチ、冬インターロック、MV₃）	・流量によりポンプを台数制御する ・ポンプ吐出し側の温度によりバイパス制御する（冷水の場合は還水側に戻す。温水の場合は逆） ・ポンプ吐出し側は圧力調整弁により設定圧を維持する（ポンプは絞り運転となるため吐出し圧力上昇） ・圧力調整弁（MV₃）により還水側を制御する
	送水温度制御方式	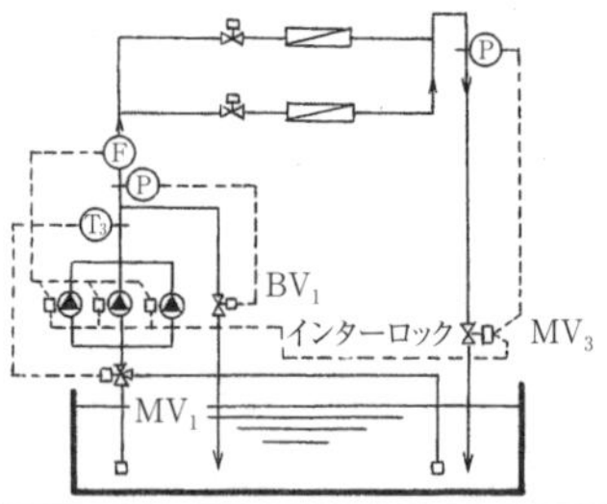 （図：コイル、BV₁インターロック、MV₃、MV₁）	・流量によりポンプを台数制御する ・ポンプ吐出し側圧力によりバイパス弁制御する ・送水温度を制御する（二次側の温度が大きくとれない場合、還水温度を高くするため） ・圧力調整弁（MV₃）により還水側を制御する

3.3.4 蓄熱槽の補助設備

(1) 連通管

各槽間を連結する連通管を通して，水は水位差によって流れる。連通管は，槽内の水の流れを均一化させるうえで重要であり，大きさ，位置，数量，流速などが水の混合特性に大きな影響を与える。図11.12に配置方法を示す。一般には，図中の②の方法が性能もよく多く利用されている。配置例を図11.13に示す。連通管の取付け位置は図11.14および図11.15に示すように，各槽ごとに上下左右に設け，上部連通管は水面近く，下部は床面近くに設けるようにする。

連通管の大きさは，連通管を通過する最大流量と水位差によって定まる。最大流量は，蓄熱時と放熱時の最大流量を検討し，水位差は槽全体で取れる水位差を槽の深さ，槽数から決定する。連通管の通過流速は 0.1～0.3 m/s となるように選定

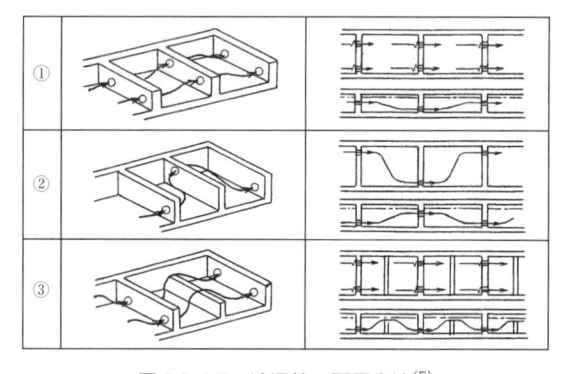

図11.12 連通管の配置方法[5]

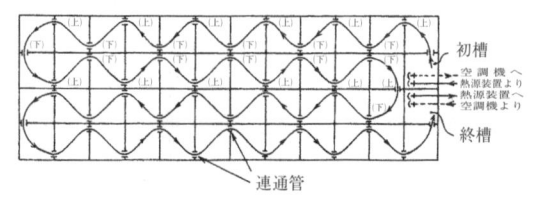

図11.13 連続式平面形蓄熱槽連通管の配置例

注 1) 連通管は1槽ごとに上下，左右に設ける。
 2) 流路はできるだけ長くなるようにする（仕切りの設置）。

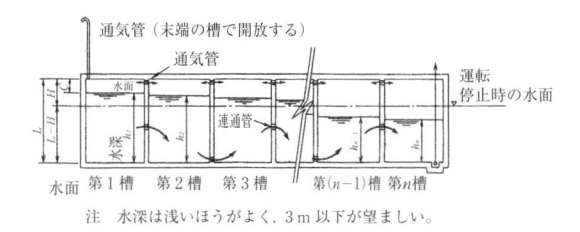

図 11.14 連続式平面形蓄熱槽における連通管、通気管、排水管の取付け要領

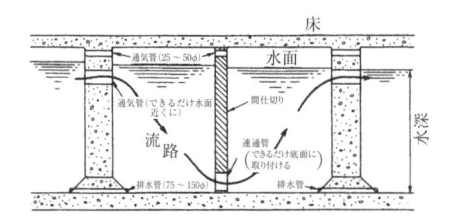

注　水深は浅いほうがよく、3m以下が望ましい。

各水槽間の水位差 ($h_0 = h_n - h_{n-1}$) によって水が連通管を通り流れる。

最高水面と上部スラブ面とのすきま (C_n) は通常 200～300mm とし、最低でも 150mm くらいは確保する。初槽 (第 1 槽) と終槽 (第 n 槽) 間の水位差 ($h_1 - h_n$) は、流路の全長、連通管を通る水の流速 (遅すぎると蓄熱効率が下がる)、その他蓄熱槽として利用できるスペースと必要蓄熱量などを考慮して決める。

利用できる蓄熱水量 (V) は、
$$V(\mathrm{m}^3) = A \times (L - H)$$
　A：蓄熱槽面積 (m^2)
　L：水槽の高さ (m)
　H：停止時水面と上部スラブ面の空間 (m)
$$\left(H = \frac{h_1 - h_n}{2} + C_n\right)$$

図 11.15 槽間水位差と蓄熱水量の説明図

する (図 11.16)。このほかに図 11.9 に示すような改良もぐりぜきも採用されており、水深が深く、総数が少ない場合は有効である。この方式は温度成層を形成し、押し出し流れに近い状態で流れるようにしたもので表 11.7 のような特徴があげられる。

(2) **通気管**

通気管は、水面上部の空間の空気流動を滑らかにし、各水槽間の水の流れが確保できるように、層の最上部に 50～100 mm φ 程度の間を設置する (図 11.14)。

(3) **排水連通管**

排水連通管は槽の清掃・補修、水替えなど槽内水を排水するために仕切り壁の最下部に、75～100 mm φ 程度の管を設置する。排水にかかる時間を確認しておくことが必要である。

(4) **給水装置**

竣工時の水張り、年 1 回程度の清掃時の水替えまたは漏水などによる自然減水を補給するための給水装置を設置する。排水、清掃などにかかる時間を含めて、蓄熱装置を停止できる時間を考慮し、給水管径を選定する。

(5) **オーバフロー管**

オーバフロー管には、槽自体のオーバフローと槽間のバイパスを目的としたオーバフロー管が必

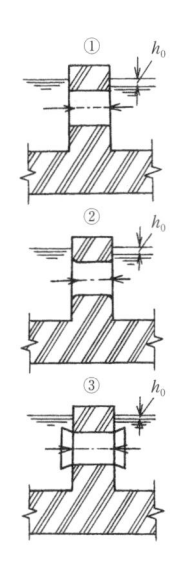

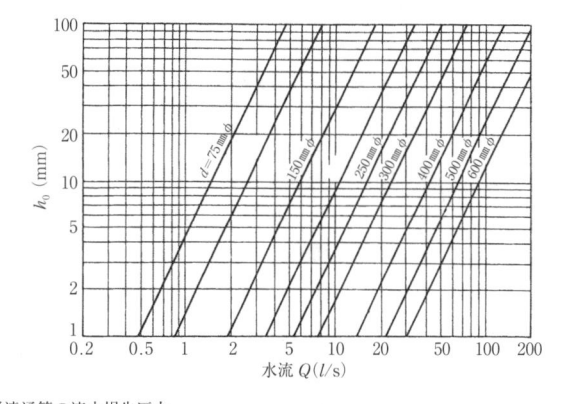

もぐりぜき形連通管の流水損失圧力
図②のように両側出入口とも、まるみ面取りの場合には約 30% 減。
図③のように両側出口とも、ベルマウス取付けの場合は約 60% 減となる。

図 11.16 もぐりぜき連通管の寸法決定図表

要になる。前者は給水装置の故障などで水位が高くなったときのために150 mmφの管を2本程度設置する。後者はポンプ起動時や停止時に，連通管だけではバランスがとれず，初槽，終槽の水位が異常に低下または上昇することを防ぐために初槽と終槽の間に設置する。

(6) その他の配管

蓄熱槽への返り管は，その流入方法により槽の特性に影響を与えるため，特に槽数の少ない場合は配慮が必要になる。流入速度を抑えるための例を図11.17に示す。

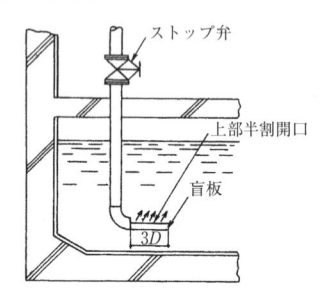

図11.17 返り管の施工例

3.4 氷蓄熱方式

3.4.1 氷蓄熱方式の種類と特徴

氷蓄熱は，氷が水になるときの融解潜熱を利用するため，単位重量当たりの蓄熱量を大きく取ることができる。冷水の利用温度差を7℃とすると単位重量当たりの蓄熱量が，水蓄熱では29.3 kJ/kgであるのに対し，氷蓄熱の場合は，その融解潜熱が334 kJ/kgであり，蓄熱スペースを小さくすることができる。

氷蓄熱方式の種類を表11.13に示す。

表11.13 氷蓄熱の種類[3]

間接冷却方式	スタティック型	アイスオンコイル型	外融式
			内融式
		カプセル型	
	ダイナミック型	リキッドアイス型	
		ハーベスト型	
		過冷却利用型	
直接冷却方式		直膨型	
		非水溶性流体利用型	

氷蓄熱の特徴は次のとおりである。
① 蓄熱槽容量，熱損失は水蓄熱にくらべて小さい。
② 製氷時，蒸発温度が低いため成績係数が低下する。
③ 放熱時間により変化するが，1～4℃程度の取出しが可能となる。
④ 低温冷風・大温度差送水によりポンプ動力を低減することが可能となる。
⑤ 熱源機器としてブライン冷凍機，熱交換器を使用するためコストが高くなる。

3.4.2 氷蓄熱容量の決定

(1) 容量の決定

氷蓄熱槽の容量も，基本的には水蓄熱と同じであり，最大負荷日の時刻別負荷パターンを求め，熱源容量検討表から決定すればよい。

① 最大負荷日の時刻別負荷パターンを求める。
② 冷凍機の容量を仮選定する。

仮選定は，「日負荷／（蓄熱時の冷凍機能力×25h）」程度を目安とし，メーカー資料から選定する。

＊蓄熱時の冷凍機能力を R(kW) とすると，昼間の追いかけ運転時の能力は，ほぼ1.5倍程度であり，昼間の運転時間を10時間，蓄熱運転時間を10時間とすると，

最大負荷日の日負荷 $= R \times 10$時間
$+ R \times 1.5 \times 10$時間 $= R \times 25$

③ 熱源容量検討表に負荷，冷凍機能力を記入し，時刻別の収支を確認する。
④ 蓄熱の目的，放熱のパターンを考慮し，複数のケースで検討する。

熱源容量の検討表は，表11.9と同じ要領で作成する。

⑤ 冷凍機の能力合計と，蓄熱槽からの放熱量の合計が，日負荷を満足していることを確認し，必要蓄熱量を決定する。
⑥ 必要蓄熱量をもとに，氷蓄熱の種類に応じた蓄熱槽の容量をメーカーの技術資料から決定する。氷蓄熱は水蓄熱と違い，製品としての性格

が強いため，メーカーの技術情報を十分に把握する必要がある。

(2) 選定上の留意点

① 氷蓄熱の場合は，氷蓄熱の種類によって放熱特性が異なり，何時間放熱とするかで取出し水温が変わる。そのため，平均的な放熱（10時間放熱など）とするか，ピーク対応（3時間放熱など）とするかの考慮が必要になる。

② 通常，放熱量は一定出力の形でパターン図などに描かれるが，実際には熱交換器を介して，冷凍機と並列に接続される場合が多く，熱交換器の出力を一定にするような制御を特に考慮しないと一定出力にはならず，他の冷凍機と同じ負荷率で運転することになるので，熱源容量検討表を見るときは注意する必要がある。

氷蓄熱は，種類によって必要なスペースが大きく変わってくるので，必要蓄熱槽容量，放熱パターン，取出し水温などを総合的に検討しながら決定しなければならない。

4 熱源装置の選定

熱源装置の選定は，まず空調システムへ供給する熱媒の温度，流量を決定し，その条件を満たす熱媒をつくることができる熱源装置を選定することである。図11.18に熱源装置の選定フローを示す。選定上のおもな検討事項は，どのような機器，システムを採用し，どのようなエネルギーを使うのが最も経済的で安定した運転ができるかをチェックすることである。

a 動力源の選定

空調用に使用されている動力源は，電気，都市ガス，LPGおよび油などである。

電気はその供給の安定性が最も高く，オンサイトでの環境影響も小さい。都市ガスは供給の安定性は高く，また公害面でも特に問題がなく使いやすい動力源といえるが，CO_2発生量は電気にくらべると大きい。LPGは，施設内にバルクなどの貯蔵設備を必要とすること，またそれにかかる法規制，LPGの補給の安定性などについて検討する必要がある。油の場合，エネルギーコストは最も安価となる。使用する種類としては灯油，A重油であるが，公害規制の面から使用できない地域が多いこと，また貯蔵設備が危険物貯蔵施設（消防法）となることなど，法規制の確認が必要である。

エネルギーコストは，原油の世界的状況など流動的なものであり，一概にいずれが有利とはいえず，そのつどランニングコストの比較をして検討する。

b 機種の選定

機種の選定においては，どの要因が最優先の条件となるかはケースバイケースであるが，通常は運転費の低減が最優先であり，設備費，運転費を

表11.14 冷凍機の成績係数・エネルギー消費量[6]

機　　種	エネルギー源	成績係数 (COP)	エネルギー消費量 (kW)		冷媒
			kW/Rt	kW/出力kW	
小型エアコン (ロータリ, スクロール)	電気	3.0 ～ 5.0	1.2 ～ 0.7	0.33 ～ 0.2	R410A R134a など
ビル用マルチエアコン	電気	3.0 ～ 4.0	1.2 ～ 0.88	0.33 ～ 0.25	
	ガス	1.2	2.9	0.83	
水冷チラー（往復動式）	電気	3.5 ～ 4.5	1.0 ～ 0.77	0.29 ～ 0.22	
スクリュー冷凍機（空気熱源）	電気	4.0 ～ 5.0	0.88 ～ 0.7	0.25 ～ 0.17	
ターボ冷凍機	電気	4.5 ～ 6.0	0.77 ～ 0.59	0.22 ～ 0.17	R123, R134a
二重効用吸収冷凍機	蒸気	1.1 ～ 1.5	3.2 ～ 2.4	0.91 ～ 0.67	水
直だき吸収冷温水機	ガス	1.1 ～ 1.5	3.2 ～ 2.4	0.91 ～ 0.67	

算出し，年間の経常費でその経済性を定量的に比較する。また，有資格者の要否，設備管理者の常駐の有無，建築スペース上の制約および信頼性なども総合的に検討して，最も適切な機種を選定する。表11.14に冷凍機の成績係数とエネルギー消費量を示す。

c 台数分割

容量決定後は，機器の容量範囲，負荷変動のパ

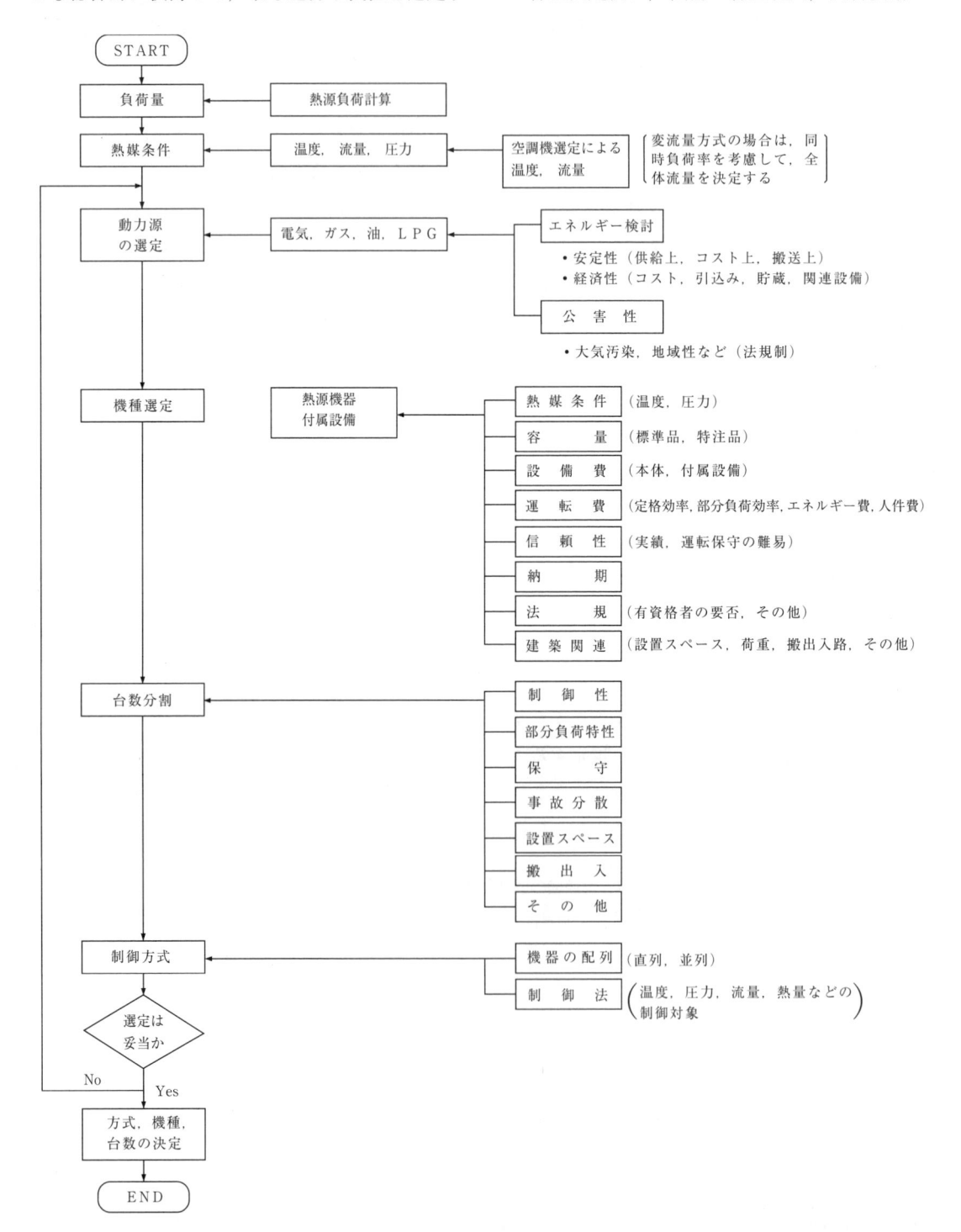

```
START
 │
負荷量 ← 熱源負荷計算
 │
熱媒条件 ← 温度，流量，圧力 ← 空調機選定による温度，流量
                              （変流量方式の場合は，同時負荷率を考慮して，全体流量を決定する）
 │
動力源 ← 電気，ガス，油，LPG ← エネルギー検討
の選定                         ・安定性（供給上，コスト上，搬送上）
                               ・経済性（コスト，引込み，貯蔵，関連設備）
                               公害性
                               ・大気汚染，地域性など（法規制）
 │
機種選定 ← 熱源機器付属設備 ← 熱媒条件（温度，圧力）
                              容量（標準品，特注品）
                              設備費（本体，付属設備）
                              運転費（定格効率，部分負荷効率，エネルギー費，人件費）
                              信頼性（実績，運転保守の難易）
                              納期
                              法規（有資格者の要否，その他）
                              建築関連（設置スペース，荷重，搬出入路，その他）
 │
台数分割 ← 制御性
           部分負荷特性
           保守
           事故分散
           設置スペース
           搬出入
           その他
 │
制御方式 ← 機器の配列（直列，並列）
           制御法（温度，圧力，流量，熱量などの制御対象）
 │
◇ 選定は妥当か
 │No→ (戻る)
 │Yes
方式，機種，台数の決定
 │
END
```

図11.18 熱源装置の選定フローと諸要因

ターン，装置の制御性，運転時間，故障時対策の要否，設置スペースおよび設備費などを考慮して熱源機器の台数を決定する。

4.1 熱源機器
4.1.1 冷凍機

空調用の冷凍機はいくつもの種類，形式があり，容量も広範囲にわたっている。一般に使われる冷凍機の種類と容量範囲を表 11.15 に示す。往復動式冷凍機は，経済性などから通常 120 kW 前後までが使用されている。遠心式冷凍機（ターボ冷凍機）は，図 11.19 に示すサイクルで運転され，一般空調用としては密閉式がよく使用されている。吸収式冷凍機は，図 11.20 に示すサイクルで運転され，遠心式冷凍機にくらべて，電力使用量が少ない，騒音，振動が少ない，容量制御範囲が広い，などの特徴がある。

吸収式冷凍機には，単効用型，二重効用型がある。動力源には単効用型では 100 kPa，二重効用型では 700 kPa の蒸気が使用される。直だき冷温水発生機は，蒸気の代わりにガスまたは油（灯油，A 重油）の燃焼で吸収液を加熱し，図 11.21 に示

表 11.15 空調用冷凍機の種類と容量・用途

冷凍サイクル	型式		種類	冷媒	駆動動力 (kW)	おもな用途
蒸気圧縮冷凍サイクル	容積圧縮型	往復動式	全密閉型冷凍機	HFC-134a など	0.1 ～ 15	電気冷蔵庫・冷凍 パッケージ型空調機
			半密閉型冷凍機	HFC-134a など	0.75 ～ 45	冷凍 パッケージ型空調機
			開放型冷凍機	NH$_3$ HFC-134a など	0.4 ～ 120	冷凍 カーエアコンディショナ
		回転式	小型回転ピストン型冷凍機	HFC-134a など	0.1 ～ 5.5	（全密閉）電気冷蔵庫・冷凍 空調
		ロータリ	小型可動羽根型冷凍機	HFC-134a など	0.75 ～ 5.5	（全密閉）空調 （開放）カーエアコンディショナ
			大型回転ピストン型	NH$_3$	20 ～ 300	（開放）船舶用冷凍
			スクロール冷凍機	HFC-134a など	0.75 ～ 7.5	（全密閉）空調・冷凍 （開放）カーエアコンディショナ
		スクリュー	ツインロータ型スクリュー冷凍機	HFC-134a など	20 ～ 1800	（密閉）（開放）冷凍・空調
					0.75 ～ 6	（開放）カーエアコンディショナ
			シングルロータ型スクリュー冷凍機	HFC-134a など	22 ～ 1100	（密閉）（開放）冷凍・空調
	遠心型		遠心冷凍機	HCFC-123 HFC-134a など	90 ～ 7500	（密閉）中大規模建物の空調・冷凍 （開放）産業用冷却・地域冷房
	エゼクタ型		蒸気噴射冷凍機	水	―	10 ～ 30℃ 冷水製造 船舶空調
吸収冷凍サイクル	吸収型		小型吸収冷温水機	水（吸収剤 LiBr）	―	住宅および小規模建物の冷暖房
			一重（単）効用吸収冷凍機	水（吸収剤 LiBr）	―	背圧タービン駆動遠心冷凍機との組合せ用・排熱用
			二重効用吸収冷凍機	水（吸収剤 LiBr）	―	中圧蒸気のある場合の一般空調
			直だき吸収冷温水機	水（吸収剤 LiBr）	―	一般建物の冷暖房 （ガス・灯油直火）
空気冷凍サイクル	―		ボルテックスチューブ	空気	―	冷房服
			空気圧縮冷凍機	空気	―	航空機の空調
ペルチェ効果	―		電子冷凍機	―	―	発熱部分の局部冷却 超小型冷蔵庫

すサイクルで運転が行われる。特徴は吸収式冷凍機と同様である。スクリュー冷凍機は，図11.22に示す構造をもち，単段で良好な高圧縮比が得られる点でヒートポンプとしてよく使われる。ロータリ冷凍機は回転式のため体積効率もよく，振動も少ないので，ルームエアコンに使用されている。各種冷凍機の容量制御方式を表11.16に示す。

容積圧縮型や遠心型冷凍機には，冷媒として各種フロンが使用されているが，低圧冷媒（HCFC-123など）を使用する冷凍機は，高圧ガス保安法の適用を受けないが，HFC134aなどの高圧冷媒を使用する場合は，同法の適用を受け，1日の冷凍能力により設置届または設置許可が必要になる。また冷凍保安責任者の選任も必要となるので

表11.16　各種冷凍機の容量制御

種　類	制御法	制御範囲（％）
往復動式冷凍機	オン・オフ制御（小型のもの）段階制御	0～100％まで段階的制御
ターボ冷凍機	サクションベーン制御	100～30
	ホットガスバイパス制御	100～10
	回転数制御	100～20
吸収冷凍機	蒸気量制御	100～10
	溶液濃度制御	100～10
直だき吸収冷温水機	燃料の流量制御	100～10
スクリュー冷凍機	スライドベーン制御	100～15

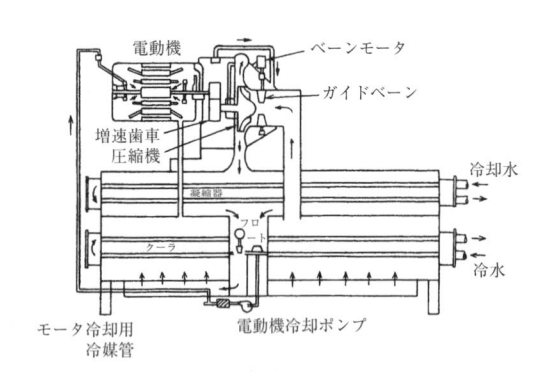

図11.19　ターボ冷凍機サイクル図

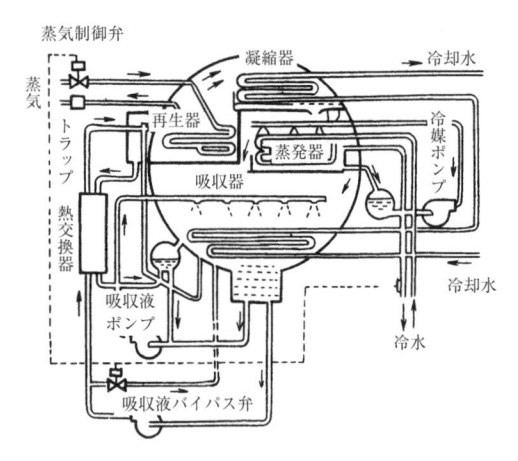

図11.20　吸収一重（単）効用冷凍機サイクル図

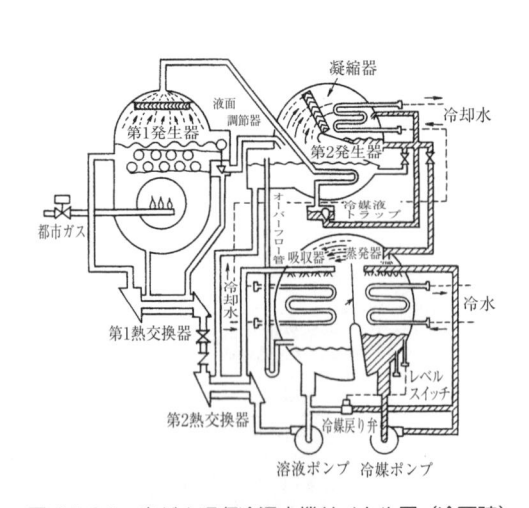

図11.21　直だき吸収冷温水機サイクル図（冷房時）

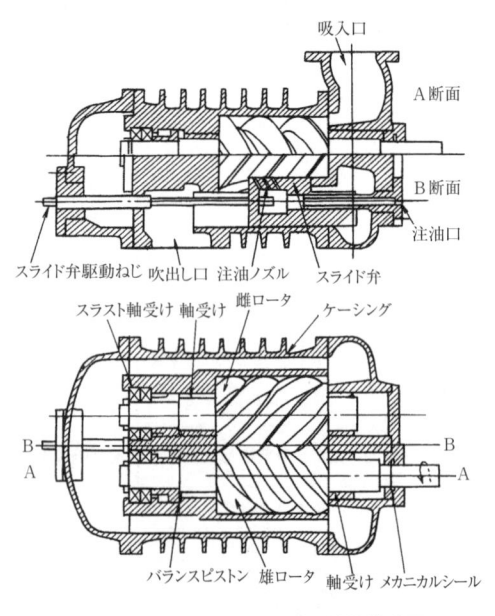

図11.22　スクリュー式圧縮機構造図

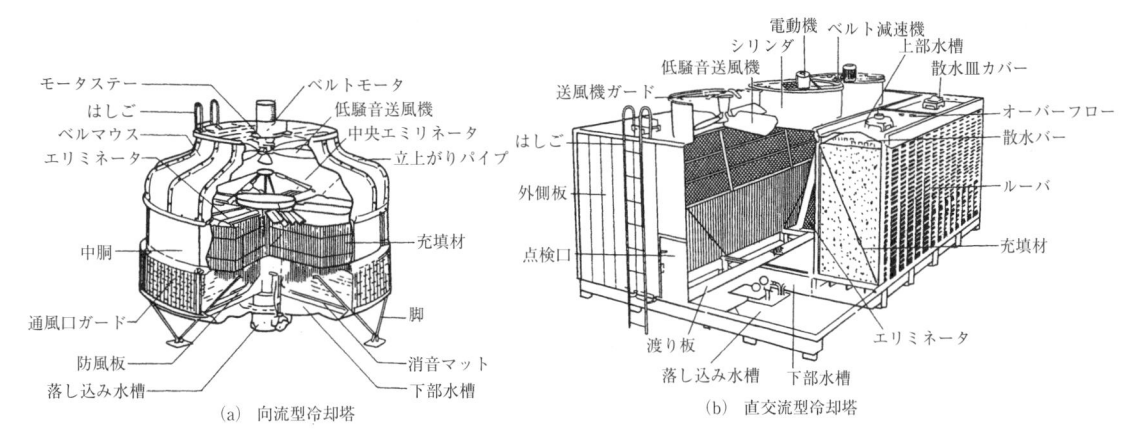

図 11.23 冷却塔の構造

4.1.2 冷却塔

温度の高い水を，周囲の空気と直接または間接的に接触させて冷却する装置を冷却塔とよび，冷却塔では，温度の低い周囲空気と温度の高い凝縮水を接触させ，両者の温度差による顕熱冷却と水自身の蒸発潜熱によって凝縮水が冷却される。特に効果の大きいのは蒸発潜熱によるもので，理論的には空気の湿球温度まで水温を下げられるが，実際には装置の大きさや経済性から，冷却塔出口水温が空気湿球温度よりも 5℃ 程度高くなるように設計される場合が多い。水の出口温度と空気湿球温度との差をアプローチとよび，このアプローチを小さくするほど装置は大きくなる。冷却塔の構造は図 11.23 に示すように内部の充填材は，空気と水の接触がよくなるような形状となっている。

(1) 種類と特徴

空調設備に使用される冷却塔は，強制通風型がほとんどであり，送風機で強制的に通風することによって，効率もよく，小型となる。塔内の水と空気の流れ方向の違いで向流型と直交流型に分けられ，熱効率は向流型のほうが優れている。向流型は 600 kW 程度までが一般的に使用される。図 11.24 に向流型と直交流型の概要を示す。

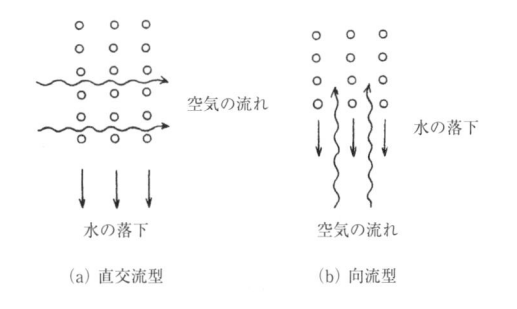

図 11.24 冷却塔内の空気と水の流れ

(2) 冷却塔の容量制御

冷凍機が部分負荷運転の場合や，外気温度が低いとき，冷却塔の能力に余裕がでる。そのため経済的な運転を維持し，かつ冷凍機の運転に必要な条件を満足させるために容量制御が行われる。また，冬期も運転する冷凍機では，安定した運転を行うために，冷却水の温度もある所定値以上の温度（冷凍機の機種によって異なる）となるよう制御しなければならない。冷却塔では次のような容量制御を行う。

a 送風機の発停制御

冷却塔の出口水温により送風機をオン‐オフ制御する方法であり，水温の微調整はできないが，制御も簡単でかつ設備費も安く，省エネルギー効果もある。

b 台数分割

複数台の冷却塔が設置されている場合に用いられる方式で，冷却水温度に応じて運転台数を制御する。

c 送風機風量制御

送風機の極数変更，回転数制御，羽根角度の変更などにより制御する方式である。設備費は高く

なる。

d 冷却水バイパス制御

循環水量の一部をバイパスさせて冷却塔の出口側で混合し，所定の温度を維持する方法である。冬期にも冷凍機を運転する場合など，冷却水温度の下がり過ぎを防ぐときに用いられる。

(3) 補給水

冷却水は，冷却塔で冷却される間に，水自身の蒸発，空気の流れによって運び去られる水分および落下して冷却塔の下部水槽に到達したときの飛散により，水量が減少する。そのため水の補給が必要となるが，その補給量は通常循環水量の1.5～2％程度となる。

(4) 密閉式冷却塔

密閉式冷却塔は図11.25に示すように，水と空気を直接に接触させず伝熱管を介して熱交換する方式で，被冷却流体の種類が油や化学薬品である場合や，大気に含まれる汚染物が冷却水に含まれ

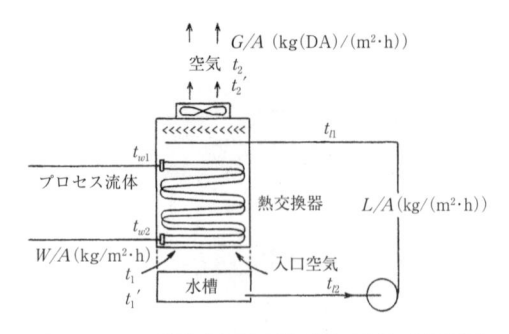

図 11.25 蒸発冷却器の模式図（密閉式冷却器）

ると，冷却水循環系の装置に重大な影響を与えるおそれがある場合に使用されるもので，開放式にくらべ伝熱管を介する分だけ効率は低下する。

(5) 各種冷却塔の比較

各種冷却塔の比較を表11.17に示す。直接，冷媒を冷却する方式では，冷却塔に代わって空冷式凝縮器がその役目を果たすので，この方式も表中に加えた。

表 11.17 各種冷却方式とその比較[7]（概要）

種類 \ 項目		開放式冷却塔	密閉式冷却塔	蒸発式凝縮器	空冷式凝縮器
消費水量		基準	若干少ない	若干少ない	不要
冷却風量 ($m^3/(kW \cdot min)$)		基準 (1.7～2.0)	大きい（約2倍） (2.8～4.3)	大きい（約1.5倍） (2.8)	大きい（約4倍） (6.5～8.0)
空調装置としての問題点	冷凍機および冷却塔，ファン，噴霧器，ポンプを含めた消費電力（$(kW \cdot h)/kW$）	基準 (0.30)	大きい (0.34)	同じ (0.30)	大きい (0.36)
	騒音（ホン）	基準（70～80）	同程度	同程度	やや少ない
	適応建物	小・中・大規模ビル	小・中・大規模ビル 大気汚染が著しい場所	小・中・大規模ビル	冷却水が不足している建物，小住宅，小・中・大規模ビル
使用上の検討項目	大きさ	基準	高さ：ほぼ同じ 幅：大型は長くなる	高さ：ほぼ同じ 幅：大型は長くなる	高さ：ほぼ同じ 幅：大きい
	運転質量（kg/kW）	基準 (2.8～4.3)	重い（約5倍） (17～23)	重い（約5倍） (17～23)	重い（約2倍） (7.1～23)
	容量（kW/台）	10～3 500	260～1 000	70～700	10～100
	イニシャルコスト（本体のみ）	基準	高い	高い	高い
	腐食	冷却水配管 凝縮器	散布水配管 冷却コイル	散布水配管 凝縮器コイル	冷却ファンの腐食は小 冷却ファンの腐食
	耐用年数	約10～15	約10～15	約10～15	約10～15
	設置場所の制限	屋外	屋外	冷凍機付近，屋外	冷凍機付近，屋外

注　本表は，開放式冷却塔を基準として比較した。

4.1.3 ボイラ

加熱用熱媒としての温水または蒸気をつくるためにボイラが使用されるが，空調用として使われているボイラの種類とその比較を表11.18に示す。

鋳鉄製組合せ型はセクショナルボイラとよばれ，図11.26(a)に示す構造となっている。鋳鉄製缶体のセクションを何枚か並べて組み立てられ，下部は燃焼室，上部は煙道となっており，缶内の保有水量が多く，負荷変動に対し安定している。容量がそれほど大きくなく，蒸気圧が100 kPa以下で使用される中小規模ビルに使用される。

炉筒煙管式は，図11.26(b)に示す構造となっており，炉筒のなかに煙管群を設け，そのなかを燃焼ガスが通って周囲の水を加熱し，温水または蒸気をつくる構造となっている。セクショナルボイラよりも容量が大きいときや，高い蒸気圧（1 MPa以下）を必要とする場合に使われる。

水管式ボイラは図11.26(c)に示す構造となっており，最高使用圧力が1 MPa以上の蒸気を大量に使用する場合に使用される。汽水ドラムと多数の水管から構成され，水管中の水は自然または強制的に循環される。保有水量が少なく伝熱面積が

表11.18 暖房用ボイラの分類と比較[8]

種類	容量 (t/h)	圧力 (MPa·G)	効率 (%)	長所	短所	用途
鋳鉄製組合せ	0.1～5	0.01～0.5 (温水の場合)	70～85	分割搬入可，寿命長い，取扱い容易，給水処理容易，安価	低圧，小容量，起動時間長く，材質もろい，内部清掃困難	中小規模建物に適す。蒸気用のほか，普通温水ボイラとしても使われる。
炉筒煙管	0.1～20	～1	70～89	負荷変動に対して安定性があり，水面広く給水制御容易，水処理は比較的簡単，現場工事はほとんど不要	起動時間が長い，分割搬入不能，鋳鉄製より高価	大規模建築物の高圧蒸気用として使われるほか，地域暖房の高温水ボイラとしても使われている。
水管 (パッケージ型)	～40	～2	70～89	負荷変動に対して追従性よい。起動時間が短い。加熱・予熱が容易で，熱効率がよい。	高価，水処理複雑	大規模な病院，ホテルなど高圧蒸気を多量に必要とするところのほか，地域冷房の蒸気タービン用などに使われる。
貫流	～10	～1.6	75～85	保有水量はきわめて少なく，負荷変動の追従性よく，起動時間短い。軽量で据付け面積小，伝熱面積30m²以下は運転資格不要	厳密な水処理を要する。寿命やや短く，高価，騒音が高い。	使用例は比較的少ない。
立て型	～0.2	～0.005 ～0.1 (温水の場合)	50～60	据付け面積小，取扱い容易，水処理不要，安価	低圧，小容量，効率よくない。	住宅の暖房・給湯などに多く使われる。
温風炉*	～50× 10⁴kW/h	―	70～85	付属機器少なく安価，起動時間きわめて短い，設置スペース小，軽量，取扱い容易，運転資格不要	冷房風量のアンバランス解消のためバイパス風路を要す。寿命短い。加湿能力に問題あり。	小規模建物の暖房用に使われる。
真空式温水機	～3.0	缶内圧力 60～ 20kPaabs	83～88	大気以下の蒸気を利用しているので，安全性が高く，ボイラ技士の資格者も不要。さらに熱効率もよく給水も不要となり，缶内スケール障害も起こりにくい。		中小規模建物に共用の温水機として利用される（3回路まで利用可）。

*温風炉はボイラではないが，比較のため併記した。

多くとれ，炉室の形状も自由にとれるなどの利点のほかに，起動時間が短く，負荷変動の追従性もよい。ただし，このボイラは他のボイラにくらべ水処理を厳格に行う必要がある。

貫流ボイラは，1本の管中を流れる間に予熱，加熱，蒸発，過熱されて他端から加熱蒸気を得る形式のもので，保有水量が非常に少ないため，起動時間が短く，負荷への追従性がよい。

立て型は小容量のもので，一般に家庭用暖房装置として使われる。効率は悪いが構造が簡単であり安価である。

真空式温水機は，缶内を大気圧（20～60 kPa abs）以下に保ち，溶存酸素を脱気して缶内に封入された熱媒水を加熱することにより，低圧の状態で蒸気をつくり，その蒸気で缶内に設けた暖房用コイルと給湯用コイルを同時に加熱するものである。コイル加熱後の熱媒水は凝縮水となり，ふたたび加熱され低圧蒸気となるサイクルを繰り返す。作動原理を図 11.27 に示す。また，缶内圧力が大気圧以下であるため，ボイラとはよばず，法規上もボイラとしての適用は除外となる。

ボイラの燃料としては一般にガス，油が用いら

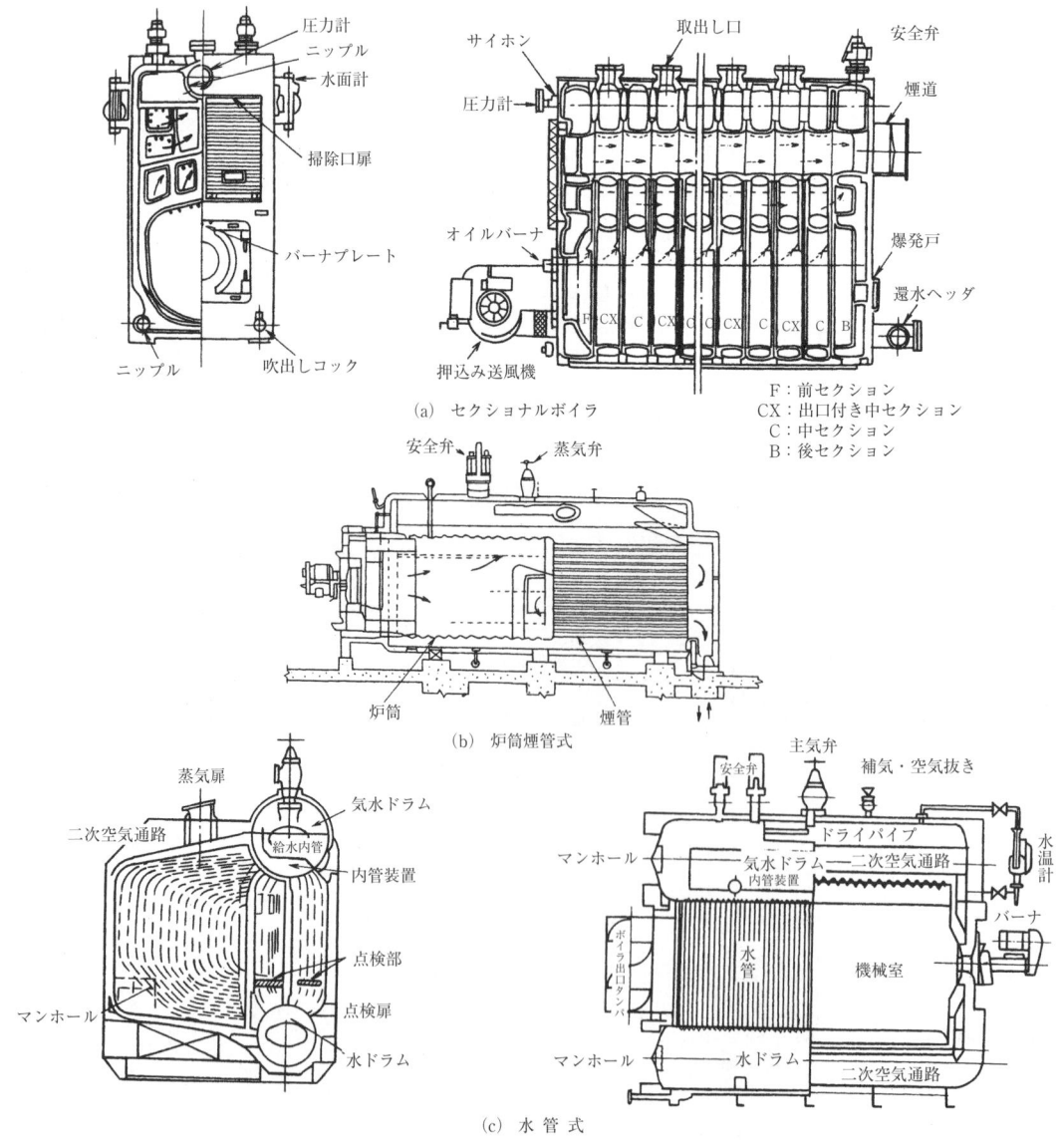

(a) セクショナルボイラ

F：前セクション
CX：出口付き中セクション
C：中セクション
B：後セクション

(b) 炉筒煙管式

(c) 水管式

図 11.26 ボイラの構造

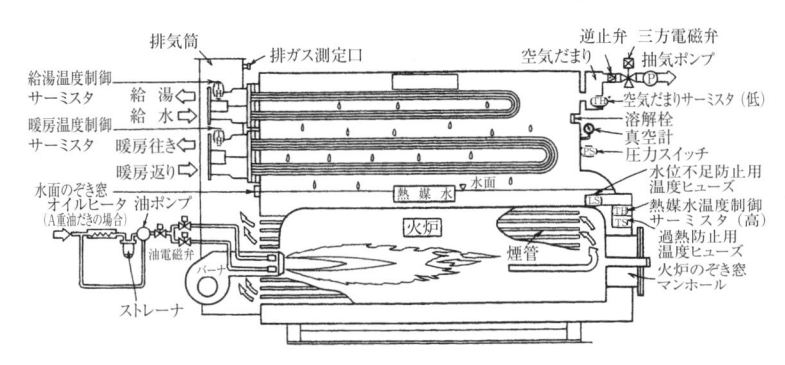

図 11.27 真空式温水機作動原理図

表 11.19 ボイラ関係法規

種 類	法 規 名	内 容
省 令	ボイラ及び圧力容器安全規則	適用範囲，製造，設置，ボイラ室，管理，性能検査，届出
政 令	ボイラ構造規格 圧力機器構造規格	材料，工作，水圧試験，給水装置，配管などの規格 材料，工作，水圧試験，給水装置，配管などの規格
条 例	火災予防条例	火を使う設備の位置・構造基準
消防庁運用基準	危険物関係事務審査基準 火気使用技術基準	危険物一般取扱い所の基準（指定数量以上） 熱風炉，小型ボイラ，適用除外ボイラ技術基準

表 11.20 危険物関係法規

種 類	法 規 名	内 容
法 律	消防法	危険物の品名，指定数量，貯蔵，取扱いの基準など
政 令	建築基準法施行令 消防法施行令 危険物の規則に関する政令 危険物の規則に関する規則	危険物の品名，指定数量 消火設備に関する基準 屋内・地下タンク貯蔵所の基準，消火設備，取扱い所の区分基準 タンク容積計算法通気管の規定，特別許可，検査申請など
省 令	消防法施行規則	地下タンク外面保護の方法など
条 例	火災予防条例	指定数量未満の貯蔵取扱い基準，火を使う設備の位置，構造の基準
消防庁訓令	火災予防規程	消防用設備の着工，使用，届け出，申請
消防庁運用基準	危険物関係事務審査基準	ボイラの一般取扱い所の基準，共同住宅の燃料供給設備基準

れる。ボイラ選定時は，容量，必要蒸気圧，温水温度などの諸条件から，設備費，運転費を含めて総合的に判断し，最も適した機種を選ぶ。またボイラ設備は，他の設備にくらべて法規制を受ける部分が多い。ため，法規上の配慮も十分行わなければならない。表 11.19 にボイラ関係法規，表 11.20 に危険物関係法規，図 11.28 にボイラ運転資格の概要を示す。

4.1.4 ヒートポンプ方式

(1) 概 要

冷熱として使用される冷凍機は，図 11.29 に示すように，冷媒が圧縮機を動力源として，圧縮→

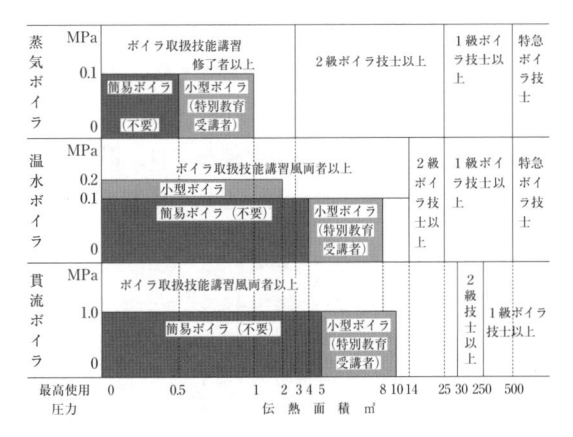

図 11.28 ボイラ取扱い主任者の資格

注：ボイラ..........設置届，構造検査，落成検査，性能検査が必要
小型ボイラ..........設置報告書提出のみでよい。
簡易ボイラ..........構造規格が定められているだけで，その他の法的規制はない

11章 熱源容量の決定

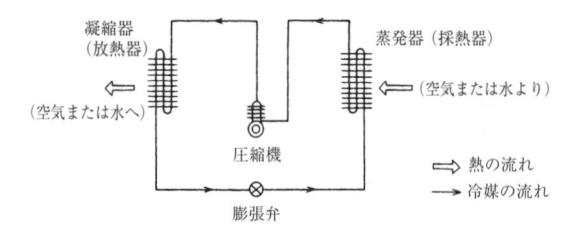

図11.29 冷凍機（ヒートポンプ）の原理

凝縮→膨張→蒸発のサイクルを繰り返し，蒸発器で周囲の空気やコイル内の水などから蒸発熱を吸収し，その代わりに空気やコイル内の水を冷却する。同時に凝縮器ではその周囲の空気や水に凝縮熱を放出し，これらの空気や水を加熱している。この凝縮器での放熱を加熱源として利用する冷凍機をヒートポンプとよぶ。低温の蒸発器で空気や水から熱を汲み上げる形となることからヒートポンプとよばれる。そのため蒸発器で熱を汲み上げられる空気や水をヒートポンプの熱源とよび，蒸発器を採熱器とよぶ場合もある。

空調設備においては，一般に夏期には，冷凍機として蒸発器の冷却作用を利用して冷房を行い，冬期はヒートポンプとして凝縮器（ヒートポンプの場合は放熱器とよぶ場合もある）における加熱作用を利用して暖房を行う場合がほとんどであるが，年間を通じて冷却・加熱を同時に利用する熱回収ヒートポンプとしても利用される場合もある。

ヒートポンプのサイクルをモリエル線図上に表わすと図11.30のようになり，冷媒は断熱膨張（①→②），等温膨張（蒸発）（②→③），断熱圧縮（③→④），等温圧縮（凝縮）（④→①）のサイクルを繰り返す。ヒートポンプ運転では，温水温度などを高くするため凝縮温度を高くする必要があ

るが，冷凍機として利用する場合はその必要はなく，図中の①′→②′→③′→④′のサイクルとなる。ヒートポンプの性能は，成績係数（co-efficient of performance；COP）で表わされ，凝縮器における放熱量 q と圧縮機における仕事量 w との比で表わされる。

$$成績係数(\varepsilon_h) = q/w = (h_4 - h_1)/(h_4 - h_3)$$

ヒートポンプの成績係数は，機種，温水温度，蒸発温度により異なり，通常は2～5程度である。成績係数をよくするためには，蒸発温度を高く，凝縮温度を低くするようにすればよいが，ヒートポンプ熱源の温度や利用する温水温度により蒸発温度や凝縮温度が決まるため，成績係数もシステムの選定条件によって左右される。

(2) ヒートポンプ熱源

ヒートポンプ熱源としては，熱量が豊富で温度が高い，温度変化が少ない，容易に採取できることなどが望ましく，次のものが利用されている。

水　　：排水，河川水，海水，地下水
空気　：外気，各種排気（地下鉄排気，各種生産プロセスの排気）
地熱　：地中の熱を採取
太陽熱：太陽熱を水または空気で採取
建物内の余剰熱：熱回収方式

これらのうち，採取が容易であること，量に制限がないことなどから，最も多く利用されているのが外気を熱源としたヒートポンプである。関東以西などでは気候が比較的温暖であり温度的にも有利である。しかし，空気は熱容量が小さく伝熱効率がよくないため，凝縮器（採熱器）が大型になり，騒音が大きくなるなどの問題点もある。

地下水は，年間を通じて，温度が15～20℃でほぼ一定しており，ヒートポンプ熱源としては優れているが，汲み上げ量が多くなると，枯渇の問題や地盤沈下を招くため，地域により使用を禁止されているか，還元井の設置を必要とする場合などがあり，地域の状況を確認することが必要である。

各種排熱や建物内の余剰熱は，エネルギーを有

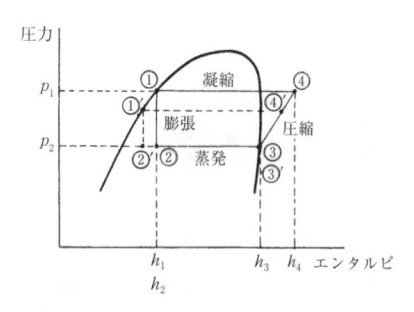

図11.30 冷凍機（ヒートポンプ）サイクル

効に利用し，省エネルギー化を図るうえで効果的な手段の一つであり，熱回収ヒートポンプ方式などで利用されている。

(3) ヒートポンプ方式の計画・選定

ヒートポンプ方式の計画，選定にあたっては，下記の点に注意する。

a 暖房負荷の軽減

一般にヒートポンプ容量は夏期冷房負荷により決められ，暖房時に容量が不足する場合は補助熱源または蓄熱槽を設置し不足分を補う方法をとる。したがって，暖房負荷を減らし，始動時にも十分対処できるようにすることが望ましい。負荷を軽減するには，建物の断熱強化，外気負荷の軽減があげられる。特に始動時は外気取入れを止める制御（ウォーミングアップ制御とよばれ，空調機ファン起動後，所定時間後に外気取入れダンパが開くような制御）が望ましい。

b 成績係数の向上

外気を熱源とする場合は，ヒートポンプの蒸発温度はその地区の外気温度によって決まるので，成績係数をよくするために，凝縮温度ができるだけ低くなるような条件でシステムの設計を行うのが望ましい（たとえば温水温度をできるだけ経済的な範囲で低くするなど）。

c 安価な電力の使用

夜間電力の利用など，安い電力料金で運転できるシステムを考慮する。

d 排熱・余剰熱の利用

建物内に余剰熱・排熱がある場合は，それを有効に使うシステムを工夫する。

e 装置容量の適正な選択

暖房負荷は外気温度の低い朝方の始動時がいちばん大きく，外気温度によって成績係数が大きく左右される空気熱源のヒートポンプなどでは，蒸発温度が最も低い条件で決定されることになる。しかし事務所ビルなど内部発熱が大きい用途では，内部発熱が暖房熱源となり，ヒートポンプは部分負荷運転となるケースが多い。したがって，ヒートポンプ容量の決定にあたっては，内部発熱のクレジット，ウォーミングアップ時間の延長などを考慮して適切な選定をすることが望ましい。また，最大暖房負荷と日中の定常負荷の差を蓄熱装置の併用でまかなう工夫をすることなども考えられる。

4.1.5 ビルマルチ方式

ビルマルチの選定においては，空調スペース負荷と外気負荷は前述のように通常とおり算定する。機器選定では，次の補正事項を考慮して選定を行う。補正にあたっては，各メーカーの選定資料による。

(1) 室内機の選定

ビルマルチの定格能力はJIS条件での表示となっているため，室内設計条件がJIS条件と異なる場合は吸込温湿度での補正を行う。吸込温湿度による補正では，冷房時は吸込み湿球温度が，暖房時は吸込み乾球温度が基準となる。

(2) 室外機の選定

室外機の選定は，受け持つ室内の負荷集計をもとに，JIS条件との違いによる補正と併せて，次の事項を考慮する。容量を仮決定した後，系統の室内機の出力合計と室外機の出力の比較を行い決定する。

a 能力補正

1) 空気熱源マルチの外気温度補正

空気熱源のビルマルチでは，冷房では外気の乾球温度により，暖房では外気の湿球温度により屋外機の出力が変化するため，外気温度補正を行う。暖房時は特にデフロストによる能力低下への注意が必要で，デフロスト時間が運転時間に対してどの程度かによって補正を行う。

2) 水熱源マルチの冷却水温度補正

水熱源のビルマルチにおいて，熱源機への冷却水入口・出口温度がJIS条件と異なる場合，補正を行う。

3) 氷蓄熱マルチ

ビルマルチに氷蓄熱の機能を付加したもので，昼間の電力使用量のピークシフトを図ることができる。室外機と組み合わせ可能な蓄熱槽容量によ

り熱源容量が決められる。

4) 冷媒配管長および高低差補正

配管の延長，また室内機と室外機の高低差，室内機と室外機の位置関係で能力が変化するので，その補正を行う。

b 容量の選定

次の手順で選定する。

① 各室ごとの負荷に基づき室内機の冷暖房能力，型番を選定する。

② 系統ごとの室外機の冷暖房能力，型番を選定する。

③ ①で選定した室内機の出力の合計より②で選定した室外機の出力が大きいことを確認する。

④ ③において，室外機の出力が小さい場合は，選定した室外機から各室内機に配分される冷暖房出力（室外機の能力に，各室内機の能力の比を掛けたもの）が各室内機の必要冷暖房能力以上であることを確認する。

⑤ 不足する場合は，室外機の型番を上げて再選定する。

同一系統における同時負荷率が見込めるとき，たとえば東側ペリメータと西側ペリメータの系統が混在しているときなどは，bの手順において，室内機の出力合計より容量の小さい室外機が選定される場合もあるが，室内機の定格合計値に対する許容範囲があるので(80～130％など)メーカーの技術資料などを確認する。

(3) その他注意事項

a 系統分け

室内機の系統を分ける場合，特に運転時間に注意する必要がある。多くが通常運転時間帯である室と，管理室，守衛室などのように時間外も運転する室は別系統とする。

また，一つの室外機に多数の室内機と長い冷媒配管を設定しなければならないときは，冷媒が室内に漏洩したときの室内の冷媒濃度の限界値に対する確認が必要である。系統が分けられずに限界濃度を超えるおそれがある場合は，ガス漏洩検知設備や機械換気設備が必要となる。

b 室内機間の高低差

同様な運転時間帯をもつ室でも高低差が比較的ある場合，冷媒管の分岐後の長さに制限があるので同一系統にできない場合がある。

c 室外機の設置場所

室外機は屋上に集中設置される場合がほとんどであり，周囲に十分な空間がとれないとき，室外機の吹出し・吸込み気流がショートカットを起こし，能力が大きく低下する，または高圧カットが働いて停止することがある。このようなことが懸念されるときは，温度・気流の状況をシミュレーションなどにより確認し，吸込み空間をとる，吐出しダクトを設置するなどして吹出し・吸込み気流の適正化を図る必要がある。吐出しダクトの設置自体も能力の低下につながるので確認する必要がある。

d 高調波対策

インバータが内蔵されるユニットを使用する場合，電気・設備のいずれで高調波対策をとるか確認する必要がある。設備で対応するときは，高調波ノイズフィルタ，ACリアクトル，DCリアクトルなどの方法が用いられる。

e 電源設備容量

選定した室外機型番でのメーカー選定資料に記載されている運転電流とブレーカー容量に基づき決定する。

4.1.6 熱回収方式

(1) 概　要

建物内外の余剰熱または排熱を回収して，それを暖房給湯または他の加熱用熱源として利用する方式を熱回収方式（ヒートリクレームシステム，ヒートリカバリーシステム）とよび，有効な省エネルギーの手段として採用されている。

この方式は，排熱の種類，排熱される場所，温度レベル，排熱量などにより，いろいろな方法があり，大きくは，排熱を直接利用する直接利用方式と，排熱をヒートポンプなどの熱源として利用する間接利用法の2つの方式に分けられる。

直接利用方式には，全熱交換器方式，顕熱交

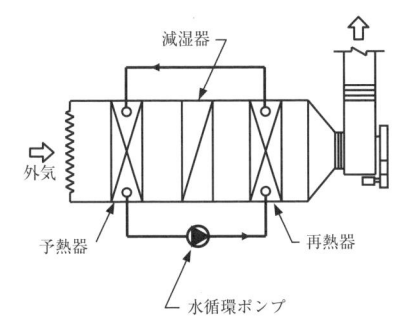

図 11.31 ランアラウンド方式の例

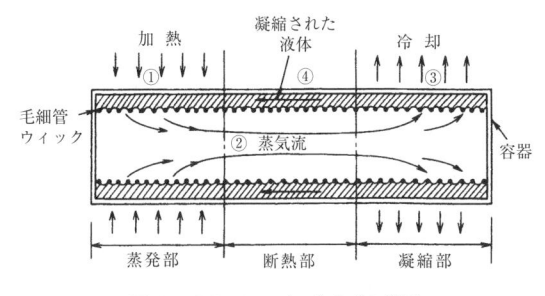

図 11.32 ヒートパイプの構造

器（ヒートパイプ）方式，ランアラウンド方式などがあり，ランアラウンド方式は，熱交換器を用いて熱回収と放熱を配管ループで行うもので，排気と給気の熱交換による外気の予冷，予熱に使ったり，冷房運転時，外気の熱を再熱用熱源として利用する場合などがある。ランアラウンド方式のフローを図 11.31 に，ヒートパイプの構造を図 11.32 に示す。

間接利用方式には，ダブルバンドルコンデンサ方式，水熱源小型ヒートポンプユニット方式，パッケージ型空調機におけるコンデンサレヒート方式などがある。水熱源小型ヒートポンプユニット方式では，システムのなかで冷房と暖房が同時に発生する場合に効果的であるが，一般的に暖房時の立上りで補助熱源が必要になる。

(2) 熱回収ヒートポンプ方式設計手順

熱回収ヒートポンプ方式の設計では，建物の熱バランスをできる限り正確に把握し，容量の過不足を避けるようにする必要がある。手順を図 11.33 に示す。

条件の設定では，人員・照明・コンセント負荷などの内部発熱の値を適切に設定する。事務所ビ

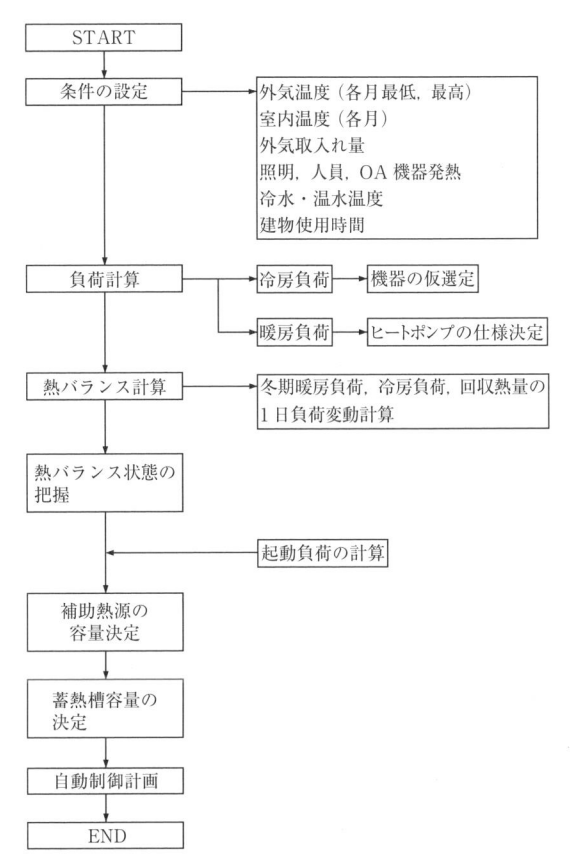

図 11.33 熱回収ヒートポンプ方式の設計手順

ルでは，これらの内部発熱が主たるヒートポンプ熱源となるため，特に注意が必要となる。機器選定の設計条件は，最大容量で設定されるため，現実に負荷となる容量を適切に見積もることが大切であり，コンセント実装容量そのまま見込むことなく，ブレーカ容量なども考慮しながら，適切な数値を設定するべきである。

負荷計算においては，熱回収ヒートポンプの冷房負荷となる系統と暖房負荷となる系統を分けて，暖房負荷および冷房負荷を計算する。事務所ビルなどで，内周部の発熱を外周部の暖房熱源として利用する場合は，暖房負荷を外周部と内周部に分けて計算することになる。このとき，外気を内周部系統の空調機で処理していれば，内周部の内部発熱と外気負荷を相殺した残りの冷房負荷がヒートポンプの冷房負荷となる。

冷房負荷となる内部発熱は明確であれば発熱スケジュールを設定したほうがよいが，一般的には

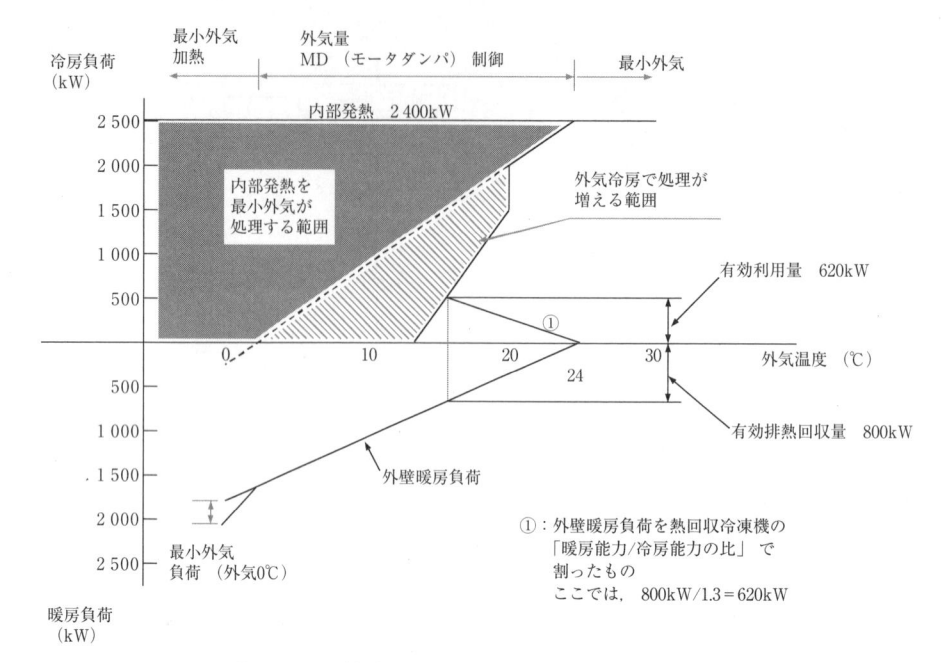

図 11.34　熱バランス図の例（室内温度 24℃基準の場合）

発熱スケジュールを把握するのは困難であり，一定として設定する。

1日にわたり熱バランスを算定し，所要のヒートポンプを選定する。

熱バランス図の例を図 11.34 に示す。

4.2　台数分割

図 11.18 に示したように，熱源機器の負荷が決まれば，汎用機器の容量範囲，最低負荷と変動量，機器の容量制御範囲，運転時間，故障時対策，保守点検などを考慮して，必要最低台数を決定する。検討時のおもな配慮点は次のとおりである。

4.2.1　機器の容量制御性

機器の種類により，容量制御方法，制御範囲，部分負荷運転時の効率などが異なる。最小負荷時の運転に対応でき，かつ経済的な運転ができるように，台数を決める。

4.2.2　保守対策

つねに高性能を維持していくためには，定期点検と整備が必要である。その場合，機械をある期間にわたって停止することになるため，年間運転を必要とする建物では，装置を複数台に分割する必要がある。特に1日の装置運転時間が長い場合は，点検整備の期間が短くなるので，この点を配慮して台数を決める。

4.2.3　設備費

台数を多くするほど，設備費は増加する。台数はなるべく少なくすることを原則とする。

4.2.4　運転費

空調設備における熱源装置は，全負荷で運転される時間は非常に少なく，ほとんどの運転が部分負荷状態で運転される。そのため，部分負荷時の効率が運転費に大きく影響するが，一般に機器は部分負荷運転になると効率が低下するので，負荷に応じてできるだけ効率の高い状態で運転できるように機器の台数を分割し，負荷に応じた台数制御などを考慮する。

4.2.5　危険分散

1台のみの場合は，万一機械が故障すると冷房または暖房ができなくなる。工場などの産業空調では製品に重大な影響をきたすこと，またホテル，店舗などのような商業ビルにおいても長時間の停止が営業に影響すること，などのように空調の停止が問題になる場合は，台数を分割して危険分散

を図る。

4.2.6 直列接続と並列接続

複数台に機器を分割した場合，機器の接続方法として，直列接続と並列接続があり，図11.35にその概要を示す。

直列接続の場合は，機器出入口温度差を大きくとれるので流量が少なくなり，並列接続方式にくらべポンプ動力を少なくできる場合が多いが，部分負荷時でもポンプはつねに一定水量で運転することになり，ポンプ動力の節約はできない。並列接続の場合は，部分負荷時にポンプも停止できるので，動力の節約が図れる。

図11.36に冷凍機の直列接続方式における制御方法を示す。並列接続方式においては，二次側の負荷により，冷凍機の台数制御(冷水ポンプと冷凍機の発停)と冷凍機自身の容量制御とにより容量が制御されるが，図11.37にターボ冷凍機を使いサクションベーンにより制御した場合の冷水温度変化状況を示す。

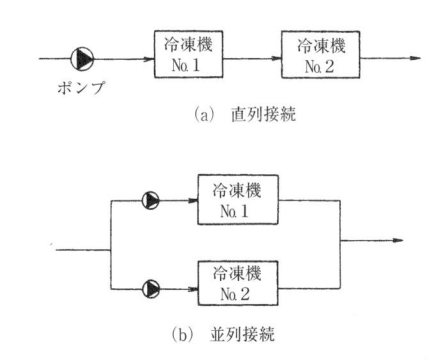

図 11.35 複数台熱源機器の配置要領

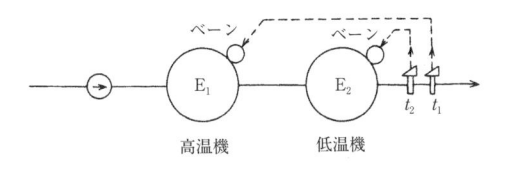

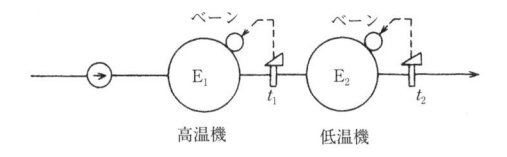

図 11.36 直列運転時の冷凍機の容量制御方法

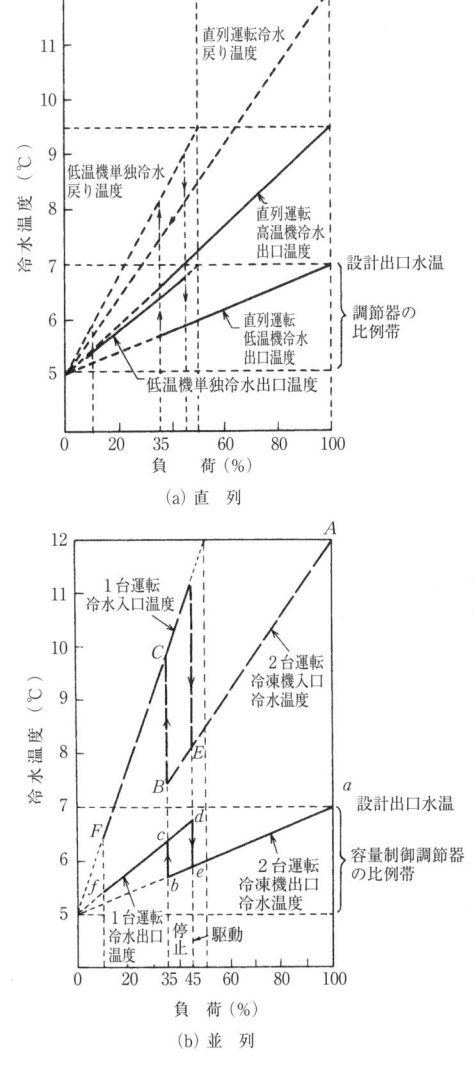

図 11.37 部分負荷運転

11章　熱源容量の決定

引用文献
(1) 空気調和・衛生工学会編：空気調和・衛生工学便覧（第10版），Ⅱ-162〜163，空気調和・衛生工学会
(2) 空気調和・衛生工学会編：蓄熱式空調システム，p83，空気調和・衛生工学会，1982
(3) 同上書，p85
(4) 同上書，p86
(5) 同上書，p91
(6) 日本空調衛生工事業協会編：空衛工事便覧，日本空調衛生工事業協会，2009
(7) 空気調和・衛生工学会編：空気調和・衛生工学便覧（第11版），Ⅱ-506，空気調和・衛生工学会
(8) 空気調和・衛生工学会編：空気調和・衛生工学便覧（第10版），Ⅱ-147，空気調和・衛生工学会

参考文献
① 空気調和・衛生工学会編：蓄熱式空調システム基礎と応用，空気調和・衛生工学会，1995
② 国土交通省国大臣官房官庁営繕部設備部設備・環境課監修：建築設備設計基準，全国建設研修収センター，2006
③ 空気調和・衛生工学会編：空気調和・衛生工学便覧（第12版），空気調和・衛生工学会

12章 換気・排煙設備

1 換気設備

1.1 概　要

換気は，室内環境保持のため古くから建物の装置として取り入れられてきた。その目的は，室内空気の浄化，熱の除去，酸素の供給，水蒸気の除去などである。

換気方法には，必要換気量を確保する方法によって，自然換気と機械換気（強制換気）がある。

自然換気には，換気の原動力として，空気の温度差により生じる密度差（浮力）を利用するものと，建築物の周囲の自然風を利用するものがある。

機械換気は，換気の原動力として，送風機の機械力を利用するものである。

1.2 設計の進め方

換気設計は図12.1に示す設計フローにより進められる。まず，室の使用目的および使用条件を調べて換気の必要な要因を明確にし，それらを満足する換気量を算出する。

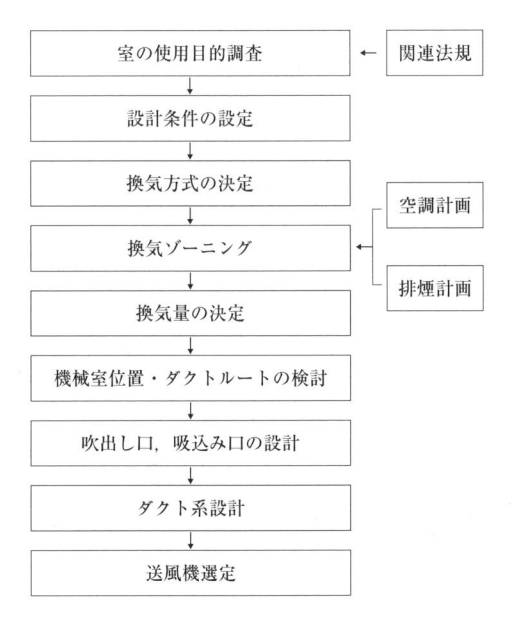

図12.1　換気設計手順

表12.1に換気上の要因を，表12.2におもな室の換気目的を示す。

表12.1　換気上の要因

	名　　称
①	酸素（O_2）
②	炭酸ガス（CO_2）
③	一酸化炭素（CO）
④	臭気（たばこ，体臭その他）
⑤	熱
⑥	湿気
⑦	燃焼ガス
⑧	粉じん
⑨	細菌
⑩	有毒ガス

表12.2　換気の必要な室および目的

室　　名	換気の目的
居室	在室者の健康，安全，快適さのため
厨房	臭気，熱，湿気，燃焼ガスの除去
ボイラ室	熱の除去，燃焼空気の供給
機械室	熱，湿気の除去
オイルタンク室	危険ガス，臭気の除去
電気室	熱の除去
発電機室	熱の除去，燃焼空気の供給
エレベータ機械室	熱の除去
便所	臭気の除去
浴室	湿気の除去
湯沸し室	熱，燃焼ガス，湿気の除去
倉庫	熱，湿気，臭気，有毒ガスの除去
配膳室	臭気，熱，湿気の除去
洗濯室	熱，湿気，臭気の除去
屋内駐車場	有毒ガスの除去
暗室	臭気，熱の除去
コピー室	熱，臭気の除去
映写室	熱，臭気の除去
蓄電池室	有毒ガスの除去
受水槽室	湿気，臭気の除去
工場作業所	作業者の健康，安全，作業能率のため

1.3 設計条件

換気は，新鮮空気と室内の汚染空気との入替えであるから，先に述べた諸要因の数値を明示する必要がある。

1.3.1 室内条件

室内条件は，室内の環境保持のための値で，一般に許容値で表わされることが多く，経験値，実験値などのほか，法的に規制を受けるものもある。

表12.3は「建築物における衛生的環境の確保に関する法律施行令」(ビル管理法施行令)で定められている室内環境基準で,換気では一酸化炭素,炭酸ガス,ホルムアルデヒドの量が環境保持の対象となる。

表12.3 室内環境基準(ビル管理法施行令)

室　名	環境基準
①浮遊粉じんの量	0.15mg/m³以下
②一酸化炭素の含有量	10/1 000 000 (10ppm) 以下
③炭酸ガスの含有量	1 000/1 000 000 (1 000ppm) 以下
④温　度	17℃以上,28℃以下 居室における温度を外気温度より低くする場合は,その差を著しくしないこと。
⑤相対湿度	40%以上,70%以下
⑥気　流	0.5m/s以下
⑦ホルムアルデヒドの量	0.1mmg/m³

1.3.2 外気条件

各地の気象データによる外気の温湿度条件は,室内の発生熱や水蒸気の除去の換気量計算に,また,表12.4に示す外気の標準大気組成は,酸素や炭酸ガスに関する計算の際に用いられる。

表12.4 大気の組成

成分	容積百分率(%)	空気に対する比重
窒素(N₂)	78.09	0.97
酸素(O₂)	20.95	1.11
アルゴン(A)	0.93	1.38
炭酸ガス(CO₂)	0.03	1.53

1.3.3 室内圧

室内の圧力は,その室の給排気量のバランスにより決まる。すなわち,正圧の室は給気量を多くし,負圧の室は,排気量を多くする。室を密閉した状態で隣室から空気が流入するかしないかは,対象室と隣室との圧力差(室間差圧)で決まる。

1.4 換気方式
1.4.1 自然換気

自然換気は,建物内外の温度差による空気の密度差から生じる圧力差や,自然の風により建物周囲に生じる圧力差を利用して,建物の壁や屋根に設けた開口部から空気を流入・流出させるものである。したがって,季節による外気温度の変化,風の強弱,風向きの変化などにより換気量が変化する。

(1) 浮力に基づく自然換気(重力換気)

室内外の密度差に基づく浮力を利用した換気は,図12.2に示すように室内の空気密度をρ_i(kg/m³),外気の密度をρ_o(kg/m³),重力の加速度をg(m/s²)とし,床面での室内圧力を同一高さの静止外気の圧力をp_i(Pa)とすると,床面から高さh(m)における室内の圧力は$(p_i-\rho_i gh)$,同じ高さにおける静止外気の圧力は$(0-\rho_o gh)$となることから,高さhの壁面に働く圧力差は

$$\Delta p = p_i + (\rho_o - \rho_i)gh \quad (\text{Pa}) \qquad (12\text{-}1)$$

となる。ここにΔpは圧力差(Pa)で,室内から外気へ向かって圧力が作用する場合を正の値とする。

室内外の圧力差が0になる高さをh_N(m)で表わせば,式(12-1)から

$$p_i = -(\rho_o - \rho_i)gh_N \quad (\text{Pa}) \qquad (12\text{-}2)$$

が得られ,上式を式(12-1)に代入することによって圧力差は

$$\Delta p = (\rho_o - \rho_i)(h - h_N)g \quad (\text{Pa}) \qquad (12\text{-}3)$$

となる。

室内の温度が高い場合の圧力分布を図12-3に示す。室内外の圧力差が0となる高さh_Nのことを中性帯とよぶ。中性帯の高さは建物の開口の状態によって変化し,上下にほぼ同程度の大きさの開

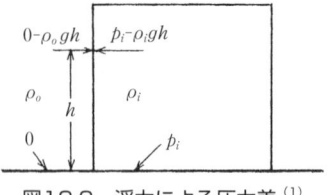

図12.2 浮力による圧力差[1]

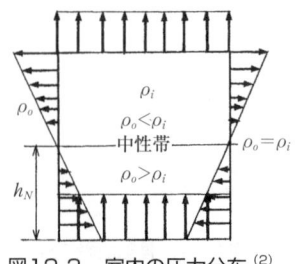

図12.3 室内の圧力分布[2]

口がある場合は，中性帯は開口のほぼ中央の高さに位置する。

(2) 風の力による自然換気

自然の風が建物などによってせき止められると，風のもっている運動エネルギーが圧力に変換され，圧力差が生じる。この圧力差を室内の換気に利用するのが，風の力による自然換気である。風によって建物に作用する圧力 p_W (Pa) は，風の風速を用いて次式で表わされる。

$$p_W = C \cdot \rho_o v_o^2 / 2 \qquad (12\text{-}4)$$

ここに，C：風圧係数 （-）

　　　　ρ_o：外気の密度 （kg/m³）

　　　　v_o：基準風速（建物により影響を受けない上空の風速）（m/s）

風圧係数は，建物周囲の風圧の性状を示す値で，建物の形状，風向，周囲の条件によって異なり，一般的には模型実験を用いた風洞実験から求められる。図12.4にその例を示す。

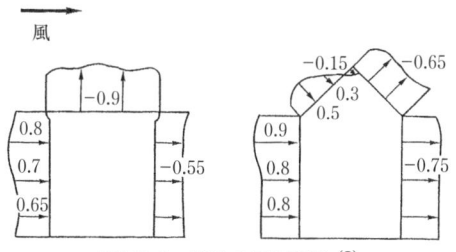

図12.4 建物の風圧係数[3]

1.4.2 機械換気

機械換気は，送風機を用いて強制的に換気を行うもので，換気の確実性は自然換気にくらべて優れている。

図12.5に各方式の基本的なフローを示す。

第一種換気法は，給気系と排気系に送風機を設ける方式で，換気量が確実に得られる。

また，給排気量を変えることにより，室内圧を正負圧どちらにも設定することが可能である。

第二種換気法は，給気系に送風機を設けて室内を加圧し，室に設けた開口から空気を押し出す方式で，他室の汚染した空気の侵入を嫌う室や，燃焼空気を必要とする室の換気に適している。

第三種換気法は，排気系に送風機を設けて室内

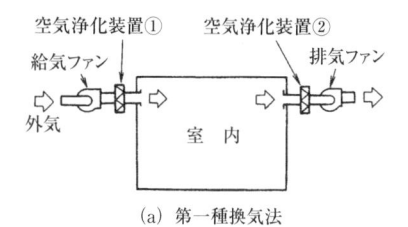

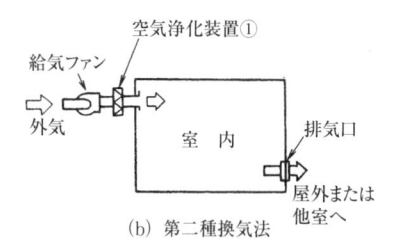

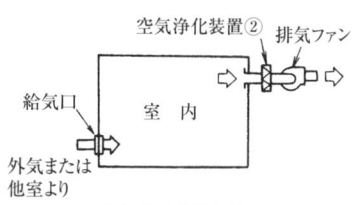

注　空気浄化装置①は，外気が汚れている場合に設ける。
　　空気浄化装置②は，排気する空気が，臭気や有害ガスを含む場合に設ける。

図12.5 機械換気の種類

の空気を強制的に排気するので，室内は負圧になる。したがって，室内で発生した臭気や水蒸気などを他室に流出させないので，便所や浴室のような室の換気に適している。

機械換気の他の分類方法として，全体換気と局所換気，置換換気がある。

全体換気は，室全体を換気する方法で，室内で発生する汚染空気を希釈して換気するものである。そのため，汚染源や汚染量によっては換気設備が過大になることがある。有毒ガスの汚染源の近辺では，それらが拡散するので，気流についての十分な検討が必要となる。

局所排気は，汚染源の近くにフードなどを設置し，汚染空気を捕捉して排出するので，熱，水蒸気，臭気などは拡散せず，比較的少ない換気量で室内の環境の維持が図れる。局所排気の実際の設計では，有効な給気口および給気経路を計画しておかないと，換気量が確保できなかったり扉の開閉に障害が生じたりするので注意を要する。

置換換気は空気の密度差（温度成層）利用した換気方式である。天井が高く，高温の生産機械などがある工場や厨房等では，床面近くで外気を低速で供給し，高温の生産機械などの発熱による上昇気流を利用して，発生熱および汚染物質を室上部の排気口から効率よく排出するシステムで，省エネルギーの観点からも優れたシステムであるといわれている。

1.5　換気量の求め方

換気量は，汚染物質などの室内濃度を許容値以下に保持できる量として求められる。そのために必要な最小風量を必要換気量といい，次のような計算方法がある。

1.5.1　換気回数による計算

室の容積を求め，表12.5に示されている室の換気回数を用いて換気量を算出する。

この計算方法は，許容値や汚染源の把握ができない場合，また，この換気回数で計画されてもあまり問題が生じない室の換気量計算に用いられる。

---- 例題12.1 ----

便所の換気量を求めよ。ただし，便所の面積は36 m^2，天井高さは2.5 mとする。

[解答]　便所の室容積は，

$$36 \times 2.5 = 90 \text{ (m}^3\text{)}$$

便所の換気回数は表12.5より10回/hとし，必要換気量Q（m^3/h）は，

$$90 \times 10 = 900 \text{ (m}^3\text{/h)}$$

1.5.2　許容値による計算

室内環境保持のため，室内の許容量と発生量が提示された場合，その許容値を守るのに必要な換気量を計算によって求める。表12.6は，おもな環境要因別の必要換気量 Q の計算式を示す。

---- 例題12.2 ----

ある機械室の発生顕熱が29 000 Wであるとき，この室の温度を40℃に保つのに必要な換気量を求めよ。ただし，導入する外気温度は32℃とする。

[解答]　表12.6の式①を用いて必要換気量 Q を求めると，

$$Q = \frac{29\,000}{0.33(40-32)} \fallingdotseq 11\,000 \text{ (m}^3\text{/h)}$$

表12.5　諸室の換気方式など[4]

室　名	換気の必要な要因					換気方式			換気回数 (回/h)
	臭気	熱	湿気	有毒ガス	酸素供給	第一種	第二種	第三種	
便所・洗面所	●							×	5〜15
更衣室	●							×	5
湯沸し室		●	●		●			×	(6〜10)[2]
書庫・倉庫	●							×	5
暗室	●	●		●				×	10
コピー室	●			●				×	10
浴室・シャワー室			●					×	3〜7
業務用厨房	●	●			●			×	(40〜60)[2]
ボイラ室		●					×		(10〜)
冷凍機室				●					(5〜)
電気室		●						×	(10〜15)
発電機室		●			●			×	(30〜50)[1]
エレベータ機械室		●						×	(10〜30)
駐車場				●				×	(10)[2]

注　●：特に考慮すべき要因　　×：一般的には採用されない
1)　非運転時5回/h程度
2)　法規制
(　)内の換気回数は概略設計時に使用し，実施設計時は発熱量，許容温度上昇や法規制などを必ず確認のうえ，給排気量を決定する。

表12.6 必要換気量の計算式

No	環境要因	計算式	備考
①	熱	$Q = \dfrac{H_s}{0.33(t_i - t_o)}$	H_s：発生顕熱量（W） t_i：許容室内温度（℃） t_o：導入外気温度（℃）
②	水蒸気	$Q = \dfrac{W}{1.2(x_i - x_o)}$	W：水蒸気発生量（kg/h） x_i：許容室内絶対湿度（kg/kg）(DA) x_o：導入外気絶対湿度（kg/kg）(DA)
③	ガス	$Q = \dfrac{100M}{K - K_o}$	M：ガス発生量（m/h³） K：許容室内ガス濃度（vol%） K_o：許容室内ガス濃度（vol%）
④	じんあい	$Q = \dfrac{M}{C - C_o}$	M：じんあい発生量（mg/h） C：許容室内じんあい濃度（mg/m³） C_o：導入外気じんあい濃度（mg/m³）

例題12.3

ある作業室の乾球温度が 35℃，相対湿度 65％のとき，水分発生が 35 kg/h であった。この室の絶対湿度を保持するのに必要な換気量を求めよ。ただし，導入する外気は乾球温度 32℃，相対湿度 65％ とし，換気による温度変化は無視するものとする。

［解答］外気および室内の空気の絶対温度 x (kg/kg)(DA) を，空気線図を用いて求めると，

外気 32℃ CDB，65％ RH より，

$x_o = 0.0197$ (kg/kg (DA))

室内 35℃ CDB，65％ RH より，

$x_i = 0.0234$ (kg/kg (DA))

となり，表12.6の式②より必要換気量 Q を求める。

$$Q = \frac{35}{1.2(0.0234 - 0.0197)} \fallingdotseq 7\,900 \ (\mathrm{m^3/h})$$

例題12.4

建築基準法で定められている室内の炭酸ガス濃度を基準にして，1人当たりの必要外気量を求めよ。ただし，作業内容は極軽作業とし，人間の炭酸ガス吐出し量は 0.022（m³/(h·人)）とする。

［解答］炭酸ガスの法的室内許容濃度を0.1%，外気濃度を0.03% とすると，表12.6の式③を用いて必要換気量 Q を求める。

$$Q = \frac{100 \times 0.022}{0.1 - 0.03} \fallingdotseq 31.5 \ (\mathrm{m^3/h})$$

炭酸ガスは，ある程度まで人体に無害とされているが，その増加は空気の性質が悪化するものとして室内環境基準の指標と考えられている。また表12.7には，作業内容による人間の炭酸ガス吐出し量を示す。

表12.7 労働強度別炭酸ガス吐出し量[5]

作業程度	炭酸ガス吐出し量 (m³/(h·人))	計算採用値 (m³/(h·人))
安静時	0.0132	0.013
極軽作業	0.0132～0.0242	0.022
軽作業	0.0242～0.0352	0.03
中作業	0.0352～0.0572	0.046
重作業	0.0572～0.0902	0.074

例題12.5

ある作業室で 165 mg/h の発じんがあるとき，ビル管理法施行令の室内浮遊粉じん量を守るために必要な換気量を求めよ。ただし，導入する外気のじんあい量は 0.1 mg/m³ とする。

［解答］ビル管理法施行令で定められている室内の許容浮遊粉じん量は 0.15 mg/m³ であるから，表12.6の式④を用いて必要換気量 Q を求めれば，

$$Q = \frac{165}{0.15 - 0.1} = 3\,300 \ (\mathrm{m^3/h})$$

1.5.3 法規制による計算

建築基準法などでは，室内環境基準を定め，規

制値や計算式により法的換気量を遵守するように義務づけられている。したがって，法による換気量が技術的計算で求められた数値より大きい場合は，設計上の換気量としては，法による換気量を用いなければならない。以下に，一般建物関係のおもな法令の計算式を記述する。

(1) **居室の換気**（建築基準法施行令第20条の2）

機械換気設備の有効換気量は，次式によって計算した数値以上とするよう規定されている。

$$V = \frac{20 A_f}{N}$$

ここに，

V：有効換気量（m³/h）

A_f：居室の床面積（m²）

ただし，窓などの有効な開口部がある場合，その面積の20倍したものを減じる。

N：1人当たりの占有面積（m²）

ただし，$N>10$の場合は10とする。

中央管理方式の空気調和設備の場合では，窓などの開口部により床面積を減じることは認められず，実床面積をA_fとして計算しなければならない（告示第1832号）。

その他，特殊建築物などの換気量に関する規制の例を表12.8に示す。

(2) **火気を使用する室の換気**（建告第1826号）

調理室などの直接火を使用する室の換気量は法的に定められている。その換気量は，酸素欠乏が生じないよう十分な安全を考慮したもので，排気装置の条件，燃焼の種類，消費量によって計算される。

$$V = KQ$$

ここに，

V：換気扇などの有効換気量（m³/h）

K：単位発熱量当たりの換気量（m³/(kW·h)）（表12.9の法規上の理論廃ガス量をもとに，表12.10に示す排気条件から求めたもの）

Q：燃焼器具の燃料消費量（kW）

表12.9 法規上の理論廃ガス量[6]

燃料の種類		理論廃ガス量
燃料の名称	発熱量（MJ/kg）	
都市ガス		0.93（m³/(kW·h)）
液化石油ガス	50.2	0.93（m³/(kW·h)）
灯油	43.1	12.1（m³/kg）

──**例題12.6**──

事務所100 m²に在室者が8名いる場合に法規上必要な換気量を求めよ。ただし，窓などの有効開口部はないものとする。

[解答] 前述の建築基準法施行令第20条の2の計算式を用いる。1人当たりの占有面積Nは，

$$N = \frac{100}{8} = 12.5 \,(\text{m}^2)$$

であるが，法規に従い$N=10$（m²）となり，必要換気量Qは，

$$Q = \frac{20 \times 100}{10} = 200 \,(\text{m}^3/\text{h})$$

表12.8 換気量に関する規制

	換気量	条件	法規
駐車場	換気回数が10回/h以上	窓の大きさが床面積の1/10以内のとき	駐車場法施行令
	外気25m³/(m²·h) 以上	駐車面積が500m²以上で窓の大きさが床面積の1/10以内のとき	東京都建築安全条例
劇場，映画館，演芸場，観覧場，公会堂，集会場	外気75m³/m²·h以上 空気調和があるとき 全風量75m³/(m²·h) 外気量25m³/(m²·h)	客席面積が400m²以上または地下興行場（第一種） 地上で150〜400m²（第一種，第二種のいずれか） 地上で150m²以下（第一種，第二種，第三種のいずれか）	東京都興業場条例
地下建築物	30m³/(m²·h) 以上 空気調和があるとき 外気量10m³/(m²·h)	床面積が1 000m²以上の階（第一種） 1 000m²以下の階（第一種，第二種のいずれか）	東京都建築安全条例
作業室	30m³/(h·人)	1人当たりの気積が10m³以内，または窓面積が床面積の1/20のとき	労働安全衛生規則

表12.10 火気を使用する室の単位発熱量当たりの換気量 K(m³/(kW·h))

室 名	条 件			換気量 K
調理室等火気を使用する室	排気口または排気筒に換気扇を設ける排気設備			40×理論廃ガス量
	換気扇を設けた煙突を用いる排気設備			2×理論廃ガス量
	排気フードを有する排気筒に換気扇を設ける排気設備	1 下記の条件に該当する場合（Ⅰ型フードという） （ⅰ）排気フードの火源からの高さは1m以下とすること （ⅱ）排気フードは，火源等を覆うことができるものとすること （ⅲ）排気フードの集気部分は，廃ガスを一様に捕集できる形状を有すること		30×理論廃ガス量
		2 下記の条件に該当する場合（Ⅱ型フードという） （ⅰ）排気フードの火源からの高さは1m以下とすること （ⅱ）排気フードは，火源等およびその周囲（火源から排気フードの高さの1/2以内の水平距離にある部分をいう）を覆うことができるものとすること （ⅲ）排気フードは，その下部に5cm以上の垂れ下がり部分を有し，その集気部分は，水平面に対し10度以上の傾斜を有すること		20×理論廃ガス量

例題12.7

ある厨房で使用されるガスレンジの都市ガス消費量は55kWである。また，使用予定のフードは表12.10のⅠ型のタイプであるときの必要換気量を求めよ。

[解答] 理論廃ガス量は 0.93 m³/(kW·h)（表12.9），理論廃ガス量に乗じる数は 30（表12.10）より，必要換気量 V (m³/h) は，

$$V = 30 \times 0.93 \times 55 ≒ 1\,550 \text{ (m}^3\text{/h)}$$

1.6 吹出し口，吸込み口

換気設備の吹出し口は，一般には気流分布を考慮して配置し，吸込み口は汚染源の近くに設け，汚染空気が拡散しないようにする。

1.6.1 グリル型

換気用の吹出し口，吸込み口には，格子状の羽根をもったグリル型が多く用いられている。その羽根には，固定式のものと吹出し方向が変えられる可動式（ユニバーサル型）とがある。羽根の配列には，縦方向（V型）と横方向（H型）とがあり，それぞれ単独に配列したものと両方（VH型またはHV型）を配列したものがある。グリルにシャッタをつけたものをレジスタとよんでいる。

吹出し口は，気流分布を考えれば羽根が可動式のほうがよく，器具の形状は風量，到達距離から決められる。

吸込み口は，風向調整の必要があまりないので，固定羽根格子のものかパンチングメタルが用いられる。その器具の大きさには，風量，面風速，有効面積により算出されるが，一般に面風速は3m/s前後，有効面積は50％くらいとされている。

1.6.2 フード

フードの目的は，フードを汚染源の近くに設けて汚染物質の拡散を防ぎ，少ない排気量で最大の換気効果をあげることである。フードは局所換気装置に多く用いられる。

(1) フードの種類

フードを機能で分類すると，囲い式フードと開放式フードに分類される。

囲い式フードには，ブース，ドラフトチャンバなどがあり，有害物質を含む汚染空気が発生する施設や，粉じんなどの飛散が多い場所に用いられ，汚染源を囲って汚染空気が漏れないようにして排気する。したがって，学校や研究所の実験室，RI利用施設などで多く用いられる。ドラフトチャンバは，製品化され市販されている。

開放式フードには，天蓋，側方フード，スロットフードなどがある。囲い式フードにくらべると，設備費は安いが換気効率は劣る。しかし，作業性の面では優れている。そのため，熱，水蒸気，油，粉じん，臭気などを含む汚染空気が，室内に多少拡散されても問題にならないものに用いられている。

(2) フードの設計

フードの計画上の留意点は，汚染源の位置，性質，発生状態を把握し，作業の支障がない限り，汚染源に近づけて設置することである。また，フードの形状は，汚染物質を含む空気が有効に捕捉できるものとし，その排気量に見合う給気量および経路を考慮しておく必要がある。フードの吸込み面から離れると急激に吸込み速度が減少するので，注意が必要である。

フードの汚染物質捕捉量は吸込み風速に左右される。すなわち，その風速が速いほど汚染物質の除去効果は大きいが，排気量が増して設備費が高くなる。そのため，経済性を考慮した適切な風速の採用が必要である。

フードの吸込み風速の考え方には，捕捉風速（制御風速）と開口面風速とがある。

捕捉風速は，他の妨害気流に抗して汚染物質を捕らえ，これを排気フードに吸い込むためにフード前面の汚染源の位置における必要な風速である。標準的な捕捉風速の例を表12.11に示す。

表12.11 汚染源に与える捕捉風速[7]

汚染物発生状況	捕捉風速（m/s）	作業の例
空気の動きがほとんどない場所で速度をもたずに発生	0.5以下	液面から蒸発する蒸気など
空気の動きが少ない場所で遅い速度で発生	0.5～1.0	吹付け塗装，溶接作業，容器に粉末を入れる作業
空気の動きが大きい作業や発生速度が大きい場合	1.0～2.5	高圧吹付け塗装，容器に材料を投入する作業
空気の動きがきわめて大きい作業や発生速度がきわめて大きい場合	2.5～10.0	グラインダ作業，サンドブラスト，岩石研磨作業

捕捉風速による換気計画は，工場や作業所に多い。汚染源がフードに近く，発生ガス量が僅少の場合の吸込み風量の基本例を表12.12に示す。図中のXは汚染源と吸込み口との距離（m），vはXにおける制御風速（m/s），Aは開口面積（m²），その他の記号は表に示すとおりである。

開口面風速は，汚染物質を捕らえ排気フード内に吸い込むのに必要な風速であり，フードからの排気量Q（m³/h）は，フード開口面積A（m²）と開口面風速v（m/s）により次式で求められる。

$$Q = A \times v \times 3600$$

例題12.8

フードの大きさが1.2 m×0.8 mであるとき，そのフードの排気量を求めよ。ただし，開口面風速は0.3 m/sとする。

［解答］フードの排気量をQとすると，

$$Q = 1.2 \times 0.8 \times 0.3 \times 3600 \fallingdotseq 1040 \text{ (m}^3\text{/h)}$$

(3) 火を使用する室の排気フード

火を使う室の排気フードの構造は，火源からの距離，ダクトの形状など，図12.6に示すような法による制約がある。また，火を使用する器具に設置するフードの上部ダクトには火炎の伝送を防ぐ防火ダンパを設けなければならない。排気フードの法令上必要な排気量は，前述のように排気装置，燃料の種類および消費量で求められる。

一重フードの面風速は0.2～0.5 m/s，二重フードの周辺スロット幅は10～20 mmとし，その吹出し面速度は5～10 m/sとする。そして，両者を満足する排気量を採用する。

その他，次のような留意事項がある。
① 燃焼器具が2個以上の場合は連続フードとする。
② 排気フードはステンレス製または同等以上の不燃材料とする。
③ 油性の排気に用いるフードには，グリースフィルタを設ける。
④ 火災予防条例準則第3条の4第三号ハでは，厨房設備の排気ダクトに関して，排気ダクトを用いずフードから屋外へ直接排気を行う構造のもの，または排気ダクトの長さもしくは当該厨房設備の入力および使用状況から判断して，火災予防上支障がないと認められるもの以外のものには，火炎伝送防止装置（防火ダンパまたは自動消火装置）を設けることを規定している。また，同号ニにおいて，地階に設ける厨房設備および高さ31mを超える建築物に設ける厨房設

12章 換気・排煙設備

表12.12 基本的フードの形式別排風量およびその適用範囲（v：補足速度）[(8)]

フードの形式		種類	アスペクト比 W/L	排風量 Q	排風量の計算式とその適用範囲
囲い式		囲いまたはブース	作業の大きさに合わせる	$Q = VA = vWH$	
		自由空間に設置されたフランジ付きスロット	≤0.2	$Q = 3.7LvX$	$X < 1.0L$ および $X = 0.5\text{m}$：スロットを片側に設けるだけでよい $0.5\text{m} ≤ X < 0.9\text{m}$：できれば両側にスロットを設ける $0.9\text{m} ≤ X < 1.2\text{m}$：必ず両側にスロットを設ける $1.2\text{m} ≤ X$：いかなるスロットも不適。囲い式が適正
		テーブル上に設置されたフランジなしスロット	≤0.2	$Q = 2.8LvX$	
外付け式		自由空間に設置された開口	≥0.2 および円形	$Q = v(10X^2 + A)$	$X < 1.5D_e$ ただし、 　D_e：開口面の相当直径 　$D_e = 4 \times$ 動水半径 　$= 4 \times \dfrac{\text{開口面の面積}}{\text{開口面の周囲長}}$
		自由空間に設置された開口ベンチまたは床上に置かれたフランジなし開口	≥0.2 および円形	$Q = 0.75v(10X^2 + A)$	
		低い位置のキャノピー	発生源の大きさに合わせる	$Q = 1.4PDv$ L：発生源の長辺 　＋0.4$D \times 2$ W：発生源の短辺 　＋0.4$D \times 2$ P：発生源の周囲長 D：発生源からの高さ	$D < 0.3L$

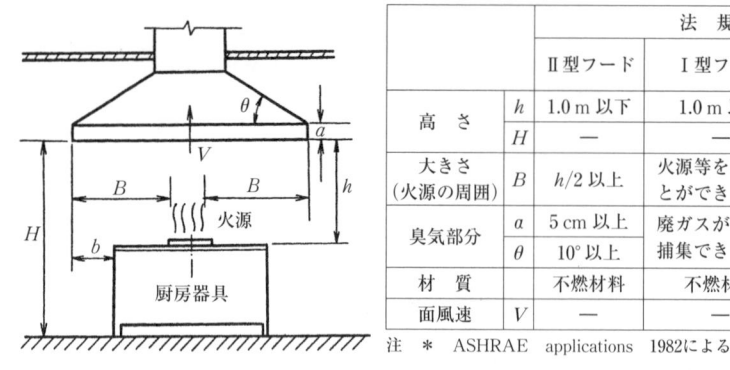

		法規制値			実用値
		Ⅱ型フード	Ⅰ型フード	Ⅰ型フードと同等とみなせるフード	
高さ	h	1.0 m 以下	1.0 m 以下	1.2 m 以下	1.0 m 以下
	H	—	—	—	1.8～2.0 m
大きさ（火源の周囲）	B	$h/2$ 以上	火源等を覆うことができるもの	$h/6$ 以上	—
臭気部分	a	5 cm 以上	廃ガスが一様に捕集できる形状	廃ガスが一様に捕集できる形状	10～15 cm
	θ	10°以上			30°～40°
材質		不燃材料	不燃材料	不燃材料	ステンレス
面風速	V	—	—	—	0.3～0.5 m/s*

注 * ASHRAE applications 1982による

図12.6 フード周り詳細図[9]

備で，当該厨房設備の入力と同じ厨房室内に設ける他の厨房設備の入力の合計が350 kW以上のものに設ける火炎伝送防止装置は，自動消火装置とすることを規定している。

1.7 換気計画

換気計画にあたり，共通する一般事項とおもな室の換気上の要点を下記に示す。

1.7.1 外気取入れ口・排気口

外気取入れ口は，近隣の建物との関連を含め煙突や排気口の位置を確認し，清浄な空気を取り入れるため地上3 m*以上の高さの位置に設ける。また，排気口は，周囲の建物や人々に支障がないような場所に取り付ける。

外壁面に取り付けるガラリ類は，建築意匠に関係があるので，早めにその大きさを決める。その場合，概算風量を求め，有効面積，面風速よりガラリ面積を求める。一般に，外壁ガラリの有効面積は30％くらい，面風速は3 m/s前後が用いられている。

1.7.2 送風機

送風機は，風量，静圧，設置場所により機種を決め，排気する空気の性質により容易に劣化しない材質を選定する。また，外壁に取り付ける換気扇には，風雨の影響を受けないようウエザカバーを設ける。

排風機の位置は，ダクトからの汚染空気の漏れを考えて，ダクト系の末端に設置する。

1.7.3 ダクト

ダクトの大きさは，一般に定圧法（0.8～2 Pa/m程度）で求められる。一方，粉じんを含む換気ダクトの系統では，粉じんがダクトに沈積しないよう，搬送速度を一定にした等速法により大きさが決められる。

ダクトの系統は，粉じん，臭気，有毒ガス，水蒸気など，汚染物質ごとに系統を分ける。厨房，便所，機械室，駐車場なども，ほかと独立した系統とする。また，ダクトの材質は，汚染物質に十分耐えるものを使用する。

1.7.4 燃焼機器のある室

ボイラ室や発電機室の換気は，機器の運転で発生する熱の除去のほか，機器の燃焼に必要な空気量を確保する必要がある。そのため，給気量を排気量より多くしたり，機器の運転時と停止時の換気量を変えたりしている。

ボイラの燃焼に必要な空気量は，次式により求める。

$$Q = m \times L \times G$$

ここに，

Q：ボイラの燃焼に必要な空気量（m³/h）

m：空気過剰率（1.1～1.3）

L：理論空気量（m³/(N·m³)またはm³/kg）

G：燃料消費量（(N·m³)/hまたはkg/h）

ただし，燃焼用の送風機がついているボイラで

*東京都の場合，特定建築物においては10 m以上とするよう指導される。東京都食品環境指導センター発行『ビル衛生管理の建築確認申請時指導要領 同解説』参照

は，その送風量をボイラの燃焼に必要な空気量とする。したがって，ボイラ室の換気は，給気量は排気量より多くする。一般に給気10～15回/h，排気7～10回/hくらいが目安となる。

発電機室の換気は，発電機を停止しているときは機械室なみの6回/hくらいとする。また，発電機を運転しているときの給気量は発電機のエンジンに供給する空気量と発電機から熱を除去するのに必要な換気量をくらべ，いずれか大きい値を採用する。したがって，発電機の運転，停止により換気量が変わるため，インバータや送風機の台数制御などにより換気量を変えている。

なお，発電機の放熱量などは，概算的に次に示す値が用いられている。

発電機のエンジンに必要な空気量
$$7 \text{ (m}^3/(h \cdot kW))$$

発電機の放熱量　120 (W/kVA)

1.7.5　厨　房

厨房は，調理による臭気，熱，水蒸気のほかレンジなどの厨房器具の燃焼ガスが発生する。そのため，隣室に臭気などが漏れないように室内を負圧とする。換気方式は，排気量のほうを多くした第一種換気方式とし，小規模の場合は第三種換気方式としてもよい。

換気量は厨房器具の配置および器具表より，フードを必要とするもの，火を使用する器具，燃料消費量などを確認して決める。

火を使用する器具のフードの排気量は，法令で定められている計算式（1.5.3 (2) 参照）で算出する。

ダクト計画では，火を使用する器具に設置するフード上部のダクトには防火ダンパを設け，油を使用するフードには必ずグリースフィルタを設けてダクトに油が付着するのを防ぐ。

---- 例題12.9 ----

下表に示す厨房器具を設置する厨房の換気量を求めよ。ただし，使用するフードは表12.10のⅠ型のタイプとする。また，隣接の食堂から余剰空気500 m³/hが流入するものとする。

No	ガス消費量 (kW)	備　考
1	30	
2	50	
3	40	グリースフィルタ使用

[解答]　まず，各フードの排気量を計算する。

法規上必要な排気量 Q (m³/h) は，

理論廃ガス量 0.93 (m³/(h·kW))，Ⅰ型タイプのフードを使用することから理論廃ガス量に乗じる数を30とすれば，

$Q_1 = 30 \times 0.93 \times 30 \fallingdotseq 840$ (m³/h)

$Q_2 = 30 \times 0.93 \times 50 \fallingdotseq 1\,400$ (m³/h)

$Q_3 = 30 \times 0.93 \times 40 \fallingdotseq 1\,120$ (m³/h)

排気量の合計　3 360 m³/h

給気量は，食堂より余剰空気500 m³/hが流入するので，

$3\,360 - 500 = 2\,860$ (m³/h)

となり，厨房の換気計画は次のようになる。

給気量　2 860 (m³/h)

排気量　3 360 (m³/h)

1.7.6　便　所

便所は臭気を考え，室内を負圧とするために換気方式は単独系統の第三種換気方式とする。

建物が多層の場合で，立てシャフトの関係上1系統で上下の便所の排気を行う場合は，排風機の近くがよく吸い込み，遠くなると排気量が少なくなるので注意を要する。

1.7.7　浴　室

浴室内は水蒸気が他室に漏れないように室内を負圧とする。換気方式は第三種換気方式とする。

排出する空気が高湿のため，ダクトや吸込み口で結露するおそれがあるので，ダクトの勾配，吸込み口の位置に注意する。

ホテルの浴室などでは，主ダクトよりシンメトリにバスルームが配置されることが多く，双方の吸込み口を通して声が伝わることも考えられるので，その防止策を検討しておくとよい。

2 排煙設備

2.1 概論

排煙設備は，火災の初期の段階に人々を煙や有毒ガスから安全に非難させるための設備で，建築基準法・同施行令・同施行規則・同告示に設置基準が定められている。

また，消防士の消火活動を容易にするための手段として，消防法上に「消火活動上必要な設備」として位置づけられて規定されている[*1]。

ただし，建築基準法に基づき排煙設備が設置されている部分には，消防法上の排煙設備の設置は免除される。

排煙設備には，自然排煙方式と機械排煙方式（ルートA方式），および加圧防排煙方式，避難安全検証法による排煙方式（ルートB方式），個別に大臣認定を受けた排煙方式（ルートC方式）がある。本書では従来の排煙方式（ルートA方式）について，その基本的なところを述べる。

排煙設備の設置義務一覧を表12.13に示す。

2.2 排煙設備の防煙区画，排煙系統設定上の留意事項

① 同一防煙区画においては，自然排煙と機械排煙を併用してはいけない。
② 特別避難階段の付室，非常用エレベータの乗降ロビーは，おのおの単独系統とする。特別避難階段の付室と兼用した，非常用エレベータの乗降ロビーの場合は，付室兼用ロビーとして単独系統とする。詳細は日本建築センター発行の『新・排煙設備技術基準指針 1987年版』参照のこと。
③ 居室，廊下，厨房はそれぞれ防煙区画を分け，排煙機の系統を原則として分ける。やむを得ず同一系統とする場合は，主竪ダクトのみを共用し，横引き枝ダクトはおのおの別系統とする。
④ 駐車場の排煙機の系統は単独にする。
⑤ ホールなどにおいて天井の高さが3m以上確保できる場合は，500 m²で防煙区画を分ける面積制限は緩和されるが，必ず専用の排煙機（$1m^3/(min \cdot m^2)$ 以上）を設けた単独の機械排煙とする。[*2]
⑥ 防煙区画の設定においては，空調ゾーニングとの整合をとる。

2.3 自然排煙方式

自然排煙は，煙の浮力のみを利用した排煙方式である。防煙区画の床面積の1/50以上の，外気に直接開放することのできる排煙に有効な開口部（窓，排煙口）を設置することができる場合は，建築基準法上，自然排煙方式とすることができる。

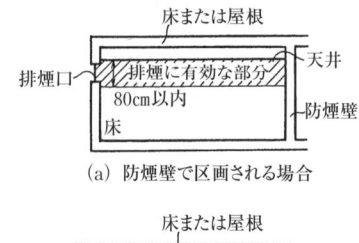

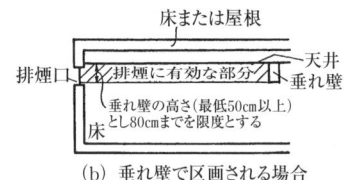

(a) 防煙壁で区画される場合

(b) 垂れ壁で区画される場合

図12.7 排煙に有効な開口部分

表12.14 特別避難階段の付室，非常用エレベータの排煙設備基準

排煙対象	自然換気による排煙				排煙機を使用するときの排出能力
	給気口の開口面積	給気風道の断面積	排気口の開口面積	排気風道の断面積	
付室	1 m² 以上	2 m² 以上	4 m² 以上	6 m² 以上	4 m³/s 以上
乗降ロビー					
付室と兼用する乗降ロビー	1.5 m² 以上	3 m² 以上	6 m² 以上	9 m² 以上	6 m³/s 以上

[*1] 消防予第54号　　[*2] 建設省告示第1436号二

表12.13 排煙設備の設置義務一覧(排煙設備技術指標針)*(10)

設備義務のある建築物（令126条の2）		設置義務免責建物	設置義務免除部分
1. 特殊建築物 ⅰ）劇場，映画館，演芸場，観覧場，公会堂，集会場 ⅱ）病院，有床の診療所，ホテル，旅館，下宿，共同住宅，寄宿舎，「児童福祉施設等」［令第19条第1項参照］ ⅲ）学校，体育館，博物館，美術館，図書館，ボーリング場，スキー場，スケート場，水泳場，スポーツ練習場 ⅳ）百貨店，マーケット，展示場，キャバレー，カフェ，ナイトクラブ，バー，ダンスホール，遊技場，公衆浴場，待合，料理店，飲食店，物品販売店舗（＞10m²）	延べ床面積＞500m²の建築物	(1) 学校，体育館，ボーリング場，スキー場，スケート場，水泳場，スポーツ練習場（令第126条の2第1項第二号）	令第126条の2 ① ⅱ）の病院などのうち床面積が100m²（共同住宅の住戸は200m²）以内で防火区画されたもの（一号） ② 階段部分，昇降機の昇降路部分などのほか，これらに類するもの（局所的な倉庫・物入れ・書庫・洗面所）（三号） ③ 火災が発生した場合に避難上支障のある高さで煙またはガスの降下が生じない建築物の部分として，天井の高さ，壁および天井の仕上げに用いる材料の種類などを考慮して国土交通大臣の定めるもの（五号＝告示第1436号） 告示第1436号四 ④ 危険物貯蔵・処理場，自動車車庫，通信機室，繊維工場その他これらに類する建築物の部分で，法令により不燃性ガス消火設備または粉末消火設備を設けたもの（ロ） ・高さ31m以下の建築物（地階を除く）の部分で，主たる用途に供する部分（ハ） ［居室以外では］ ⑤ 内装を準不燃材以上とし，区画に防火戸を設けたもの ⑥ 床面積100m²以下で防煙壁で区画されたもの ［居室では］ ⑦ 床面積100m²以内ごとに準耐火構造の床・壁で防火区画され内装を準不燃としたもの ⑧ 床面積100m²以下で防煙壁で区画し，内装下地とも不燃としたもの ⑨ 高さ31mを超える建築物の床面積100m²以下の室で，耐火構造の床・壁で防火区画された内装を準不燃としたもの
2. ［階数≧3］で，［延べ床面積＞500m²］の建築物		(2) 機械製作工場，不燃性の物品保管倉庫などで，主要構造物が不燃材料で造られたもの，その他これらと同等以上に火災の発生おそれの少ない構造のもの（令第126条の2第1項第四号）	上記①～⑥ 令第126条の2（本文） ⑩ 高さが31m以下にある居室で，「防煙壁」で床面積が100m²以内に防煙区画されたもの
3. ［延べ面積＞1 000m²］の建築物の［床面積＞200m²］の大居室		上記(1)および(2)	上記③，④，⑤
4. ［排煙上有効な開口部（天井または天井から下方80cm以内の距離にある部分）の面積＜床面積×1/50］の居室（無窓居室）		上記(1)および(2) (3) 有効換気窓（≧床面積×1/20）のある階数2以下の住戸（≦200m²）の居室（平成12年告示第1436号四イ）	上記①，③，⑦および⑧
5. 特別避難階段の付室（令123条第3項第一号）		―	―
6. 非常用エレベータの乗降ロビー（令129条の13の3，第3項第二号）		―	―
7. 地下街の地下道（令第128条の3，第1項第六号）		―	―

* 建設省住宅局建築局指導課監修：新・排煙設備技術指針（1987）p.143，日本建築センターをもとに，平成12年に改正された建築基準法施行令，告示を反映

排煙に有効な開口部については，図12.7に示すように，防煙区画が防煙壁で構成される場合と，防煙垂れ壁で構成される場合によって異なるので注意を要する。

> **例題12.10**
> 防煙区画 430 m² を自然排煙方式にするのに必要な開口部の大きさを求めよ。

[解答] 有効な開口部 A（m²）は，防煙区画の床面積の1/50以上とするから，
$$A = 430 \times 1/50 = 8.6 \text{ m}^2$$

2.4 機械排煙方式

従来の排煙方法であるルートA方式の機械排煙設備は，排煙口・排煙風道・排煙機などで構成され，火災時に発生した煙を排煙機により屋外へ排出するものである。

2.4.1 防煙区画の排煙風量

防煙区画の床面積に対し，$1 \text{ m}^3/(\text{min}\cdot\text{m}^2)$ 以上とする。

2.4.2 排煙機の風量

排煙機の風量は，防煙区画の数，防煙区画床面積などにより算出されるが，排煙風量が少ない場合には最低風量が定められている。

① 1防煙区画のみを対象とする場合
   $120 \text{ m}^3/\text{min}$ 以上で，かつ防煙区画の床面積に対し，$1 \text{ m}^3/(\text{min}\cdot\text{m}^2)$ 以上とする。

② 2以上の防煙区画を対象とする場合
   $120 \text{ m}^3/\text{min}$ 以上で，かつ最大防煙区画の床面積に対し，$2 \text{ m}^3/(\text{min}\cdot\text{m}^2)$ 以上とする。

③ 天井高3 m 以上で，500 m² を超える防煙区画を含み，内装の仕上げを不燃材料または準不燃材料でしてある場合
   $500 \text{ m}^3/\text{min}$ 以上で，かつ防煙区画の床面積の合計に対し，$1 \text{ m}^3/(\text{min}\cdot\text{m}^2)$ 以上とする。排煙機は単独系統とする。

2.4.3 排煙ダクトの排煙風量

(1) 各階の横引きダクトの排煙風量

① 1つの防煙区画のみ受け持つ横引きダクトは，その防煙区画の排煙風量とする。

② 横引きダクトが2以上の防煙区画を受け持ち，各排煙口が同時開放の必要がない場合は，そのうちで最大の防煙区画の排煙風量をそのダクトの排煙風量とする。

③ 横引きダクトが2以上の防煙区画を受け持ち，排煙口の同時開放がある場合は，受け持っている防煙区画のうち大きいほうから2つの防煙区画の面積を合計し，その合計面積に対して，$1 \text{ m}^3/(\text{min}\cdot\text{m}^2)$ 以上とする。

(2) 竪ダクトの排煙風量

竪ダクトの排煙風量は，排煙機から最も遠い階から順次比較し，各階で竪ダクトに接続する横引きダクトの最大の排煙風量とする。

> **例題12.11**
> 下図に示す排煙設備について，各室の排煙風量，ダクト風量，排煙機の風量を算出せよ。ただし，各室の排煙口は同時開放があるものとする。
>
> ```
>        a'        b'        c'
>   ↑排煙口  ↑排煙口  ↑排煙口    排煙機
>     a        b        c
>   A室      B室      C室
>  300m²    400m²    500m²
> ```

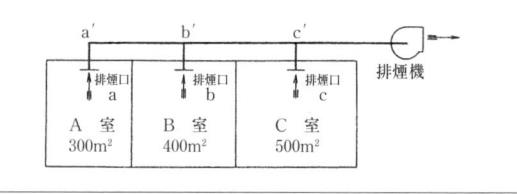

[解答]
各室の排煙風量：排煙口 a = 300（m³/min）
　　　　　　　　排煙口 b = 400（m³/min）
　　　　　　　　排煙口 c = 500（m³/min）
ダクト風量：　　a'〜b' = 300（m³/min）
　　　　　　　　b'〜c' = 700（m³/min）
　　　　　　　　c'〜f' = 900（m³/min）
排煙機の風量 = $500 \times 2 = 1\,000$（m³/min）

2.4.4 排煙口

排煙口には，常時閉鎖型（令第126条の3）と常時開放型（建告1436号）がある。

常時閉鎖型は，常時閉鎖された状態にある排煙口で，手動開放装置の操作などにより開放され，排煙口の開放と連動して排煙機が起動され，排煙が行われる。常時閉鎖型は2以上の防煙区画を1

台の排煙機で受け持つ場合に適用されるので，排煙口は閉鎖状態で漏洩のない構造としなければならない。

常時開放型は，常時開放された状態にある排煙口で，1防火区画のみを専用の排煙機で受け持つ場合に適用される。排煙機は手動始動装置を設け，直接起動される。常時開放型排煙口は天井高が3 m以上のホールなどで用いられる。

(1) 設置位置

排煙口は，排煙区画の排煙に有効な部分に設ける（令第126条の3）

a 排煙口の設置高さ

1) 天井高が3 m未満のとき

天井面または天井から80 cm以内，防煙垂れ壁で区画する場合は防煙垂れ壁の下端より上の部分

2) 天井高が3 m以上のとき（建告第1436号）

床面からの高さが2.1 m以上で，かつ天井高の1/2以上の部分

b 平面上の排煙口の位置ならびに配置

① 排煙口は，防煙区画の各部分から水平距離で30 m以下になるよう設ける（図12.8）。

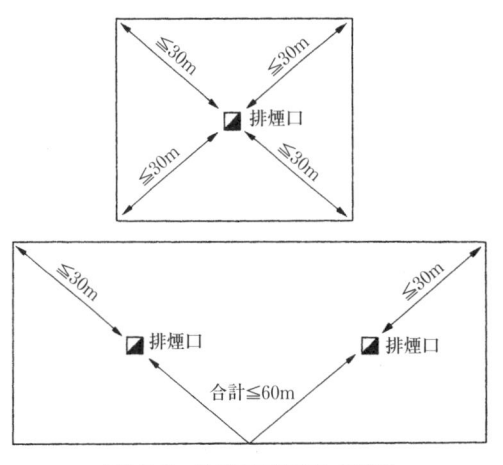

図12.8 排煙口の平面上の配置

② 同一防煙区画に複数の排煙口を設ける場合は，同時に開放する連動機構付とする。この場合，各排煙口の排煙風量は，合計風量が防煙区画の排煙風量となるように設定する。

③ 同一排煙区画の形状が複雑な場合やL字型で長い廊下の場合は，平面が矩形になるように仮に分割し，それぞれに排煙口を設置して連動させることが望ましい。

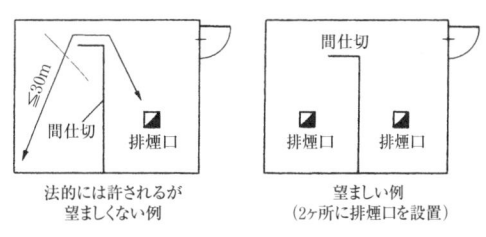

図12.9 複雑な間仕切がある場合の配置

④ 防煙区画に可動間仕切がある場合は，それぞれに排煙口を設け連動させる。

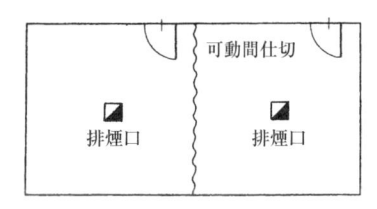

図12.10 可動間仕切がある場合の配置

⑤ 防煙区画内が数室に間仕切られる場合や，同一用途の小さな室が単独で防煙区画として計画されている場合には，同一防煙区画に統合することにより排煙の安定性を確保する。

ⅰ) 間仕切の上部に排煙に有効な開口を設けて1つの排煙口で行う（図12.11参照）。

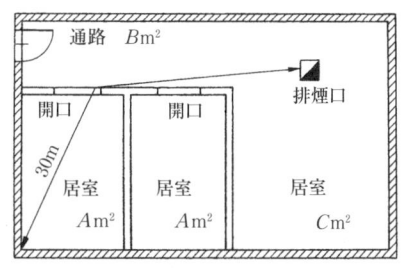

室の開口（天井下有効部分（80cm）の面積）≧$A×1/50$
ただし，$2A+B+C≦500m^2$

図12.11 排煙に有効な開口

ⅱ) 間仕切られた室ごとに排煙口を設けて連動で行う。

ⅲ) 間仕切られた室ごとの天井に常時開放の排煙口を設け，ダクト内の1つの排煙ダンパで行う（図12.12参照）。

ⅳ) 天井チャンバ方式で行う。

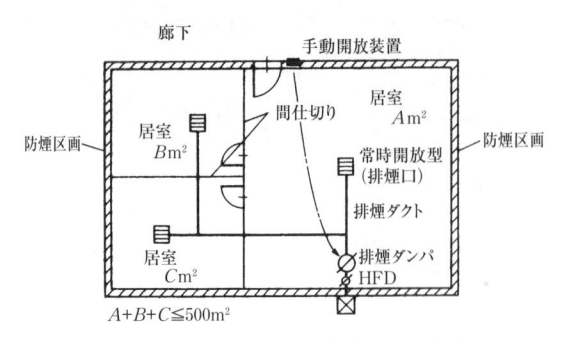

図12.12 排煙ダンパで同時に行う方法

c 避難方向と排煙口の位置

排煙口の位置は，避難方向と煙の流れが反対になるように配置する。

廊下の場合は，廊下に続く安全次数の高い区画である付室や階段へできるだけ煙を近づけないように配置する（図12.13参照）。

2.4.5 排煙ダクト計画

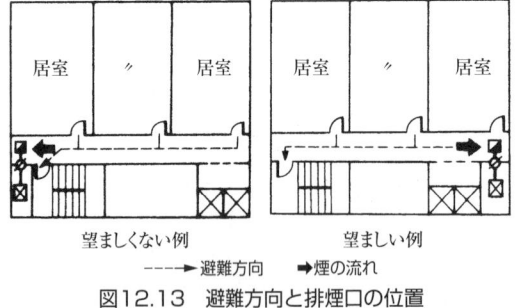

図12.13 避難方向と排煙口の位置

排煙ダクト計画上の留意点を以下に示す。

① ダクトは定速法で計画し，風速は20 m/s以下とする。

② ダクト平面計画は，防火区画内に収めることが望ましい。やむを得ず防火区画を貫通する場合は，温度ヒューズ式防火ダンパを設ける。その動作温度は280℃とする。

③ 竪ダクト（メインダクト）には，原則として，防火ダンパは設けない（耐火被覆で対応する）。排煙機に接続される竪ダクトの竪穴区画の貫通部および排煙機出口側の排煙出口部分にも防火ダンパは設けない。

④ 各階を貫通する主ダクトは，原則として，耐火構造のシャフト内に収める。

⑤ 排煙ダクトが熱膨張により変形・脱落・破損することを防ぐため，伸縮継手を適当な場所に設ける。伸縮継手は不燃材料とすること。

⑥ 排煙機の風量は，ダクトおよび閉鎖している排煙口からの漏れを考慮して，ダクトの長さや排煙口の数により余裕を見込んで決定する。余裕率は一般的には1.1～1.3程度である。

⑦ ダクトは鋼板製，板厚は高速仕様とし，コンクリートダクトは使用しない。

⑧ 天井裏などの隠蔽部分に設けられる排煙ダクトは不燃材料で断熱する。また，木材などの可燃物がある場合は15 cm以上離すか，厚さ10 cm以上の不燃材料で断熱する。

2.4.6 排煙機

排煙機の種類は，多翼型，リミットロード型，軸流型などの一般の送風機でよいが，その構造については，『新・排煙設備技術指針 1987年版』に定められている構造としなければならない。また，耐熱性能については，下記のとおり規定されている。

① 吸込み温度が280℃に達する間に運転に異常がなく，かつ，吸込み温度280℃の状態において30分以上異常なく運転することができること。

② 吸込み温度が280℃から580℃に達する間に運転に異常がなく，かつ，吸込み温度が580℃の状態において30分以上著しい損傷なく運転することができること。

2.5 加圧防排煙方式

これまで述べてきた自然排煙方式や機械排煙方式は，火災に伴って発生する煙や有害ガスなどをその浮力，あるいは機械力を利用して速やかに屋外に排出する方式であった。

これに対し，加圧防排煙方式は，対象とする防煙区画を送風機で給気して加圧することにより，対象とする室への煙などの侵入を防止するとともに，煙などを排除する方式である。平成12年の建設省告示第1437号「通常の火災時に生じる煙を有効に排出することができる特殊な構造の排煙設備の構造方法を定める件」においてその方式が認

められた。従来は，加圧防排煙方式を採用したい場合は建築基準法第38条の大臣認定を受けていたが，平成12年に第38条は廃止された。

加圧防排煙方式は，給気送風機により廊下または付室（あるいは前室）の避難通路等を加圧することにより，火災室等の煙等が避難通路等に侵入することを防止する方式である。法規上は，居室に直接給気することも可能であるが，煙を他区画に押し出す危険があるため，給気する室はあくまでも避難通路等とすることが望ましい（図12.14）。詳細については，建設省告示第1437号参照のこと。

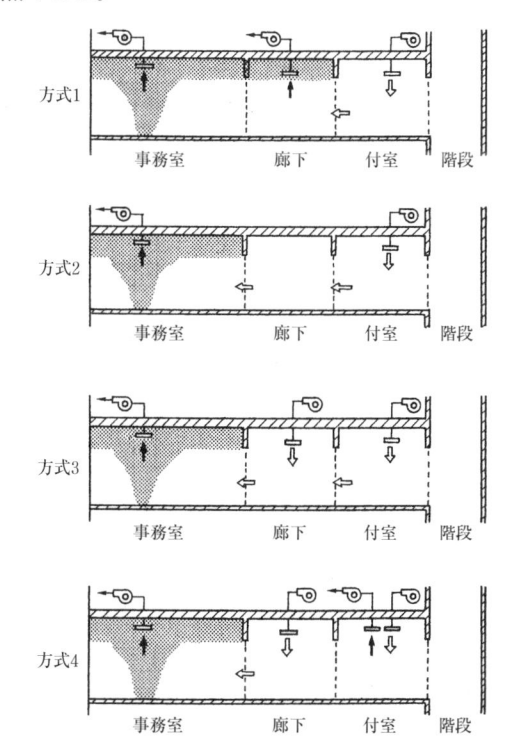

図12.14 加圧防煙方式の例（田中啹義，平4）[11]

2.6 消防法による排煙設備

消防法による排煙設備の設置が義務づけられているのは，次に掲げる防火対象物または防火対象物の部分である（消防法第17条，消防令第28条）。

① 地下街で延べ面積が$1\,000\,m^2$以上のもの
② 劇場，映画館，演芸場または観覧場等の舞台部分で，その床面積が$500\,m^2$以上のもの
③ 次の（イ）～（ヘ）に掲げる防火対象物の地階または無窓階で，床面積が$1\,000\,m^2$以上のもの
（イ）キャバレー，カフェ，ナイトクラブその他これらに類するもの
（ロ）遊技場またはダンスホール
（ハ）百貨店，マーケットその他物品販売業を営む店舗または展示場
（ニ）車両の停車場または船舶もしくは航空機の発着場
（ホ）自動車車庫または駐車場
（ヘ）飛行機または回転翼航空機の格納庫

なお，上記の防火対象物または防火対象物の部分であっても，建築基準法上の排煙設備が設けられていれば，原則として，消防法上の排煙設備を設けたものとして取り扱われている（昭和46年4月9日消防予第54号「消防法施行令の一部を改正する政令の施行について」）。

引用文献
(1) 空気調和・衛生工学会：工場換気の理論と実践，p.98
(2) 同上書，p.98
(3) British Standard Code of Practice cp3－chap.V (1952)
(4) 空気調和・衛生工学会：HASS 102－1997 換気規準・同解説，p.25
(5) 空気調和・衛生工学会：空気調和・衛生工学便覧（第13版）空気調和設備設計編，p.256
(6) 建設省告示第1826号 別表
(7) Brandt, A. D：Industrial Health Enginering (1947), John Wiley & Sons
(8) 空気調和・衛生工学会：工場換気の理論と実践，p.62
(9) 全国建設研修センター：建築設備設計規準・同要領（平成10年版），p.386
(10) 空気調和・衛生工学会：空気調和設備計画設計の実務の知識（改訂2版）p.73，オーム社
(11) 空気調和・衛生工学会：空気調和・衛生工学会便覧（第13版）空気調和設備設計編，p.274

参考文献
① 空気調和・衛生工学会：空気調和・衛生設備の知識（改訂2版），オーム社
② 空気調和・衛生工学会：空気調和・衛生工学便覧（第13版）
③ 全国建設研修センター：建築設備工事設計要領（昭和57年版）
④ 建設省住宅局建築指導課監修：新訂 排煙設備技術規準，日本建築センター，1987
⑤ 空気調和・衛生工学会：空気調和・衛生設備計画・設計の実務の知識（改訂2版），オーム社
⑥ 建設省住宅局建築指導課監修：新訂 排煙設備技術規準，p.60, 208，日本建築センター，1987

13章 防音・防振・耐震設計

1 防音

1.1 概説

空調設備を稼働させると，付随的に機器や装置から騒音や振動が発生し，人体に不快感を与えたり，建物によってはその使用目的にそぐわないことがある。そのため，室内の快適な環境保持ができるよう防音・防振の計画が必要となる。

1.2 基礎事項

防音設計では，音に関する性質や用語などの理解が必要なので，ここにおもな事項を記述する。

1.2.1 音の周波数

一般にいう音とは，空気中に伝わる音波が人の耳に達したもので，その1秒間の波の数を周波数といい，その単位をヘルツ（Hz）という。また人の耳には，音階的に周波数の少ない音は低く，周波数の多い音は高く感じられ，聞くことができる音は20～20 000 Hzの範囲といわれている。

1.2.2 音の強さ，大きさ

人の耳での音の感じ方は，音圧の大小や周波数によって変わり，その表わし方は次のとおりである。

(1) 音の強さ

音の強さは，音の大小を物理的に表わすもので，音の進行方向に垂直な単位面積に対し，単位時間に流れる音のエネルギー（W/m²）をいう。また，人の聞きうる音の強さは，最小で10^{-12} W/m²，最大で 10 W/m² 内外といわれている。

(2) 音の大きさ

音の大きさは，音の大小を人の聴覚で感じるもので，おもにホン（phon）が用いられている。しかし，物理的に同じ強さの音であっても，周波数などによって異なった大きさに感じ，量的に表わすのは難しい。

1.2.3 音のレベル

音のレベルは，基準量と対象の騒音量との比の常用対数の10倍で表わし，これをデシベル（dB）という。

(1) **音の強さのレベル（IL）**

音の強さのレベルILは，人が聞きうる最小値を基準量として用い，次式で表わされる。

$$IL = 10\log_{10}\frac{I}{I_0} \text{ (dB)}$$

ここに，

I_0：音の強さの基準量　10^{-12}（W/m²）

(2) **音圧レベル（SPL）**

音の強さを音圧で比較した音圧レベルは，音の強さIが音圧Pの2乗に比例するので次式で表わされる。

$$SPL = 20\log_{10}\frac{P}{P_0} \text{ (dB)}$$

ここに，

P_0：音圧の基準量　2×10^{-5}（Pa）

(3) **音源のパワーレベル（PWL）**

パワーレベルは，音源の音響出力を表わす値で，次式によって表わされる。

$$PWL = 10\log_{10}\frac{W}{W_0}$$

ここに，

W_0：音響出力の基準量　10^{-12}（W）

1.2.4 音の合成，分解

2つ以上の音が合成または分解される場合，その音圧レベルは対数式により算出できるが，ここでは簡単に求められるように，デシベルの合成を図13.1に，デシベルの分解を図13.2に示す。

例題13.1

80 dB の音と78 dB の音が合成されるとき，その合成音レベルを求めよ。

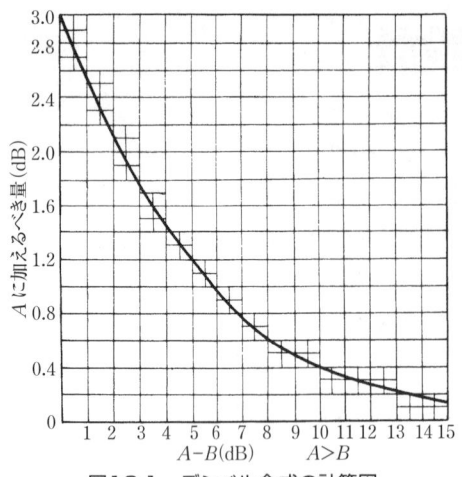

図13.1 デシベル合成の計算図

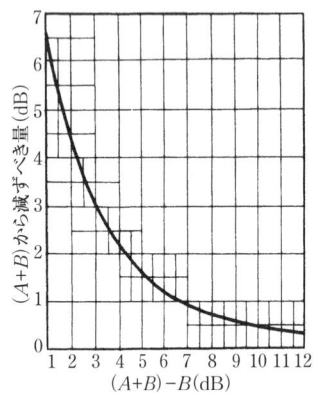

図13.2 デシベル分解の計算図

[解答]

$A - B = 80 - 78 = 2$

となるので，図13.1より加えるべき量 2.1 dB が求まる。したがって，合成音レベルは，

$A + 2.1 = 82.1 (dB)$

1.2.5 暗騒音

音を測定する際，音源（ファンなど）を止めた状態の周囲の騒音を暗騒音という。暗騒音が対象音より 8 dB 以上小さいときは，暗騒音を考慮する必要はない。

例題13.2

あるファンの運転時の音は 50 dB，停止時の暗騒音は 45 dB であった。ファンの音圧レベルを求めよ。

[解答]

$(A+B) - B = 50 - 45 = 5$

となるので，図13.2より減らすべき量 1.6 dB が求まる。したがって，ファンの音圧レベルは，

$50 - 1.6 = 48.4 (dB)$

1.2.6 周波数分析

騒音は，一般に広い範囲の周波数の音が混在しているが，音の性質は周波数により異なるので，適当な周波数の範囲ごとの区分が必要となる。この区分としては，表13.1に示すオクターブバンドが用いられている。なお騒音計算では，表に示す中心周波数をその周波数範囲の代表として使用する。

表13.1 オクターブバンド

周波数範囲（Hz）	中心周波数（Hz）
45 ～ 90	63
90 ～ 180	125
180 ～ 355	250
355 ～ 710	500
710 ～ 1 400	1 000
1 400 ～ 2 800	2 000
2 800 ～ 5 600	4 000
5 600 ～ 11 200	8 000

1.2.7 騒音の測定

騒音の測定は，指示騒音計で行い，騒音計のA特性による測定値が音の大きさのレベルの近似値として用いられ，単位はdB(A)またはホンである。

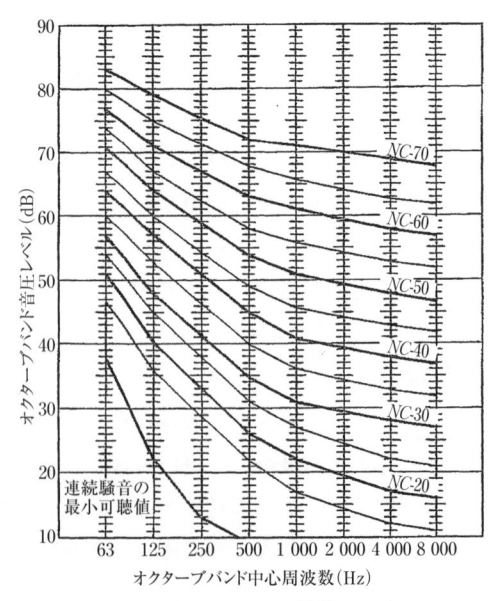

図13.3 NC曲線

また騒音計のC特性による測定値は，騒音の音圧レベルにほぼ等しいとされている。

1.2.8 騒音の評価

騒音の評価には，指示騒音計のA特性の測定値による騒音レベルのほかに，騒音曲線による方法がある。騒音曲線には，古くからベラネック（Beranek）らによって提案されたNC曲線が用いられている。その後ISO（国際標準化機構）推奨のNR曲線，NC曲線を改良したPNC曲線，アメリカ暖房冷凍空調学会（American Society of Heating, Refrigerating and Air Conditioning Engineers：ASHRAE）で新しく提案したRC曲線などがある。各曲線は，曲線の形態，各オクターブバンドレベルの数値に多少の相違はあるものの，その使用方法は同じである。本章ではおもに用いられているNC曲線（図13.3）を取り上げるものとする。

表13.2 設備機器の騒音の伝搬形態とおもな対策[1]

設備機器その他	伝搬の仕方	騒音防止対策	遮音対策	防振対策	注意すべき事項
送風機	主としてダクトを通して建物内および屋外へ広がる。	消音装置を送風機に近いところに2〜5個設置する。	天井裏などの送風機は遮音箱などに収容する。	防振装置の設置ダクトの防振づり	新鮮空気取入れ口，排気口からの騒音の外部に対する影響を考慮する。ダクト内の風速が局部的に大きくならないようにする。
空気調和機	送風機に同じ	送風機に同じ		送風機に同じ	室内に設置する場合，機種の選択と運転条件を検討する。空冷式では屋外にも影響する。
冷却塔	主として屋外への影響が大きく公害問題となる。	周囲への影響を考慮して設置場所，向きを決定する。消音装置を設ける。	完全な遮音は困難であり，防音衝立などを設ける。	冷却水パイプの防振が必要	
冷凍機	固体伝搬音または振動が機械室から建物内へ広がりやすい。		大型は機械室に収容する。	防振装置の設置	付属ポンプの振動を考慮する。
ボイラ	送風機音を主とする空気伝搬音が機械室から廊下，隣宅などの建物内へ，ときには屋外にも広がる。		機械室に収容する。		付属ポンプ，送風機の振動を考慮する。
ポンプ				コンクリート架台に取り付け，防振装置，防振継手も設置する。パイプの防振づり	キャビテーションを起こさないようにする。流速が局部的に大きくならないようにする。
機械室		機械室の位置，スペースは，騒音防止対策実施上の見地から決定する。	コンクリート壁構造が必要，特殊な場合は内部に吸音処理が必要。扉は簡易防音扉とする。		送風機室は消音装置のスペースを十分とる。
ダクト・パイプスペース		ダクト・パイプスペースは騒音防止対策実施上の見地から決定する。新鮮空気取入れ口，排気口の位置は周囲への影響を考慮して決定する。	コンクリート壁構造が必要，特殊な場合は内部に吸音処理が必要。点検口扉は簡易防音扉とする。	ダクト，パイプの防振づり	内部ダクト，パイプの騒音，振動の大きさにあまり差がないことが必要

1.3 騒音の伝搬，防音対策

空調設備において発生する騒音および伝搬経路としては，おもに次のようなものがある。

① 送風機の発生騒音がダクトを伝わって室内に放出されるもので，空調設備ではこの防音計画が主体となる。したがって，ここではダクト系の防音設計を取り上げるものとする。

② 屋外設置の機器の発生騒音やルーバ類の気流による発生騒音が周囲の建物に影響を及ぼすもので，その騒音量は法令で規制されている。

③ 室内に機器を設置した場合，その機器より騒音が放出されるもので，遮音対策，システムの見直しが必要である。

④ 機械室の騒音が壁体などを透過して居室に伝搬されるもので，建築上の防音対策が必要である。

⑤ 機器の振動が建物の構造体に伝わり，これにより発生する騒音が室内に伝わるもので，機器などに防振対策が必要となってくる。

また，空調設備による騒音の伝搬形態とおもな対策を表13.2に示す。

1.4 ダクト系の消音設計
1.4.1 設計の進め方

消音設計は，図13.4に示すような流れに従って進めていく。

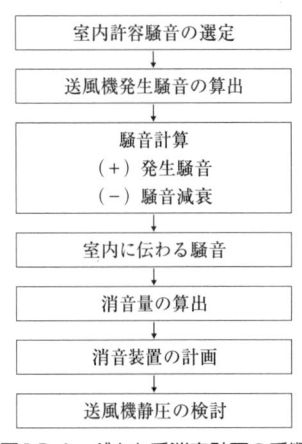

図13.4 ダクト系消音計画の手順

まず，室内の許容騒音値を室の使用条件により決める。次に，送風機およびダクト系の各種騒音計算をするが，式や図表を用いて送風機より順に，騒音の発生量，減衰量を求め，室内に達する騒音量を計算する。

室に伝わる騒音量は，許容騒音値の各オクターブバンドの中心周波数の音圧レベルを比較し，もし許容値より超過している箇所があれば消音器を用いて吸音し，騒音量を減じる。消音器を選定したら消音器による圧力損失を計算し，送風機の静圧が十分かどうか検討し消音設計は完了する。なお，消音設計の各項目の記述の際，図13.5に示す事務室のダクト系を例題として取り上げ，消音設計を進めていくものとする。

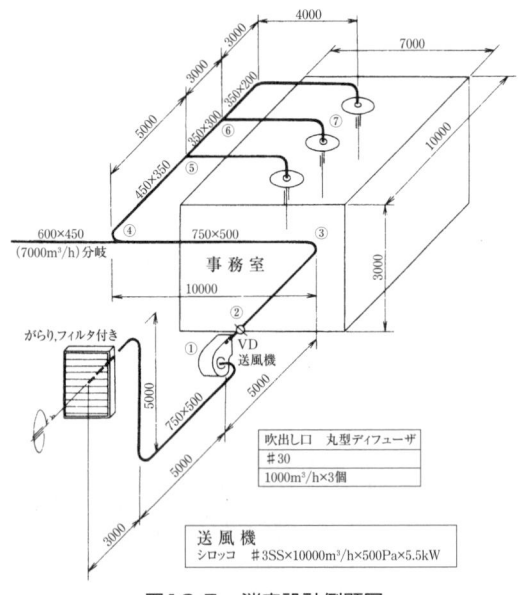

図13.5 消音設計例題図

1.4.2 消音計画の留意事項

消音計画の留意事項としては，室内の許容騒音値の程度にもよるが，次の項目が考えられる。

① ダクト内風速を速くとると消音設計上不利となるため，できるだけ遅くとる。

② ダクトは，騒音の発生する場所や騒音を嫌う所を通さない。

③ ダンパ，シャッタ類は，騒音を発生するので注意を要する。特にダンパは室から離れた位置に取り付け，最終消音器以降は原則として設けない。

④ 吹出し口，吸込み口は，発生騒音の小さい器

具を選び，その面風速はできるだけ遅くとる．
⑤ 送風機は，動的つり合いがよくとれ，静圧が小さく，効率のよいものを選ぶ．
⑥ 各機器，ダクト，配管類はできるだけ防振構造とする．
⑦ 空調機械室の位置，構造は，防音上有効に建築計画をしてもらう．

1.5 許容騒音

室内の環境保持上，騒音が人体に及ぼす影響や室の使用目的を考え，室の用途別に許容騒音の推奨値をまとめたものが表13.3である．また，許容値に範囲があるのは，その室および周囲の状況に応じて決められるからである．

実際の騒音計算では，許容騒音値により騒音曲線を用いて，各オクターブバンドの中心周波数の音圧レベルを求める．

例題13.3

一般事務室の許容騒音を NC 値により決め，各バンドの中心周波数の音圧レベルを求めよ．

[解答]

一般事務室の許容騒音値は，表13.3より $NC\,45$ とする．また，各オクターブバンドの中心周波数の音圧レベルは，図13.3の NC 曲線を用い，各中心周波数と $NC\,45$ の交点より音圧レベルを求めると，表13.4となる．

表13.4 NC45の中心周波数と音圧レベル

中心周波数 (Hz)	63	125	250	500	1 000	2 000	4 000	8 000
音圧レベル (db)	67	60	54	49	46	44	43	42

表13.3 室内許容騒音[2]

室　名	騒音レベルホン（A）	NR数またはNC数	室　名	騒音レベルホン（A）	NR数またはNC数
住宅，アパート	35～45	30～40	スタジオ		
ホテル			一般ラジオスタジオ	25	20
客室	35～45	30～40	テレビスピーチスタジオ		
宴会場	35～45	30～40	一般テレビスタジオ	30	25
ホール，ロビー	40～50	35～45	副調整室		
病院			公共建物		
特別病室	30～40	25～35	公会堂	30～40	25～35
手術室，病室，診察室	35～45	30～40	博物館，美術館，裁判所	35～45	30～40
検査室，待合室	40～50	35～45	図書館閲覧室	40～45	35～40
事務所			レストラン		
重役室，大会議室	30～40	25～35	音楽喫茶室	35～40	30～35
応接室，小会議室	40～50	35～45	レストラン，ナイトクラブ	40～50	35～45
一般事務室，製図室	45～55	40～50	食堂，カクテルラウンジ	45～55	40～50
タイプ室，計算機室	55～65	50～60	商業		
電話交換室（手動）	55～60	50～55	デパート（上階），音響器具店，宝石店，美術品店，書籍店	40～50	35～45
劇場，音楽ホール			デパート（1階），一般商店，銀行営業所	45～55	40～50
音楽ホール	25～35	20～30			
舞台劇場，多目的ホール	30～40	25～35	屋内スポーツ施設		
映画館，講演ホール，プラネタリウム	35～45	30～40	一般	50～60	45～55
ロビー	40～50	35～45	公会堂兼用の場合	40～50	35～45
学校，教会			工場		
礼拝堂	35～40	30～35	事務室	55～65	50～60
普通教室	35～45	30～40	作業場	～70	～65
音楽教室	35	30			
講堂	35～40	30～35			
研究室	40～50	35～45			
ホール，廊下	45～55	40～50			

1.6 各種機器の発生騒音

送風機およびダクト系では，送風機のほか，ダクト，ダンパ，吹出し口類などが騒音を発生し，その騒音計算をする。特にダクト系での発生騒音は，その点における，伝搬された騒音と発生騒音の合成音として考慮しなければならない。

1.6.1 送風機の発生騒音

送風機の発生騒音は，形式，構造，運転効率などで異なり，それぞれの使用状態ごとに実測する必要がある。しかし，実際の設計では実測値が利用できないこともあり，その場合，送風機の発生騒音を推定式より求める。この式はいくつか見受けられるが，式(13-1)[4]により送風機の音響パワーレベルを求めるものとする。

$$L_W = K_W + 10\log_{10}Q + 20\log_{10}(P/9.81) + C \quad (13\text{-}1)$$

ここに，

L_W：送風機の音響パワーレベル（dB）
K_W：送風機の基準発生騒音（dB）
Q：風量（m³/min）
P：静圧（Pa）
C：送風機の静圧効率による補正値（dB）

各種送風機の値を表13.5に示すが，この値は送風機が最高効率付近で運転した場合であって，それ以外にはこれより数dB大きくなる。また，送風機の発生騒音は，低い周波数範囲と高い周波数範囲では送風機の製作状態で大きな差異が見受けられる。

表中のBFI(Blade Frequency Increment)は，気流が送風機の羽根の間を通過するときに発生する音圧レベルで，次式で求められる特定の周波数B_f(Hz)に生じ，その周波数のあるオクターブバンドのL_Wの値に加算する。

$$B_f = \frac{n_b \times N}{60} \quad (13\text{-}2)$$

ここに，

n_b：羽根の枚数
N：羽根車の毎分回転数

例題13.4

消音設計の例(図13.5)の送風機の発生騒音を求めよ。多翼形，#3×10 000 m³/h (167 m³/min)×500 Pa×5.5 kW，羽根枚数64枚，回転数960 rpm，静圧効率87%とする。ただし，ダクト系の圧力損失は約400 Pa，消音器は2個，圧力損失を100 Paとした。

[解答]　K_Wの値は，表13.5より求める。

$10\log_{10}Q = 10 \times 2.22 \fallingdotseq 22$

$20\log_{10}(P/9.81) = 20 \times 1.71 \fallingdotseq 34$

静圧効率による補正値（表13.6）より$C = 3$

$$B_f = \frac{64 \times 960}{60} = 1024$$

なので，BFIを加算する中心周波数を1 000Hzとする。BFIは，表13.5よりBFI=2となり，送風機の各中心周波数のパワーレベルは，表13.7となる。

表13.5　送風機の基本パワーレベルK_W (dB Re.1 pW)(ASHRAE)[3]

送風機形式		吸込み口寸法	オクターブバンド中心周波数（Hz）							BFI
			63	125	250	500	1 000	2 000	4 000	
遠心送風機	後曲翼（エアホイル・ターボ・リミットロード）	≧900 mm	17	17	16	14	13	8	0	3
		＜900 mm	21	23	21	19	18	13	5	
	前曲翼（多翼）	同上	32	28	24	21	19	17	13	2
	放射翼（ブロワ）	＞1 000 mm	30	24	27	24	22	17	15	8
		1 000〜500 mm	40	33	33	30	30	25	23	8
		＜500 mm	48	42	43	35	29	24	23	8
軸流送風機	案内羽根付	≧10 000 mm	24	21	23	24	22	19	17	6
		＜1 000 mm	22	24	28	28	28	26	13	6
	円筒ケーシング付	≧10 000 mm	26	24	28	26	24	22	19	7
		＜1 000 mm	25	26	32	31	29	28	22	7
	プロペラファン	同上	33	36	43	41	40	37	31	5

注　吐出し口および吸込み口両方から放射されるパワーレベルには，3 dB加える。

表13.6 静圧効果による補正値（ASHRAE）[5]

静圧効率（％）	補正値（dB）
90 ～ 100	0
85 ～ 89	3
75 ～ 84	6
65 ～ 74	9
55 ～ 64	12
50 ～ 54	15

注 静圧効率の最高効率点の値との比

表13.7 送風機のパワーレベル計算例

中心周波数(Hz)	63	125	250	500	1 000	2 000	4 000
K_Wの値	32	28	24	21	19	17	13
$10 \log_{10} Q$	22	22	22	22	22	22	22
$20 \log_{10} P$	34	34	34	34	34	34	34
C	3	3	3	3	3	3	3
BFI					2		
合計L_wの値	91	87	83	80	80	76	72

1.6.2 ダクト内部の発生騒音

ダクト内部で発生する騒音は，渦によって生じる空気渦流音とダクト壁の板振動によって生じる振動音とがある。これらの発生騒音は，その発生箇所でダクト系を伝搬してきた送風機騒音と比較し，10 dB以上小さければ無視することができる。

空気渦流音は，直管部，曲がり，分岐，ダンパなどで発生するが，直管部の発生音は一般に小さいので無視される。そのほか，拡大（または縮小）や変形による発生音を推定する式はないが，実測では急縮小による発生騒音のほうが漸縮小より大きく，特に低音域で目立つようである。

振動音は通常は無視されるが，ダクトの施工ではアングルやはぜ補強，ダイヤモンドブレークなどの補強で板振動を防止する。

エルボ・分岐部およびダンパの発生騒音は，ASHRAEによる次の式（13-3）[6]で算出する。

$$L_{Wf_o} = K + 10 \log_{10} f_o + 50 \log_{10} U \\ + 10 \log_{10} S + 10 \log_{10} D + SP \quad (13\text{-}3)$$

ここに，

L_{Wf_o} ：発生音のオクターブバンドパワーレベル（dB）

f_o ：オクターブバンド中心周波数（Hz）

K ：周波数特性による項（dB）

U ：気流速度による項（m/s）

S ：ダクト断面積(分岐部では分岐ダクト）(m^2)

D ：ダクト直径(ダンパ軸方向の寸法，エルボ幅，分岐部では$\sqrt{4S/\pi}$）(m)

SP ：エレメントによる補正値（dB）

(1) ダンパおよびベーン付きエルボの周波数特性Kとエレメントによる補正値SP

a 周波数特性による項K

気流速度による項U

$$U = (Q/S)/BF \quad (13\text{-}4)$$

ストローハル数St

$$St = (f_o D)/U \quad (13\text{-}5)$$

ここに，

圧力損失係数C

$$C = 1.67 \frac{\Delta p S^2}{Q^2} \quad (13\text{-}6)$$

Δp：圧力損失（Pa）

Q ：流量（m^3/s）

遮へい係数BF

多翼ダンパおよびベーン付きエルボ

$C=1$のとき $BF=0.5$

$C \neq 1$のとき $BF=(C^{0.5}-1)/(C-1)$ (13-7)

1枚翼ダンパ

$C<4$のとき $BF=(C^{0.5}-1)/(C-1)$

$C>4$のとき $BF=0.68C^{-0.15}-0.22$ (13-8)

ダンパのK値：図13.6

ベーン付きエルボのK値：図13.7

b エレメントによる補正値SP

ダンパ：$SP=-18$

ベーン付きエルボ：$SP=10\log_{10}n-18$

n：ベーンの枚数

(2) エルボおよび分岐部の周波数特性Kとエレメントによる補正値SP

a 周波数特性K

気流速度係数：$M=U_M/U_B$ (13-9)

ここに，

U_M：主ダクトの気流速度（m/s）

U_B：分岐ダクトの気流速度（m/s）

ストローハル数：$St=(f_o D)/U_B$

周波数特性による項K：図13.8

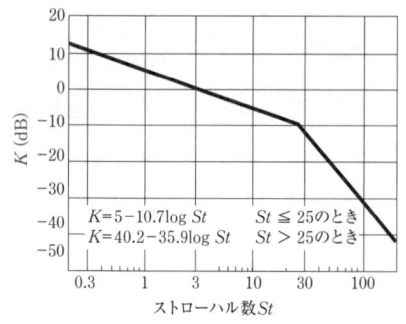

図13.6 ダンパ発生音のK値（ASHRAE）[7]

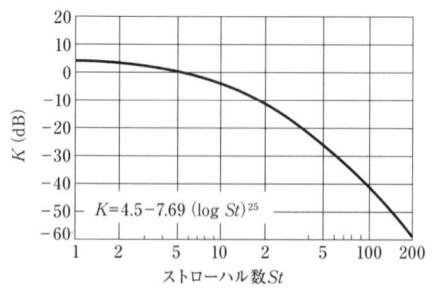

$K = 5 - 10.7 \log St$　$St \leq 25$ のとき
$K = 40.2 - 35.9 \log St$　$St > 25$ のとき

図13.7 ターニング・ベーン付きベンド発生音のK値（ASHRAE）[8]

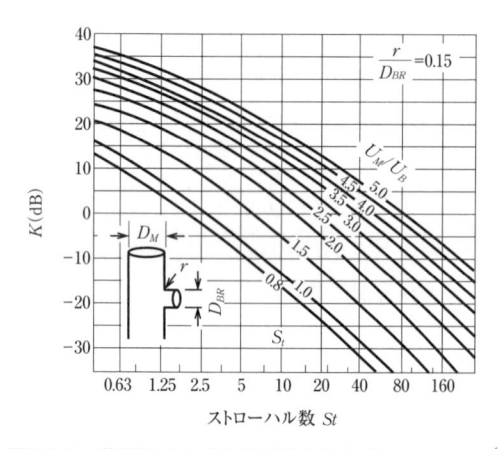

$K = 4.5 - 7.69 (\log St)^{2.5}$

図13.8 曲管部および分岐部発生音のK値（ASHRAE）[9]

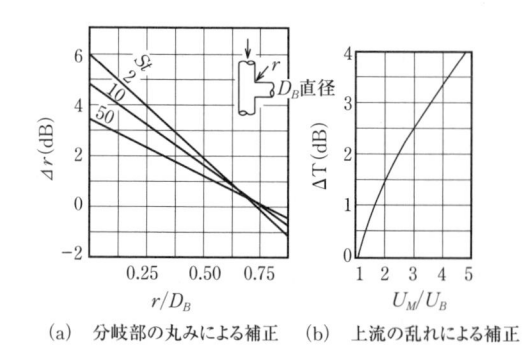

図13.9 曲管部および分岐部発生音の補正係数（ASHRAE）[10]
(a) 分岐部の丸みによる補正
(b) 上流の乱れによる補正

b エレメントによる補正値 SP

エルボおよび分岐部：$SP = -18 + \Delta r + \Delta T$
ここに，
　Δr：曲率による補正値
　ΔT：上流の乱れによる補正値
曲率半径による項：図13.9

―― 例題13.5 ――
直角エルボベーンなしの発生騒音を求めよ。ただし，ダクト寸法は 650×550 mm，風量 8 000 m³/h とする。

[解答]　式（13-4）より求める。

$$風速\ U = \frac{8\,000}{0.65 \times 0.5 \times 3\,600} \fallingdotseq 6.8\,(\text{m/s})$$

$$ダクト直径\ D = \sqrt{\frac{4}{3.14} \times 0.65 \times 0.5}$$
$$\fallingdotseq 0.64\,(\text{m})$$

ダクト断面積 $S = 0.65 \times 0.5 \fallingdotseq 0.33\,(\text{m}^2)$

次に各周波数の St 数を求める。
63 Hz のとき式（13-5）より

$$St = \frac{63 \times 0.64}{6.8} \fallingdotseq 6$$

となる。

エルボの場合，風量比 $U_M/U_B = 1$ となり，K の値は図13.8と St 数により得られる。

分岐部の丸み補正値 Δr は角エルボの場合，$r/D_B = 0$ となり，図13.9(a)より得られる。

上流の乱れによる補正値 ΔT は図13.9(b)より，$U_M/U_B = 1$ のときの値を求める。

表13.8 直角エルボの騒音計算例

中心周波数(Hz)	63	125	250	500	1 000	2 000	4 000
St 値	6	12	24	48	96	192	384
K 値	−7	−15	−25	−32	−38	−48	−55
$10 \log_{10} f_o$	18	21	24	27	30	33	36
$50 \log_{10} U$	42	42	42	42	42	42	42
$10 \log_{10} S$	−5	−5	−5	−5	−5	−5	−5
$10 \log_{10} D$	−2	−2	−2	−2	−2	−2	−2
Δr	5	5	4	4	3	2	2
ΔT	0	0	0	0	0	0	0
定　数	−18	−18	−18	−18	−18	−18	−18
合　計	33	27	20	16	12	4	0

1.6.3 吹出し口類の発生騒音

吹出し口類で発生する騒音は，直ちに室内に放出されるので対処できず，発生騒音量の大きい器具は避けねばならない。また，シャッタ付きの器具では，シャッタで騒音が発生するので注意しなければならない。

吹出し口類の発生騒音は次式で求められるが，便宜上，吹出し口類は図13.10，吸込み口類は図13.11を用いるとよい。また，求められた騒音値はオーバオールレベルなので，吹出し口類は表13.9，吸込み口類は表13.10により，オクターブバンドごとの修正をする。

$$L_W = 10\log_{10}A + a\log_{10}v + b \quad (13\text{-}10)$$

ここに，

- L_W：吹出し口発生騒音のオーバオールパワーレベル（dB）
- A：吹出し口断面積または首面積（m²）
- v：吹出し口面風速または首風速（m/s）
- a, b：吹出し口の種類ごとに実験的に定められた定数

また同じ吹出し口がいくつかあると，騒音量は増加し，表13.11に示すような値を加算する。

例題13.6

消音設計例（図13.5）で事務室の吹出し口よりの発生騒音を求めよ。ただし吹出し口は丸型ディフューザで首直径0.3m，風量1 000 m³/hとする。

[解答]

$$A = 3.14 \times 0.15^2 = 0.07 \text{ (m}^2\text{)}$$

$$v = \frac{1\,000}{3.14 \times 0.15^2 \times 3\,600} = 3.9 \text{ (m/s)}$$

図13.10より，

$$L_W - \log_{10}A = 65 \text{ (dB)}$$

図13.10より

$$10\log_{10}A = -12 \text{ (dB)}$$

となり，これらの数値と表13.9の相対バンドパワーレベルにより，バンドごとのパワーレベルを求めると表13.12となる。

なお，この値は送風機の発生騒音がダクト系を伝搬して吹出し口に到達する騒音と比較をする必要がある。

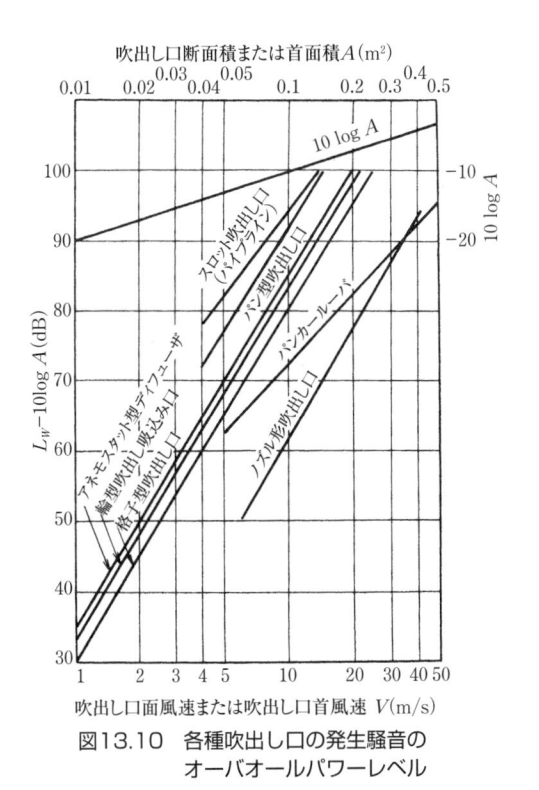

図13.10　各種吹出し口の発生騒音の
オーバオールパワーレベル

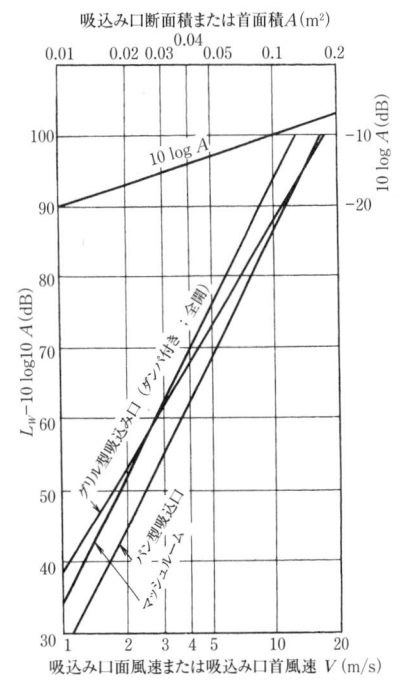

図13.11　各種吸込み口の発生騒音の
オーバオールパワーレベル

表13.9 各種吹出し口の相対バンドパワーレベル[11](dB)

オクターブバンド中心周波数(Hz)	63	125	250	500	1 000	2 000	4 000	8 000	備考
ノズル型吹出し口	−2	−7	−7	−11	−16	−18	−19	−22	首風速 15 m/s 以下
パンカルーバ	−3	−7	−9	−14	−14	−17	−22	−19	首風速 15 m/s 以下
格子型吹出し口	−6	−5	−6	−9	−11	−18	−26	−31	面風速 5 m/s 以下
スロット吹出し口（パイプライン）	−8	−7	−6	−6	−9	−14	−24	−27	面風速 5 m/s 以下
丸型ディフーザ	−2	−5	−8	−12	−16	−23	−29	−37	首風速 7 m/s 以下
角型ディフーザ	−3	−6	−7	−8	−8	−11	−18	−28	首風速 7 m/s 以下
パン型吹出し口	−6	−5	−6	−9	−11	−16	−24	−23	首風速 7 m/s 以下
輪型吹出し口吸込み口	—	−5	−4	−7	−9	−14	−24	−40	首風速 6 m/s 以下

表13.10 各種吸込み口の相対バンドパワーレベル[12](dB)

オクターブバンド中心周波数(Hz)	63	125	250	500	1 000	2 000	4 000	8 000	備考
グリル型吸込み口	−8	−12	−10	−6	−6	−14	−23	−36	面風速 3 m/s 以下（ダンパ全開）
パン型吸込み口	−9	−7	−10	−10	−12	−16	−29	−38	首風速 5 m/s 以下
マッシューム	−3	−9	−11	−14	−11	−10	−18	−30	首風速 5 m/s 以下

表13.11 吹出し口の個数によるSPL増加量[13]

吹出し口の個数	2	3	4	8	10	20
SPL増加量 (dB)	3	5	6	9	10	13

表13.12 吹出し口の騒音計算例 (dB)

中心周波数 (Hz)	63	125	250	500	1 000	2 000	4 000	8 000
$L_W - 10 \log_{10} A$	65	65	65	65	65	65	65	65
$10 \log_{10} A$	−12	−12	−12	−12	−12	−12	−12	−12
相対バンドパワーレベル	−2	−5	−8	−12	−16	−23	−29	−37
合計（バンドパワーレベル）	51	48	45	41	37	30	24	16

1.7 ダクト系の騒音減衰

ダクトで伝搬される騒音は，各箇所において減音され，その減衰量を計算しなければならない。

1.7.1 直管ダクトによる減衰

直管ダクトでは，騒音が鉄板を透過したりして減衰するので，ダクト寸法，板厚，保温材の有無などにより減衰量は異なる。

断熱材なしの直管ダクトの減衰量は表13.13に示すが，直径が100〜300 mmの丸ダクトでは1 000 Hz以下で0.1 dB/m，それ以上の周波数で0.3 dB/m程度の減衰がある。さらに断熱をしたダクトでは，減衰量はそれぞれの値の約2倍となる。

――例題13.7――
消音設計例(図13.5)で，送風機から事務室までの直管ダクトの減衰量を求めよ。

[解答] 各ダクトのP/Aを算出し，表13.13より1 m当たりの減衰量を求める。ダクトは断熱をしているので減衰量が2倍となり，各中心周波数の減衰量は表13.14となる。

表13.13 直管ダクトの減衰量[14](dB/m)

P/Aの比	中心周波数 (Hz)		
	63	125	250以上
$P/A > 12$	0	0.9	0.3
$12 \leq P/A \leq 5$	0.9	0.3	0.3
$P/A < 5$	0.3	0.3	0.3

表13.14 直管ダクトの減衰量計算例 (dB)

区間	ダクト寸法 (mm)	P/A	ダクト長さ (m)	中心周波数 (Hz)		
				63	125	250以上
①〜④	750×500	6.6	15.0	27.0	9	9.0
④〜⑤	450×350	10.2	5.0	9.0	3	3.0
⑤〜⑥	350×300	12.3	3.0	−	5.4	1.8
⑥〜⑦	350×200	15.7	4.0	−	7.2	2.4

1.7.2 エルボによる減衰

ダクトのエルボでは，音の透過の他に反射による減衰がある。その減衰量は，エルボの形状および大きさにより異なり，表13.15に円形エルボ，表13.16に直角エルボの減衰量を示す。なお，外角エルボの減衰量は，直角エルボの値と同程度とされている。

表13.15　円形エルボの減衰量[15](dB)

直径または辺長 (mm)	中心周波数（Hz）							
	63	125	250	500	1 000	2 000	4 000	8 000
130 ～ 250	0	0	0	0	1	2	3	3
250 ～ 510	0	0	0	1	2	3	3	3
520 ～ 1 020	0	0	1	2	3	3	3	3
1 030 ～ 2 030	0	1	2	2	3	3	3	3

表13.16　直角エルボの減衰量[16](dB)

ダクト幅 (mm)	中心周波数（Hz）							
	63	125	250	500	1 000	2 000	4 000	8 000
130	0	0	0	1	5	7	5	3
250	0	0	1	5	7	5	3	3
510	0	1	5	7	5	3	3	3
1 020	0	5	7	5	3	3	3	3

―― 例題13.8 ――

設計例(図13.5)で，ダクト寸法 750 mm× 500 mm の外角エルボの消音量を求めよ。

[解答]　ダクトの長辺が 750 mm であるから，表13.17によりダクト幅 510 mm の減衰量を用いると，各中心周波数の減衰量は表13.17となる。

表13.17　エルボの減衰量計算例

中心周波数(Hz)	63	125	250	500	1 000	2 000	4 000	8 000
減衰量（dB）	0	1	5	7	5	3	3	3

1.7.3　分岐による減衰

ダクトが分岐すると，伝搬されてきた騒音エネルギーも分割されて減衰する。

その減衰量は，分岐したダクトの断面積の合計と該当するダクトの断面積の比により，表13.18を用いて求めるが，この値は周波数に関係なく減衰される。

表13.18　分岐による減衰量[17]

該当ダクト面積／分岐ダクトの全面積 (％)	5	10	15	20	30	40	50	80
減衰量（dB）	13	10	8	7	5	4	3	1

―― 例題13.9 ――

設計例(図13.5)で，④の分岐ダクトの枝分岐側の騒音減衰量を求めよ。

[解答]

主分岐ダクト　$A_1=0.6\times0.45=0.27\,(\mathrm{m}^2)$

枝分岐ダクト　$A_2=0.45\times0.35=0.16\,(\mathrm{m}^2)$

枝ダクトの面積比　$\dfrac{A_2}{A_1+A_2}=0.37$

面積比は約40％なので，表13.18より分岐による枝ダクト側の減衰量は 4 dB となる。

1.7.4　端末反射による減衰

ダクト内を伝搬してきた音は，吹出し口や吸込み口のようなダクト末端の開口部において，急に広い空間に開放されるため，一部は反射されて減衰する。

この端末反射による減衰量を表13.19に示す。ただし，吹出し口や吸込み口は壁や天井にフラットに取り付けられており，室の他の面とはダクトの径にして数倍離れている場合に限られている。

表13.19　端末反射による減衰量（dB）

ダクト直径 (mm)	ダクト断面積 (m²)	中心周波数（Hz）							
		63	125	250	500	1 000	2 000	4 000	8 000
127	0.016	17	12	8	4	1	0	0	0
254	0.065	12	8	4	1	0	0	0	0
508	0.258	8	4	1	0	0	0	0	0
1 016	1.03	4	1	0	0	0	0	0	0
2 032	4.12	1	0	0	0	0	0	0	0

―― 例題13.10 ――

設計例(図13.5)で，事務室の吹出し口における減衰量を求めよ。

[解答]　事務室の吹出し口は，丸型ディフューザ#30であるから，ネックの径は 0.3 m となる。

したがって，端末反射による減衰量は表13.19の直径 0.51 m の値を用いるものとする。

中心周波数（Hz）	減衰量（dB）
63	8
125	4
250	1

1.8 室内での騒音減衰

吹出し口から室内に放出される騒音は，室内の吸音効果により減衰される。その減衰量は，室の大きさや内装材，吹出し口と人間(受音点)との距離により異なり，次のような関係式により求められる。

$$L_P = L_W + 10\log_{10}\left(\frac{Q}{4\pi r^2} + \frac{4}{R}\right) \quad (13\text{-}11)$$

ここに，
- L_P：室内の受音点における音圧レベル（dB）
- L_W：吹出し口から室内に放出されるパワーレベル（dB）
- r：吹出し口から受音点までの距離(m)
- Q：指向係数
- R：室定数(m^2)

式 (13-11) の右辺の対数値は室の吸音効果などを表わし，かっこ内の第1項は直接到達する音によるもの，第2項は反射音によるものである。

指向係数 Q は，吹出し口(吸込み口)からの音の強さが，器具の取付け位置，および吹出し口と受音点を結ぶ角度により異なり，図13.12と図13.13から求めることができる。

吹出し口から受音点までの距離 r は，受音点を人間の耳とすれば床上から約 1.2～1.5 m となり，天井高さ 2.5 m の天井に取り付けた吹出し口の直下では $r = 1.0$ (m) となる。

室定数 R は，室内の吸音力を示すもので次の式で与えられる。

$$R = \frac{\overline{a}S}{1-\overline{a}}$$

ここに，
- $\overline{a}$：室内表面の平均吸音率
- S：室内面の表面積(m^2)

平均吸音率 $\overline{a}$ は，天井，壁，床の面積 (S) とそれぞれの吸音率 (a_i) から次の式で求められる。

$$\overline{a} = \frac{1}{S}\Sigma(a_i S_i)$$

しかし，実際の計算ではこの式を用いず，表13.20に示す平均吸音率を使用している。

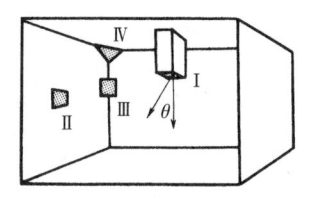

I：室中央（突出）　$Q=1$
II：壁（天井）中央　$Q=2$
III：室のりょう線上　$Q=4$
IV：室の隅　$Q=8$
θ：放射角

図13.12　ダクト開口の位置による指向係数

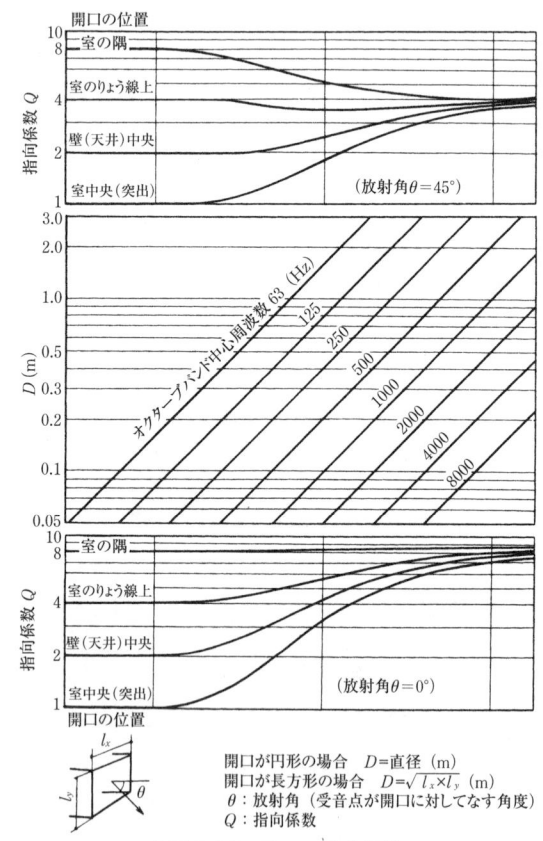

図13.13　開口の指向係数

開口が円形の場合　D=直径 (m)
開口が長方形の場合　$D=\sqrt{l_x \times l_y}$ (m)
θ：放射角（受音点が開口に対してなす角度）
Q：指向係数

表13.20　室内平均吸音率[18]

室のタイプ		平均吸音率
ラジオ・テレビスタジオ，劇場，講演ホール	軟	$\overline{a}=0.4$
音楽ホール，商店，レストラン，事務所，会議室，ホテル，学校，病院，住宅，図書館，事務機械室，教会（プロテスタント）	中	$\overline{a}=0.2$
大教会（カソリック），体育館，工場	硬	$\overline{a}=0.1$

例題13.11

設計例（図13.5）で，事務室の中央における室内での騒音減衰量を求めよ。ただし，室は間口10 m×奥行7 m×天井高さ2.5 mとする。

[解答]　指向係数 Q は図13.12より天井中央とし，$Q=2$ とする。

#30のディフューザの直径を $D=0.3$ m，放射角を $\theta=0°$ とすると，図13.13より各中心周波数の Q の値が求められる。

距離 r は，人間の耳の位置により $r=1.0$ m とする。

室定数 R は，平均吸音率 $\overline{a}$ を 0.2 とすれば，
$$S = 2\{(10\times 7)+(10\times 2.5)+(7\times 2.5)\}$$
$$= 225\,(\text{m}^2)$$
$$R = \frac{0.2\times 225}{1-0.2} = 56.3$$

以上の数値より中心周波数 63 Hz の場合を計算する。

図13.13より，$Q=2.2$ となり，
$$\frac{Q}{4\pi r^2} + \frac{4}{R} = \frac{2.2}{4\times 3.14\times 1} + \frac{4}{56.3} = 0.25$$

$$10\log_{10}\left(\frac{Q}{4\pi r^2} + \frac{4}{R}\right) = 10\log 0.25 \fallingdotseq -6$$

以下，中心周波数ごとに求めたものを表13.21に示す。

表13.21　室内での騒音減衰計算例（dB）

中心周波数（Hz）	63	125	250	500	1000	2000	4000	8000
指向係数 Q	2.2	2.6	3.7	5.0	6.2	7.0	8.0	(8.0)
距離 r	1	1	1	1	1	1	1	1
室定数 R	56.3	56.3	56.3	56.3	56.3	56.3	56.3	56.3
$10\log_{10}\left(\dfrac{Q}{4\pi r}+\dfrac{4}{R}\right)$	−6	−5	−4	−3	−2	−2	−1	−1

注　（　）内は推定値

1.9　消音器

送風機の発生騒音はダクトによって伝搬し，その間ダクト内で騒音の発生や減衰が行われて，吹出し口や吸込み口から放出される。ダクト内の騒音に関しては，発生騒音が合成加算される量より，むしろ減衰量のほうが大きく，送風機騒音はかなり減音されることになる。しかし，それでも始めに設定した室内許容騒音値を満足できない場合は，超過している分を吸音できる消音装置をダクト内に取り付けなければならない。

消音計画としては，必要消音量のほかに各種消音器の特性を把握して選定し，その取付けも消音効果上最も有効な位置にするべきである。

1.9.1　消音器の種類

消音器の種類は，機能上次のように分類[19]される。

① ダクトなどの内面に吸音材を内張りし，音を吸収するもの——吸音材内張りダクト，消音チャンバ

② ダクトの形状変化の部分で，音源側に音を反射させるもの——エルボ

③ 音の共鳴によって消音されるもの——マフラ

各種消音器の形状と消音特性の傾向を図13.14に示す。一般に消音器は，消音エルボを中心に用いられているが，消音量は高周波域では大きく低周波域では小さい。また，マフラ型消音器では，あらかじめ計画された周波数と共鳴し，その音をよく消音するという特性がある。

消音設計では，騒音計算と同じように中心周波数ごとの消音量を計算式や図表で求め，各バンドが許容値まで減衰されるよう機種，個数を決定する。

1.9.2　内張りダクト

内張りダクトは，ダクト内面に吸音材を張ったもので，構造的に簡単なものである。その減衰効果は，ダクト寸法が小さいほど有効で，大きなダクトではほとんど効果はない。

内張りダクトの消音量を求めるには，表13.22に示す数値を用いるとよい。

1.9.3　セル型およびスプリット型消音器

内張りダクトは先に述べたように，ダクト断面積が大きくなると減衰効果が小さくなる。このため，大きなダクトの断面を吸音材で分割すれば，分割された小さな単独の内張りダクトと同じ減衰効果が得られる。そして，ダクト断面を縦横に分

13章 防音・防振・耐震設計

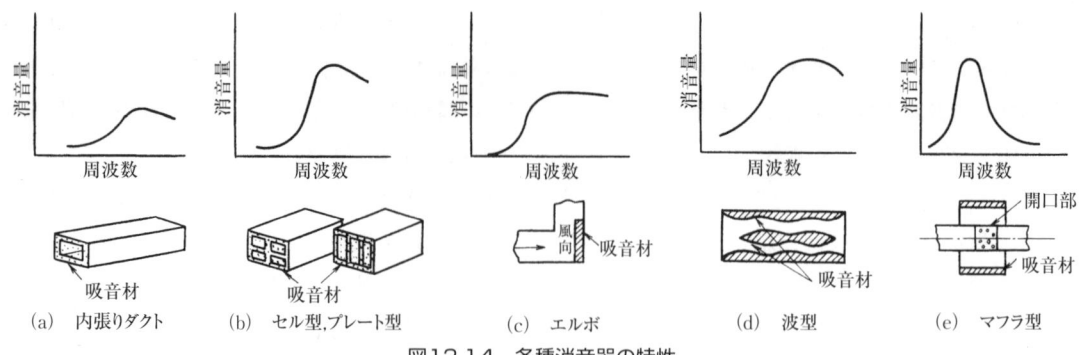

図13.14 各種消音器の特性

(a) 内張りダクト
(b) セル型、プレート型
(c) エルボ
(d) 波型
(e) マフラ型

表13.22 内張りダクトの減衰量[20] (dB)

寸法 (cm)		周波数バンド (Hz)						
		63	125	250	500	1000	2000	4000	8000
長方形	15×15	−	4.6	4.0	10.8	16.7	18.7	17.4	−
	15×30	−	3.6	3.0	8.5	16.7	18	15.4	−
	30×30	−	2.3	2.0	6.9	15.4	14.7	3.0	−
	30×60	−	1.6	1.6	5.9	15.1	10.0	2.0	−
	60×60	−	1.0	1.3	4.9	11.8	1.6	0.3	−
	60×90	0.3	1.0	2.0	3.5	7.9	4.6	3.0	2.3
	60×120	0.3	0.6	1.6	3.3	7.5	3.9	2.3	2.0
	60×180	0.3	0.3	1.6	3.9	7.2	3.9	2.3	2.3
円形	15D	0.6	1.5	3.0	5.4	6.6	6.6	6.0	4.9
	30D	0.45	0.9	2.1	4.5	6.6	6.6	4.5	3.0
	60D	0.3	0.6	1.5	3.0	5.1	2.7	1.5	1.6
	120D	0.12	0.3	0.9	1.8	1.8	1.5	1.5	1.6

注 寸法は吸音材の内のり寸法、吸音材の厚さは25 mm

割したものをセル型，一方向のみに分割したものをスプリット型(またはプレート型)とよんでいる。

1.9.4 波型消音器

波型消音器は，ダクトの空気の流れに波状に分割し，吸音材による吸音効果と流路の屈曲による反射効果を加えたもので，内張りダクトにくらべて消音量は大きくなる。

この消音器は種々の形状，構造がつくられており，使用にあたっては消音量および空気抵抗などを確認しなければならない。

1.9.5 内張りエルボ(消音エルボ)

エルボは，音の反射および透過により自然減衰はあるが，さらに内面に吸音材を張ったりして消音効果を高めたのが内張りエルボである。エルボには各種の形状があり，形状と特性の違いを示したのが表13.23である。これらの特性を総合的に評価すると，外角内曲がりのエルボが優れており，一般によく使用されている。

表13.23 直角エルボの形状による分類と特性[21]

形状 特性	角曲がり		外角内丸曲がり		丸曲がり	
減音効果	有	○	有	○	少	×
圧力損失	大	×	小	○	小	○
騒音発生	有	×	少	○	少	○

注 ○×は良否の判定を示す。

次に各種エルボの消音量を示す。図13.15は吸音材内張りの直角エルボの消音量であるが，吸音材を内張りする条件により消音量がおのおの異なっている。また，消音エルボは，図13.16に示すように，直角内張りエルボの背後に空気層を設けて減音特性を向上させたもので，その減衰量を図示している。さらに，円形ダクト接続の直角エルボの減衰量を図13.17に示す。

1.9.6 マフラ型消音器

ダクトの壁面に細孔をあけ，この周りを空洞で包んだもので，細孔と空洞とによる音の共鳴効果により消音が行われる。その消音効果は，共鳴をした特定の周波数付近ではよいが，その他の周波数ではあまり期待はできない。

このように，マフラ型消音器では共鳴周波数が要点となり，穴の径や数および空洞の容積を変えることにより消音器の設計がなされている。

1.9.7 消音ボックス

消音ボックスはボックス内を吸音材で内張りを

した消音器で，接続口の断面変化による音の反射と吸音材による消音が行われる。さらに，製品化された吹出し口用消音ボックスのように，内部にバッフルを設けて消音効果を高めたものがある。

次に，吹出し口用消音ボックスの消音量を図13.18に示す。

例題13.12

750 mm×500 mmの消音エルボの消音量を求めよ。

[解答] 図13.16を用いて，ダクト幅 0.75 mと各中心周波数の消音量を求めたのが表13.24である。

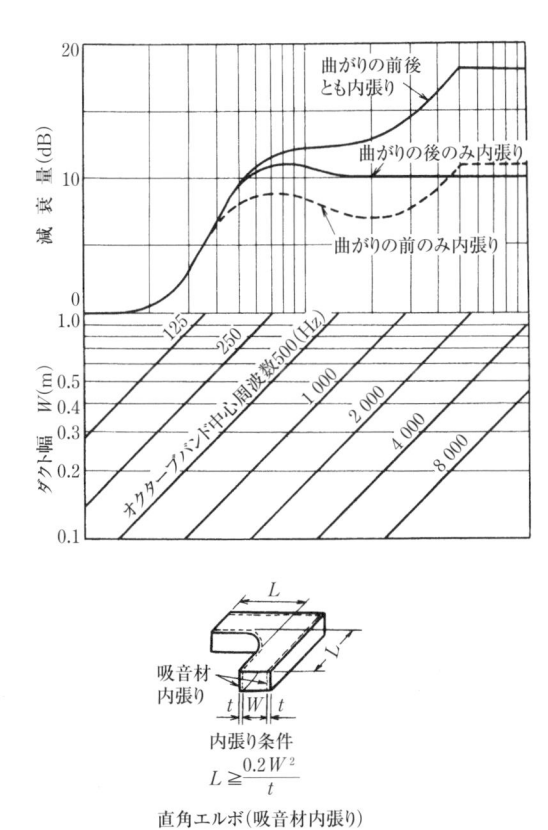

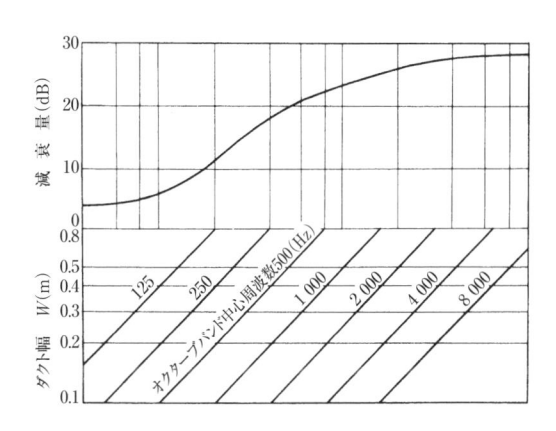

図13.15 直角エルボ（吸音材内張り）の減音量

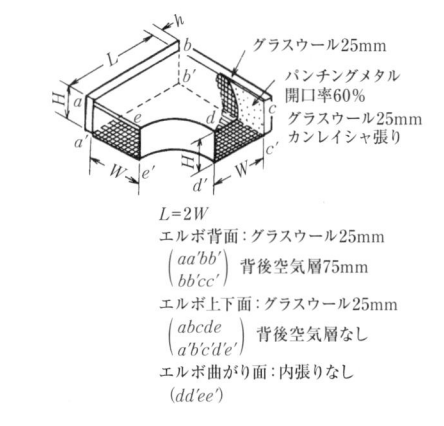

内張り条件
$$L \geq \frac{0.2W^2}{t}$$

図13.16 消音エルボの減音量

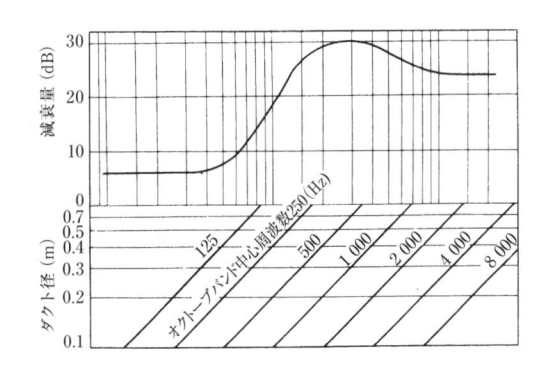

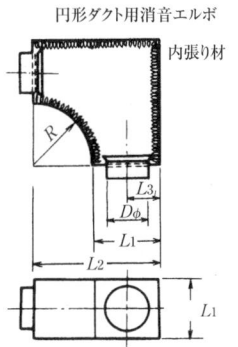

$L=2W$

エルボ背面：グラスウール25mm
$\begin{pmatrix} aa'bb' \\ bb'cc' \end{pmatrix}$ 背後空気層75mm

エルボ上下面：グラスウール25mm
$\begin{pmatrix} abcde \\ a'b'c'd'e' \end{pmatrix}$ 背後空気層なし

エルボ曲がり面：内張りなし
$(dd'ee')$

図13.17 円形ダクト用消音エルボの減音量

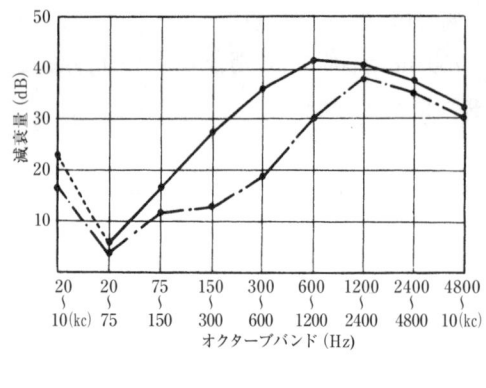

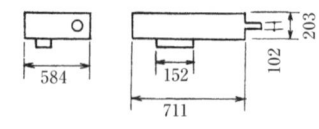

図13.18 消音ボックスの消音量

――・― 岩綿板25mm内張りバッフルなし
―――― 内部バッフル2枚を入れたもの

表13.24 消音エルボ減音量計算例（dB）

中心周波数（Hz）	63	125	250	500	1 000	2 000	4 000	8 000
減音量	—	11	18	22	23	27	28	(28)

注　（　）内は推定値

1.10 消音器に関する留意事項

1.10.1 消音器の使用上の留意事項

　消音器は，原則として騒音発生源の直後に設けるべきで，最も効果的でかつ経済的な箇所に使用する。一般に消音器は，送風機の吐出し口および吸込み口に接続するダクト部分に設け，送風機の発生騒音がダクトから室内に透過して問題が起こらないようにし，またメインダクトに集中的に設けてコストダウンを図る。しかし，ダクトの内部でも騒音の発生がみられるので，場合によっては末端部においても消音器を設ける必要が生じてくる。

　消音チャンバは，空調機の吐出し側で2連の送風機の接続，複雑な分岐，納まりなどを考えると使用される機会が多い。しかし，消音チャンバによる減音量は少なく，かえって圧力損失が大きいので，なるべく使用しないほうがよい。さらに，チャンバ内に内張りをした吸音材は，送風機の速い吐出し風速の影響により飛散してしまう事例も少なくない。

　空洞型，共鳴型の消音器は，構造的に大きく複雑なために高価となり，あまり使われていない。また，風速が速くなると，消音器自体が騒音を発生することもあるので注意を要する。

　ダクト系の消音器は，消音エルボのような吸音材型消音器で計画する。消音エルボは，その寸法が大きくなっても減音量は減じることはないのでメインダクトに使用し，枝ダクトのようなダクト寸法が小さいところでは，減音効果の高い吸音材内張りダクトを用いる。

　しかし，多数の消音エルボを取り付けるには図13.5のようなダクト経路では制約があり，ダクトを迂回する必要が生じてくる。その場合，迂回するダクトスペースの検討と，消音エルボを連続的に用いるときには十分な間隔をとらないと減音効果が落ちてしまうので注意しなければならない。

　騒音許容値の厳しい室や，ダクト内発生騒音やダクトへの透過音が問題となる場合には，末端にも消音器を設ける必要があり，消音エルボや吸音材内張りダクト，あるいは吹出し口消音ボックスなどが用いられる。

　還気系ダクトについても給気系ダクトと同様な注意が必要であるが，ダクト経路があまり取れなかったりして，消音エルボなどを十分に配置できないことが多い。このような場合，消音器をいろいろと組み合わせて用い，吸込み口には吸音材張りのバッフルを付けた消音チャンバなども効果がある。

1.10.2 消音エルボの連続使用

　ダクト経路に消音エルボを取り付ける十分な場所があればよいが，そのためにダクト経路を変更して消音エルボを設けると無理が生じる場合がある。特に消音エルボを連続的に用いると，その減音量は消音エルボ1個の値の2倍にはならず，おもに次の曲がりまでの距離によって特性が変わってくる。

　したがって，消音エルボの間の距離は，少なくともダクトの対角線の長さの2倍以上離さなければならない。また，その距離が取れない場合，

エルボ間の相互作用によってエルボ1個の減音量の1.5倍しか得られない。この場合にも，エルボ間の連絡部分のダクトには吸音材を内張りするものとし，3個以上の連続はしないように注意をする。

1.10.3 吸音材の飛散防止

吸音材に必要なことは，①吸音率が大きいこと，②表面摩擦抵抗が小さいこと，③気流によって飛散しないこと，などがあげられる。このうち，消音器に対する配慮としては，ダクト計画において，風速に注意して吸音材の飛散防止を図ることである。

グラスウールなどの吸音材は，気流速度が速くなると飛散して消失してしまうおそれがある。そのため，メタルラス，サランクロスなどの通気性の大きい織物，ポリエチレンなどの薄膜処理，パンチングメタルなどで表面を保護することが必要となる。

しかし，これらの表面保護をした場合では，低速ダクトの直管部ではあまり問題は生じていないが，消音チャンバやエルボなどのように局部的に風速が速くなる場合には，注意が必要である。

吸音材の飛散を考慮した許容風速は，①吸音材を布または金網で保護している場合は，保護表面に気流が平行のとき10 m/s，垂直で7 m/s，②吸音材をグラスクロス，パンチングメタル（開口率20％以上）で保護している場合は，気流が平行で22～30 m/s，垂直で15～21 m/sといわれ，パンチングメタルで保護しても必ずしも完全ではない。

1.11 消音計算法

本文の説明のなかで，消音設計例では部分的に消音計算を進めてきたが，それをまとめて整理したのが表13.25の消音計算表である。

この消音計算表は，本文の内容に従って計算を行ったのと，計算過程を詳細に説明を加えたため，実務的な計算表とは多少の相違が見受けられる。すなわち，室内の許容騒音値の程度にもよるが，ダクト内の発生騒音を無視し減衰のみを計算に取り上げれば，消音計算表の(3)～(20)の項目は整理されて，数項目の計算だけでよい。また備考欄の記事も，消音計算表のなかの演算方法の説明のみでよい。

ここで，消音計算法と消音計算表についてふれてみる。

まず，消音計算を進めるにあたって必要なものとしては次のとおりである。

- 室内騒音許容値
- 送風機仕様
- ダクト図
- 室の寸法

これらを用いて消音計算をする。

① 送風機の仕様（風量，静圧）により，送風機の発生騒音を計算する。

② 送風機の発生騒音が，吹出し口までダクト内を伝わっていく過程を計算する。

ダクト内の発生騒音を無視することも考えられるが，それが送風機の伝搬騒音と同じか大きくなると問題が生じてくる。したがって，騒音許容値が厳しい場合，吹出し口付近で騒音発生がある場合には，検討の余地がある。

③ 騒音発生と減衰が同時に行われる箇所（エルボ，分岐）では，減音効果を正確に予想することは難しく，それぞれの使用条件ごとに実験を行うしかない。

ダクト系の消音計算では，消音器内に気流と騒音（入射音）とが入ったとき入射音が消音器で減音され，その後に消音器内で発生する気流騒音があるものとし，騒音の合成（デシベルの合成）をする。

④ 室の騒音許容値を基準にして，室内吸音効果，吹出し口の個数により騒音の補正をし，吹出し口における騒音許容値を求める。

⑤ 吹出し口，吸込み口の器具のみによる発生騒音は，吹出し口騒音許容値以下とする。もし許容値を満足しない吹出し口であったら，別のタイプのものを選定し直す。

⑥ 吹出し口到達騒音と吹出し口騒音許容値を比

表13.25 消音計算表（dB）

No.	区間	項目	中心周波数（Hz）								備考
			63	125	250	500	1000	2000	4000	8000	
(1)	①	送風機発生騒音		87	83	80	80	76	72		表13.7
(2)	②	ダンパ発生騒音		34	34	27	19	11	3		式(13-3), 図13.6
(3)	②〜④	直管減衰		9	9	9	9	9	9		表13.14
(4)	③	エルボ減衰		1	5	7	5	3	3		表13.17
(5)	④	分岐減衰		4	4	4	4	4	4		例題13.9
(6)		④の伝搬騒音		73	65	60	62	60	56		(1)−{(3)+(4)+(5)}
(7)	④	分岐発生騒音		28	21	18	12	5	3		式(13.3), 図13.8, 13.9
(8)		④の騒音合成		73	65	60	62	60	56		図13.1引用
(9)	④〜⑤	直管減衰		3	3	3	3	3	3		表13.14
(10)	⑤	分岐減衰		4	4	4	4	4	4		表13.18引用
(11)		⑤の伝搬騒音		66	58	53	55	53	49		(8)−{(9)+(10)}
(12)	⑤	分岐発生騒音		15	10	6	2	0	0		式(13-3), 図13.8, 13.9
(13)		⑤の騒音合成		66	58	53	55	53	49		図13.1引用
(14)	⑤〜⑥	直管減衰		5.4	1.8	1.8	1.8	1.8	1.8		表13.14
(15)	⑥	分岐減衰		3	3	3	3	3	3		表13.18引用
(16)		⑥の伝搬騒音		57.6	53.2	48.2	50.2	48.2	44.2		(13)−{(14)+(15)}
(17)	⑥	分岐発生騒音		13	8	4	0	0	0		式(13.3), 図13.4, 13.8
(18)		⑥の騒音合成		57.6	53.2	48.0	50.2	48.2	44.2		図13.1引用
(19)	⑥〜⑦	直管減衰		7.2	2.4	2.4	2.4	2.4	2.4		図13.1引用
(20)	⑦	端末反射減衰		4	1	0	0	0	0		表13.19引用
(21)		吹出し口到達騒音		46.4	49.8	45.8	47.8	45.8	41.8		(18)−{(19)+(20)}
(22)		室内許容騒音		60	54	49	46	44	43		表13.4
(23)		室内吸音効果		5	4	3	2	2	1		表13.21
(24)		吹出し口の個数の補正		5	5	5	5	5	5		表13.11
(25)		吹出し口許容騒音		60	53	47	43	41	39		(22)+(23)−(24)
(26)		必要消音量		−13.6	−3.2	−1.2	4.8	4.8	2.8		(21)−(25)
(27)		消音エルボの消音量		11	18	22	23	27	28		表13.24
(28)		正味の消音量		10	13	15	18	24	25		(27)−(4)
(29)		消音機を設けたときの吹出し口到達騒音		36.4	36.8	30.8	29.8	21.8	16.8		(21)−(28)
(30)		吹出し口発生騒音		48	45	41	37	30	24		表13.12
(31)		吹出し口騒音合成		48.3	45.6	41.4	37.8	30.6	24.8		図13.1引用
(32)		許容値チェック		OK	OK	OK	OK	OK	OK		(31)−(25)<0, OK

較してみて，前者の値が1つでも超過するオクターブバンドがあれば，それを吸音できる消音器と個数を選定する。

⑦ 消音器の減音量については，自然減衰として求めたその部分の減衰量を差し引き，消音器の正味の減音量に修正をする。

⑧ 消音器の選定が終ったら，ダクト系の圧力損失を見直し，当初の送風機仕様で満足できるかどうか検討をする。

2 防振

2.1 概説

近年，高層ビルの建設が盛んになり，建物の軽量化が推進された結果，設備機器が発生する振動による躯体の振動や二次騒音の発生が問題となり，またスタジオ・無響室・振動実験室などの厳格な規制を受ける建物が増加し，設備機器に対する防振の必要性がいっそう認められ，昨今では高

層ビルはもちろん，一般の建物においても，設備機器の防振に十分配慮することは常識となっている。

本項においては，設備機器による人体で直接感じる振動の防止，および躯体・ダクト・配管などの振動により発生する二次騒音の防止について述べることとする。

2.2 設計計画の進め方
2.2.1 振動の許容値

建物の振動許容値は，図13.19および表13.26に示すとおりであるが，これらの数値以下になるように計画する。

表13.26 建物の振動の許容値を図13.19より求める係数[22]（曲線の数値）

場　所	時刻	連続もしくは間欠的振動	衝撃[1]
病院の手術室 重要な諸室	昼	1	1[2]
	夜	1	1
住宅 （許容最小レベル）	昼	2	16
	夜	1.41	1.41
事務所	昼	4	128
	夜	4	128
工場	昼	8	128
	夜	8	128

注 1) 1日に1～3回
　　2) 住宅における衝撃については，予告と了解に基づいて許容される。

2.2.2 設置上の留意点

① 振動の発生源となる機器は，極力，低層階または地下階に設置する。

② 機器は，なるべく居室から離れた場所に設置する。また集中して設置することにより，防振効果の向上を図る。

③ 重量機器で加振力の大きいものは，構造躯体のなかでも質量が大きく剛性の高い部分，すなわち，柱に近い部分，はりの上などの部分に設置する。

④ 表13.27に一般的な防振方法を示す。

2.2.3 適用範囲

防振計算をする場合，建物の床を剛構造として取り扱う方法と，柔構造として取り扱う方法とがあるが，本項では前者を対象にしている。

2.3 機器の防振設計
2.3.1 防振理論
(1) 機器の加振力

機器が回転運動や往復運動するとき，機器の不釣合いや，がたつきによる振動が生じる。また機器の負荷特性に応じ，さまざまな加振力を生じる。

回転機器の加振力 F は，次式で表わされる。

$$F = l \times M \times \omega^2 \tag{13-12}$$

ここに，
　F：加振力（N）
　l：偏心距離（m）
　M：回転体の質量（kg）
　ω：回転角速度（rad/s）
　　ただし，$\omega = 2\pi f$
　f：振動数（Hz）

表13.27 防振手法[23]

加振力の特性	振動源	防振計画	防振支持方法
振動数一定 高振動数	遠心冷凍機，高圧ポンプ，高圧送風機，変圧器など	① $f_n < f/\sqrt{2}$ ② 軽微なものは共振を避けて絶縁	① 防振ゴム，必要であればコモンベッド ② 防振ゴムパッド，ガラス綿，岩綿
振動数一定 低振動数	送風機，ポンプ，小型冷凍機，冷却塔，往復動機器など	① $f_n < f/\sqrt{2}$ ② $\sqrt{2}f < f_n <$可聴周波数 ③ 軽微なものは共振を避けて絶縁	① 十分な質量と剛性のコモンベッド，防振ゴム，空気ばね，スプリング（サージング防止），必要であれば斜め支持 ② 防振ゴム ③ 防振ゴムパッド，ガラス綿，岩綿
ランダム振動 連続	エレベータ，ゴンドラ台車，ダクト	絶縁継手，位置，種類 $f_n <$可聴周波数	防振，たわみ継手，防振ゴム支持，配管は耐震ふれ止めを兼ねる。
衝撃	給排水管	配管の共振振動数チェック 支持間隔と伸縮チェック 水撃計算	軽微なものは，ガラス綿，岩綿などを介してバンド止め

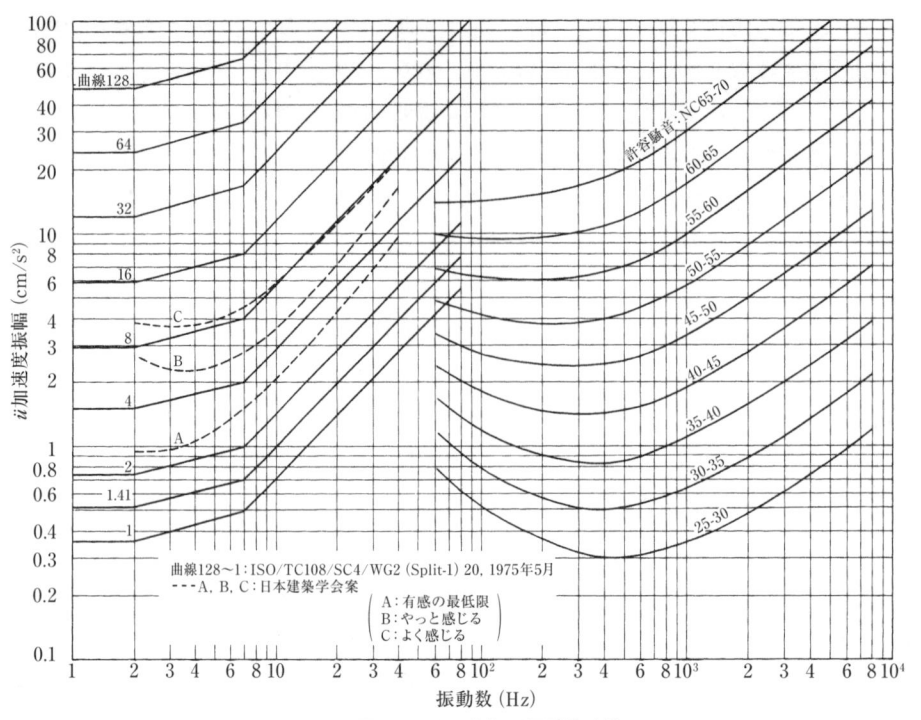

図13.19　建物の振動許容値

(2) 強制振動数

各機器の強制振動数 f を表13.28に示す。

表13.28　防振の対象とする強制振動数

機種	防振の対象とする強制振動数
ターボ冷凍機	圧縮機の回転数
往復動圧縮機	圧縮機の回転数*
ポンプ	ポンプの回転数
送風機	送風機の回転数
空調機	送風機の回転数
冷却塔	（羽根車の回転数）×（羽根枚数）
パッケージ	送風機の回転数

＊　機種により振動特性が異なるためメーカーとの打合せが必要。

(3) 振動伝達率

機器が，建物の低層階および地下階に設置される場合には床を完全剛体とみなし，図13.20のような1自由度の振動系として考え，床に対する力の伝達を考慮すればよい。

振動伝達率 T_r は，次式で表わされる。

$$T_r = \frac{\sqrt{1+4h^2 \times (f/f_n)^2}}{\sqrt{\{1-(f/f_n)^2\}+4h^2 \times (f/f_n)^2}} \quad (13\text{-}13)$$

ここに，

T_r：振動伝達率

f_n：固有振動数（Hz）

f：強制振動数（Hz）

h：減衰定数

T_r と f/f_n の関係は，

$f/f_n = 1$ のとき　——　$T_r = \infty$，共振状態

$f/f_n < \sqrt{2}$ のとき　——　$T_r > 1$，防振効果なし

$f/f_n = \sqrt{2}$ のとき　——　$T_r = 1$，防振効果なし

$f/f_n > \sqrt{2}$ のとき　——　$T_r < 1$，防振効果あり

となる。これを図13.21に示す。

また，ζ の値は実用上 $\zeta \fallingdotseq 0$ としてよいので，式 (13-13) は次式で表わされる。

$$|T_r| = \frac{1}{\left|1-\left(\dfrac{f}{f_n}\right)^2\right|} \quad (13\text{-}14)$$

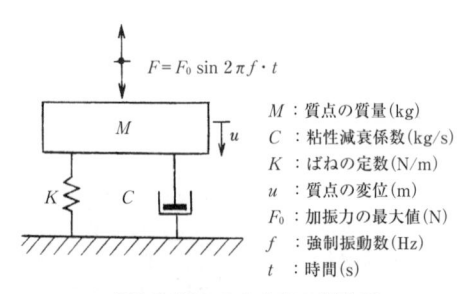

M：質点の質量（kg）
C：粘性減衰係数（kg/s）
K：ばねの定数（N/m）
u：質点の変位（m）
F_0：加振力の最大値（N）
f：強制振動数（Hz）
t：時間（s）

図13.20　1自由度の振動系

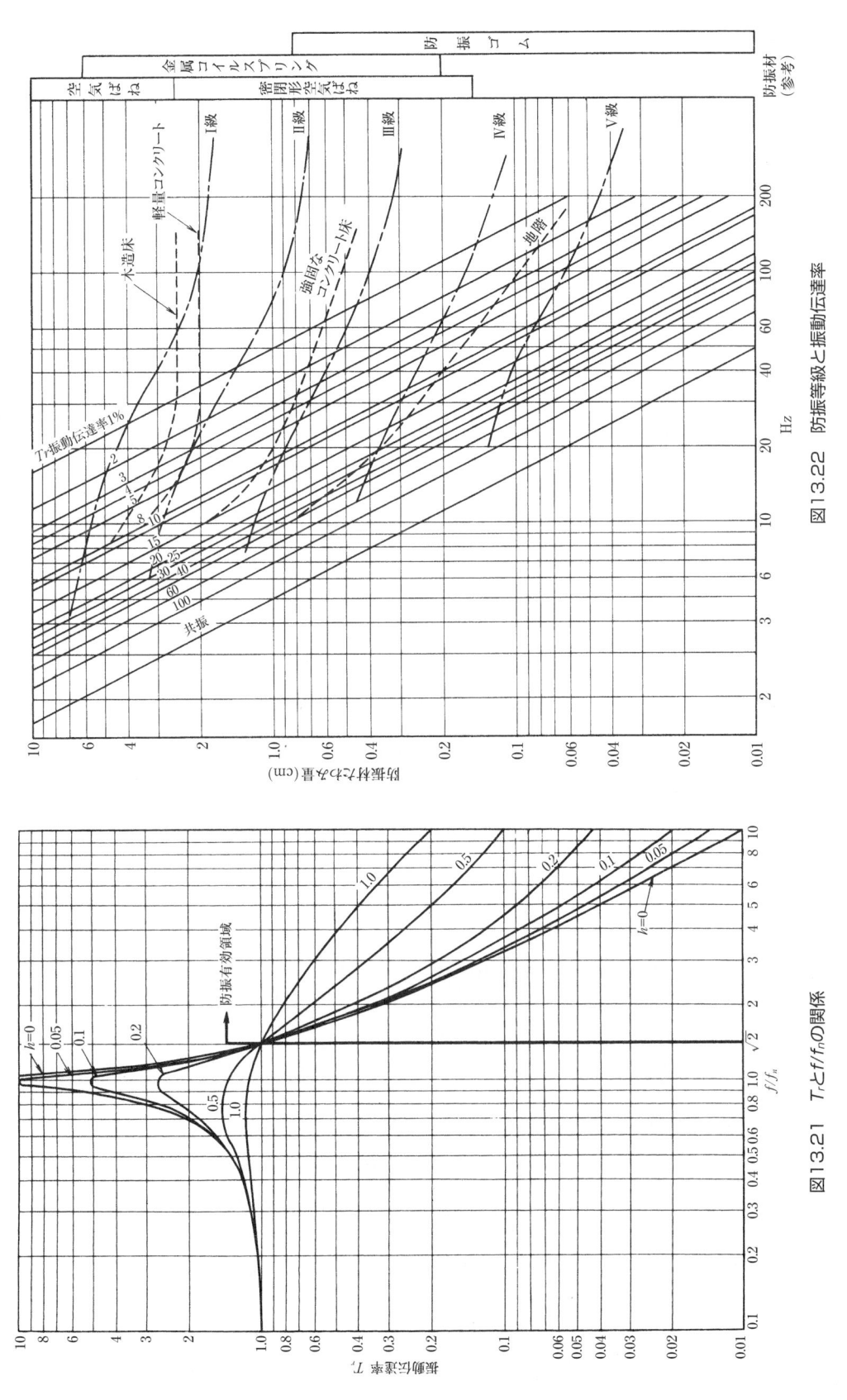

図13.22 防振等級と振動伝達率

図13.21 T_r と f/f_n の関係

次に，表13.29および図13.22を利用して振動伝達率を求める方法を述べる。なお，設計目標値が振動絶縁効率の場合は $(100-T_r)$ ％である。

① 表13.29により，機器の設置場所，建物の構造，機器の種類などから，防振等級を決定する。
② 機器の振動数と①で求めた防振等級によって，図13.22から振動伝達率および静的たわみ量を求める。

(4) 防振系の荷重

防振系のばね定数と許容荷重を求めるときの荷重は，次式によって表わされる。

$$W_T = W_A + W_B + W_C + W_E \quad (13\text{-}15)$$

また，フレキシブル継手を用いたときの荷重 W_f は，次式で表わされる。

$$W_f = W_T + W_D$$
$$= W_A + W_B + W_C + W_D + W_E \quad (13\text{-}16)$$

ここに，
W_A：機器本体荷重（kN）
W_B：機器の保有水荷重（kN）
W_C：その他機器に加わる荷重（kN）（配管，弁，保温材等の荷重）
W_D：配管の水圧による荷重（kN）

$$W_D = \Sigma q_i \times a_i$$

ここで，q_i：配管内圧力（kPa=kN/m²），a_i：配管断面積（m²）とし，それぞれ上下方向と水平方向について考慮する（図13.23参照）。

図13.23

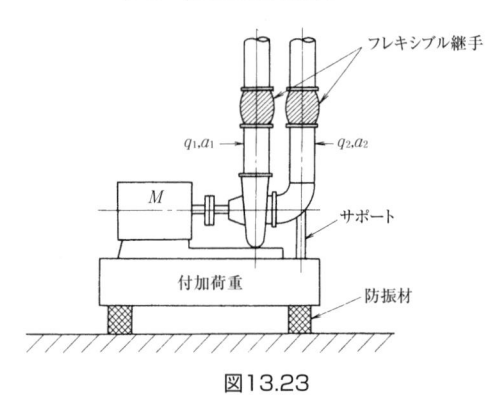

表13.29 防振基準[24]

建物の構造	機械設置場所	建物の用途または機械室近傍における部屋の用途	ポンプ 小型 2.2kW 以下	ポンプ 中型 15kW 以下	ポンプ 大型 19kW 以上	送風機 小型 #2½ 以下	送風機 中型 #5½ 以下	送風機 大型 #6 以上	ターボ冷凍機	蒸気圧縮式冷凍機 スクリュー型	蒸気圧縮式冷凍機 レシプロ型	空調機チャンバの弾性振動を対象	冷却塔
鉄骨・軽量コンクリート	中間・上層階	スタジオ，音楽ホールなど	II	I	I	II	I	I	I◎	×	×	II	I
		ホテル，マンション	III	II	I	III	II	II	I	I◎	I◎	II	II
		役員室，会議室	III	II	II	III	II	II	I	I◎	I◎	III	II
		レストラン	IV	III	II	IV	III	II	II	I	I	III	III
		オフィスビル	IV	III	II	IV	III	II	II	I	I	III	III
		デパート	IV	IV	III	IV	IV	III	II	II	II	IV	IV
		その他	IV	IV	IV	IV	IV	IV	III	II	II	IV	IV
鉄筋コンクリート（重コン）	中間・上層階	スタジオ，音楽ホールなど	II	I	I	II	I	I	I	×	×	III	I
		ホテル，マンション，一般住宅	II	II	II	III	II	II	I	I◎	I◎	III	II
		役員室，会議室	III	II	II	III	II	II	I	I	I	III	III
		学校，レストラン	IV	III	III	IV	III	III	II	II	II	III	III
		オフィスビル	IV	IV	III	IV	III	III	II	II	II	IV	IV
		デパート	IV	IV	III	IV	IV	III	II	II	II	IV	IV
		その他	IV	IV	IV	IV	IV	IV	III	II	II	IV	IV
地階		床下水槽	IV	IV	IV	V	IV	IV	III	II	II	V	—
		床下地盤	V	V	V	V	V	V	III	III	II	V	—

注 ×印は設置不適，◎印は別途固体音絶縁を考慮すること

W_E：付加荷重（kN）

防振系の安定をよくするために，機器下部に取り付ける基礎の荷重（表13.30参照）。

表13.30　各種機器の付加荷重

機　種	付加荷重
ターボ冷凍機	必要なし
往復動圧縮機	機器全体の2～8倍 機器の種類，大きさ，設置場所により異なり，決定の際，防振メーカーと打合せのこと
ポンプ	原則として，機器の0.6～3倍 重心の偏りが大きいほど倍率を大きくとる。 概略計算ほど倍率を大きくとる。
送風機 空調機	チャンネル架台の剛性が十分あれば付加荷重は必要ない。
冷却塔 パッケージ型 空調機	必要なし

2.3.2　防振材の選定

(1)　防振材の種類

一般的に使用される防振材料としては，金属ばね，防振ゴム，空気ばね，防振パットなどがあり，要求される防振条件に適合したものを選定する必要がある。

(2)　防振材の数と配置方法

a　重心位置

防振系の重心位置は，次式で表わされる。

$$\left. \begin{array}{l} X = \dfrac{1}{W} \times \Sigma(X_i \times W_i) \\ Y = \dfrac{1}{W} \times \Sigma(Y_i \times W_i) \end{array} \right\} \quad (13\text{-}17)$$

ここに，

W_i　：W_A, W_B, W_C, W_D, W_E（kN）
W　：W_TまたはW_f（kN）
X_i, Y_i　：各荷重のXY座標
X, Y　：重心のXY座標

X軸，Y軸の取り方は自由であるが，図13.24のように，左端の質量点をY軸に，最下端の質量をX軸にすれば，各荷重のX_i, Y_iは正の値となり，式（13-17）の計算は加算のみとなる。

b　防振材の数

防振材の個数は，図13.25に示す曲線間の数量を目安にして選定する。

図13.24

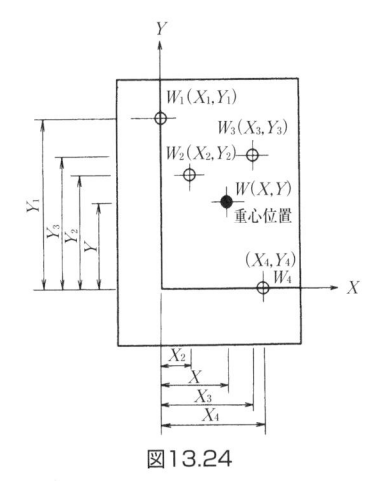

図13.25　防振材の個数[24]

c　防振材の配置

防振材は，次式を満足させるように配置する。

$$\Sigma X_i = 0,\ \Sigma Y_i = 0 \quad (13\text{-}18)$$

すなわち，図13.26に示すように，重心位置から各防振材までのX, Y方向の距離の総和が0になるように，配置すればよい。

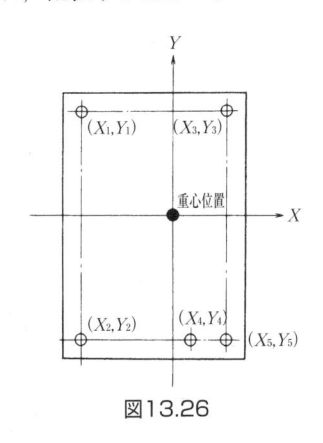

図13.26

(3)　防振材のばね定数

a　防振材1個当たりの荷重

防振材の個数をnとすれば，防振材1個当たりの質量w_T（kN）は，

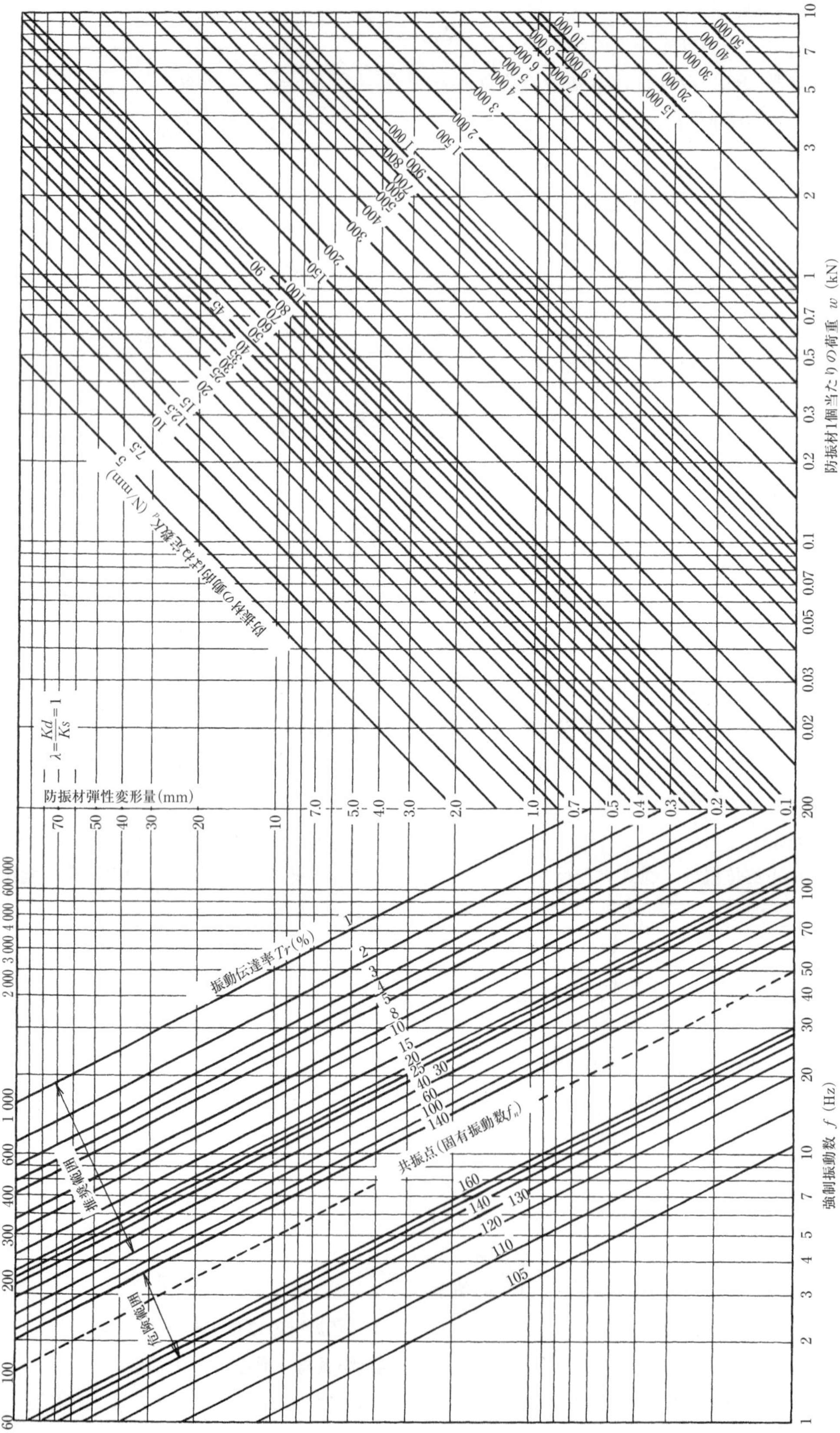

13章 防音・防振・耐震設計

図13.27 防振材選定図

$$w_T = \frac{W_T}{n} \text{ (kN)} \qquad (13\text{-}19)$$

また，フレキシブル継手を用いたときは，

$$w_f = \frac{W_f}{n} \text{ (kN)} \qquad (13\text{-}20)$$

となる。

b　ばね定数

静的ばね定数 K_T（N/mm）と動的ばね定数 K_d（N/mm）との間には，次式が成り立つ。

$$\lambda = \frac{K_d}{K_s} \qquad (13\text{-}21)$$

また，防振系の固有振動数 f_n は，次式で表わされる。

$$f_n = \frac{1}{2\pi}\sqrt{\frac{K_d g \times 1\,000}{w}} \text{ (Hz)} \qquad (13\text{-}22)$$

ここに，

静的たわみ量 $\delta = \dfrac{w}{K_s}$

上記条件より，

$$f_n = 15.76\sqrt{\frac{\lambda}{\delta}} \qquad (13\text{-}23)$$

となる。

ここで，

K_s：静的ばね定数（N/mm）

K_d：動的ばね定数（N/mm）

λ：静的ばね定数に対する動的ばね定数の比

f_n：防振系の固有振動数（Hz）

w：防振材1個当たりの質量（N）

δ：静的たわみ量（mm）

g：重力加速度　9.8（m/s^2）

図13.27は，以上の関係を図に表わしたもので，強制振動数 f，振動伝達率 T_r，防振材1個当たりの質量 w によって，防振材の動的ばね定数 K_d を求めることができる。

また，このときの静的ばね定数 K_s は，K_d を表13.31に示す λ の値で除して求める。なお，図13.27中央縦軸には，$\lambda=1$ のときの静的たわみ量 δ が示されている。

表13.31　λ の値

材　質			$\lambda = \dfrac{K_d}{K_s}$
コイルスプリング			1.0
ゴム	軟	ヤング率 $E=1\,960$（kN/m^2）	1.1
	中軟	ヤング率 $E=3\,430$（kN/m^2）	1.3
	硬	ヤング率 $E=4\,900$（kN/m^2）	1.6

―― 例題13.13 ――

次のポンプの防振計算をせよ。

ポンプ仕様―125ϕ×1 500 l/min×30m×3ϕ×200V×11kW×1 450rpm 重量 205 kg，フレキシブル継手使用，各寸法を図13.28に示す。

設置場所―鉄筋コンクリートの建物の地下階（床下は，湧水槽とする）

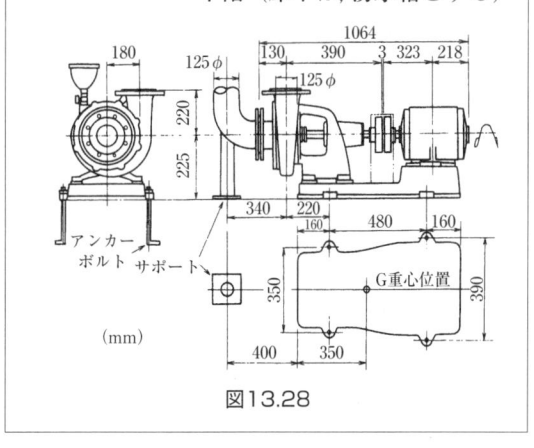

図13.28

[解答]

① 目標振動伝達率の設定

ⓐ 表13.29より，防振等級はIV級とする。

ⓑ 強制振動数 $f_n = \dfrac{1\,450}{60} = 24.2$（Hz）

ⓒ したがって，図13.22より，

目標伝達率 $T_r = 15$（%）

防振材の静的たわみ量 $\delta=0.34$（cm）とする。

② 防振系の荷重

ⓐ $W_A = 205$（kg）×9.8（m/s^2）=2.010（kN）

ⓑ $W_B = 10$（kg：メーカー資料より）×9.8 = 0.098（kN）

ⓒ $W_C = 0.294$（kN）

フレキシブル継手とポンプ間の距離を，それぞれ1 mとし，125Aの配管質量を1.5 kg/mとすると，

$$W_{C1} = W_{C2} = 1.0 \times 15 \times 9.8 = 0.147 \text{(kN)}$$

ゆえに，$W_C = W_{C1} + W_{C2} = 0.294 \text{(kN)}$

ⓓ $W_D = 11.907 \text{(kN)}$

静水頭を30 mとすれば，

吐出し側圧力$q_1 = (30+30) \times 9.8 = 588 \text{(kPa)}$
$= 588 \text{(kN/m}^2)$

吸込み側圧力$q_2 = 30 \times 9.8 = 294 \text{(kPa)}$
$= 294 \text{(kN/m}^2)$

また，125Aのパイプ内径$= 0.131 \text{(m)}$より，

配管断面積$a_1 = a_2 = \dfrac{\pi}{4} d^2 \text{(m}^2)$
$\fallingdotseq 0.0135$

$W_{D1} = q_1 \times a_1 = 588 \times 0.0135$
$= 7.938 \text{(kN)}$

$W_{D2} = q_2 \times a_2 = 294 \times 0.0135$
$= 3.969 \text{(kN)}$

ゆえに，

$W_D = W_{D1} + W_{D2} = 11.907 \text{(kN)}$

ⓔ $W_E = 6.310 \text{(kN)}$

ポンプの付加荷重W_Eの目安は，

$$\dfrac{W_D}{W_A} \leqq 0.6 \text{ のとき，} W_E = 0.6 W_A$$

$$\dfrac{W_D}{W_A} > 0.6 \text{ のとき，} W_E \geqq 3.0 W_A$$

としてよい。したがって，

$$\dfrac{W_D}{W_A} = \dfrac{11.907}{2.010} = 5.9 > 0.6$$

ゆえに，

$W_E \geqq 3.0 W_A \geqq 6.030 \text{(kN)}$

また，付加荷重の大きさは，排水溝，配管サポートなどを考慮して，1 400×800 mmとする。

付加荷重の高さhは，コンクリートの密度を2 300 kg/m³とすれば，

$$h \geqq \dfrac{6\,027}{9.8 \times 1.4 \times 0.8 \times 2\,300} \geqq 0.24 \text{(m)}$$

となる。ゆえに，$h = 250 \text{(mm)}$とする。こ

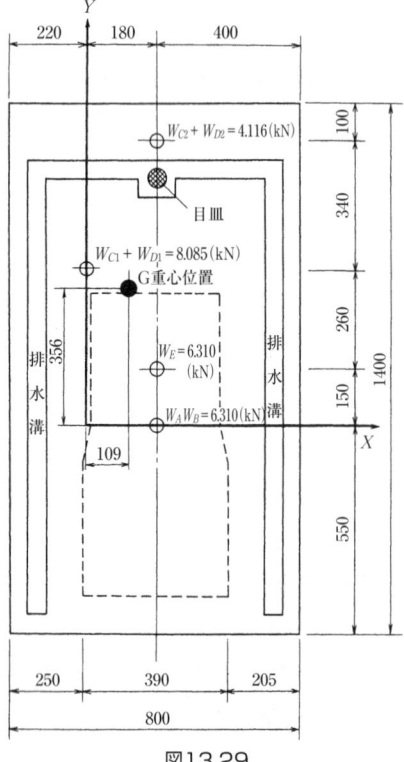

図13.29

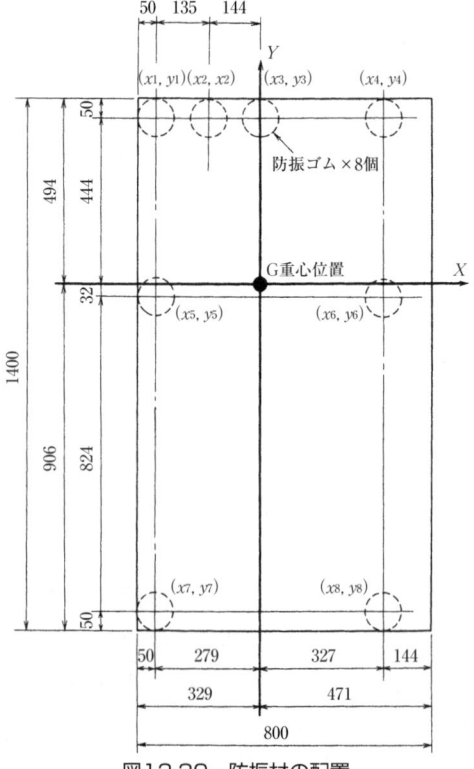

図13.30 防振材の配置

のときの付加荷重 W_E は,

$$W_E = 1.4 \times 0.8 \times 0.25 \times 2\,300 \times 9.8$$
$$= 6.310\,(\text{kN})$$

ⓕ $W_T = W_A + W_B + W_C + W_E = 8.712\,(\text{kN})$

ⓖ $W_f = W_T + W_D = 20.619\,(\text{kN})$

③ 重心位置 $X = 11.7\,(\text{cm})$, $Y = 35.3\,(\text{cm})$

式 (13-15) より,

$$X = \frac{1}{20.619}(4.116 \times 18 + 6.311 \times 18 + 2.108 \times 18)$$
$$= 10.9\,(\text{cm})$$

$$Y = \frac{1}{20.619}(8.085 \times 41 + 4.116 \times 75 + 6.310 \times 15)$$
$$= 35.6\,(\text{cm})$$

④ 防振材の配置

$W_f = 20.619$ (kN) から, 図13.27より 7～10個となる。ここでは8個として, 式(13-17)を満足させるように配置する。図13.30にその一例を示す。

X 軸 ── $x_1 + x_2 + x_3 + x_4 + x_5 + x_6 + x_7 + x_8$
$= -279 - 144 + 0 - 327 - 279 + 327 - 279 + 327$
$= 0$ OK

Y 軸 ── $y_1 + y_2 + y_3 + y_4 + y_5 + y_6 + y_7 + y_8$
$= 444 + 444 + 444 + 444 - 32 - 32 - 856 - 856$
$= 0$ OK

⑤ 防振材1個当たりの許容荷重とばね定数

フレキシブル継手を用いているので,

$$w_T = \frac{W_T}{n} = \frac{8\,712}{8} = 1.089\,(\text{kN})$$
$$w_f = \frac{W_f}{n} = \frac{20.619}{8} = 2.577\,(\text{kN})$$

図13.27より, $w_T = 1.089\,(\text{kN})$, $f = 24.5\,(\text{Hz})$, $T_r = 15\%$ のとき,

$K_d = 370$ (N/mm)

⑥ 防振材の種類

図13.22より, 防振ゴム (中軟) を使用する。また, 表13.31より, ヤング率 $E = 3.43 \times 10^6\,(\text{N/m}^2)$, $\lambda = 1.3$, したがって, 静的ばね定数 K_s は,

$$K_s = \frac{K_d}{\lambda} = \frac{370}{1.3} = 285\,(\text{N/mm})$$

となる。

⑦ 防振材の選定

以上の各条件を満足する防振ゴムを, メーカーのカタログなどから探して選定すればよい。K_s の値は, ちょうど合うものがないことが多いので, なるべく K_s の値の小さいもの(柔らかいもの)を選ぶ(実用的には, 0.7～1.2倍の範囲内とする)。

表13.32より「H」を選定する。

表13.32 防振ゴムの一例 (中軟 $E = 3\,430\,(\text{kN/m}^2)$)

防振ゴム	静的ばね定数 K_s (N/mm)	圧縮許容荷重 w (N)	防振ゴム	静的ばね定数 K_s (N/mm)	圧縮許容荷重 w (N)
A	20.6	58.8	G	686	6 670
B	63.7	206	H	275	5 880
C	88.3	608	I	1 370	15 700
D	157	1 180	J	1 470	2 060
E	275	2 350	K	2 840	3 630
F	441	3 730	L	3 920	5 590

静的ばね定数 $K_s = 275$ (N/mm)

圧縮許容荷重 $w = 5.880$ (kN)

⑧ チェック

$$静的たわみ量\ \delta = \frac{W_f}{K_s} = \frac{2.577}{0.275} = 9.4\,(\text{mm})$$

$$動的ばね定数\ K_d = \lambda \times K_s = 1.3 \times 275 = 358\,(\text{N/mm})$$

また, 図13.27より, $f_n = 8.5\,(\text{Hz})$, $T_r = 14\,(\%)$。

ゆえに, 目標振動伝達率 $T_r = 15$ (%) 以下となっており, 設計条件を満足する。

2.3.3 柔構造の床に設置される機器

これまでは, 機器が低層階または地下階に設置されることを前提に, 床を完全剛体として扱ってきたが, ここでは機器が建物の中間階または高層階に設置される場合で, 床を柔構造として扱うものについて述べる。

ただし, 機器を防振した場合の床の防振計算は, 推定値や近似値を多く用いるため, 精度の高い結果を得難く, 計算自体が非常に煩雑となる。それゆえ本項では, 機器を柔構造の床に設置したときの, 防振の必要性の有無を判定することにとどめている。

(1) 床の固有振動数

床の固有振動数は，次式で表わされる。

$$f_n = \frac{1}{2\pi}\sqrt{\frac{K}{\mu \times W_s + W_m}} \quad (13\text{-}24)$$

ここに，
- f_n：床の固有振動数（Hz）
- K：等価ばね定数（N/m）
- μ：b/a によって変わる定数，図13.31に示す値
- W_s：床の荷重（N）
- W_m：機器および架台に加わる全荷重（N）

次に，等価ばね定数 K は，次式で表わされる。

$$K = \frac{E \times t^3}{\lambda \times a^3} \quad (13\text{-}25)$$

ここに，
- E：ヤング率（N/m²）
- t：スラブ厚（m）
- a：スラブ短辺（m）
- b：スラブ長辺（m）
- λ：a/b によって変わる定数，図13.31に示す値

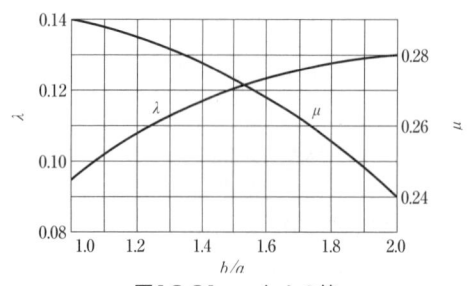

図13.31 μ と λ の値

(2) 床の振幅

床の振幅は，次式で表わされる。

$$|u_0| = \frac{F/K}{|1-(f/f_n)^2|} \quad (13\text{-}26)$$

- u_o：床の振幅（m）
- F：加振力（N）
- K：等価ばね定数（N/m）
- f：強制振動数（Hz）
- f_n：床の固有振動数（Hz）

次に，床の加速度振幅 $\ddot{u}$ は，次式で表わされる。

$$\ddot{u} = (2\pi f)^2 \times u_0 \quad (13\text{-}27)$$

(3) 防振の必要性の判定

① 機器と床が共振していないことを確認する。

$$f_n \neq f$$

② f と $\ddot{u}$ の値より図13.19および，表13.26の振動許容値の範囲内にあることを確認する。

③ 上記条件のいずれかを満足しないときは，機器の防振を施す。

2.4 配管の防振設計

2.4.1 振動の原因

配管の振動の原因として，次のようなことがあげられる。

(1) キャビテーション，サージング

配管中の圧力変動によって，負圧部などで発生した空気泡が高圧部でつぶされるとき，振動，騒音を発生する（キャビテーション）。

また，水量を絞ってポンプを運転すると，渦流や偏流が発生し，振動，騒音を発生する（サージング）。

(2) ウォータハンマ

配管内の水流が弁などで急激に開閉されたときに，管内の圧力が急激に変化し，強い衝撃音や振動を発生する。

(3) 脈 動

ポンプには，必ず脈動がある。一般的には問題とされるほど振動は大きくないが，配管中にエアだまりがあり，配管の共振が起こった場合には，問題となることが多い。

(4) 施工不良

ポンプの据付け不良，防振材の選定ミス，重心位置の偏心などにより，ポンプの振動を増幅する。

2.4.2 防振対策

配管の防振対策を事前に検討することは難しいことが多いが，以下に述べる対策を考慮することが望ましい。

① 他の配管，ダクト，躯体などと直接接触させない。

② エアだまりができるような配管は極力避け，やむを得ないときは，エア抜きを設ける。

③ 特に静粛度を要求される部屋，また逆に大きな振動・騒音を発生する部屋には，配管を通さない。やむを得ず通す場合には，防振支持を施す。

④ バルブの絞り過ぎにならないように，適正な揚程のポンプとする（余裕をみすぎない）。

⑤ 振動を発生する機器と配管の接続には，フレキシブル継手を使用し，配管への振動伝達の減少を図る。

⑥ 高揚程のポンプ（30m以上程度）には，スモレンスキチャッキ弁を用いる。

⑦ 自動弁の開閉時間の調整を適切に施す。

2.4.3 防振材の選定

(1) 防振継手

防振継手には，ベローズ型，ホース型，球型などがあり，材質もテフロン，ステンレス，ブチルゴム，ネオプレン，合成ゴムなど多くの種類がある。

一般に，防振継手をフレキシブル継手と称しているが，これには防振を目的としたものと，振動以外の変位量の吸収を目的としたものがあり，両者の使用目的に合ったものを選定する必要がある。

防振継手はばね定数が小さいものほど防振効果があるので，なるべくばね定数の小さいものを選ぶ必要がある。

(2) つり支持金物の防振材

配管の振動による振幅は防振継手などにより相当小さくすることができるが，脈動流などの高周波のものは騒音の原因となりやすい。したがって，配管の防振では「可聴周波数の振動を躯体に伝えない」という目的で設計する。

2.5 ダクトの防振設計

2.5.1 振動の原因

ダクトの振動の原因として，次のようなことがあげられる。

① 送風機の振動
② ダクト内の気流の乱れによる振動
③ 送風機のサージングによる振動
④ 送風機の据付け不良，防振材の選定ミス，重心位直の偏心などによる，送風機振動の増幅によるもの

2.5.2 防振対策

配管の防振対策と共通するもののほかに，次に述べる対策を考慮することが望ましい。

① 機器との接続には，キャンバス継手を使用する。

② ダクト断面形状の急激な変化を避ける。やむを得ないときには，補強や遮音対策を施す。

③ 風量調整ダンパの絞りすぎとならないように，適正な風量，静圧の送風機を選定する。

④ チャッキダンパは振動，騒音の原因となりやすいので，できればモータダンパとしたい。

2.5.3 防振材の選定

つり支持金物の防振材の設計手法は，配管の場合とまったく同様なので，2.4を参照のこと。

3 耐 震

3.1 概 説

1978（昭和53）年に発生した宮城県沖地震（マグニチュード7.4）は，建築物および建築設備に多大な被害をもたらし，建築物の機能が麻痺して社会的な問題となった。これを機会に，1980（昭和55）年7月14日，建築基準法施行令の一部が改正され，建築設備については，水槽，冷却塔などの屋上突起物・配管設備，エレベータに関する耐震規定が設けられた。これを受け，昭和55年から56年にかけて告示，通達等によって耐震規定が具体化され，さらに，1982（昭和57）年2月1日に建設省住宅局建築指導課監修による『建築設備耐震設計・施工指針1982年版』が(財)日本建築センターから発行された。1995（平成7）年に発生した兵庫県南部地震により引き起こされた被害を考慮し，1997（平成9）年には前指針の見直し・改訂が行われ1997年版が発行された。この図書についての通達（住指発昭和57年第32号）によれば，「建築設備の耐震対策を講じるうえで，有用な指針であるので，行政上積極的に活用されたい」とある。本章

では，この指針に基づいて述べるので，不明な点，不満な点はこれらを参照されたい。

3.2 設計計画の進め方

耐震に対する基本的な考え方は，機器，配管，ダクトなどを建築構造体に強固に固定し，地震時には建物と一体となって振動するように，設備機器系の剛性と強度を高めるということであるが，総合的な耐震性能（機能確保）を配慮する必要がある。

すべての設備について耐震対策を施すことが望ましいが，諸般の事情からそれが難しい場合もある。しかし，地震による被害の影響を考慮すると，次にあげる設備については最低限耐震対策を施すことが必要である。

① 移動，転倒，落下などにより，人命あるいは他の設備に損害を与えるおそれのある設備
② 重大な二次災害を引き起こすおそれのある設備
③ 火災の検知，消火，および人々の避難のために必要な設備
④ 地震後も建物としての機能を保つために必要な設備
⑤ 損傷した場合，復旧に時間と経費がかさむ設備

設備計画にあたっては，これらの条件のほかに，建物用途，システム機能の種類，立地条件その他を総合的に判断し，必要に応じた「耐震クラス」や「機能グレード」という形で「耐震機能確保の設定」を行うことが必要である。

次に耐震設計上の留意点について述べる。

① 地震力は高層階ほど大きくなるので，重量機器は極力低層階または地下階へ設置する。
② 防振装置の乱用を慎み，防振の必要性の有無を十分に検討する。
③ 機器は極力，居室から離れた場所に設置する。また集中して設置することにより，耐震対策費用の低減化を図る。
④ 機器の設置方法は可能なかぎり床置き型とし，天つり型は極力避ける。
⑤ 機器と接続されるダクト，配管等は，たわみ継手，フレキシブル継手などを介して接続する。
⑥ ダクト，配管などのつり支持金物は，極力短くする。

表13.33 局部震度法による建築設備機器の設計用標準震度 [26]

	建築設備機器の耐震クラス			適用階の基準
	耐震クラスS	耐震クラスA	耐震クラスB	
上層階，屋上および塔屋	2	1.5	1.0	塔屋／上層階
中間階	1.5	1.0	0.6	中間階／1階
地階および1階	1.0（1.5）	0.6（1.0）	0.4（0.6）	地階

（　）内の値は近いおよび1階（地表）に設置する水槽の場合に適用する。

上層階の定義
・2〜3階建ての建築物では，最上階を上層階とする。
・7〜9階建ての建築物では，上層の2層を上層階とする。
・10〜12階建ての建築物では，上層の3層を上層階とする。
・13階建て以上の建築物では，上層の4層を上層階とする。

中間階の定義
・地階，1階を除く各階で上層階に該当しない階を中間階とする。

注　各耐震クラスの適用について
1　設備機器の応答倍率を考慮して耐震クラスを適用する。
　　（例　防振装置を付した機器は耐震クラスAまたはSによる）
2　建築物あるいは設備機器等の地震時あるいは地震後の用途を考慮して耐震クラスを適用する。
　　（例　防災拠点建築物，あるいは重要度の高い水槽など）

3.2.1 適用範囲

本項における耐震対策の適用範囲は次のとおりとする。

① S造，SRC造およびRC造で，高さ60m以下の建築物に設置される建築設備（機器・配管等）の据付け，取付けとし，機器本体の耐震性能

表13.34　地域係数Z [27]

	地　　方	数値
①	②から④までに掲げる地方以外の地方	1.0
②	北海道のうち 　札幌市　函館市　小樽市　室蘭市　北見市　夕張市　岩見沢市　網走市　苫小牧市　美唄市　芦別市　江別市　赤平市　三笠市　千歳市　滝川市　砂川市　歌志内市　深川市　富良野市　登別市　恵庭市　伊達市　札幌郡　石狩郡　厚田郡　浜益郡　松前郡　上磯郡　亀田郡　茅部郡　山越郡　檜山郡　爾志郡　久遠郡　奥尻郡　瀬棚郡　島牧郡　寿都郡　磯谷郡　虻田郡　岩内郡　古宇郡　積丹郡　古平郡　余市郡　空知郡　夕張郡　樺戸郡　雨竜郡　上川郡（上川支庁）のうち東神楽町，上川町，東川町および美瑛町　勇払郡　網走郡　斜里郡　常呂郡　有珠郡　白老郡 青森県のうち 　青森市　弘前市　黒石市　五所川原市　むつ市　東津軽郡　西津軽郡　中津軽郡　南津軽郡　北津軽郡　下北郡 秋田県 山形県 福島県のうち 　会津若松市　郡山市　白河市　須賀川市　喜多方市　岩瀬郡　南会津郡　北会津郡　耶麻郡　河沼郡　大沼郡　西白河郡 新潟県 富山県のうち 　魚津市　滑川市　黒部市　下新川郡 石川県のうち 　輪島市　珠洲市　鳳至郡　珠洲郡 鳥取県のうち 　米子市　倉吉市　境港市　東伯郡　西伯郡　日野郡 島根県 岡山県 広島県 徳島県のうち 　美馬郡　三好郡 香川県のうち 　高松市　丸亀市　坂出市　善通寺市　観音寺市　小豆郡　香川郡　綾歌郡　仲多度郡　三豊郡 愛媛県 高知県 熊本県 　(3)に掲げる市および郡を除く。 大分県 　(3)に掲げる市および郡を除く。 宮崎県	0.9
③	北海道のうち 　旭川市　留萌市　椎内市　紋別市　士別市　名寄市　上川郡（上川支庁）のうち鷹栖町，当麻町，比布町，愛別町，和寒町，剣淵町，朝日町，風連町および下川町　中川郡（上川支庁）　増毛郡　留萌郡　苫前郡　天塩郡　宗谷郡　枝幸郡　礼文郡　利尻郡　紋別郡 山口県 福岡県 佐賀県 長崎県 熊本県のうち 　八代市　荒尾市　水俣市　玉名市　本渡市　山鹿市　牛深市　宇土市　飽託郡　宇土郡　玉名郡　鹿本郡　葦北郡　天草郡 大分県のうち 　中津市　日田市　豊後高田市　杵築市　宇佐市　西国東郡　東国東郡　速見郡　下毛郡　宇佐郡 鹿児島県（名瀬市および大島郡を除く）	0.8
④	沖縄県	0.7

は，別途製造業者により確認されているものとする。

② 100 kg以下の軽量な機器の据付け，取付けについては，機器メーカーの指定する方法で，確実に取付け，据付けを行えばよいものとする。特に機器の支持部が地震によって生じる力に十分耐えるように検討されている必要がある。

③ 地震入力には，局部震度法による地震入力と建築物の動的解析による地震入力があるが，ここでは局部震度法による地震入力を主として記述する。

3.2.2 地震力

① 設備機器に対する設計用水平地震力 F_H は次式によるものとし，作用点は重心とする。

$$F_H = K_H \times M \times g \quad (\text{N}) \quad (13\text{-}28)$$

ここに，

K_H：設計用水平震度（$K_H = Z \times K_s$）

K_s：設計用標準震度（表13.33による）

M：機器質量（kg）

g：重力の加速度（9.8 m/s²）

② 設計用垂直地震力（必要な場合のみ検討する）

$$F_V = K_V \times M \times g \quad (\text{N}) \quad (13\text{-}29)$$

$$= \frac{1}{2} K_H \times M \times g$$

ここに，

K_V：設計用垂直震度（$K_V = (1/2)K_H$）

すなわち，設計用垂直地震力 F_V を考慮する必要のある場合は，設計用水平地震力 F_H の1/2の値としてよい。

(1) 局部震度法による設備機器の地震力（その1）

動的解析が行われない通常の構造の建築物については，次式を適用して設計用水平震度 K_H を求める。

$$K_H = Z \times K_s \quad (13\text{-}30)$$

ここに，

K_s：設計用標準震度（表13.33の値以上とする）

Z：地域係数（表13.34，通常1としてよい）

(2) 建築物の動的解析が行われている場合の地震力（その2）

免震構造および制振構造の建築物の場合，構造体の設計において動的解析が行われ，各階の振動応答加速度値 G_f (m/s²) が与えられることとなる。この場合の設計用水平震度 K_H の求め方を以下に示す。

a 設計用水平震度 K_H 算出のための予備計算 K_H' の値と K_H の値の関係

下記のa-1）またはa-2）項により K_H' の値を求め，表13.35を用いて K_H を定めることができる。

表13.35 建築物の動的解析が行われている際の設計用水平震度 K_H [28]

設計用水平震度 K_H	a-1)項およびa-2)項で算出された K_H' の値
0.4	0.42以下（通常の建築物の場合）
0.6	0.63以下（用途係数の高い建築物・設備の場合）
1.0	0.63を超え1.10以下の場合
1.5	1.10を超え1.65以下の場合
2.0	1.65を超える場合

なお，個別に詳細設計を行う場合においては，K_H' そのものを採用してもよい。

a-1) 設備機器および水槽の場合の予備計算値 K_H'

表13.35の設計用標準震度の値は次式によって算出されている。

$$K_H' = K_0 \cdot K_1 \cdot K_2 \cdot Z \cdot D_{ss} \cdot I_s \cdot I_K \quad \cdots \text{設備機器の場合}$$
$$= K_0 \cdot K_1 \cdot Z \cdot \beta \cdot I \quad \cdots \text{水槽の場合}$$

ここに，

K_0：応答解析が行われない際の基準震度 = 0.4と設定

K_1：応答解析が行われない際の基準震度に対する建築物の想定各階床振動応答倍率（表13.36）

K_2：設備機器の応答倍率（表13.37）

Z：地域係数（ここでは1.0としている）

D_{ss}：設備機器据付け用構造特性係数
振動応答解析が行われていない設備機器の据付け・取付けの場合，$D_{ss} = 2/3$と設定

I_s：設備機器の用途係数（＝1.0〜1.5）

I_K：建築物の用途係数（I_s＝1.0〜1.5）ただし，
　　　$I_s \cdot I_K \leq 2.0$，したがって，
　　　$I_s \cdot I_K \cdot D_{ss}$＝0.67〜1.0〜1.33

β：水槽の設置場所と応答倍率（表13.38）

I：水槽の用途係数（表13.39）

a−2) 振動応答解析結果がある場合の算出式

① 設計用水平震度 K_H

前a−1)項の考え方と同様にして，振動応答解析結果がある場合の算出式を定める。振動応答解析が行われている建築物の各階床の振動応答値G_fは，

$$G_f = K_0 \cdot K_1 \cdot Z \cdot I_K \cdot D_{ss} \cdot I_s$$

の値に相当していると考えてよいとされている。

したがって，

$$K_H' = (G_f \cdot G) \cdot K_2 \cdot D_{ss} \cdot I_s \quad \text{…設備機器の場合}$$
$$= (G_f \cdot G) \cdot \beta \cdot I \quad \text{…水槽の場合}$$

ここに，

G_f：各階床の振動応答加速度の値（m/s²）

G：重力加速度の値＝9.8（m/s²）

ここで，表13.37，13.38および表13.39を適用してK_Hの値を設定すればよい。

② 設計用鉛直震度 K_V

設計用鉛直震度を考慮する必要がある場合は次式による。

$$K_V = (1/2)K_H \qquad (13\text{-}31)$$

ただし，免震構造の建築物の設計用鉛直震度は，特に解析されていない場合には「(1) 局部震度法による設備機器の地震力（その1））」の値による。最小値は0.4とする。

表13.36 層数nに応じたK_1の値[29]

床位置	$n=2$		$n=4$		$n=6$		$n=8$		$n=10$	
	a_i	K_1	a_i	K_1	a_i	K_1	a_i	K_1	a_i	K_1
RF	1/3	1.78	1/5	2.23	1/7	2.5	1/9	2.50	1/11	2.50
	2/3	1.22	2/5	1.58	2/7	1.88	2/9	2.12	2/11	2.35
			3/5	1.29	3/7	1.53	3/9	1.73	3/11	1.91
			4/5	1.11	4/7	1.32	4/9	1.50	4/11	1.66
					5/7	1.18	5/9	1.34	5/11	1.48
					6/7	1.08	6/9	1.22	6/11	1.35
							7/9	1.13	7/11	1.25
							8/9	1.06	8/11	1.17
									9/11	1.11
									10/11	1.05
1F	3/3	1.00	5/5	1.00	7/7	1.00	9/9	1.00	11/11	1.00

注 1) n：建築物地上階数，($n+1$)は屋根床・屋上階を示す。
　　2) a_i：最上部からi階までの質量の和を地上部の全質量で除した値
　　　　近似的には，$a_i = (n+2-i)/(n+1) \sim 1$として差し支えない。
　　3) $K_1 = 1/\sqrt{a_i}$（ただし，$K_1 \leq 2.5$）

表13.37 設備機器の応答倍率[30]

機器の据付け状態	応答倍率：K_2
防振支持の機器	2.0
堅固に据え付けられた機器	1.5

表13.38 水槽の応答倍率β[31]

場所	応答倍率：β
1階，地階，地上	2.0
中間階，上層階，屋上，塔屋	1.5

表13.39 水槽の用途係数I[32]

用途	用途係数：I
耐震性を特に重視する用途	1.5
耐震性を重視する用途	1.0
その他の用途	0.7

─ 例題13.14 ─

地上高さ$H=40$(m)，鉄骨鉄筋コンクリート造の建築物の高さ20 m部分の床に設置される，機器の設計用震度を求めよ。ただし，設置場所は東京都内とし，機器の固有振動数$f_m=4$（Hz），耐震クラスSの機器とする。

[解答] 局部震度法による計算方法

表13.33より，$K_s=1.5$

表13.34より，$Z=1.0$

ゆえに，

$$K_H = Z \times K_s = 1.5$$
$$K_V = \frac{1}{2}K_H = 0.75$$

となる。

3.3 機器の耐震設計

3.3.1 アンカーボルト

機器を建築物の構造体に固定するには，アンカーボルトを使用するが，これによって機器全体の耐震性能が左右されるので，アンカーボルトについての十分な検討を行い，余裕ある設計と十分な施工管理をすることが必要である。

アンカーボルトに加わる，引抜き力，せん断力を図13.32，図13.33に示す。

(1) アンカーボルトの引抜き力（R_b）

床置機器のアンカーボルト1本当たりの引抜き力 R_b（kN）は，次式によって表わされる。

$$R_b = \frac{F_H \times h_G - (W - F_V) \times l_G}{l \times n_t} \quad (13\text{-}32)$$

ここに，

- G：機器の重心位置
- W：機器の重量（kN）
- R_b：アンカーボルト1本当たりの引抜き力（kN）
- n：アンカーボルトの総本数
- n_t：機器の転倒を考えた場合の，引張りを受ける片側のアンカーボルト総本数
- h_G：据付け面より機器重心までの高さ（cm）
- l：検討する方向から見たボルトスパン（cm）
- l_G：検討する方向から見たボルト中心から機器の重心までの距離（cm）

（ただし，$l_G \leq \dfrac{1}{2}l$）

- F_H：設計用水平地震力（kN）
- F_V：設計用垂直地震力（kN）

次に，天井スラブ面取付け機器のアンカーボルト1本当たりの引抜き力 R_b（kN）は，次式によって表わされる。

$$R_b = \frac{F_H \times h_G + (W + F_V) \times (l - l_G)}{l \times n_t}$$

$$(13\text{-}33)$$

(2) アンカーボルトのせん断力（Q）

アンカーボルト1本当たりのせん断力 Q（kN）は，次式によって表わされる。

$$Q = \frac{F_H}{n} \quad \text{または} \quad \tau = \frac{F_H}{n \times A} \quad (13\text{-}34)$$

ここに，

- Q：アンカーボルト1本当たりのせん断力（kN）
- τ：アンカーボルト1本当たりのせん断応力度（kN/cm^2）
- A：アンカーボルト1本当たりの軸断面積（cm^2）（呼び径による断面積）
- n：アンカーボルトの総本数
- F_H：設計用水平地震力（kN）

ここに，$K_H = 1.0$ とすれば，$F_H = W$ となり，

$$Q = \frac{W}{n} \quad \text{または} \quad \tau = \frac{W}{n \times A} \quad (13\text{-}35)$$

となる。

図13.35，13.36にせん断力と引張り力を同時に受けるボルトの許容応力を示す。

(3) アンカーボルトの選定手順

アンカーボルトの選定方法（図13.34）には，せん断力度を計算する方法と，図を利用する方法がある。一般的には図を利用する方法が用いられ，下記の手順で選定を行う。

① 式（13-32）により，引抜き力 R_b を計算する。

② 式（13-34）により，せん断力 Q を計算する。

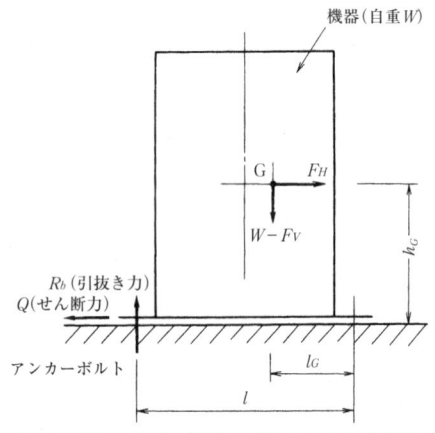

図13.32　床置き機器の引抜き力とせん断力

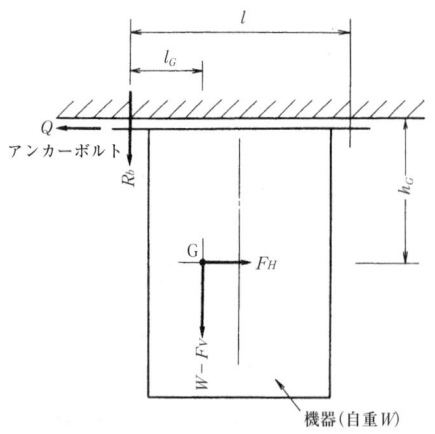

図13.33　天井面取付け機器の引抜き力とせん断力

13章　防音・防振・耐震設計

③　図13.35, 13.36により, 組合せ応力を受ける場合の, ボルト径を選定する。

④　機器にくらべてボルトサイズが大きすぎないか検討して, 大きすぎる場合には, ボルトの数量を増して再計算する。

表13.40によく使用されるアンカーボルトの施工法を示す。

例題13.15

図13.37に示す空冷ヒートポンプチラーのアンカーボルトを選定せよ。ただし, $K_H=1.0$, $K_V=0.5$とする。

(a) τを計算する方法

(b) 図13.35, 図13.36を利用する方法

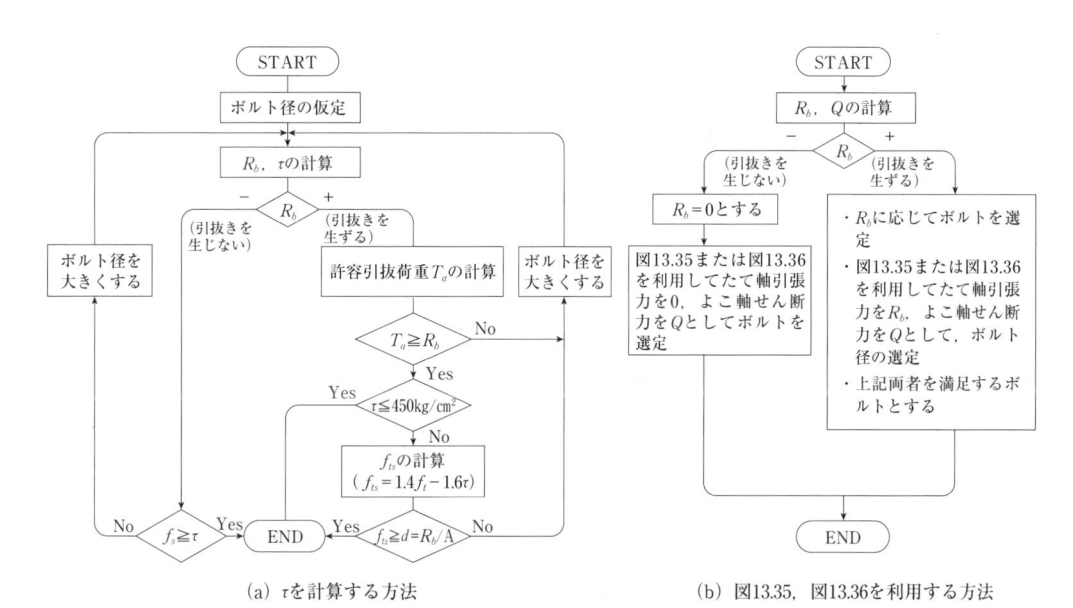

図13.34　アンカーボルト選定手順 [33]

表13.40　アンカーボルトなどの施工法 [34]

(1)埋込みアンカー	(2)箱抜きアンカー	(3)あと施工アンカー		(4)インサート金物
		(a)金属拡張アンカー　①おねじ形　②めねじ形	(b)接着系アンカー	①鋼製　②鋳物
基礎コンクリート打設前にアンカーボルトを正しく位置決めセットし, コンクリートを打設と同時にアンカーボルトの設定が完了する方式	基礎コンクリート打設時にアンカーボルト設定用の箱抜き孔を設けておき機器などの据付け時にアンカーボルトを設定し, モルタルなどでアンカーボルトを固定埋め込む方式	躯体コンクリート面にドリルなどで所定の孔を開けアンカーをセットしたうえ, 下部を機械的に拡張させて, コンクリートに固着させる方式 この方式には ①おねじ形（ヘッドとボルトが一体のもの） ②めねじ形（ヘッドとボルトが分離しているもの）の2種類があり, 強度が著しく異なる。	躯体コンクリート面に所定の孔を開け, その内に樹脂および硬化促進剤, 骨材などを充塡したガラス管状カプセル（上図参照）を挿入し, そのうえからアンカーボルトをインパクトドリルなどの回転衝撃によって打ち込むことにより, 樹脂硬化剤, 骨材や粉砕されたガラス管などが混合されて硬化し, 接着力によって固定される方式	コンクリート打設時に埋め込まれたねじをねじを切った金物で, 配管などを支持する吊ボルトなどをねじ込み使用する方式

13章 防音・防振・耐震設計

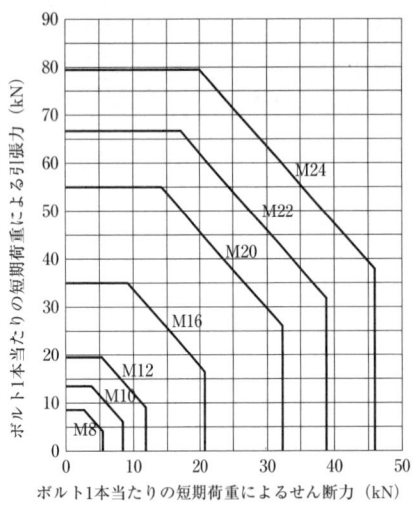

図13.35 ボルト(SS400)許容応力度図[35]

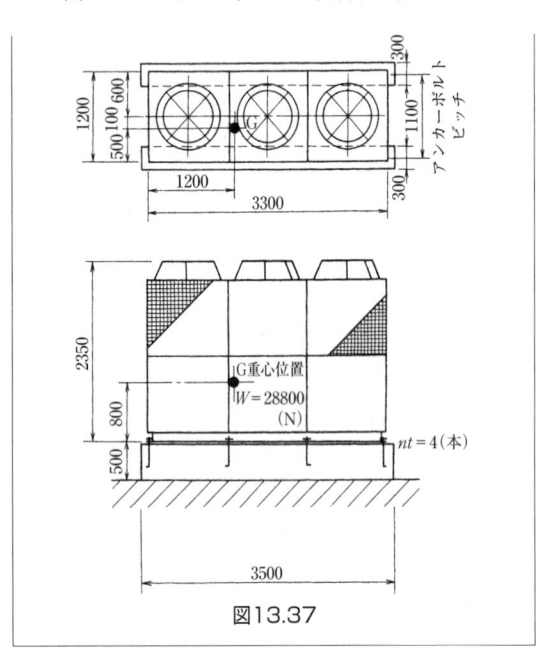

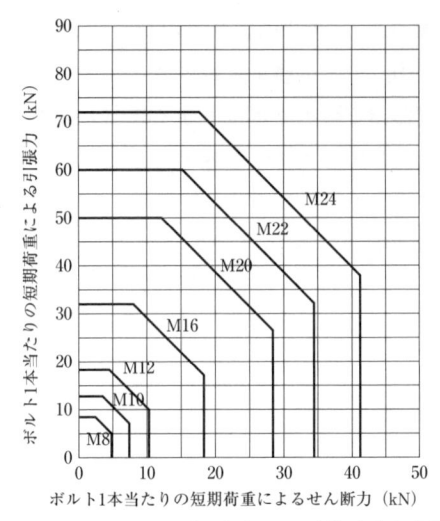

図13.36 ステンレスボルト(A2-50)許容応力度図[36]

図13.37

[解答]

式 (13-32) より引抜き力を求める。

$$R_b = \frac{F_H \times h_G - (W - F_V) \times l_G}{l \times n_t}$$

$$= \frac{W}{l \times n_t} \times \left(h_G - \frac{1}{2} l_G\right)$$

$$= \frac{28.8}{110 \times 4} \times \left(80 - \frac{1}{2} \times 45\right) = 3.76 \,(\text{kN}) > 0$$

なので,引抜き力が働く。

次に式 (13-35) により,せん断力を求める。

$$Q = \frac{W}{n} = \frac{28.8}{2 \times 4} = 3.6 \,(\text{kN})$$

$$n = 2n_t$$

図13.35より選定すると,M8となる。設置工法を埋込式J形,埋込深さ$L=100$mmとした場合,表13.41より

短期許容引抜き力 $=8.82$ (kN) $>R_b$

となる。したがって,M8,$L=100$mmの埋込式J形アンカーボルト×8本とする。

(4) アンカーボルトの選定計算が不要な機器

M8以上のアンカーボルト4本以上で固定されている床置き機器については,図13.38に定める許容重量以下であれば,アンカーボルトの選定計算を省略できる。

---例題13.16---

機器重量 $W=2$ (kN),機器高さ $h=180$ (cm),アンカーボルトスパン $l=100$ (cm),アンカーボルトM8×4本の床置き機器のアンカーボルト選定計算の要否を判定せよ。

[解答] $h/l=1.8$のとき,$K_H=1.0$の許容荷重は2.4 kNであるから,この機器は許容荷重以下となるので選定計算は不要である

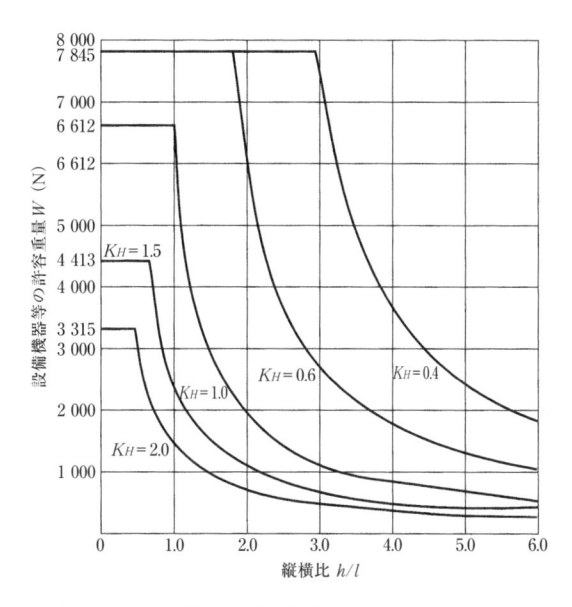

$$t_1 \geqq \sqrt{\frac{6\{K_H \times h_G - l_G(1-K_V)\} \times W \times l_3}{f_b \times l \times (l_1 - m \times d_0) \times N_S}}$$

(13-36)

また,Q_0 に対して,

$$t_2 \geqq \sqrt{\frac{6K_H \times W \times l_2}{f_b \times (l_1 - m \times d_0) \times N_S}} \quad (13\text{-}37)$$

次に,ボルトのせん断力 Q は,次式によって表わされる。

$$Q = \frac{K_H \times W}{m \times N_S} \quad (13\text{-}38)$$

また,ボルトの引抜き力 R_b は,次式によって表わされる。

$$R_b = \frac{\{K_H \times h_G - l_G(1-K_V)\} \times W}{l \times m \times N_S} \times \frac{l_3 + l_4}{l_4}$$

(13-39)

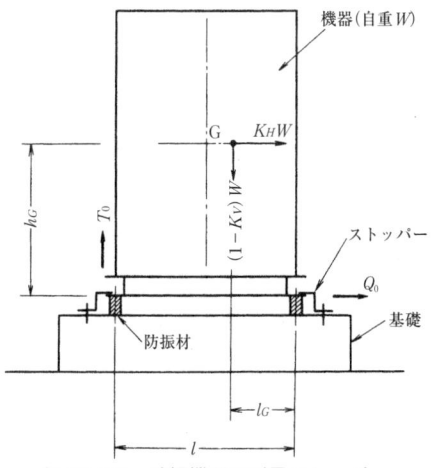

図13.39 防振機器の耐震ストッパー

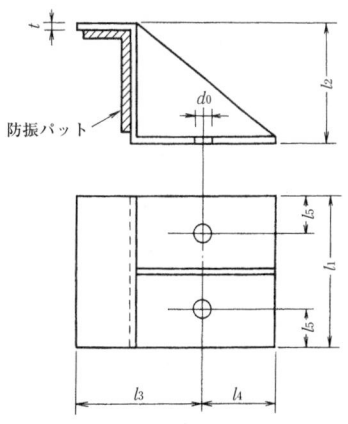

図13.40 クランクプレート型ストッパー
(移動・転倒防止型)

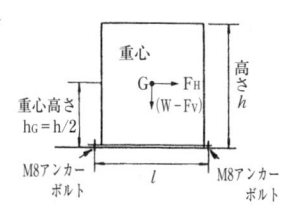

図13.38 設計用水平震度と設備機器などの縦横比による許容重量[38]

(ⅰ) 機器等の許容重量を7 845Nまでとする。
(ⅱ) 許容引抜き力を735Nとする。
(ⅲ) 許容せん断応力度を4 413(N/cm²) ×0.75とする。
(ⅳ) 引抜き力の計算は次式で求めた。

$R_b = \frac{1}{nt \cdot l}\{F_H \cdot h_G - (W - F_V)\frac{l}{2}\}$

R_b:アンカーボルトの引抜き力
F_H:設計用水平地震力
F_V:設計用鉛筆地震力
nt:ボルトの片側本数
h_G:重心高さ
l:アンカーボルトスパン

3.3.2 防振機器の耐震ストッパー

防振されている機器は,地震力によって大きな振動が生じるおそれがあり,移動,転倒を防止するために耐震ストッパーを設置する必要があるストッパーと機器本体との間隙は,運転中に接触しない範囲で極力小さくし,スプリング防振などのたわみ量の大きい防振材を用いる場合は,引抜き力の有無にかかわらず,移動・転倒防止形のストッパーを用いることとする。

(1) クランクプレート型ストッパー

クランクプレート型(移動・転倒防止型ストッパー)の板厚は,次式のうち大きい値とする。

T_o に対して,

表13.41　埋込み式JA型，J型アンカーボルトの許容引抜き力[37]

① コンクリート基礎

注　l'はJISボルトの場合の$l'=4.5d$である

ボルト径d（呼称）	短期許容引抜力 (kN) ボルト埋込み長さ L (mm)				
	100	150	200	300	400
M8	8.82	8.82	8.82	8.82	8.82
M10	13.72	13.72	13.72	13.72	13.72
M12	18.42	19.60	19.60	19.60	19.60
M16	—	35.28	35.28	35.28	35.28
M20	—	41.16	55.37	55.37	55.37
M24	—	41.16	73.50	79.38	79.38

注　J型の先端の向きは基礎内部側とする。

② 一般的な床スラブ上面

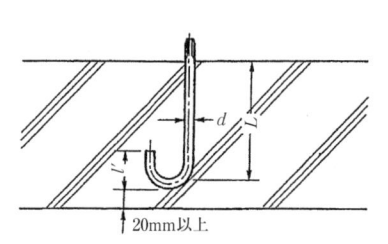

注　l'はJISボルトの場合の$l'=4.5d$である

ボルト径d（呼称）	短期許容引抜力 (kN) ボルト埋込み長さ L (mm)			
	120	150	180	200
M8	8.82	8.82	8.82	8.82
M10	11.76	11.76	11.76	11.76
M12	11.76	11.76	11.76	11.76
M16	—	11.76	11.76	11.76
M20	—	—	11.76	11.76
M24	—	—	—	11.76
ボルト埋込み長さ L (mm)	$100-d$	$130-d$	$160-d$	$180-d$

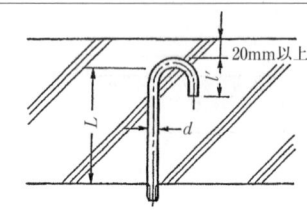

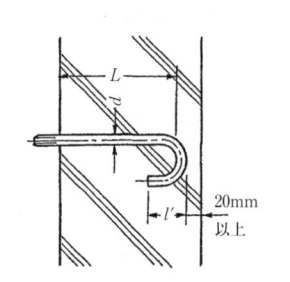

③ 一般的な天井スラブ下面・コンクリート壁面

注　l'はJISボルトの場合の$l'=4.5d$である

ボルト径d（呼称）	長期許容引抜力 (kN) ボルト埋込み長さ L (mm)			
	120	150	180	200
M8	5.88	5.88	5.88	5.88
M10	7.84	7.84	7.84	7.84
M12	7.84	7.84	7.84	7.84
M16	—	7.84	7.84	7.84
M20	—	—	7.84	7.84
M24	—	—	—	7.84
ボルト埋込み長さ L (mm)	$100-d$	$130-d$	$160-d$	$180-d$

ここに，

f_b：鋼材の短期許容曲げ応力度（N/cm²）
（SS 400の場合，235 N/mm²＝23 500 N/cm²）

m：ストッパー1個当たりのアンカボルト数
d_0：ストッパーのボルト穴径（cm）
t：ストッパーの板厚（cm）
N_S：機器の片側のストッパー個数

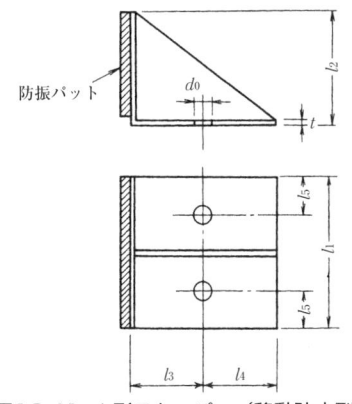

図13.41 L形ストッパー（移動防止型）

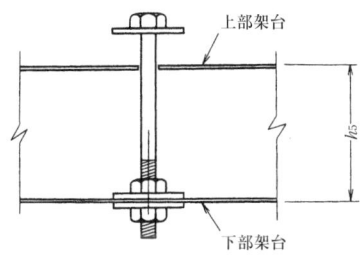

図13.42 ボルト型ストッパー

$l_1 \sim l_4$：ストッパーの各寸法（cm）
W：防振架台を含む機器重量（N）

また，防振材に引張りが生じない場合は，式(13-37)より板厚を，式(13-38)によってボルトを選定する。

このときのボルトの引抜き力R_bは，

$$R_b = \frac{l_2 \times K_H \times W}{l_4 \times m \times N_S} \quad (13\text{-}40)$$

防振材に引張力が生じない場合は，図13.41に示す移動防止型のストッパーを用いる。

(2) ボルト型ストッパー

ボルト型ストッパーのボルトは，次の2式を満足するものとする。

$$f_b \geqq \sigma_{tb} = \frac{T}{A_1} + \frac{M}{Z}$$
$$= \frac{W \times \{K_H \times h_G - (1-K_V) \times l_G\}}{l \times n_t \times A_e}$$
$$+ \frac{K_H \times W \times h_S}{n \times Z} \quad (13\text{-}41)$$

また，

$$f_S \geqq \tau = \frac{K_H \times W}{n \times A_e} \quad (13\text{-}42)$$

ここに，

σ_{tb}：引張りと曲げを同時に受ける部材の応力度（kN/cm²）
T：引張力（kN）
A_e：有効断面積（cm²）
　　　ボルトの場合は，$0.589d^2$
M：曲げモーメント（kN・cm）
Z：断面係数（cm³）$0.06d^3$
W：防振架台を含む機器重量（kN）
h_S：上部架台と下部架台の距離（cm）
l：ストッパーボルトスパン（cm）
n：ストッパーボルト総本数
d：ボルトの軸径（cm）
n_t：ストッパーボルトの片側本数
f_b：鋼材の短期許容曲げ応力度
　　　（SS400の場合，23.5kN/cm²）
f_S：鋼材の短期許容せん断応力度
　　　（SS400の場合，13.5kN/cm²）

ボルト型ストッパーは，クランクプレート型ストッパーにくらべて施工性もよく，信頼性も高い。また，基礎の大きさもクランクプレート型よりは小さくできるので，経済的である。

3.3.3 頂部支持材

床置き機器で，縦横比が大きいものは転倒モーメントが大きくなり，アンカーボルトに作用する引抜き力も大きくなるこのため，アンカーボルトのみで固定しようとすると，ボルト径が大きくなりすぎて実用的でないことがある。このような場合には，機器の頂部，または裏面を構造体に固定することにより，引抜き力を小さくすることができる。

図13.43に示すような頂部支持材に加わる力N（kN）は，次式で表わされる。

$$N = \frac{K_H \times W \times h_G}{m \times h} \quad (13\text{-}43)$$

また，下部アンカーボルトに加わるせん断力Qは，次式で表わされる。

$$Q = \frac{K_H \times W \times (h - h_G)}{n \times h} \quad (13\text{-}44)$$

h ：機器高さ（cm）
h_G ：機器重心高さ（cm）
m ：頂部支持材の数
n ：アンカーボルト総本数
A ：アンカーボルト1本当たり断面積（cm²）

したがって，頂部支持材は，使用する部材の短期許容圧縮力が，Nの値以下になるものを選定する。

ここで，Nの値は，引張力の場合と圧縮力の場合があるが，鋼材の許容圧縮応力は許容引張応力より小さい値なので，圧縮力についてのみ検討すればよい。

また，頂部支持材のアンカボルトは，引抜き力をN，アンカーボルトの数をn_0とすれば，

$$R_b = \frac{N}{n_0}$$

となり，前出のアンカーボルトの選定方法に準じて，ボルトを選定する下部のアンカーボルトも，せん断力Qを用いて同様に選定すればよい。

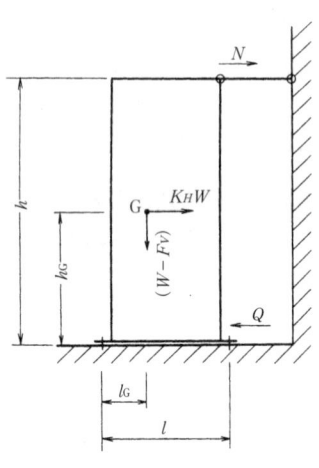

図13.43 頂部支持材に加わる力

3.3.4 機器の基礎

機器の基礎には，主要構造体と切り離して設けられるものと，一体化されたものがあるが，本項では前者を対象とするものとし，後者については別の方法で構造計算をする

(1) ベタ基礎

一般によく用いられている基礎で，床コンクリート面を目荒ししてコンクリートを打設する

が，せん断力を床スラブ面に伝達するのに難点があることを考慮して，設計用水平震度K_Hが1.0以下の場合にのみ用いることができるものとする。

また基礎の浮き上がりを生じないために，次式を満足することを確認する。

$$(1-K_V)\left\{\left(l_G + \frac{l_F-l}{2}\right) \times W + \frac{1}{2} \times l_F \times W_F\right\}$$
$$> K_H \times \left\{(h_F + h_G) \times W + \frac{1}{2} h_F \times W_F\right\}$$
$$(13\text{-}45)$$

ここで，
l ：機器の長さ（cm）
l_G ：機器の重心位置（cm）
h_G ：機器の重心の高さ（cm）
l_F ：基礎の長さ（cm）
h_F ：基礎の高さ（cm）
W_F ：基礎重量（N）

$W_F = h_F \times l_F \times$ 基礎幅 $\times$ 密度 $\times 9.8$
密度 $= 2\,300$（kg/m³）

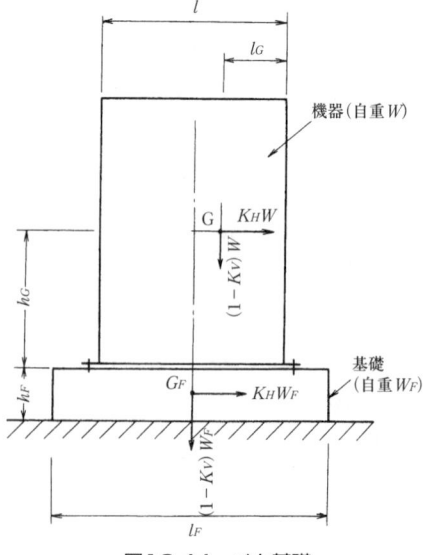

図13.44 ベタ基礎

基礎に浮き上がりを生じる場合は，基礎の各寸法を大きくして基礎重量を大きくすることが考えられるが，これには限度がある。そのようなときには，床スラブなどに差し筋をすることにより，基礎の浮き上がりを防止する。

(2) はり型基礎

水槽，冷却塔などに用いられる基礎で，ベタ基

表13.42 耐震支持の適用 [39]

設置場所	配管		ダクト
	設置間隔	種類	
耐震クラスA・B対応			
上層階, 屋上, 塔屋	配管の標準支持間隔（表13.43参照）の3倍以内（ただし, 鋼管の場合には4倍以内）に1か所設けるものとする。	すべてA種	ダクトの支持間隔約12mごとに1か所A種またはB種を設ける。
中間階		50m以内に1か所は, A種とし, その他はB種	通常の施工方法による
地階, 1階			
耐震クラスS対応			
上層階, 屋上, 塔屋	配管の標準支持間隔（表13.43参照）の3倍以内（ただし, 鋼管の場合には4倍以内）に1か所設けるものとする。	SA種	ダクトの支持間隔約12mごとに1か所SA種またはA種を設ける。
中間階		50m以内に1か所は, SA種とし, その他はA種	ダクトの支持間隔約12mごとに1か所A種またはB種を設ける。
地階, 1階		A種	
ただし, 以下のいずれかに該当する場合は上記の適応を除外する。	1) 50A以下の配管, ただし, 銅管の場合には20A以下の配管 2) つり材長さが平均30cm以下の配管		1) 周長1.0m以下のダクト 2) つり材長さが平均30cm以下のダクト

礎と同様な施工方法であるが, はり型のため基礎が転倒するおそれがあるので, 次の条件を満足することを確認する。

① 設計用水平震度 $K_H \leq 1.0$

② 機器の重心高さ

$K_H = 1.0$ のとき, $h_G \leq 0.25 \, (l)$

$K_H = 0.6$ のとき, $h_G \leq 0.58 \, (l)$

$K_H = 0.4$ のとき, $h_G \leq 1.00 \, (l)$

③ 基礎幅

$$B_F \geq 20 (\text{cm}), \quad \frac{h_G}{B_F} \leq 2$$

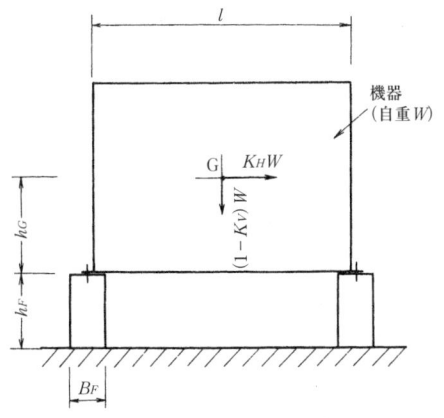

図13.45 はり型基礎

3.4 配管, ダクトの耐震設計

3.4.1 耐震支持の種類

耐震支持方法は, 次に掲げる3種類とし, 通常のつり支持金物は耐震支持金物には含めないものとする。

(1) SA, A種耐震支持

支持材に作用する引張力, 圧縮力, 曲げモーメントに対応した部材で構成された支持方法とする。

(2) B種耐震支持

支持材に作用する圧縮力を, ダクト, 配管などの自重による引張力と相殺させることにより, 引張材のみの部材により構成された支持方法とする。

図13.46に耐震支持方法の一例を示す。

3.4.2 耐震支持の適用範囲

耐震支持の適用範囲は表13.42に示すものとし, そのときの配管の通常のつり間隔を, 表13.43に示す。

表13.43 鋼製配管の標準支持間隔の例 [40]

呼び径（A）	15	20	25	32	40	50	65	80	100	125	150	200以上
標準支持間隔 l_V(m)	1.8	2.0				3.0			4.0			5.0

3.4.3 耐震支持部材の選定

① 設置場所によって，SA種耐震支持，A種耐震支持あるいはB種耐震支持のいずれとするかを，表13.42により決定する。

表13.44 横引き配管用A種耐震支持材の部材選定表の例（No.3）[41]

配管重量 P^* (kN)	サポート幅 l (mm)	部材仕様 a材	躯体取付けアンカー 柱固定	躯体取付けアンカー 壁固定
2.45	500	L－40×40×3	M8	M8
	1 000	L－40×40×5		
4.90	500	L－40×40×5	M8	M12
	1 000	L－50×50×6		
9.80	500	L－50×50×6	M12	CM12
	1 000	L－65×65×6		
	1 500	L－75×75×6		
14.7	500	L－60×60×5	2－M10	2－M16
	1 000	L－75×75×7		
	1 500	L－90×90×7		
19.6	1 000	L－75×75×9	2－M12	2－CM12
	1 500	L－90×90×8		
24.5	1 000	L－100×100×7	2－M16	2－CM16
	1 500	L－100×100×10		

注 1) ＊の配管重量（P）は地震時に耐震支持材が受け持つ配管重量を示す。すなわち，耐震支持材に挟まれた部分の配管重量とする。
  2) 躯体取付けアンカーとの種類と埋込み深さ（下記以上とする）
    ①あと施工金属拡張アンカー（おねじ形）(M) ②あと施工接着系アンカー（CM）
    M8：40mm　M12：60mm　CM12：90mm
    M10：45mm　M16：70mm　CM16：110mm

表13.45 横引き配管自重支持材の部材選定表の例[42]

配管重量 P^* (kN)	サポート幅 l (mm)	部材仕様 a材	部材仕様 b材	躯体取付けアンカー はり固定	躯体取付けアンカー スラブ固定
2.45	500	L－40×40×5	M8 丸鋼	M8	M8
	1 000	L－50×50×6			
	1 500	L－60×60×5			
	2 000	L－65×65×6			
4.90	500	L－50×50×6	M8 丸鋼	M8	2－M8
	1 000	L－65×65×6			
	1 500	L－75×75×6			
	2 000	L－75×75×9			
9.80	500	L－65×65×6	M8 丸鋼	M10	2－M12
	1 000	L－75×75×9			
	1 500	[－75×40×5×7			
	2 000	[－100×50×5×7.5			
	2 500	[－100×50×5×7.5			
14.7	500	L－75×75×6	M10 丸鋼	M12	2－M12
	1 000	[－75×40×5×7			
	1 500	[－100×50×5×7.5			
	2 000	[－100×50×5×7.5			
	2 500	[－125×65×6×8			
19.6	1 000	[－100×50×5×7.5	M12 丸鋼	M16	2－M16
	1 500	[－100×50×5×7.5			
	2 000	[－125×65×6×8			
	2 500	[－125×65×6×8			

注 1) ＊の配管重量（P）は自重支持材にかかる配管重量を示す。
  2) 躯体取付けアンカーとの種類と埋込み深さ（下記以上とする）
    あと施工金属拡張アンカー（M）
    M8：40mm　M12：60mm
    M10：45mm　M16：70mm

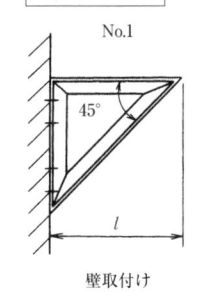

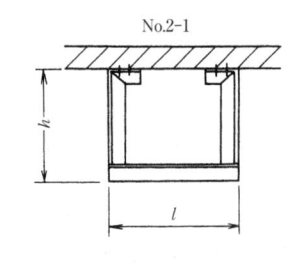

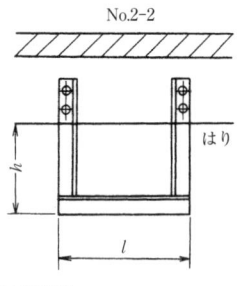

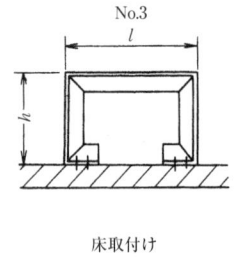

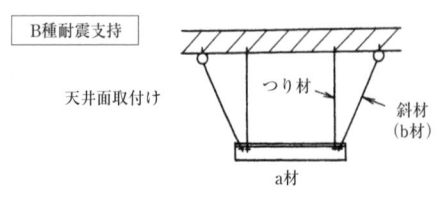

図13.46 耐震支持例

② 支持部材に加わる荷重を算出し，A種耐震支持の場合には表13.44より選定し，B種耐震支持の場合は表13.45より選定する．またこのとき，つり材の長さを極力短くなるように選定すれば，鋼材が小さくできるので経済的である．

SA種耐震支持部材など詳細については，『建築設備耐震設計・施工指針 2005年版』を参照されたい．

引用文献

(1) 板本守正：空調設備の消音設計p.2－2，理工社，1976
(2) 同上書，p.1－10
(3) 空気調和・衛生工学会編：空気調和・衛生工学便覧13版 3空気調和設備編，p.404
(4) ASHRAE HANDBOOK 1991 HVAC Applications p.42・8
(5) 空気調和・衛生工学会編：空気調和・衛生工学便覧13版 3空気調和設備編，p.404
(6) ASHRAE HANDBOOK 1991 HVAC Applications p.42・16
(7) 空気調和・衛生工学会編：空気調和・衛生工学便覧13版 3空気調和設備編，p.406
(8) 同上書，p.406
(9) 同上書，p.407
(10) 同上書，p.407
(11) 板本守正：空調設備の消音設計p.3－15，理工社，1976
(12) 同上書，p.3－16
(13) 井上宇市：空気調和ハンドブック，p.315，丸善，1982
(14) ASHRAE HANDBOOK 1980 SYSTEMS，p.35・6
(15) 同上書，p.35・11
(16) 同上書，p.35・11
(17) 同上書，p.35・10
(18) 同上書，p.35・9
(19) 空気調和・衛生工学会編：空気調和設備の実務の知識オーム社，p.137，1977
(20) 井上宇市：空気調和ハンドブック，p.319，丸善，1982
(21) 板本守正：空調設備の消音設計p.5－5，理工社，1976
(22) 佐々木紀一：送風機ダクト系の防音・防振設計について，空気調和と冷凍，15－12，p.74，1975
(23) 長友宗重：防振計画の実際，空気調和・衛生工学，49－10，p.24，1975
(24) 昭和電線電機レビュー，Vol.25－別冊，p.60，1975
(25) 佐々木紀一：送風機ダクト系の防音・防振設計について，空気調和と冷凍，15－12，p.74，1975
(26) 日本建築センター：建築設備耐震設計・施工指針1997年版，p.4
(27) 同上書，p.297，298
(28) 同上書，p.6
(29) 同上書，p.169
(30) 同上書，p.6
(31) 同上書，p.7
(32) 同上書，p.7
(33) 日本建築センター：建築設備耐震設計・施工指針2005年版，p.15
(34) 同上書，p.207
(35) 同上書，p.16
(36) 同上書，p.16
(37) 空気調和・衛生工学会編：建築設備の設備耐震設計・施工法1997年版，p.37
(38) 同上書，p.17
(39) 日本建築センター：建築設備耐震設計・施工指針2005年版，p.57
(40) 同上書，p.58
(41) 同上書，p.241
(42) 同上書，p.261

参考文献

① 設備耐震設計委員会報告：建築設備耐震設計指針（案）(1)(2)，空気調和・衛生工学，55－4，5，1981－4，5
② 日本電信電話公社建築局：建築設備耐震対策設計資料，日本電信電話公社，1975
③ 日本建築センター：建築設備耐震設計・施工指針1982年版
④ 昭和電線電機レビュー，Vol.25－別冊，1975
⑤ 小笠原祥五：空気調和設備の防音と防振，丸善，1967
⑥ 日本内燃力発電設備協会：自家用発電設備設計のガイドライン，日本内燃力発電設備協会，1981

14章 自動制御と中央監視

「自動制御と中央監視」は，建物の脳神経系として，ますます重要な役割を担うようになってきている。室の温度，湿度の制御，熱媒となる冷水，温水の温度，圧力の制御，空調機，熱源機器の運転管理，建物全体の消費エネルギーの管理まで，建物および設備の合理的な運営，運転管理を行うのに重要な役割を果たすことが求められている。

「自動制御と中央監視」が，その機能を果たすには何よりも建物，設備の運営，運用目的にあった計画・設計を行うことが重要となる。

本章では，「自動制御と中央監視」の計画・設計に必要な自動制御の基礎的事項，空調設備・熱源設備の計装，中央監視装置の機能について解説する。

1 自動制御の基礎

1.1 自動制御の基本概念

空調設備の自動制御は，ほとんど図14.1に示すフィードバック制御により行われている。

制御量（室内温度）を検出部（センサ）で検出し，調節部（コントローラ）で設定値と比較し，その偏差（設定値と室内温度の差）に応じて操作部（制御弁など）を作動させ，制御対象（空調機・室内）の制御量（室内温度）を設定値に等しくなるように調節する。

制御対象（空調機・室内）に外乱（外気温度，日射量，室内人数の変化など）が生じ，室内温度が変化した場合には設定値に戻すように操作部を作動させる。

1.2 制御動作による分類

空調設備の自動制御によく採用される制御動作を表14.1に示す。このほかに比例＋積分＋微分制御（PID制御）があるが微分動作を含んだ制御は空調設備ではほとんど使用されていない。

(1) 二位置制御

二位置制御は制御量（室内温度など）が設定値を超えたときに，操作部（制御弁など）を全開（ON）や，全閉（OFF）する制御動作で，ON/OFF制御ともよばれている。

全開（ON）と全閉（OFF）の差を動作すきまとよび，動作すきまが小さいと頻繁な全開（ON）全閉（OFF）を繰り返し，動作すきまが大きいと制御幅が大きくなる。

(2) 比例制御（P制御）

比例制御は偏差に比例した操作量を出力する制御動作である。比例動作において操作量が0～100％変化するのに要する制御量の変化幅を比例帯とよぶ。

比例帯が小さいと制御結果がハンチングしやすく，大きいと緩やかな変化となるが，オフセット（定常偏差）が大きくなる。

比例制御では，外乱により偏差が生じると操作量が変化するが，外乱が継続し負荷と操作量がバランスすると，それ以上に操作量は増減しない。

このときの設定値と室温の差をオフセット（定常偏差）とよび，比例制御では修正できない偏差である。

(3) 比例＋積分制御（PI制御）

比例＋積分制御は比例制御に積分動作を加えた制御動作で，比例制御で生じるオフセットを修正できる制御である。操作量は比例制御による操作量と積分動作による操作量を加算した値となる。

積分動作は偏差が生じたときに偏差分を時間積分し，偏差が続く限り操作量がその偏差を修正する方向に増加，または減少するため，オフセットをなくすことができる。

積分動作の効き具合を表わすのに積分時間がある。比例動作による操作量と積分動作による操作量が等しくなる時間を積分時間とよび，調節器の

14章　自動制御と中央監視

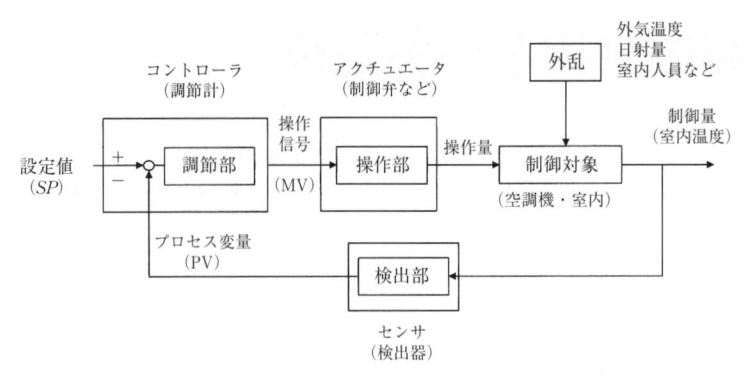

図 14.1　フィードバック制御

表 14.1　空調自動制御のおもな制御動作

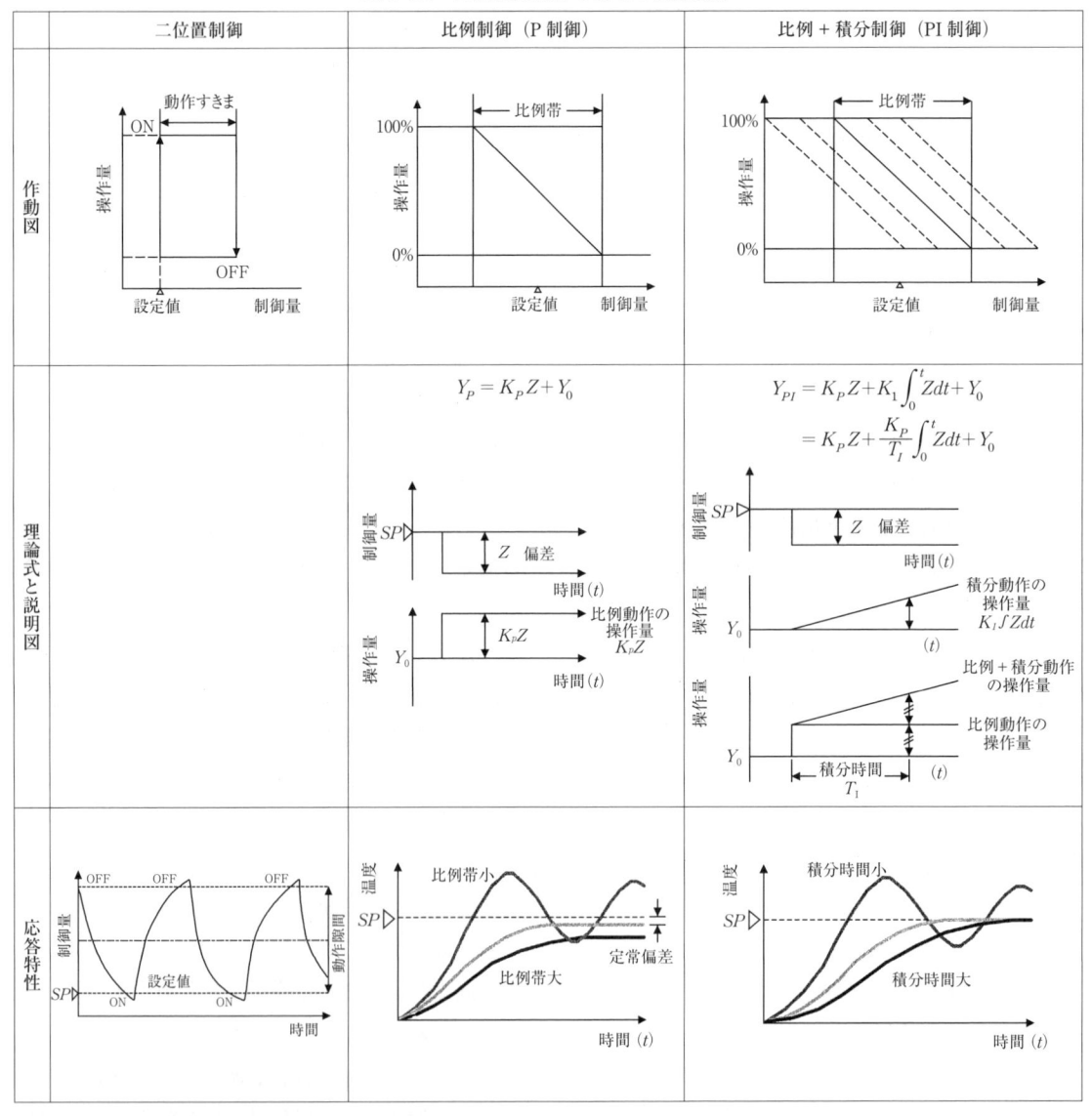

	二位置制御	比例制御（P制御）	比例＋積分制御（PI制御）
作動図	ON／OFF、動作すきま	比例帯、操作量100%〜0%	比例帯、操作量100%〜0%
理論式と説明図		$Y_P = K_P Z + Y_0$	$Y_{PI} = K_P Z + K_I \int_0^t Z dt + Y_0$ $= K_P Z + \dfrac{K_P}{T_I} \int_0^t Z dt + Y_0$
応答特性	OFF/ON、設定値、動作限界	比例帯小、比例帯大、定常偏差	積分時間小、積分時間大

凡例　　SP：設定値　　Z：偏差　　K_P：比例感度　　K_I：積分動作係数　　T_I：積分時間
　　　　Y_P：P動作による操作量　　Y_{PI}：PI動作による操作量　　Y_0：偏差0のときの操作量

積分時間を短く設定すると積分動作による操作量は強く働き，長く設定すると緩やかに働く。

1.3 制御機器

(1) 検出器（センサ）

検出器は制御量を計測し，調節器へ計測値を出力する。空調設備で使用される代表的な検出器（センサ）は空調機周りでは温度検出器，湿度検出器，熱源周りでは温度検出器，圧力検出器，差圧検出器，流量検出器である。

a 温度検出器

空調設備の室内，ダクト内，配管内などの温度計測には，図14.2に示す抵抗値100Ωの3線式白金測温抵抗体がよく使用される。その温度抵抗特性はJIS C 1604に規定されている。温度検出器はその取付け位置により，室内型，天井取付け型，配管取付け型，ダクト取付け型などがある。

b 湿度検出器

空調設備の室内，ダクト内の相対湿度の計測には，高分子湿度センサ（図14.3）が用いられる。高分子湿度センサは感湿性高分子に水分が吸着すると，電極間の静電容量が変化する特性を利用している。

空気中の水分量を表わす露点温度は，高分子湿度センサで計測した相対湿度と白金測温抵抗体で計測した乾球温度からセンサ内部のIC回路で演算して求めている。

c 圧力・差圧検出器

圧力検出器は冷温水，蒸気の圧力計測に使用し，差圧検出器はヘッダ間の差圧計測に使用する。圧力・差圧検出器の圧力検出部に半導体ひずみゲージを用いたものがよく使用される。

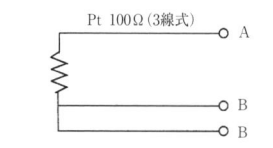

図14.2 測温抵抗体の配線

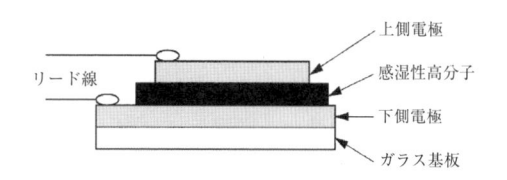

図14.3 高分子湿度センサの構造

表14.2 調節器の種類と特徴

	電気式	デジタル指示調節計	DDCコントローラ
系統図	サーモスタット ヒューミディスタットなど トランス 制御弁	温度検出器 湿度検出器など 調節計 遠隔設定 計測値 トランス 制御弁	温度検出器 湿度検出器など 中央と通信 DDC トランス 冷水制御弁　温水制御弁
制御動作	二位置制御 比例制御	二位置制御 比例制御 比例＋積分＋微分制御	二位置制御 比例制御 比例＋積分＋微分制御 複合制御
付加機能		遠隔設定 計測値出力 接点入力，接点出力	中央監視システムと各種データ通信 各種省エネルギー制御
制御対象	温度，湿度	温度，湿度，圧力，流量	温度，湿度，CO_2濃度，圧力，流量
おもな用途	一般空調（簡易空調）	恒温・恒湿空調	事務所ビル空調

d　流量検出器

流量検出器は冷温水や蒸気流量の計測に使用される。冷温水用にはファラデーの電磁誘導の原理を応用した電磁流量計，蒸気用には渦式流量計や超音波流量計がおもに使用される。

(2) 調節器（コントローラ）

調節器は検出器で検出した計測値を設定値と比較して，偏差を小さくするように操作器に操作信号を出力する。調節器には電気式，デジタル指示調節計，DDC（Direct Digital Control）コントローラがある。事務所ビルでは，ほとんどDDCコントローラが採用されている。調節器の種類と特徴を表14.2に示す。

a　電気式

電気式の調節器は検出部と一体構造になっており，サーモスタット，ヒューミディスタットなどとよばれる。ベローズやダイヤフラムで温度を，ナイロンリボンで湿度を検出し，ポテンショメータの抵抗信号やマイクロスイッチの接点信号により，操作器を駆動する方式である。安価であるが制御精度は良くない。

b　デジタル指示調節計

センサで温度，湿度を検出しマイクロコンピュータを内蔵した調節計により，操作器を駆動する方式である。調節計はプログラムによって動作するが，その機能は固定されているので必要な機能をもった調節計を選定する。制御精度は良いが各種制御を組み合わせた複合的な制御は実現しにくい。

c　DDCコントローラ

調節器の機能がデジタル装置で行われる制御をDDCとよぶ。空調設備の自動制御では1台のコントローラで，温度，湿度，炭酸ガスなどの複数ループの制御機能や中央監視装置との通信機能をもったDDCコントローラが採用されている。

空調機用DDCコントローラの構成を図14.4に示す。

(3) 操作器

操作器は調節器から操作信号を受けて，操作対象の水や空気の量を調節する。空調設備の操作部

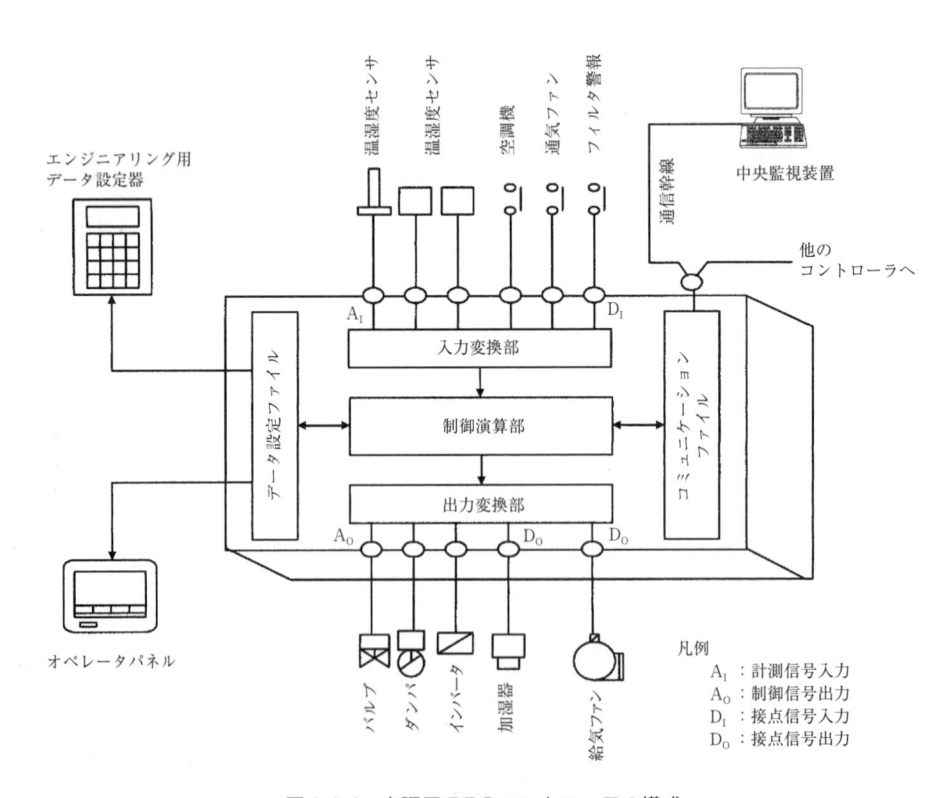

図14.4　空調用DDCコントローラの構成

にはおもにダンパ操作器，制御弁，インバータが用いられる。

a　ダンパ操作器

ダクトに取り付けられたダンパの開度を調節し，風量を調節するのに使用される。

b　制御弁

制御弁には各種の種類があり，用途に従って適切な形式とサイズの制御弁を選択する必要がある。表14.3に空調設備で使用される制御弁の種類と特徴，用途を示す。

c　インバータ

一般にインバータとよばれる装置は交流を直流に変換（コンバータ部）後，さらに交流に変換する（インバータ部）装置で，交流に変換するときに周波数と電圧を無段階に変換することができる。近年では，交流から直接，周波数と電圧の異なる交流に変換するコンバータ方式も採用されている。空調設備に一般に使用される電動機は，次式に示すように電源周波数が変わると回転数が変化する。インバータ装置に4〜20 mAなどの制御信号を入力するとポンプ，ファンの電源周波数と電圧が変化し，回転数を変化させることができる。

$$N \fallingdotseq \frac{120f}{p}$$

ここに，

N：回転数（rpm）

f：周波数（Hz）

p：モータの極数

＊　回転数は「すべり」により上式による計算値より若干小さくなる。

2　空調設備の計装と制御

2.1　計装図の見方

図14.5に空調機の計装図の見方を示す。

2.2　定風量空調機

──例題 14.1──

定風量空調機の計装図と動作説明を作成せよ。

条件

① コイルは冷水コイルと温水コイルとする。

② 加湿器は滴下気化式加湿器とする。

③ 外気冷房制御を行う。

（外気温度，湿度のデータは中央監視装置

表14.3　制御弁の種類と特徴，用途

本体形状による種類			特徴	駆動源	用途（適用流体）
二方弁	玉形弁	単座弁	・弁座漏れ量が少ない ・許容差圧が小さい	電気	・蒸気 ・冷温水（弁サイズ40A程度まで）
		複座弁	・弁座漏れ量が大きい ・許容差圧が大きい	電気	・冷温水（40A以上）
		ケージ型複座弁	・許容差圧が大きい ・ソフトシート仕様では弁座漏れをほぼ0にできる。	電気 空気圧	・高圧・高差圧の蒸気・冷温水
	回転型弁（ロータリー弁）		・玉形弁に比較して小型である。 ・弁座漏れ量が少ない ・許容差圧が大きい	電気	・冷温水 ・蒸気
	バタフライ弁		・圧力損失が少なく，弁容量は大きい ・配管取付けスペースが小さい	電気 空気圧	・冷温水 ・大口径（100A以上）の配管切換え用 ・大口径（100A以上）の比例制御用
	ボール弁		・弁座漏れ量が少ない	電気	・冷温水 ・小口径（80A以下）の配管切換え用
三方弁	玉形弁	混合型	・許容差圧が小さい	電気	・負荷側定流量方式の冷温水 ・冷凍機の冷却水温度制御
	回転型弁	分流型	・玉形弁に比較して小型である。	電気	・負荷側定流量方式の冷温水 ・冷凍機の冷却水温度制御
		混合型	・許容差圧が大きい		

14章　自動制御と中央監視

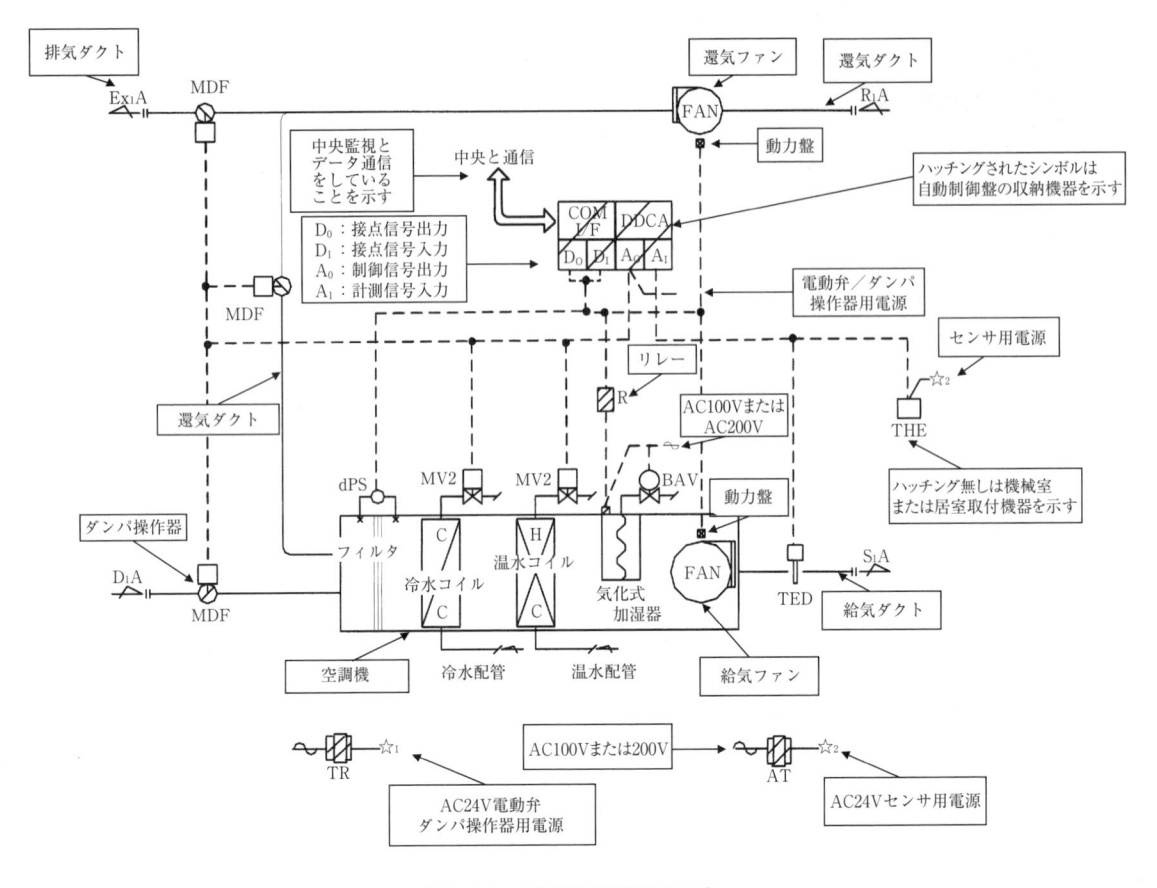

図14.5　空調機の計装図の見方

④　予冷予熱時制御を行う。
⑤　インターロック制御を行う。
⑥　中央監視装置と必要な情報の通信を行う。

[解答]
(1)　計装図

図14.6に定風量空調機の計装図例を示す。

(2)　動作説明

① 室内温度制御

室内温度が設定値となるように給気温度を設定する。さらに設定された給気温度になるように冷水弁，温水弁，外気ダンパの開度を調節し，最終的に室内温度を設定値に制御（カスケード制御）する。給気温度設定値には上限値，下限値を設ける（図14.7）。

② 室内湿度制御

室内湿度が設定値となるように加湿器のボール弁をON/OFF制御する（図14.8）

③ 外気冷房可否判断と外気ダンパ制御

外気が冷房に有効か否かの判断を下記条件により行う。有効な場合には給気温度により外気ダンパの開度調節を行う。無効の場合，外気ダンパは最小開度に固定される（図14.7）。

―― 外気冷房可能条件 ――
1) 外気温度＜室内温度
2) 外気エンタルピ＜室内エンタルピ
3) 外気温度＞外気温度下限設定値
4) 外気露点温度＜外気露点温度上限設定値

④ 予冷予熱時制御

空調機起動後から部屋の使用時間までは予冷予熱時運転として，外気ダンパは全閉し，加湿を禁止する。ただし，外気冷房が可能な条件のときは

14章 自動制御と中央監視

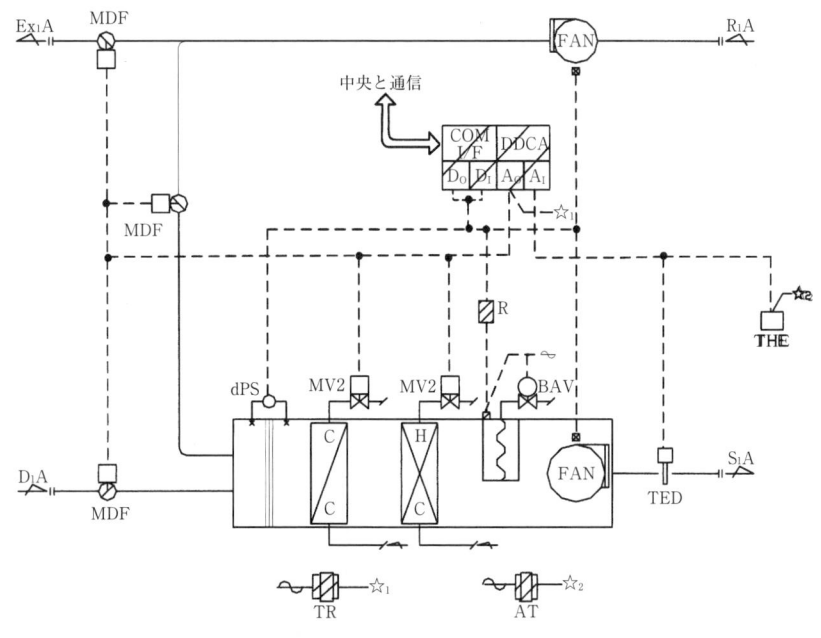

自動制御機器表			
記号	名称	記号	名称
DDCA	空調機コントローラ（DDC）	TR	トランス
THE	室内型温湿度センサ	R	リレー
TED	ダクト挿入型温度センサ	MDF	モータダンパ
dPS	差圧スイッチ	MV2	電動二方弁
AT	トランス	BAV	電動ボール弁

図 14.6　定風量空調機の計装図例

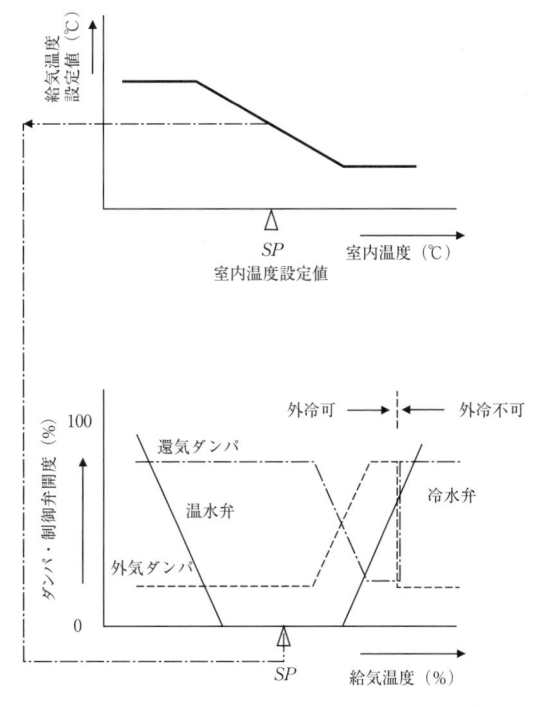

図 14.7　室内温度制御（給気カスケード制御）

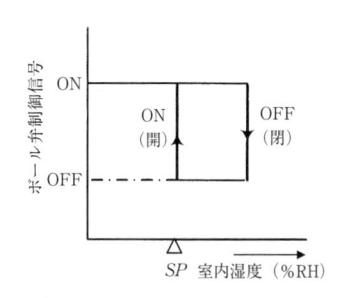

図 14.8　室内湿度制御

外気ダンパは給気温度で開度を調節する。

⑤　インターロック制御

　空調機ファン停止時は冷温水弁を全閉，加湿器を停止し，外気ダンパは全閉とする。

⑥　中央監視装置との情報通信

　・中央→DDC

　　ファンの起動停止指令

　　室内温湿度設定信号

・DDC→中央
　ファンの状態，警報信号
　フィルタ差圧警報信号
　室内温湿度，給気温度計測値

2.3 変風量空調機

──例題 14.2──
変風量空調機の計装図と動作説明を作成せよ。
条件
① コイルは冷水コイル，温水コイルとする。
② 加湿器は滴下気化式加湿器とする。
③ 外気冷房制御，予冷予熱時制御，インターロック制御を行う。
④ ファン風量制御行う。
⑤ 給気温度最適化制御を行う。
⑥ 中央監視装置と必要な情報の通信を行う。

[解答]
(1) 計装図
変風量空調機の計装図例を図 14.9 に示す。
(2) 動作説明
① 室内温度制御
室内温度により VAV 風量を調節し，設定温度に制御する（図 14.10）。
② 給気温度制御
給気温度最適化制御により設定された温度になるように，冷水弁，温水弁，外気ダンパの開度を調節する（図 14.11）。
③ 還気湿度制御
還気湿度が設定値となるように加湿器のボール弁を ON/OFF 制御する（図 14.12）。

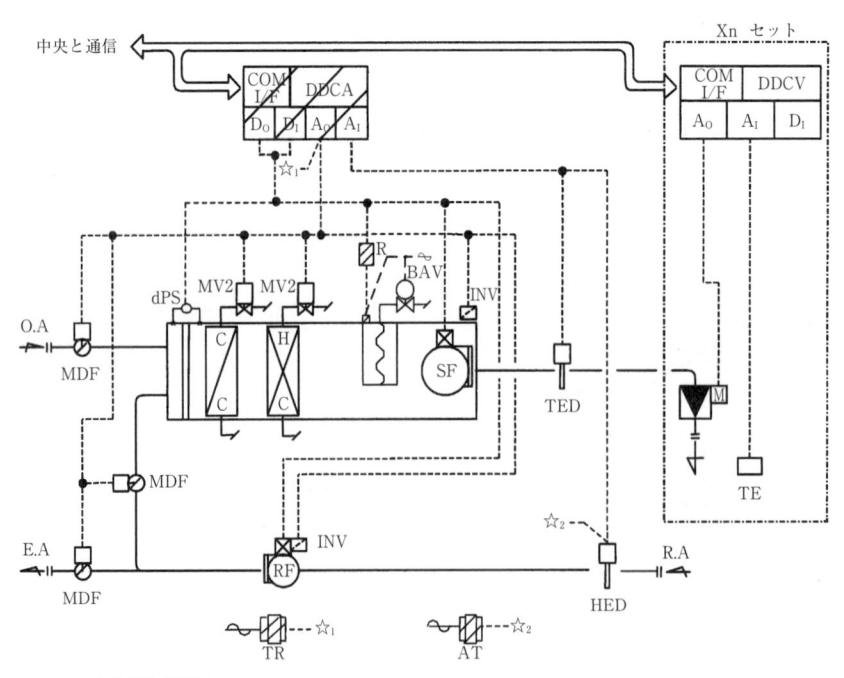

自動制御機器表

記号	名称	記号	名称
DDCA	空調機コントローラ（DDC）	MDF	ダンパ操作器
DDCV	ＶＡＶコントローラ（DDC）	INV	インバータ装置
TE	室内型温度センサ	AT	トランス
TED	ダクト挿入型温度センサ	TR	トランス
HED	ダクト挿入型湿度センサ	dPS	差圧スイッチ
MV2	電動二方弁	R	リレー
BAV	電動ボール弁		

図 14.9　変風量空調機の計装図例

④ 外気冷房制御，予冷予熱時制御，インターロック制御

定風量空調機の項を参照

⑤ ファン風量制御

各VAVコントローラから送信される要求風量の加算値とトータル静圧過不足信号によりファンのインバータ出力信号を決定し出力する（図14.13）。静圧過不足信号は，各VAVユニットのダンパ開度が85％以下のとき，静圧過剰，85〜100％のときに適正，100％以上を不足と判断する。空調機系統全部のVAVユニットの静圧過不足信号を集計してトータル静圧過不足信号を求める。

⑥ 給気温度最適化制御

各VAVユニットの温度設定と風量から，制御ステータス（能力過剰・適正・不足）を決定する（図14.10）。次に空調機系統全部のVAVユニットの制御ステータス（能力過剰・適正・不足）を総合的に判断し，系統全体の能力過不足状況（トータル制御ステータス）を判定する。

以上により求めた系統全体の能力過不足判定結果から，給気温度設定値を自動変更する。

給気温度設定変更は定周期（通常5分程度）で実行し，1回の変化幅は0.1〜1.0℃程度である。

⑦ 中央監視装置との情報通信

・中央→DDC

　ファンおよびVAVユニットの起動停止指令
　室内温度設定信号
　還気湿度設定信号

・DDC→中央

　ファンの状態，警報信号
　フィルタ差圧警報信号
　室内温度，給気温度計測値
　還気湿度計測値

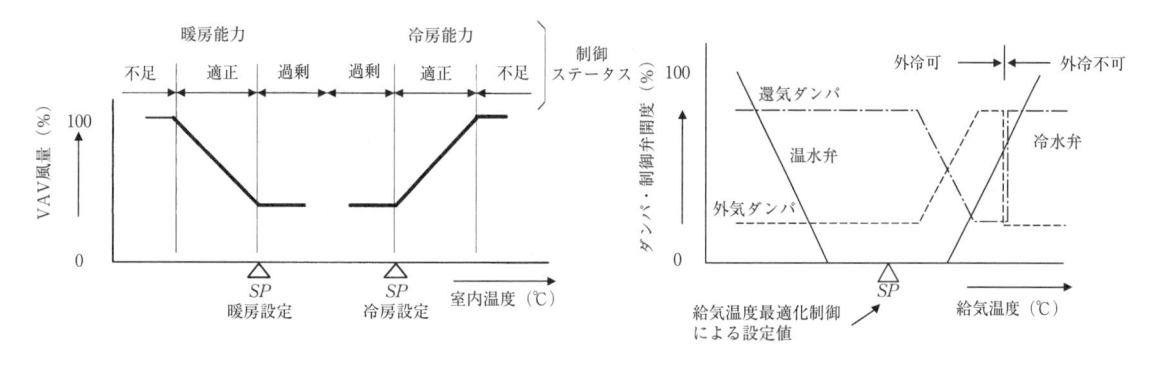

図14.10　室内温度制御と制御ステータス

図14.11　給気温度制御

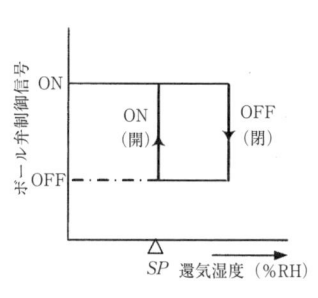

図14.12　還気湿度制御

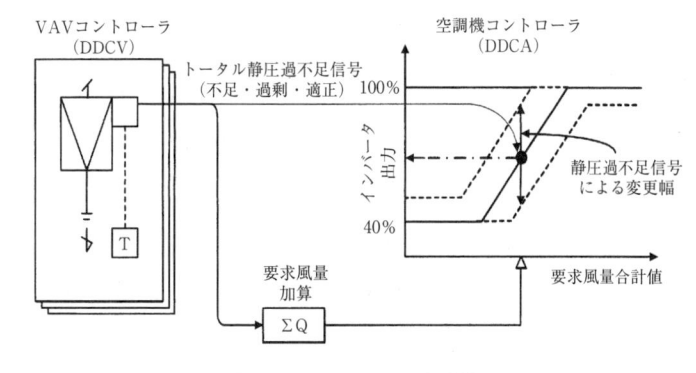

図14.13　ファン風量制御

3 熱源設備の計装と制御

3.1 密閉式一次ポンプ方式

例題 14.3

密閉式一次ポンプ方式の計装図と動作説明を作成せよ。

条件
① 熱源機は冷温水発生機4台とし，台数制御を行う。
② 負荷側空調機のコイルは冷温水コイルとする。（したがって冷温水発生機は冷水，温水の切換え方式とし，同時取り出しはしない。）

[解答]
(1) 計装図
図14.14に計装図例を示す。
(2) 動作説明
① 熱源機台数制御

負荷流量により熱源機の必要台数を判断し，台数制御を行う。頻繁な起動停止を避けるため起動と停止の間には，負荷流量の約10%の動作すきま（デファレンシャル）を設ける（図14.15）。

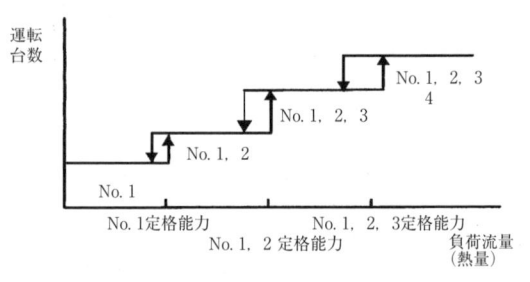

図 14.15 熱源機・ポンプの台数制御

熱源機の能力が定格値どおり出ない場合は，往き温度が上昇するので，往きヘッダ温度により増段補正を行う。

また，負荷側で温度差を生じない場合，またはバイパス流量が増えると，熱源機入口温度が下がり冷凍機本体で自動停止する。これを防止するために還りヘッダ温度により減段補正を行う。

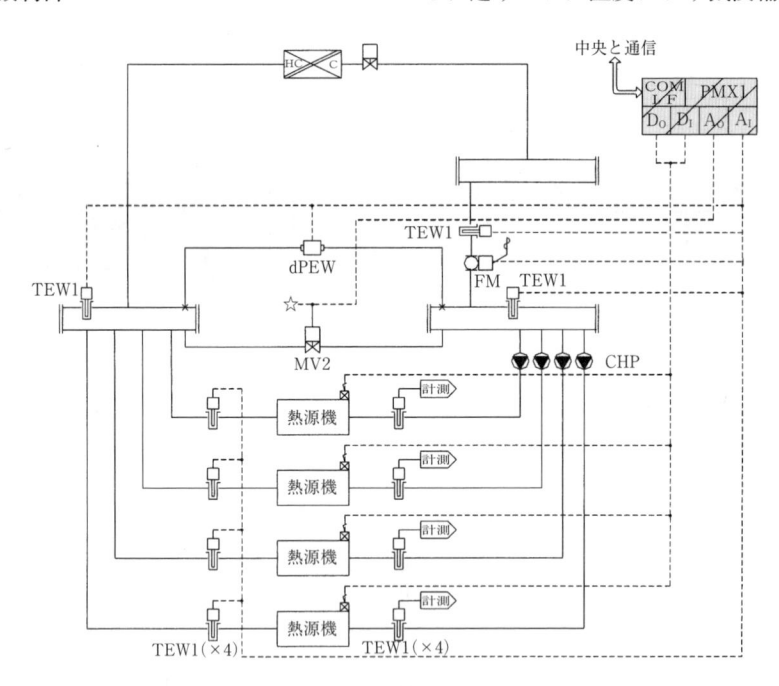

自動制御機器表

記号	名称	記号	名称
PMX1	熱源機コントローラ	dPEW	差圧センサ
TEW1	配管挿入型温度センサ	MV2	電動二方弁
FM	電磁流量計		

図 14.14 密閉式一次ポンプ方式の計装図例

② ヘッダ間差圧制御

ヘッダ間差圧によりバイパス弁の開度を調節しヘッダ間差圧を一定に制御する。ヘッダ間差圧制御は負荷水量の減少時に熱源機の通過水量を確保し，かつ負荷側にかかる差圧を一定にして空調機の温度制御を安定させる目的で行う。

3.2 密閉式二次ポンプ方式

── 例題 14.4 ──
密閉式二次ポンプ方式の計装図と動作説明を作成せよ。
条件
① 熱源機は冷温水発生機4台とし，台数制御を行う。
② 二次ポンプ台数は4台（全台インバータ付き）として，負荷流量による台数制御と送水圧力制御（バイパス弁制御付き）を行う。
③ 空調機のコイルは冷温水コイルとする。

[解答]
(1) 計装図
図14.16に計装図例を示す。
(2) 動作説明
① 熱源機台数制御
負荷熱量により熱源機の必要台数を判断し，台数制御を行う（図14.15）。

熱源機の能力が定格値どおり出ない場合は，往き温度が上昇するので，往きヘッダ温度により増段補正を行う。

また，負荷側で温度差を生じない場合，またはバイパス流量が増えると，熱源機入口温度が下がり冷凍機本体で自動停止する。これを防止するた

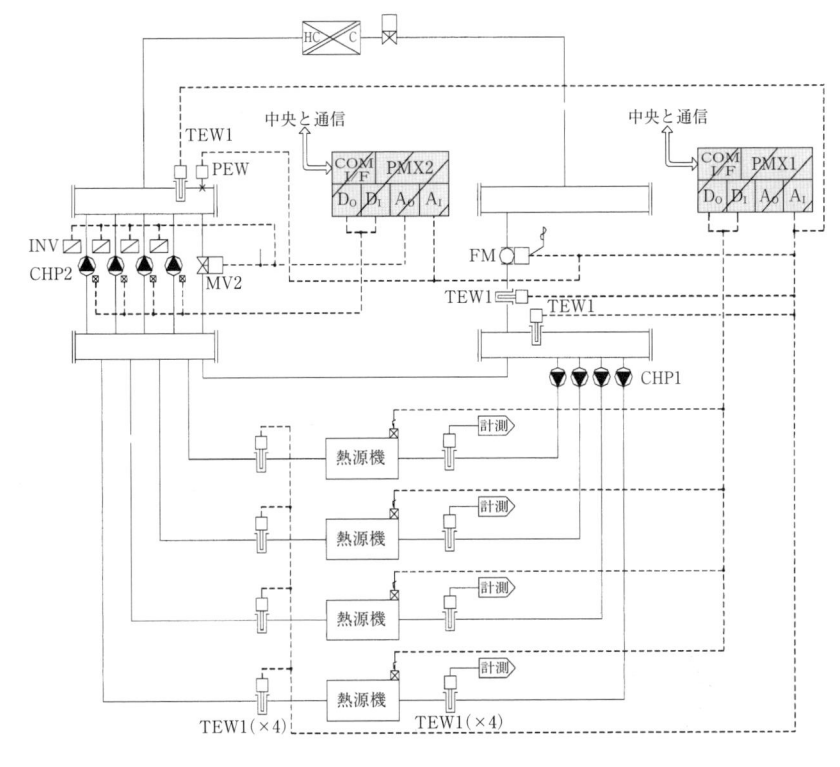

記号	名称	記号	名称
PMX1	熱源機コントローラ	PEW	圧力センサ
PMX2	ポンプコントローラ	MV2	電動二方弁
TEW1	配管挿入型温度センサ	INV	インバータ
FM	電磁流量計		

自動制御機器表

図14.16 密閉式二次ポンプ方式の計装図例

めに還りヘッダ温度により減段補正を行う。

② 二次ポンプ台数制御

負荷流量により二次ポンプ必要台数を判断し，台数制御を行う（図14.15）。

③ 二次ポンプ送水圧力制御

インバータによるポンプの回転数とバイパス弁開度の調節により二次ポンプの送水圧力制御を行う。負荷流量の減少時には送水圧力設定を下げ，ポンプ運転動力の節減を行う（図14.17）。

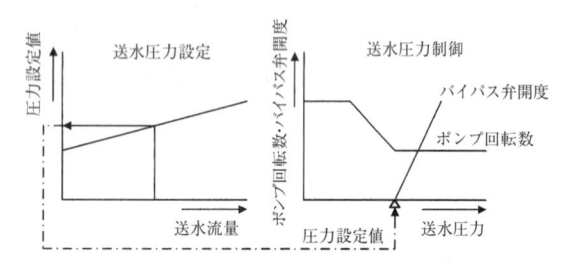

図14.17　二次ポンプ送水圧力設定と送水圧力制御

3.3　水蓄熱方式

(1) 蓄熱制御

水蓄熱方式の計装図例を図14.18に示す。

a　蓄熱制御の目的

① 夜間に必要十分な熱量を蓄熱し，昼間の運転時間を最小にする（＝夜間移行率を最大にする）。

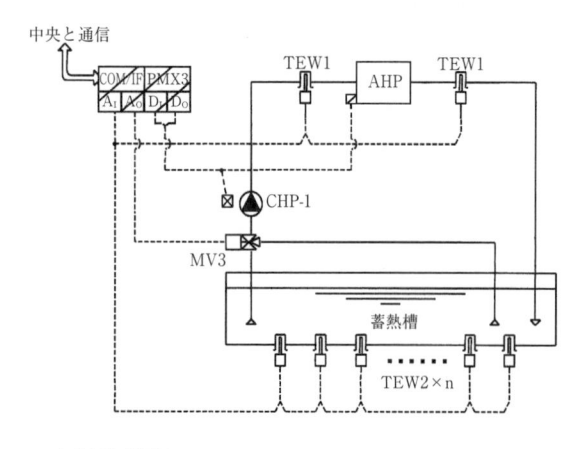

② 放熱運転（空調運転）時に，空調に必要な送水温度を確保する（＝蓄熱量を0にしない）。

また，ピークカット運転を行っている場合には，特にその時間帯で蓄熱量が不足しないように，あらかじめ十分な熱量を蓄熱しておく必要がある。

③ 蓄熱運転開始時の蓄熱量（残蓄熱量）を0にする。残蓄熱がある場合は，夜間か昼間にむだな運転をしていることになる。

④ なるべく連続運転させる。

起動停止を頻繁に繰り返すと，熱源機器の運転効率が低下し，また蓄熱槽内の温度分布が乱れることになる。

b　蓄熱制御内容

蓄熱制御は図14.19に示すように，時間帯ごとに制御方法が異なる。各制御の指標となる蓄熱量は槽内の温度を計測し，次の式で求める。

$$蓄熱量(\%) = \frac{\left(\begin{array}{c}槽内\\平均温度\end{array} - \begin{array}{c}蓄熱量0\%の\\温度\end{array}\right)}{利用温度差}$$

利用温度差＝蓄熱量100%の温度－蓄熱量0%の温度

図14.18　水蓄熱方式の計装図例

記号	名称	記号	名称
PMX3	蓄熱コントローラ	MV3	電動三方弁
TEW1	配管挿入型温度センサ	TEW2	蓄熱槽用温度センサ

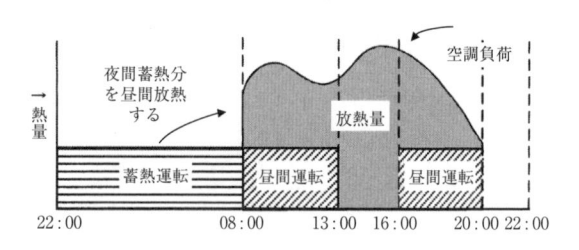

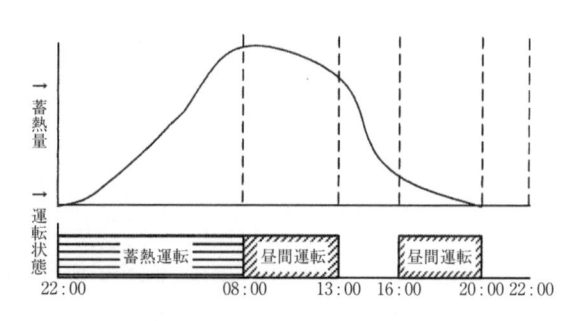

図14.19　蓄熱・放熱運転解説図

① 夜間蓄熱運転制御

翌日の負荷に必要な熱量を蓄熱するために熱源機の運転停止制御を行う。

② 昼間負荷運転制御

昼間の空調負荷時間帯で蓄熱量が不足しないように熱源機の運転停止制御を行う。

③ ピークカット制御

電力のピークカットのために設定された時間帯に熱源機を停止させる（図14.19では13:00～16:00）。

c 熱源機冷水出口温度制御

熱源機の冷水出口温度が一定となるよう冷水入口三方弁を制御する。

(2) 二次送水ポンプの制御

蓄熱方式二次送水ポンプの計装図例を図14.20に示す。

a 二次ポンプの台数制御

負荷流量によって台数制御を行う。

b 送水圧力制御

ヘッダ圧力によりバイパス弁の開度を調節し、送水圧力を一定に制御する。

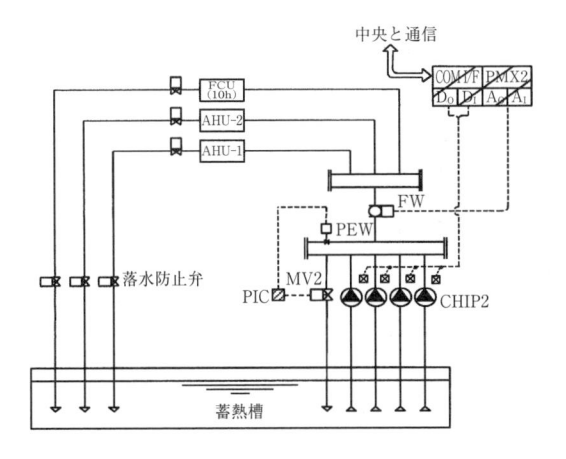

3.4 冷却塔

例題 14.5

冷却塔の計装図と動作説明を作成せよ。

条件

① 冷却塔ファンは1台とする。
② 熱源機の冷却水送水温度制御を行う。
③ 冬期に運転するため凍結防止ヒータを設ける。
④ 水質制御を行う。

[解答]

(1) 計装図

図14.21に計装図例を示す。

(2) 動作説明

① 冷却塔ファン運転停止制御

冷却水出口温度が設定値より低下したときに冷却塔ファンを停止し、上昇したときに運転する（図14.22）。

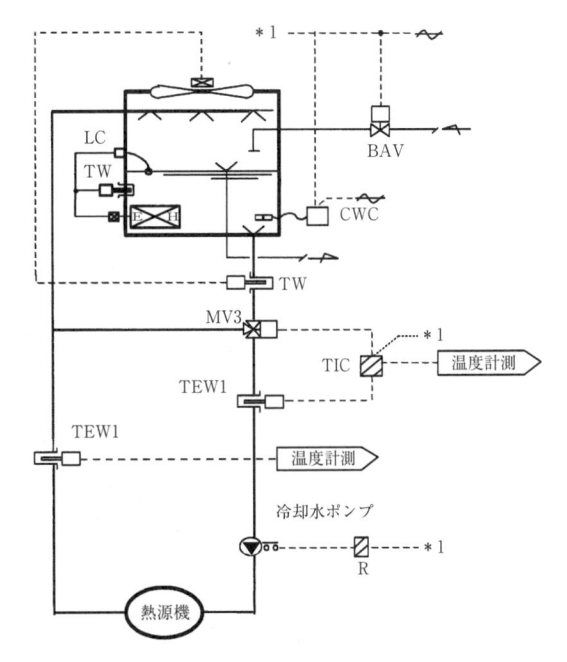

図14.20 蓄熱方式二次送水ポンプの計装図例

自動制御機器表

記号	名称	記号	名称
PMX2	ポンプコントローラ	MV2	電動二方弁
PIC	圧力指示調節計	PEW	圧力センサ
FM	電磁流量計		

図14.21 冷却塔の計装図例

自動制御機器表

記号	名称	記号	名称
TIC	温度指示調節計	BAV	電動ボール弁
TEW	配管挿入型温度センサ	CWC	冷却水ブロー調節器
TW	配管挿入型サーモスタット	R	リレー
MV3	電動三方弁	LC	レベルスイッチ

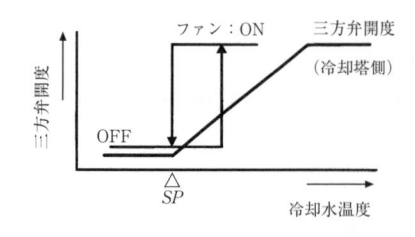

図 14.22 冷却水温度制御

② 冷却水温度制御

熱源機の冷却水温度が下限値以下にならないように，三方弁の比例制御を行う（図14.22）。

③ 凍結防止制御

冬期に冷却水が凍結しないように冷却水温度により，電気ヒータの ON/OFF 制御を行う。

④ 空だき防止制御

電気ヒータの ON/OFF 制御を行う場合に，空だきとならないようにレベルスイッチによりインタロック制御を行う。

⑤ 冷却水水質制御

冷却水の導電率により，補給水バルブの ON/OFF 制御を行う。

3.5 地域熱源受入れ建物の計装

(1) 冷水系の計装

冷水系の受入れ方式にはおもに直接受入れ方式，間接（熱交換器）受入れ方式があるが，近年は間接（熱交換器）受入れ方式の採用例が多い。間接（熱交換器）受入れ方式の建物側の計装図例を図14.23に示す。

a 二次冷水温度制御

地域熱源からの冷水流量を二方弁で調節し，二次冷水送水温度を一定に制御する。地域熱源への冷水返送温度が規定値より低い場合は，二次冷水温度設定を上げ，規定値以上になるように制御する。

b 二次ポンプ台数制御

負荷流量により二次ポンプ必要台数を判断し，

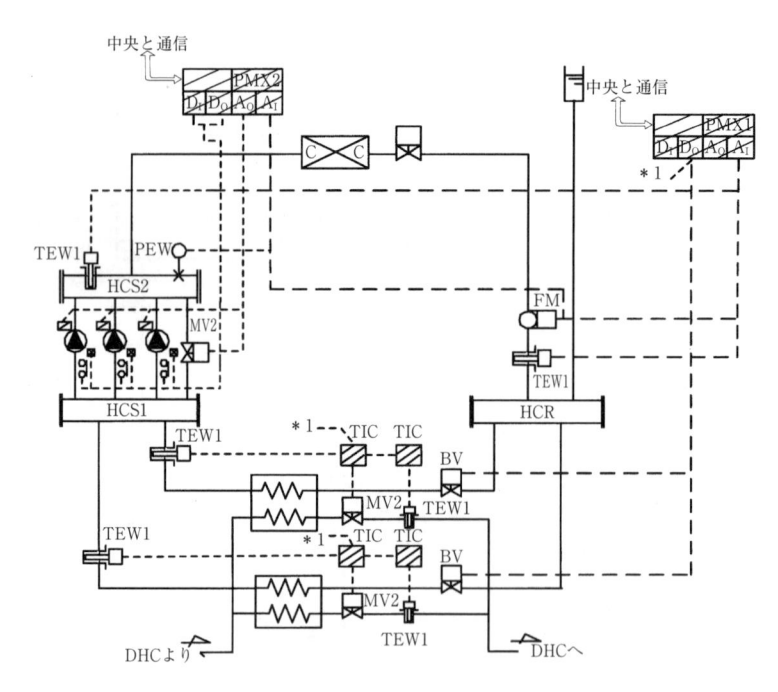

自動制御機器表

記号	名称	記号	名称
TEW1	配管挿入型温度センサ	FM	電磁流量計
TIC	温度指示調節計	PMX1	熱源機コントローラ
MV2	電動二方弁	PMX2	ポンプコントローラ
PEW	圧力センサ	BV	電動バタフライ弁

図 14.23 間接冷水受入れ方式の計装図例

台数制御を行う。

c 送水圧力制御

インバータによるポンプの回転数とバイパス弁開度の調節により，送水圧力制御を行う。負荷流量の減少時に送水圧力設定を下げて，ポンプ運転動力の節減を行う。

d 熱交換器台数制御

負荷熱量により必要台数を判断し，熱交換器入口のバタフライ弁を開閉する。

(2) 蒸気受入れ温水系の計装

蒸気受入れの建物には，空調機の加熱コイルに減圧した蒸気をそのまま使用する方式と，蒸気-温水熱交換器で温水をつくり，空調機に温水コイルを使用する方式があるが，近年は温水方式が多い。温水方式の建物側の計装図例を図14.24に示す。制御内容は冷水系とほぼ同様となる。

4 中央監視装置

中央監視装置は技術革新が著しいパソコン・インターネットを中心とする汎用技術を積極的に取り入れ，近年機能が飛躍的に向上した。本来の設備監視機能に加えてエネルギー管理機能や設備管理支援機能を付加し，さらにOA-LANやインターネット接続により，監視室以外のビル内や遠隔地から監視できる中央監視装置が一般的になっている。

4.1 中央監視装置の導入目的

中央監視装置は，空調設備，衛生設備，電気設備，防災設備，防犯設備など建物の設備機器を有機的に結合し，設備機器の運転管理，建物の安全管理，運営管理を合理的に行う目的で導入される。

(1) 設備機器の運転管理

設備機器の運転停止を自動的に行い，運転状態の監視，警報・故障の監視を行う。運転状態信号，

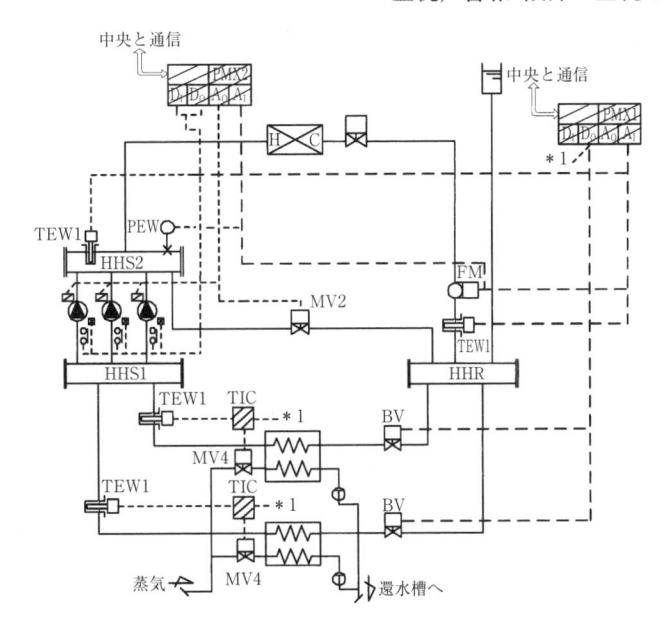

自動制御機器表

記号	名称	記号	名称
TEW1	配管挿入型温度センサ	FM	電磁流量計
TIC	温度指示調節計	PMX1	熱源機コントローラ
MV2	電動二方弁	PMX2	ポンプコントローラ
MV4	電動二方弁（スプリングリターン型）	BV	電動バタフライ弁
PEW	圧力センサ		

図14.24 蒸気受入れ温水系の計装図例

警報・故障信号により機器の運転時間積算，警報・故障記録などを行う。

(2) 建物の安全管理

建物の防災・防犯の管理は専用の防災設備，防犯設備で管理されるが，それらの設備からの信号に連動して空調設備，電気設備の制御を行う。防災設備との関連では火災発生信号を受けて該当エリアの空調機停止を行う。

(3) 建物の運営管理

設備機器の管理，建物の運営管理に必要な各種データの自動蓄積保存を行い，表，グラフとして表示や印字出力を行う。

設備機器の管理データでは機器台帳管理，運営管理では集中検針，エネルギー管理などの機能がある。

4.2 監視管理機能の分類

中央監視装置はいろいろなよび方があるが(社)空気調和・衛生工学会では，その管理機能ごとに表 14.4 に示すように定義しており，BAS，EMS，BMS，FMS などの機能をもち，室内環境とエネルギー性能の最適化を図るためのビル管理システムを BEMS(Building and Energy Management System) とよんでいる。

4.3 システム構成例

(1) ハードウエア構成

図 14.25 に管理点数が約 3 000 点の中規模ビルの中央監視装置のシステム構成例を示す。

a システム・マネジメント・サーバ
(SMS：System Management Server)

管理点の情報を一元的に管理する。監視 PC からの要求により，グラフィック情報を HTTP (Hyper Text Transfer Protocol) によって Web 情報として配信する。

* HTTP：Web サーバとクライアント（Web ブラウザなど）がデータを送受信するのに使われるプロトコル（通信規約）

b データ・ストレージ・サーバ
(DSS：Data Storage Server)

管理点の時系列データを一元的に管理する。日月年報，エネルギー管理などを目的とする。

c システム・コア・サーバ
(SCS：System Core Server)

設備機器を直接制御する DDC およびリモートステーション (RS) からの情報を管理し，HTTP による Web 情報として配信する。SCS は設備分類や，フロア分類（低層階・高層階など）ごとに設ける。

d 監視用 PC

Web ブラウザによってシステムの情報をグラフィックに表示する。HTTP を使用して警報などの状態変化のイベントをリアルタイムに表示する。

* Web ブラウザ：Web サイトから情報を読み出すソフトウエアであり代表的な Web ブラウザには Internet Explorer (Microsoft 社) がある。

表 14.4 監視管理機能の分類[1]

	BEMS：室内環境とエネルギー性能の最適化を図るためのビル管理システム (Building and Energy Management System)			
一般的な名称	BAS (Building Automation System)	EMS (Energy Management System)	BMS (Building Management System)	FMS (Facility Management System)
	中央監視システム ビル管理システム	エネルギー環境管理システム	設備管理支援システム	施設運用支援システム
利用者	ビル管理技術者	ビル管理技術者 設計＆施工者 性能検証担当者	ビル管理技術者	ビルオーナー ビル管理技術者
おもな機能	設備機器状態監視 警報監視 運転管理 設備の自動制御	エネルギー管理 室内環境管理 設備運用管理	設備機器台帳管理 修繕履歴管理 保全スケジュール管理 課金データ	資産管理 ライフサイクルマネジメント 図面管理（CAD）

e BMS（Building Management System）

BMS は設備管理支援機能をもつ装置であるが，この例では EMS（Energy Management System）の機能を兼ねている。

f 照明設備 B-BC，防災設備 B-BC

B-BC（BACnet Building Contoroller）はそれぞれ照明設備，防災設備に対し自律的に監視・制御を実行し，稼働情報をネットワークに送出する（B-BC および BACnet は他の項参照）。

g DDCA・DDCV・PMX1

それぞれ空調機，VAV ユニット，熱源機などの設備の制御と状態監視を行う。

h RS（リモートステーション）

SCS からの信号により，設備機器の起動／停止，ON/OFF を行い，状態信号，警報信号を SCS に送出する。

i OA-LAN などとの接続

サーバ，ルータを通してビル管理者 LAN やテナント LAN と接続して，ビル管理者やテナントのパソコン上で各種データの入出力と表示を行う。

(2) ネットワーク

ネットワークはオフィス LAN と同様に，Ethernet であり，配線には LAN ケーブル（100BASE-TX）または光ファイバケーブル（100BASE-FX）を使用する。プロトコルは TCP/IP である。監視端末 PC からの要求に対して，各構成機器は Web サービスで情報を送信する。また他設備システムとの接続のために BACnet/IP をサポートしている。

* Ethernet：LAN を構築する場合に通常使用される接続規格である。100BASE-TX は通信速度 100Mbps 対応のツイストペアケーブルである。
* TCP/IP：インターネットの基盤をなすプロトコルである。

(3) 機能分散

構成機器は次のように機能を分散し階層化している。

a 統合管理

SMS，DSS でシステム全体の情報を集約管理する。監視端末 PC では起動停止，状態監視，パラメータ設定などを行う。

b 系統別管理

設備別，フロア別などの系統ごとに SCS を割り当てる。SCS はこれら系統の制御やデータ収集保存を行い，他の系統にトラブルが発生しても影響を与えないようにする。

c 個別制御

DDC，PMX によって個別設備単位の制御を行う。

(4) システム機能

中央監視装置として基本的なシステム機能を表

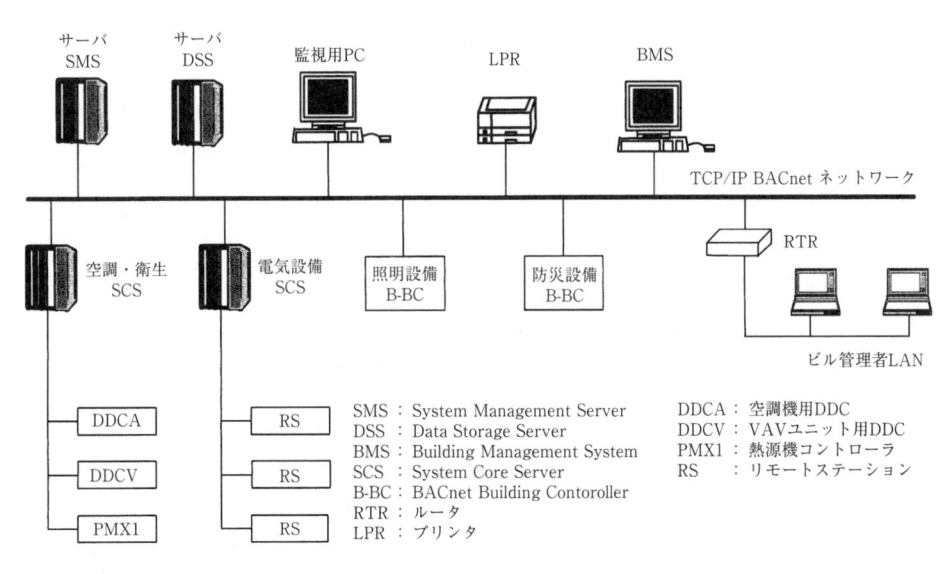

図 14.25 システム構成例

表14.5 中央監視装置の基本機能

機能名称		内容
制御機能	スケジュール運転制御	設備機器の運転・停止を設定されたスケジュールに従って行う。
	スケジュール設定制御	室内の温度設定や空調機の給気温度を設定された月日に設定された温度に変更する。
	火災時制御	防災盤より火災信号を受信すると該当区画に関連する空調・換気設備機器の停止を行う。
	停復電制御	建物内が停電した場合に，発生する警報のうち不要な警報の通知を抑制し，あらかじめ設定された機器の強制起動を行う。商用電源の復電時にはその時点であるべき機器の状態となるよう復旧制御（運転指令出力）を行う。
	最適起動制御	部屋の使用時間帯に室内温度が目標温度となるように最適な時刻に空調機を起動する。
監視機能	状態監視	設備機器の運転状態，空調の制御状態を常時監視し，表示装置に運転状態，計測値の表示を行う。
	警報監視	レベルスイッチの上下限接点や動力盤のサーマルリレーの接点などから警報信号を受け，警報発生と同時に表示装置の強制表示，ブザー鳴動により管理者に通報する。
	状態不一致監視	動力設備などへ起動指令信号や停止指令信号を出力後，運転状態の確認を行い，指令信号と状態の不一致がある場合，警報を出力する。
	運転時間・運転回数監視	設備機器の運転時間，運転停止回数を積算し，設定された運転時間，運転停止回数を超えた場合に警報を出力する。
	計測値上限，下限監視・偏差値監視	計測値の上限下限値または設定値に対する偏差値を監視し，設定範囲を超えた場合に警報を出力する。
データ管理機能	日報・月報	計測値や積算値を画面に表示し，電力や空調などの日報・月報・年報を作成する。自動／手動によりCSV形式／PDF形式データのファイル出力やプリンタへの出力ができる。
	警報ヒストリ	管理点に警報発生／復帰が起こると，その管理点情報を月日・時刻とともにデータベース内に蓄積する。蓄積されたデータは時系列を始め，管理点・発生日時・警報レベルなどの検索条件を任意に指定して，一覧表示／印字を行うことができる。
	操作状態変化ヒストリ	オペレータが行った機器の発停やプログラムの設定変更操作および機器の状態変化の情報を時刻情報とともにデータベース内に蓄積する。蓄積されたデータは時系列を始め，日時・操作オペレータ（操作履歴）・コマンダ（状態変化履歴）などの検索条件を任意に指定して一覧表示／印字を行うことができる。
	グラフ表示	計測値，計量値を折れ線グラフやバーグラフに表示する。
	データ蓄積・加工	システムで収集したデータ（日月報・トレンド・履歴等）をCSV形式でファイル出力し，汎用の表計算ソフトウェアを利用して，データの分析・加工を行うことができる。

14.5に示す。

(5) 設備管理支援機能（BMS）

代表的な設備管理支援機能を表14.6に示す。

(6) エネルギー環境管理機能（EMS）

代表的なエネルギー環境管理機能を表14.7に示す。エネルギー環境管理機能における事例グラフを次に示す。

図14.26はエネルギー種別の3か年消費実績を示したもので，異常なエネルギー消費が生じた場合の発見が容易となる。図14.27は1日の空調負荷推移と熱源運転台数を表示したグラフで，熱源台数制御の制御状態を確認できる。

図14.28は，ホテル中宴会場の空調機運転運用を改善した後の省エネルギー効果を確認したグラフである。

4.4 中央監視装置の計画設計手順

(1) 必要機能の明確化

建物の規模，用途，管理方針，方法にあった必要機能を明確にする。

(2) システム構成機器とプログラム

必要機能に合ったシステム構成機器とプログラ

14章　自動制御と中央監視

表14.6　代表的な設備管理支援機能（BMS）

名　称	機　能
機器台帳管理	設備機器を設備別（空調・電気・衛生など）に分類し，保守管理上必要な情報（設置場所，メーカー，耐用年数）をデータベース化して利用する。
トラブル対応履歴管理	巡回点検や定期点検で発見したトラブルや居住者からのクレームなど設備のトラブル情報を管理する。
修繕履歴管理	部品交換やオーバーホールなどの修繕に関する履歴を管理する。
保全スケジュール管理	定期点検の年間作業予定を管理し月間作業予定表を作成する。作業実施後作業状況，工数などのデータを入力，管理する。
予備品消耗品管理	設備機器の部品，管球の入出庫データを入力し，入出庫履歴，在庫管理を行う。
業者連絡先管理	設備機器のメーカー，施工会社，販売代理店，保守会社の連絡先のデータベースを作成，利用する。
報告書作成支援	各種履歴情報のデータと手入力により業務日誌を作成する。

表14.7　代表的なエネルギー環境管理機能（EMS）

名　称	機　能
稼働実績管理	設備機器の運転時間，または投入回数を管理目標値と比較しメンテナンス周期到達状態を管理する。
警報データ管理	警報データを設備別，機器別に集計，グラフ出力を行い警報発生状態を管理する。
エネルギー管理	エネルギー使用量，環境，運転状況データを長期管理し，日報，月報，年報，多年報の各期間で各種グラフと表で表示する。
集中検針	電気，水道などの計量メータ，時間外空調運転時間などの自動検針を行い，毎月の請求業務のための使用量を算出する。また前月，前年同月使用量と比較して異常値検出を行う。
料金計算	集中検針で算出したデータにもとに光熱費の請求金額を算出する。
請求書発行	指定したフォーマットに料金計算の結果を印字して請求書を出力する。

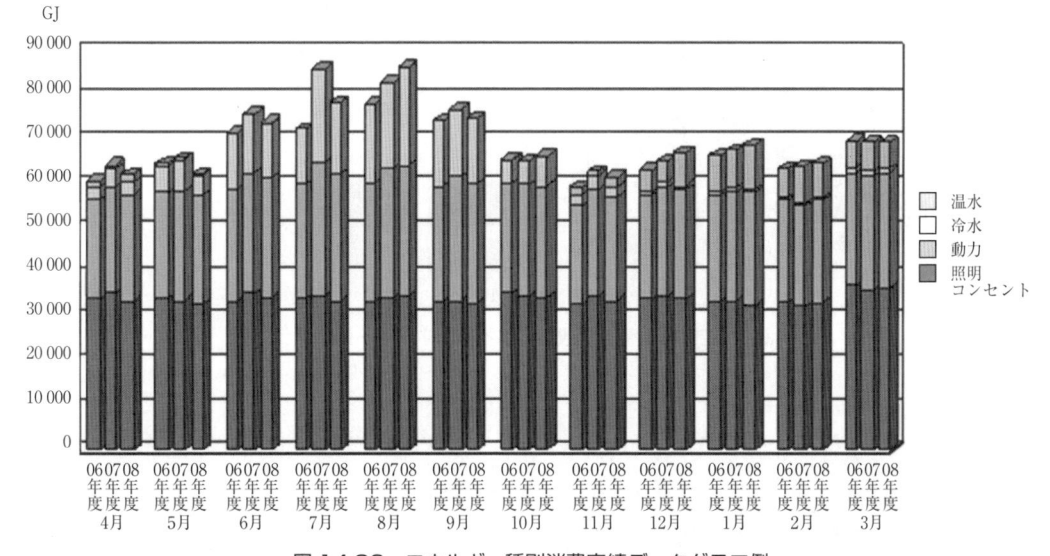

図14.26　エネルギー種別消費実績データグラフ例

ム機能を選定する。

(3) **信頼性設計**

停電や構成機器故障時のバックアップ機能を確認する。

(4) **他設備との連携機能設計**

防災，防犯設備などとのデータ通信機能を確認する。

(5) **管理対象と管理点**

設備系統ごとに管理対象と管理点を決める。特にエネルギー管理機能を導入する場合は次の手順による。

① 電気，ガス，水などのエネルギー計量系統図を作成する。

② エネルギー消費量評価の対象，目的を決定す

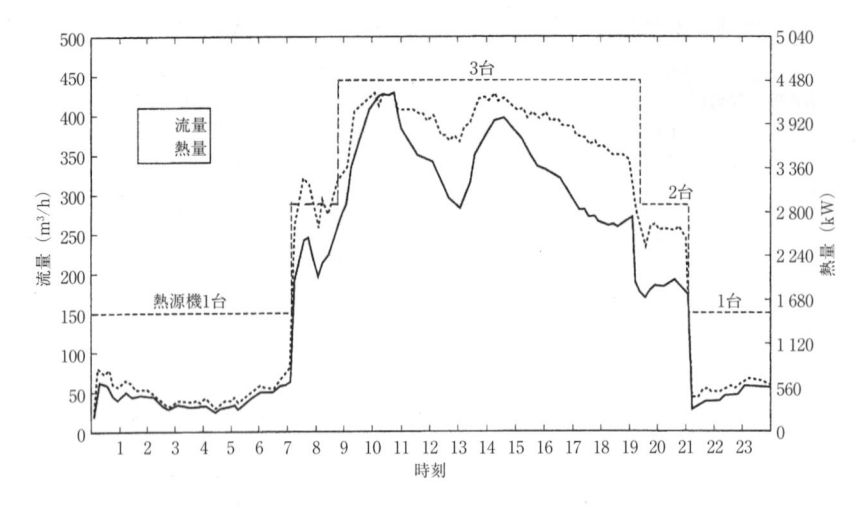

図 14.27　空調負荷推移と熱源機運転台数グラフ例

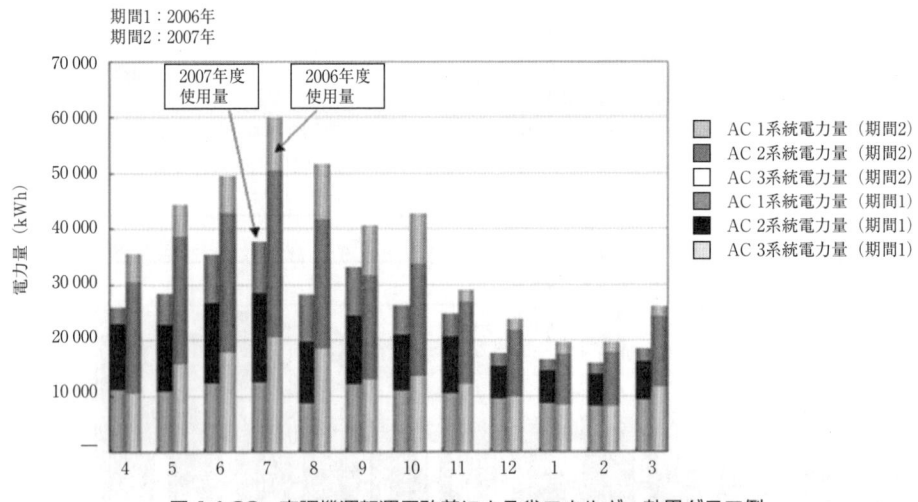

図 14.28　空調機運転運用改善による省エネルギー効果グラフ例

る。

(3) 計量ポイントを決定する。

(6) **ネットワーク設計**

構成機器の建物内配置を決定し通信ネットワークを設計する。

(7) **グラフィック・グラフ設計**

監視用グラフィック，エネルギー管理用グラフ設計を行う。

引用文献
(1) 空気調和・衛生工学会ホームページ

参考文献
① 井上宇市編：空気調和ハンドブック，丸善
② 環境・エネルギー性能の最適化のためのＢＥＭＳ，ビル管理システム，空気調和・衛生工学会，丸善

15章 年間エネルギー消費量と経常費

1 年間エネルギー消費と経常費計算の概要

1.1 計算体系

空調設備の設計が完了すると，年間エネルギー消費量と経常費の計算を行い，最終的なシステムチェックをする。基本計画段階において，これらと同様な計算を行う場合には，複数の設備システムに対して，それぞれの概略設計に基づく経常費を算出し，その比較から採用するシステムを決定するために行うが，ここでは，実施設計の最終工程としての省エネルギー性能計算，およびそのなかで展開されるエネルギー消費量計算を利用した概略経常費計算について説明する。

本章において述べる計算手順を図15.1に示す。

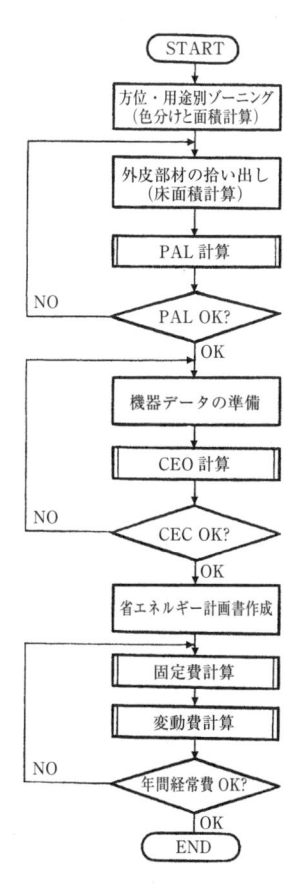

図15.1 計画手順のフロー

1.2 省エネルギー計算と省エネルギー計算書

建築物および空調設備などの省エネルギー性能について一定の計算を行い，建築確認申請時に省エネルギー計画書として提出することが求められており[注1]，建築物の用途に応じて，ホテル等，病院等，物品販売業を営む店舗等，事務所等，学校等，集会所等，工場等の基準が定められている。

省エネルギー性能の判断基準は，平成15（2003）年の省エネ法改正により，従来からの「性能基準」のほかに「仕様基準」が追加された。「仕様基準」は通称「ポイント法」とよばれ，項目ごとの評価点を集計するもので，床面積が5000 m^{2}以下の建築物に適用できる。計算は簡易であるのでここでは省略する。

「性能基準」の判断基準は，PAL（年間熱負荷係数）とCEC（エネルギー消費係数）であり，CECには空調設備（CEC/AC），機械換気設備（CEC/V），照明設備（CEC/L），給湯設備（CEC/HV），エレベータ（CEC/EV）の5種類がある。

$$PAL = \frac{\text{ペリメータゾーンの年間熱負荷(MJ/年)}}{\text{ペリメータゾーンの床面積(m}^2\text{)}}$$

$$CEC = \frac{\text{年間消費エネルギー量(MJ/年)}}{\text{年間仮想負荷または仮想消費エネルギー(MJ/年)}}$$

それぞれについて建築主等の判断基準の値を表15.1に示す。なお，PALについては，小規模建築物に対する緩和のための補正係数 f（図15.2参照）が定められている。たとえば，事務所建築では，PALは $300 \cdot f$ 以下，CEC/ACは1.5以下，CEC/VおよびCEC/L，CEC/EVは1.0以下であることが求められている。

PALやCECの計算方法については，建築環境・省エネルギー機構から示されており，具体的な算定方法は『建築物の省エネルギー基準と計算の手

15章　年間エネルギー消費量と経常費

表 15.1　省エネルギー基準[1]

	ホテル等	病院等	物販店舗等	事務所等	学校等	飲食店等	集会所等	工場等
省エネ法による建築主の判断基準（平成21年1月30日告示）									
PAL (MJ/m²年)	420 (寒冷地域470)	340 (寒冷地域370)	380	300	320	550	550	—
CEC/AC	2.5	2.5	1.7	1.5	1.5	2.2	2.2	—
CEC/V	1.0	1.0	0.9	1.0	0.8	1.5	1.0	—
CEC/L	1.0	1.0	1.0	1.0	1.0	1.0	1.0	1.0
CEC/HW	\multicolumn{8}{c}{$0 < Ix \leq 7$ の場合 1.5 $7 < Ix \leq 12$ の場合 1.6 $12 < Ix \leq 17$ の場合 1.7 $17 < Ix \leq 22$ の場合 1.8 $22 < Ix$ の場合 1.9}							
CEC/EV	1.0	1.0	—	1.0	—	—	—	—

注1) Ix は給湯にかかる循環配管および一次側配管の長さの合計（m）を全使用湯量（m³）の日平均で除した値
　2) 各種建物の用途区分

用　途	同等の具体例
ホテル等	ホテル，旅館等
病院等	病院，老人ホーム，身体障害者福祉ホーム等
物販店舗等	百貨店，マーケット等
事務所等	事務所，公官署，図書館，博物館等
学校等	小学校，中学校，高等学校，大学，専門学校，各種学校等
飲食店等	飲食店，食堂，喫茶店，キャバレー等
集会所等	公会堂，集会場，ボーリング場，体育館，劇場，映画館，パチンコ屋等
工場等	工場，畜舎，自動車車庫，自転車駐輪場，倉庫，観覧場，卸売市場，火葬場等

引き』[2]などを参照されたい。以下には，PAL と CEC/AC の概要を事務所建築物を例にとって示す。

PAL は，建築物の外壁や窓など（建築外皮）の熱的性能を表わしており，室内周囲空間[注2]における顕熱負荷のみを取り上げ，外皮を通しての熱負荷のほか，日射熱および内部発生熱ならびに外気負荷による年間熱負荷を，標準的な建築物使用条件を仮定して算出する。計算には，「拡張デグリーデー法」[注3]が用いられる。

CEC/AC は，空調設備における一種のシステム効率を表わしており，実況に応じた空気調和負荷[注4]（貫流熱，日射熱，内部発生熱，取入れ外気負荷，その他）を処理するために必要な年間一次

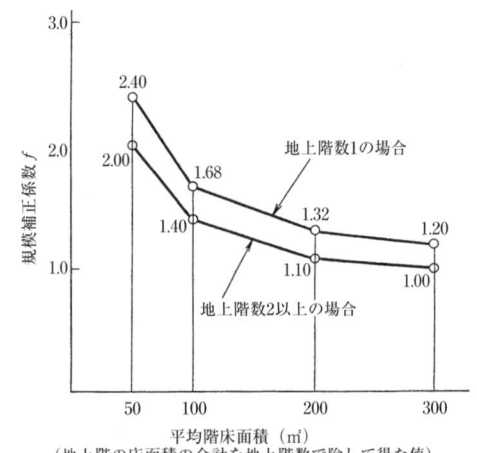

図 15.2　規模補正係数[1]

注1　「エネルギーの使用の合理化に関する法律」(昭54.6.22法第49号，平20.5.30改正：通称省エネ法) 第5章において，建築主等は建築物および空調設備等の省エネルギーに努めなければならない旨，規定されている。また，平成17年の法改正以降は，大規模修繕等に対しても適用される。
注2　屋外周囲空間とは「外皮の中心線から外壁にあっては室内側へ5mの範囲，屋根・床版にあっては，その階高範囲」をいい，空調設備でいうペリメータゾーンとは必ずしも同一ではない。
注3　デグリーデーは単に内外温度差のみに着目しているが，さらに日射熱および内部発生顕熱も考慮した拡張デグリーデーを用いる方法である。
注4　実況に応じた空気調和負荷であるから，その建物の実際の空調部分のみを計算対象範囲としており，その点PALとは基本的に異なる考え方である。

エネルギー消費量[注5]を仮想空気調和負荷（年間累積値）で除したものである。

また，CEC/AC の算定は，従来は「全負荷相当運転時間法」[注6]による手計算で行われていたが，平成5年の告示以降，コンピュータシミュレーションによる方法が示され，以降はシミュレーションが標準的な方法と位置づけられている。建築環境・省エネルギー機構の開発したパソコンソフト「BECS/CEC/AC」の使用が推奨されている[2]。

PAL，CEC の算定およびチェックを終了すると，1.1 の計算手順に従って省エネルギー計画書を作成し，計算書とともに確認申請時に提出する。省エネルギー計画書の作成例を表 15.2，表 15.3 に示す。

1.3 経常費計算

建築設備の年間経常費は，その設備を設置し，さらに運転，維持するのに必要な年間経費であり，設備システムの経済的優劣の判断や，建物オーナーの経営計画上の判断資料として計算，検討されるものである。

空調設備の年間経常費は，図 15.3 に示すように，固定費と変動費に分けられる。

固定費は，その設備を所有することによって毎年決まってかかる経費であって，設備そのものの価値に対する固定費（減価償却費，保険，税金）のほか，設備を収容するために必要な，機械室などの価値に対する固定費（専有空間固定費），関連する受変電設備などの付帯設備の価値に対する固定費を含む。

変動費は，その設備の運転，維持に必要な経費であって，エネルギー，資源の消費による費用（運転費）のほか，装置の運転管理に必要な人件費や，装置の修理，補修に関連する維持修繕費を含む。

2 PAL 計算

2.1 拡張デグリーデー法による PAL 計算手順

拡張デグリーデー法による PAL 計算手順を，図 15.4 のフローに示す。PAL 計算は以下の順により実施する。

① 建築図面・諸数表を準備し，建設地・標高によって決まる適用区分・地域補正係数を決定する。
② 図面上で，建物用途ごとに計算対象部分を区分し（ホテル等では客室部と非客室部，病院等では病室部と非病室部，学校等では教室部と非教室，飲食店等では客席部と非客席部，集会所等では集会室部と非集会室部をさらに区分する），ペリメータゾーンに該当する部分（外壁から5m以内，最上階，ピロティ床など）をマーキングする（後述の参考1，2参照）。
③ ペリメータゾーンを外皮が面する方位別に分割し（図面上のゾーン区分線を引く），さらに空調部と非空調部を区分する。
④ 外皮の部位をその熱的特性（熱貫流量，日射侵入率）ごとに区分する。
⑤ ペリメータゾーンごとに床面積を拾い出し集計する（日当たり空調部，日陰空調部，非空調部の3種類）。また，外皮の部位別面積を拾い

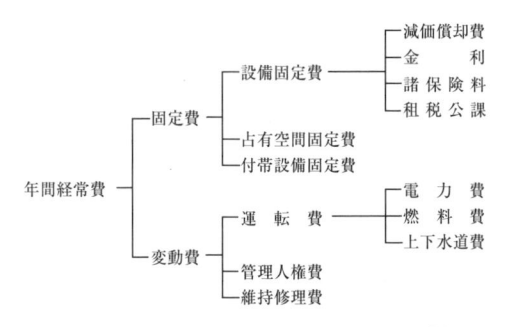

図 15.3 空調設備年間経常費の構成[2]

注5 燃料資源の有効利用の確保という省エネ法の精神にのっとり，一次エネルギー基準の年間消費量を対象としており，たとえば電気は 9760 kJ/kWh などで換算する。
注6 機器分類別（冷房熱源，暖房熱源，冷房搬送，暖房搬送）の全負荷相当運転時間基準を基に，採用した省エネルギーシステムの全負荷相当運転時間削減効果率を取り入れて修正し，これに定格入力値を乗じて年間エネルギー消費量を求める方法である。

15章 年間エネルギー消費量と経常費

表15.2 省エネルギー計画書の例（その1）

「省エネルギー計画書」

平成 20 年 2 月 5 日作成

建築主	社名及び氏名	(株)東京中央○○商会　東京 太郎		
	住 所	東京都中央区日本橋○丁目○番○号	TEL	03－1234－5678
設計者	氏名（代表者）	三建 太郎		
	事 務 所 名	三建建築設計事務所	TEL	03－9876－5432
	事 務 所 所 在 地	東京都中央区日本橋△丁目△番△号		
計画書作成者氏名		三建 三郎	(IBEC登録番号：0-100＊＊＊)	
工事着手予定年月日		平成 20 年 3 月 10 日		
適用した基準		1. ホテル等基準　3. 病院等基準　5. 学校等基準　6. 飲食店等基準　7. 集会所等基準　8. 工場等基準　④ 事務所等基準		

建築物の概要	名　称	東京中央第3ビル			
	用　途	新築事務館コンクリート造			
	工 種 別	新築工事			
	構　造	鉄骨鉄筋コンクリート造			
	高　さ	29.5 m	階 数	地上 8 階　地下 1 階	
	敷 地 面 積	628.5 m²	建築面積	494.9 m²	
	延 べ 面 積	4313.8 m²	うち地上部分	3908.3 m²	
			ホテル等		m²
			病院等		m²
			物販店舗等		m²
		4313.8 m²	事務所等	3908.3	m²
			学校等		m²
			飲食店等		m²
			集会所等		m²
			工場等		m²
			その他		m²
	平均階床面積	488.5 m²	屋内周囲空間床面積	2892.6 m²	

主要な外気に接する床の部分	熱貫流率 W/(m²·K)	日射侵入率		
壁	別紙 参照	別紙 参照		
屋 根	別紙 参照			
床	別紙 参照			
窓	別紙 参照	別紙 参照		

期間暖房負荷	347,733 MJ/年
期間冷房負荷	453,354 MJ/年
年間熱負荷	801,087 MJ/年
年間熱負荷係数	276.9 MJ/(m²·年)	判断基準値	300 MJ/(m²·年)

上欄の計算方法 ※　1. 拡張デグリーデー法（詳細法）　2. 拡張デグリーデー法（簡易法）　3. その他（　　　）

建築計画における不要な熱負荷の低減その他のエネルギー利用の効率化に関する措置　1. 最上階を断熱整備　2. 複層ガラスを採用　3. その他（窓面への水平庇による日射遮蔽、西側外壁の断熱強化　　　）

空気調和設備	年間仮想空気調和消費エネルギー量			2.418 ×10³ MJ/年
	空調仮想空気調和負荷			1.787 ×10³ MJ/年
	空調エネルギー消費係数(CEC/AC)	※	1.39	判断基準値 1.5
	上欄の計算方法	1. 全負荷相当運転時間法（EFH法）		
		② シミュレーションプログラム「BECS/CEC/AC」		
		3. その他（　　　）		
	空調計画における主要なエネルギー手法	① 外気負荷の軽減　2. マルチ方式の採用　③ 高効率熱源機器の採用　4. その他（　　）		
機械換気設備	年間仮想換気消費エネルギー量			154 ×10³ MJ/年
				175 ×10³ MJ/年
	換気エネルギー消費係数(CEC/V)	※	0.88	判断基準値 1.0
	上欄の計算方法	1. 詳細法		
		2. 簡略化法		
		3. その他（　　　）		
	換気計画における主要なエネルギー手法	① 温度制御　② 照明連動制御等の採用　2. 高効率低圧三相かご形誘導電動機の採用　3. その他（電気室換気の温度発停等制御　　）		
照明設備	年間仮想照明消費エネルギー量			1.508 ×10³ MJ/年
				1.740 ×10³ MJ/年
	照明エネルギー消費係数(CEC/L)	※	0.87	判断基準値 1.0
	上欄の計算方法	1. 詳細法		
		2. 簡略化法		
		3. その他（　　　）		
	照明計画における主要なエネルギー手法	① コンパクト型の蛍光ランプの採用　② タスク・アンビエント照明方式の採用　3. その他（制御方法の工夫　4. その他（　　　　）		
給湯設備	年間仮想給湯消費エネルギー量			— MJ/年
				— MJ/年
	給湯エネルギー消費係数(CEC/HW)	※	略算法	
	上欄の計算方法	1. 詳細法M　2. 略算法Y　3. その他（　　　）		
	給湯計画における主要なエネルギー手法	1. 循環ポンプの制御の採用　2. 自動給水栓の採用　3. 節水型の自動温度調整付き制御の採用　4. その他（　　）		
エレベーター	年間仮想エレベーター消費エネルギー量			61.5 ×10³ MJ/年
				84.0 ×10³ MJ/年
	エレベーターエネルギー消費係数(CEC/EV)	※	0.73	判断基準値 1.0
	上欄の計算方法	1. 詳細法		
		2. その他（　　　）		
	エレベーター設置計画における主要なエネルギー手法	① 可変電圧可変周波数制御方式（電力回生制御あり）を採用　2. 可変電圧可変周波数制御方式（電力回生制御なし）を採用　3. その他（　　）		
エネルギー利用の効率化設備等の概要				

注1) ホテル等、病院等、物販店舗等、事務所等、学校等、飲食店等、集会所等及び工場等のうち複数の用途に供する建築物であって、複数の基準を適用するにあたっては、建築計画及び設備計画を用途ごとに区別して作成すること。

注2) エネルギー利用の効率化設備等の設置により、エネルギーの量の換算に告示別表第3号に掲げる数値と同異る数値を用いる場合には、エネルギーの量の換算に用いた数値を記入すること。

※ 仕様基準（ポイント法）を使用した場合は、当該欄に別添に記し、当該項目の集計値を記入すること。

15章 年間エネルギー消費量と経常費

表15.3 省エネルギー計画書の例(その2)

15章 年間エネルギー消費量と経常費

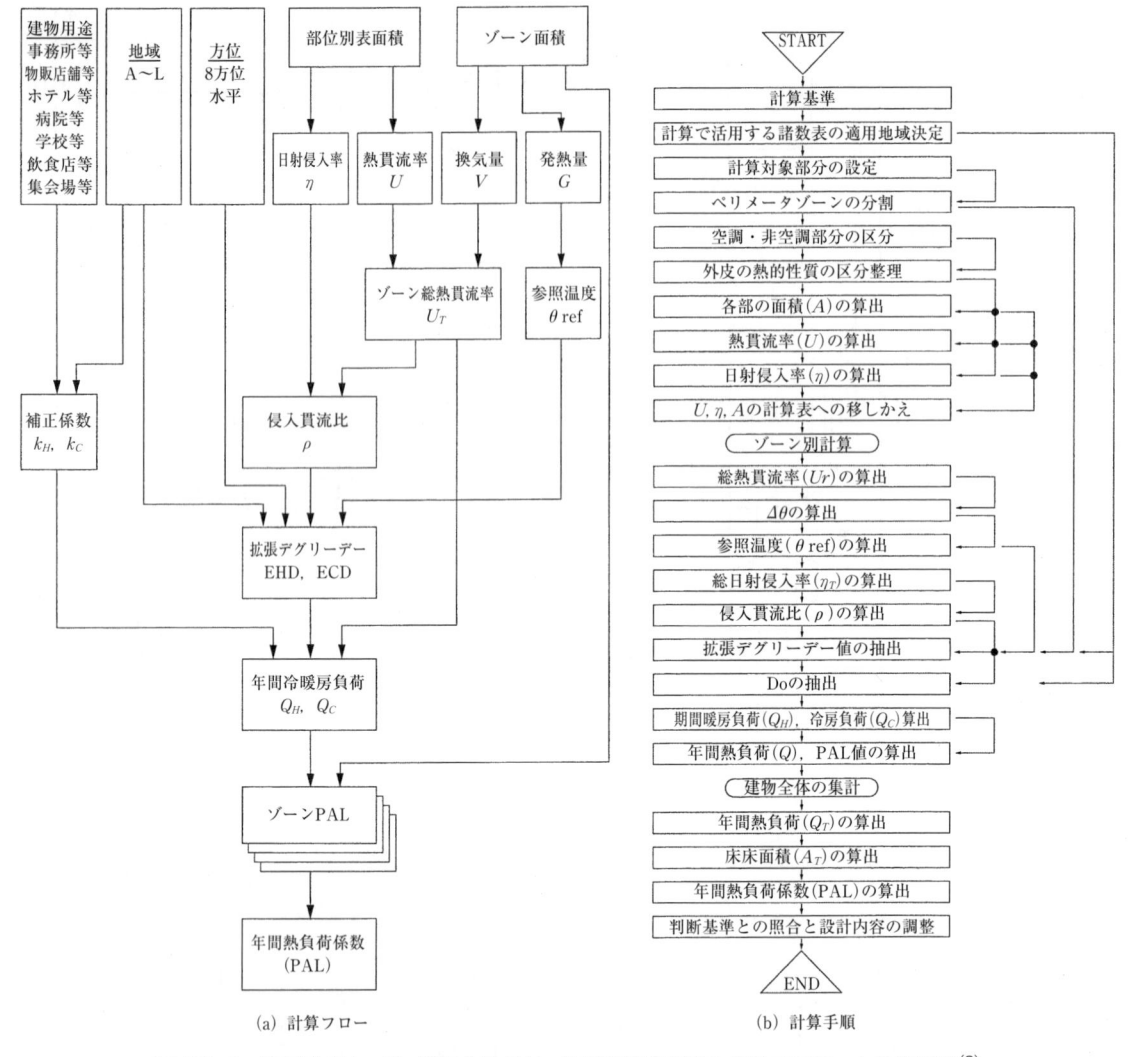

図15.4 拡張デグリーデー法によるPAL（年間熱負荷係数）の計算フローと計算手順[3]

(a) 計算フロー
(b) 計算手順

出し集計する（日当たり空調室，日陰空調室，日当たり非空調室，日陰非空調室の4種類）。

⑥ 外皮の部位ごとに構成材の厚さと熱伝導率から熱貫流Uや外壁・窓の日射侵入率ηを算出する。

⑦ 以上の計算・集計を終えたら，後はゾーンごとに外皮の熱計算や内部発熱などの計算を行い，参照温度θ_{ref}と侵入貫流比ρを求めて，拡張デグリーデーを方位別に読み取り，期間暖房負荷・期間冷房負荷を算出してゾーンの年間熱負荷とPALを計算する。

そして最後に全ゾーンの熱負荷と床面積を集計し，建物のPALを算出する。

2.2 PAL計算例
2.2.1 室内周囲空間の方位別ゾーニング

図15.5に示す基準階のゾーニング例のように方位別，用途別等の床面区分を行い，表15.4に示すように床面積を集計する。ここでは，N，NE，E，S，Wの5方位のほか，屋根H1，外床（ピロティ天井）H2に対応する7ゾーンに分類している。ゾーンの面積は内部発熱・外気負荷などの算定に用いるだけであるから，重複したり抜け落ちがないかぎり，各ゾーンへの面積配分にはそうこだわらなくてよい。

さらに，ゾーニングした方位別に建物外皮の構造を拾い，各部位の面積を表15.5に示すように

15章 年間エネルギー消費量と経常費

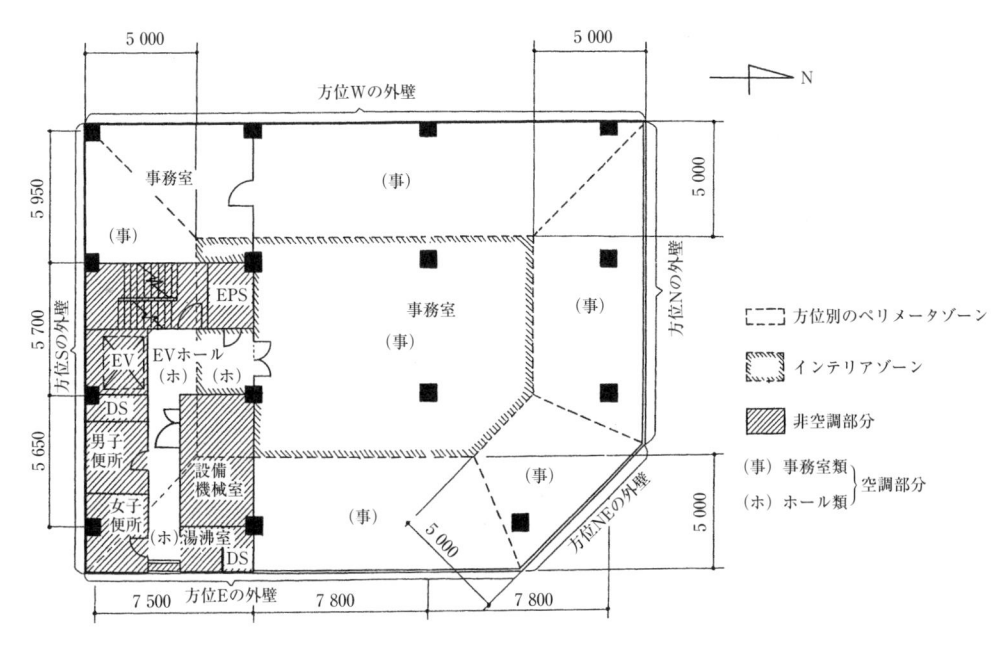

図15.5 計算例における基準階

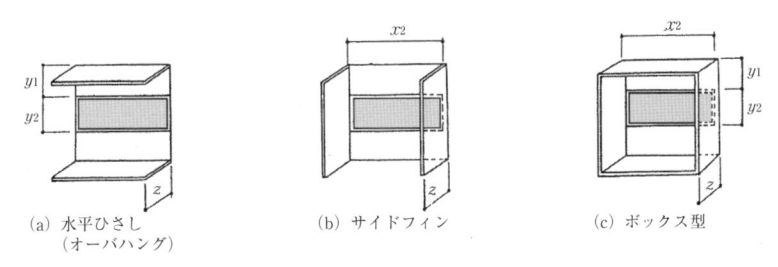

図15.6 日除けの種類[7]

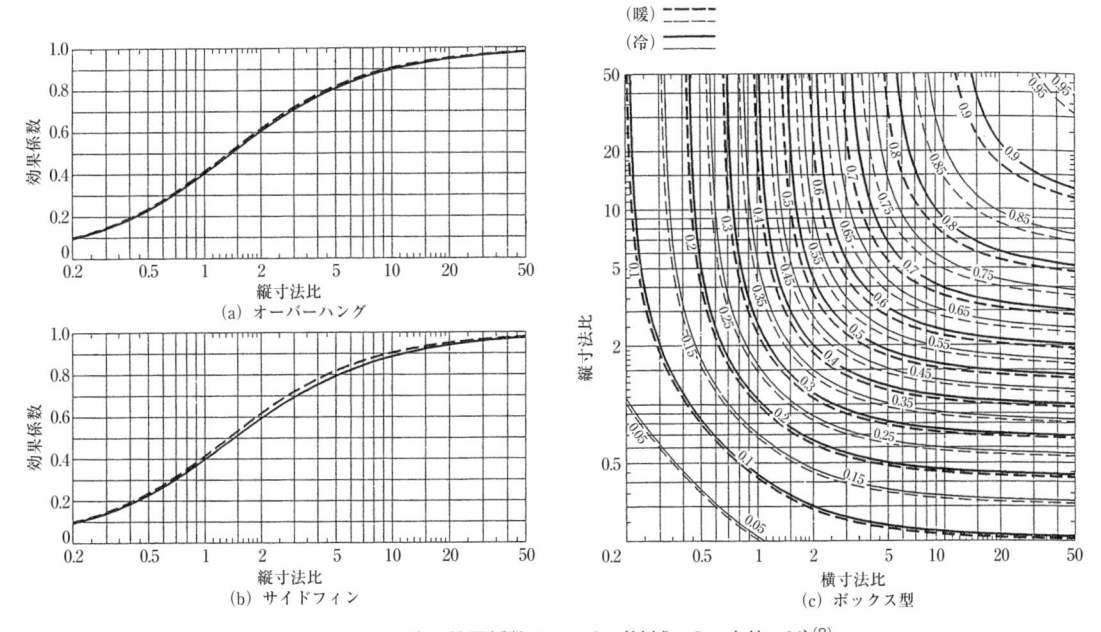

図15.7 日除け効果係数チャート（地域：G，方位：N）[8]

表15.4 各ゾーン床面積の集計

方位		ゾーン床面積 A_p(m²)		空調床面積 A_p(イ)(m²)		非空調床面積 A_p(ロ) (m²)	
				日当たり A_{p1}	日陰 A_{p2}		
N	1F	5 × (0.8 + 8.1)/2 + 6.4 × 5	= 54.3	34.8	0	5 × (1.4 + 6.4)/ 2	= 19.5
	2F	5 × (7.2 + 14.5)/2	= 54.3	54.3	0		0
	3～7F	54.3 × 5	= 271.5	271.5	0		0
	8F	54.3 × 1	= 54.3	54.3	0		0
	計		434.4	414.9	0		19.5
NE	1F	5 × (3.8 + 7.8)/2	= 29.0	29.0	0		0
	2F	29.0 × 1	= 29.0	29.0	0		0
	3～7F	29.0 × 5	= 145.0	145.0	0		0
	8F	29.0 × 1	= 29.0	29.0	0		0
	計		232.0	232.0	0		0
E	1F	5 × (12.5 + 20)/2	= 81.3	76.0	0	3 × 3/2 + 1.5 × 0.5	= 5.3
	2F	81.3 × 1	= 81.3	59.7	0	3 × 3/2 + 1.5 × 0.5 + 5 × (4.5 + 5)/2 + 5 × 2.5	= 21.6
	3～7F	81.3 × 5	= 406.5	298.5	0	21.6 × 5	= 108.0
	8F	81.3 × 1	= 81.3	59.7	0	21.6 × 1	= 21.6
	計		650.4	493.9	0		156.5
S	1F	5 × (10 + 20)/2	= 75.0	31.5	0	3 × 5 + 3 × 8 + 3 × 3/2	= 43.5
	2F	75.0 × 1	= 75.0	29.0	0	3 × 5 + 3 × 8 + 3 × 3/2 + 0.8 × (2.8 + 3.5)/2	= 21.6
	3～7F	75.0 × 5	= 375.0	145.0	0	46.0 × 5	= 230.0
	8F	75.0 × 1	= 75.0	29.0	0	46.0 × 1	= 46.0
	計		600.0	234.5	0		365.5
W	1F	5 × (15.5 + 25.5)/2	= 102.5	90.0	0	5 × 5/2	= 12.5
	2F	102.5 × 1	= 102.5	102.5	0		0
	3～7F	102.5 × 5	= 512.5	512.5	0		0
	8F	102.5 × 1	= 102.5	102.5	0		0
	計		820.0	807.5	0		12.5
H1	8F	10 × 15.5 − (2.5 × 2.5)/2	= 151.9	137.4	0	3 × 2.5 + 2.8 × 2.5	= 14.5
	計		151.9	137.4	0		14.5
H2	2F	1.4 × 2.8	= 3.9	0	3.9		0
	計		3.9	0	3.9		0

集計する。

次に表15.6に示すように,外皮各部位の熱貫流率 U(W/(m²·K)) および日射侵入率 η(−) を求める。不透明壁体の η は,

$$\eta = 0.04\varepsilon U$$

で求められ,日射吸収率 ε(−) は,一般的に0.8が使用されるが,反射性材料などの場合は,表15.7を参考にする。

窓ガラスの U および η の例を表15.8,表15.9に示す。ここでは水平ひさしがあるため,図15.6および図15.7を利用して,表15.10のように η を補正している(サイドフィン,またはボックス型日除けについては,参考文献②を参照)。

2.2.2 ゾーン別PAL計算

ゾーンごとに,上記で求めた熱貫流率 U,日射侵入率 η,面積 A の値を表15.11に示すPAL計算表に移しかえ,ゾーン別のPAL計算を行う。

表の計算欄に従い,まず総熱貫流率 U_T を日当たり部分 U_T(a)と日陰部分 U_T(b)に分けて算出する。

15章　年間エネルギー消費量と経常費

表15.5　外皮各部位面積の集計

方位			部材：部位記号	各部位面積 A　　　(m²)		各部位面積合計 (m²)	各部位面積合計 (m²)
N	(a)日の当たる部分	(イ)空調室	ガラス：OG01	14.5 × 15 × 3	= 65.3	65.3	369.8
			ガラス：OG02	14.5 × 15 × 4	= 87.0	87.0	
			ガラス：OG03	14.5 × 3.0	= 43.5	43.5	
			外壁：OW01	14.5 × 27.4 − (65.3 + 87 + 43.5) − (25.9 + 1.6)	= 174.0	174.0	
		(ロ)非空調室	ドア：IW02	0.9 × 1.8	= 1.6	1.6	27.5
			外壁：OW01	6.4 × 4.3 − 1.6	= 25.9	25.9	
NE	(a)日の当たる部分	(イ)空調室	ガラス：OG01	7.8 × 1.5 × 3	= 35.1	35.1	213.7
			ガラス：OG02	7.8 × 1.5 × 4	= 46.8	46.8	
			ガラス：OG04	7.8 × 3.0	= 23.4	23.4	
			外壁：OW01	7.8 × 27.4 − (35.1 + 46.8 + 23.4)	= 108.4	108.4	
E	(a)日の当たる部分	(イ)空調室	ガラス：OG01	12.0 × 1.5 × 3 + 1.8 × 0.9 × 8	= 67.0	67.0	548.0
			ガラス：OG02	12.0 × 1.5 × 5	= 90.0	90.0	
			外壁：OW01	20.0 × 27.4 − (67.0 + 90.0) − 227.3	= 163.7	163.7	
		(ロ)非空調室	外壁：OW01	4.5 × 27.4 + 4.5 × 23.1	= 227.3	227.3	
S	(a)日の当たる部分	(イ)空調室	ガラス：OG01	3.6 × 0.6 × 3	= 6.5	6.5	548.0
			ガラス：OG02	3.6 × 0.6 × 5	= 10.8	10.8	
			外壁：OW01	20.0 × 27.4 − 17.3 − 383.6	= 147.1	147.1	
		(ロ)非空調室	外壁：OW01	14.0 × 27.4	= 383.6	383.6	
W	(a)日の当たる部分	(イ)空調室	外壁：OW02	25.5 × 27.4 − 21.5	= 677.2	677.2	698.7
		(ロ)非空調室	外壁：OW02	5.0 × 4.3	= 21.5	21.5	
H1	(a)日の当たる部分	(イ)空調室	屋根：RF01	20.0 × 25.5 − 5.5 × 5.5 ／ 2 − (51.2 + 22.5)	= 421.2	421.2	494.9
		(ロ)非空調室	屋根：RF01	3.0 × 8.0 + 1.5 × 0.5 + 8.0 × 3.3	= 15.2	15.2	
	(b)日陰部分	(ロ)非空調室	屋根：RF01	3.0 × 7.5	= 22.5	22.5	
H2	(b)日陰部分	(イ)空調室	外床：PL01	7.8 × 6.4	= 49.9	49.9	49.9

U_T(a)またはU_T(b)

$\quad = \Sigma U_i A_i + 1/2 \Sigma\ U_j A_j + 0.33 V A_p$　(W/K)

$U_T = U_T$(a) $+ U_T$(b)　(W/K)

U_Tは，基本的には部位の熱貫流率Uと部位面積Aとの積（非空調室は1/2）であるが，さらに外気負荷相当分を空調床面積当たり$0.33 \times V$として加えている。事務所建物の場合，Vは1.14 (m³/(h·m²)) を使用する。

次に暖房時と冷房時について日射侵入率と部位面積から総日射侵入率η_Tを算出する。

$\quad \eta_T = \Sigma\ \eta_i \times A_i + 1/2 \Sigma\ \eta_j \times A_j$ (m²)

さらに表15.11のように，U_Tと内部発熱の比から$\Delta\theta$(K)を求め，これを用いて暖房用参照温度θ_{Href}(K)および冷房用参照温度θ_{Cref}(K)を算出

し，η_TとU_T(a)から，暖房用と冷房用の侵入貫流比pを算出する。次にこれらの値から別途参考文献③を用い，地域，方向，侵入貫流比，および参照温度をパラメータとして拡張デグリーデーEHD，ECDを拾い出す。このとき，日陰部分に拡張デグリーデーD_{OH}，D_{OU}も必要に応じて読み取っておく。

2.2.3　期間熱負荷，年間熱負荷およびPAL

各ゾーンの期間暖房負荷Q_Hおよび期間冷房負荷Q_Cは，前述の総熱貫流率U_T，拡張デグリーデーEHD，ECD，D_{OH}，D_{OC}のほか，地域補正係数k_H，k_C（表15.12）を用いて，表15.11のように算出する。各ゾーンの年間熱負荷は，期間暖房負荷と期間冷房負荷の和である。

表15.6 建物外皮の U および η PAL計算表（1）

部位記号		部位（種類・厚さ）	熱貫流率：U	吸収率：ε	日射侵入率：η
（ガラス）OG01	外|内	単板透明板ガラス（FL） FL8 ブラインド（なし） ひさし（なし）	6.180	—	0.8200
（ガラス）OG02	外|内	単板透明板ガラス（FL） FL10 ブラインド（なし） ひさし（なし）	6.070	—	0.7900
（ガラス）OG03	外|内	単板透明板ガラス（FL） FL10 ブラインド（なし） ひさし（オーバーハング）	6.070	—	0.7900
（ガラス）OG04	外|内	単板透明板ガラス（FL） FL10 ブラインド（なし） ひさし（オーバーハング）	6.070	—	0.7900
（外壁）OW01	外|内	タイル　5.0 モルタル　35.0 普通コンクリート　150.0 半密閉中空層 石こう板，ラスボード　12.0	$U = 1/(1/23$ $+0.005/1.300$ $+0.035/1.500$ $+0.150/1.400$ $+0.07$ $+0.012/0.170$ $+1/9) = 2.328$	0.800	0.0745
（外壁）OW02	外|内	タイル　20.0 普通コンクリート　160.0 スチレン発泡板（フロン発泡）　25.0 半密閉中空層 石こう板，ラスボード　12.0	$U = 1/(1/23$ $+0.020/1.300$ $+0.160/1.400$ $+0.025/0.026$ $+0.07$ $+0.012/0.170$ $+1/9) = 0.721$	0.800	0.0231

表15.7 各種材料の日射吸収率[4]

材料	日射吸収率 ε（—）
完全黒体	1.0
大きな空洞にあけられた小孔	0.97〜0.99
黒色非金属面（アスファルト，スレート，ペイント，紙）	0.85〜0.98
赤れんが，タイル，コンクリート，石，さびた鉄板，暗色ペイント（赤，褐，緑など）	0.65〜0.80
黄および鈍黄色れんが，石，耐火れんが，耐火粘土	0.50〜0.70
白または淡クリームれんが，タイル，ペイント，紙，プラスター，塗料	0.30〜0.50
窓ガラス	大部分は透過
光沢アルミニウムペイント，金色またはブロンズペイント	0.30〜0.50
鈍色黄銅，銅，アルミニウム，トタン板，磨き鉄板	0.40〜0.65
磨き黄銅，銅，モネルメタル	0.30〜0.50
よく磨いたアルミニウム，ブリキ板，ニッケル，クローム	0.10〜0.40

表 15.8 窓ガラスの熱貫流率の例[5]

(単位 W/(m²·K))

ガラス種類・ブラインド位置	ブラインドなし	ブラインドあり
(単板ガラス・ブラインド室内側)		
透明・熱吸・熱反など	6.3	4.5
高性能熱反		
ブルー系 (TS40)	6.0	4.4
ブルー系 (TS30)	5.8	4.3
ブルー系 (TBL35/TCB35)	6.0	4.4
シルバーグレイ (SGY32)	5.9	4.3
ライトブルー (TSL30)	5.5	4.1
シルバー系 (SS20)	5.5	4.1
シルバー系 (SS14)	5.5	4.1
シルバー系 (SS8)	5.1	3.8
グリーン (銀2層)	2.1	1.9
(複層ガラス・ブラインド内蔵)		
透明・熱吸・熱反など二重	3.2	2.4
片側高性能熱反二重		
ブルー系 (TS40)	3.1	2.4
ブルー系 (TS30)	3.0	2.4
ブルー系 (TBL35/TCB35)	3.1	2.4
シルバーグレイ (SGY32)	3.0	2.4
ライトブルー (TSL30)	2.8	2.3
シルバー系 (SS20)	2.9	2.3
シルバー系 (SS20)	2.8	2.3
シルバー系 (SS14)	2.6	2.2

注 1) 「透明・熱吸・熱反など」は低放射膜がコーティングされていないガラスのことである。
2) 膜付きガラスの膜面は，単板ガラスの場合は室内側，複層ガラスの場合は中空層側で，片側のガラスにのみコーティングされている。
3) ブラインド内蔵窓の熱貫流率は中空層厚さによらない。
4) 熱貫流率の計算は，表面熱伝導率の影響が過半であるので，ガラス厚（8mmで計算）によらず一定とする。
5) 板ガラスメーカーによっては，表中の製品の取扱いがない場合があるので，ガラス品種決定の際には確認すること。

表 15.9 窓ガラスの日射侵入率の例[6]

ガラス種類	ガラス厚(mm)	ブラインドなし	明色ブラインド	中間色ブラインド	暗色ブラインド
透明フロートガラス	3	0.88	0.44	0.51	0.58
	5	0.85	0.44	0.51	0.57
	6	0.84	0.44	0.50	0.56
	8	0.83	0.44	0.50	0.56
	10	0.80	0.44	0.49	0.55
	12	0.79	0.43	0.49	0.54
	15	0.77	0.43	0.48	0.53
	19	0.76	0.44	0.48	0.53
透明網入りガラス	6.8	0.80	0.43	0.49	0.54
	10	0.78	0.43	0.48	0.53
熱吸ブロンズ(淡色)	6	0.72	0.41	0.45	0.49
	8	0.68	0.40	0.44	0.47
	10	0.64	0.40	0.43	0.45
	12	0.61	0.39	0.42	0.44
	15	0.58	0.38	0.40	0.42
熱吸ブロンズ(濃色)	6	0.67	0.40	0.43	0.47
	8	0.62	0.39	0.41	0.44
	10	0.59	0.38	0.40	0.42
	12	0.56	0.37	0.39	0.41
	15	0.52	0.36	0.37	0.39
熱吸グレー(淡色)	6	0.72	0.41	0.46	0.50
	8	0.68	0.41	0.44	0.48
	10	0.65	0.40	0.43	0.46
	12	0.62	0.39	0.42	0.44
	15	0.58	0.38	0.40	0.42
熱吸グレー(濃色)	6	0.63	0.39	0.41	0.44
	8	0.58	0.37	0.39	0.42
	10	0.54	0.36	0.38	0.39
	12	0.52	0.35	0.37	0.38
	15	0.49	0.35	0.35	0.36
熱吸グリーン	6	0.63	0.39	0.42	0.44
	8	0.59	0.38	0.40	0.42
	10	0.56	0.37	0.39	0.41
	12	0.54	0.36	0.38	0.40
熱吸ブルー	6	0.71	0.41	0.45	0.49
	8	0.67	0.40	0.44	0.47
	10	0.64	0.40	0.43	0.45
	12	0.62	0.39	0.42	0.44
熱反クリア	6	0.71	0.40	0.45	0.49
	8	0.70	0.40	0.44	0.48
	10	0.69	0.40	0.44	0.48
	12	0.68	0.40	0.44	0.47
熱反ブロンズ(淡色)	6	0.62	0.39	0.41	0.44
	8	0.60	0.38	0.41	0.43
	10	0.58	0.38	0.40	0.42
	12	0.56	0.38	0.39	0.41
熱反ブロンズ(濃色)	6	0.59	0.38	0.40	0.42
	8	0.58	0.37	0.39	0.41
	10	0.54	0.36	0.38	0.39
	12	0.52	0.36	0.37	0.38
熱反グレー(淡色)	6	0.64	0.39	0.42	0.45
	8	0.61	0.39	0.41	0.44
	10	0.59	0.38	0.40	0.42
	12	0.57	0.38	0.40	0.41
熱反グレー(濃色)	6	0.56	0.37	0.39	0.40
	8	0.53	0.36	0.37	0.39
	10	0.51	0.35	0.36	0.37
	12	0.49	0.35	0.36	0.36
熱反グリーン	6	0.55	0.36	0.38	0.40
	8	0.52	0.35	0.37	0.38
	10	0.51	0.35	0.36	0.37
	12	0.49	0.34	0.35	0.36
熱反ブルー	6	0.60	0.37	0.40	0.42
	8	0.57	0.37	0.39	0.41
	10	0.55	0.37	0.38	0.40
	12	0.54	0.36	0.38	0.39

表 15.10 日除けによるη値の補正：PAL 計算表 (2)

部位記号	横寸法比		縦寸法比		適用方位	f_{1H}	f_{2H}	f_{1C}	f_{2C}	η	$\eta_H = f_H \times \eta$	$\eta_C = f_C \times \eta$
	$l_{x1} = x_1/z$	$l_{x1+x2} = (x_1+x_2)/z$	$l_{y1} = y_1/z$	$l_{y1+y2} = (y_1+y_2)/z$		f_H		f_C				
OG03	0	0	0	7.5	N	0	0.87	0	0.86	0.8	0.696	0.688
						0.87		0.86				
OG04	0	0	0	4.286	NE	0	0.77	0	0.75	0.8	0.616	0.600
						0.77		0.75				

さらに，各ゾーンの年間熱負荷を合計して，ペリメータゾーン全体の年間熱負荷 801 087 MJ/年を求め，これをペリメータゾーン床面積の合計 2 892.6 m² で除することにより，PAL が算定される。

PAL の基準値 300 MJ/(m²・年) に対し，276.9 MJ/(m²・年) と計算されたことから，この建物は外皮の熱的性能に関し，省エネルギー性能が一定水準を上回っていると判断される。

3 CEC 計算

3.1 CEC/AC 計算
3.1.1 CEC/AC 計算方法

空調設備に係るエネルギーの効率的利用を示す判断基準である CEC/AC の定義は，年間仮想空調負荷に対する年間空調消費エネルギーの比であり，この両者をそれぞれ計算する必要がある。しかしながら，この両者はいずれも建築物への複雑な熱移動現象に基づき定まるものであり，地域的特性，建物特性，時間変動，採用した空調システムの特性などの影響を考慮してその影響を精度良く算定するのは容易ではない。

その算定方法には，コンピュータを利用した数値シミュレーションによる方法と手計算による全負荷相当運転時間法 (EFH) がある。

全負荷相当運転時間法は，分母の年間仮想空調負荷を拡張デグリーデー法などを使用して求め，分子の年間空調消費エネルギーは，空調機器の定格入力値に全負荷相当運転時間を掛けて求めるものである。図 15.8 にそのフローを示す。対象とする建物種別や空調システム，省エネルギー手法ごとに図表から係数を読み取り計算する。元になる図表は数値シミュレーションにより作成されたものが用意されている。

全負荷相当運転時間法は計算精度は劣るが手計算により簡便に行うことができるため，高い精度を要求されない計算や評価に利用される。標準的には，シミュレーションプログラムによる算定が用いられる。

3.1.2 CEC/AC の計算手順

CEC/AC を算定するためのシミュレーションプログラムは，建築環境・省エネルギー機構により「BECS/CEC/AC」が開発されている。このプログラムは，空気調和・年間熱負荷シミュレーションプログラム「HASP/ACLD/ACSS」をベースに作成されているが，機能を CEC/AC の算出に特化して計算時間を短縮するとともに，データ入力部を改良し，ユーザーの使い勝手を向上させている。図 15.9 に「BECS/CEC/AC」による CEC/AC の計算フローを示す。

CEC/AC の計算では，全国は図 15.10 に示すように 4 つの地域に区分されており，「BECS/CEC/AC」では，各都市の標準気象データが準備されている。

「BECS/CEC/AC」プログラムでは，内部に CEC 計算のための内部発熱，空調スケジュール，基準外気量などに関する基準固定データ（表

表15.11 ゾーンPAL計算例：PAL計算書（3）

事務所PAL計算表（3）

地域	G			k_H	0.40		ゾーン名称		N		
				k_C	1.05						

		部位記号	部位面積：A	熱貫流率：U	U×A		日射侵入率：η_H	η_H×A	日射侵入率：η_C	η_C×A	
(a)	(イ)	OW01	174.0	2.328	405.1		0.0745		0.0745	13.0	
日の当る部分	空調室	OG01	65.3	6.300	411.4		0.8200		0.8200	53.5	
		OG02	87.0	6.300	548.1		0.7900		0.7900	68.7	
		OG03	43.5	6.300	274.1		0.6960		0.6880	29.9	
				ΣUA₁	1,638.7	(1)		Σ $\eta_H A_1$		Σ $\eta_C A_1$	165.1
	(ロ) 非空調室	IW01	25.9	2.328	60.3		0.0745		0.0745	1.9	
			1.6	3.420	5.5		0.1094		0.1094	0.2	
				1/2・ΣUA₃	32.9	(2)		1/2・Σ $\eta_H A_3$		1/2・Σ $\eta_C A_3$	1.1
				U_T=(1)+(2)+(3)	1,829.3	(3)		(4)+(5)		(6)+(7)	166.6
							(注：底がない場合は、$\eta_H = \eta_C$ とする。)				166.2
(b)	(イ)	PL01	49.9	2.244		(8)	日の当る空調室床面積：A_{P1}	414.9			m²
日の当らない部分	空調室						日陰の空調室床面積：A_{P2}	0.0			m²
				ΣUA₂			空調室床面積：A_P(イ)	414.9			m²
	(ロ) 非空調室				0.0	(9)	非空調室床面積：A_{Pi}(ロ)	19.5			m²
				1/2・ΣUA₄	0.0	(10)	合計床面積：A_P	434.4			m²
				U_T=(b)=(8)+(9)+(10)	0.0		内部発熱				
							10.4×A_P(イ)+6×A_P(ロ)	4432.0	(11)		W
							ΔΘ=(11)/(12)	1829.3	(12)		W/K
ΣA			397.3	0.38×A_{P1}	157.7			2			K

	期間暖房負荷				期間冷房負荷		
期間負荷	θ_{HwI}=22−ΔΘ	20			θ_{CwI}=26−ΔΘ	24	
	ρ_H=[(4)+(5)]/[(1)+(2)+(3)]	0.09			ρ_C=[(6)+(7)]/[(1)+(2)+(3)]	0.09	
	EHD	1,970			ECD	450	
	D_{BH}	2,140			D_{BC}	180	
	[(1)+(2)+(3)]・EHD	3,603,721	(13)		[(1)+(2)+(3)]・ECD	823,185	(15)
	[(8)+(9)+(10)]・D_{BH}	0	(14)		[(8)+(9)+(10)]・D_{BC}	0	(16)
	Q_H=0.0864・k_H・[(13)+(14)]	124,545	MJ/年		Q_C=0.0864・k_C・[(15)+(16)]	74,679	MJ/年

$Q_H + Q_C$	199,224	MJ/年		ゾーンPAL=(Q_H+Q_C)/A_P	458.6	MJ/m²年
P負荷=Σ(Q_H+Q_C)				P面積=ΣA_P		
PAL=P負荷／P面積						

事務所PAL計算表（3）

地域	G			k_H	0.40		ゾーン名称		H2		
				k_C	1.05						

		部位記号	部位面積：A	熱貫流率：U	U×A		日射侵入率：η_H	η_H×A	日射侵入率：η_C	η_C×A	
(a) 日の当る部分	(イ) 空調室										
				ΣUA₁		(1)		Σ $\eta_H A_1$	0.0	Σ $\eta_C A_1$	0.0
	(ロ) 非空調室										
				1/2・ΣUA₃	0.0	(2)		1/2・Σ $\eta_H A_3$	0.0	1/2・Σ $\eta_C A_3$	0.0
				U_T=(a)=(1)+(2)+(3)	0.0	(3)		(4)+(5)	0.0	(6)+(7)	0.0
							(注：底がない場合は、$\eta_H = \eta_C$ とする。)				
(b) 日の当らない部分	(イ) 空調室	PL01	49.9	2.244	112.0	(8)	日の当る空調室床面積：A_{P1}	0.0			m²
							日陰の空調室床面積：A_{P2}	3.9			m²
				ΣUA₂	112.0		空調室床面積：A_P(イ)	3.9			m²
	(ロ) 非空調室				0.0	(9)	非空調室床面積：A_{Pi}(ロ)	0.0			m²
				1/2・ΣUA₄	0.0	(10)	合計床面積：A_P	3.9			m²
				U_T=(b)=(8)+(9)+(10)	1.5		内部発熱				
							10.4×A_P(イ)+6×A_P(ロ)	40.6	(11)		W
							ΔΘ=(11)/(12)	113.5	(12)		W/K
ΣA			49.9	0.38×A_{P1}				0			K

	期間暖房負荷				期間冷房負荷		
期間負荷	θ_{HwI}=22−ΔΘ	22			θ_{CwI}=26−ΔΘ	26	
	ρ_H=[(4)+(5)]/[(1)+(2)+(3)]	0.00			ρ_C=[(6)+(7)]/[(1)+(2)+(3)]	0.00	
	EHD	2,590			ECD	130	
	D_{BH}	1,910			D_{BC}	250	
	[(1)+(2)+(3)]・EHD	0	(13)		[(1)+(2)+(3)]・ECD	0	(15)
	[(8)+(9)+(10)]・D_{BH}	216,785	(14)		[(8)+(9)+(10)]・D_{BC}	28,375	(16)
	Q_H=0.0864・k_H・[(13)+(14)]	7,492	MJ/年		Q_C=0.0864・k_C・[(15)+(16)]	2,574	MJ/年

$Q_H + Q_C$	10,066	MJ/年		ゾーンPAL=(Q_H+Q_C)/A_P	2,581.0	MJ/m²年
P負荷=Σ(Q_H+Q_C)	801,087			P面積=ΣA_P	2,892.6	m²
PAL=P負荷／P面積					276.9	MJ/m²年

表15.12 地域補正係数 k_H, k_C（事務所建築物）[9]

建物用途	地域	A	B	C	D	E	F	G	H	I	J	K	L
	（都市の例）	旭川	札幌	盛岡	仙台	前橋	富山	東京	静岡	名古屋	大阪	鹿児島	那覇
事務所等	k_H（暖房）	0.66	0.55	0.55	0.45	0.45	0.50	0.40	0.40	0.45	0.45	0.40	0.25
	k_C（冷房）	1.40	1.35	1.30	1.25	1.15	1.10	1.05	1.10	1.10	1.05	1.10	1.00

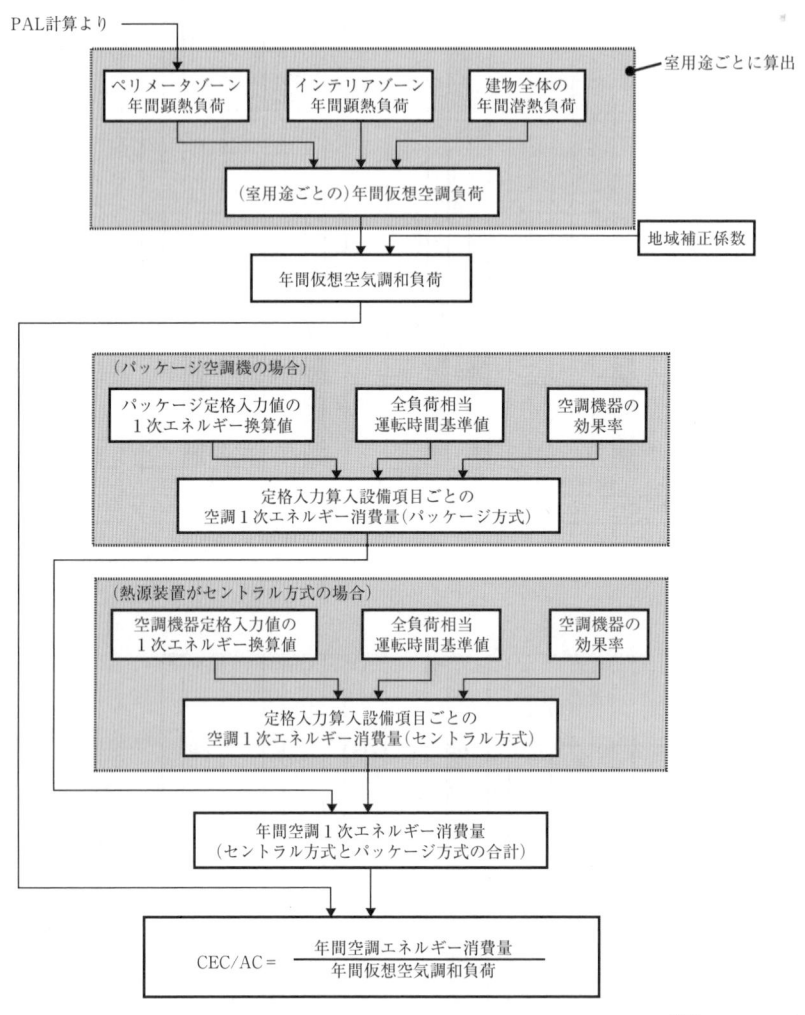

図15.8 全負荷相当運転時間法によるCEC/AC計算フロー[10]

15.13参照）と主要機器の部分負荷特性や性能特性に関するデータなどを有している。

計算にあたってユーザーは，使用する標準気象データ，計算対象の建物データ（外皮の方位，壁体構造，室面積や部材など），空調システムデータ（空調方式，空調機器，熱源機器などの種類と空調室や機器相互の接続情報）を入力する。これらを指定すれば，シミュレーション計算により年間の空調消費エネルギー量が求まり，CEC/ACを算出することができる。

3.2 CEC/V計算

平成5年省エネ法改正に伴い，空調調和設備以外の機械換気設備について，そのエネルギーの効率的利用を示す指標として，換気エネルギー消費係数CEC/Vが指定された。CEC/Vは，年間仮

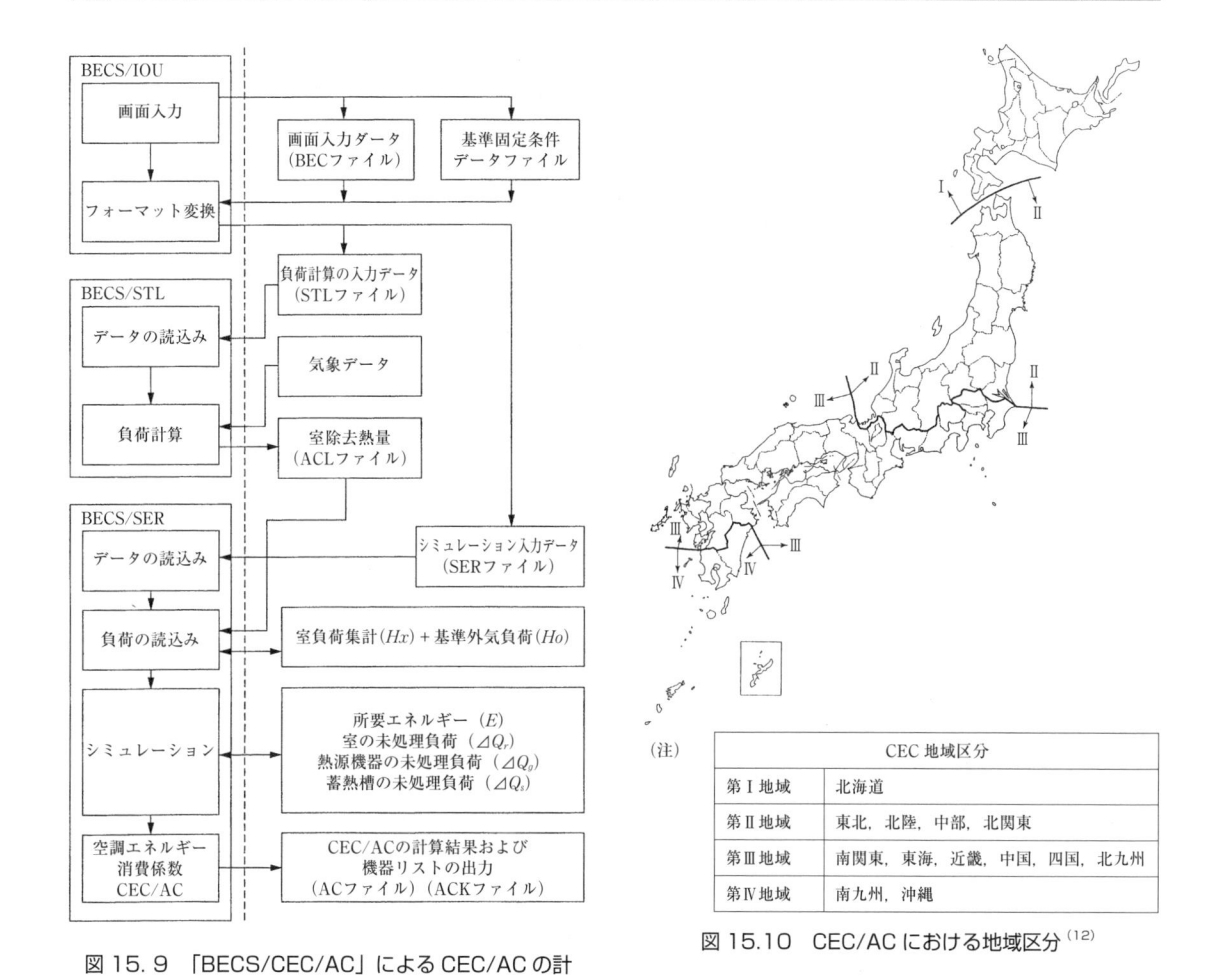

15章　年間エネルギー消費量と経常費

図15.9　「BECS/CEC/AC」によるCEC/ACの計算フロー[11]

CEC地域区分	
第Ⅰ地域	北海道
第Ⅱ地域	東北，北陸，中部，北関東
第Ⅲ地域	南関東，東海，近畿，中国，四国，北九州
第Ⅳ地域	南九州，沖縄

図15.10　CEC/ACにおける地域区分[12]

図15.11　CEC/Vの計算フロー[14]

353

15章 年間エネルギー消費量と経常費

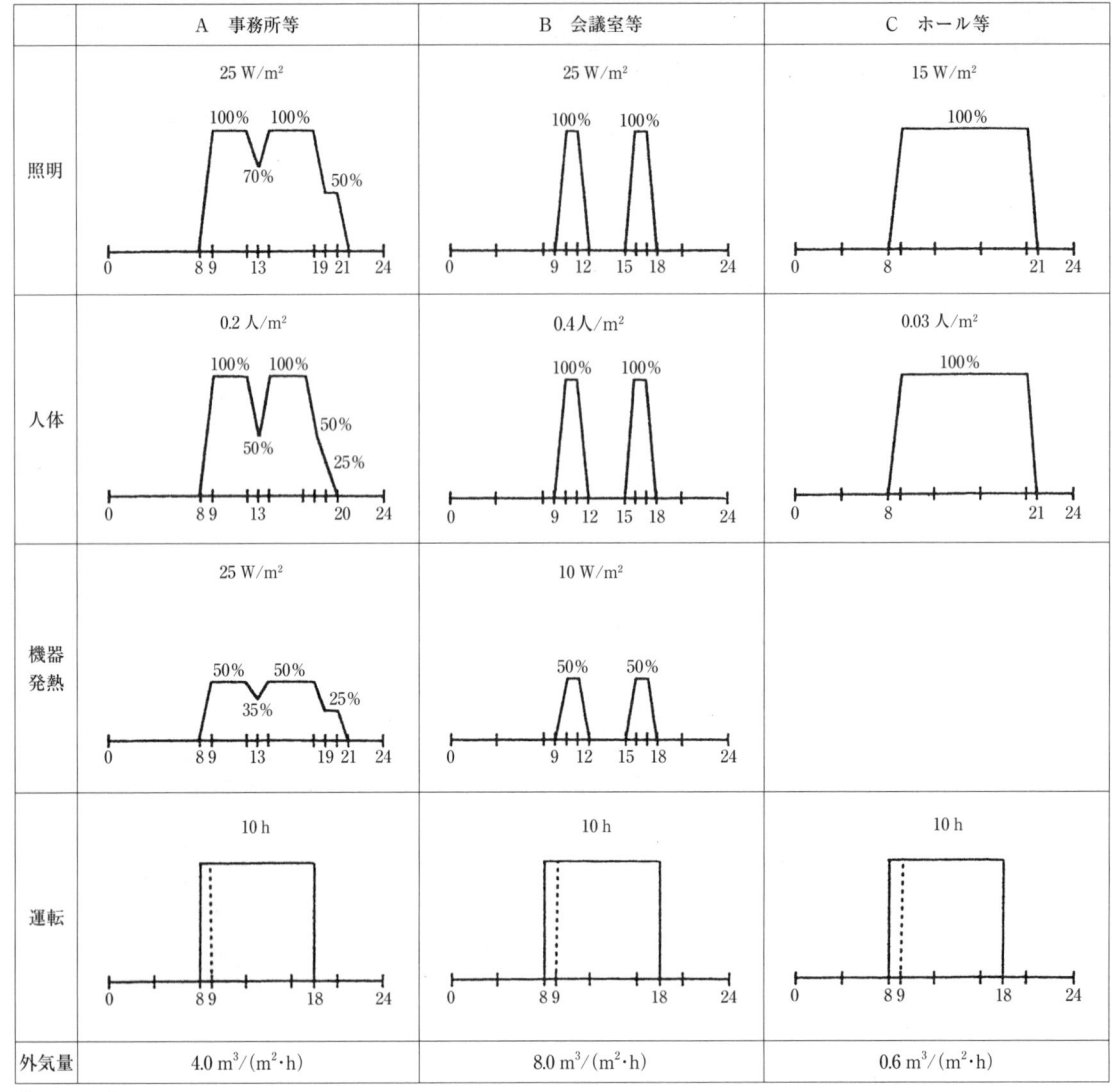

表15.13 内部発熱，空調運転スケジュール，基準外気量の基準固定データ（事務所）[13]

	A 事務所等	B 会議室等	C ホール等
照明	25 W/m²	25 W/m²	15 W/m²
人体	0.2 人/m²	0.4 人/m²	0.03 人/m²
機器発熱	25 W/m²	10 W/m²	—
運転	10 h	10 h	10 h
外気量	4.0 m³/(m²·h)	8.0 m³/(m²·h)	0.6 m³/(m²·h)

休日：土日曜日および12/31～1/3

想換気消費エネルギー量に対する年間換気消費エネルギー量の比として定義されている。図15.11にCEC/Vの計算フローを示す。

年間仮想換気消費エネルギー量は，設計換気風量を処理するために必要な標準的な（特に省エネルギー的な配慮を行わない場合の）年間消費エネルギー量であり，建物全体の換気風量に建物用途ごとに定まる運転時間を掛けて求めた値である（事務所建築では3300時間）。

年間換気消費エネルギー量は，機械換気設備（給気ファン，換気ファン，および換気設備の役割を持つ設備）の動力（出力kW）に，各設備の運転時間と省エネルギー制御を行う場合はこの効果に応じた係数（補正値）を掛けたものの合計である。

CEC/Vの算定では，常時は使用しない換気設備や空調設備の一部である給排気は除外して算出する。また，たとえば電気室やボイラ室などの本来換気で行うべき場所に冷房設備を設けた場合には，換気で行う場合に必要な換気風量を換算換気風量として算出して年間仮想消費エネルギー量の計算を行う。

換気の省エネルギー手法として，駐車場のCOの濃度制御やエレベータ機械室の温度による発停制御などを考慮した場合は，表15.14に示す補正

値を用いる。

以上の計算は，基本的には加減乗除の四則演算であるので手計算により安易に CEC/V を算出することができる。

表 15.14　換気設備の補正値 k [15]

省エネルギー手法		補正値
運転制御の採用	インバータ方式による風量制御	0.2
	ポールチェンジ方式による風量制御	0.4
	台数制御による風量制御	0.7
	オン・オフ制御	0.3
高効率電動機の採用*		0.95

* JIS C 4212 に準拠した低圧三相かご形誘導電動機

3.3　その他の CEC 計算

平成5年省エネ法改正では，前述の CEC/V のほかに，照明設備，給湯設備，エレベータ設備に関してもその効率的利用を示す指標が定められた（CEC/L，CEC/HW，CEC/EV）。本書ではこれらの算出方法についての詳細説明は省略するので，参考文献②を参照されたい。

4　経常費計算

4.1　固定費の計算例

4.1.1　減価償却費

空調設備の取得価格と耐用年数後の残存価格との差額を毎年均等額で償却する（定額法）場合の経費を算定する。表 15.15 に計算例を示す。耐用年数については財務省令によって15年と定められている（ただし，冷凍機出力が 22 kW 以下のものは 13 年となっている）。

4.1.2　金　利

空調設備費の融資を受けた場合の利息分，または，自己資金で支払う場合でもその金額を預金していれば利子がついたはずなので，その相当する出費があったものとして金利を算定する（表 15.15 参照）。利率は数～10％程度を見込む。

4.1.3　諸保険料

火災保険や機械保険など，建築主が自らの判断でかけるものであるが，一般に設備費の1％程度を見込んでおく（表 15.15 参照）。

4.1.4　租税公課

初年度のみに課税されるものとして，登録免許税（国税）0.4％と不動産所得（地方税）4％があり，これらは借入金で支払われるものとして，金利を考慮した年価にひき直す。また，毎年課税される地方税として固定資産税 1.4％および都市計画税 0.3％（東京都）がある（表 15.15 参照）。これらの税金を算定する際の課税評価率としては，0.7～0.8 を見込む。

4.1.5　占有空間固定費

システムの経済比較を行う場合には，システムの相違により機械等占有空間の大きさが変わることがあるので，その面積の差に 5（地下倉庫）～10（1F 事務室）万円/(m^2・年）程度の貸室単価を乗じて，固定費の差額として見込んでおく。

表 15.15　設備固定費の集計の例 [4]

項目	算定式	計算条件	算定値（百万円/年）
減価償却費	$C = (1-v) \times \dfrac{1}{N}$	残存率　$v = 0.1$（—） 耐用年数　$N = 15$（年）	$120 \times 0.06 = 7.2$
金　利	$C \times \dfrac{(N+1) \times r}{2N}$	利率　$r = 0.1$（—） 返却年数　$N = 15$（年）	$120 \times 0.0533 = 6.4$
諸保険料	$C \times i$	保険料率　$i = 0.1$（—）	$120 \times 0.01 = 1.2$
租税公課	$C \times a \left[\left(\dfrac{4}{1000} + \dfrac{40}{1000} \right) \left(\dfrac{1}{N} + \dfrac{(N+1) \times r}{2N} \right) + \dfrac{14}{1000} + \dfrac{3}{1000} \right]$	課税評価率　$a = 0.7$（—） 利率　$r = 0.7$（—） 返却年数　$N = 15$（年）	$120 \times 0.0156 = 1.9$
合　計			16.7

注　空調設備費 $C = 120$（百万円）の場合の例

4.1.6 付帯設備固定費

システムの相違により，受変電設備容量に差が生じる場合や蓄熱槽を必要とする場合など，それらの固定費の差額を算入することにより，システムの経済比較を行うことがある。

ここでは，システム比較をするためではなく，空調設備の取得にかかる年間経常費を求めるのが目的であるから，占有空間固定費および付帯設備固定費は考慮せず，4.1.1 ～ 4.1.4 のいわゆる設備固定費のみを対象としている。これらの集計例を表 15.15 に示す。

4.2 変動費の計算例
4.2.1 計算条件

計算条件を表 15.16 に示す。

表 15.16　計算条件（表 15.15 と同じ建物）

建物延べ面積：4 170.86m²		在館人員：531 人	
	項目	定格入力	期間消費量
電気使用	冷暖房源	29.84 kW	19 400 kWh/年
	暖房熱源	7.34 kW	2 000 kWh/年
	冷房搬送	41.50 kW	64 700 kWh/年
	暖房搬送	41.82 kW	49 600 kWh/年
ガス使用	夏期（4 ～ 10 月）	38.5(N・m³)/h	25 000(N・m³)/年
	冬期（11 ～ 3 月）	37.5(N・m³)/h	10 100(N・m³)/年
冷却塔容量		457kW	
空調設備費：120(百万円)		設備固定費：16.7(百万円 / 年)	

4.2.2 電力費

空調設備の電力費は，電力料金のフラットレート（建物全体の電力費を総電力使用量で除した値。後述の参考 3 参照）に，空調設備の電力消費を乗じて求める（表 15.17 参照）。ここでは，CEC 計算で算出した空調設備の年間電力消費量 135.7 MWh/ 年に電力料金にフラットレート（5 ％消費税込み）を 17.1 円 /kWh と見込んで乗じ，電力費 232 万円 / 年を得た。なお，特に蓄熱槽を利用することによる需給調整契約制度（業務用蓄熱調整契約および定時調整契約）や深夜電力による割引があり，これに基づく電力費については別途詳細に計算しなければならない。

4.2.3 燃料費

空調設備の燃料費は，燃料単価に年間燃料消費量を乗じて求める。年間ガス消費量を冬期とその他期に分け，これと表 15.18 に示すガス料金単価とから燃料費を算出した（表 15.17 参照）。ここでは，選択約款の空調用 A 契約を採用している。

なお，燃料費（重油，灯油）の単価については，20 ～ 100 円 /l（ローリー渡し）程度と比較的変動が大きいので実勢価格を調査して利用する。

4.2.4 上下水道費

空調設備の上下水道費は，上下水道料金のフラットレートに年間使用水量を乗じて求める。

使用水量については，冷却塔の使用水量（補給水量）を冷却水循環水量の 1.0％として求めると，

$$457(kW) \times 4.6(l/(min \cdot kW)) \times 0.01 \times \frac{60}{1000} \times 650(h/年) = 820(m^3/年)$$

使用水量 820m³/ 年に上下水道料金のフラットレートを 570 円 /m³ と見込んで（図 15.12 参照）乗じ，上下水道費 50 万円 / 年を得た。

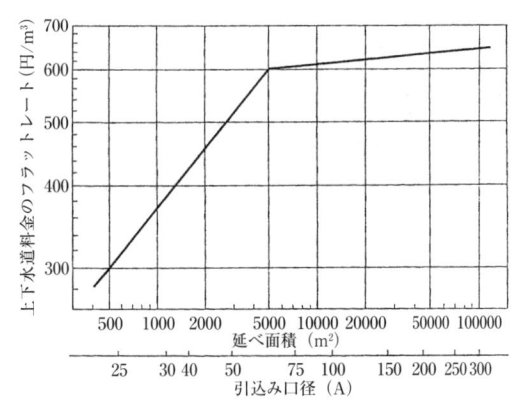

図 15.12　延べ面積に対する上下水道料金フラットレートの目安[4]（東京，事務所建築の場合）

4.2.5 管理人件費

空調設備の保守管理要員の数については，延べ面積をパラメータとして表 15.19 を参考にして推定する。

ここでは，表の(3)②より，保守管理要員を 2 人とし，人件費単価を 500 万円 /（人・年）と見込んで乗じ，管理人件費 1 000 万円 / 年を得た。

表15.17 電力費および燃料費（ガス料金）の算定

項　目		定格入力	期間消費量	電気費，燃料費
電気	冷暖房源	29.84 kW	19 400 kWh/年	135.7（MWh/年）× 17.1（円/kWh）÷ 1 000 = 2.32（百万円/年）
	暖房熱源	7.34 kW	2 000 kWh/年	
	冷房搬送	41.50 kW	64 700 kWh/年	
	暖房搬送	41.82 kW	49 600 kWh/年	
ガス	その他期（5～12月）	38.5（N·m³）/h	27 300（N·m³）/年	{(10 500[1] + 995.34[2]) × 38.5} × 8（か月）+ 64.46[3] × 27 300} ÷ 1 000 000 = 2.15（百万円/年）
	冬期（1～4月）	37.5（N·m³）/h	7 800（N·m³）/年	{(11 550[4] + 2 236.97[5]) × 37.5} × 4（か月）+ 62.04[6] × 7 800} ÷ 1 000 000 = 0.87（百万円/年）

表15.18 ガス料金単価（東京ガス，46.04655 メガジュール地区　2008年7月）

料金種別			基本料金		基準単位料金	備　考
			定額基本料金（円/月）	流量基本料金（円/契約N·m³·h·月）	（円/N·m³/h·月）	
一般契約		A	724.5	—	149.70	0～20m³/月まで
		B	1 081.5	—	131.85	20～80m³/月まで
		C	1 333.5	—	128.70	80～200m³/月まで
		D	2 467.5	—	123.03	200～500m³/月まで
		E	5 722.5	—	116.52	500～800m³/月まで
		F	13 618.5	—	106.65	800m³/月を超える場合
空調用A契約	5～12月（その他期）	A	1 680		73.28	0～1 000m³/月まで
		B	10 500[1]	995.34[2]	64.46[3]	1 000～5 000m³/月まで
		C	46 200		57.32	5 000m³/月を超える場合
	1～4月（冬期）	A	1 890		71.70	0～1000m³/月まで
		B	11 500[4]	2 236.97[5]	62.04[6]	1 000～5 000m³/月まで
		C	48 300		54.69	5 000m³/月を超える場合

注　1)～6)：表15.17で参照している単価を示す。

表15.19 空調設備の保守管理要員[16]

上段：平均要員数（名）
下段：1人当たり延べ面積（m²）

	3 000m²未満	3 000m²～5 000m²未満	5 000m²～10 000m²未満	10 000m²～20 000m²未満	20 000m²～50 000m²未満	50 000m²以上
(1) 統括管理業務	1.65 755.96	1.48 3 060.70	1.49 3 266.17	2.04 4 508.93	2.28 8 426.20	5.39 10 014.55
(2) 運営業務	1.45 875.85	2.63 1 903.59	1.28 3 876.07	1.93 4 708.24	2.49 7 825.86	6.89 7 713.64
(3) 管理業務						
①清掃衛生業務	1.58 823.59	3.07 1 375.13	3.44 1 381.88	8.10 1 096.58	14.96 1 357.06	94.10 944.35
②設備管理業務	1.10 1 204.08	1.65 1 714.07	2.10 2 254.23	3.78 2 351.45	7.00 2 899.56	17.36 4 875.08
③保安警備業務	1.75 875.61	2.85 1 588.28	2.41 2 039.33	4.47 2 027.85	9.17 2 130.39	27.00 3 123.58
計	5.84 228.76	9.02 454.79	9.43 504.19	18.31 487.06	33.49 595.22	139.95 602.60

ビル数	22棟	17棟	38棟	23棟	27棟	14棟
平均延べ面積	1 894m²	3 978m²	7 237m²	13 450m²	28 966m²	125 097m²

4.2.6 維持修理費

空調設備の維持修理費は，装置類の規模や構成によって異なるが，一般に，設備費の1.5％程度を見込んでおく。

ここでは，空調設備費1億2000万円の1.5％として180万円／年を計上した。

以上，順次求めてきた年間経常費の集計表を表15.20に示す。ここで，設備固定費1670万円／年に対し，変動費1760万円／年となっていることからもわかるように，変動費は年間経常費のなかに占める割合が大きく，これを低減できるようなシステム計画とすることは，建築主にとって経済的メリットが大きい。

表15.20 年間経常費（4.2.1～4.2.5）の集計

項　目	経常費（百万円／年）
設備固定費	16.7
変動費	
・電力費	2.3
・ガス料金	3.0
・上下水道料金	0.5
・管理人件費	10.0
・維持修理費	1.8
（変動費計）	17.6
年間経常費	34.3

注　空調設備費：120（百万円）

参考1　ゾーニングの方法[2]

PALの計算に必要な，建築外皮の方位別ゾーニングにおいては，次の2つの作業を伴う。

(1) **建築外皮を方位別に分類する**

方位としては，垂直外壁：E, SE, S, SW, W, NW, N, NE

屋根・外床：H

の9種類に分類するのが一般的である。

(2) **屋内周囲空間の床面積を方位別外皮に割りつける**

床面積は，各方位別外皮が分担すべき内部発生熱を求めるために用いるものであるから，屋内周囲空間の全体面積をもれなく，しかも重複せずどこかの外皮に配分してやればよい。そのために，一部の外皮には床面積が割りつけられず，したがって，そのゾーンの内部発生熱が0と計算することもあり得るが，問題はない。

以下に，床面積配分の例を示す（平面図では上方，立面図では右方を北とする）。

① 一般に基準階の場合は，このような4方位が考えられる。最上階やピロティ直上の階などでは，中央部の床面積をHの方向に割りつけ，5ゾーンとなる。

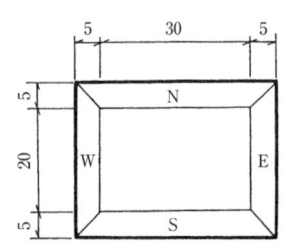

② 建物の幅が10m以下となる場合には，建物中心線でゾーンを分割する。この場合には，1つのゾーンの奥行は4mとなっている。

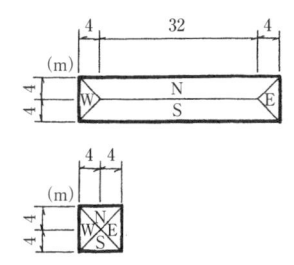

③ 曲面の外壁については，法線の向きによって8方位に分割する．

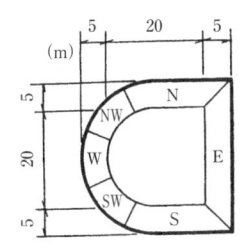

④ L字形の平面では，同一方向のゾーン（この場合はNおよびE）が多数できるが，それぞれをまとめて1つのゾーンとして取り扱ってよい．

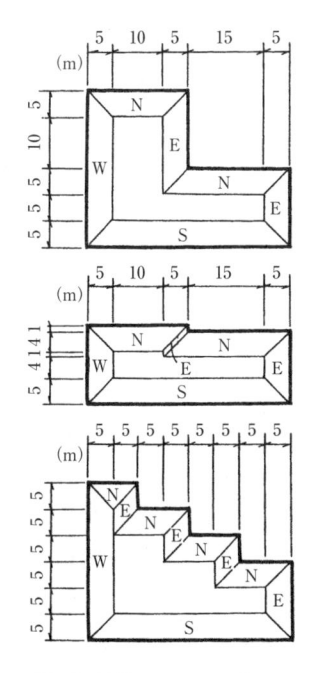

⑤ 中庭に面した外壁についてもペリメータゾーンは存在する．この場合も，方位が同じ部分は1つのゾーンとして取り扱ってよい．

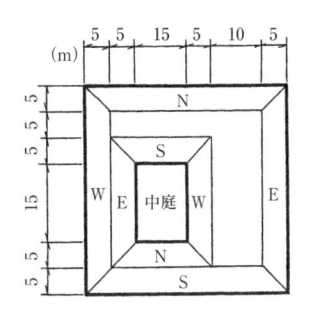

⑥ 立体でゾーニングを見ると，簡単なため，この図に示すように，垂直外壁に属する室内周囲空間を先に配分し，残りの（破線で示した）床面積をHの方位に割りつけるのがよい．

したがって，建物幅が10m以下の場合には，最上階で，H方位に属する床面積が0となる（すなわち，屋根が受け持つ内部発生熱は0となる）．

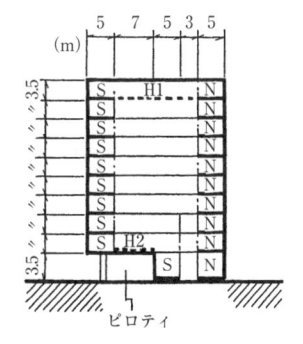

また，PALおよびCECの計算のためには，方位別ゾーニングだけではなく，空調・非空調の区別，空調部分については，さらに事務室類，会議室類，ホール類の3用途を考慮して面積集計する必要がある．

ここで，次図に示す基準階モデル平面図を取り上げ，各部分の床面積を図示のように，A，B，C，……，M，Nで表わすと，PALの計算とCECの計算とで，それぞれ必要な床面積は次のようになる．

① PAL用床面積集計（ペリメータのみ）

$$E ゾーン \begin{cases} 空調部： & D+E \\ 非空調部： & 0.0 \end{cases}$$

$$S ゾーン \begin{cases} 空調部： & F+G \\ 非空調部： & 0.0 \end{cases}$$

$$W ゾーン \begin{cases} 空調部： & H+I \\ 非空調部： & 0.0 \end{cases}$$

$$\text{N ゾーン} \begin{cases} \text{空調部：} & A + C \\ \text{非空調部：} & B \end{cases}$$

② CEC 用床面積集計（空調部分のみ）

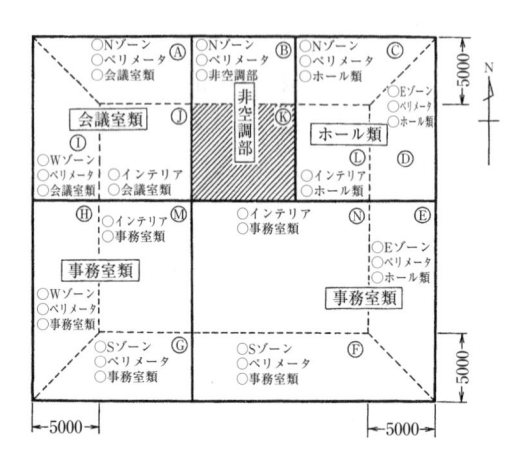

$$\text{ペリメータ} \begin{cases} \text{事務室類：} & E + F + G + H \\ \text{会議室類：} & A + I \\ \text{ホール類：} & C + D \end{cases}$$

$$\text{インテリア} \begin{cases} \text{事務室類：} & M + N \\ \text{会議室類：} & J \\ \text{ホール類：} & L \end{cases}$$

参考2　PAL 計算における非空調部分の取扱い[2]

元来，PAL の判断基準は空調の有無を問わず，すべての一般建築物に適用されるものであるが，ペリメータゾーンに温湿度調整を必要としない非空調部を配置することは，建築計画上の一つの省エネルギー手法として評価されるものであるから，PAL 計算においても室内周囲空間にある非空調部の効果を評価できるよう非空調部は以下のように扱う。ここで，非空調部とは，空調装置の負荷とならない空間であって，還気チャンバとして使われている空調設備機械室や還気通路となっている廊下などは空調換気口がなくても空調部として取り扱う。

1) 設備シャフト類……その空間が密閉されているとみなすことのできる外皮に面する設備シャフト類は，非空調部として扱うか，その部分に複層壁があるものとして総括熱貫流率 U を計算し，そのような熱特性の外皮が，外側の外壁位置にあるものとして計算する。

2) 地下階……PAL 計算の対象とはしない。ただし実態として外皮とみなすべき地下階の外壁とか大規模駐車場に接する床版などは外皮として扱われる。

3) 屋外階段，駐車場など……非常用の屋外階段などで外界にオープンになっているものは無視してよい。パーキングタワーなどでクローズと考えられる場合は以下の 4)，5) の取扱いによる。

4) 突出した非空調部……屋外に突出したエレベータシャフトなどの非空調部は，その突出物がないものとして，突出部と本体部の境界面にある壁面にある壁面の熱貫流率を使い，日のあたらない外皮として計算することができる。

5) 嵌入した非空調部……外皮線の内側に非空調部がある場合，非空調の外皮について，その熱貫流率，日射取得率をそれぞれ 1/2 とし，非空調部の内部発熱密度を $G = 6 \text{W/m}^2$，還気量を $V = 0 \text{ m}^3/(\text{m}^2 \cdot \text{h})$ として計算してよい。

参考3　電力料金フラットレートの算定例

(1)　契約電力の算定

空調設備最大動力（冷房）		71.34kW	29.84 ＋ 41.50
換気設備動力		10.00kW	
衛生設備動力		22.10kW	$5.3W/m^2 \times 4\,170m^2$
エレベータ動力		21.27kW	$5.1W/m^2 \times 4\,170m^2$
雑動力		6.26 kW	$1.5W/m^2 \times 4\,170m^2$
動力計	①	130.97kW	
照明動力　事務室類		52.39kW	$20W/m^2 \times (684 ＋ 1\,935.5)\,m^2$
照明動力　ホール類		3.25kW	$15W/m^2 \times (66.6 ＋ 150)\,m^2$
照明計	②	55.64kW	

契約電力 ＝ （① 130.97kW × 1.25[1]） ＋② 55.64kW × 1.5[2]）×圧縮率 0.65[3] ＝ ③ 161kW　　　　　→ 6 kV 受信

注 1)　三相低圧誘導電動機に対する入力換算係数
　　 2)　高力率形蛍光灯に対する入力換算係数
　　 3)　機器の同時使用率や負荷率を考慮した容量圧縮率で，通常 0.6～0.65 程度
　　　　（電気供給規定によれば，この場合，(50 × 0.8 ＋ 50 × 0.7 ＋ 147 × 0.6) /247 ＝ 0.66）

(2)　総電力使用量の算定（概要）

夏期（7～9月）

冷房熱源動力		19 200kWh	29.84kW × 1.1 × 650h/年 × 0.9
冷房搬送動力		31 300kWh	41.50kW × 1.1 × 2 745h/年 × 3/12
換気設備動力		6 900kWh	10.0kW × 1.0 × 2 745h/年 × 3/12
その他動力		42 700kWh	$41kWh/(m^2 \cdot 年) \times 4\,170m^2 \times 3/12$
照明電力　事務室類		48 600kWh	52.39kW × 1.25 × 2 969h/年 × 3/12
照明電力　ホール類		3 400kWh	3.24kW × 1.25 × 3 343h/年 × 3/12
夏期計	④	152 100kWh	$(36.5kWh/(m^2 \cdot 年))$

その他期（10～6月）

冷房熱源動力		2 100kWh	29.84kW × 1.1 × 650h/年 × 0.1
冷房搬送動力		39 900kWh	41.50kW × 1.1 × (1 560 － 686) h/年
暖房熱源動力		1 900kWh	6.34kW × 1.1 × 270h/年
暖房搬送動力		54 500kWh	41.82kW × 1.1 × 1 185h/年
換気設備動力		20 600kWh	10.0kW × 1.0 × 2 745h/年 × 9/12
その他動力		128 200kWh	$41kWh/(m^2 \cdot 年) \times 4\,170m^2 \times 9/12$
照明電力　事務室類		145 800kWh	52.39kW × 1.25 × 2 969h/年 × 9/12
照明電力　ホール類		10 200kWh	3.24kW × 1.25 × 3 343h/年 × 9/12
その他期計	⑤	403 200kWh	$(96.7kWh/(m^2 \cdot 年))$

年間総電力使用量 ＝ ④ 152 100 ＋ ⑤ 403 200 ＝ ⑥ 555 300　kWh/年　　　$(133kWh/(m^2 \cdot 年))$

(3)　フラットレートの算定

基本料金（契約電力に対して）		2 990 000 円/年	1 638 円/(kW・月)[4] ×③ 161kW ×(1.85 － 0.95)[5] × 12 月 × 1.05[6]
電力量料金　夏期		1 916 000 円/年	12.00 円/(kW・月)[7] ×④ 152 100kWh × 1.05[6]
電力量料金　その他期		4 615 000 円/年	10.90 円/(kW・月)[8] ×⑤ 403 200kWh × 1.05[6]
総電力費	⑦	9 521 000 円/年	$(2\,283 円/(m^2 \cdot 年))$

電力料金フラットレート ＝ ⑦ 9 521 000/ ⑥ 555 300 ＝ 17.1 円/kWh

注　4), 7), 8)　業務用電力料金単価（下表による，東京電力の場合，2009 年 7 月）

参考の電気料金

契約種別	供給電圧	基本料金 (円/契約kW·月)	電力量料金 (円/kWh)			
			夏期 (7〜9月)	その他期	ピーク料金	夜間料金
業務用電力	6 kV	1 638[4]	12.00[7]	10.90[8]	—	—
業務用季節別時間帯	6 kV	1 638[4]	14.17	12.81	14.85	7.45

注5) 進相コンデンサ利用による改善力率値を0.95と見込んでいる。
6) 5%の消費税を含んでいる。

引用文献
(1) 建築環境・省エネルギー機構編：建築物の省エネルギー基準と計算の手引き，p.6より，建築環境・省エネルギー機構，2009
(2) 立田敏明：経済計算の手法，昭和57年度中堅技術者のための研修会テキスト3，p.3，空気調和・衛生工学会，1982
(3) 建築物の省エネルギー基準と計算の手引，p.10，p.81
(4) 渡辺要：建築計画原理Ⅱ，p.9，丸善，1974
(5) 建築物の省エネルギー基準と計算の手引，p.52
(6) 同上書，p.54
(7) 同上書，p.67
(8) 建築環境・省エネルギー機構編：改訂拡張デグリーデー表，p.170，建築環境・省エネルギー機構，1999
(9) 建築物の省エネルギー基準と計算の手引，p.48
(10) 同上書，p.23
(11) 同上書，p.116
(12) 同上書，p.120
(13) 同上書，p.128
(14) 同上書，p.24
(15) 同上書，p.266
(17) 平成20年度「ビルの運営管理に関する調査」のまとめ，p.7，東京ビルヂング協会，2009

参考文献
① 技術レポート編集委員会編：三建設備工業技術レポート（省エネルギー・省資源システム技術資料）No.51，三建設備工業，1981
② 建築環境・省エネルギー機構編：建築物の省エネルギー基準と計算の手引，建築環境・省エネルギー機構，2009
③ 建築環境・省エネルギー機構編：改訂拡張デグリーデー表，建築環境・省エネルギー機構，1999
④ 立田敏明：経済計算の手法，昭和57年度中堅技術者のための研修会テキスト3，空気調和・衛生工学会，1982

大規模・高層ビルに対するビル用マルチの適用

従来,中小規模ビルでおもに採用されてきたビル用マルチ方式は,冷暖房,風量,温度など個別制御性への利用者側の要求と,冷媒管長の延長,同一系統への接続機器数の増加,冷暖同時運転など技術的な発展から,大規模ビルでも次第に採用件数が増えつつある。しかしながら,冷媒配管長については,いまだ完全には解決されておらず,水や蒸気を熱媒とする一般の中央式と比較して制約が多いのが現実である。

ここでは,大規模・高層ビルでビル用マルチ方式を採用する際の留意点について紹介する。

1 建築計画とシステム選定

大規模・高層ビルへのビル用マルチ方式の検討において最も頭を悩ませるのは,室外機の設置に他ならない。屋上設置が一般的な中小ビルと異なり,必然的に分散配置となる。一方,建築計画上,ファサードは最も重要なポイントであり,意匠設計者からは,外装への影響の最小化が求められる。こうした問題を解決するための一手段として,水熱源ビル用マルチ方式の採用があげられる。この方式は,空気熱源ビル用マルチ方式のいわゆる個別式と,先の中央式の中間的な方式といえる。空気熱源方式の室外機に相当する水-冷媒熱交換ユニットは,屋上などに設置された冷却塔および補助用ボイラと熱源水配管を介して結ばれるが,機能上は設置位置を選ばないのが特徴である。また,冬期などに,同一建物内で冷房需要と暖房需要が混在する場合などは,熱源水を介して,熱回収が行われるという省エネルギー効果も期待できる。一方,建物の規模に応じて熱源水系も大きくなるため,二次側の需要にあわせた流量制御などの搬送動力の最小化や冷暖混在時の冷却塔と補助ボイラ制御の適正化などに留意する必要がある。

2 建築計画と室外機の設置方法

諸処の理由で大規模・高層ビルで空気熱源方式を採用する場合には,室外機の設置方法に十分配慮しなければならない。特に高層ビルにおいて,室外機の積層配置が避けられない場合には,吸込み空気と吐出し空気のショートサーキット対策を施す必要がある。図-1の事例のように,吸排気面を建築的に分けることが理想的であるが,不可能な場合には,図-2の事例のように,同一平面上で吸排気方向を換える配慮が必要である。

実際の設置に際しては,図-3のような検討事例を参考にするとともに,採用メーカーとも十分な協議を行い,必要に応じてCFD解析などを用いたより詳細な検証による最終チェックを行うことが重要である。

(日建設計 佐藤孝輔)

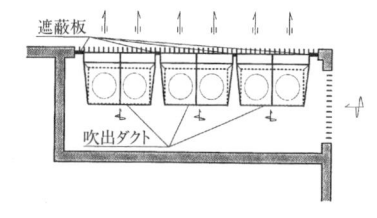

図-1 高層ビルの室外機置場事例(1)

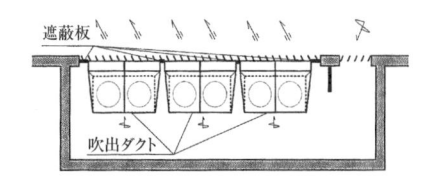

図-2 高層ビルの室外機置場事例(2)

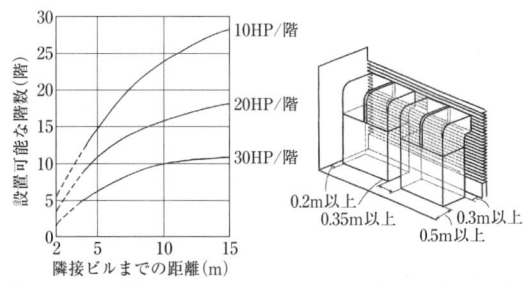

隣接ビルまでの距離L(m)と,1階当たりの室外機合計容量(HP/階)から,設置可能な階数を求める。
条件:1.吹出ダクトは吹出し口ごとに取り付け,ガラリがある場合は密着させる。
2.ガラリ角度は,0〜20°下向。
3.風速,吹出し=5〜8m/s,吸込み≦1.6m/s
4.ダクトおよびガラリの圧損は,各機種で許容されている範囲内。
5.ファンカバー金網等は取り外す。

図-3 室外機設置基準事例

<参考文献>
浜口 守:空冷エアコン室外機の設置方法,設備と管理,1996年5月号,p.63

過大装置容量選定がもたらす諸問題

一般に，建築設備設計における設備機器選定手順は，与条件をそろえ最大負荷計算を行い，適切な容量の機器を選定する。装置容量に余裕があることは，設備システムの拡張性，冗長性，信頼性において有利となるが，この"余裕度"が行き過ぎると"大は小を兼ねない"問題を生じることになる。ここではそのいくつかの例を述べる。

1 設備機器における問題点

(1) 熱源機器

設備機器の選定は最大負荷に対して選定されるが，一般の建物における負荷は年間を通じて，最大負荷となることはまれで，ほとんどの時間帯で部分負荷の状態となる。よって，熱源機器は部分負荷効率の良い機器の選定が望まれる。図-1に示す機器を例にとると容量制御運転により20%能力までは絞り運転が可能となるが，それ以下ではON-OFF制御となる。熱源機器の選定において過大な装置容量の機器を選定すると，部分負荷や容量制御ができない領域が多くなり，ON-OFF制御を繰り返し，効率の悪い運転を繰り返す原因となる。ON-OFF制御では冷凍機であれば冷水出口温度が安定せず，二次側空調機への入口温度が変動し，はては空調機の送風温度が追従できず室温変動をもたらすおそれもある。

(2) 搬送機器

ファンやポンプにおいて過大な装置容量を選定すると，弁やインバータによる回転数の調整範囲を超え過大な電動機への負担を生じることとなる（図-2参照）。

2 設備システムにおける問題点

設備システムで過大な装置容量選定がもたらす問題点は，各設備機器間での容量のアンバランスから生じる問題が多い。

(1) 氷蓄熱システム

蓄熱システムにおいて蓄熱容量に対して過大な冷凍機を選定すると蓄熱時間の減少や急激な蓄冷による諸問題などがあり，特に経済的な面でデメリットとなる。

(2) コージェネレーションシステム

発電機エンジン側から生じる排熱量とそれを利用する排熱利用設備の容量バランスが適切でない場合や，排熱利用する負荷が想定より少なかった場合には排熱利用率が低下することとなり，経済的デメリットとなる。

いずれの場合も設備機器の過大選定は共通してイニシャルコスト，ランニングコスト，設置スペースなどさまざまな点において不利となる。

過大装置容量選定の諸問題は，建物の使い勝手や稼働率の変化に伴い，結果として，実際の負荷に対して選定容量が過大となる可能性があるという難しい問題もあるが，このような変化に対しても容量制御や台数分割ができるなど，柔軟な対応が可能な設備機器や設備システムの選定が望まれる。

（日建設計　長谷川巖）

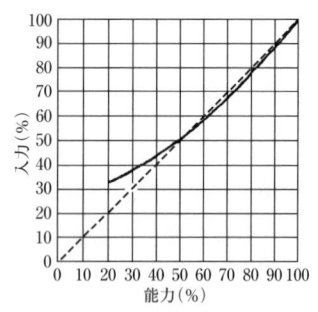

図-1　冷凍機の部分負荷効率の例

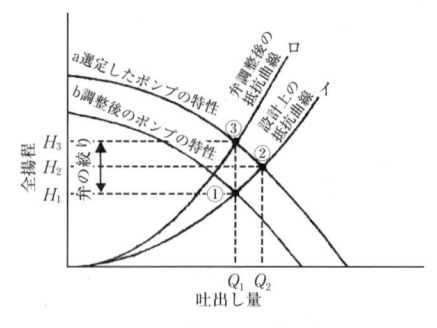

図-2　ポンプの特性線図

＜参考文献・図出典＞
・空気調和・衛生工学会：便覧第13版〜空気調和設備設計編
・空気調和・衛生工学会編：空気調和設備設計計画の実務の知識 改訂2版

大温度差送水

近年空調機のコイル性能が向上したことから、かつて5℃差が基準とされていた冷水温度差を大きく取ることが可能となってきた。現在一般的な冷凍機と一般空調の利用温度条件においても、おおむね冷水8～10℃差程度の大温度差送水が構築可能となってきている。

1 大温度差送水のメリット
- ポンプ搬送動力の低減
- 配管サイズ小口径化による工事費の削減

2 大温度差送水のデメリット
- 空調機コイル列数増加に伴う空気搬送動力の増加

一般的な事務所ビルにおける冷水温度差とコイル列数、それに伴う搬送動力の関係を試算した結果を表-1に示す。大温度差のほうが空気系で30 Pa程度抵抗が増えるが水量は半分となるので、搬送動力の面でやや有利である。

表-1 モデルビルにおける冷水温度差と搬送動力比率事例

冷水温度差	コイル抵抗	ファン・ポンプ消費動力	試算条件（定格運転時の比較）
5℃	82Pa	100%	空調機風量 6 000 m³/h
7℃	94Pa	95%	空調機冷水入口温度
10℃	114Pa	91%	7℃
			入口 26.8℃　RH58%
			出口 15.0℃　RH95%
			ポンプ揚程 350 kPa
			ファン全静圧 1 000 Pa

3 大温度差送水を実現するうえでの留意点
- 実用上の冷房設定温度に配慮したコイル選定と適切な温度管理
- 過大にならない適切な自動制御弁のサイズ選定
- 大温度差FCUの採用と自動制御弁設置
- バランスの良い配管設計　等

が上げられる。コイルの能力不足と過大な制御バルブの組合せは、最大負荷時に多量の水量を通過させ温度差がつきにくいので注意が必要である。一般的に自動制御弁の選定は、差圧30 kPa程度で選定されるが、その際、過大とならない口径選定が肝要である。熱源システムの温度差が大きくなると、比較的温度差のつきにくいFCUの影響が、全体の温度差に与える影響が大きくなるので配慮が必要となる。

4 Nビルにおける大温度差送水の実績

温度差10℃で設計した空調機において、コイル出入口温度差に影響を与える因子を実測データにより解析した結果を以下に示す。なお、空調システムにVAVシステムを採用したインテリア系統のデータである。

給気温度と冷水出入口温度差の間には、緩やかな正の相関がみられ、給気温度が低いと冷水温度差はつきにくくなる（図-1）。

また、設定温度が低くなると温度差はつきにくくなる傾向にある（図-2）。

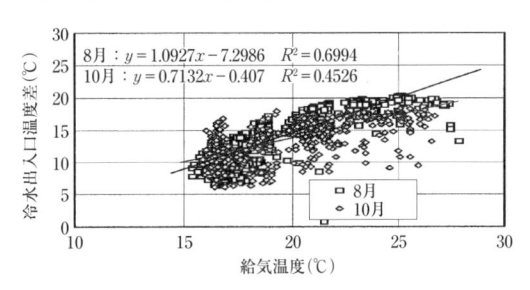

図-1 給気温度と冷水出入口温度差

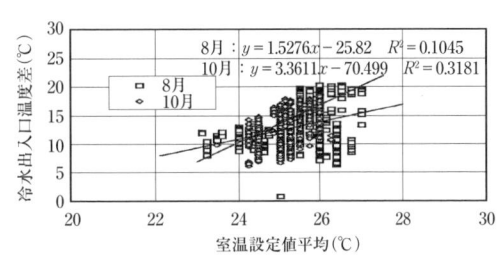

8月：$y = 1.0927x - 7.2986$　$R^2 = 0.6994$
10月：$y = 0.7132x - 0.407$　$R^2 = 0.4526$

図-2 室温設定値と冷水出入口温度差

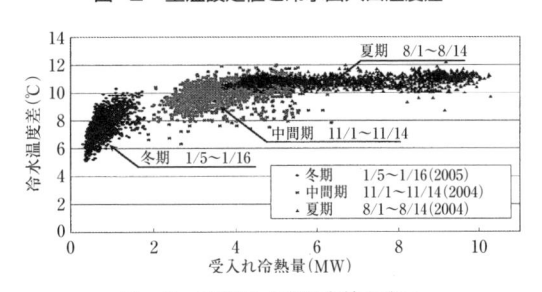

8月：$y = 1.5276x - 25.82$　$R^2 = 0.1045$
10月：$y = 3.3611x - 70.499$　$R^2 = 0.3181$

図-3 季節による温度差の違い

- 冬期　　1/5～1/16(2005)
- 中間期　11/1～11/14(2004)
- 夏期　　8/1～8/14(2004)

> トピックス

　また，冬期，中間期には空調機への入口空気が乾燥し乾球温度も低下，冷房負荷も少なくなるなどの要因で温度差はつきにくくなる（図-3）。

　この現象はほとんどのビルに共通している。そのため低負荷時に温度差がつきにくいことを前提に過剰な熱源台数の投入を抑制する熱媒過流量システムなども採用されている

　このように冷水温度差と空気側給気温度や室温設定，熱源システムは相互に関連しておりそれらのバランスに配慮した設計および運用が必要である。また，FCUは温度差がつきにくいので別途配慮が必要である。　　（三菱地所設計　佐々木邦治）

＜参考文献＞
佐々木邦治ほか：日本テレビタワーの空気調和設備，空気調和・衛生工学会 Vol80, No10（2006）
空調機における往・返温度差の確保に関する研究（R-1008-2009），空気調和・衛生工学会

空調のエネルギー計量と課金

空調のエネルギー計量については，エネルギー会社やテナントとの取引を目的とした計量と制御上で必要となる計量，さらにエネルギー消費量を把握するための計量などに分類することができるが，相互に関連しており1つのメータが異なる役割を果たす場合が多い（図-1）。ただし，取引用メータは計量法の規定に従う必要があるので注意を要する。

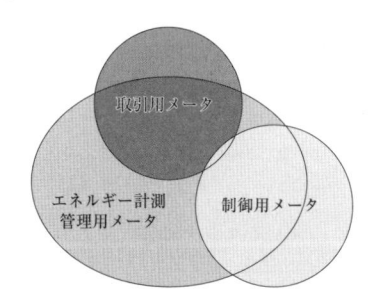

図-1　目的別エネルギー計量概念図

地球温暖化抑制に向けたエネルギー起源のCO_2削減が重要な課題となっている。省エネルギー法に対応するためにも，ビルのエネルギー使用量の実態が把握可能な計量システムを構築することが求められている。空調のエネルギー消費量は電力量計，ガスメータ，熱流量計などで計量可能であるが，空調システムによって計量の行い方が異なるので配慮が必要である。中央熱源方式における空調関連計量の概念を図-2に示す。

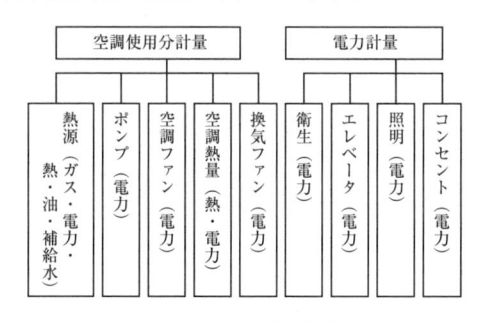

図-2　空調の計量概念図

通常，取引用および制御用メータが優先し設置されるが，エネルギー管理用メータについては，必要とされるエネルギーの分析が可能となるよう配慮し計画する必要がある。エネルギー管理用メータの設置計画はコストとのバランスに配慮し，電気設備との調整連携も重要である。事務所ビルにおいては代表階への計測設備の集中設置を行うことにより，全階に設置するよりはるかに少ない投資で，効率よくコミッショニングや省エネルギー運用のために有意義なデータが蓄積できる。

空調計画と空調課金

空調エネルギーの計量の課金方法と空調システム，貸付け単位などは綿密に関係しているため計画の段階でビルオーナーとの合意形成が必要である。空調料金の徴収方法には

ケース1：原則として空調にかかわるエネルギーに応じ課金する方法

ケース2：コアタイム内の空調は共益費等で徴収し時間外空調にかかわる費用を別途課金する方法

などがある（図-3）がそのほか空調システムと貸付基準により他の方法が採用される場合もある。

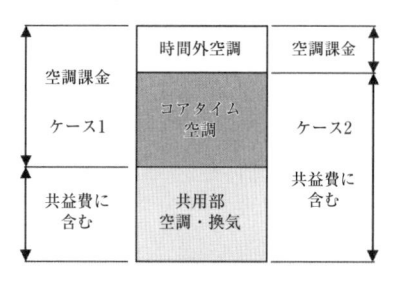

図-3　空調課金の例

ケース1は空冷ヒートポンプパッケージシステムの場合に多く採用され，屋外機に電力量計を設置し課金する事例が多い。屋内機は各階の分電盤から電力供給され電灯コンセントとあわせて課金される。テナントごとに屋外機を分け，それぞれに電力量計を設置すれば，メータ単位でテナントの空調エネルギー消費量が明確になり，課金方法としてもが明快でわかりやすい。

セントラル空調においても，熱流量計でエネルギー計量，課金する方法は店舗のFCUなどに事例が多い。

トピックス

　ケース2はセントラル方式の空調において採用される事例が多く，コアタイム内の空調料金は固定費で処理し，時間外空調についてはエネルギーコスト等から時間単価を設定し課金するシステムである。ケース2の方法の場合，テナントより時間外空調の受付方法として，紙等による申請，手元スイッチによる運転などの方法，インターネット経由でWeb画面に入力し申請する方法等がある。省エネ法の強化を受け，セントラル空調においても，エネルギー計量の目的から，熱流量計で空調機ごとのエネルギーを計量する方法の採用や，「エネルギーの見える化」の取組みなどが行われている。課金システムは月別のエネルギー積算値がわかればよいが，タイムリーなエネルギー消費量は把握を行いたい場合は，メータのパルスレート，データの扱いなど配慮が必要となる。

（三菱地所設計　佐々木邦治）

注）計量法規定について電力量計，積算熱流量計（40mm以下）を設置し取引メータとして取り扱う場合は，計量法の規定により有効期限が定められているので，交換可能な場所に設置する等の配慮が必要である（電力量計の有効期限7年，積算熱流量計の有効期限は8年）。

地域熱供給を受ける場合の留意点

　一定規模以上の建物を計画する際，計画地によっては地域冷暖房の導入を検討する必要がある。現在，日本では東京都，大阪府，名古屋市，横浜市の4都市において地域冷暖房に関する指導要綱が定められている（その他自治体に関しても条例等を調査し，導入検討を行う必要性の確認が必要である）。東京都の場合は「地域におけるエネルギー有効利用制度」により，延べ床面積50 000m^{2}以上の建物を計画する場合は地域冷暖房の導入の検討が義務づけられている。また，すでに地域冷暖房の地域指定を受けている区域内に新たに計画を行う場合は延べ床面積がおおむね3 000m^{2}以上の建物に対して地域冷暖房への加入協力義務が発生する。前記4都市以外の都市においても環境保全およびエネルギーの有効活用の観点から都市計画上必要な基盤施設としての地域冷暖房の導入が検討されるケースも多い。

　地域熱供給を受ける場合のおもな留意点について以下に記す。

1　熱需要設備の概要

　熱供給事業者から冷暖房・給湯などの熱供給を受ける場合の全体概念図を図-1に記す。熱供給事業者の所有する熱供給設備ならびに地域導管設備と需要家が所有する受入管以降の設備が明確に区分される必要がある。また，受入設備では流量計等の供給側からの貸与品があるので熱供給規程および熱供給規程実施細則，その他の熱供給側からの資料により事前に設備内容，設置スペース，受け渡しの時期等について十分検討をする必要がある。

　需要家側で設置するいわゆる二次側設備については需要家側の設計思想に基づき設置されるものであるが，供給規程に定められた温度条件や圧力条件等を満たすために設計段階，施工段階において供給側との協議が必要となる。

2　熱の受入方式の選定等における留意点

　図-1に示した受入設備と需要家設備の接続部では，熱交換器を介して接続する間接方式と介さずに直接送る直接方式の2種類の接続方式がある。どちらを採用するかは需要家側の判断に任せられるケースが多いが，供給側からは供給熱媒（冷水，温水，蒸気等）の水質の確保やトラブルの未然防止の観点から間接方式が望まれる。直接方式は供給された熱媒を直接空調機やファンコイルユニットに送るので，熱供給規程どおりの温度差を確保するために冷温水コイルや制御方法の選定には十分配慮する必要がある。還り温度を一定とするための制御方法として，空調機等からの還り冷温水を往き側に混合させる方式をブリードイン方式という。直接方式，間接方式のいずれを採用するかはイニシャルコストによって判断されることが多いが，超高層建物や大規模建物では二次側のブースターポンプ容量が大きくなるために間接方式を採用するほうがLCC上は有利となる場合もあるのでランニングコストを含めた検討が必要である。また，冷温水の供給条件では往きと還りの温度差をつねに一定に確保するよう求められているので，熱負荷に応じて流量が変わる変流量（VWV）システムの採用が必須となり，搬送動力の削減のためにも運用段階での確実な運転が要求される。

（三菱地所設計　堀俊博）

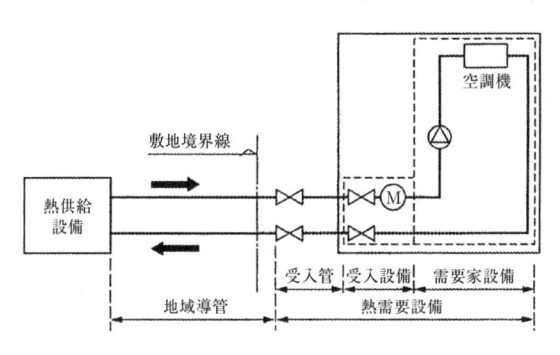

図-1　全体概念図（地域冷暖房技術手引書より）

＜参考文献＞
・日本熱供給事業協会：熱供給事業法令集
・日本地域冷暖房協会：地域冷暖房技術手引書
・東京都環境局：地域におけるエネルギー有効利用制度

ESCO 事業

ESCO(Energy Service Company)事業は1970年代のオイルショック以降，アメリカで始まった民間ビジネスであり，資金調達を含むエネルギー効率改善にかかわる一切の業務を提供する事業である。日本ではまず1996年に通産省に「ESCO検討委員会」が設置され，1999年には「ESCO推進協議会」が設立され，ESCO事業の育成・普及活動が行われている。2000年以降，導入例が拡大していたが，最近では，コミッショニング(性能検証)による省エネ改修提案を受け，建物・施設事業者が自ら省エネ改修行う手法などが増え，ESCO事業のスキームにとらわれなくなってきている。

ESCO事業は，エネルギーコストが生産コストに直結する産業部門にくらべ，業務部門ではエネルギー原単位の管理意識が必ずしも高くないことから，特に業務ビルでのエネルギー効率向上への貢献が期待されている。また，省エネルギーを目的とするリニューアルでは，投資回収に長期間を要することから投資しにくいと考えられるが，この点においてもESCO事業のメリットが活かされると考えられる。

1 ESCO事業の特徴（図-1, 2参照）

① 資金調達を含むエネルギー効率改善にかかわる一切の業務を提供（シェアードセイビングス契約の場合）。
② エネルギー効率改善による経費削減分で工事費を賄う。
③ 顧客と包括的なパフォーマンス契約を結ぶ。

2 ESCO事業への市場環境が好転

ESCO事業者は，施工管理，メンテナンスを含む包括的な業務を請け負うため，日本の商習慣には比較的合っていると考えられる。資金手当においては，シェアードセイビングス契約（ESCO事業者がすべての資金提供を行い，顧客に召還義務がない）に加え，ESCO事業者の負担が少ないギャランティードセイビングス契約（顧客がすべての資金負担を負うが，ESCOが採算性を保証）が可能となった。最近，省エネルギー法の改正による業務用事業場での省エネルギー努力義務が強化されつつあるが，業務ビルではエネルギー管理の専門家が少ないため，ESCO事業者の提案の余地が大きいと思われる。

3 ESCO事業の課題

・省エネルギー投資分のみを対象工事とする必要があり，劣化に伴う機器の交換等を同時に実施する場合等の取扱いを十分協議する必要がある。
・顧客に保障した成果が達成できなかった場合，それまでの費用が回収できないので，確実に成果が達成できるような手法を採用する必要がある。
・効果を保証する見極めこそESCO事業者のノウハウといえるが，エネルギーのベースラインの設定と補正の条件提示等，技術的なノウハウが必要である。最近では既存建物だけでなく，新築建物のESCO事業もみられ，適切な手法による仮想ベースラインの設定が求められる。
・国や公共機関との契約の場合，会計法上から単年度会計が前提となるが，ESCO事業は長期契約となるために，財政上の対応が必要となる。
・省エネルギー効果検証のための適切な計測装置

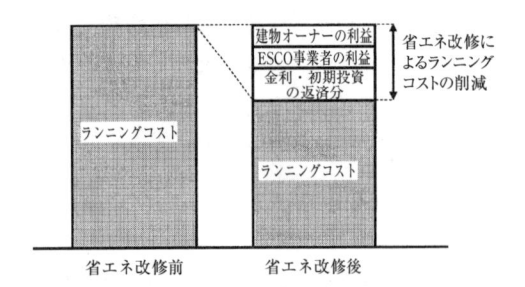

図-1 ESCOによる省エネ効果と配分

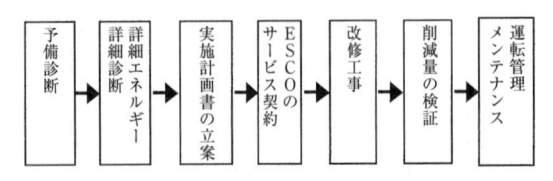

図-2 ESCO事業の一般的なフロー[1]

や計測方法が必要となる。
・より大きな省エネルギーを図るためには投資コストは大きくなるが効果も大きい省エネルギー改修を実施する必要があるが，そのためにはパフォーマンス契約に基づくプロジェクトファイナンスの実現とともに，保険によるESCO事業者のリスク軽減となる手法などが望まれる。

(三菱地所設計　高瀬知章)

<参考文献>
1) 中上英俊：「ESCO事業とは」, 空気調和・衛生工学, 76-5 (2002-5) p.107

トピックス

PFI 事業

　PFI(Private Finance Initiative)とは，公共部門が公共サービスを住民に提供する手法の一つで，建築から資金調達，さらに運営までを一括して民間から調達する手法である。この一連のプロセスの効率的な運用と民間のノウハウの活用により，コスト削減が可能であるといわれている。日本の公的債務の現状を考えると，今後の社会資本整備のためにPFIに対する期待は非常に大きい。

　PFIは1992年にイギリスのサッチャー政権時に生まれた構想で，わが国では1997年頃から本質的な議論が始まり，1998年に日本版PFIのガイドラインを公表，1999年にPFI法が成立し，2000年以降，PFIの実施例が増えてきている。

1　PFI 事業の概要

(1)　事業の構成

　図-1のように，PFI事業では多くの組織が関与し，さまざまな協議・契約等が同時に進行するが，公共機関，民間事業者，金融機関の役割がきわめて大きい。

(2)　事業のプロセス

　PFI事業のプロセスは国や自治体などが作成しているPFIガイドラインに沿ったものとなるが，図-2に示すような流れに沿って事業者が選定され，企画，調査，設計，契約，建設，運営・維持管理，資金回収というライフサイクルでの対応が必要である。特に長期にわたる運営段階が最も重要で，従来の日本の単年度会計主義からの脱却が望まれる。

(3)　プロジェクトファイナンス

　プロジェクトファイナンスとは，プロジェクトにおいて資金調達を行う際，事業者自身が借入を行うのではなく，プロジェクトを遂行するPFI事業会社（特別目的会社：SPC=SPECIAL PURPOSE COMPANY）を設立し，この会社を事業者として独立して借入を行う資金調達の仕組みをいう。PFIの資金調達方式は，プロジェクトファイナンスとするのが望ましく，この方式では事業性評価によりファイナンス（資金調達）が設定されることから，事業性が非常に重要となる。

(4)　民間事業者選定

　民間活力導入による総合的なサービスの向上を図るため，PFIでは従来の入札方式ではなく，価格以外の項目も加味する総合評価方式を導入するのが原則である。たとえば，社会性，環境配慮度，事業計画内容等について評価・加点され，提案額に対する評価点（基礎点＋加点）の比率を総合評価値とし，この値が高い提案者が選定される。ただし，目標価格（予定価格）に達していない場合や提案内容に一つでも要求水準に達しない項目があると失格になる。

2　PFIの特徴

(1)　VFMの最大化

　PFIは従来の公共事業方式で実施した場合にくらべ，民間事業者によるPFI事業としたほうが優れていることが大前提で，税金に基づく支払いにより得られるサービスの価値＝VFM(Value For Money)を最大化するという考え方が基本となっている。

(2)　民間からの公共サービスの調達

　PFI事業では民間事業者の資金，経営ノウハウを活用して民間が建設した施設を使ってサービス

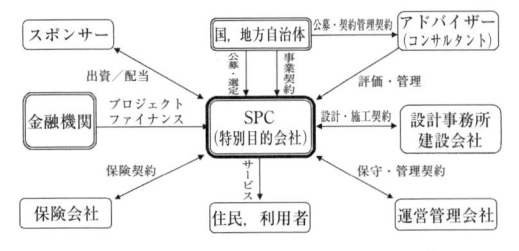

図-1　一般的なPFIの事業スキーム[1]

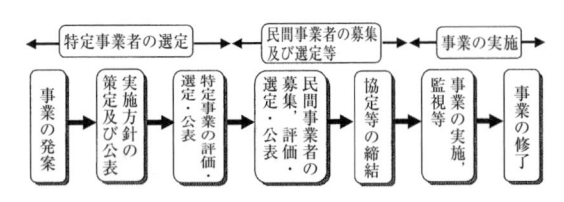

図-2　PFI事業の流れ（総理府，2000.3）

されるが，公共機関がそのサービスに対して支払う費用で資金回収される。その形態はさまざまであるが，日本では，BOT や BTO 方式といわれる方式が多い。

たとえば，BTO（Build Transfer Operate）方式は，民間事業者により建設し，公共施設等に所有権を移し，その後，民間事業者により維持・管理および運営を行う方式を示している。一方，BTO（Build Operate Transfer）方式は，民間事業者が施設等を建設し，維持・管理および運営し，事業終了後に公共施設等の管理者等に施設所有権を移転する事業方式を示す。

(3) 官民の適切なリスク分担

PFI 事業は長期（通常 20～30 年）にわたるが，そのライフサイクル期間においてこれまで公共が負ってきた多様なリスクの多くを民間移転することとなる。ただし，そのすべてを民間に負わせるのではなく，リスクの抽出と分析・定量化により，公共部門とのリスク分担を明確にしたうえで，VFM を最大化することが大切である。

（三菱地所設計　高瀬知章）

<参考文献>
1）有岡・有村・大島・野田・宮本：「日本版 PFI」，山海堂，2001.4

ビル用マルチ空調機の加湿に関する留意点

1 加湿方式の種類と特徴

空調設備の加湿方式は，気化式，蒸気式，水噴霧式の3種類に分類される。このうちビル用マルチ方式で採用されるのは気化式（自然蒸発式とよばれることもある）が主流である。気化式は滴下浸透式，吸上浸透式，透湿膜式などに細分される。

気化式の特徴は，蒸気や霧状の水を直接空気に混ぜずに，湿らせた吸水材からの蒸発作用を利用する点にある。このため電極や電気ヒータを用いる方式と比較してエネルギー消費が少ない。

2 ビル用マルチ方式における加湿の実際

ビル用マルチ方式は，冷暖切替えや温度，風量の個別制御性が優れるほか，機器の設置が中央式と比較して比較的容易であるなどが評価され，最近では大規模ビルまで採用されはじめている。しかしながら，加湿の視点からすると改善の余地が大きく，空調設備計画を行う際には十分留意しなければならない。

ビル用マルチ方式の機器仕様は，一般の空調機と異なり標準品化されている。したがって，風量，冷暖房能力，加湿能力等の組合せの自由度が低い。特に，加湿については，機器能力に対する外気取入量の設定について明確な基準がなく，したがって加湿能力が機器の納まりから決められている面が見受けられる。このような現実のなかで，適正な室内環境を達成するためには，機器に頼るのではなく，設計上配慮する必要がある。実際，単純なビル用マルチ方式（外気処理系統を設けていない）で，いわゆるビル管法で規定する室内湿度（40～70％）を冬期に満たしている建物は非常に少ない。

3 加湿方式への留意点

ビル用マルチ方式で冬期の適正な湿度環境を満たすためには，「高性能な加湿器を機器に組み込む」あるいは「加湿系のシステムを別に設ける」が考えられるが，現時点において前者には費用対効果面を含めて限界があり，後者を選択するのが得策といえるだろう。特に最近，事務作業のIT化に伴い，年間冷房が要求されるケースが増えてきているが，一般的な機器では冷房加湿はできないため，加湿を別系統にする必要がある。近年では，デシカント機能を組み込んだ小型のヒートポンプ外気処理機も製品化されている。一方，すべての空調方式に共通していえることとして，過剰な加湿と結露の関係があげられる。ビル管法で規定される相対湿度の下限値＝40％に対応した露点温度は，室内温度により異なる（図-1）点に注意が必要となる。特に，ビル用マルチ方式において室内の設定温度に自由度を与えた場合においては，過剰加湿による結露対策についても設計段階から配慮する必要がある。（日建設計　佐藤孝輔）

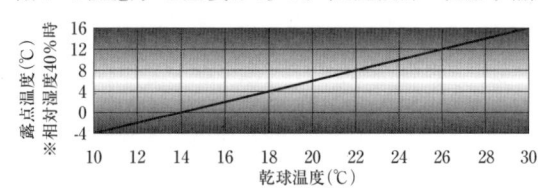

図-1　相対湿度40％時の露点温度

表-1　加湿方式の種類と特徴

	気化式			蒸気式			水噴霧式		
	滴下浸透式	吸上浸透式	透湿膜式	電極式	電気ヒータ式	ドライスチーム式	超音波式	高圧スプレー式	遠心式
概要	吸水材を上部から水で湿らせ，通風により蒸発させる。	水槽の水を吸水材で吸上げ・湿らせ，通風により蒸発させる。	透湿性のパイプ等に水を充填させ，パイプ間の通風により蒸発させる。	水を電極間の電気抵抗で沸騰させて蒸気を発生させる。	電気ヒータで水を沸騰させて蒸気を発生させる。	ボイラで生産した蒸気を噴霧する。	超音波振動で水を霧化させる。	水を高圧でノズルから噴霧し霧化させる。	回転盤で吸上げ吐出した水をエリミネータに衝突させ水を霧化させる。
制御性	×	×	×	○	◎	○	○	○	○
エネルギー消費	小	小	小	大	大	大	小	小	小
衛生度	△	△	○	○	○	○	△	×	×
サイズ	大	大	大	中	中	小	大	小	大
イニシャルコスト	中	小	小	大	中	大	大	小	大

索引

あ—お

Re	186
R-134a	64
R-123	64
IPCC	15
亜鉛鉄板ダクト	156
アスペクト比（縦横比）	155
圧力水頭	184
アネモ型吹出し口	149
アプローチ	245
アンカーボルト	308
暗騒音	276
EHP	57
ESCO 事業	28, 370
ETDH	100
異種金属接触腐食	200
位置水頭	184
イニシャルコスト	53, 66, 230
インターロック制御	325
インテリア系統	51
インバータ	49, 323
インバータターボ冷凍機	64
ウォータハンマ	302
ウォールスルー空調機	49
渦式流量計	322
渦巻きポンプ	205
内張りダクト	287
エアバリア方式	31
エアハンドリングユニット	121
エアフィルタ	122, 140
エアフローウインド方式	32
エアワッシャ	78
HASP/ACSS	119
HACS/CEC/ACSS	350
h-x 線図	73
HFC134a	244
HEPA フィルタ	142
AC リアクトル	252
A 特性	276
SHF	75
SOx	66
SPC	372
NR 曲線	277
NOx	66
NC 曲線	277
エネルギー消費効率	35
エリミネータ	122, 138
LCEM	119
LCA	17
LCC	21
LCCO$_2$	29, 59
エロージョン	200
エロフィンコイル	138
遠心式冷凍機（ターボ冷凍機）	243
遠心冷凍機	62
エンタルピ	80
煙突効果	103
往復動冷凍機	62
オーバーフロー管	239
オクターブバンド	276
押込み方式	224
オゾン層破壊	59
音の大きさ	275
音の強さ	275
オフセット	319
音圧レベル	275
オン‐オフ制御	199
ON/OFF 制御	319
温室効果ガス	14
温水槽	230
温水ボイラ	66
温度成層型	68
温度成層型水蓄熱槽	230, 231
温熱源	57
音波	275

か—こ

加圧防排煙方式	273
外気温湿度条件	93
外気じんあい濃度	141
外気負荷	92, 225
外気浮遊粉じん濃度	143
外気冷房	225
外気冷房制御	327
回転式	139
回転数	207
回転数制御	49, 182
ガイドベーン	155
外皮負荷	31
外表面熱伝達率	100
外壁面積法	103
開放型冷凍機	64
開放式膨張水槽	198
開放式冷温配水管	201
外融式	68
外乱	319
改良もぐりぜき	239
カウンタフロー	136
火炎伝送防止装置	254
課金	367
拡張デグリーデー法	340
加湿器	122, 138
加振力	293
ガスエンジンヒートポンプパッケージ	57
カスケード制御	324
稼働率	104
可変ピッチ制御	182
ガラス窓透過日射負荷	93
ガラス窓負荷	92
ガルバニック腐食	200
乾き空気	69
換気回数	260
換気回数法	103
乾球温度	69
環境管理規格 ISO14000 シリーズ	17
換気量制御システム	36
還元反応（カソード反応）	200
管摩擦係数	186
貫流熱負荷	98
貫流ボイラ	248
機械換気	257
機械排煙	268
機械排煙設備	270
機械排煙方式	272
気化加湿	81
気化式加湿器	139
器具発熱負荷	104
気候変動に関する政府間パネル	15
汽水ドラム	247
基本計画	29
基本設計	29
キャビテーション	204, 302
吸音率	291
吸収(式)冷凍機	62, 218, 243
凝縮水	209
強制振動数	294
局所換気方式	36
局部抵抗	157, 158, 188
局部抵抗係数	157, 158
局部抵抗数	188
許容騒音値	278

索引

金属ばね	297
空気過剰率	266
空気清浄装置	140
空気線図	73
空気熱源方式	65
空気ばね	297
空気 - 水方式	42
空気漏れ量	170
空調エネルギー消費係数（CEC/AC）	38
空調機負荷	92, 224
空冷ヒートポンプパッケージ	57
躯体蓄熱方式	67
グラスウールダクト	156
グリースフィルタ	264
グリル型	263
経常費	339
経年劣化	228
ゲージ圧力	202
結露	153
減圧弁	216
検出部	319
減衰量	284
建築物衛生法	141
顕熱	104
顕熱交換器	252
顕熱比	75
顕熱負荷	85
コア	30
コイル正面風速	122
コイルの列数	133
高圧カット	252
剛構造	293
孔食	200
構造体負荷	92
高速ダクト	43, 156
高調波対策	252
高調波ノズルフィルタ	252
向流型	245
氷充填率	68
氷蓄熱方式	68, 240
国際標準化機構（ISO）	17
混合特性	238
コジェネレーションシステム	57
コミッショニング	26
固有振動数	294
コロージョン	200
混合損失	31
混合特性	231
混合箱	122
コンデンサレヒート方式	253
コンパクト空調機	122
コンピュータシミレーション	341
コンベクタ	144
コンベクタ方式	41

さ—そ

サーキット	138
サージング	302
再循環空気	122
最小拡散半径	149
最大拡散半径	149
最大熱負荷計算	91
最大冷房負荷	86
サイドコア	30
再熱コイル	45
再熱負荷	92
サイホン作用	204
サクションベーン	255
サッシ面積率	95
酸化反応（アノード反応）	200
酸化皮膜	200
残存価格	355
残風速	149
三方弁	199
CEC（エネルギー消費係数）	38, 339
CEC/EV	339
CEC/HV	339
CEC/AC	339
CEC/L	339
CEC/V	339
GHP	57
CASBEE	17
CAVユニット	176
CFD	119
COP 3	15
COP	60, 250
C特性	277
直だき冷温水発生器	243
時間別負荷パターン	231
軸動力	207
軸動力静圧	181
軸流送風機	182
指示騒音計	276
自然エネルギー	32
自然エネルギー利用	33
自然換気	257
自然採光	33
自然通風	33
自然排煙	268
自然排煙方式	272
湿球温度	71
実効温度差	100
実施計画	29
室内温湿度条件	74
室内許容騒音値	150
室内条件	93
室内発熱負荷	92
室内負荷	91
室内浮遊粉じん	141
室内浮遊粉じん量	141
室内粉じん濃度	142
指定フロン	59
自動制御弁	199
湿り空気	69
湿り空気線図	73
遮へい係数	95
周期定常計算法	91
柔構造	293
周波数	275
需給調整契約制度	356
手動開放装置	271
シュミレーション計算	91
省エネ手法	30
省エネルギー	207
消音エルボ	288
消音器	287
消音設計	278
消音ボックス	288
蒸気圧縮式冷凍サイクル	218
蒸気圧縮冷凍機	218
蒸気加湿	122
蒸気コイル	133
仕様基準	339
蒸気トラップ	208
蒸気ボイラ	66
上下温度差	46
衝撃式トラップ	214
省スペース空調機	122
蒸発潜熱	245
照明負荷	104
ショートカット	252
ショートサーッキット対策	363
所要動力	177
真空式	209
真空式温水機	248
真空ポンプ	209
シングルフロー（SF）	138
伸縮継手	213
伸縮量	213
振動	275, 293
振動伝達率	294
人体発熱負荷	104

水管	248
水管式ボイラ	247
吸込み空気条件	125
吸込み口	147, 263
吸込み湿球温度	251
吸込みトロッファ	104
吸込みベーン	182
吸込み方式	224
吸込み面風速	152
水蒸気分圧	70, 74
垂直到達距離	150
水頭損失	131
スイベル継手	213
すきま風負荷	92
すきま長法	103
すきま腐食	200
スクリュー冷凍機	62, 244
スクロールダンパ	182
スタティック型	68
スチームハンマ	209
ストークス	186
スプリット型	288
スプリットダンパ	172
静圧効率	114
静圧再取得	158
静圧再取得法	156
制御対象	319
制御量	319
成績係数	60, 242, 250
性能基準	339
積分動作	319
セクショナルボイラ	247
設計用垂直地震力	306
設計用水平地震力	306
絶対粗さ	158, 190
絶対温度	72
絶対湿度	69
設備固定費	356
セル型	288
全圧基準	158
全圧効率	181
全空気方式	41
全水頭	184
センターコア	30
せん断力	307
潜熱	104
全熱交換器	225
全熱交換器効率	225
全熱交換効率	114
潜熱蓄熱方式	68
潜熱負荷	85
線膨張係数	213
全面腐食	200
占有空間固定費	356
騒音	275
騒音曲線	277
騒音計算	279
騒音値	125
総合捕集効率	142
操作部	319
相対湿度	69, 70
装置容量	85, 251
相当管長さ	211
相当直径	158
相当長さ	189
送風機	122, 177
送風機負荷	92
層流	186
ゾーニング	33
速度水頭	184

た—と

第一種換気	259
大温度差送水	365
代替フロン	64
第三種換気	259
耐震クラス	304
耐震診断	24
耐震ストッパー	312
耐震性能	304
台数制御	255
対数平均温度差	136
ダイナミック型	68
第二種換気	259
太陽高度	96
耐用年数	355
太陽方位角	96
ダイレクトリターン方式	194
ダクトサイズ	153
ダストレス換気方式	36
WB	71
ダブルスキン方式	32
ダブルバンドコンデンサ方式	253
ダブルフロー（DF）	138
多翼型	272
多翼送風機	177
単位摩擦損失	156
単効用型	243
単効用蒸気式吸収冷凍機	64
断熱加湿	81
断熱飽和温度	72
ダンパ	171
暖房能力	125
暖房負荷	109
端末反射	285
地域冷暖房	369
地下壁	109
地球温暖化	14
地球温暖化防止	15
地球環境	13
蓄熱式空調システム	66
蓄熱システム	229
蓄熱槽	230
蓄熱槽効率	231
蓄熱負荷	92
蓄熱方式	57
地中温度	93
地中壁	110
中心周波数	279
超音波流量計	322
長寿命化	22, 29
調節部	319
直交流型	245
直接還水方式	194
直接暖房	208
チリングユニット	62
通気管	239
DA	69
TAC	93
t-x 線図	73
DB	71
DOP 法	143
DDC	322
DDC コントローラ	322
DP	71
DC リアクトル	252
定常計算法	91
定常偏差	319
ディストリビュータ	68
低速ダクト	43, 153
定風量単一ダクト方式	41
定風量ユニット（CAV）	175
低放射ペアガラス	33
定流量	230
滴下式	139
デジタル指示調節計	322
デシベル（dB）	275
デスプレースメント空調方式	36
デファレンシャル	328
デフロスト	251
電子制御絞り型 VAV	44
電子制御バイパス型 VAV	44
天井リターン方式	54

索引

電磁流量計	322
動圧	158
等圧法	153
等温吹出し	150
等価直径	188
動作すきま	328
透湿負荷	92
透湿膜式	139
同時負荷率	227
等速法	156
到達距離	150
動粘性係数	158
動粘度	186
等摩擦損失法	153
特定フロン	19, 59
土間床	109
トラップ	208
ドラフト	149
ドラフトチャンバ	263
取付けボックス	150

な—の

内表面熱伝達率	100
内面の絶対粗さ	155
内融式	68
波型消音器	288
207技術委員会（TC207）	17
二位置制御	319
2管式	47
2次側システム	230
二次ポンプ	330
滲みだし空調方式	46
二重効用型	243
二重効用吸収冷凍機	64
二重スラブ	230
二重ダクト	45
日射侵入率	347
二方弁	199
熱回収式ヒートポンプ	65
熱回収ヒートポンプ方式	253
熱回収方式	252
ネック径	151
ネック風速	149
熱源負荷	224
熱源方式	57
熱交換器	208
熱取得	226
熱水分比	75
熱損失	226
熱通過率	98
熱抵抗	98
熱伝達率	100
熱伝導率	98
熱動トラップ	214
熱負荷計算	91
熱流	100
年間エネルギー消費量	339
年間仮想空調負荷	350
年間経常費	341, 358
年間熱負荷係数（PAL）	38
年間冷房	35
粘性	185
粘度	185
ノンフロスト型（二重管）	138

は—ほ

パーソナル空調方式	36
ハーフフロー（HF）	138
ばい煙	66
排煙機	271
排煙口	271
排熱利用設備	364
排熱利用率	364
バイパスファクタ	77
バケットトラップ	214
パッケージ型空調機	125
パッケージユニット	48
羽根車（インペラ）	205
ばね定数	296, 299
パネルラジエータ	144
パラレルフロー	136
パワーレベル	275
パンチングメタル	263
番手	180
半密閉型冷凍機	62
非圧縮性	184
PI制御	319
PID制御	319
BEST	119
BEMS	334
BECS/CEC/AC	350
PAL（年間熱負荷係数）	38, 339
PF	68
PFI事業	28, 372
ピークカット	229
ピークシフト	229
ピーク負荷	66
ヒートパイプ	253
ヒートポンプ	48, 250
ヒートリカバリーシステム	252
ヒートリクレームシステム	252
BPF	280
比エンタルピ	72
比較湿度	71
日影面積	95
引抜き力	308
非空調室	102
非蓄熱システム	230
必要捕集効率	142
非定常計算法	91
非密閉中空層	98
標準気象データ	350
標準空気	73
標準日射熱取得	93
比容積	73
ビル管理システム	334
ビルマルチ	251
ビル用マルチ方式	363
ビル用マルチユニット方式	49
比例制御	199, 319
ファンコイルユニット方式	41
ファンコイルユニット	47, 130, 194
ファンコンベクタ方式	41
フィードバック制御	319
VAV	43
VAVコントローラ	327
VAV方式	43
VAVユニット	175, 327
VFM	372
フィンピッチ	133
風圧係数	259
フード	263
フード弁	204
負荷曲線	207
負荷特性	229
吹出し温度差	153
吹出し気流	149
吹出し口	46, 147, 263
腐食	23, 200
付帯設備固定費	356
不働体皮膜	200
部分負荷	35, 86
不飽和空気	69
浮遊粉じん	141
ブラインド	98
フラットレート	356
ブリードイン方式	369
プレートフィンコイル	133
プレフィルタ	142
フロートトラップ	214
粉じん保持容量	142
平均表面温度	77
ベルヌーイの式	184

索引

ベースボードヒータ	144
壁体貫通熱負荷	98
ペリメータ系統	51
ペリメタゾーン	33
ペリメータレス比	31
ペリメータレス方式	51
ヘルツ（Hz）	275
ベローズ型伸縮継手	213
偏差	319
変風量単一ダクト方式	41
変風量ユニット（VAV）	175
ポアズ	185
ボイラ	209, 247
ポイント法	339
方位蓄熱負荷	110
防煙区画	270
防煙垂れ壁	271
防煙ダンパ（SD）	173
防音	275
放射放熱効果	146
放射率	100
防食剤	200
防振	275
防振ゴム	297
防振等級	294
防振パッド	297
防火ダンパ	172
膨張水槽	194
放熱器	144
飽和曲線	74
飽和空気	69
飽和水蒸気圧	70
飽和度	71
ボールジョイント	213
捕集効率	143
保全	20
ホン（phon）	275
ポンプ	205
ポンプ効率	227
ポンプ動力	227
ポンプ特性曲線	206
ポンプ負荷	92

ま―も

摩擦損失	156, 157
窓面積比	31
マフラ型消音器	288
ミキシングチャンバ	122
水加湿	122
水加湿方式	140
水処理費	230
水蓄熱槽	231
水蓄熱方式	67
水熱源ビル用	
マルチユニット方式	49
水熱源方式	65
水噴霧	80
水方式	42
溝状腐食	200
密閉式管系	197
密閉式膨張水槽	198
密閉式冷温水配管	200
密閉式冷却塔	246
脈動	302
未利用エネルギー	60
ムーディ線図	186
面風速	150, 263
もぐりぜき型	231

や―よ

融解潜熱	240
有効加湿量	139
有効面積	263
有効面積比	152
湧水槽	230
遊離炭酸	200
床吹き出し空調方式	46
床吹出し方式	36
ユニット型空調機	121
ユニバーサル型	263
ユニバーサル型吹出し口	150
溶存酸素	200
揚程曲線	206
予防保全	23
予冷予熱時制御	327
4管式	47

ら―ろ

ライトシェルフ（光柵）	32
ライフサイクル	13
ライフサイクルアセスメント（LCA）	17
ライフサイクルコスト（LCC）	21, 59
ライフサイクルCO_2（$LCCO_2$）	59
ランアラウンド方式	253
ランニングコスト	53, 67, 230
乱流	158, 186
リコミッショニング	27
リニューアル	20
リバースリターン方式	194
リミットロード型	272
流量係数	199
流量線図	195
臨界	186
隣室温度差係数	110
冷温水コイル	133
冷温水槽	230
冷却減湿	77, 88
冷却水バイパス制御	246
冷却塔	245
冷水入口温度	131
冷水槽	230
冷暖フリー型	66
冷凍保安責任者	244
冷熱源	57
レイノルズ（Re）	186
レイノルズ数	158
冷媒	218
冷房能力	125
レスポンスファクター	91
劣化診断	23
レリート方式	53
連結完全混合型	231
レンタブル比	35
連通管	238
ロータリ冷凍機	244
露点温度	77, 153
露点湿度	71
炉筒煙管式	247

- 本書の複製権・翻訳権・上映権・譲渡権・公衆送信権（送信可能化権を含む）は株式会社井上書院が保有します。
- JCOPY 〈(一社)出版者著作権管理機構 委託出版物〉
本書の無断複写は著作権法上での例外を除き禁じられています。複写される場合は，そのつど事前に(一社)出版者著作権管理機構(電話03-5244-5088，FAX 03-5244-5089，e-mail：info@jcopy.or.jp) の許諾を得てください。

最新 建築設備設計マニュアル　空気調和編

2012年8月30日　第1版第1刷発行
2020年3月30日　第1版第3刷発行

編著者　社団法人 建築設備技術者協会Ⓒ
発行者　石川泰章
発行所　株式会社 井上書院
　　　　東京都文京区湯島2-17-15 斎藤ビル
　　　　電話 (03)5689-5481　FAX (03)5689-5483
　　　　https://www.inoueshoin.co.jp/
　　　　振替 00110-2-100535
装　幀　藤本　宿
印刷所　秋元印刷所

ISBN978-4-7530-0624-3　C3052　　Printed in Japan

出版案内

最新 建築設備設計マニュアル［給排水衛生編］

一般社団法人建築設備技術者協会編著　B5判・330頁　本体4200円

給排水衛生設備の設計における概要，基本事項，実務設計時のポイントを，先鋭の設備設計技術者の経験とノウハウに基づき，初級者でもわかるように解説。今日の建築設備に要求される地球環境問題や省エネ対策，耐震設計等についても最新のトピックスや事例を踏まえて詳述。

建築［失敗］事例　信頼される設備工事の現場管理

半沢正一　B5判・176頁・カラー　本体3200円

建築の設備工事で，竣工後に隠蔽されてしまう施工箇所などでよく起こる不具合やトラブルなど，同じ失敗を繰り返さないよう，現場の失敗事例159を工種別に写真やイラストで示し，その発生要因を徹底解明する。管理能力の向上や，専門工事の知識・技術の習得に役立つ一冊。

建築携帯ブック　設備工事［改定版］

現場施工応援する会編　B6変形判・160頁・二色刷　本体2000円

電気，空調，衛生，防災，昇降機の設備工事でよく起きる不具合の防止対策や品質管理に役立つ，施工管理者・設計監理者必携の技術ハンドブック。施工部位別に基準図や関連データをまとめ，貫通や穴あけ，打込み，支持，設置，試験・調整等のポイントがわかるよう図解した。

建築の次世代エネルギー源

日本建築学会・日本環境管理学会共編　A5判・232頁　本体3200円

住宅オーナーや建築関係者に向けて，建築設備のエネルギーシステムにおける次世代エネルギー源として開発・実用化が進む，小型燃料電池，マイクロガスエンジン，マイクロガスタービン，ヒートポンプ，太陽光発電等の各システムの基本性能や，建築物への適用効果を詳述。

エクセルギーと環境の理論　流れ・循環のデザインとは何か［改訂版］

宿谷昌則編著，西川竜二・高橋達ほか共著　A5判・350頁　本体3400円

身近な建築環境を「エクセルギー」の概念で捉え，環境共生型技術の開発を提案する。環境システムの応用事例をエクセルギーの視点で読み解き，本質への理解が深まるよう，エクセルギーの基礎理論を熱拡散（閉鎖系），物拡散・熱拡散（開放系）の双方からわかりやすく解説する。

全国気象データと熱負荷計算プログラム LESCOM

武田仁・磯崎恭一郎　A4判・114頁／DVD1枚（函入り）　本体54000円

建物の熱負荷シミュレーションを簡易に行える熱負荷計算プログラム LESCOM と，各種標準気象データを収録。昼光照度基準標準気象データを活用した東京の年間昼光シミュレーションを可能にするほか，種々の環境予測にも応用できる。プログラムの使用方法はマニュアルに掲載。

＊上記の本体価格に，別途消費税が加算されます。